Das interpersonale Korrespondenzprinzip in Einkommensteuerrecht –
Eine steuersystematische Betrachtung

AF883388

Europäische Hochschulschriften

Publications Universitaires Européennes
European University Studies

Reihe II
Rechtswissenschaft

Série II Series II
Droit
Law

Bd./Vol. 4543

PETER LANG
Frankfurt am Main · Berlin · Bern · Bruxelles · New York · Oxford · Wien

Magnus Müller

Das interpersonale Korrespondenzprinzip im Einkommensteuerrecht – Eine steuersystematische Betrachtung

PETER LANG
Europäischer Verlag der Wissenschaften

Bibliografische Information der Deutschen Nationalbibliothek
Die Deutsche Nationalbibliothek verzeichnet diese Publikation in der Deutschen Nationalbibliografie; detaillierte bibliografische Daten sind im Internet über <http://www.d-nb.de> abrufbar.

Zugl.: Passau, Univ., Diss., 2006

D 739
ISSN 0531-7312
ISBN 978-3-631-56602-2

© Peter Lang GmbH
Europäischer Verlag der Wissenschaften
Frankfurt am Main 2007
Alle Rechte vorbehalten.

Das Werk einschließlich aller seiner Teile ist urheberrechtlich geschützt. Jede Verwertung außerhalb der engen Grenzen des Urheberrechtsgesetzes ist ohne Zustimmung des Verlages unzulässig und strafbar. Das gilt insbesondere für Vervielfältigungen, Übersetzungen, Mikroverfilmungen und die Einspeicherung und Verarbeitung in elektronischen Systemen.

www.peterlang.de

Meinen Eltern

Vorwort

Die Arbeit wurde im Wintersemester 2006/2007 von der Juristischen Fakultät der Universität Passau als Dissertation angenommen.

An erster Stelle danke ich herzlich meinem Doktorvater, Herrn Prof. Dr. Hartmut Söhn, der die Arbeit angeregt und begleitet hat, für seine Förderung und Unterstützung bei der Ausarbeitung sowie für die Erstattung des Erstgutachtens.
Dank gebührt auch Herrn Prof. Dr. Herbert Bethge für die zügige Erstellung des Zweitgutachtens.

Ferner schulde ich Herrn Prof. Dr. Holger Altmeppen, an dessen Lehrstuhl ich während meiner Promotionszeit tätig war, sowie den Mitarbeiterinnen und Mitarbeitern an diesem Lehrstuhl Dank für die großartige Zusammenarbeit. Besonders möchte ich mich bei Herrn Dr. Alexander Ego, Herrn Matthias Gärtner, Herrn Alexander Tauber und Herrn Johannes Pinkl bedanken. Die gemeinsame Zusammenarbeit mit ihnen wird mir stets in angenehmster Erinnerung bleiben.

Widmen möchte ich die Arbeit meinen Eltern, ohne deren liebevolle Unterstützung während des Studiums und darüber hinaus diese Arbeit nicht möglich gewesen wäre.

Passau, im Dezember 2006 Magnus Müller

Inhaltsverzeichnis

Abkürzungsverzeichnis

a.A.	andere(r) Ansicht
a.a.O.	am angegebenen Ort
Abs.	Absatz
a.E.	am Ende
a.F.	alte(r) Fassung
AfA	Absetzung für Abnutzung
Alt.	Alternative
Anm.	Anmerkung
AO	Abgabenordnung
AöR	Archiv für öffentliches Recht
Art.	Artikel
BB	Betriebs-Berater
Bd.	Band
BewG	Bewertungsgesetz
BFH	Bundesfinanzhof
BFHE	Sammlung der Entscheidungen des Bundesfinanzhofs
BFH/NV	Sammlung nicht veröffentlichter Entscheidungen des Bundesfinanzhofs
BGB	Bürgerliches Gesetzbuch
BGBl.	Bundesgesetzblatt
BGHZ	Amtliche Sammlung von Entscheidungen des Bundesgerichtshofs in Zivilsachen
BMF	Bundesministerium der Finanzen
BStBl.	Bundessteuerblatt
BT-Drucks.	Bundestag-Drucksache
BVerfG	Bundesverfassungsgericht
BVerfGE	Amtliche Sammlung von Entscheidungen des Bundesverfassungsgerichts
DB	Der Betrieb
DBA	Doppelbesteuerungsabkommen
ders.	Derselbe
d.h.	das heißt
dies.	dieselben
Diss.	Dissertation
DNotZ	Deutsche Notar-Zeitschrift
DÖV	Die Öffentliche Verwaltung
DStJG	Deutsche Steuerjuristische Gesellschaft e.V. (Veröffentlichen anläßlich der Jahrestagungen)
DStR	Deutsches Steuerrecht
DStRE	Deutsches Steuerrecht Entscheidungsdienst
DStZ	Deutsche Steuer-Zeitung
DStZ/A	Deutsche Steuer-Zeitung Ausgabe A
EFG	Entscheidungen der Finanzgerichte
EGV	Vertrag zur Gründung der Europäischen Gemeinschaft
Einf.	Einführung
EStG	Einkommensteuergesetz

EU	Europäische Union
EuGH	Europäischer Gerichtshof
f., ff.	folgend, fortfolgend
FA	Finanzarchiv
FamRZ	Zeitschrift für das gesamte Familienrecht
FG	Finanzgericht
Fn.	Fußnote
FR	Finanzrundschau
gem.	gemäß
GG	Grundgesetz
gl. A.	gleicher Ansicht
GmbH	Gesellschaft mit beschränkter Haftung
GrS	Großer Senat
GS	Gesetzessammlung
GVG	Gerichtsverfassungsgesetz
HFR	Höchstrichterliche Finanzrechtsprechung
Hrsg.	Herausgeber
Hs.	Halbsatz
Inf.	Die Information über Steuer und Wirtschaft
i.S.d.	im Sinne des/der
i.V.m.	im Verbindung mit
JuS	Juristische Schulung
JZ	Juristenzeitung
KÖSDI	Kölner Steuerdialog
LPartG	Lebenspartnerschaftsgesetz
m.w.N.	mit weiteren Nachweisen
n.F.	neuer(r) Fassung
NJW	Neue Juristische Wochenschrift
Nr.	Nummer
OVGSt	Entscheidungen des preußischen Oberverwaltungsgerichts in Steuersachen
Preuß.	Preußisch
REStG	Reichseinkommensteuergesetz
RFH	Reichsfinanzhof
RFHE	Sammlung der Entscheidungen des Reichsfinanzhofs
RGBl.	Reichsgesetzblatt
RGZ	Amtliche Sammlung von Entscheidungen des Reichsgerichts in Zivilsachen
Rn.	Randnummer
RStBl.	Reichssteuerblatt
s.	siehe
S.	Satz/Seite
sog.	sogenannt
Sp.	Spalte
StÄndG	Steueränderungsgesetz
StAnpG	Steueranpassungsgesetz
StB	Der Steuerberater
Stbg.	Die Steuerberatung
StbKongrRep	Steuerberaterkongreß-Report

StNOG	Gesetz zur Neuordnung von Steuern v. 16.12. 1954
StuW	Steuer und Wirtschaft
StVj	Steuerliche Vierteljahresschrift
StWa	Steuer-Warte
u. a.	und andere, unter anderem
v.	von, vom
vgl.	vergleiche
VJSchrStFR	Vierteljahresschrift für Steuer- und Finanzrecht
VSSR	Vierteljahresschrift für Sozialrecht
z.B.	zum Beispiel
ZEV	Zeitschrift für Erbrecht und Vermögensnachfolge
zit.	Zitiert
ZPO	Zivilprozeßordnung
ZRP	Zeitschrift für Rechtspolitik
z.T.	zum Teil

A. Einleitung

I. Ausgangslage

Das Einkommensteuerrecht steht derzeit mehr denn je auf dem Prüfstand. Die Bemühungen um eine Einkommensteuerreform dauern an und haben in jüngster Zeit eine Vielzahl von Reformvorschlägen hervorgebracht. Die Einkommensteuer ist die bedeutsamste, aber auch die schwierigste unter den Steuern in Deutschland[1]. Diese Aussage lässt sich leicht anhand einer Gegenüberstellung der einkommensteuerlichen Behandlung mehrerer auf den ersten Blick einfach verständlicher Sachverhalte belegen, die jüngst Gegenstand höchstrichterlicher Rechtsprechung gewesen sind.

In den Blick genommen werden dabei Zahlungen zwischen zwei Steuerpflichtigen. Grundfall sei die Erbringung von Unterhaltsleistungen eines zivilrechtlich hierzu verpflichteten Gebers an einen ihm gegenüber unterhaltsberechtigten Empfänger. In einer Variante zahlt ein geschiedener und gesetzlich zur Gewährung von Scheidungsunterhalt verpflichteter Ehegatte mit Wohnsitz in Monaco Unterhaltsleistungen an einen in Deutschland wohnhaften Empfänger[2]. In einer weiteren Fallgestaltung übertragen die Eltern ihren Kindern einen Vermögensgegenstand, damit die aus diesem Vermögensgegenstand durch die Kinder erwirtschafteten Erträge zur Sicherung des Lebensunterhalts der Eltern, die gegenüber den Kindern – dies sei unterstellt – zivilrechtlich unterhaltsberechtigt sind, weitergeleitet werden können[3].

Die Gemeinsamkeiten der umrissenen Fallgestaltungen sind offensichtlich: Es handelt sich jeweils um Zahlungen zur Erfüllung einer gesetzlichen Unterhaltspflicht. Infolge der Zahlung entsteht eine interpersonale Verknüpfung. Die gesetzliche Unterhaltspflicht ist für alle Leistenden, unabhängig von Alter, Wohnsitz, Vermögen und sonstigen Kriterien gleichermaßen zwangsläufig. Eine steuerliche Gleichbehandlung liegt auf den ersten Blick nahe. Unterschiedlicher könnten die an dieser Stelle vereinfacht zu schildernden Ergebnisse der steuerlichen Behandlung nicht sein. Im Grundfall werden die Zahlungen vorbehaltlich der im Einkommensteuergesetz in einem Konglomerat verschiedener Vorschriften aufzufindenden Berücksichtigungsmöglichkeiten dem Grunde nach weder

---

1 *Kirchhof*, DStJG 24, 1 (2).

2 Dieser (vereinfachte) Sachverhalt liegt der Entscheidung des BFH v. 31.03.2004 – X R 18/03 – BStBl. II 2004, 1047 = BFHE 206, 68 zugrunde.

3 Angesprochen ist damit das Sonderrecht der Vermögensübergabe gegen Versorgungsleistungen, das grundlegend durch den Großen Senat des BFH in der Entscheidung v. 12.05.2003 – GrS 1/00 – BStBl. II 2004, 95 = BFHE 202, 464 behandelt worden ist.

beim Unterhaltsverpflichteten als abzugsfähige Ausgaben, noch beim Berechtigten als steuerbare Einnahmen berücksichtigt.

Anders liegt es im Fall des geschiedenen Ehegatten. Dieser kann die erbrachten Unterhaltsleistungen abziehen, wenn auch in begrenztem Umfang und unter bestimmten weiteren, noch darzustellenden Voraussetzungen. Der Empfänger hat sie zu versteuern, es sei denn, der Leistende verlegt seinen Wohnsitz nach Monaco: Dann muss der Empfänger zumindest nach Auffassung des BFH die an ihn erbrachten Unterhaltszahlungen nicht im Inland versteuern.

In der zuletzt beschriebenen Fallkonstellation sollen dagegen die anlässlich der Vermögensübergabe erbrachten Leistungen beim Geber in vollem Umfang abziehbar, auf Empfängerseite in vollem Umfang steuerbar sein. Diese höchst unterschiedlichen, dem Fachfremden (und nicht nur diesem) schwerlich zu vermittelnden Ergebnisse stiften auf den ersten Blick Verwirrung und erwecken den Eindruck, Gleiches werde ungleich behandelt. Zugleich reizen sie dazu, die sich nicht jedermann bietenden Möglichkeiten einer steuergünstigen Gestaltung näher zu betrachten und der auf die Steuergerechtigkeit bezogenen Frage nachzugehen, ob dem geltenden Einkommensteuerrecht all zu oft und leichtfertig Systemlosigkeit vorgeworfen wird[4] oder ob sich hinter der unterschiedlichen Behandlung der Fallgestaltungen ein rechtfertigendes Prinzip erblicken lässt, das diese Ergebnisse trägt. Die Gemeinsamkeit der beschriebenen Fälle lässt sich nämlich unter einem anderen Gesichtspunkt wie folgt vereinfacht zusammenfassen: Was der Geber nicht abziehen darf, hat der Empfänger nicht zu versteuern und umgekehrt. Abziehbarkeit und Steuerbarkeit werden entsprechend behandelt. Angesprochen ist damit der Untersuchungsgegenstand dieser Arbeit, das interpersonale Korrespondenzprinzip.

II. Gang und Zielsetzung der Untersuchungen

Ziel der nachfolgenden Untersuchungen ist es, einzelne Anwendungsbereiche des interpersonalen Korrespondenzprinzips darzustellen und einer steuersystematischen Betrachtung zu unterwerfen. Ausgangspunkt ist dabei die überblicksmäßige Darstellung der einfachgesetzlichen Grundlagen und ihrer historischen Ursprünge unter terminologischer Einteilung der Erscheinungsformen des interpersonalen Korrespondenzprinzips (Teile B und C). Anschließend werden die systemtragenden Prinzipien des Einkommensteuerrechts dargestellt, das interpersonale Korrespondenzprinzip hieran gemessen und die Anforderungen an eine systemgerechte Besteuerung im Hinblick auf den Korrespondenzgedanken präzisiert (Teil D). Ausgehend von der terminologischen Einteilung wird

4 So *Kanzler*, FR 2004, 901 in seiner Anmerkung zu dem Urteil des BFH zur Steuerbarkeit der von dem in Monaco ansässigen geschiedenen Ehegatten erbrachten Unterhaltsleistungen.

darauffolgend die einfachgesetzliche Behandlung von Unterhaltsleistungen im Anwendungsbereich der §§ 12 Nr. 2, 22 Nr. 1 S. 2 EStG in den Blick genommen. Die Vorschriften werden im System der Einkommensteuer erläutert. In diesem Zusammenhang wird die Gesamtentwicklung der Rechtsprechung des Bundesverfassungsgerichts zur steuerlichen Berücksichtigung zwangsläufiger Unterhaltsleistungen dargestellt und einer steuersystematischen Würdigung unterzogen (Teil E IV).

Es folgt ausgehend von den zivilrechtlichen Vorgaben des Unterhaltsrechts für geschiedene und dauernd getrennt lebende Ehegatten die Darstellung des in §§ 10 Abs. 1 Nr. 1, 22 Nr. 1a EStG korrespondierend ausgestalteten Realsplittings. Besonders berücksichtigt wird die bereits aufgeworfene Problematik von Sachverhalten mit Auslandsbezug unter Einschluß einer kritischen Auseinandersetzung mit einzelnen tatbestandlichen Voraussetzungen und besonderen Erscheinungsformen von Unterhaltsleistungen (Teil F). Auf Grundlage der bis hierher gewonnenen Erkenntnisse wird untersucht, inwieweit die Regelungen Modellcharakter für die Reform des Einkommensteuerrechts im Bereich der Familienbesteuerung aufweisen. Abschließend werden die in den derzeit diskutierten Einkommensteuerreformentwürfen vorgesehenen Regelungen vorgestellt und steuersystematisch gewürdigt.

In Anlehnung an die in der jüngeren Rechtsprechungsentwicklung behauptete dualistische Einteilung wiederkehrender Leistungen in Versorgungsleistungen und wiederkehrende Leistungen im Austausch mit einer Gegenleistung werden die Vorschriften der §§ 10 Abs. 1 Nr. 1a und 22 Nr. 1 EStG betrachtet. Versorgungs-leistungen werden in einem gesonderten Abschnitt behandelt (Teil H). Einleitend sind für das Verständnis der gesetzlichen Bestimmungen die dort verwendeten Begrifflichkeiten zu erläutern, bevor die Entwicklung der Rechtsprechung zu wiederkehrenden Leistungen im Austausch mit einer Gegenleistung dargestellt und deren Ergebnisse systematisch hinterfragt werden. Im Anwendungsbereich dieser Vorschriften wird die Problematik der einkommensteuerlichen Behandlung privater Schadensrenten erörtert, ebenso die neuere Rechtsprechung des BFH zur einkommensteuerlichen Behandlung des schuldrechtlichen Versorgungsausgleichs. Dabei liegt das Hauptaugenmerk auf der Fragestellung, ob ein Korrespondenzprinzip im Bereich dieser Vorschriften einen partiellen, deren Auslegung bestimmenden Anwendungsbereich hat.

Die Arbeit schließt mit der Untersuchung der einkommensteuerlichen Behandlung von Versorgungsleistungen, die dem Übergeber anläßlich einer Vermögensübertragung im Wege der vorweggenommen Erbfolge zugesagt werden.

Dieser Bereich ist bereits mehrfach Gegenstand von Dissertationen gewesen[5]. Durch zwei Entscheidungen des Großen Senats des BFH im Jahre 2003[6] haben sich indes beachtliche Neuerungen ergeben, die insbesondere unter dem beratungspraktischen Blickwinkel nunmehr zulässiger Gestaltungsmöglichkeiten untersucht werden sollen. Die historische Entwicklung sowie die dogmatischen Grundlagen werden in ihren wesentlichen Zügen dargestellt. Die Untersuchung erfolgt auf zwei Ebenen: Zunächst werden auf Grundlage der neueren Rechtsprechung die Voraussetzungen der Vermögensübergabe gegen Versorgungsleistungen durch Gegenüberstellung mit der vor den Entscheidungen des Großen Senats teilweise heftig umstrittenen Rechtslage herausgearbeitet und vor diesem Hintergrund weiterhin offene Fragen beantwortet. Anschließend werden die dogmatischen Grundlagen anhand der Grundprinzipien des Einkommenssteuerrechts steuersystematisch überprüft.

Eine steuersystematische Gesamtbetrachtung der einzelnen Anwendungsfälle und Erscheinungsformen des interpersonalen Korrespondenzprinzips ist bislang in der Literatur nicht vorgenommen worden, obwohl der Begriff "Korrespondenzprinzip" in Rechtssprechung und Schrifttum durchaus geläufig ist und ihm vielfach für die Beurteilung einkommensteuerrechtlicher Sachverhalte entscheidende Bedeutung beigemessen wird. Daher handelt es sich bei der Frage der Korrespondenz um ein Thema, das rechtssystematisch in einem größeren Rahmen zu behandeln sich durchaus lohnt[7], nicht zuletzt vor dem Hintergrund aktueller Rechtsprechungsentwicklungen.

---

5 Insbesondere *Engelhardt*, Vermögensübergabe gegen private Versorgungsleistungen und *Hipler*, Vermögensübergabe gegen private Versorgungsleistungen im Einkommensteuerrecht, haben die Thematik umfassend behandelt.

6 BFH v. 12.05.2003 – GrS 1/00 – BStBl. II 2004, 95 = BFHE 202, 464 und BFH v. 12.05.2003 – GrS 2/00 – BStBl. II 2004, 100 = BFHE 202, 477.

7 Dies hat bereits *Charlier*, StbJb 1966/67, 279 (289) auf diese Weise formuliert.

B. Arten des interpersonalen Korrespondenzprinzips und gesetzliche Grundlagen

I. Begriff Interpersonales Korrespondenzprinzip

Aus dem Begriff "interpersonales Korrespondenzprinzip" folgt, dass dieser zwei Steuerrechtssubjekte voraussetzt, zwischen denen Zahlungen erfolgen, die auf beiden Seiten hinsichtlich ihrer Abzugsfähigkeit bzw. Steuerbarkeit entsprechend behandelt werden. Bei unbefangener Betrachtung stehen die Vorschriften der §§ 10 Abs. 1 Nr. 1 und 1a, 12 Nr. 1 und 2, 22 Nr. 1 EStG offensichtlich in einer Wechselbeziehung, da die hier verwendeten Begrifflichkeiten einen engen sachlichen Zusammenhang aufweisen[8], durch den das Verhältnis von Abzugsfähigkeit auf Geberseite und Steuerbarkeit auf Empfängerseite geprägt wird. Dabei lassen sich zwei Erscheinungsformen der Korrespondenz unterscheiden: Unter dem Begriff der negativen Korrespondenz werden Sachverhalte erfasst, bei denen auf Seiten des Verpflichteten der Abzug der erbrachten Leistungen versagt bleibt und diese beim Empfänger nicht der Einkommensteuer unterliegen, umgekehrt liegt eine positive Korrespondenz vor, wenn sich die Abzugsfähigkeit beim Geber und entsprechend die Steuerbarkeit beim Empfänger bejahen lässt[9]. Die §§ 10 Abs. 1 Nr. 1 und 1a, § 12 Nr. 1 und 2, 22 Nr. 1 und 1a EStG beinhalten somit verschiedene tatbestandliche Entsprechungen und Interdependenzen, die sich als negative bzw. positive Korrespondenz umschreiben lassen.

1. Negative Korrespondenz: §§ 12 Nr. 1 und 2, 22 Nr. 1 S. 2 EStG

Die §§ 12 Nr. 1 und 2, 22 Nr. 1 S. 2 EStG stehen durch die Normierung teilweise identischer Tatbestsandsmerkmale in einer wechselseitigen Beziehung[10].

---

8 BFH v. 17.07.1959 – VI 154757 U – BStBl. III 1959, 345 (346) = BFHE 69, 218; BFH v. 24.02.1961 – VI 84/60 U – BStBl. III 1961, 188 (189); BFH v. 27.09.1973 – VIII R 71/69 – BStBl. II 1974, 101 = BFHE 111, 33; BFH v. 19.10.1978 – BStBl. II 1979, 133 (134) = BFHE 126, 405. *Fischer*, in: Kirchhof/Söhn/Mellinghoff, EStG, § 22 Rn. A 45; *Jansen*, in: Herrmann/Heuer/Raupach, EStG, § 22 Rn. 60; *Jansen/Wrede*, Renten, Raten, Dauernde Lasten[12], Rn. 226; *Schmitz*, Besteuerung wiederkehrender Bezüge, S. 76; *Stuhrmann*, in: Blümich, EStG, § 22 Rn. 70.

9 *Fischer*, in: Kirchhof/Söhn/Mellinghoff, EStG, § 22 Rn. A 45, 46; *Lang*, Bemessungsgrundlage, S. 83.

10 Das Verhältnis dieser Vorschriften zueinander wird vielfach mit dem Begriff "Korrespondenzprinzip" beschrieben, vgl. etwa *Arndt*, in: Kirchhof/Söhn/Mellinghoff, EStG, § 12 Rn. A 17; *Fischer*, in: Kirchhof/Söhn/Mellinghoff, EStG[5], § 22 Rn. B 351; ders., in: Kirchhof/Söhn/Mellinghoff, EStG, § 22 Rn. 6; *Jansen/Wrede*, Renten, Raten, Dauernde Lasten, Rn. 226; *Jansen*, in: Herrmann/Heuer/Raupach, EStG, § 22 Rn. 242; *Lüsch*, in: Littmann/Bitz/Pust, EStG, § 22 Rn. 27; *Nolde*, in: Herrmann/Heuer/Raupach, EStG, § 12 Rn. 76; *Stöcker*, in: Bordewin/Brandt, EStG, § 22 Rn. 281.

Auf Geberseite normiert § 12 EStG ein Abzugsverbot der für den Unterhalt der Familienangehörigen aufgewendeten Beträge (§ 12 Nr. 1 S. 1 EStG) sowie freiwilliger Zuwendungen, Zuwendungen auf Grund einer freiwillig begründeten Rechtspflicht und Zuwendungen an eine gegenüber dem Steuerpflichtigen oder seinem Ehegatten gesetzlich unterhaltsberechtigte Person oder deren Ehegatten, auch wenn diese auf einer besonderen Vereinbarung beruhen (§ 12 Nr. 2 EStG). Nach § 22 Nr. 1 S. 2, Hs. 1 EStG sind diese dem Empfänger bei unbeschränkter Einkommensteuer- oder Körperschaftssteuerpflicht des Gebers nicht als sonstige Einkünfte zuzurechnen. Unter diesen noch näher zu erläuternden Voraussetzungen folgt auf Grundlage des Gesetzeswortlauts eine auf Geber- und Empfängerseite einheitlich zu behandelnde negative Korrespondenz[11]: Wird dem Leistenden der Abzug versagt, braucht der Empfänger den erhaltenen Betrag nicht zu versteuern.

2. Positive Korrespondenz: §§ 10 Abs. 1 Nr. 1a, 22 Nr. 1 und §§ 10 Abs. 1 Nr. 1, 22 Nr. 1a EStG

Unterhaltszahlungen an den geschiedenen oder dauernd getrennt lebenden Ehegatten stellen nach § 22 Nr. 1a EStG nur sonstige steuerbare Einkünfte aus Unterhaltsleistungen dar, soweit sie nach § 10 Abs. 1 Nr. 1 EStG vom Geber abgezogen werden können. Das Gesetz macht hier die Steuerbarkeit auf Empfängerseite von der Abziehbarkeit auf Geberseite abhängig und normiert damit eine ausdrückliche Korrespondenzregelung[12]. Anschaulich bringt die Gesetzesbegründung zur Einführung des Realsplittings die Korrespondenz in der Formulierung zum Ausdruck, die Regelung des § 22 Nr. 1a EStG sei das "Spiegelbild" zu der Vorschrift des § 10 Abs. 1 Nr .1 EStG[13]. Die interpersonale Abhängigkeit kommt vor allem darin zum Ausdruck, dass für den Abzug auf Geberseite die Zustimmung des Empfängers konstitutive Voraussetzung für den Abzug der Unterhaltsleistungen als Sonderausgaben ist[14] und die Steuerbarkeit bzw. Abziehbarkeit einheitlich für beide Seiten durch die Höchstbetragsregelung begrenzt ist. Im Hinblick auf diese betragsmäßige Begrenzung liegt eine beschränkt positive Korrespondenz vor.

---

11 *Fischer*, in: Kirchhof/Söhn/Mellinghoff, EStG, § 22 Rn. A 45; *Lang*, Bemessungsgrundlage, S. 83.

12 *Fischer*, in: Kirchhof, EStG[6], § 10 Rn. 7 und § 22 Rn. 28; *Jansen*/*Wrede*, Renten, Raten, Dauernde Lasten[12], Rn. 226; *Lüsch*, in: Littmann/Bitz/Pust, EStG, § 22 Rn. 28.

13 BT-Drucks. 8/2118.

14 Dazu näher unten F. II. 4. c), S. 93 f.

Ein Nebeneinander von beschränkter und unbeschränkter positiver Korrespondenz lässt sich den §§ 10 Abs. 1 Nr. 1a, 22 Nr. 1 EStG entnehmen[15]. Die für die Geberseite in § 10 Abs. 1 Nr. 1a EStG normierten Tatbestandsmerkmale "Leibrente" und "dauernde Last" gehen auf den ersten Blick in dem Oberbegriff der wiederkehrenden Leistungen des § 22 Nr. 1 EStG auf Empfängerseite auf[16]. Die Korrespondenz kommt für den Leibrentenbegriff noch stärker zum Ausdruck, indem § 10 Abs. 1 Nr. 1a EStG ebenso wie § 9 Abs. 1 S. 3 Nr. 1 S. 2 EStG die Abzugsfähigkeit beim Geber und die Steuerbarkeit beim Empfänger betragsmäßig der Ertragsanteilstabelle in § 22 Nr. 1 S. 3 Lit. a bb EStG entnimmt und damit eine gewisse Bindungswirkung erzeugt[17]. Demgegenüber ist die dauernde Last in vollem Umfang abzugsfähig bzw. steuerbar, weist aber begriffsmäßig unscharfe Konturen auf und erfordert daher Präzisierungen.

3. Prinzipielle Korrespondenz aufgrund der einfachgesetzlichen Vorschriften?

Die frühere Rechtsprechung ging teilweise von einem dem Sinnzusammenhang der Vorschriften der §§ 10 Abs. 1 Nr. 1 und 1a, 12 Nr. 1 und 2, 22 Nr. 1 EStG zu entnehmenden generellen Korrespondenzprinzip aus[18] und gelangte für die intersubjektive Betrachtung von Leistungen zwischen Geber und Empfänger zu einer "gekoppelten Abzugsfähigkeit/Steuerpflicht"[19]. Ein striktes Korrespondenzprinzip ist jedoch nie praktiziert worden[20]. Gegen eine aus dem Gesamtzusammenhang der einfachgesetzlichen Vorschriften zu entnehmende prinzipielle Korrespondenz spricht bereits deren Ausgestaltung im einzelnen. *Fischer* mutmaßt zwar, der Gesetzgeber möge die "norminspirierende Idee" einer Korres-

---

15 *Gérard*, in: Lademann, EStG, § 22 Rn. 3.

16 Vgl. *Jansen*, in: Herrmann/Heuer/Raupach, EStG, § 22 Rn. 65; *Lüsch*, in: Littmann/Bitz/Pust, EStG, § 22 Rn. 26; *Stuhrmann*, in: Blümich, EStG, § 22 Rn. 24.

17 BFH v. 16.12.1997 – VIII R 38/94 – BStBl. II 1998, 339 = BFHE 185 (199); *Lüsch*, in: Littmann/Bitz/Pust, EStG, § 22 Rn. 26; *Stuhrmann*, in: Blümich, EStG, § 22 Rn. 24. Weitergehend *Stöcker*, in: Bordewin/Brand, EStG, § 22 Rn. 65: "Was als Leibrente gem. § 22 Nr. 1 S. 3 Buchst. a vom Empfänger zu versteuern ist, *muss* nach § 10 Abs. 1 Nr. 1a vom Leistenden als Sonderausgabe absetzbar sein" (Hervorhebung nur hier).

18 BFH v. 17.07.1959 – VI 154/57 U – BStBl. III 1959, 345 = BFHE 69, 218; BFH v. 27.11.1959 – VI 172/59 U – BStBl. III 1960, 65 = BFHE 70, 174; BFH v. 24.02.1961 – VI 84/60 U – BStBl. III 1961, 188 (189) = BFHE 72, 515; BFH v. 20.07.1971 – VIII R 24/65 – BStBl. II 1972, 170 = BFHE 103, 410; BFH v. 27.09.1973 – VIII R 71/69 – BStBl. II 1974, 101 = BFHE 111, 33; BFH v. 19.10.1978 – VIII R 9/77 – BStBl. II 1979, 133 = BFHE 126, 405.

19 So BFH v. 24.02.1961 – VI 84/60 U – BStBl. III 1961, 188 (189) = BFHE 72, 515.

20 Vgl. die Beispiele bei *Fischer*, in: Kirchhof/Söhn/Mellinghoff, EStG, § 22 Rn. A 47.

pondenz gehabt haben[21], hält aber fest, dass eine Entsprechung zwischen Abziehbarkeit und Steuerbarkeit grundsätzlich nur insoweit anzunehmen sei, als positiv normierte wortgleiche Merkmale auch den gleichen Bedeutungsinhalt haben[22]. Diese Aussage findet Bestätigung, wenn man sich die in den einzelnen Vorschriften vorhandenen Durchbrechungen der dort angelegten Korrespondenz vor Augen führt. § 22 Nr. 1 S. 2 Hs. 2 EStG normiert für die negative Entsprechung partielle Bereichsausnahmen[23], indem die dort genannten Bezüge dem Empfänger entgegen § 22 Nr. 1 S. 2 Hs. 1 EStG zuzurechnen sind. Zweifelhaft erscheint es auch, im Bereich der §§ 10 Abs. 1 Nr. 1, 22 Nr. 1a EStG von einem "uneingeschränkten Korrespondenzprinzip"[24] auszugehen. Dies ist nicht nur im Hinblick auf betragsmäßige Beschränkung der Abziehbarkeit/Steuerbarkeit, auf der die Bezeichnung begrenztes Realsplitting[25] beruht, unpassend, sondern der Gesetzeswortlaut selbst schränkt die angeordnete Korrespondenz ein, indem § 22 Nr. 1a EStG die Steuerbarkeit der Unterhaltsleistungen (lediglich) davon abhängig macht, dass sie nach § 10 Abs. 1 Nr. vom Geber abgezogen werden *können*[26]. Ein tatsächlicher Abzug auf Geberseite ist damit nicht vorausgesetzt[27]. Unterlässt dieser den Abzug trotz Vorliegens aller materiell-rechtlichen und verfahrensrechtlichen Voraussetzungen, sind die Unterhaltsleistungen gleichwohl auf Empfängerseite als steuerbare Einkünfte zu erfassen. Streng genommen ist bei rein begrifflicher Betrachtung auch keine echte Korrespondenz zwischen den in § 10 Abs. 1 Nr. 1a EStG genannten Leibrenten und dauernden Lasten und den

---

21 *Fischer*, in: Kirchhof/Söhn/Mellinghoff, EStG, § 22 Rn. A 46 unter Hinweis auf die Begründung zum StNOG 1954, BT-Drucks. II/481, S. 88, wo es heißt: "Dem Abzug beim Verpflichteten muss die Besteuerung beim Berechtigten entsprechen".

22 *Fischer*, aaO, mit Beispiel RFH v. 18.01.1928 – VI A 192/27 – RStBl. 1928, 97.

23 Hierzu zählen Bezüge, die von einer unbeschränkt steuerpflichtigen Körperschaft, Personenvereinigung oder Vermögensmasse außerhalb der Erfüllung steuerbegünstigter Zwecke im der §§ 52-54 AO gewährt werden (§ 22 Nr. 1 S. 2 Hs. 2 lit. a) sowie Bezüge im Sinne des § 1 der Verordnung über die Steuerbegünstigung von Stiftungen, die an die Stelle von Familienfideikommissionen getreten sind, RGBl. I 1926, 101 (§ 22 Nr. 1 S. 2 Hs. 2 lit. b). Näher zu diesen Bereichsausnahmen BFH v. 25.11.1966 – VI R 111, 112/66 – BStBl. III 1967, 178 = BFHE 87, 476; BFH v. 25.08.1987 – IX R 98/82 – BStBl. II 1988, 151 = BFHE 151, 506. Eingehend *Gérard*, in: Lademann, EStG, § 22 Rn. 21; *Jansen*, in: Herrmann/Heuer/Raupach, EStG, § 22 Rn. 250-255; *Lüsch*, in: Littmann/Bitz/Pust, EStG, § 22 Rn. 37-39; *Stöcker*, in: Bordewin/Brandt, EStG, § 22 Rn. 290-296.

24 So *Lüsch*, in: Littmann/Bitz/Pust, EStG, § 22 Rn. 28.

25 Statt vieler *Jansen*, in: Herrmann/Heuer/Raupach, EStG, § 22 Rn. 351.

26 A.A. *Weber-Grellet*, in: Schmidt, EStG[24], § 22 Rn. 90, der diesen Wortlaut zugunsten der Annahme einer vollumfänglichen Korrespondenz für unmaßgeblich hält.

27 *Fischer*, in: Kirchhof/Söhn/Mellinghoff, EStG, § 22 Rn. B 372.

nach § 22 Nr. 1 EStG steuerbaren wiederkehrenden Bezügen auszumachen. Letztere mögen zwar als zusammenfassender Oberbegriff angesehen werden, die gewählten Begrifflichkeiten sind aber nicht vollkommen deckungsgleich, da § 10 Abs. 1 Nr. 1a den Begriff "wiederkehrende Bezüge" nicht erwähnt, sondern nur der Leibrentenbegriff die Vorschriften durch speziellen Verweis auf die in § 22 Nr. 1 S. 3 EStG enthaltene Ertragsanteilstabelle wegen des einheitlichen Begriffsgebrauchs miteinander verbindet[28].

Diese Beobachtungen zeigen, dass ein vollständiges interpersonales Korrespondenzprinzip durch den Gesetzgeber nicht normiert wurde[29]. Die in den einfachgesetzlichen Vorschriften angelegte, aber nicht konsequent eingehaltene Korrespondenz lässt somit nicht auf ein allgemeines, den einfachgesetzlichen Vorschriften zugrunde liegendes Korrespondenzprinzip schließen[30].

II. Ergebnis

Aus den einfachgesetzlichen Vorschriften lässt sich zwar ein "Korrespondenzgedanke" für einige dort normierte Begrifflichkeiten entnehmen. Dieser ist aber wegen der zahlreichen Durchbrechungen und Begriffsdivergenzen nicht verallgemeinerungsfähig. Zu klären bleibt, inwieweit ein interpersonales Korrespondenzprinzip überhaupt in das System der Einkommensteuer passt. Hierbei ist fraglich, ob und wie ein Korrespondenzprinzip in Einzelfällen einen tauglichen Begründungsansatz für die steuerrechtliche Behandlung von Leistungen auf Geber- und Empfängerseite sein kann und ob es – wie *Fischer* behauptet[31] – dem Steuergesetzgeber vor dem Hintergrund verfassungsrechtlicher Bindungen offen steht, eine materiell-rechtliche Korrespondenz zu verankern. Dazu sind zunächst

---

28 So *Schmitz*, Besteuerung wiederkehrender Bezüge, S. 75.

29 So bereits *Friedrich* DB 1960, 705, der darauf hinweist, dem Gesetzgeber sei das Problem der Korrespondenz bereits seit dem EStG 1920 bekannt gewesen.

30 Die fehlende Verallgemeinerungsfähigkeit des "Korrespondenzgedankens" entspricht der nahezu einhelligen Auffassung des steuerrechtlichen Schrifttums, vgl. *Arndt*, in: Kirchhof/Söhn/Mellinghoff, EStG, 12 Rn. A 17; *Charlier*, StbJb 1966/67, 279 (288); *Crezelius*, in. Kirchhof/Söhn/Mellinghoff, EStG, § 8 Rn. B 6; Gramlich/Treisch, DB 1997, 2349 (2354); *Jansen*, in: Herrmann/Heuer/Raupach, EStG, § 22 Rn. 242; *Gérard*, in: Lademann, EStG, § 22 Rn. 5; *Jansen/Wrede*, Renten, Raten, Dauernde Lasten, Rn. 227; *Kirchhof*, in: Kirchhof/Söhn/Mellinghoff, EStG, § 2 Rn. 189; *Lindberg*, in: Blümich, EStG, § 12 Rn. 129; *Lüsch*, in: Littmann/Bitz/Pust, EStG, § 22 Rn. 26; *Nolde*, in: Herrmann/Heuer/Raupach, EStG, § 12 Rn. 76; *Schmitz*, Besteuerung wiederkehrender Bezüge, S. 76; *Tipke*, StuW 1980, 1 (8).

31 *Fischer*, in: Kirchhof/Söhn/Mellinghoff, EStG, § 22 Rn. A 48; ders., Wiederkehrende Bezüge und Leistungen, Rn. 26, 68. Vgl. auch *Charlier*, StbJb 1966/67, 279 (288).

die historischen Grundlagen der einfachgesetzlichen Vorschriften eingehend zu untersuchen, bevor im Anschluß daran der Korrespondenzgedanke in sämtlichen Erscheinungsformen auf seine Tragfähigkeit im System des Einkommensteuerrechts überprüft werden soll.

C. Die historische Entwicklung der gesetzlichen Grundlagen

I. Das Preußische Einkommensteuergesetz vom 24.06. 1891

Das Preußische Einkommensteuergesetz vom 24.06.1891[32] beinhaltet die Vorläuferbestimmungen zu den heutigen korrespondierenden Regelungen des EStG und kann damit als strukturprägend angesehen werden[33]. Auf Geberseite bestimmte § 9 PrEStG 1891[34] enumerativ vom Einkommen abzugsfähige und nichtabzugsfähige Ausgaben, hierunter die "auf besonderen Rechtstiteln beruhenden dauernden Lasten". Die Abzugsfähigkeit der Schuldzinsen, Renten und auf besonderen Rechtstiteln beruhenden Lasten wurde ausweislich der Gesetzesbegründung als "unbedenklich" angesehen. Es bedürfe keiner besonderen Rechtfertigung, dass vom freien Willen des Steuerpflichtigen abhängige Leistungen ebensowenig in Abzug gebracht werden dürfen, wie diejenigen Aufwendungen, die zwar auf privatrechtlichen Verpflichtungen beruhten, aber keine dauernde Belastung darstellten[35]. Steuerpflichtiges Einkommen wurde durch die Grundnorm des § 7 PrEStG 1891[36] bestimmt, dessen einzelne Katalogtatbestän-

---

32 PrGS 1891, 175 f.

33 Nach *Tipke/Lang*, Steuerrecht[18], § 9 Rn. 6, leistet das PrEStG 1891 den Durchbruch zur modernen Einkommensteuer. Ähnlich *Söhn*, StuW 1985, 305 (396): Für das deutsche Einkommensteuerrecht war zunächst das preußische Einkommensteuerrecht "federführend".

34 § 9 PrEStG 1891 lautete (auszugsweise):

(1) "Von den Einkommen (§ 7) sind in Abzug zu bringen:

Nr. 2 die von den Steuerpflichtigen zu zahlenden Schuldzinsen und Renten, soweit dieselben nicht auf einer Einnahmequelle haften, welche bei der Veranlagung außer Betracht zu lassen sind (§ 6 Nr. 1 und 2).

Nr. 3 die auf besonderen Rechtstiteln beruhenden dauernden Lasten

(2) Nicht abzugsfähig sind dagegen insbesondere:

Nr. 2 die zur Bestreitung des Haushalts der Steuerpflichtigen und zum Unterhalt ihrer Angehörigen gemachten Ausgaben, einschließlich des Geldwertes der zu diesen Zwecken verbrauchten Erzeugnisse und Waren des eigenen landwirtschaftlichen oder gewerblichen Betriebes."

35 Vgl. insgesamt *Fuisting*, PrEStG 1891[2], § 9 Anm. 1 unter Bezugnahme auf die Amtliche Begründung des Regierungsentwurfs.

36 § 7 PrEStG 1981 lautete: "Als Einkommen gelten die gesamten Jahreseinkünfte der Steuerpflichtigen in Geld und Geldeswert aus:

1. Kapitalvermögen

2. Grundvermögen, Pachtungen und Mieten, einschließlich des Mietswerts der Wohnung im eigenen Hause,

de durch weitere Vorschriften konkretisiert wurden. Unter den Einkommensbegriff des § 7 Nr. 4 PrEStG 1891 fiel das in § 15 PrEStG 1891 näher bezeichnete Einkommen aus "Gewinn bringender Beschäftigung, sowie aus Rechten auf periodische Hebungen und Vorteile irgend welcher Art ... insbesondere ... Pensionen und sonstige fortlaufende Einnahmen, welche nicht als Jahresrenten eines beweglichen oder unbeweglichen Vermögens anzusehen sind, endlich solche Rentenbezüge, welche an die Person des Empfangsberechtigten geknüpft sind ...". Nach der Anweisung des Finanzministers waren Leistungen, die auf Freiwilligkeit beruhten sowie Leistungen aufgrund einer gesetzlichen Unterhaltspflicht von der Steuerbarkeit nach § 15 PreußEStG 1891 ausgenommen und die Abzugsfähigkeit beim Geber war von der Behandlung auf Empfängerseite abhängig[37]. Freiwillige oder aufgrund gesetzlicher Verpflichtung erfolgte Unterhaltsleistungen von Eltern an Kinder waren weder Einkommen der Kinder noch abzugsfähige Ausgaben bei den Eltern. Entscheidend für die Abzugsfähigkeit war das Vorliegen eines besonderen Rechtstitels. Dieses in § 9 Abs. 1 Nr. 3 PrEStG 1891 aufgestellte Merkmal umfaßte "vorzugsweise Vertrag und letztwillige Verfügungen"[38] und war nicht erfüllt, wenn ein Vertrag nur die Wiederholung einer gesetzlich bestehenden Verpflichtung darstellte[39]. Handelte es sich hingegen um Zuwendungen außerhalb der gesetzlichen Verpflichtung und wurden diese auf Grund eines besonderen Rechtstitels erbracht, so stellten sie für den Geber eine abzugsfähige dauernde Last, für den unterhaltsberechtigten

---

3. Handel und Gewerbe einschließlich des Bergbaus,
4. Gewinn bringender Beschäftigung sowie aus Rechten auf periodische Hebungen und Vorteile irgendwelcher Art, soweit diese Einkünfte nicht schon unter Nr. 1 bis 3 begriffen sind.

37 Anweisung des Finanzministers v. 05.08.1891 zur Ausführung des EStG v. 24.061891, zitiert nach *Fuisting*, PrEStG 1891[3], 320 (322): "Die Abrechnung findet unter den gleichen Voraussetzungen statt, unter welchen die Anrechnung beim Empfänger begründet ist".

38 *Fuisting*, PrEStG 1891[3], § 9 Anm. 14.

39 *Fuisting*, PrEStG 1891[3], § 9 Anm. 12; *Fuisting/Strutz*, PrEStG 1891[2], § 9 Anm. 15; *Krause*, PrEStG 1891, § 9 Anm. 6. Ebenso wenig stellte ein gerichtliches Erkenntnis eine besondere Verpflichtung im Sinne der Vorschrift dar, sofern es lediglich das Bestehen einer gesetzlichen Pflicht wiederholte, vgl. *Fuisting/Strutz*, PrEStG, § 9 Anm. 15 unter Hinweis auf PrOVG/St v. 25.05.1893 – Rep V Nr. 5/93 – OVGSt 1, 387 (388). Aus der Rechtsprechung, insbesondere zum Umfang des Unterhaltsbegriffs vgl. ferner: PrOVG/St v. 29.06.1893 – Rep. V.B. 822/93 – OVGSt 2, 167 (167); PrOVG/St v. 25.09.1891 – Rep. V 18/93 – OVGSt 2, S. 82 (83); PrOVG/St v. 24.06. 1891 – Rep V 3185/91 – OVGSt 2, 311 (312); PrOVG/St v. 24.06. 1891 – Rep. V.C. 572/94 – OVGSt 3, 109 (112); PrOVG/St v. 20.12. 1895 – Rep. V. A 1076/95 – OVGSt 4, 250 (252); PrOVG/St v. 24.05. 1897 – Rep. VI. 3/97 – OVGSt 6, 115 (116).

Empfänger selbständiges, steuerpflichtiges Einkommen dar[40]. Damit lässt sich die oben beschriebene terminologische Einteilung zur Umschreibung der Behandlung von Zahlungen zwischen zwei Steuersubjekten als negative bzw. positive Korrespondenz auf das preußische Einkommensteuergesetz übertragen, bedarf aber näherer Erläuterung unter dem Blickwinkel der damals gesetzlich verankerten Haushaltsbesteuerung[41].

Aufschlussreich sind die Ausführungen *Fuistings*[42], der die sich aus der fehlenden Abziehbarkeit/Steuerbarkeit von Leistungen zur Erfüllung gesetzlicher Unterhaltspflichten ergebende negative Korrespondenz wie folgt erläutert hat: Dass Zuwendungen in Erfüllung einer gesetzlichen Unterhaltspflicht beim Geber nicht abzugsfähig und beim Empfänger nicht steuerbar sind, ergebe sich aus der begrifflichen Zweckbestimmung des Einkommens. Das Einkommen des Haushaltsvorstandes und die hieraus bestrittenen, der gesetzlichen Unterhaltspflicht entspringenden Zuwendungen an die Angehörigen bildeten steuerlich ein untrennbares, nur in der Person des ersteren zu besteuerndes Einkommen[43]. Wenn sowohl das Oberhaupt, ohne zum Abzug der auf der gesetzlichen Unterhaltspflicht beruhenden Zuwendungen an seine Angehörigen berechtigt zu sein, als auch die Angehörigen selbst die Zuwendungen versteuern müßten, so komme es in der Person des Haushaltsvorstands zu einer doppelten Besteuerung, indem ersterer einmal mit der eigenen Steuer und zusätzlich mit der aus seinen

---

40 *Fuisting/Strutz*, PrEStG 1981², § 9 Anm. 16. Aus der Rechtsprechung vgl. PrOVG v. 27.10. 1892 – Rep V 195/92 – OVGSt 1, 28 (28). Ferner Art. 4 I 4b, Art. 4 II 4 Ausführungsanweisung v. 15.08. 1891, wiedergegeben bei *Fuisting*, PrEStG 1891³, S. 320 f. Zusammenfassend werden die Konstellationen in den Stenographischen Berichten des Abgeordnetenhauses, S. 1268, umschrieben: "Wird die Leistung gegeben auf Grund der gesetzlichen Unterhaltspflicht, so ist nur der Vater steuerpflichtig; liegt dagegen ein besonderes Vertragsverhältnis vor, dessen Gegenstand sich nicht mit dem Inhalt der gesetzlichen Unterhaltspflicht deckt, so hat einerseits nur der Empfänger ein Recht auf diese Leistungen und wird daher steuerpflichtig werden auf Grund des § 7 Nr. 4, weil er ein Recht auf eine periodische Hebung hat. Den Betrag desselben darf aber andererseits unzweifelhaft der Geber von seinem steuerpflichtigen Einkommen als eine Schuldrente abziehen", zitiert bei *Fuisting*, PrEStG 1891⁴, § 7 Anm. 4.

41 Das Wesen der Haushaltsbesteuerung kennzeichnet sich durch die Zusammenfassung der zu einem Haushalt gehörenden Personen zu einer steuerlichen Einheit und die Behandlung als einheitliches Steuerobjekt durch Zusammenrechnung aller Einkommen der Haushaltsangehörigen. Dies bringt die Veranlagungsvorschrift des § 11 Abs. 1 PrEStG 1891 zum Ausdruck, wo die Zurechnung des Einkommens der Angehörigen der Haushaltung zum Einkommen des Haushaltsvorstandes vorgesehen war.

42 *Fuisting*, Grundzüge der Steuerlehre, S. 186 f.

43 *Fuisting*, Grundzüge der Steuerlehre, S. 191.

Mitteln zu entrichtenden Steuer der Angehörigen belastet werde[44]. Daher sei "klar", dass bereits besteuertes Einkommen in der Hand der letzteren nicht den Gegenstand nochmaliger Besteuerung bilden dürfe. Die Steuerpflicht des Einkommens in der Person des Haushaltsvorstands war nach *Fuisting* hierfür jedoch "unbedingte Voraussetzung" für die Nichtbesteuerung der an die Angehörigen erbrachten Zuwendungen. In Fällen mit Auslandsbezug, in denen der Geber nicht der Besteuerung des Staates unterliege, in dem die Steuerpflicht des Empfängers begründet sei, müsse dieser mit dem aus seinem gesetzlichen Unterhaltsanspruch fließenden Einkommen besteuert werden[45].

Daraus erhellt: Zum einen beruht die Nichtabzugsfähigkeit auf gesetzlicher Grundlage erbrachter Unterhaltsleistungen und die Nichtbesteuerung beim Empfänger auf der Vermeidung einer durch die damalige Haushaltsbesteuerung bedingte Doppelbesteuerung des Haushaltsvorstandes. Andererseits ist über diesen Fall hinaus ein allgemein gesetzlich verankerter Grundsatz des Inhalts, dass der Geber Aufwendungen nur abziehen dürfe, wenn sie beim Empfänger besteuert werden, dem PrEStG 1891 nicht zu entnehmen[46]. Außerhalb der Haushaltsbesteuerung galt damit, was das PrOVG[47] in bemerkenswerter Klarheit und – wie zu zeigen sein wird – steuersystematisch wegweisend wie folgt formuliert hat: "Die Frage, ob eine Ausgabe abzugsfähig ist, muss unabhängig davon beurteilt werden, ob der ausgegebene Betrag tatsächlich vom Empfänger versteuert wird".

II. Das Preußische Einkommensteuergesetz vom 19.06.1906

Die im Preußischen Einkommensteuergesetz vom 19.06.1906[48] enthaltenen korrespondierenden Regelungen knüpfen an ihre Vorgängerbestimmungen an. § 8 Abs. 2 Nr. 2 PrEStG 1906 normierte die Abzugsmöglichkeit von Renten und dauernden Lasten, die auf Privatrechtstiteln beruhten, Abs. 3 der Vorschrift stellte in einer nicht abschließenden Aufzählung klar, welche Ausgaben des Steuerpflichtigen von der Abzugsfähigkeit ausgenommen waren und versagte in Nr. 2 ausdrücklich die Abzugsfähigkeit von Unterhaltsleistungen an Angehörige aufgrund gesetzlicher Unterhaltspflicht[49]. Gegenüber der Vorgängerregelung

---

44 *Fuisting*, a.a.O.

45 *Fuisting*, a.a.O.

46 Ausdrücklich *Fuisting/Strutz*, PrEStG 1891, § 9 Anm. 3b.

47 PrOVG/St v. 17.11. 1893 – Rep. V. A. 1075/93 – OVGSt 3, 1 (2).

48 PrGS 1906, S. 260 f.

49 § 8 Abs. 3 Nr. 2 PrEStG 1906 lautete (auszugsweise): "Nicht abzugsfähig sind insbesondere:

findet sich der klarstellende Zusatz, dass die Abzugsfähigkeit auch bei Vorliegen eines die gesetzliche Unterhaltspflicht wiederholenden Privatrechtstitels nicht möglich sein sollte[50]. § 6 PrEStG 1906 entsprach der Vorgängernorm des § 7 des PreußEStG 1891 und bestimmte als steuerpflichtiges Einkommen im Auffangtatbestand der Nr. 4 Einkünfte aus Rechten auf periodische Hebungen. Damit blieb die Rechtslage unverändert. Die bereits durch *Fuisting* erläuterte Problematik der durch die Haushaltsbesteuerung bedingten Doppelbesteuerung hat *Mrozek*[51] unter verfahrensrechtlichen Gesichtspunkten aufgegriffen. Er hielt fest, dass die Frage, ob eine Ausgabe abzugsfähig sei, grundsätzlich unabhängig davon beurteilt werden müsse, ob der ausgegebene Betrag tatsächlich vom Empfänger versteuert werde. Zwar komme es dabei unter Umständen zu einer als unbillige Härte zu empfindenden Doppelbesteuerung, wenn durch Versagung der Abzugsfähigkeit beim Geber und die Besteuerung des zugewendeten Betrages auf Empfängerseite eine zweifache Einkommenserfassung erfolge. Der jeweils betroffene Steuerpflichtige könne dies aber nur im Verfahrenswege geltend machen und eine rechtskräftige Entscheidung über die eigene Veranlagung herbeiführen[52].

... die zur Bestreitung des Haushalts der Steuerpflichtigen und zum Unterhalt ihrer Angehörigen gemachten Ausgaben.

...Aufwendungen zur Erfüllung einer gesetzlichen Unterhaltspflicht gegen Angehörige sind auch dann nicht abzugsfähig, wenn sie diesen durch Privatrechtstitel zugesichert sind."

50 Dazu *Fuisting/Strutz*, PrEStG 1906, § 8 Anm. 86a; *Mrozek*, PrEStG 1906, § 8 Anm. 18 (S. 120).

51 *Mrozek*, PrEStG 1906, § 8 Anm. 18 B.e. (S. 119) beurteilt als Beispiel die Zulage eines Steuerpflichtigen an seinen Sohn oder Schwiegersohn wie folgt: "Wenn die jährliche Zulage einerseits bei der Veranlagung des die Zulage Gewährenden nicht als abzugsfähig erachtet, andererseits bei der Veranlagung des Empfängers für steuerpflichtiges Einkommen desselben angesehen wird, so muss die hierdurch hervorgerufene mehrfache Erfassung desselben Einkommensteils erklärlicherweise als Härte und Unbilligkeit empfunden werden".

52 *Mrozek*, a.a.O.: "Wird der Abzug versagt, so wird der Steuerpflichtige sofort nach Empfang des Veranlagungsschreibens Berufung einzulegen haben mit der Begründung, dass ihm der Abzug der Zulage versagt worden sei, und gleichzeitig wird er bei dem Empfänger der Zulagen anzufragen haben, ob ihm diese als Einkommen angerechnet worden ist. Ist Letzteres nicht der Fall, so kann die Berufung zurückgenommen werden ... Wird dagegen die Zulage beim Empfänger besteuert, so ist dieser zu veranlassen, sofort auch seinerseits wegen der Besteuerung der Zulage Berufung einzulegen".

III. Das Reichseinkommensteuergesetz vom 29.03.1920

Das erste reichseinheitliche Einkommensteuergesetz vom 29.03.1920[53] brachte eine Erweiterung des Einkommensbegriffs[54], der in § 5 REStG 1920 durch die Aufzählung steuerbarer Einnahmen gesetzlich umrissen wurde und auch sonstige Einnahmen "ohne Rücksicht darauf, ob es sich um einmalige oder wiederkehrende Einkünfte handelt oder aus welchem rechtlichen oder tatsächlichen Grunde sie dem Steuerpflichtigen zugetroffen sind", umfasste. Diese sonstigen Einkünfte wurden in § 11 REStG 1920 konkretisiert, der in Nr. 2 eine dem heutigen § 22 Nr. 1 S. 2 EStG vergleichbare Formulierung enthielt[55]. In § 11 Nr. 1 REStG 1920 wurde mit dem Leibgedinge ein bisher gesetzlich nicht normiertes Tatbestandsmerkmal einführt[56]. Auf Geberseite wurden die abziehbaren Ausgaben im abschließenden, gegenüber dem PrEStG 1906 erweiterten Katalog des § 13 REStG bestimmt[57]. Die Gesetzesbegründung[58] bringt den Zweck des § 11 Nr. 2 REStG deutlich zum Ausdruck: "Um Doppelbesteuerungen zu vermeiden, die sich daraus ergeben können, dass freiwillig oder auf Grund gesetzlicher Unterhaltspflicht geleistete Zuwendungen sowohl beim Geber, der sie bei Berechnung seines steuerbaren Einkommens nicht abziehen darf, wie beim Empfänger be-

---

53 RGBl. 1920, 359.

54 Ausführlich hat sich die amtliche Begründung mit dem Einkommensbegriff auseinandergesetzt, vgl. Verhandlungen der verfassungsgebenden Deutschen Nationalversammlung, Bd. 340, Drucks. Nr. 1624, 15 f.

55 § 11 REStG 1920 lautete: "Zu den sonstigen Einnahmen im Sinne des § 5 gehören insbesondere:

1. Leibrenten, Leibgedinge, Zeitrenten und andere unvererbliche Renten;
2. Zuschüsse und sonstige Vorteile, einerlei, ob sie auf einem Rechtsanspruch oder ohne Bestehen eines solchen auf freiwilliger Zuwendung beruhen. Ist die Zuwendung freiwillig oder zur Erfüllung einer gesetzlichen Unterhaltspflicht erfolgt, so hat der Empfänger die Einnahme nicht zu versteuern, wenn der Geber zu den nach § 2 Nr. 1 steuerpflichtigen Personen gehört."

56 Dies ist Folge der Rechtsprechung des PrOVG, dazu unten H. II. 1., S. 190.

57 § 13 REStG 1920 lautete (auszugsweise): "Vom Gesamtbetrage der Einkünfte sind, soweit in diesem Gesetze nichts anderes vorgeschrieben ist, in Abzug zu bringen:

2. die auf besonderen privatrechtlichen, öffentlich-rechtlichen oder gesetzlichem Verpflichtungsgrunde beruhenden Renten und dauernden Lasten, soweit sie nicht mit den Einnahmen in Zusammenhang stehen, die bei der Veranlagung außer Betracht zu lassen sind (§ 12)."

58 Verhandlungen der verfassungsgebenden Deutschen Nationalversammlung, Bd. 340, Drucks. Nr. 1624, 15 (43). Dazu *Mirre*, REStG 1920, § 11 Anm. 12 (S. 79); *Strutz*, Handausgabe REStG 1920^{3}, § 11 Anm. 12 (S. 77). Vgl. auch RFH v. 19.10.1927, VI A 319 StuW 1927, 829.

steuert werden, sieht der Entwurf ... vor, dass der Empfänger diese Einnahmen nicht versteuern soll, wenn der Geber steuerpflichtig ist und daher den daraus gewährten Zuschuss selbst versteuern muss". Außerhalb dieses Anwendungsbereiches unterfielen dem weiten, an der Reinvermögenszugangstheorie orientierten Einkommensbegriff sämtliche Bezüge mit Ausnahme der gesetzlich in § 12 REStG 1920 von der Steuerpflicht ausgenommenen Einkünfte, so dass dem Grunde nach auch Unterhaltsleistungen des Haushaltsvorstandes an die Haushaltsangehörigen steuerlich zu erfassen gewesen wären[59], wie es für Zahlungen durch beschränkt Steuerpflichtige[60] sowie für über die gesetzliche Unterhaltspflicht hinausgehende Beträge[61], soweit diese auf einem besonderen Verpflichtungsrund geleistet wurden und deshalb auf Geberseite abzugsfähig waren[62], angenommen wurde. Somit diente die steuerliche Nichterfassung von gesetzlich geschuldeten Unterhaltsleistungen der Kompensation der fehlenden Abzugsmöglichkeit in der Person des Haushaltsvorstandes zur Vermeidung von Doppelbesteuerungen[63].

---

59 Vgl. *Strutz*, Handausgabe REStG 1920^3, § 13 Rn. 66.

60 Vgl. *Glaser*, REStG 1920, § 11 Rn. 9; *Strutz*, Handausgabe EStG 1920^3, § 11 Rn. 25.

61 *Zimmermann*, REStG 1920, § 11 Rn. 6.

62 Vgl. *Glaser*, REStG 1920, § 13 Anm. 107; *Kuhn*, REStG 1920^3, § 13 Anm. 4; *Strutz*, Handausgabe REStG 1920^3, § 13 Anm. 66.

63 *Mangold*, DStZ 1923, Sp. 205 weist darauf hin, das Problem der Doppelbesteuerung stelle sich in einem geringen Anwendungsbereich und habe nur praktische Bedeutung für außerhalb des Haushaltes lebende Unterhaltsempfänger, die wegen fehlender Haushaltszugehörigkeit die Leistungen zu versteuern hätten. Weitergehend hat *Mangold*, aaO, Sp. 206 den Versuch unternommen, die Doppelbesteuerung durch Qualifizierung der elterlichen Unterhaltsleistungen als nach § 13 Nr. 2 REStG 1920 abziehbare dauernde Lasten bei Steuerbarkeit auf Empfängerseite zu bewirken, soweit es sich um über das Maß der Lebensverhältnisse hinausgehende Zuwendungen handele.

IV. Das Reichseinkommensteuergesetz vom 10.08.1925

Im Reichseinkommensteuergesetz vom 10.08.1925[64] bestimmten § 15 Abs. 1 Nr. 3 REStG 1925[65] im Zusammenhang mit § 18 Abs. 1 Nr. 2 REStG 1925[66] die Anforderungen für die Abzugsfähigkeit beim Geber, während auf Empfängerseite § 40 REStG zu den sonstigen wiederkehrenden Bezügen "vererbliche Renten (Nr. 1), Leibrenten, Leibgedinge, Zeitrenten und andere unvererbliche Renten (Nr. 2) sowie Zuschüsse und sonstige Vorteile, die als wiederkehrende Bezüge gewährt werden, auch dann, wenn ein klagbarer Anspruch auf sie nicht besteht (Nr. 3)", zählten. Diese sollten auf Geberseite nach § 15 Nr. 3 REStG 1925 "wie im bisherigen Recht stets abgezogen werden"[67]. Wortgleich zur Vorgängervorschrift bestimmte § 40 Nr. 3 S. 2 REStG 1925, dass der Empfänger "freiwillig oder zur Erfüllung einer gesetzlichen Unterhaltspflicht erfolgte Zuwendungen nicht zu versteuern hat, wenn der Geber unbeschränkt steuerpflichtig ist". Damit blieb es dabei, dass Leistungen aufgrund gesetzlicher Unterhaltspflicht mit Ausnahme der über die gesetzliche Unterhaltspflicht hinausgehenden, auf einer für die Annahme einer dauernden Last erforderlichen Verpflichtung beruhenden Leistungen nicht abziehbar/steuerbar waren[68]. Im Schrifttum

---

64 RGBl. I 1925, 189.

65 § 15 REStG 1925 lautete (auszugsweise): "Ausgaben (§ 7 Abs. 2 Nr. 2, 12 Abs. 1, § 13) sind:

> 3. die Schuldzinsen und die auf besonderen privatrechtlichen, öffentlich-rechtlichen oder gesetzlichen Verpflichtungsgründen beruhenden Renten und dauernden Lasten, soweit sie nicht zu den Werbungskosten gehören und nicht mit Einkünften in wirtschaftlichem Zusammenhange stehen, die für die Einkommensteuer außer Betracht bleiben. Aufwendungen zur Erfüllung einer gesetzlichen Unterhaltspflicht gehören auch dann nicht hierzu, wenn sie auf Grund einer besonderen privatrechtlichen Verpflichtung erfolgen."

66 § 18 Abs. 1 REStG 1925 lautete (auszugsweise): "Als Ausgaben dürfen unbeschadet des § 15 Abs. 1 Nr. 3, § 17 Aufwendungen nicht abgesetzt werden, die sich als Verwendung des Einkommens darstellen. Hierzu gehören insbesondere:

> 2. die zu Bestreitung des Haushalts des Steuerpflichtigen und zum Unterhalte seiner Familienangehörigen aufgewendeten Beträge ..."

67 So die amtliche Begründung, vgl. Drucks. des Reichstags, Nr. 739, S. 47. Ferner *Blümich/Schachian*, REStG 1925, § 15 Rn. 5 f.; *Pißel/Koppe*, REStG 1925[4], § 15 Rn. 2 f.; *Strutz*, Handwörterbuch des Reichssteuerrechts, S. 382 f.; *Zimmermann*, REStG 1925, § 15 Rn. 3.

68 Vgl. für den Abzug auf Geberseite *Kuhn*, REStG 1925[4], § 15 Rn. 3; *Mrozek*, REStG 1925, § 15 Rn. 17; *Zimmermann*, REStG 1925, Rn. 17 sowie für die Beurteilung auf Empfängerseite *Becker*, REStG 1925, § 40 Rn. 4; *Blümich/Schachian*, REStG 1925, § 40 Rn. 4.

wurde auf die durch die "in engem Zusammenhang stehenden"[69] Vorschriften bezweckte Vermeidung doppelter Besteuerungen von Unterhaltsleistungen hingewiesen[70]. Daneben wurde die Nichtabzugsfähigkeit aber auch damit begründet, dass es sich um Kosten der privaten Lebensführung handele[71].

V. Das Reichseinkommensteuergesetz vom 16.10.1934

Die korrespondierenden Vorschriften des heutigen Einkommensteuerrechts weisen terminologisch und gesetzestechnisch einen starken Bezug zum Reichseinkommensteuergesetz vom 16.10.1934[72] auf. Unter der in den Gesetzesmaterialien[73] nicht näher erläuterten Bezeichnung "Sonderausgaben" fielen in § 10 REStG 1934, der die Vorgängervorschriften der §§ 15, 17 REStG 1925 zusammenfasste und um weitere Sonderausgaben ergänzte, die in Nr. 2 genannten "Schuldzinsen und auf besonderen Verpflichtungsgründen beruhenden Renten und dauernden Lasten, die weder Betriebsausgaben oder Werbungskosten sind noch mit Einkünften in wirtschaftlichem Zusammenhang stehen, die bei der Veranlagung außer Betracht bleiben". Standen diese mit einer Einkunftsart in Zusammenhang, unterfielen sie nach § 9 Nr. 1 REStG 1934 den Werbungskosten. Lediglich *Becker* hat die Vorschrift des § 10 REStG 1934 mit Blick auf den Einkommensbegriff näher begründet und festgehalten, dass Schuldzinsen, Renten und dauernde Lasten "in der Regel die Leistungsfähigkeit mindern" und "deshalb in der Regel abzugsfähig" sein müßten[74]. "Unbeschadet des § 10 REStG 1934" normierte § 12 REStG 1934 ein der heutigen Vorschrift des § 12 EStG entsprechendes Abzugsverbot auf Geberseite[75]. § 22 REStG 1934[76] kon-

---

69 So *Becker*, REStG 1925, § 15 Rn. 23b; *Pißel/Koppe*, REStG 1925[4], § 15 Anm. 7; *Strutz*, REStG 1925, § 15 Anm. 21, § 40 Anm. 9d. Der RFH bringt das Verhältnis der Vorschriften zueinander wie folgt zum Ausdruck: "In § 15 Abs. 1 Nr. 3 und § 40 handelt es sich um korrespondierende Bestimmungen, wonach Renten und andere wiederkehrende Bezüge … bei dem Bedachten der Einkommensteuer nicht unterliegen und dafür auch beim Zuwendenden nicht abzugsfähig sein sollten", vgl. RFH v. 28.09.1927 – RStBl. 1928, 25.

70 *Mrozek*, REStG 1925, § 40 Rn. 10; *Strutz*, REStG 1925, § 15 Rn. 21.

71 *Becker*, REStG 1925, § 15 Rn. 14; *Zimmermann*, REStG 1925[3], § 15 Rn. 14.

72 RGBl. I 1934, S. 1005.

73 RStBl. 1935, S. 40 f.

74 *Becker*, Die Grundlagen der Einkommensteuer, S. 332 f.

75 § 12 REStG 1934 lautete: "Unbeschadet der Vorschrift des § 10 dürfen weder bei den einzelnen Einkunftsarten noch vom Gesamtbetrag der Einkünfte abgezogen werden:

1. die für den Haushalt des Steuerpflichtigen und für den Unterhalt seiner Familienangehörigen aufgewendeten Beträge. Dazu gehören auch die Aufwendungen für die Lebensführung, die die wirtschaftliche oder gesellschaftliche Stellung des

kretisierte den im Einkünftekatalog des § 2 Abs. 3 Nr. 7 REStG 1934 angeführten Begriff der "sonstigen Einkünfte" und stellte eine Korrespondenz zu den auf Geberseite einschlägigen Vorschriften her[77].

VI. Die Entwicklung nach dem StNOG 1954

Die dargestellten Vorschriften sind trotz zahlreicher zwischenzeitlicher Änderungen im wesentlichen erhalten geblieben[78]. Einschneidende Änderungen brachte die Einführung der Ertragsanteilsbesteuerung für Leibrenten durch das StNOG 1954[79]. Der Gesetzgeber änderte die vorerwähnten gesetzlichen Regelungen und reagierte damit auf die bis dahin ergangene Rechtsprechung, die wegen des Abstellens auf die äußere Form der Wiederkehr zu Abgrenzungsschwierigkeiten und unzufriedenstellenden Ergebnissen führte[80]. Leibrenten sollten nur

---

Steuerpflichtigen mit sich bringt, auch wenn sie zur Förderung des Berufs oder der Tätigkeit des Steuerpflichtigen erfolgen

2. freiwillige Zuwendungen und Zuwendungen an gesetzlich unterhaltsberechtigte Personen, auch diese Zuwendungen auf einer besonderen Vereinbarung beruhen."

76 § 22 REStG 1934 lautete: "Sonstige Einkünfte sind:

1. wiederkehrende Bezüge, soweit sie nicht zu den anderen Einkunftsarten gehören, insbesondere
   a) vererbliche Renten
   b) Leibrenten, Leibgedinge, Zeitrenten und andere unvererbliche Renten
   c) Zuschüsse und sonstige Vorteile, die als wiederkehrende Bezüge gewährt werden. Ist die Zuwendung freiwillig oder an eine gesetzlich unterhaltsberechtigte Person gewährt, so ist sie nicht dem Empfänger zuzurechnen, wenn der Geber unbeschränkt steuerpflichtig ist."

77 Ausdrücklich *Blümich*, REStG 1934[1], § 22 Anm. 4 ("enger Zusammenhang"); *Kaemmel/Bacciocco*, REStG 1934, § 22 Anm. 4 ("Wechselwirkung"); *Wieneke*, Handausgabe REStG 1934, § 12 Anm. 3 und § 22 Anm. 2.

78 Wegen der Änderungen im einzelnen vgl. die Übersichten bei *Arndt*, in: Kirchhof/Söhn/Mellinghoff, EStG, § 12 Rn. A 30 f.; *Gérard*, in: Lademann, EStG, § 22 Rn. 1; *Hutter*, in: Blümich, EStG, § 10 Rn. 3 f.; *Jansen*, in: Herrmann/Heuer/Raupach, EStG, § 22 Rn. 56 f.; *Lüsch*, in: Littmann/Bitz/Pust, EStG, § 22 Rn. 1; *Nolde*, in: Herrmann/Heuer/Raupach, EStG, § 12 Rn. 2 *Stöcker*, in: Bordewin/Brandt, EStG, § 10 Rn. 13 f. und § 22 Rn. 21 f.

79 Gesetz zur Neuordnung der Steuern v. 16.12.1954, BGBl. I 1954, S. 373.

80 Zusammenfassend BFH v. 18.09.1952 – IV 70/49 U – BStBl. III 1952, 290 (291) = BFHE 56, 754: "Es ist nicht zu übersehen, dass im Hinblick auf die Regelung der Renten im Einkommensteuerrecht Einwendungen und Bedenken erhoben werden können ..., solange nicht von Gesetzes wegen, was wünschenswert wäre, die steuerliche Be-

noch in Höhe des Ertragsanteils abzugsfähig/steuerbar sein. Die Aufzählung einzelner Fälle wiederkehrender Leistungen wurde zugunsten der Verwendung des Oberbegriffs "wiederkehrende Bezüge" aufgegeben. Insbesondere entfiel die bis dahin im Gesetz ausdrücklich erwähnte Erscheinungsform des "Leibgedinges"[81]. Ebenfalls entfallen ist der in den Vorgängergesetzen bis zur Streichung durch das StÄndG 1973[82] ununterbrochen vorgesehene Schuldzinsenabzug. Das wechselseitige Verhältnis zwischen § 12 Nr. 2 und § 22 Nr. 1 S. 2 EStG wurde mit dem Einkommensteuerreformgesetz 1974[83] verstärkt, indem auch Zuwendungen aufgrund einer freiwillig begründeten Rechtspflicht weder bei den einzelnen Einkunftsarten noch vom Gesamtbetrag der Einkünfte abgezogen werden dürfen und § 22 Nr. 1 S. 2 dementsprechend ergänzt wurde. Der Einleitungssatz des § 12 EStG, der das Verhältnis zum Sonderausgabenabzug zum Ausdruck bringt, ist mehrfach Gegenstand von Änderungen gewesen[84]. Im Kern ist die Aussage der Vorschrift aber erhalten geblieben. Eine wesentliche – auch in steuersystematischer Hinsicht näher zu erörternde – Neuregelung brachte die Einführung des sog. Realsplittings[85], das unter bestimmten Voraussetzungen die Abziehbarkeit der an den geschiedenen oder dauernd getrennt lebenden Ehegatten erbrachten Unterhaltsleistungen in beschränkter Höhe beim Verpflichteten und korrespondierend hierzu die Steuerbarkeit beim Empfänger in §§ 10 Nr. 1, 22 Nr. 1a EStG vorsieht.

VII. Zusammenfassung

Die historische Entwicklung belegt, dass es seit jeher im Einkommensteuerrecht korrespondierende Regelungen gab, deren Einzelmerkmale vieldeutig sind und deshalb sowohl Auslegungsprobleme als auch systematische Fragestellungen hervorrufen. Den Willen zur Normierung eines allgemeinen Korrespondenzprinzips hat der historische Gesetzgeber zu keiner Zeit ausgesprochen. In der Literatur wird zwar ein durch die einzelnen Vorschriften begründetes enges, wechsel-

handlung des Rentenproblems geregelt wird." Zur Behandlung wiederkehrender Leistungen im Austausch mit einer Gegenleistung siehe unten G II.

81 Dazu ausführlich unten H.II, S. 191 f.

82 Steueränderungsgesetz v. 26.06.1973, BGBl. I 1973, 676.

83 Einkommensteuerreformgesetz v. 05.08.1974, BGBl. I 1974, 1769. Die Gesetzesbegründung sprach ohne weitere Vertiefung von einer korrespondierenden Behandlung, vgl. BT-Drucks. 7/1470, S. 277.

84 Zuletzt ist der Einleitungssatz durch das Alterseinkünftegesetz v. 05.07.2004. BGBl. I 2004, 1427 geändert worden. Zur Bedeutung(slosigkeit) siehe unten E.I.2(b), S. 45 und H.III.1(b)(bb), S. 197.

85 Durch das Steueränderungsgesetz v. 30.11.1978, BGBl. I 1979, 1849.

seitiges Verhältnis zwischen Geber- und Empfängerseite erkannt; diesem wird jedoch keine konstitutive Bedeutung beigemessen. Im Gegenteil werden vor allem für die preußischen Einkommensteuergesetze zahlreiche Ausnahmekonstellationen diskutiert. Für die heutige Korrespondenzregelung der §§ 12 Nr. 1 und 2, 22 Nr. 1 S. 2 EStG lässt sich festhalten, dass ursprünglich die Nichtabzugsfähigkeit der in Erfüllung einer gesetzlichen Unterhaltspflicht erbrachten Leistungen an Angehörige des Haushalts, bei denen diese nicht versteuert wurden, eine doppelte steuerliche Erfassung dieser Zahlungen einmal beim Haushaltsvorstand und zum zweiten Mal beim Empfänger, verhindern sollte. Deshalb erfolgte steuerlich eine Zusammenfasssung als ein Einkommen. Grundvoraussetzung hierfür war aber die mittlerweile zugunsten der Individualbesteuerung aufgegebene Haushaltsbesteuerung. Diese Erkenntnisse sind für eine systematische Auslegung des modernen Einkommensteuerrechts im folgenden zugrunde zu legen.

D. Grundprinzipien und -begriffe des Einkommensteuerrechts

I. Das Leistungsfähigkeitsprinzip

1. Allgemeines

Als klassischer finanzwissenschaftlicher Ansatz dient der Begriff der Leistungsfähigkeit dazu, die Fähigkeit des einzelnen, Steuern zu zahlen, zu umschreiben[86]. Vom Begriff der Leistungsfähigkeit wird danach die tatsächliche Zahlungsfähigkeit des einzelnen erfasst, nicht hingegen die individuelle Möglichkeit, zahlungsfähig zu werden[87]. Verfassungsgeschichtlich ist es in Deutschland durch Art. 134 der Weimarer Reichsverfassung festgeschrieben worden[88] und wurde bereits dort als "oberster Besteuerungsgrundsatz"[89] angesehen. Der Begriff der Leistungsfähigkeit als solcher weist einen hohen Abstraktheitsgrad auf[90], so dass die Begrifflichkeit erst durch Konkretisierungen einen aussagekräftigen, für die Besteuerung maßgebenden Gehalt erlangen kann und daher konkretisierungsbedürftig und –fähig ist[91].

---

86 Zur Geschichte des Leistungsfähigkeitsprinzips ausführlich *Birk*, Das Leistungsfähigkeitsprinzip als Maßstab der Steuernormen, S. 6 f.; *Pohmer/Jurke*, FA 1984, 445 f.

87 *Birk/Barth*, in: Hübschmann/Hepp/Spitaler, AO, § 4 Rn. 457; *Kirchhof*, in: Kirchhof/Söhn/Mellinghoff, EStG, § 2 Rn. A 276; ders., StuW 1994, 297 (298); *Lang*, Bemessungsgrundlage, S. 97; *Tipke*, Steuerrechtsordnung I², S. 496 f; *Zugmaier*, in: Herrmann/Heuer/Raupach, EStG, § 2 Rn.11.

88 Art. 134 WRV sah vor, dass "alle Staatsbürger ohne Unterschied im Verhältnis zu ihren Vermögensmitteln zu allen öffentlichen Lasten nach Maßgabe der Gesetze" beitragen sollten und lehnt sich damit an das bereits in Art. 13 der französischen Erklärung der Menschen- und Bürgerrechte von 1789 aufgestellte Postulat an, wonach die Steuerpflichtigen "en raison de leurs facultés" zum Steueraufkommen beizutragen hatten.

89 *Bühler*, in: Die Grundrechte und Grundpflichten der Reichsverfassung, Band 2, S. 313; Reichsverfassung v. 11.08.1919³, Art. 134 Anm. 1 f.; *Hensel*, VjschStFr 1930, 441 f. Aus heutiger Sicht vgl. nur *Birk*, Das Leistungsfähigkeitsprinzip als Maßstab der Steuernormen, S. 153 f.; *Jachmann*, StuW 1998, 293 f.; *Lang*, DStJG 24, 49 (55); *Kirchhof*, StuW 1985, 39 f.; ders., StuW 1985, 319 f.; *Söhn*, DStJG 3, 13 (17); *Tipke*, Steuerrechtsordnung I², S. 479 f.; ders., StuW 1971, 2 (16 f.): "ethisches Axiom"; *Tipke/Lang*, Steuerrecht¹⁸, § 4 Rn. 81 f.

90 Zur vereinzelt gebliebenen Kritik im steuerrechtlichen Schrifttum an der fehlenden Aussagekraft aufgrund der Vieldeutigkeit des Leistungsfähigkeitsprinzip vgl. *Arndt*, in: Festschrift für Mühl, Band I, S. 34; *Kruse*, Lehrbuch des Steuerrechts, Band I, S. 52 f.; ders., in: Festschrift für Friauf, S. 793 f.; Leisner, StuW 1983, 97 f.; *Walz*, Steuergerechtigkeit, S. 107 f.

91 *Birk/Barth*, in: Hübschmann/Hepp/Spitaler, AO, § 4 Rn. 456 f.; *Costede*, in: Carlé/Korn/*Strahl* (Hrsg.), Festgabe für Felix, 17 (18 f.); *Lang*, in: *Drenseck/Seer* (Hrsg.), Festschrift für Kruse, 313 (316 f.); *Müller-Franken*, in: *Tipke/Söhn* (Hrsg.), Gedächtnis-

In der prinzipienpluralistisch angelegten Steuerrechtsordnung dient die Orientierung der Besteuerung am Leistungsfähigkeitsprinzip und hieraus entwickelten Subprinzipien der Verwirklichung der Steuergerechtigkeit.

2. Verfassungsrechtliche Verankerung des Leistungsfähigkeitsprinzips

Aus dem Charakter des Einkommensteuerrechts als staatliches Eingriffsrecht folgt, dass Gesetzgebung und Verwaltung verfassungsrechtlichen Bindungen unterliegen müssen. Das Leistungsfähigkeitsprinzip als solches ist im Grundgesetz – im Gegensatz zur Weimarer Reichsverfassung – nicht ausdrücklich normiert, lässt sich jedoch als oberstes, system- und maßstabbildendes Besteuerungsgebot aus grundlegenden verfassungsrechtlichen Bestimmungen und Prinzipien herleiten. Es verwirklicht als bereichsspezifische Konkretisierung des allgemeinen Gleichheitssatzes den aus Art. 3 Abs. 1 GG abgeleiteten Grundsatz der Steuergerechtigkeit und erhält dadurch verfassungsrechtliche Wirkkraft[92]. Das Bundesverfassungsgericht formuliert hieraus in ständiger Rechtsprechung das Gebot, jeden Steuerpflichtigen nach Maßgabe seiner Leistungsfähigkeit zu besteuern[93]. Neben der Herleitung als tertium comparationis des Vergleichsmaßstabs

schrift für *Trzaskalik*, 195 (204 f.); *Tipke*, Steuerrechtsordnung I², S. 492 f.; *Tipke/Lang*, Steuerrecht¹⁸, § 4 Rn. 83; *Uelner*, in: Raupach/Uelner (Hrsg.), Festschrift für Schmidt, 21 f.

92 Aus dem Schrifttum vgl. nur *Birk*, Das Leistungsfähigkeitsprinzip als Maßstab der Steuernormen, S. 146 f.; *Friauf*, in: Friauf (Hrsg.), DStJG 12, 3 (28 f.); *Lang*, StuW 1983, 103 f.; ders., Bemessungsgrundlage, S. 146 f., 159 f., 162 f.; *Seer/Wendt*, NJW 2006, 1; *Söhn*, StuW 1985, 395 (400); *Tipke*, Steuergerechtigkeit, S. 59 f.; ders., Steuerrechtsordnung I², S. 491. Anders *Kruse*, Lehrbuch des Steuerrechts, Band I. S. 51, der nur den Grundsatz der Steuergerechtigkeit in Art. 3 Abs. 1 GG enthalten sieht, der für das Steuerrecht dem Gleichheitssatz vorangehe.

93 Ständige Rechtsprechung des Bundesverfassungsgerichts, vgl. BVerfG v. 17.01.1957 – 1 BvL 4/54 – BVerfGE 6, 55 (70); BVerfG v. 24.06.1958 – 2 BvF 1/57 – BVerfGE 8, 51 (68 f.); BVerfG v. 14.04.1959 – 1 BvL 23, 34/57 – BVerfGE 9, 237 (243); BVerfG v. 24.01.1962 – 1 BvL 32/57 – BVerfGE 13, 290 (297); BVerfG v. 03.04.1962 – 1 BvL 35/57 – BVerfGE 14, 34 (41); BVerfGE v. 22.05.1963 – 1 BvR 78/56 – BVerfGE 16, 147 (184); BVerfG v. 21.12.1966 – 1 BvR 33/64 – BVerfGE 21, 54 (64); BVerfG v. 25.07.1968 – 1 BvR 58/67 – BVerfGE 24, 112 (119); BVerfG v. 09.07.1969 – 2 BvL 20/65 – BVerfGE 26, 302 (310); BVerfG v. 09.02.1972 – 1 BvL 16/69 – BVerfGE 32, 333 (339); BVerfG v. 23.11.1976 – 1 BvR 150/75 – BVerfGE 43, 108 (118 f.); BVerfG v. 11.10.1977 – 1 BvR 343/73, 83/74, 183 und 428/75 – BVerfGE 36, 66 (72); BVerfG v. 10.12.1980 – 2 BvF 3/77 – BVerfGE 55, 274 (302); BVerfG v. 03.11.1982 – 1 BvR 620/78, 1335/78, 1104/79 und 363/80 – BVerfGE 61, 319 (343 f.); BVerfG v. 22.02.1984 – 1 BvL 10/80 – BVerfGE 66, 214 (223); BVerfG v. 04.10.1984 – 1 BvR 789/79 – BVerfGE 67, 290 (297); BVerfG v. 17.10.1984 – 1 BvR 527/80, 528/81 und 441/82 – BVerfGE 68, 143 (152 f.); BVerfG v. 28.11.1984 – 1 BvR 1157/82 – BVerfGE 68, 287 (310); BVerfG v. 10.02.1987 – 1 BvL 18/81 und 20/82 – BVerfGE 74, 182

im Rahmen des Gleichheitssatzes wird das Leistungsfähigkeitsprinzip im Schrifttum[94] und in der Rechtsprechung des Bundesverfassungsgerichts[95] durch die Aktivierung der Freiheitsgrundrechte zur inhaltlichen Festlegung und Begrenzung des staatlichen Steuerzugriffs freiheitsrechtlich fundiert. Inhaltlich wird es anhand sozialstaatlicher Anforderungen präzisiert[96]. Darüber hinaus wird aus dem Übermaßverbot als Ausprägung des Verhältnismäßigkeitsgrundsatzes gefolgert, dass eine Besteuerung unabhängig von steuerlicher Leistungsfähigkeit wegen der Bindung der gesamten Staatsgewalt einschließlich der Gesetzgebung (Art. 20 Abs. 3 GG) nicht möglich sei[97].

Teilweise wird das Leistungsfähigkeitsprinzip aus dem Finanzverfassungsrecht, speziell aus Art. 106 GG, hergeleitet. Die Vorschrift knüpfe an traditionelle Begrifflichkeiten des deutschen Steuerrechts an, zu denen der Leistungsfähigkeits-

---

(200); BVerfG v. 23.01.1990 – 1 BvL 4,5,6,7/87 – BVerfGE 81, 228 (236); BVerfG v. 29.05.1990 – 1 BvL 20, 36, 184 und 4/86 – BVerfGE 82, 60 (86 f.); BVerfG v. 12.06.1990 – 1 BvL 72/86 – BVerfGE 82, 198 (206 f.); BVerfGE v. 25.09.1992 – 2 BvL 5, 8, 14/91 – BVerfGE 87, 153 (169 f.); BVerfG v. 22.06.1995 – 2 BvL 37/91 – BVerfGE 93, 121 (135); BVerfG v. 28.10.1997 – 1 BvR 1644/94 – BVerfGE 97, 1 (7); BVerfG v. 10.11.1998 – 2 BvR 1057, 1226, 980/91 – BVerfGE 99, 216 (232 f.); BVerfG v. 10.11.1998 – 2 BvL 42/93 – BVerfGE 99, 246 (259 f.); BVerfG v. 10.11.1998 – 2 BvR 1220/93 – BVerfGE 99, 268 (270 f.); BVerfG v. 07.12.1999 – 2 BvR 301/98 – BVerfGE 101, 297 (310); BVerfG v. 06.03.2002 – 2 BvL 17/99 – BVerfGE 105, 73 (126); BVerfG v. 04.12.2002 – 2 BvR 400/98 und 1735/00 – BVerfGE 107, 27 (46); BVerfG v. 08.06.2004 – 2 BvL 5/00 – BVerfGE 110, 412 (436); BVerfG v. 11.01.2005 – 2 BvR 167/02 – NJW 2005, 1923 (1924); BVerfG v. 16.03.2005 – 2 BvL/00 – BVerfGE 112, 268 (280).

94 *Kirchhof*, in: Kirchhof/Söhn/Mellinghoff, EStG, § 2 Rn. A 167; ders., Besteuerung und Eigentum, 213 (299) ders., AöR 2003, 2 (12 f.); ders., StuW 2006, 3 (5); *Lehner*, DStR 1992, 1642; ders., Einkommensteuerrecht und Sozialhilferecht, S. 337 f.; *Söhn*, FA 1988, 154 (163 f.); *Weber-Grellet*, Steuern im modernen Verfassungsstaat, S. 166. Zur Kritik vgl. *Birk*, in: Hübschmann/Hepp/Spitaler, AO, § 4 Rn. 420 f.; *Lang*, DStJG 24, 29 (38 f.); *Wieland*, DStJG 24, 29 (38 f.), jeweils m.w.N.

95 BVerfGE v. 25.09.1992 – 2 BvL 5, 8, 14/91 – BVerfGE 87, 153 (169 f.); BVerfG v. 22.06.1995 – 2 BvL 37/91 – BVerfGE 93, 121 (141 f.).

96 Grundlegend BVerfG v. 29.05.1990 – 1 BvL 20, 36, 184 und 4/86 – BVerfGE 82, 60 und BVerfG v. 25.09.1992 – 2 BvL 5, 8, 14/91 – BVerfGE 87, 153; *Lang*, StuW 1983, 103 (119); *Lehner*, Einkommensteuerrecht und Sozialhilferecht, S. 44 f.; *Söhn*, FA 1988, 154 (168); *Vogel*, in: Friauf (Hrsg.), DStJG 12, 121 (144); *Tipke/Lang*, Steuerrecht[18], § 9 Rn. 73.

97 *Müller-Franken*, StuW 1997, 3 (15); *Söhn*, FA 1988, 154 (166 f.); ders., FA 1994, 372 (379).

gedanke gehöre, der damit den verfassungsrechtlichen Rahmen der Steuergesetzgebung konstituiere[98].

3. Konkretisierungen des Leistungsfähigkeitsprinzips

(a) Objektives Nettoprinzip

Wirtschaftliche Leistungsfähigkeit kommt nicht in der Gesamtheit aller Einnahmen zum Ausdruck, sondern diese mindern sich um die im Zusammenhang mit der Einnahmenerzielung entstandenen Aufwendungen, die deshalb für die Steuerzahlung nicht zur Verfügung stehen. Die Besteuerung darf also nicht an Bruttoeinnahmen anknüpfen. Erst Reineinkünfte indizieren objektive Leistungsfähigkeit[99]. Dies ist die das Leistungsfähigkeitsprinzip konkretisierende Aussage des objektiven Nettoprinzips, das einfachgesetzlich in § 2 Abs. 2 EStG durch die Definition der Einkünfte als Rein- oder Nettoeinkünfte positiviert ist[100]. Es gehört zu den identitätskonstruierenden Merkmalen der Einkommensteuer[101] und ist in der Rechtsprechung des Bundesverfassungsgerichts[102] grundsätzlich anerkannt.

---

[98] *Kirchhof*, in: Kirchhof/Söhn/Mellinghoff, EStG, § 2 Rn. A 150; *Müller-Franken*, StuW 1997, 3 (14); *Vogel*, in: Friauf (Hrsg.), DStJG 12, 123 (140); ders., in: Handbuch des Staatsrechts, Band IV, § 87 Rn. 92; *Vogel/Waldhoff*, in: Bonner Kommentar zum GG, vor Art. 104, Rn. 519 f. Kritisch *Tipke*, Steuerrechtsordnung III, S. 1092.

[99] *Arndt/Schumacher*, AöR 1993, 513 (520 f.); *Birk/Barth*, in: Hübschmann/Hepp/Spitaler, AO, § 4 Rn. 470 f.; *Friauf*, StuW 1973, 97 (104 f.); *Kirchhof*, in: Kirchhof/Söhn/Mellinghoff, EStG, § 2 Rn. A 217; ders., StuW 1985, 319 (328 f.); *Klein*, DStZ 1995, 630 (631); *Lang*, Bemessungsgrundlage, S. 60; *Söhn*, in: Söhn (Hrsg.), DStJG 3, 7 (18); ders., StuW 1985, 395 (400 f.); ders., FA 1988, 154 (155 f.); *Söhn/Müller-Franken*, StuW 2000, 442 (443); *Tipke*, StRO II^{2}, S. 762 f.; *Tipke/Lang*, Steuerrecht^{18}, § 9 Rn. 54.

[100] *Arndt/Schumacher*, AöR 1993, 513 (520); *Kirchhof*, in: Kirchhof, EStG^{6}, § 2 Rn. 6; *Lang*, Bemessungsgrundlage, S. 60 f.; *Tipke/Lang*, Steuerrecht^{18}, § 9 Rn. 54.

[101] So ausdrücklich der Deutsche Juristentag, Verhandlungen des 57. Deutschen Juristentages, Band II, S. N 214. Ferner *Elicker*, Entwurf einer proportionalen Netto-Einkommensteuer, S. 77; *Lang*, Bemessungsgrundlage, S. 184 ("Kernbestand"); *Söhn*, in: Söhn (Hrsg.), DStJG 1980, 13 (18): "unverzichtbarer Bestandteil des Einkommensteuerrechts; *Tipke/Lang*, Steuerrecht^{18}, § 9 Rn. 54.

[102] Vgl. nur BVerfG v. 02.10.1969 – 1 BvL 12/68 – BVerfGE 27, 58 (64 f.); BVerfG v. 23.11.1976 – 1 BvR 150/75 – BVerfGE 43, 108 (119); BVerfG v. 11.11.1998 – 2 BvL 10/95 – BVerfGE 99, 280 (290 f.); BVerfG v. 07.12.1999 – 2 BvR 301/98 – BVerfGE 101, 297 (310).

(b) Subjektives Nettoprinzip

Verwendungsgebundene und damit indisponible Einkunftsteile können dem Steuerpflichtigen keine für den staatlichen Besteuerungszugriff zur Verfügung stehende Leistungsfähigkeit vermitteln, so dass unvermeidbare Privataufwendungen, die der Steuerpflichtige für seinen eigenen notwendigen Lebensbedarf oder den Lebensbedarf ihm gegenüber unterhaltsberechtigter Personen aufwenden muss, nicht in die Bemessungsgrundlage der Einkommensteuer eingehen dürfen. Diese Konkretisierung des Leistungsfähigkeitsprinzips wird als subjektives oder privates Nettoprinzip bezeichnet[103], das die Rechtsprechung des Bundesverfassungsgerichts mehrfach ausdrücklich bestätigt und ausgeformt hat[104]. Für den staatlichen Steuerzugriff folgt hieraus eine verfassungsrechtliche Bindung, aufgrund derer der Staat die indisponiblen Einkommensteile nicht der Besteuerung unterwerfen darf[105].

II. Der Grundsatz der Individualbesteuerung

Das Leistungsfähigkeitsprinzip bedarf zu seiner weiteren Konkretisierung eines Zuordnungssubjekts, damit die vollständige Erfassung des Einkommens zur Ermittlung der Steuerlast erfolgen kann[106]. Leistungsfähigkeitskeitsprinzip und das Prinzip der Individualbesteuerung stehen nicht isoliert nebeneinander, sondern

---

[103] Vgl. nur *Birk*, Das Leistungsfähigkeitsprinzip als Maßstab der Steuernormen, S. 171 f.; *Birk/Barth.*, in: Hübschmann/Hepp/Spitaler, AO, § 4 Rn. 474; *Kanzler*, DStJG 24, 417 (435); *Kirchhof*, in: Kirchhof/Söhn/Mellinghoff, EStG, § 2 Rn. A 129; ders., StuW 1985, 319; *Söhn*, StuW 1985, 395 (400); ders., StuW 1986, 324 (325); ders., FA 1988, 154 (156); ders., FA 1994, 372 f.; ders., in: Festschrift für Klein, 421 (422); *Söhn/Müller-Franken*, StuW 2000, 442 (444); *Tipke*, StbKongrRep 1983, 39 (41 f.); *Tipke/Lang*, Steuerrecht[18], § 9 Rn. 68 f.; *Vogel*, StuW 1984, 197 (198 f.); *Zeidler*, StuW 1985, 1 (3 f.). Zur Kritik im ökonomischen Schrifttum und deren Erwiderung s. unten E. V. 7., S. 72 f.

[104] Insbesondere BVerfG v. 03.11.1982 – 1 BvR 620/78, 1335/78, 1104/79, 363/80 – BverfGE 61, 319 (344); BVerfGE v. 22.02.1984 – 1 BvL 10/80 – BVerfGE 66, 214 (223); BVerfG v. 29.05.1990 – 1 BvL 20, 26, 184, 4/86 – BVerfGE 82, 60 (85 f.); BVerfG v. 12.06. – 1 BvL 72/86 – BVerfGE 82, 198 (206 f.); BVerfG v. 04.12.2002 –2 BvR 400/98 und 1735/00 – BVerfGE 107, 27 (48); BVerfG v. 08.06.2004 – 2 BvL 5/00 – BVerfGE 110, 412 (433). Zur Entwicklung des subjektiven Nettoprinzips in der Rechtsprechung des Bundesverfassungsgerichts unter steuersystematischer Würdigung ausführlich E. IV., S. 51 f..

[105] *Söhn*, StuW 1986, 324 (325); ders., StuW 1990, 356 (360); *Söhn/Müller-Franken*, StuW 2000, 442 (443); *Tipke/Lang*, Steuerrecht[18], § 9 Rn. 68 f.

[106] *Hey*, in: Gedächtnisschrift für *Trzaskalik*, 219 (221); *Lang*, DStJG 24, 49 (58); *Tipke/Lang*, Steuerrecht[18], § 4 Rn. 90.

in einem funktionalen Zusammenhang[107]. Zuordnungssubjekt ist im Einkommensteuerrecht die einzelne natürliche Person als Individuum[108]. Diese ist Bezugssubjekt für Bemessungsgrundlage und Tarif[109]. Darüber hinaus erlangt der Grundsatz der Individualbesteuerung besondere Bedeutung zur Verhinderung der Ausnutzung eines Progressionsgefälles innerhalb des progressiven Tarifs durch intersubjektive Verschiebung von Einkünften[110]. Konzeptioneller Gegensatz einer Individualbesteuerung ist die Haushaltsbesteuerung, bei der die in einer Haushaltsgemeinschaft lebenden Personen als eine Einheit von Steuersubjekten durch Zusammenfassung der Bemessungsgrundlagen und verfahrensmäßige Zusammenveranlagung besteuert werden[111]. Eine Abweichung[112] vom Prinzip der Individualbesteuerung stellt die Möglichkeit der Zusammenveranlagung von Ehegatten gem. §§ 26, 26b EStG dar, bei der eine hälftige Zurechnung des gemeinsamen Einkommens unter anschließender Aufteilung nach Maßgabe

---

107 *Lehner/Waldhoff*, in: Kirchhof/Söhn/Mellinghoff, EStG, § 1 Rn. A 91; *Müller-Franken*, StuW 2004, 109 (117).

108 *Gérard*, in: Lademann, EStG, § 2 Rn. 11; *Kirchhof*, in: Kirchhof/Söhn/Mellinghoff, EStG, § 2 Rn. A 84, 189; ders., StuW 1985, 319 (327); ders., in: Kirchhof, EStG[6], § 2 Rn. 25; *Lehner/Waldhoff*, in: Kirchhof/Söhn/Mellinghoff, EStG, § 1 Rn. A 89; *Söhn*, in: Festschrift für Tipke, 343 (353); ders., StuW 2005, 109 (112); *Weber-Grellet*, Steuern im modernen Verfassungsstaat, S. 178; *Tipke/Lang*, Steuerrecht[18], § 9 Rn. 22. Ausdrücklich BVerfG v. 17.01.1957 – 1 BvL 4/54 – BVerfGE 6, 55 (67); BVerfG v. 03.04.1962 – 1 BvL 35/57 – BVerfGE 14, 34 (38); BVerfG v. 30.06.1964 – 1 BvL 16/62 – BVerfGE 18, 97 (103). Bereits in der älteren Literatur wurde das Einkommen als Gegenstand der Besteuerung stets bezogen auf eine bestimmte Person gesehen, vgl. nur *Becker*, Die Grundlagen der Einkommensteuer, S. 8 f.; Bredt, Die Besteuerung nach der Leistungsfähigkeit, S. 31; *Hensel*, Steuerrecht, S. 231; Popitz, in: Handwörterbuch der Staatswissenschaften, Band 3, S. 400 (405 f.); *Strutz*, in: Handbuch des Reichssteuerrechts[3], S. 226.

109 *Kirchhof*, in: Kirchhof, EStG[6], § 2 Rn. 69; *Könemann*, Grundsatz der Individualbesteuerung, S. 33 f.; *Lang*, Bemessungsgrundlage, S. 625.

110 BVerfG v. 17.01.1957 – 1 BvL 4/54 – BVerfGE 6, 55 (67); *Hey*, in: Gedächtnisschrift für Christoph *Trzaskalik*, 219 (222).

111 *Becker*, Grundsatz der Individualbesteuerung, S. 57 f.; *Lang*, Bemessungsgrundlage, S. 621.

112 Zu weiteren Ausnahmen siehe *Tipke/Lang*, Steuerrecht[18], § 9 Rn. 23. Zur streitigen Frage, ob in Abweichung vom Grundsatz der Individualbesteuerung ein Verlustabzug durch den Erben zu rechtfertigen ist, vgl. den Vorlagebeschluß des BFH v. 28.07.2004 – IX R 54/99 – BStBl. II 2005, 262 = BFHE 207, 404 sowie im Schrifttum verneinend wegen Unvereinbarkeit mit dem Grundsatz der Individualbesteuerung z. B. *Müller-Franken*, StuW 2004, 795; ders., DStZ 2004, 606; *Ruppe*, DStJG 10, 45 (94 f.); *Trzaskalik*, StuW 1979, 97, bejahend dagegen z. B. *Laule/Bott*, DStR 2005, 497; *Meincke*, DStJG 10, 30; *Nickel/Hilgers*, FR 2004, 457; *Söffing*, DStZ 2004, 795; *Tipke/Lang*, Steuerrecht[18], § 9 Rn. 63. Aus ökonomischer Sicht *Jürgen*, FR 2005, 617.

der Tarifvorschrift des § 32a Abs. 5 EStG erfolgt[113]. Dieses Konzept der Ehegattenbesteuerung stellt den Grundsatz der Besteuerung nach der individuellen Leistungsfähigkeit insgesamt nicht in Frage[114]. Auch zusammenveranlagte Ehegatten jeder für sich als Steuersubjekt anzusehen[115]. Die Zusammenveranlagung berührt den im Einkünfteerzielungs- und -ermittlungsbereich relevanten Grundsatz der Individualbesteuerung nicht[116], sondern stetzt ihn voraus[117]. Das System der modernen Einkommensteuer basiert damit auf dem Grundsatz der Individualbesteuerung, die Einkommensteuer ist personal gebunden[118].

III. Einkommensbegriff und Markteinkommenstheorie

Als weiterer Grundbegriff des Einkommenssteuerrechts spielt der Einkommensbegriff eine zentrale Rolle. Das Einkommen fungiert als "zentraler Begriff des öffentlichen Schuldrechts"[119] und wird als "bester Indikator persönlicher Leistungsfähigkeit" angesehen, wirtschaftliche Leistungsfähigkeit als Bemessungsgrundlage für die Einkommensteuer danach durch das Einkommen zum Ausdruck gebracht[120].

---

113 Zur Rechtfertigung des Ehegattensplittings siehe unten F. IV. 4., S. 120.

114 Gesetzesbegründung zur Einführung des Ehegattensplittings, BT-Drucks. 3/260, S. 34.

115 *Lang*, Bemessungsgrundlage, S. 620. Vgl. ferner BFH v. 26.07.1983 – VIII R 160/80 – BStBl. II 1983, 674 = BFHE 139, 69; BFH v. 26.02.1985 – VIII R 125/83 – BStBl. II 1985, 547 = BFHE 143, 269; BFH v. 25.02.1988 – IV R 32/86 – BStBl. II 1988, 827 = BFHE 153, 397; BFH v. 23.08.1999 – GrS 1/97 – BStBl. 1999, 778 = BFHE 189, 151; BFH v. 16.04.2002 – IX R 40/00 – BStBl. II 2002, 501 = BFHE 198, 66.

116 *Seeger*, in: Schmidt, EStG[25], § 26b, Rn. 2; BFH v. 23.11.1995 – IV R 50/94 – BStBl. II 1996, 193 = BFHE 179, 303.

117 *Martin*, in: Kirchhof, EStG[6], § 26 Rn. 4 und § 26b Rn. 4.

118 So ausdrücklich BVerfG v. 17.01.1957 – 1 BvL 4/54 – BVerfGE 6, 55 (67).

119 *Lang*, StuW 1990, 331 (344); *Tipke*, JuS 1985, 345; *Tipke/Lang*, Steuerrecht[18], § 9 Rn. 49.

120 *Biergans/Stockinger*, FR 1982,1 (6); *Birk*, Das Leistungsfähigkeitsprinzip als Maßstab der Steuernormen, S. 142, 166; *Crezelius*, Steuerrecht II, § 4 Rn. 3; *Jakob*, Steuern vom Einkommen I, S. 57; *Jüptner*, Leistungsfähigkeit und Veranlassung, S. 39; *Lang*, Bemessungsgrundlage, S. 104; *Ruppe*, in: Herrmann/Heuer/Raupach, EStG, Einführung Anm. 540; *Söhn*, StuW 1985, 395 (400 f.); ders., DStJG 3, 13 (18); *Tipke*, StuW 1976, 293 (305); ders., Steuergerechtigkeit in Theorie und Praxis, S. 59; ders., StuW 1993,105 (110): " Disponibles Einkommen als geborener Maßstab steuerlicher Leistungsfähigkeit von Personen"; *Tipke/Lang*, Steuerrecht[18], § 4 Rn 92 f.; *Wittmann*, StuW 1993, 35 (37). Vgl. aus der älteren Literatur: *Fuisting*, Grundzüge der Steuerlehre, S. 107: "Die persönliche Leistungsfähigkeit findet im Einkommen den vollkommensten Ausdruck"; Popitz, in: Handwörterbuch der Staatswissenschaften, 3. Band, Stichwort "Einkommensteuer", S. 400 (405 f, 419); Schanz, FA 1896,1 (23); *Strutz*, EStG 1925, Einleitung, S. 46. Aus

Der Einkommensbegriff und seine historische Entwicklung zeigen verschiedene Ansatzmöglichkeiten der Ermittlung des steuerbaren Einkommens. Während die Reinvermögenszugangstheorie[121] sämtliche messbare Vermögenszuwächse erfasst, beschränkt sich die Quellentheorie durch das Kriterium der Dauerhaftigkeit auf diejenigen Vermögenszuflüsse, die aus einer dem Steuerpflichtigen dauerhaft zu Verfügung stehenden Einkommensquelle zufließen[122].

Heute dominiert die sog. Markteinkommenstheorie, die fordert, dass die steuerbare Vermögensmehrung durch eine Erwerbstätigkeit am Markt erwirtschaftet wurde[123]. Namentlich *Ruppe* hat die entgeltliche Verwertung von Leistungen am Markt als Kriterium für die persönliche Zurechnung von Einkünften entwickelt[124]. Zur dogmatischen Stützung der Markteinkommenstheorie werden sowohl verfassungsrechtliche als auch einfachgesetzliche Erwägungen angeführt.

---

der Rechtsprechung des Bundesverfassungsgerichts vgl. nur BVerfG v. 02.10.1969 – 1 BvL 12/68 – BVerfGE 27, 58 (64 f.).

121 Die auf von Schanz, FA 1896, 1 ff. zurückgehende Reinvermögenszugangstheorie definiert Einkommen als "Zugang von Reinvermögen während einer gegebenen Periode".

122 Vgl. *Fuisting*, Grundzüge der Steuerlehre, S. 110, wonach Einkommen alle Sachgüter seien, welche dem einzelnen als Erträge dauernder Quellen der Gütererzeugung zur Bestreitung der persönlichen Bedürfnisse für sich und für die auf den Bezug ihres Lebensunterhalts angewiesenen Personen zur Verfügung stehen. Veränderungen im Zustand einer Quelle, "welche nicht in ihrer bestimmungsgemäßen Verwendung zur Ertragserzielung ihren Ursprung haben", gehören jedoch nicht zum Einkommen, vgl. *Fuisting*, aaO, S. 147. Vgl. ferner *Popitz*, in: Handbuch der Staatswissenschaften, Band III, 1926, S. 415 f.

123 *Biergans/Stockinger*, FR 1982, 1 (5); *Crezelius*, BB 1979, 1342 (1346); *Fischer*, in: Kirchhof/Söhn/Mellinghoff, § 22 Rn. A 17; ders., Wiederkehrende Bezüge und Leistungen, Rn. 25; *Jakob*, Steuern vom Einkommen I, S. 57 f.; ders., in: Festschrift für L. *Schmidt*, S. 115 (116); *Kirchhof*, in: Kirchhof/Söhn, § 2 Rn. A 363; *Ruppe*, in: Tipke (Hrsg.), DStJG 1, 7 (15); *Wendt*, DÖV 1988, 710 (716); *Wittmann*, Markteinkommen, S. 5 f. Aus der Rechtsprechung des BFH vgl. stellvertretend BFH v. 25.10.1994 – VIII R 79/91 – BStBl. II 1995, 121 (124) = BFHE 175, 439.

124 *Ruppe*, DStJG 1 (1978), 7 f. Ihm folgend u. a. *Biergans/Stockinger*, FR 1982, 1 f.; *Fischer*, in: Kirchhof/Söhn/Mellinghoff, EStG, § 22 Rn. A 17; ders., Wiederkehrende Bezüge und Leistungen, Rn. 25; *Jakob*, Einkommensteuer[3], Rn. 3.; *Lang*, Bemessungsgrundlage, S. 18 f.; *Tipke/Lang*, Steuerrecht[18], § 9 Rn. 50 f.; *Wittmann*, Markteinkommen, S. 5 f.; ders., StuW 1993, 35.

1. Verfassungsrechtliche Verankerung der Markteinkommenstheorie

(a) Der Ansatz Kirchhofs

Kirchhof[125] leitet die Markteinkommenstheorie verfassungsrechtlich her. Die verfassungsrechtliche Verankerung ergebe sich durch die Entstehung von Einkommen am Markt als steuerbegründender Vorgang, der wegen der Mitwirkung der Rechtsgemeinschaft sozialgebunden sei[126]. Damit ist nach *Kirchhof* Art. 14 GG sedes materiae der Markteinkommenstheorie. Dieser schaffe die Verknüpfung der Rechtsinstitute Privateigentum und Steuerrecht, die als Kerninhalt der von Freiheitsverbürgungen geprägten Verfassung die steuerliche Teilhabe der öffentlichen Hand am Erfolg privatnützigen Wirtschaftens voraussetze. Das Individualeinkommen könne nur als Teil des Volkseinkommens entstehen, die Einkommensteuer erfasse nur das durch wirtschaftliches Tätigwerden des einzelnen neu Hinzuerworbene. Ausgangstatbestand der Einkommensteuer seien daher nur Erwerbseinnahmen, nicht hingegen marktunabhängige Vermögenszuflüsse[127].

Dies sei Ausdruck der in Art. 14 Abs. 2 GG festgeschriebenen Sozialgebundenheit des Einkommens und der verfassungsrechtlichen Fundierung einer privatnützigen Eigentumsordnung, in der die Steuer als notwendiger Inhalt gleichermaßen von der am Markt erbrachten Leistung des einzelnen und der von der staatlichen Gemeinschaft gewährleisteten Zur-Verfügung-Stellung des Marktes abhänge[128]. Für Einnahmen, die der Empfänger nicht vom Markt, sondern durch Leistungsempfang außerhalb des Marktes ableite, folge hieraus, dass derartige

125 *Kirchhof*, in: Kirchhof/Söhn/Mellinghoff, EStG, § 2 Rn A 365; ders., Gutachten F zum 57. Deutschen Juristentag 1988, S. 14 f.; ders., DStJG 24, 9 (14 f.).

126 *Kirchhof*, Gutachten zum 57. Deutschen Juristentag, S. F 16 f.; ders., Handbuch des Staatsrechts IV, § 88 Rn 48; ders., in: Steuern im Verfassungsstaat, S. 32 f.; ders., in: Kirchhof/Söhn, § 2 Rn A 363, 365; ders., DStR 2001, 913 (914); ders., StuW 2002, 3 (4 f.); ders., AöR 128, 1 (7 f.). Zustimmend *Fischer*, in: Kirchhof/ *Söhn/Mellinghoff*, EStG, § 22 Rn A 17; *Wendt*, DÖV 1988, 710 (717).

127 *Kirchhof*, in: Kirchhof/Söhn/Mellinghoff, EStG, § 2 Rn A 368.

128 *Kirchhof*, Gutachten zum 57. Deutschen Juristentag, S. F 19; Damit knüpft *Kirchhof* durch Verbindung des Markteinkommensbegriffs mit dem Eigentumsgrundrecht letztlich an den namentlich in der Finanzwissenschaft vorzufindenden Gedanken der Markteinkommensbesteuerung an, die maßgeblich auf die Teilnahme des Empfängers an der Bildung des Sozialprodukts abstellt. Für die finanzwissenschaftliche Literatur vgl. grundlegend *Wagner*, Finanzwissenschaft, 372; *Musgrave/Musgrave/Kullmer*, in: Die öffentlichen Finanzen, S. 145 f.; *Neumark*, in: Theorie der modernen Einkommensbesteuerung, S. 41 jeweils m.w.N.

Einnahmen nicht steuerbar seien, da die Einkommensteuer nicht jede Bereicherung, sondern nur marktabhängige Entgelte besteuere[129].

(b) Kritik an der verfassungsrechtlichen Verankerung der Markteinkommenstheorie

Dieser äquivalenztheoretische Ansatz ist weitgehend auf Kritik gestoßen[130]. Dem Ansatz wird entgegen gehalten, der Markt sei keine staatliche Veranstaltung[131] und im Übrigen zwar der übliche Ort der Einkommenserzielung, aber nicht aus Verfassungs- oder Systemgründen der allein mögliche[132]. Zudem könne Art. 14 GG als Besteuerungsmaßstäbe und –grenzen lieferndes Abwehrrecht nicht in eine Legitimationsgrundlage für den einkommensteuerrechtlichen Zugriff umqualifiziert werden[133]. *Wittmann* hält fest: Wenn Legitimationsgrundlage für die Besteuerung das Zur-Verfügung-Stellen der Rechtsordnung und deren Inanspruchnahme sei, stelle sich bei verfassungsrechtlicher Gewährung einer durch Eigenleistung erworbenen Existenzgrundlage die Sozialpflichtigkeit des Einkommens mit um so größerer Intensität, je mehr die eigene Leistung in den Hintergrund trete und je mehr die Allgemeinheit in Gestalt von Staat und Gesellschaft zur Entstehung des Einkommens beigetragen habe[134]. Hieraus lässt sich schließen, dass die Sozialpflichtigkeit des Eigentums allenfalls die Steuerbarkeit auch von Markteinkünften begründen kann, erst recht aber nicht erwirtschaftete Vermögensmehrungen steuerbar sein dürfen, die auf einer besonderen

---

129 *Kirchhof*, Gutachten zum 57. Deutschen Juristentag, S. F 24 nimmt daher Schenkungen, Erbschaften, Entschädigungen, Subventionen und Transferleistungen von der Einkommensteuerpflichtigkeit aus. Insbesondere staatliche Transferleistungen seien zwar sozialstaatlich veranlasst, ihrerseits aber nicht zusätzlich sozialpflichtig mit der Folge einer steuerlichen Rücknehmbarkeit.

130 *Isensee*, 57. Deutscher Juristentag, Sitzungsberichte, S. N 32 f.; *Meincke*, DB 1988, 1869; *Schön*, StuW 1995, 373; *Söhn*, in: Festschrift für Tipke, S. 343 (349 f.); *Steichen*, in: Festschrift für Tipke, S. 365 (371); *Tipke*, Steuerrechtsordnung II[1], S. 528 f (Fn. 59).; ders. NJW 1988, 2090 (2094); ders., StuW 2002, 148 (156); *Uelner*, 57. Deutscher Juristentag, Sitzungsberichte, S. N 11 f.; *Weber-Grellet*, Steuern im modernen Verfassungsstaat, S. 81; *Wendt*, DÖV 1988, 710 Fn. 41, der im Ergebnis dem Ansatz folgt.

131 *Uelner*, 57. Deutscher Juristentag, Sitzungsberichte, S. 11 f.

132 *Isensee*, 57. Deutscher Juristentag, Sitzungsberichte, S. 36.

133 *Isensee*, 57. Deutscher Juristentag, Sitzungsberichte, S. 32; *Uelner*, 57. Deutscher Juristentag, Sitzungsberichte, S. 13; *Tipke*, NJW 1988, 2090. So auch noch *Kirchhof*, JZ 1982, 305 (307); ähnlich *Steichen*, in: Festschrift für Tipke, S. 365 (372), der diesbezüglich festhält, der einzelne schulde dem Staat keinen Dank (keine Steuer) für den Marktzutritt und die hieraus folgenden Verdienstmöglichkeiten.

134 *Wittmann*, Markteinkommen, S. 119 f.

Inanspruchnahme von Staat und Gesellschaft beruhen[135]. *Steichen* bemängelt an der "Staatsteilhabetheorie" Kirchhofs, sie vermöge nicht zu erklären, weshalb Einkünfte, die außerhalb der vom Staat angebotenen rechtlichen Ordnung erzielt werden – wie beispielsweise Einkünfte aus Straftaten – steuerpflichtig sind, obwohl der Staat nicht als Teilhaber solcher Geschäfte betrachtet werden könne[136].

Diese Kritik erklärt zutreffend, dass die Besteuerung nur am Markt erwirtschafteten Einkommens nicht zwingend verfassungsrechtlich vorgegeben ist, sondern die Besteuerung auch nicht am Markt erwirtschafteter Einkünfte von Verfassungs möglich und durch das Leistungsfähigkeitsprinzip sogar geboten sein kann.

2. Einfachgesetzliche Verankerung der Markteinkommenstheorie

Im Begriff des Erzielens (§ 2 Abs. 1 S. 1 EStG)[137] wird ein einfachgesetzlicher Anhaltspunkt für die Beschränkung der Einkommensteuer auf erwirtschaftete Vermögensmehrungen erblickt[138]. Dieser Ansatz stelle sich als "vor der Klammer des pragmatischen Einkünftekatalogs stehendes Globalprinzip"[139] dar. Daraus folge für Einkommenszuwendungen ohne Teilnahme des Empfängers am Marktgeschehen, dass diese mangels Erwirtschaftung am Markt nicht steuerbar seien, unabhängig von ihrer äußeren Form[140]. Damit werde das Markteinkommen zum "einfachgesetzlichen Strukturbegriff"[141].

---

135 *Söhn*, in: Festschrift für Tipke, S. 343 (350).

136 *Steichen*, in: Festschrift für Tipke, S. 365 (372).

137 Durch das EStRG vom 05.08.1974 = BStBl. I 1974, 530 ist § 2 Abs. 1 in der Weise geändert wurde, dass die Formulierung "bezogene Einkünfte" durch die jetzige Formulierung "erzielte Einkünfte" ersetzt wurde.

138 *Bayer*, Steuerlehre, Rn. 524; *Tipke/Lang*, Steuerrecht[18], § 9 Rn. 122; *Wittmann*, Markteinkommen, S. 28 führt als einfachgesetzliche Grundlage für die Markteinkommenstheorie zudem §§ 15 Abs. 2, 22 Nr. 3 EStG an.

139 So *Lang*, Bemessungsgrundlage, S. 50; ebenso *Fischer*, in: Kirchhof/Söhn, § 22 Rn. A 17. Ähnliche Formulierungen, die die Funktion des Markteinkommens für den Einkommensbegriff zum Ausdruck bringen sollen, finden sich bei *Burger*, in: Der Einkommensbegriff im öffentlichen Schuldrecht, 1991, S. 67: "Grundsatz"; *Biergans/Stockinger*, FR 1982, 1 (5): "Grundsatzentscheidung"; *Jakob*, Einkommensteuer[3], S. 1 ff: "Elementarfaktor der Einkommensbesteuerung"; *Lang*, in: Festschrift für Tipke, 1 (23): "rechtsethisch fundiertes Strukturprinzip"; ders., Bemessungsgrundlage, S. 19: "subjektiv-teleologische Prämisse.

140 *Loritz*, StVj.1991, 195 (235); so auch im Ergebnis *Biergans*, Renten und Raten[4], S. 355.

141 *Wittmann*, StuW 1993, 35.

3. Markteinkommen als alleiniger Indikator steuerlicher Leistungsfähigkeit?

Die einfachgesetzliche Festschreibung der Markteinkommenstheorie in § 2 Abs. 1 S. 1 EStG anzusiedeln, ist bereits im Hinblick auf die Tatbestände des § 22 Nr. 1a EStG und § 22 Nr. 1 und 4 EStG bedenklich. Denn Unterhaltsleistungen stellen auf Empfängerseite kein erwirtschaftetes Einkommen dar, sondern können auf der Grundlage der Markteinkommenstheorie allenfalls als transferiertes Markteinkommen angesehen werden[142]. Abgeordnetenbezüge (§ 22 Nr. 4 EStG) lassen sich ebenso wenig als Markteinkünfte erfassen[143]. Darüber hinaus müssen wiederkehrende Bezüge nicht generell am Markt erwirtschaftet sein[144]. Das geltende Einkommensteuerrecht selbst nennt also Tatbestände, nach denen nicht am Markt erwirtschaftete Vermögenszuflüsse steuerbar sind[145].

Dem steht bei der Besteuerung wiederkehrender Bezüge nach § 22 Nr. 1 EStG auch nicht Satz 2 der Vorschrift entgegen[146], der eine Zurechnung von Unterhaltsbezügen und freiwilligen Zuwendungen auf Empfängerseite bei unbeschränkter Steuerpflicht des Leistenden ausschließt; denn bei beschränkter Steuerpflicht des Leistenden sind die wiederkehrenden Bezüge zu versteuern, unabhängig davon, ob sie am Markt erwirtschaftet wurden oder nicht[147]. Bei Heranziehung der Gesetzesbegründung kann der Begriff des Erzielens in § 2 Abs. 1 EStG ebenfalls nicht für eine einfachgesetzliche Festlegung der Markteinkommenstheorie durch den Gesetzgeber herangezogen werden, da die Entwurfsbegründung klarstellt, dass "sich der Entwurf ebenso wie frühere Einkommensteuergesetze keine der zahlreichen Lehrmeinungen zum Begriff des Einkommens

---

142 *Müller-Franken*, in: Gedächtnisschrift für *Trzaskalik*, 195 (200); *Schön*, in: Festschrift für Offerhaus, 385 (398); *Söhn*, in: Festschrift für Tipke, 343 (346).

143 Vgl. *Jansen*, in: Herrmann/Heuer/Raupach, EStG, § 22 Rn. 115.

144 *Jansen*, in: Herrmann/Heuer/Raupach, EStG, § 22 Rn. 115; *Jansen/Wrede*, Renten, Raten, dauernde Lasten[12], Rn. 890 f.; *Söhn*, FR 1996, 81, 88; ders., in: Festschrift für Tipke, 343 (352).

145 *Söhn*, FA 1994, 398 Fn. 97 weist zudem darauf hin, dass ein Teil der nach § 3 EStG steuerfreien Bezüge nicht am Markt erworben ist.

146 So aber *Fischer*, in: Kirchhof/Söhn, § 22 Rn. A 17; ders., Wiederkehrende Bezüge und Leistungen, Rn. 26.; *Lang*, Bemessungsgrundlage, S. 50 f., der den Sinn der Vorschrift darin sieht, dass der unentgeltliche Vermögenstransfer mit den versteuerten Einkünften des Gebers, aus denen die Leistungen erbracht werden, zu einem Besteuerungsgut zusammengefasst werden, um so eine Einmalversteuerung des erwirtschafteten Einkommens des leistenden und unbeschränkt steuerpflichtigen Gebers zu erreichen.

147 Vgl. *Söhn*, in: Festschrift für Tipke, S. 343 (353) sowie unten E.II.1., S. 47.

zu eigen macht, sondern den Einkommensbegriff pragmatisch allein für die Besteuerung als Ergebnis ganz bestimmter, mit den gegenwärtigen Einkunftsarten übereinstimmenden Einkünften umgrenzt[148]". Auch *Ruppe* stellt fest, dass der Umsatz von Leistungen am Markt der die pragmatische Aufzählung der Einkommensquellen des geltenden Einkommensteuerrechts verbindende kleinste gemeinsame Nenner sei, schränkt dies aber zugleich durch die Formulierung ein, es handele sich um das gemeinsame Merkmal der "*meisten* Einkunftsquellen des Einkommensteuergesetzes"[149].

Das Bundesverfassungsgericht gebraucht im Zusammenhang mit der Begründung der steuerlichen Freistellung des Existenzminimums eines jeden Steuerpflichtigen den Ausdruck "Erwerbsbezüge"[150], führt jedoch in einer späteren Entscheidung[151] diese Terminologie nicht fort. An anderer Stelle wird als Besteuerungsgegenstand der Einkommensteuer das unter Nutzung der von der Rechtsgemeinschaft eröffneten Märkte erzielte Einkommen gesehen[152].

Dies stellt aber bereits deswegen keine Entscheidung des Bundesverfassungsgerichts zugunsten der Markteinkommenstheorie dar, weil abgesehen von der nicht einheitlichen Terminologie das Bundesverfassungsgericht es mehrfach dem Gesetzgeber zugestanden hat, auch nicht am Markt erwirtschaftete Einkünfte der Einkommensteuer zu unterwerfen[153].

---

148 BT-Drucks. 7/1470, 211.

149 *Ruppe*, DStJG 1, 7 (16, 25). Als Ausnahmen nennt *Ruppe* die mittlerweile abgeschaffte Nutzungswertbesteuerung sowie Rentenstammrechte, aaO, S. 39. *Ruppe*, in: Herrmann/Heuer/Raupach, EStG, Einf. Rn. 17 hält ferner fest, die Markteinkommenstheorie habe ihre Funktion insbesondere im Bereich der persönlichen Einkünftezurechnung bei der Anwendung des EStG.

150 Vgl. BVerfG v. 25.09.1992 – 2 BvL 5, 8, 14/91 – BVerfGE 87, 153 (171): "Der Steuergesetzgeber hat dem Einkommensbezieher von seinen Erwerbsbezügen das zu belassen, was er dem Bedürftigen für seinen existenzsichernden Bedarf aus öffentlichen Mitteln zur Verfügung stellt."; *Söhn*, in: Festschrift für Tipke, 343 (363) Fn. 111 bemängelt an dieser Formulierung des Bundesverfassungsgerichts, sie verkenne, dass dem Einkommensbezieher nicht nur von seinem am Markt erworbenen Bezügen, sondern von seinen steuerbaren Einnahmen überhaupt das zum existenznotwendigen Bedarf Erforderliche überlassen werden müsse. Kritisch bezüglich der Unklarheit des Begriffs Erwerbsbezüge in diesem Zusammenhang auch *Theis*, DB 1992, 2576 (2579): "völlig neuer Begriff".

151 BVerfG v. 10.11.1998 – 2 BvL 42/93 – BVerfGE 99, 246 (299) verwendet den Begriff "Einkommen", das der Staat dem Steuerpflichtigen insoweit belassen müsse, als es zur Schaffung der Mindestvoraussetzungen für ein menschenwürdiges Dasein benötigt wird.

152 BVerfG v. 30.09.1998 – 2 BvR 1818/91 – BVerfGE 99, 88 (95).

153 Vgl. zuletzt BVerfG v. 06.03.2002 – 2 BvL 17/99 – BVerfGE 105, 73 (131), wonach auch "insoweit, als es sich bei Rentenbezügen um staatliche Transferzahlungen handelt, grundsätzlich einkommensteuerbares Einkommen" vorliegt.

Es steht außer Frage, dass idealiter Markteinkünfte Steuergegenstand sind, soweit sie steuerliche Leistungsfähigkeit vermitteln und dies spiegelt sich dem Grunde nach im Einkünftekatalog des geltenden Einkommenssteuerrechts wider. Insoweit erlangt die Markteinkommenstheorie Ein- und Abgrenzungsfunktion. Wird sie als "Subprinzip des Leistungsfähigkeitsprinzips" gesehen[154], so muss das in diesem Ausdruck ausgesprochene Verhältnis beider Prinzipien beachtet werden. Vorrangig ist und bleibt das Leistungsfähigkeitsprinzip, in dessen Rahmen die Markteinkommenstheorie mit ihrer Ein- und Abgrenzungsfunktion nur insoweit Wirkung entfaltet, als sie sich als leistungsfähigkeitskonform erweist. Der Einkommensbegriff ist als Zweckbegriff zur Konkretisierung des Leistungsfähigkeitsprinzips zu erfassen und daher teleologisch an diesem auszurichten[155]. Dies bedeutet, dass das Leistungsfähigkeitsprinzip zum Teil auch über das Markteinkommen hinaus greift (greifen muss) und damit Reinvermögenszugänge zu steuerbarem Einkommen führen, etwa in Form von Transferleistungen, Unterhaltsleistungen oder Subventionen[156]. Anders gesagt: Das Leistungsfähigkeitsprinzip muss sich durchsetzen, wenn die Markteinkommenstheorie die Steuerbarkeit nur deshalb verneint, weil Nicht-Markteinkommen vorliegt[157]. *Tipke* bemerkt zu Recht, dass eine Beschränkung der Steuerbarkeit auf das Markteinkommen weder angemessen noch zutreffend sei, falls und soweit nicht Praktikabilitätsgründe eine Beschränkung auf der Reinvermögenszugangstheorie verlangen[158]. Die steuerliche Leistungsfähigkeit wird mit dem Markteinkommen unvollständig gemessen; das Markteinkommen ist daher lediglich die tatsächliche Regel, nicht aber die alleinige Kategorie besteuerbaren Einkommens[159].

---

154 *Söhn*, in: Lang (Hrsg.), Festschrift für Tipke, 343 (351).

155 *Tipke*, Steuerrechtsordnung II[2], S. 629 f.; ders., StuW 2002, 148 (156).

156 *Brandis*, StuW 1987, 289 (292); *Müller-Franken*, in: Gedächtnisschrift für *Trzaskalik*, 195 (204); *Söhn*, FA 1994, 372 (398); *Steichen*, in: Lang (Hrsg.): Festschrift für Tipke, 365 (393); *Tipke*, Steuerrechtsordnung II[2], 629. Zusammenfassend konstatieren auch *Tipke/Lang*, Steuerrecht[18], § 8 Rn. 31, der Begriff "Markteinkommen erweise sich bei genauerer näherer Betrachtung als "zu eng". Aus finanzwissenschaftlicher Sicht *Homburg*, Allgemeine Steuerlehre[3], S. 222 f.

157 *Söhn*, in: Festschrift für Tipke, 343 (358).

158 *Tipke*, Steuerrechtsordnung II[2], S. 629.

159 *Söhn*, StuW 2005, 109 (110).

IV. Interpersonales Korrespondenzprinzip und allgemeine Besteuerungsgrundsätze

Wenn von einem Korrespondenz"prinzip" die Rede ist, wirft dieser Begriff die Frage nach dem systematischen Geltungsanspruch eines solchen Prinzips auf. Dies kann wiederum nur vor dem Hintergrund des Leistungsfähigkeitsprinzips erläutert werden. Ein Korrespondenzprinzip, das die steuerliche Behandlung auf Seiten zweier Steuersubjekte voneinander abhängig gestaltet, löst zunächst den Grundsatz der Individualbesteuerung, indem es eine interpersonale Verknüpfung zweier Steuersubjekte herstellt[160].

Die in §§ 12 Nr. 2, 22 Nr. 1 S. 2 bzw. §§ 10 Abs. 1 Nr. 1 und 1a, 22 Nr. 1 EStG angelegte Korrespondenz ist als solche nicht verallgemeinerungsfähig[161]. Denn aus diesen Vorschriften lässt sich nicht allgemein der Schluß ziehen, der Nehmer müsse versteuern, was der Geber von der Bemessungsgrundlage abziehen darf, und umgekehrt, was der Nehmer nicht zu versteuern braucht, was der Geber nicht abziehen darf[162]. Dem steht der Grundsatz der Besteuerung nach der individuellen Leistungsfähigkeit entgegen. Ein Korrespondenzprinzip passt nicht zum subjektbezogenen Leistungsfähigkeitsprinzip. Ob eine Zahlung als Betriebsausgabe, Werbungskosten, Sonderausgabe oder außergewöhnliche Belastung beim Leistenden gilt, kann nicht als Beurteilungskriterium für die steuerliche Behandlung auf Empfängerseite herangezogen, die Leistungsfähigkeit eines Steuerpflichtigen nicht mit der eines anderen vermengt oder verrechnet werden[163]. *Crezelius* führt zutreffend aus, es gebe kein "Nullsummenspiel", das eine Entsprechung von Geber- und Empfängerseite bewirke[164].

---

160 *Charlier*, StbJb 1966/67, 279 (288); *Lang*, Bemessungsgrundlage, S. 85; *Söhn*, StuW 1985, 395 (405); *Steichen*, in: Festschrift für Tipke, 365 (383); *Tipke/Lang*, Steuerrecht[18], § 9 Rn. 24.

161 *Arndt*, in: Kirchhof/Söhn/Mellinghoff, EStG, 12 Rn. A 17; *Charlier*, StbJb 1966/67, 279 (288); *Crezelius*, in. Kirchhof/Söhn/Mellinghoff, EStG, § 8 Rn. B 6; *Jansen*, in: Herrmann/Heuer/Raupach, EStG, § 22 Rn. 242; *Gérard*, in: Lademann, EStG, § 22 Rn. 5; *Jansen/Wrede*, Renten, Raten, Dauernde Lasten, Rn. 227; *Kirchhof*, in: Kirchhof/Söhn/Mellinghoff, EStG, § 2 Rn. 189; *Lüsch*, in: Littmann/Bitz/Pust, EStG, § 22 Rn. 26; *Nolde*, in: Herrmann/Heuer/Raupach, EStG, § 12 Rn. 76; *Schmitz*, Besteuerung wiederkehrender Bezüge, S. 76; *Tipke*, StuW 1980, 1 (8).

162 *Arndt*, in: Kirchhof/Söhn/Mellinghoff, EStG, § 12 Rn. A 17; *Lindberg*, in: Blümich, EStG, § 12 Rn. 129; *Stuhrmann*, in: Blümich, EStG, § 22 Rn. 60; *Tipke*, StuW 1980, 1 (8).

163 *Steichen*, in: Festschrift für Tipke, 365 (383); *Söhn*, StuW 1985, 395 (405); ders., StuW 2005, 109 (112); *Tipke*, StuW 2002, 148 (168); *Tipke/Lang*, Steuerrecht[18], § 9 Rn. 24.

164 *Crezelius*, in: Kirchhof/Söhn/Mellinghoff, EStG, § 8 Rn. B 6.

Die aus dem geltenden Einkommensteuerrecht zu entnehmenden Beispiele einer eigenständigen Beurteilung von Geber- und Nehmerseite sind vielfältig und belegen die fehlende Verallgemeinerungsfähigkeit eines Korrespondenzprinzips[165]. So stellt der vom Vermieter eingenommene Mietzins für ihn Einnahmen dar, unabhängig davon, dass der private Mieter die Ausgaben nicht steuermindernd geltend machen kann. Der Lohn der Haushaltsgehilfin ist Arbeitslohn, ohne dass die Hausfrau diese Privatausgaben steuerlich geltend machen könnte[166]. Ebenso können aufwandlose Zuwendungen des Arbeitgebers beim Arbeitnehmer zu Einnahmen führen[167]. Die Zinszahlungen des privaten Darlehensnehmers stellen für den Darlehensgeber Einkünfte aus Kapitalvermögen dar.

Rechtssystematisch kommt es darauf an, dass die Bemessungsgrundlage die wirtschaftliche Leistungsfähigkeit des *einzelnen* Steuersubjekts ausweist. Diese Bemessungsgrundlage ist von der steuerlichen Leistungsfähigkeit eines anderen Steuersubjekts grundsätzlich unabhängig[168], Abzugsfähigkeit beim Leistenden und Steuerbarkeit beim Empfänger sind steuerlich zwei verschiedene Vorgänge[169] und deshalb ist eine intersubjektive Korrespondenz nicht mit dem die individualbezogene Einkommensteuer bestimmenden Leistungsfähigkeitsprinzip vereinbar. Die Annahme einer einheitlichen Beurteilung auf beiden Seiten in dem Sinne, dass eine Abzugfähigkeit beim zur Zahlung Verpflichteten stets zu einer steuerlichen Erfassung auf Empfängerseite führen muss[170], ist daher weder als Grundsatz des Einkommensteuerrechts einfachgesetzlich normiert noch systematisch zwingend[171] noch überhaupt richtig.

---

165 Vgl. die beispielhaften Aufzählungen bei *Kirchhof*, in: Kirchhof/Söhn/Mellinghoff, EStG, § 2 Rn. A 189; ders., in: Kirchhof, EStG[6], § 8 Rn. 15; *Lang*, Bemessungsgrundlage, S. 84; *Nolde*, in: Herrmann/Heuer/Raupach, EStG, § 12 Rn. 10; *Tipke/Lang*, Steuerrecht[18], § 9 Rn. 24.

166 Ausnahmen hinsichtlich der Abzugsfähigkeit gelten freilich unter den engen Voraussetzungen der §§ 33, 33a-c EStG.

167 Vgl. hierzu etwa BFH v. 22.10.1976 – VI R 26/74 – BStBl. II 1977, 99 = BFHE 120, 379 (Kostenloses Führen privater Ferngespräche durch Bedienste der Deutschen Bundespost); BFH v. 21.09.1990 – VI R 97/86 – BStBl. II 1991, 262 = BFHE 161, 557 (Kostenlose Kontoführung von Bankangestellten).

168 *Lang*, Bemessungsgrundlage, S. 83, 620; *Tipke/Lang*, Steuerrecht[18], § 9 Rn. 24.

169 *Söhn*, in: Festschrift für Tipke, 363 (359); ders., StuW 2005, 109 (115); *Tipke*, StuW 1980, 1 (8).

170 So BFH v. 20.07.1971 – VIII R 24/65 – BStBl. II 1972, 170 = BFHE 103, 410; BFH v. 27.09.1973 – VIII R 71/69 – BStBl. II 1974, 101 = BFHE 111, 33; BFH v. 19.10.1978 – VIII R 9/77 – BStBl. II 1979, 133 = BFHE 126, 405.

171 *Söhn*, in: Lang (Hrsg.), Festschrift für Tipke, 343 (360).

Das interpersonale Korrespondenzprinzip ist mithin kein autonomer Besteuerungsgrundsatz. Maßgebend ist einzig das verfassungsrechtliche Prinzip der Besteuerung nach der wirtschaftlichen Leistungsfähigkeit des einzelnen[172]. Hieraus lässt sich als Maßstab einer systemgerechten Besteuerung und Konkretisierung des Leistungsfähigkeitsprinzips zur Beurteilung von interpersonalen Zahlungen jeglicher Art formulieren: Zahlungen, die die Leistungsfähigkeit des Gebers mindern, müssen abzugsfähig sein, einerlei, ob der Empfänger diese versteuern muss oder nicht; und umgekehrt müssen Zahlungen, die die Leistungsfähigkeit des Empfängers erhöhen, bei diesem steuerlich erfasst werden, unabhängig davon, ob der Geber die Zahlungen abziehen kann oder nicht[173]. Die genannten Beispiele, in denen der Empfänger die empfangenen Einnahmen zu versteuern hat, obwohl auf Geberseite keine Minderung der Bemessungsgrundlage vorliegt, belegen und bestätigen, dass ein interpersonales Korrespondenzprinzip weder einfachgesetzlich noch überhaupt steuersystematisch Geltung beanspruchen kann[174]. Nach *Tipke*[175] entspricht es sogar allgemeiner Meinung, dass das interpersonale Korrespondenzprinzip mit dem Prinzip der Besteuerung nach der individuellen Leistungsfähigkeit nicht vereinbar ist. In Anbetracht dieser Aussage muss es verwundern, dass der Begriff Korrespondenz"prinzip" vielfach entweder kritiklos als solcher zur Beschreibung des Verhältnisses der Vorschriften der §§ 10 Abs. 1 Nr. 1 und 1a, 12, 22 Nr. 1 und 1a EStG zueinander gebraucht wird[176] oder ihm gar konstitutive Wirkung zugesprochen wird, wenngleich diese auch gegenständlich beschränkt sein soll[177].

---

172 *Söhn*, in: Lang (Hrsg.), Festschrift für Tipke, 343 (360).

173 *Söhn*, StuW 1985, 395 (406); ders., in: Festschrift für Tipke, 343 (360).

174 *Charlier*, StbJb 1966/67, 279 (288); *Fischer*, Wiederkehrende Bezüge und Leistungen, Rn. 68; ders., in: Kirchhof/Söhn, *Mellinghoff*, EStG, § 22 Rn. A 46, der aber dem Gesetzgeber freistellt, Ausnahmen zu normieren; *Lang*, Bemessungsgrundlage, S. 83; *Söhn*, StuW 1985, 395 (405 f.); ders., in: Festschrift für Tipke, 343 (359); ders. FR 1996, 81 (90); *Tipke*, StuW 1980, 1 (8); ders., Steuergerechtigkeit, S. 86; ders., StuW 2002, 148 (168); *Welter*, Wiederkehrende Leistungen, S. 221 f.; *Zugmaier*, in: Herrmann/Heuer/Raupach, EStG, § 2 Rn. 63.

175 *Tipke*, StuW 2002, 148 (168).

176 Vgl. etwa *Fischer*, in: Kirchhof/Söhn/Mellinghoff, EStG, § 22 Rn. A 19; ders., in: Kirchhof, EStG[6], § 22 Rn. 28; *Jansen*, in: Herrmann/Heuer/Raupach, EStG, § 22 Rn. 351; *Jansen/Wrede*, Renten, Raten, Dauernde Lasten, Rn. 226; *Lüsch*, in: Littmann/Bitz/Pust, EStG, Rn. 25 f.

177 *Fischer*, Wiederkehrende Bezüge und Leistungen, Rn. 26, 68; ders., in: Kirchhof, EStG[6], § 10 Rn. 7 und § 22 Rn. 19; ders., in: Kirchhof/Söhn/Mellinghoff, EStG, § 22 Rn. A 20, B 211.

Die Rechtsprechung des BFH ist nicht einheitlich: In einigen Entscheidungen lehnt der BFH ein allgemeines Korrespondenzprinzip als Besteuerungsgrundsatz ausdrücklich ab[178]. Andererseits finden sich Entscheidungen, in denen einem Korrespondenzprinzip konstitutive Wirkung zugedacht wird. So wird bei der Vermögensübergabe gegen Versorgungsleistungen von einem gegenständlich auf den Transfer von Einkünften beschränkten Grundsatz der materiell-rechtlichen Korrespondenz ausgegangen[179], in den Entscheidungen über die steuerliche Behandlung des schuldrechtlichen Versorgungsausgleichs ist gar von einer "gebotenen Symmetrie" die Rede[180]. Da das Korrespondenzprinzip offensichtlich zumindest in den genannten Bereichen weiterhin eine Rolle spielt, sind diese überprüfungsbedürftig.

V. Zusammenfassung

Das Prinzip der Besteuerung nach der Leistungsfähigkeit ist das die Einkommensbesteuerung rechtfertigende und begrenzende verfassungsrechtliche Prinzip, das als abstraktes Gerechtigkeitspostulat der Konkretisierung durch Subprinzipien bedarf. Steuerliche Leistungsfähigkeit wird durch das Einkommen zum Ausdruck gebracht. Das Leistungsfähigkeitsprinzip gebietet, über Markteinkünfte hinaus auch leistungsfähigkeitserhöhende Einkünfte im Sinne von Reinvermögenszugängen zu erfassen. Diese Betrachtung muss sich im Konfliktfall gegen das "Markteinkommensprinzip" durchsetzen. Das Leistungsfähigkeitsprinzip greift damit über das Markteinkommen hinaus.

Das objektive Nettoprinzip gebietet, nur die abzüglich der Erwerbsaufwendungen ermittelten Reineinkünfte der Besteuerung zu unterwerfen. Das subjektive Nettoprinzip fordert, dass zwangsläufige, indisponible Privataufwendungen des Steuerpflichtigen die Bemessungsgrundlage mindern.

---

178 BFH v. 04.04.1989 – X R 14/85 – BStBl. II 1989, 779 (781) = BFHE 157, 88 verneint ein allgemeines Korrespondenzprinzip, lässt aber offen, ob das in § 10 Abs. 1 Nr. 1a normierte Tatbestandsmerkmal "dauernde Last" einen Berechtigten voraussetzt. Gegen ein allgemeines Korrespondenzprinzip ferner BFH v. 25.10.1994 – VIII R 79/91 – BStBl. 1995, 121 (125) = BFHE 175, 439; BFH v. 30.05.2001 – VI R 178/99 – BFH/NV 2001, 1258; BFH v. 12.05.2003 – GrS 1/00 – BStBl. II 2004, 95 (98) = BFHE 202, 464.

179 BFH v. 26.07.1995 – X R 91/92 – BStBl. II 1995, 836 = BFHE 178, 229; BFH v. 26.07.1995 – X R 113/93 – BStBl. II 1996, 157 = BFHE 179, 34; BFH v. 10.11.1999 – X R 46/97 – BStBl. II 2000, 188 (192) = BFHE 189, 497; BFH v. 14.11.2002 – X R 120/98 – BStBl. II 2002, 413 = BFHE 197, 194; BFH v. 31.03.2004 – X R 66/98 – BStBl. II 2004, 830 (833) = BFHE 205, 285; BFH v. 16.06.2004 – X R 50/01 – BStBl. II 2005, 130 = BFHE 207, 114.

180 BFH v. 18.09.2003 – X R 152/97 – BFH/NV 2004, 120 (124) = BFHE 203, 337; BFH v. 15.10.2003 – X R 29/01 – BFH/NV 2004, 478 (481).

Aus der personalen Anknüpfung der Einkommensteuer folgt, dass der Begriff der Leistungsfähigkeit individualbezogen auf die einzelne natürliche Person als Steuersubjekt zu verstehen ist. Das interpersonale Korrespondenzprinzip ist kein autonomes Besteuerungsprinzip. Maßgebend ist die Besteuerung nach der wirtschaftlichen Leistungsfähigkeit des einzelnen, die eine intersubjektive Verknüpfung gerade ausschließt. Hieraus lässt sich für Zahlungen zwischen zwei Steuersubjekten generell als Prüfungsmaßstab und Anforderung einer leistungsfähigkeitskonformen, gleichmäßigen Besteuerung herleiten: Mindern Zahlungen die Leistungsfähigkeit des Gebers, müssen diese Leistungsfähigkeitsminderung in seiner Person berücksichtigt werden, einerlei, ob der Empfänger diese zu versteuern hat oder nicht. Umgekehrt gilt: Erhöhen Zahlungen die Leistungsfähigkeit des Empfängers, unterliegen diese beim ihm der Einkommensteuer, gleich, ob der Leistende sie steuermindernd berücksichtigen kann oder nicht.

E. Negative Korrespondenz der §§ 12 Nr. 1 u. 2, 22 Nr. 1 S. 2 EStG

I. Geberseite: Ausschluss des Abzugs nach § 12 Nr. 1 und 2 EStG

1. Voraussetzungen der Vorschrift

§ 12 Nr. 1 und 2 EStG bringen zum Ausdruck, dass nicht jedwede Zahlung eines Steuerpflichtigen an einen anderen abzugsfähig sein soll. Die Aufzählung von freiwilligen Zuwendungen und Zuwendungen aufgrund einer freiwillig begründeten Rechtspflicht sowie Unterhaltsleistungen als drei voneinander unabhängige Tatbestände[181] legt nahe, dass es sich um Kosten der Lebensführung handelt, die sich entsprechend der übrigen in § 12 EStG genannten Aufwendungen grundsätzlich nicht steuermindernd auswirken dürfen[182]. Die Vorschrift betrifft somit ausschließlich die Frage der Einkommensverwendung, die von der vorgelagerten Frage der Einkommenserzielung zu trennen ist[183]. Die einzelnen Voraussetzungen der Vorschrift sollen kurz dargestellt werden.

(a) Freiwillig oder aufgrund einer freiwillig begründeten Rechtspflicht erfolgte Zuwendungen

§ 12 Nr. 2 EStG steht in engem systematischen Zusammenhang mit § 12 Nr. 1 EStG, der haushalts- und unterhaltsbezogene Privataufwendungen erfasst, während § 12 Nr. 2 EStG darüber hinausgehend vorbehaltlich der im Einleitungssatz des § 12 EStG genannten Tatbestände ein allgemeines Abzugsverbot privater wiederkehrender Bezüge statuiert[184]. Wegen dieser Systematik wird die Vorschrift des § 12 Nr. 2 EStG vereinzelt dahin kritisiert, sie sei "mehr verwirrend als klärend"[185]. Daher ist an dieser Stelle zunächst eine begriffliche Klärung erforderlich, um den Anwendungsbereich der sowohl auf Seiten des Gebers nach § 12 Nr. 2 EStG als auch auf Seiten des Empfängers nach § 22 Nr. 1 S. 2 EStG genannten und damit deckungsgleichen[186] Tatbestandsmerkmale der freiwilligen

---

181 *Arndt*, in: Kirchhof/Söhn/Mellinghoff, EStG, § 12 Rn. C 1.

182 Vgl. nur *Jansen/Wrede*, Renten, Raten, Dauernde Lasten[12], Rn. 231.

183 *Drenseck*, in: Schmidt, EStG[24], § 12 Rn. 27; *Lindberg*, in: Blümich, EStG, § 12 Rn. 127; *Stadie*, Die persönliche Zurechnung von Einkünften, S. 19.

184 *Arndt*, in: Kirchhof/Söhn/Mellinghoff, EStG, § 12 Rn. A 7.

185 So *Martin*, in: Kirchhof, EStG[6], § 12 Rn. 27. Kritisch zur Gesetzessystematik ferner *Arndt*, in: Kirchhof/Söhn/Mellinghoff, EStG, § 12 Rn. 7a; *Nolde*, in: Herrmann/Heuer/Raupach, EStG, § 12 Rn. 76; *Schuster*, in: Littmann/Bitz/Pust, EStG, § 12 Rn. 291; *Tipke*, Steuerrechtsordnung I[1], S. 673.

186 Vgl. *Nolde*, in: Hermann/Heuer/Raupach, EStG, § 12 Rn. 76.

oder auf Grund einer freiwillig begründeten Rechtspflicht erbrachten Zuwendungen zu erörtern.

Der Begriff der Zuwendung im Sinne des § 12 Nr .2 EStG ist enger zu fassen als der Zuwendungsbegriff des bürgerlichen Rechts[187] und wird objektiv als wiederkehrende Leistungen in Geld oder Geldeswert unter Ausklammerung einmaliger Leistungen definiert, die in keinem Zusammenhang mit einer Gegenleistung des Empfängers stehen[188]. Subjektive Voraussetzung auf Seiten des Zuwendenden ist die bewußte und gewollte Unentgeltlichkeit[189]. Nach allgemeiner Auffassung besteht begrifflich hinsichtlich der Unentgeltlichkeit zumindest insoweit Klarheit, als nur Leistungen, denen keine oder nur eine geringfügige Gegenleistung gegenübersteht, als Zuwendungen qualifiziert werden können[190]. Hierin liegt zugleich das "Kernproblem des Zuwendungsbegriffs"[191], nämlich die Grenzziehung zwischen geringfügiger Gegenleistung und vollumfänglich unentgeltlicher Zuwendung. Diese Frage hat im Bereich der Versorgungsleistungen eine zentrale Bedeutung erlangt, da hier der Anwendungsbereich des § 12 Nr. 2 EStG zugunsten des Abzugs der Versorgungsleistungen als dauernde Last im Sinne von § 10 Abs. 1 Nr. 1a EStG auszuschalten ist[192].

Das Merkmal der Freiwilligkeit der Zuwendungen hat lediglich klarstellende Funktion, da bereits die in §§ 9 Abs. 1 S. 3 Nr. 1 und 10 Abs. 1 Nr. 1a EStG genannten Renten und dauernden Lasten einen besonderen Verpflichtungsgrund

---

187 Ausführlich *Arndt*, in: Kirchhof/Söhn/Mellinghoff, EStG, § 12 Rn. C 9 sowie zur verfassungskonformen Einschränkung des § 12 Nr. 2 EStG BVerfG v. 22.07, 1970 – 1 BvR 285/66, 445/67 und 192/69 – BVerfGE 29, 104 (116). Zum bürgerlich-rechtlichen Zuwendungsbegriff eingehend *Welter*, Wiederkehrende Leistungen im Zivilrecht und Steuerrecht, S. 141 f.

188 *Arndt*, in: Kirchhof/Söhn/Mellinghoff, EStG, § 12 Rn. C 4; *Jansen/Wrede*, Renten, Raten, Dauernde Lasten[12], Rn. 231; *Schuster*, in: Littmann/Bitz/Pust, EStG, § 12 Rn. 300; *Tipke*, StuW 1980, 1 (2).

189 *Nolde*, in: Herrmann/Heuer/Raupach, EStG, § 12 Rn. 79.

190 *Arndt*, in: Kirchhof/Söhn/Mellinghoff, EStG, § 12 Rn. C 10; *Nolde*, in: Herrmann/Heuer/Raupach, EStG, § 12 Rn. 80; *Schuster*, in: Littmann/Bitz/Pust, EStG, § 12 Rn. 302 f.

191 So *Arndt*, in: Kirchhof/Söhn/Mellinghoff, EStG, § 12 Rn. C 11.

192 Vgl. hierzu *Arndt*, in: Kirchhof/Söhn/Mellinghoff, EStG, § 12 Rn. C 16 f.; *Jansen/Wrede*, Renten, Raten, Dauernde Lasten[12], Rn. 231 f.; *Söhn*, in: Kirchhof/Söhn/Mellinghoff, EStG, § 10 Rn. D 67 f.; *Schuster*, in: Littmann/Bitz/Pust, EStG, § 12 Rn. 307 f. sowie ausführlich im Zusammenhang mit der Erläuterung der Voraussetzungen der Vermögensübergabe nach den Entscheidungen des Großen Senats des BFH v. 12.05.2003 – GrS 1/00 – BStBl. II 2004, 95 = BFHE 202, 464 und BFH v. 12.05.2003 – GrS 2/00 – BStBl. II 2004, 100 = BFHE 202, 477 unten H.III.1(b), S. 195 f.

voraussetzen, der bei freiwilligen Zuwendungen niemals vorliegt[193]. Freiwilligen Zuwendungen gleichgestellt sind die auf einer freiwillig begründeten Rechtspflicht beruhenden Zuwendungen. Diese erst durch das Einkommensteuerreformgesetz 1974[194] eingeführte Änderung bezweckt die Verhinderung der Umgehung des Merkmals der Freiwilligkeit durch Eingehung vertraglicher Verpflichtungen, um dadurch eine Gleichbehandlung aller Unterhaltszahlungen ohne Berücksichtigung der Rechtsgrundlage zu erreichen[195], lässt aber die Abzugsmöglichkeit nach §§ 33, 33a EStG unberührt. Die Rechtspflicht ist dann freiwillig begründet, wenn ein rechtlicher Grund für die Eingehung der Verpflichtung fehlt[196]; moralische Verpflichtungen schließen indes die Freiwilligkeit nicht aus[197].

(b) Zuwendungen an gesetzlich unterhaltsberechtigte Personen

Von dem in § 12 Nr. 2 Alt. 3 EStG ausgesprochenen Abzugsverbot erfasst sind sämtliche Personen, die kraft Gesetzes Unterhaltsleistungen verlangen können, also zum Kreis derjenigen gehören, die einen familienrechtlichen Unterhaltsanspruch nach den Vorschriften des bürgerlichem Rechts (§§ 1360 f., 1569 f., 1601 f. und 1589 BGB) haben, so dass insbesondere Unterhaltsersatzleistungen nach § 844 Abs. 2 BGB nicht von § 12 Nr. 2 EStG erfasst werden, wenn der Geschädigte gegen den Schädiger keinen familienrechtlichen Unterhaltsanspruch hat[198]. Dabei reicht es aus, wenn die familienrechtliche Unterhaltspflicht objektiv besteht. Die potentielle Anspruchsberechtigung genügt, unabhängig davon, ob die Zuwendungen überhaupt tatsächlich nach bürgerlichem Recht geschuldet werden oder ob sie betragsmäßig über den gesetzlich geschuldeten Unterhalt hi-

---

193 *Arndt*, in: Kirchhof/Söhn//*Mellinghoff*, EStG, § 12 Rn. C 45; *Jansen/Wrede*, Renten, Raten, Dauernde Lasten[12], Rn. 296.

194 Einkommensteuerreformgesetz v. 05.08.1974, BGBl. I 1974, 1769.

195 Nach der Gesetzesbegründung wird die Gleichstellung sämtlicher Unterhaltsaufwendungen damit gerechtfertigt, dass die nach der damaligen Rechtsprechung des BFH bestehende Möglichkeit, die bei einer Scheidung vereinbarten Unterhaltsleistungen voll als Sonderausgaben abzuziehen im Vergleich zu anderen Unterhaltsleistungen nicht haltbar sei, vgl. BT-Drucks. 7/2180, 15.

196 *Arndt*, in: Kirchhof/Söhn/Mellinghoff, EStG, § 12 Rn. C 46; *Schuster*, in: Littmann/Bitz/Pust, EStG, § 12 Rn. 341.

197 BFH v. 20.09.1990 – IV R 300/84 – BStBl. II 1991, 82 = BFHE 162, 86; BFH v. 05.09.1991 – IV R 40/90 – BStBl. II 1992, 192 = BFHE 165, 512; BFH v. 27.02.1992 – X R 139/88 – BStBl. II 1992, 612 = BFHE 167, 381.

198 BFH v. 19.10.1978 – VIII R 9/77 – BStBl. II 1979, 133 = BFHE 126, 405; *Arndt*, in: Kirchhof/Söhn/Mellinghoff, EStG, § 12 Rn. C 50; *Jansen/Wrede*, Renten, Raten, Dauernde Lasten[12], Rn. 312.

nausgehen[199]. Damit ist die Abzugsfähigkeit von Zuwendungen, die im Hinblick auf die gesetzliche Unterhaltspflicht erbracht werden, durch § 12 Nr. 2 EStG vorbehaltlich der im Einleitungssatz genannten Abzugstatbestände ausgeschlossen.

2. Einordnung der Vorschrift in das System der Einkommensteuer

(a) Verhältnis des Abzugsverbots des § 12 EStG zum Sonderausgabenabzug

Das im Einleitungssatz des § 12 EStG bestimmte Verhältnis des Abzugsverbots zum Sonderausgabenabzug nach § 10 EStG hat infolge mehrfacher Änderungen eine wechselhafte Entwicklung hinter sich und ist nach wie vor insbesondere hinsichtlich des Verhältnisses zu § 10 Abs. 1 Nr. 1a EStG erörterungsbedürftig. Durch das Steueränderungsgesetz 1978[200] wurde die im Einleitungssatz bislang enthaltene Formulierung "unbeschadet der Vorschrift des § 10" ersetzt durch eine partiell einzelne Abzugstatbestände aufzählende Formulierung[201]. Vielfach ist in der durch diese Änderung vorgenommenen Suspendierung des § 10 Abs. 1 Nr. 1a EStG die "einzige konstitutive Aussage" des § 12 Nr. 2 EStG gesehen worden[202]. Nunmehr wird nach der erneuten Änderung des Einleitungssatzes[203] wieder auch die Vorschrift des § 10 Abs. 1 Nr. 1a EStG erfasst, die Bedeutung dieser Änderung jedoch von bisher wenigen Stellungnahmen als vernachlässigenswert angesehen[204]. Ein Blick auf die frühere Rechtsprechung zeigt, dass unter Geltung der Fassung des Einleitungssatzes, die auf den Gesamttatbestand des § 10 EStG verwies und damit die dort genannten Renten und dauernden Lasten umfasste, dem Abzugsverbot in § 12 Nr. 2 EStG diesbezüglich Vorrang einge-

---

199 BFH v. 08.09.1996 – VI 227/60 U – BStBl. III 1961, 535 = BFHE 73, 739; BFH v. 13.07.1973 – VI R 222/71 – BStBl. II 1973, 776 = BFHE 110, 167; BFH v. 18.10.1974 – VI 175/72 – BStBl. II 1975, 502 = BFHE 114, 205; BFH v. 19.10.1978 – VIII R 9/77 – BStBl. II 1979, 133 (134) = BFHE 126, 405; *Drenseck*, in: Schmidt, EStG[24], § 12 Rn. 49; *Lindberg*, in: Blümich, EStG, § 12 Rn. 144.

200 Steueränderungsgesetz v. 30.11.1978, BGBl. I 1978, 1849.

201 Der Einleitungssatz lautete danach: "Soweit in § 10 Abs. 1 Nr. 1, 2 bis 7, § 10b und §§ 33 bis 33b nicht anderes bestimmt ist ...".

202 *Arndt*, in: Kirchhof/Söhn/Mellinghoff, EStG, § 12 Rn. A 7a; *Lindberg*, in: Blümich, EStG, § 12 Rn. 126; *Nolde*, in: Herrmann/Heuer/Raupach, EStG, § 12 Rn. 76; *Schuster*, in: Littmann/Bitz/Pust, EStG, § 12 Rn. 291.

203 Durch das Alterseinkünftegesetz v. 05.07.2004, BGBl. I 2004, 1427 wurde der Einleitungssatz dahin geändert, dass die bislang ausgenommene Vorschrift des § 10 Abs. 1 Nr. 1a EStG durch die Neufassung ("Nr. 1 bis 4") gleichfalls erfasst ist.

204 *Martin*, in: Kirchhof, EStG[6]; § 12 Rn. 27.

räumt wurde[205]. Diese Rechtsprechung argumentierte damit, § 12 Nr. 2 EStG habe im Verhältnis zu § 10 Abs. 1 Nr. 1a EStG eine eigenständige Bedeutung, die sich aus dem nur einen bestimmten personenbezogenen Kreis umfassenden Merkmal der Zuwendung ergeben sollte; § 12 Nr. 2 EStG sei insoweit auf einen spezielleren Gegenstand gerichtet und dies habe die Vorrangigkeit des § 12 Nr. 2 EStG zur Folge[206]. Nach dieser Rechtsprechung stellt sich das Verhältnis von § 10 Abs. 1 Nr. 1a und § 12 Nr. 2 EStG, ungeachtet der jeweiligen Formulierung des Einleitungssatzes des § 12 EStG so dar, dass auch bei Vorliegen des Tatbestandsmerkmals "besonderer Verpflichtungsgrund" im Sinne von § 10 Abs. 1 Nr. 1a EStG dem Abzug der unentgeltlichen Sachleistung das Abzugsverbot des § 12 Nr. 2 EStG entgegensteht[207]. Damit ist die terminologische Einteilung wiederkehrender Bezüge in Unterhaltsrenten und Versorgungsleistungen angesprochen. Für die Abzugsfähigkeit auf Geberseite kommt nach dieser Rechtsprechung der Frage entscheidendes Gewicht zu, ob erstens überhaupt eine Gegenleistung vorliegt und zweitens, ob der Abzugsvorbehalt des § 12 Nr. 2 EStG bei Verneinung dieser Frage überwunden werden kann. Hierauf wird bei Behandlung der Versorgungsleistungen als in vollem Umfang abziehbare dauernde Last ausführlich einzugehen sein.

Festzuhalten ist: der Anwendungsbereich der Vorschrift des § 12 Nr. 2 EStG wird davon bestimmt, ob es sich bei den wiederkehrenden Bezügen um Versorgungsleistungen, um Unterhaltsleistungen oder um Leistungen im Austausch mit einer Gegenleistung handelt[208].

(b) "Grundprinzip" des § 12 EStG?

Bei der Regelung des § 12 EStG stellt sich die grundsätzliche Frage, ob diese einfachgesetzliche Vorschrift konstitutiv für die einkommensteuerrechtliche Behandlung von Unterhaltsleistungen auf der Grundlage zivilrechtlicher Verpflichtungen sein kann, denn anders als die ebenfalls in der Vorschrift genannten freiwilligen Zahlungen unterscheiden sich erstere von letzteren durch ihre Zwangsläufigkeit. Gesetzlich geschuldeter Unterhalt ist definitionsgemäß indisponibel und gehört folglich zu den die Leistungsfähigkeit beeinträchtigenden

205 Vgl. BFH v. 06.11.1970 – VI R 94/69 – BStBl. II 1971, 99 = BFHE 100, 456; BFH v. 13.07.1973 – VI R 222/71 – BStBl. II 1973, 776 (777) = BFHE 110, 167; BFH v. 31.10.1973 – VI R 206/70 – BStBl. II 1974, 86 = BFHE 110, 547; BFH v. 18.10.1974 – VI R 175/72 – BStBl. II 1975, 502 = BFHE 114, 205.

206 BFH v. 06.11.1970 – VI R 94/69 – BStBl. II 1971, 99 = BFHE 100, 456.

207 So ausdrücklich BFH v. 13.10.1985 – IX R 8/80 – BStBl. II 1985, 700 = BFHE 144, 423.

208 *Lindberg*, in: Blümich, EStG, § 12 Rn. 133.

Umständen[209]. Zivilrechtliche Verpflichtungen können daher bei Berücksichtigung des verfassungsrechtlichen Leistungsfähigkeitsprinzips anders als freiwillige Zahlungen nicht unberücksichtigt bleiben, § 12 EStG als einfachgesetzliche Vorschrift die Pflicht zur einkommensteuerlichen Berücksichtigung zwangsläufiger Privatausgaben nicht in Frage stellen[210]. Unter diesem Gesichtspunkt gewinnt auch der Einleitungssatz des § 12 EStG Bedeutung, der das Abzugsverbot zugunsten der genannten Abzugstatbestände zurücknimmt, denn ein Prinzip, dass private Ausgaben nicht abzugsfähig sind, gibt es nicht; § 12 EStG regelt folglich ein "Abzugsverbot mit Ausnahmevorbehalt"[211].

Es lässt sich daher festhalten, dass die Vorschrift des § 12 EStG für unvermeidbare Privatausgaben weder eine abschließende Aussage trifft noch treffen kann, vielmehr ist deren Berücksichtigung losgelöst von der einfachfachgesetzlichen Ebene nach Maßgabe des die einfachgesetzlichen Vorschriften dirigierenden, verfassungsrechtlichen Prinzip der Besteuerung nach der individuellen Leistungsfähigkeit zu beurteilen. Vor diesem Hintergrund stellt *Söhn* fest, das überkommene Abzugsverbot des § 12 Nr. 2 EStG habe die "Geschäftsgrundlage verloren" und sollte überdacht werden[212]. Zurückhaltender äußert sich *Arndt*, der einerseits bemerkt, das durch das Bundesverfassungsgericht geäußerte Postulat, der Gesetzgeber dürfe im Einkommensteuerrecht für die Berücksichtigung zwangsläufiger Unterhaltsaufwendungen keine realitätsfremden Grenzen ziehen, berge "auch heute noch genug steuerliche Explosivkraft" in sich[213], nimmt diese Feststellung aber dahingehend zurück, dass – wollte man nicht den "etwas kühnen Schluss" der Unvereinbarkeit des § 12 Nr. 1 und 2 EStG mit dieser Rechtsprechung ziehen – der Ausschluß auch von Unterhaltsleistungen durch § 12 EStG bei der Einkunftsermittlung jedenfalls dann nicht auf Bedenken stoße, wenn die durch Unterhaltsleistungen geminderte wirtschaftliche Leistungsfähigkeit an anderer Stelle berücksichtigt werde.

---

209 Statt vieler *Söhn*, in: Festschrift für Solms, 97 (104) für die bürgerlich-rechtliche Unterhaltspflicht der Eltern gegenüber ihren Kindern zur Finanzierung der Ausbildung (§ 1610 Abs. 2 BGB) im Zusammenhang mit der steuerlichen Berücksichtigung von Ausbildungsaufwendungen.

210 *Kirchhof*, StuW 2006, 3 (20); *Lang*, StuW 1985, 10 (14); *Söhn*, StuW 1985, 395 (400); ders., in: Kirchhof/Söhn/Mellinghoff, EStG, § 10 Rn. A 17.

211 *Söhn*, StuW 1985, 395 (401); ders., in: Kirchhof/Söhn/Mellinghoff, EStG, § 10 Rn. A 18. So auch BFH v. 19.04.1989 – X R 2/84 – BStBl. II 1989, 683 (684) = BFHE 157, 101.

212 *Söhn*, in: Festschrift für Tipke, 343 (357).

213 *Arndt*, in: Kirchhof/Söhn/Mellinghoff, EStG, § 12 Rn. A 22 unter Hinweis auf BVerfG v. 25.09.1992 – 2 BvL 5, 8, 14/91 – BVerfGE 87, 153 und BVerfG v. 10.11.1998 – 2 BvR 1057, 1226, 980/91 – BVerfGE 99, 216.

Diese Aussagen fordern zu zweierlei heraus: Erstens sind auf der Grundlage der Rechtsprechung des Bundesverfassungsgerichts unter Skizzierung der wesentlichen Entwicklungstendenzen die dort aufgestellten konkreten Anforderungen an die steuerliche Berücksichtigung von Unterhaltsleistungen steuersystematisch zu überprüfen; zweitens sind die hierdurch gewonnenen Erkenntnisse auf das geltende Recht zu übertragen, um daraus eine sachgerechte einkommensteuerliche Behandlung zwangsläufiger Unterhaltsleistungen zu entwickeln.

II. Empfängerseite: Ausschluss der Steuerbarkeit nach § 22 Nr. 1 S. 2 EStG

1. § 22 Nr. 1 S. 2 EStG und Markteinkommenstheorie

Sinngehalt und systematische Bedeutung des § 22 Nr. 1 S. 2 EStG sind umstritten. Dies liegt einerseits an der Formulierung der Vorschrift[214], vor allem aber an der mit dem Einkommensbegriff verbundenen Frage, ob de lege lata bereits eine Beschränkung steuerbaren Einkommens auf Markteinkünfte geboten ist. Bei der steuersystematischen Erörterung der Vorschrift ist neben deren Entstehungsgeschichte die Bedeutung des Leistungsfähigkeitsprinzips als normdirigierendes, oberstes Besteuerungsprinzip zu beachten.

Teilweise wird davon ausgegangen, § 22 Nr. 1 S. 2 EStG bringe – wenn auch mißlungen[215] – zum Ausdruck, dass nur solche Einkünfte aus wiederkehrenden Bezügen der Einkommensteuer unterliegen, die der Steuerpflichtige erwirtschaftet habe und wird damit als Argument für die Markteinkommenstheorie angeführt[216]. Aus § 22 Nr. 1 S. 2 EStG ergebe sich ein vor die Klammer des pragmatischen Einkünftekatalogs gezogenes Globalprinzip des Inhalts, dass steuerbar nur der durch den Empfänger von Vermögenszugängen erwirtschaftete Vermögenszuwachs sei[217]. Wird dieses Konzept zugrunde gelegt, so ergibt sich bereits terminologisch vor dem Hintergrund des Leistungsfähigkeitsprinzips und dogmatisch zur Erklärung der in § 22 Nr. 1a EStG vorgesehenen Steuerbarkeit von Unterhaltsleistungen an den geschiedenen oder dauernd getrennt lebenden Ehegatten die Notwendigkeit einer Erweiterung: Scheiden nicht am Markt erwirt-

---

214 *Lang*, Bemessungsgrundlage, S. 50, bemängelt, die Regelung ergebe wörtlich genommen keinen Sinn, da fragwürdig sei, ob der Geber den Vermögungszugang der Zuwendung zu versteuern habe, der beim ihm doch Vermögensabgang sei. Vgl. ferner: *Tipke/Lang*, Steuerrecht[18], § 9 Rn. 99.

215 Dazu *Lang*, Bemessungsgrundlage, S. 50 f.

216 *Fischer*, in: Kirchhof/Söhn/Mellinghoff, EStG, § 22 Rn. A 17; *Lang*, Bemessungsgrundlage, S. 51; *Tipke/Lang*, Steuerrecht[18], § 9 Rn. 523.

217 *Lang*, Bemessungsgrundlage, S. 50.

schaftete Bezüge als steuerbares Einkommen grundsätzlich aus, vermitteln sie danach also keine (erwirtschaftete) objektive Leistungsfähigkeit, so bedarf es zu deren Erfassung auf Empfängerseite eines "Transfers steuerlicher Leistungsfähigkeit", bei dem Unterhaltsleistungen auf der Ebene subjektiver Leistungsfähigkeit[218] als "transferiertes Einkommen" erfasst werden[219]. Die Befürworter dieser Konzeption sehen sich durch das geltende Einkommensteuerrecht bestätigt. Ein solcher Transfer steuerlicher Leistungsfähigkeit sei bereits de lege lata, wenn auch nur für die steuerliche Erfassung von Unterhaltsleistungen an den geschiedenen oder dauernd getrennt lebenden Ehegatten verwirklicht[220]. Ferner bewirke er als rechtstechnisches Instrument bei der Vermögensübergabe gegen Versorgungsleistungen eine die Abziehbarkeit und Steuerbarkeit konstituierende materiell-rechtliche Korrespondenz[221].

Diese Interpretationsweise und Beschränkung der Vorschrift des § 22 Nr. 1 EStG greift im Hinblick auf das Verhältnis von Leistungsfähigkeitsprinzip und Einkommensbegriff zu kurz. Es ist nicht von vornherein systemwidrig, durch nicht am Markt erwirtschaftete Bezüge vermittelte Leistungsfähigkeit im Rahmen von § 22 Nr. 1 EStG zu erfassen, vielmehr muss sich der Einkommensbegriff am Leistungsfähigkeitsprinzip orientieren und nicht umgekehrt[222]. Eine gänzliche Beschränkung steuerbarer wiederkehrender Bezüge auf Markteinkünfte ist weder systemimmanent noch geboten. Der Hinweis auf einen – nur für aus Sicht der Markteinkommenstheorie erforderlichen und konstitutiven – Transfer steuerlicher Leistungsfähigkeit stellt nicht in Frage, dass der Empfänger leistungsfähiger wird, da für eine Besteuerung nach der individuellen Leistungsfähigkeit auch "zugewendetes" oder "abgeleitetes"[223] Einkommen steuerbar ist und sein muss[224]. Davon geht § 22 Nr. 1 S. 2 EStG für die Steuerbarkeit wiederkeh-

---

218 Vgl. *Lang*, Bemessungsgrundlage, S. 52; *Nolde*, in: Herrmann/Heuer/Raupach, EStG, § 12 Rn. 8, der "zweifellos" eine Erhöhung der subjektiven Leistungsfähigkeit des Empfängers durch Unterhaltsleistungen annimmt. Ferner *Tipke/Lang*, Steuerrecht[18], § 9 Rn. 99, wo moniert wird, § 22 Nr. 1 S. 2 EStG vermenge die Maßgrößen objektiver und subjektiver Leistungsfähigkeit.

219 Vgl. *Lang*, Bemessungsgrundlage, S. 52; *Tipke/Lang*, Steuerrecht[18], § 9 Rn. 99.

220 *Fischer*, in: Kirchhof/Söhn/Mellinghoff, EStG, § 22 Rn. A 19; *Tipke/Lang*, Steuerrecht[18], § 9 Rn. 98.

221 *Fischer*, in: Kirchhof/Söhn/Mellinghoff, EStG, § 22 Rn. A 19; ders., Wiederkehrende Bezüge und Leistungen, Rn. 26, 68.

222 Dazu bereits oben D. III., S. 30 f.

223 *Fischer*, in: Kirchhof/Söhn/Mellinghoff, EStG, § 22 Rn. A 50.

224 *Söhn*, in: Festschrift für Tipke, 343 (362). Ebenso *Isensee*, Sitzungsberichte des 57. Deutschen Juristentags, S. N 32; *Moderegger*, Verfassungsrechtlicher Familienschutz und System des Einkommensteuerrechts, S. 164.

render Bezüge bei beschränkter Steuerpflicht aus und dieses Ergebnis ist nicht nur durch Umkehrschluß aus der einfachgesetzlichen Vorschrift geboten[225], sondern stellt eine konsequente steuerliche Erfassung neu entstandener Leistungsfähigkeit auf Empfängerseite dar.

Die Entstehungsgeschichte des § 22 Nr. 1 S. 2 EStG belegt ebensowenig, dass nur erwirtschaftete wiederkehrende Bezüge steuerbares Einkommen darstellen. Zwar mag die Vorschrift "quellentheoretisch fundiert"[226] sein, Hauptzweck der historischen Vorgängerregelungen war es jedoch nicht, die Steuerbarkeit wiederkehrender Bezüge auf Markteinkünfte zu beschränken, sondern vielmehr die damals durch das Konzept der Haushaltsbesteuerung bedingte doppelte Besteuerung der durch den Haushaltsvorstand an Haushaltsangehörige erbrachten Unterhaltsleistungen zu verhindern. Damit beinhaltet § 22 Nr. 1 S. 2 EStG kein Ordnungsziel, unentgeltliche Vermögensübertragungen in der Form wiederkehrender Bezüge generell von der Steuerbarkeit auszunehmen[227], denn ansonsten müsste das Gesetz die Steuerbarkeit auch bei von einem beschränkt steuerpflichtigen Geber erbrachten Zuwendungen ausschließen. Weil dies nicht der Fall ist, ergibt für das Normverständnis unter dem Blickwinkel steuerlicher, auch durch Reinvermögenszugänge vermittelter Leistungsfähigkeit, dass wiederkehrende Bezüge bei beschränkter Steuerpflichtigkeit dem Empfänger leistungsfähigkeitskonform als Einkünfte zuzurechnen sind, *weil* seine steuerliche Leistungsfähigkeit steigt, bei Leistungen eines unbeschränkt Steuerpflichtigen an gesetzlich unterhaltsberechtigte Personen dem Empfänger aus dem beschriebenen Grund der Vermeidung einer Doppelbesteuerung nicht als Einkünfte zugerechnet werden, *obwohl* seine wirtschaftliche Leistungsfähigkeit zunimmt[228].

Diese Zwecksetzung der Vorschrift hat auch der BFH[229] zunächst herangezogen. Neuerdings geht er aber davon aus, § 22 Nr. 1 S. 2 EStG liege eine "normleitende und gleichheitsrechtlich rechtfertigende Konzeption" zugrunde, indem eine beim Geber im Inland abziehbare Leistung beim Empfänger materiell-

---

225 Vgl. BFH v. 27.09.1973 – VIII R 71/69 – BStBl. II 1974, 101 = BFHE 111, 33; *Jansen/Wrede*, Renten, Raten, Dauernde Lasten[12], Rn. 894.

226 *Fischer*, in: Kirchhof/Söhn/Mellinghoff, EStG, § 22 Rn. A 71; *Tipke/Lang*, Steuerrecht[18], Rn. 523.

227 So *Fischer*, in: Kirchhof/Söhn/Mellinghoff, EStG, § 22 Rn. A 50.

228 *Söhn*, FR 1996, 81 (87); ders., in: Festschrift für Tipke, 343 (354).

229 BFH v. 27.11.1959 – VI 172/59 U – BStBl. III 1960, 65 = BFHE 70, 174; BFH-Urteil v. 27.09.1973 – VIII R 71/69 – BStBl. II 1974, 101 = BFHE 111, 33; BFH v. 19.10.1978 – VIII R9/77 – BStBl. II 1979, 133 = BFHE 126, 405.

rechtlich korrespondierend erfasst werde[230]. Hierauf wird noch näher einzugehen sein. Festzuhalten bleibt an dieser Stelle zunächst, dass § 22 Nr. 1 S. 2 EStG die Steuerbarkeit von Unterhaltsleistungen weder nach der Entstehungsgeschichte noch überhaupt ausschließt bzw. ausschließen darf, wenn und soweit das Leistungsfähigkeitsprinzip als normdirigierender Maßstab die steuerliche Erfassung von Unterhaltsleistungen gebietet und notwendig macht.

2. Verhältnis zu Erbschafts- und Schenkungssteuer

Tipke hat den Sinngehalt des § 22 Nr. 1 S. 2 EStG aus erbschafts- und schenkungssteuerlicher Perspektive betrachtet[231]. Einkommensteuer und Schenkungssteuer müssen danach so aufeinander abgestimmt werden, dass es weder zu Lücken noch zu Überschneidungen bei der Erfassung von leistungsfähigkeitserhöhenden Vorgängen komme. Soll die Erbschafts- und Schenkungssteuer erworbene Leistungsfähigkeit des Bedachten erfassen, die durch Reinvermögenszugänge vermittelt wird, wäre sie – wenn man den Gegenstand der Erbschaft bzw. Schenkung als zugewendetes Einkommen beschreibt – systematisch an sich in die Einkommensteuer zu inkorporieren[232]. Weil dies nicht der Fall sei, folge hieraus für § 22 Nr. 1 S. 2 EStG, dass die auf Seiten des Empfängers durch Unterhaltsleistungen vermittelte Leistungsfähigkeitserhöhung in Abstimmung mit schenkungs- und erbschaftssteuerlichen Vorschriften nicht in Überschneidung mit der Einkommensteuer erfasst werden könne. Die unter das Erbschaftssteuergesetz fallenden Leistungen sollen demzufolge vom Einkommensteuerrecht nicht erfasst werden. Diese Betrachtung legt für die Besteuerung von Unterhaltsleistungen auf zivilrechtlicher Grundlage offen, dass sie als leistungsfähigkeitserhöhende Bezüge prinzipiell steuerlich erfasst werden müssten und die einfachgesetzliche Vorschrift des § 22 Nr. 1 S. 2 EStG diese nach dem verfassungsrechtlichen Grundsatz der Besteuerung nach der individuellen Leistungsfähigkeit gebotene Besteuerung nicht in Frage stellen kann, unabhängig davon, ob diese Bezüge erwirtschaftet wurden oder nicht und auch unabhängig davon, ob der Geber unbeschränkt oder beschränkt steuerpflichtig ist[233].

---

230 BFH v. 31.03.2004 – X R 18/03 – BStBl. II 2004, 1047 (1048) = BFHE 206, 68.

231 *Tipke*, Steuerrechtsordnung II[1], S. 746 f.

232 *Tipke*, Steuerrechtsordnung II[1], S. 747.

233 *Söhn*, in: Lang (Hrsg.): Festschrift für Tipke, 343 (358).

III. Abzug gesetzlicher Unterhaltsleistungen – Bestandsaufnahme

Die Vielzahl von Abzugstatbeständen hat *Tipke* zu der Bemerkung veranlaßt, hinsichtlich der Normierung privater Abzüge sei das geltende Einkommensteuerrecht "unsystematisch, konzeptionslos, verworren"[234]. In der Tat besteht de lege lata ein Konglomerat privater Abzüge[235], das die Berücksichtigung von gesetzlichen Unterhaltsverpflichtungen vorsieht. Neben dem "Grundsatz" der §§ 12 Nr. 2, 22 Nr. 1 EStG, die Abzugsfähigkeit und Steuerbarkeit von Unterhaltsleistungen ausschließen, ist auf Verpflichtetenseite zunächst der allgemeine Unterhaltsabzug nach § 33a Abs. 1 S. 1 EStG vorgesehen. Für Unterhaltsleistungen an Kinder sieht der sog. Familienleistungsausgleich (§ 31 EStG) die Abgeltung des existenznotwendigen Grundbedarfs unter Verknüpfung von Kinderfreibetrag und Kindergeld vor[236]. Bei Ehegatten wird Ehegattenunterhalt bei intakter Ehe durch ein tarifliches Ehegattensplitting, Unterhaltsleistungen an den geschiedenen oder dauernd getrennt lebenden Ehegatten werden unter den Voraussetzungen der §§ 10 Abs. 1 Nr. 1, 22 Nr. 1a EStG berücksichtigt[237]. Diese Vielzahl von Vorschriften mit technisch und betragsmäßig höchst unterschiedlich ausgestalteter Berücksichtigung gesetzlicher Unterhaltspflichten wirft die Frage nach Möglichkeiten einer Vereinheitlichung auf der Grundlage des Prinzips der Besteuerung nach der individuellen Leistungsfähigkeit auf. Einen maßgeblichen Beitrag hierzu leistet die Rechtsprechung des Bundesverfassungsgerichts, deren Voraussetzungen und Anforderungen für eine steuerliche Berücksichtigung gesetzlicher Unterhaltspflichten näherer Betrachtung bedürfen.

---

234 *Tipke*, Steuerrechtsordnung II[2], S. 809. Im Anschluß hieran *Kanzler*, DStJG 24, 417 (450); *Tipke/Lang*, Steuerrecht[18], § 9 Rn. 100.

235 Vgl. hierzu *Tipke/Lang*, Steuerrecht[18], § 9 Rn. 76, 700. Ferner bereits *Lang*, Bemessungsgrundlage, S. 71 f.; *Tipke*, StuW 1971, 2 (16).

236 Weitere kindbedingte Erleichterungen sind über das gesamte Einkommensteuerrecht verteilt und auf verschiedensten Stufen des Einkommensteuertatbestandes angesiedelt, vgl. §§ 10 Abs. 1 Nr. 9 , 24b, 33 Abs. 3, 33a Abs. 2, und 3, 33b Abs. 5, 51a Abs. II und IIa EStG sowie insgesamt *Kulmsee*, Berücksichtigung von Kindern im Einkommensteuerrecht.

237 Siehe hierzu ausführlich unten Abschnitt F., S. 78 f.

IV. Unterhaltsleistungen in der Rechtsprechung des Bundesverfassungsgerichts

Die Rechtsprechung des Bundesverfassungsgerichts hat die Entwicklung der Berücksichtigung von Unterhaltsleistungen im Einkommensteuerrecht nachhaltig beeinflusst. Auf diese Judikatur gehen zahlreiche Vorschriften des Einkommensteuergesetzes zurück, die Regelungen über die Behandlung von Unterhaltsverpflichtungen enthalten. Im Mittelpunkt steht vor allem die Unterhaltsverpflichtung von Eltern gegenüber Kindern. Die Entwicklung ist durch eine anfänglich streng verfassungsrechtliche Prüfung mit einer anschließenden fiskalischen Phase[238] gekennzeichnet; später folgt eine vorsichtige Öffnung in Richtung eines effektiveren Grundrechtsschutzes[239]. Die wesentlichen Stationen sollen hier kurz nachgezeichnet und anschließend einer steuersystematischen Betrachtung unterzogen werden.

1. Ausgangsposition

Den Ausgangspunkt der Rechtsprechung des Bundesverfassungsgerichts zur einkommensteuerlichen Berücksichtigung zwangsläufiger Unterhaltsleistungen bildet die Entscheidung vom 23.11.1976[240], in der das Bundesverfassungsgericht die Ersetzung der steuerlichen Kinderfreibeträge durch ein einkommensunabhängiges Kindergeld für verfassungsrechtlich zulässig hält und eine vollständige Berücksichtigung der den Eltern entstehenden Unterhaltskosten ablehnt[241]. In seiner Argumentation orientiert sich das Bundesverfassungsgericht an der einfachgesetzlichen Entscheidung zwischen abzugsfähigen Erwerbsaufwendungen und nicht abzugsfähigen Ausgaben zur Einkommensverwendung. In § 12 Nr. 1 EStG habe der Gesetzgeber das "Prinzip" aufgestellt, dass generell die für den Haushalt des Steuerpflichtigen und für den Unterhalt seiner Familienangehörigen aufgewandten Beträge weder bei den einzelnen Einkunftsarten, noch beim Gesamtbetrag der Einkünfte abgezogen werden dürften[242].

---

238 So *Kanzler*, FR 2001, 921 (928).

239 *Pezzer*, in: Festschrift für Zeidler, 757 (764).

240 BVerfG v. 23.11.1976 – 1 BvR 150/75 – BVerfGE 43, 108.

241 Hintergrund dieser Entscheidung war die Einführung einer reinen Kindergeldlösung durch das Gesetz zur Reform der Einkommensteuer, des Familienlastenausgleichs und der Sparförderung vom 05.08.1974, BGBl. I 1974, 1769 (1776). Das Kindergeld übernahm damit die Funktion des Ausgleichs für die durch die Verpflichtung zum Kindesunterhalt geminderte Leistungsfähigkeit der Eltern, die zuvor durch unabhängig neben dem durch das Kindergeldgesetz vom 13.11.1954, BGBl. I 1954, 333 f. erstmals eingeführten Kindergeld durch Kinderfreibeträge berücksichtigt worden war. Zur Rechtsentwicklung vgl. *Schöberle*, DStZ 1999, 693 (694).

242 BVerfG v. 23.11.1976 – 1 BvR 150/75 – BVerfGE 43, 108 (119).

Gleichzeitig erkennt das Bundesverfassungsgericht, dass die auch nur einzelne Steuerpflichtige treffende wirtschaftliche Belastung durch Unterhaltsverpflichtungen gegenüber Kindern ein besonderer, die Leistungsfähigkeit der Eltern beeinträchtigender Umstand sei und der Gesetzgeber diese unabweisbare Sonderbelastung ohne Verstoß gegen die Steuergerechtigkeit nicht außer Acht lassen dürfe[243]. Relativiert wird diese Erkenntnis durch die Feststellung, der Gesetzgeber sei zur reinen Verwirklichung der Besteuerung nach der Leistungsfähigkeit nicht verpflichtet[244] und könne davon absehen, die je nach der sozialen Stellung verschiedenen Aufwendungen für den Unterhalt von Kindern in vollem Umfang als steuerliche Entlastung zu berücksichtigen, da das in Art. 6 Abs. 1 GG enthaltene Förderungsgebot nicht so weit gehe, dass der Staat jeden Unterhaltspflichtigen zu entlasten habe[245]. Aus einer Aufzählung staatlicher Leistungen und steuerlicher Entlastungsmaßnahmen wird die Schlussfolgerung gezogen, die steuerliche Entlastung sei nicht die einzige Leistung, die der Staat für Kinder erbringe und die Eltern dadurch wirtschaftlich entlaste. Daher sei für die verfassungsrechtliche Betrachtung irrelevant, dass der Gesetzgeber die Unterhaltslasten für Kinder nicht im Steuerrecht berücksichtige, sondern durch Gewährung von Kindergeld im Wege einer Verlagerung aus dem steuerlichen in den sozialpolitischen Bereich der Leistungsfähigkeitsfähigkeitsminderung durch kindesbedingten Unterhalt Rechnung trage[246]. In dieser Frühphase orientiert sich das Bundesverfassungsgericht zu der Frage der Abzugsfähigkeit damit noch weitgehend an der einfachgesetzlichen Unterscheidung zwischen abzugsfähigen,

---

243 BVerfG v. 23.11.1976 – 1 BvR 150/75 – BVerfGE 43, 108 (120).

244 Diese Aussage findet sich bereits in den Entscheidungen des BVerfG v. 02.10.1969 – 1 BvL 12/68 – BVerfGE 27, 58 (68); BVerfG v. 07.11.1972 – 1 BvR 338/68 – BVerfGE 34, 103 (115). Sie beruht auf der im finanzwissenschaftlichen Schrifttum geäußerten Kritik am Begriff des Leistungsfähigkeitsprinzips, dass sich als zu vieldeutig erweise, um hieraus konkrete Schlüsse zu ziehen, vgl. BVerfG v. 23.11.1976 – 1 BvR 150/75 – BVerfGE 43, 108 (120) unter Hinweis auf *Schmidt*, Die Steuerprogression, S. 43; *Pohmer*, FA 1968, 139 (143 f.); *Haller*, Die Steuern², S. 15.

245 BVerfG v. 23.11.1976 – 1 BvR 150/75 – BVerfGE 43, 108 (121).

246 BVerfG v. 23.11.1976 – 1 BvR 150/75 – BVerfGE 43, 108 (123). Im Lichte dieser Erkenntnis ist auch die sog. Haushaltsgehilfinnen-Entscheidung zu sehen, bei der berufstätige Eltern die damalige Regelung des § 33a Abs. 3 EStG beanstandeten, die die Kosten für die Beschäftigung einer Haushaltsgehilfin als außergewöhnliche Belastungen nur Familien mit mehr als einem Kind, nicht aber Familien mit nur einem Kind gestattete. Zwar erkannte das Bundesverfassungsgericht hierin einen Verstoß gegen den Gleichheitssatz, sah aber keine Bedenken hinsichtlich der Abzugshöhe, die im Rahmen des gesetzgeberischen Gestaltungsspielraums liege und wiederholt dabei die These, dass der Gesetzgeber zur Reinverwirklichung des Leistungsfähigkeitsprinzips nicht verpflichtet sei, vgl. BVerfG v. 11.10.1977 – 1 BvR 343/73, 83/74, 183 und 428/75 – BVerfGE 47, 1.

der Einkünfteerzielung dienenden Aufwendungen und im Prinzip nicht berücksichtigungsfähigen Privataufwendungen, zu denen es die Unterhaltsaufwendungen zählt. Die steuerrechtliche Literatur bemängelte an diesen Entscheidungen des Bundesverfassungsgerichts den "schonungsvollen Umgang mit dem geltenden Steuergesetz"[247], durch den das Bundesverfassungsgericht mit einer halbherzigen Argumentation[248] bei der Anwendung des Leistungsfähigkeitsprinzips auf halbem Wege stehen geblieben sei[249].

2. Entwicklung des Postulats der realitätsgerechten Berücksichtigung von Unterhaltspflichten

Die anschließende Entwicklungsphase der Rechtsprechung des Bundesverfassungsgerichts ist gekennzeichnet durch die Aufstellung des Postulats der realitätsgerechten Berücksichtigung gesetzlicher Unterhaltspflichten und wird eingeleitet durch die sog. Alleinerziehendenentscheidung vom 03.11.1982[250]. In dieser Entscheidung konkretisiert das Bundesverfassungsgericht das Leistungsfähigkeitsprinzip und stellt in Abkehr der beschriebenen Entscheidung aus dem Jahre 1976 eine Pflicht des Gesetzgebers fest, zwangsläufige Privatausgaben steuerlich zu berücksichtigen. Aus der Besteuerung nach der Leistungsfähigkeit ergebe sich, dass auch solche Ausgaben einkommensteuerrechtlich von Bedeutung seien, die außerhalb der Sphäre der Einkommenserzielung – also im privaten Bereich – anfielen und für den Steuerpflichtigen unvermeidbar seien[251]. Die Art und Weise der Berücksichtigung der festgestellten Leistungsfähigkeitsminderung überlässt das Bundesverfassungsgericht dem Gesetzgeber. Dieser könne den Mangel im Steuerrecht selbst beheben, habe grundsätzlich aber auch die Wahl, leistungsfähigkeitsmindernde Umstände ausnahmsweise im Steuerrecht nicht oder nur am Rande zu berücksichtigen und sie statt dessen als förderungswürdigen Tatbestand im Sinne des Sozialrechts zu definieren, wie es bei der Er-

---

247 So *Lang*, StuW 1983, 103 (104); ähnlich *Klein*, in: Festschrift für Zeidler, 773 (789).

248 So *Kanzler*, DStJG 24, 417 (424) und *Söhn*, FA 1988, 155 (158).

249 *Vogel*, in: Festschrift für Offerhaus, 47 (51).

250 BVerfG v. 03.11.1982 – 1 BvR 620, 1335/78, 1104/79 u. 363/80 – BVerfGE 61, 319. Gegenstand waren die Verfassungsbeschwerden Alleinerziehender, die geltend machten, gegenüber Verheirateten mit gleicher Kinderanzahl trotz Gewährung eines Haushaltsfreibetrags für Alleinstehende wegen der bei Verheirateten günstigen Inanspruchnahme des Splitting-Tarifs unter Berücksichtigung von zwei Grundfreibeträgen für jeden Ehegatten einkommensteuerlich ungleich belastet zu sein. Zur damaligen Besteuerung Alleinerziehender mit Kindern vgl. ausführlich BVerfG, a.a.O., 344 f.

251 BVerfG v. 03.11.1982 – 1 BvR 620, 1335/78, 1104/79 u. 363/80 – BVerfGE 61, 319 (344).

setzung der steuerlichen Freibeträge durch das Kindergeld erfolgt sei[252]. Entscheide sich der Gesetzgeber für eine steuerliche Regelung, so erfordere das Gebot der Besteuerung nach der Leistungsfähigkeit grundsätzlich, dass Aufwendungen, soweit sie zwangsläufig sind, in der tatsächlich entstandenen Höhe steuerlich als Minderung des Einkommens berücksichtigt würden; unbenommen bleiben dem Gesetzgeber aber andere Lösungen zur Besteuerung der Alleinerziehenden oder zur Neuregelung der Familienbesteuerung[253]. Die Forderung nach Einführung eines realitätsgerechten Kinderbetreuungskostenabzugs wird zunächst auf Alleinstehende beschränkt, während Benachteiligungen bei Ehegemeinschaften infolge des Splitting-Verfahrens für ausgeglichen gehalten werden[254].

In nachfolgenden Entscheidungen wird das Postulat der realitätsgerechten Berücksichtigung zwangsläufiger Unterhaltsaufwendungen fortgesetzt und zugleich quantifiziert[255]. So sieht das Bundesverfassungsgericht zur Beantwortung der Frage, ob der Steuergesetzgeber unabweisbare Unterhaltsaufwendungen realitätsfremd außer Acht gelassen und damit gegen das Gebot der Besteuerung nach der Leistungsfähigkeit verstoßen habe, "wesentliche Anhaltspunkte" im Sozialhilferecht[256]. Für zwangsläufige Unterhaltsaufwendungen an geschiedene Ehegatten wird festgestellt, dass § 12 Nr. 2 EStG zwar ein allgemeines Abzugsverbot für Leistungen an den gesetzlich unterhaltsberechtigten geschiedenen Ehegatten enthalte, dieses Verbot aber ohne seine Einschränkung nicht denkbar sei[257]. Der Grundsatz, dass private Aufwendungen das Einkommen nicht mindern dürfen, sei – seit es eine Einkommensteuer gebe – "stets durch spezielle Vorschriften über private Abzüge durchbrochen worden, die darauf Rücksicht

252 BVerfG v. 03.11.1982 – 1 BvR 620, 1335/78, 1104/79 u. 363/80 – BVerfGE 61, 319 (354).

253 BVerfG v. 03.11.1982 – 1 BvR 620, 1335/78, 1104/79 u. 363/80 – BVerfGE 61, 319 (355).

254 Kritisch *Klein*, in: Festschrift für Zeidler, 773 (791): Ein Richtiger Leistungsfähigkeitsvergleich hätte ergeben, dass für Eltern mit Betreuungsaufwand eine Abzugsmöglichkeit hätte eingerichtet werden müssen, und zwar unabhängig davon, ob es sich bei den Eltern um Eheleute oder Alleinstehende handelt. Ebenso *Tipke*, StbKongrRep 1983, 39 (52 f.).

255 Vgl. BVerfG v. 22.02.1984 – 1 BvL 10/80 – BVerfGE 66, 214; BVerfG v. 04.10.1984 – 1 BvR 789/79 – BVerfGE 67, 290; BVerfG v. 17.10.1984 – 1 BvR 527/80, 528/81 u. 441/82 – BVerfGE 68, 143 (152 f.)

256 BVerfG v. 22.02.1984 – 1 BvL 10/80 – BVerfGE 66, 214 (233). Auf die geringe Aussagekraft wegen der Formulierung "Anhaltspunkte" verweisen Herzog, StbJb. 1985/86, 27 (40) und *Pezzer*, StuW 1989, 219 (221).

257 BVerfG v. 04.10.1984 – 1 BvR 789/79 – BVerfGE 67, 290 (296).

nahmen, dass die Leistungsfähigkeit durch besondere zwangsläufige Aufwendungen im privaten Bereich gemindert sein kann". Für zwangsläufige Unterhaltsleistungen an den geschiedenen Ehegatten könne nichts anderes gelten, als für Unterhaltsverpflichtungen gegenüber Kindern und gegenüber einem Elternteil[258].

Die Forderung nach einer realitätsgerechten Berücksichtigung von Unterhaltsleistungen im Angehörigenverband wird somit zu einem festen Bestandteil der Rechtsprechung des Bundesverfassungsgerichts. Hier schlägt sich die Erwägung *Zeidlers* nieder, dass die Rechtsordnung nicht, ohne in einen massiven inneren Widerspruch zu verfallen, einerseits rechtliche Unterhaltspflichten statuieren und ihnen andererseits die steuerrechtliche Beachtlichkeit versagen könne, denn insoweit werde für den Leistenden in einer rechtserheblichen Weise die persönliche Leistungsfähigkeit als Grundlage der Besteuerung gemindert[259].

3. Freistellung des Existenzminimums als Konkretisierung des Leistungsfähigkeitsprinzips

Einen steuerlichen Meilenstein[260] in der Rechtsprechung des Bundesverfassungsgerichts stellt der Beschluss vom 29.05.1990[261] dar, der Klarheit über die verfassungsrechtlichen Vorgaben für eine leistungsfähigkeitskonforme Besteuerung bringt und durch die Forderung der Freistellung des Existenzminimums sämtlicher Familienmitglieder die Berücksichtigung von Unterhaltsleistungen im Einkommensteuerrecht auf eine neue, die Ebene der horizontalen Steuergerechtigkeit in den Blick nehmende Grundlage stellt.

---

258 BVerfG v. 04.10.1984 – 1 BvR 789/79 – BVerfGE 67, 290 (297).

259 *Zeidler*, Ehe und Familie, in: Benda/Maihofer/Vogel (Hrsg.), Handbuch des Verfassungsrechts (1983), S. 604; aufgegriffen von *Böckenförde*, StuW 1986, 335 (337) und *Lang*, in: FS für *Klein*, 437 (441).

260 So *Jüptner*, StVj 1990, 307.

261 BVerfG v. 29.05.1990 – 1 BvL 20, 26, 184 und 4/86 – BVerfGE 82, 60. Gegenstand mehrerer Verfassungsbeschwerden war die Verfassungsmäßigkeit des Kinderfreibetrages, die das Bundesverfassungsgericht zur Auseinandersetzung mit der einkommensteuerrechtlichen Berücksichtigung von kindesbedingtem Aufwand dem Grunde und der Höhe nach veranlasste. Die Kinderfreibetragslösung war durch Wiedereinführung eines dualen Systems, in dem Kindergeld und Kinderfreibetrag nebeneinander gewährt werden, durch das Gesetz zur Wiederbelebung der Wirtschaft und Beschäftigung und zur Entlastung des Bundeshaushalts vom 20.12.1982, BGBl. I, S. 1857 in das Einkommensteuergesetz aufgenommen worden.

(a) Berücksichtigung des Familienexistenzminimums dem Grunde nach

Die steuerliche Freistellung des Existenzminimums des Steuerpflichtigen als verfassungsrechtliches Gebot folgert das Bundesverfassungsgericht aus Art. 1 Abs. 1 GG in Verbindung mit dem Sozialstaatsgrundsatz des Art. 20 Abs. 1 GG. Zudem ergebe sich aus Art. 6 Abs. 1 GG für die Besteuerung einer Familie die Freistellung des Existenzminimum sämtlicher Familienmitglieder, und zwar "unabhängig davon, wie die Besteuerung im einzelnen ausgestaltet ist und welche Familienmitglieder dabei als Steuerpflichtige herangezogen werden"[262]. Auch wenn nur einzelne Familienmitglieder Einkommen erzielen und diese aufgrund gesetzlicher Verpflichtung für den Unterhalt der weiteren Familienmitglieder aufkommen, müsse das Existenzminimum für die gesamte Familie steuerfrei bleiben[263]. Das Bundesverfassungsgericht greift damit die zuvor im steuerrechtlichen Schrifttum[264] bemängelte Inkonsequenz auf, die sich bei Besteuerung des Existenzminimums einerseits und einem Ausgleich durch hierfür gewährte staatliche Leistungen andererseits ergebe. Die Kritik hatte darauf hingewiesen, aus der verfassungsrechtlichen Werteinheit zwischen Steuer- und Sozialhilferecht folge, dass der Steuerstaat verpflichtet sein müsse, mehr Einkommen zur Selbstfinanzierung des persönlichen Existenzminimums zu belassen, als der Sozialstaat dem Bedürftigen zur Existenzsicherung gewähre und dieser Grundsatz durch einen Steuereingriff in das Existenzminimum unterlaufen werde[265], weil dieses bereits als Zugriffsobjekt für den staatlichen Besteuerungseingriff nicht in Betracht komme[266]. Das Bundesverfassungsgericht führt unter dem Einfluß dieser Erwägungen aus, der Staat müsse, wenn er dem Steuerpflichtigen die Mittel für die Unterstützung der unterhaltsbedürftigen Familienmitglieder entziehe, diese in entsprechender Höhe aufgrund seiner verfassungsrechtlichen Verpflichtung aus dem Sozialstaatgebot selbst unterstützen. Es sei jedoch inkonsequent, dem Steuerpflichtigen die benötigten Mittel im Wege der Besteuerung ganz oder teilweise zu entziehen mit der Folge, dass der Staat die Unterstützung selbst übernehmen müsse[267]. Unterhaltsaufwendungen für Kinder seien danach

---

262 BVerfG v. 29.05.1990 – 1 BvL 20, 26, 184 und 4/86 – BVerfGE 82, 60 (85).

263 BVerfG v. 29.05.1990 – 1 BvL 20, 26, 184 und 4/86 – BVerfGE 82, 60 (85).

264 Vgl. nur *Birk*, Das Leistungsfähigkeitsprinzip als Maßstab der Steuernormen, S. 135; *Böckenförde*, StuW 1986, 335 (336); *Kirchhof*, VVDStRL 39, S. 420; ders., JZ 1982, 305; ders., Gutachten F für den 57. Deutschen Juristentag, 51 (59); *Lang*, StuW 1983, 103 (119); *Pezzer*, in: Festschrift für Zeidler, 757 (765); *Söhn*, FA 1988, 154 (162); *Tipke*, StbKongrRep 1983, 29 (56); *Zeidler*, StuW 1985, 1 (5).

265 Vgl. *Lang*, StuW 1983, 103 (119).

266 *Söhn*, FA 1988, 154 (162).

267 BVerfG v. 29.05.1990 – 1 BvL 20, 26, 184 und 4/86 – BVerfGE 82, 60 (85).

grundsätzlich keine nach der Grundregel des § 12 Nr. 1 EStG nicht abzugsfähigen Aufwendungen im privaten Bereich, vielmehr sei zu berücksichtigen, dass durch diese Aufwendungen die steuerliche Leistungsfähigkeit gemindert werde. Aus den grundlegenden Entscheidungen der Verfassung in Art. 1 Abs. 1 GG und Art. 6 Abs. 1 GG folge, dass der Staat Kinder und private Bedürfnisbefriedigung nicht auf eine Stufe stellen und den Eltern im Steuerrecht nicht etwa die "Vermeidbarkeit" von Kindern in gleicher Weise entgegenhalten könne wie die Vermeidbarkeit sonstiger Lebensführungskosten[268]. Soweit das Einkommen der Familie benötigt werde, um ein menschenwürdiges Dasein zu gewährleisten, sei es – unabhängig vom sozialen Status der Familie – nicht disponibel und könne folglich nicht Grundlage steuerlicher Leistungsfähigkeit sein. Werde die Besteuerung für Kinderlose und Steuerpflichtige mit Kindern nach einem einheitlichen Tarif vorgenommen, so würden letztere gegenüber ersteren benachteiligt, wenn von ihrem Einkommen der Unterhaltsaufwand für Kinder nicht wenigstens in Höhe des Existenzminimums der Kinder abgezogen werde. Denn andernfalls würden sie dadurch im Ergebnis einer höheren Steuerbelastung unterworfen als kinderlose Ehepaare oder Alleinstehende, obwohl ihr Einkommen in Höhe des Existenzminimums der Kinder gebunden sei und ihnen insoweit nicht zur freien Verfügung stehe[269].

Nicht mehr ins Gewicht fällt die in der früheren Rechtsprechung[270] vorgenommene Berücksichtigung staatlicher Förderungsleistungen und gesetzlich gewährter Erleichterungen[271]. Die Urteilsbegründung liefert überdies einen entscheidenden Beitrag zur Unterscheidung zwischen horizontaler und vertikaler Steuergerechtigkeit unter Herausarbeitung der Vergleichspaare: In vertikaler Richtung müsse die Besteuerung höherer Einkommen im Vergleich mit der Steuerbelastung niedriger Einkommen dem Gerechtigkeitsgebot genügen, in horizontaler Richtung darauf abgezielt werden, dass Steuerpflichtige bei gleicher Leistungsfähigkeit auch gleich hoch besteuert werden. Auf horizontaler Ebene könne die steuerliche Belastung von Steuerpflichtigen mit unterhaltsbedürftigen Kindern im Verhältnis zu kinderlosen Steuerpflichtigen gleicher Einkommensstufe nicht gerechtfertigt werden, andernfalls wäre jede steuerliche Ungleichbehandlung auf horizontaler Ebene hinzunehmen und das Gebot der Besteuerung nach der Leistungsfähigkeit außer Kraft gesetzt[272]. Die steuerliche Berücksichti-

---

268 BVerfG v. 29.05.1990 – 1 BvL 20, 26, 184 und 4/86 – BVerfGE 82, 60 (87).

269 BVerfG v. 29.05.1990 – 1 BvL 20, 26, 184 und 4/86 – BVerfGE 82, 60 (88).

270 BVerfG v. 23.11.1976 – 1 BvR 150/75 – BVerfGE 43, 108 (121).

271 BVerfG v. 29.05.1990 – 1 BvL 20, 26, 184 und 4/86 – BVerfGE 82, 60 (88).

272 BVerfG v. 29.05.1990 – 1 BvL 20, 26, 184 und 4/86 – BVerfGE 82, 60 (87).

gung des Existenzminimums wird somit durch diese Entscheidung endgültig zum verfassungsrechtlich vorgegebenen Postulat.

Einen weiteren freiheitsrechtlichen Begründungsansatz[273] entwickelt der 2. Senat des Bundesverfassungsgerichts im Beschluss vom 25.09.1992[274]. Ein Steuergesetz greife zumindest in die allgemeine Handlungsfreiheit (Art. 2 Abs. 1 GG) ein, zugleich auch in deren Ausprägung im vermögensrechtlichen und beruflichen Bereich und berühre somit Art. 12 Abs. 1 und Art. 14 Abs. 1 GG. Diese Grundrechte dürfen aber nur soweit beschränkt werden, dass dem Steuerpflichtigen nach Erfüllung seiner Einkommensteuerschuld von dem Erworbenen zumindest das Existenzminimum als Kerntatbestand des Erfolges eigener Betätigung im wirtschaftlichen Bereich in Gestalt der grundsätzlichen Privatnützigkeit des Erworbenen für sich und seine Familie verbleibe[275].

Nähere Konturen erhält der Begriff der Existenzsicherung durch die Entscheidung vom 26.01.1994[276]. Aufwendungen für die Berufsausbildung von Kindern, insbesondere deren auswärtige Unterbringung im Zusammenhang mit einer beruflichen Ausbildung betreffen danach nicht die Existenzsicherung im engeren Sinne, sondern unterscheiden sich von Unterhaltsleistungen, die der Sicherung des Existenzminimums dienen[277]. Diese Unterscheidung zielt bereits auf die Frage der Höhe des zu berücksichtigenden Unterhaltsaufwands ab, mit der sich die im folgenden dargestellte Rechtsprechung des Bundesverfassungsgerichts ausführlich befasst hat.

---

273 Diese Begründung trägt die Handschrift *Kirchhofs*, der aber über die Begrenzungsfunktion des Art. 14 GG hinaus aus diesem Freiheitsgrundrecht eine den Steuereingriff konstituierende Wirkung ableitet, vgl. nur *Kirchhof*, Besteuerungsgewalt und Grundgesetz, S. 20 f.; ders, Besteuerung und Eigentum, VVDStRL 39, S. 213 f.; ders., in: Handbuch des Staatsrechts, Band IV, § 88 Rn 81 f.; ders., DStJG 24, 9 (11 f.); ders., AöR 2003, 1 (12 f.).

274 BVerfG v. 25.09.1992 – 2 BvL 5, 8, 14/91 – BVerfGE 87, 153. Die Entscheidung hielt die damals geltende, im Einkommensteuertarif enthaltene Regelung des Grundfreibetrags zur Erfüllung des verfassungsrechtlichen Gebots der Freistellung des Existenzminimums für ungenügend und erklärte wegen der Gesamtwirkung des Grundfreibetrags auf den Tarifverlauf die gesamte Tarifregelung des § 32a Abs. 1 S. 2 EStG für verfassungswidrig, vgl. BVerfG aaO, S. 177 f. Zu dieser Entscheidung vgl. u. a. *Arndt*, StVj.1993, 1 f.; *Arndt/Schumacher*, NJW 1994, 962 f.; *Esser*, DStZ 1992, 517 f.; *Lehner*, DStR 1992, 1641 f.; *Schemmel*, StuW 1993, 70 f.; *Tipke*, StuW 1993, 8.

275 BVerfG v. 25.09.1992 – 2 BvL 5, 8, 14/91 – BVerfGE 87, 153 (169).

276 BVerfG v. 26.01.1994 – 1 BvL 12/86 – BVerfGE 89, 346. Dazu *Kanzler*, FR 1994, 1998; *Paus*, DStZ 1994, 433.

277 BVerfG v. 26.01.1994 – 1 BvL 12/86 – BVerfGE 89, 346 (354).

(b) Steuerliche Berücksichtigung von Unterhaltsaufwand der Höhe nach

Die Höhe des für Kinder freizustellenden Existenzminimums ergibt sich nach Auffassung des Bundesverfassungsgerichts mittelbar aus den Erwägungen, die es gebieten, das Existenzminimum der Familie steuerfrei zu lassen. Unterhaltsaufwand sei nur in dem Umfang als steuerbares Einkommen außer Betracht zu lassen, in dem die Unterhaltsaufwendungen zur Gewährleistung des Existenzminimums der Kinder erforderlich seien[278]. Dies entspreche dem in der bisherigen Rechtsprechung[279] entwickelten Grundsatz, dass der Gesetzgeber bei der steuerlichen Berücksichtigung zwangsläufiger Unterhaltsleistungen keine realitätsfernen Grenzen ziehen dürfe[280]. Die Höhe des Existenzminimums könne aus Praktikabilitätsgründen in einem einheitlichen Betrag berücksichtigt werden, der so bemessen sein müsse, dass er "in möglichst allen Fällen" den entsprechenden Bedarf abdecke. Weder aus Art. 3 Abs. 1 noch aus Art. 6 Abs. 1 folge, dass der Gesetzgeber die Unterhaltsleistungen in der vollen Höhe des bürgerlichrechtlichen Unterhaltsanspruches berücksichtigen müsse[281]. Als Begründung wird neben der praktischen Erwägung, dass eine individuelle Bemessung nach den Umständen des Einzelfalls wegen unverhältnismäßiger Erschwerung des Besteuerungsverfahrens ausscheide, angeführt, es sei nicht geboten, die steuerliche Entlastung für kindbedingte Aufwendungen am bürgerlich-rechtlichen Unterhalt auszurichten, weil zu berücksichtigen sei, dass der Staat beim unterhaltsberechtigten Kind auf eine Besteuerung des Unterhalts – die verfassungsrechtlich bei über dem Existenzminimum liegenden Unterhaltsleistungen zulässig wäre – verzichte (§ 22 Nr. 1 S. 2 EStG) und damit das Nettoeinkommen der Eltern ungeschmälert der Familie als Bedarfs- und Versorgungsgemeinschaft verbleibe[282]. Hinter dieser Argumentation verbirgt sich der Sache nach das (negative) Korrespondenzprinzip, wenn die Verneinung der Abziehbarkeit der zivilrechtlich geschuldeten Unterhaltsleistungen mit der Nichtsteuerbarkeit auf Empfängerseite begründet wird[283].

---

278 BVerfG v. 29.05.1990 – 1 BvL 20, 26, 184 und 4/86 – BVerfGE 82, 60 (87).

279 BVerfG v. 29.05.1990 – 1 BvL 20, 26, 184 und 4/86 – BVerfGE 82, 60 (87) unter Hinweis auf BVerfG v. 22.02.1984 – 1 BvL 10/80 – BVerfGE 66, 214 (223); BVerfG v. 17.10.1984 – 1 BvR 527/80, 528/81 u. 441/82 – BVerfGE 68, 143 (152).

280 BVerfG v. 29.05.1990 – 1 BvL 20, 26, 184 und 4/86 – BVerfGE 82, 60 (87).

281 BVerfG v. 29.05.1990 – 1 BvL 20, 26, 184 und 4/86 – BVerfGE 82, 60 (91).

282 BVerfG v. 29.05.1990 – 1 BvL 20, 26, 184 und 4/86 – BVerfGE 82, 60 (91).

283 *Söhn*, FA 1994, 372 (385), ders., in: Festschrift für Klein, 421 (433); ferner *Lieber*, DStZ 1997, 209.

Die Anknüpfung an den zivilrechtlich geschuldeten Unterhalt gibt das Bundesverfassungsgericht allerdings auch nicht vollständig auf. Die steuerliche Berücksichtigung von Belastungen im Zusammenhang mit der Berufsausbildung von Kindern betreffe zwar nicht die Sicherung des Existenzminimums und müsse daher von Verfassungs wegen nicht genauso behandelt werden, sei aber nicht vollständig in das Ermessen des Gesetzgebers gestellt, da die Eltern sich diesen Aufwendungen nicht beliebig entziehen könnten, sondern im Gegenteil schon nach dem Unterhaltsrecht des bürgerlichen Rechts weitgehend verpflichtet seien, ihren Kindern zumindest eine Berufsausbildung zu finanzieren[284]. In dieser Feststellung schlägt sich das Kriterium der realitätsgerechten Berücksichtigung von Unterhaltsaufwand unter Anknüpfung an die zivilrechtlichen Vorgaben nieder[285]. Die angeführte Begründung ist jedoch steuersystematisch wenig aufschlussreich, wenn es heißt, der Wert der Investition in die Berufsausbildung sei für die Familien wegen der Zukunftsbezogenheit nicht verloren und komme mindestens ebenso der Allgemeinheit zugute, weshalb der Staat verpflichtet sei, einen gewissen Anteil der Ausbildungskosten entweder selbst unmittelbar zu übernehmen oder ihn doch wenigstens bei der Besteuerung der Eltern als Minderung ihrer Leistungsfähigkeit anzuerkennen. Zuletzt hat das Bundesverfassungsgericht den sozialhilferechtlich definierten Bedarf als feste Untergrenze des einkommensteuerrechtlich zu beachtenden Familienexistenzminimums und damit als Freistellung des existenznotwendigen Aufwandes in angemessener, realitätsgerechter Höhe festgeschrieben[286]. Es hat dabei aber ausdrücklich festgestellt, es sei bislang verfassungsgerichtlich nicht abschließend geklärt, wie weit über den Schutz des Existenzminimums hinaus auch sonstige unvermeidbare oder zwangsläufige private Aufwendungen zu berücksichtigen seien[287].

---

284 BVerfG v. 26.01.1994 – 1 BvL 12/86 – BVerfGE 89, 346 (354).

285 Zusammengeführt werden die Entscheidungen zur Quantifizierung der Höhe des zu berücksichtigenden existenzsichernden Unterhaltsaufwands unter Beibehaltung der Anknüpfung an das Sozialhilferecht durch die Orientierung am durchschnittlichen Sozialhilfebedarf als Richtwert, die um weniger als 15 % unterschritten werden dürfen, ohne dass die Verfassungswidrigkeit festgestellt werden müsse, vgl. BVerfG v. 14.06.1994 – 1 BvR 1022/88 – BVerfGE 91, 93 (114).

286 BVerfG v. 10.11.1998 – 2 BvR 1057, 1226, 980/91 – BVerfGE 99, 216 (232 f.); BVerfG v. 10.11.1998 – 2 BvL 42/93 – BVerfGE 99, 246 (259); BVerfG v. 10.11.1998 – 2 BvR 1220/93 – BVerfGE 99, 268 (270); BVerfG v. 10.11.1998 – 2 BvR 1852, 1853/97 – BVerfGE 99, 273 (276 f.); BVerfG v. 04.12.2002 – 2 BvR 400/98, 2 BvR 1735/00 – BVerfGE 107, 27 (48); BVerfG v. 08.06.2004 – 2 BvL 5/00 – BVerfGE 110, 412 (433); BVerfG v. 16.03.2005 – 2 BvL/00 – BVerfGE 112, 268 (270).

287 BVerfG v. 04.12.2002 – 2 BvR 400/98, 2 BvR 1735/00 – BVerfGE 107, 27 (48).

(c) Anforderungen an die gesetzestechnische Umsetzung

Hinsichtlich der Umsetzung der entwickelten Vorgaben lässt sich der Rechtsprechung eine deutliche Tendenz entnehmen, dem Gesetzgeber einen gewissen Entscheidungsspielraum zu belassen. Schon nach der sog. Alleinerziehendenentscheidung[288] soll die mit Betreuungsaufwendungen verbundene Verringerung der Leistungsfähigkeit ganz oder teilweise ausgeglichen werden können, wenn dem betreuten Kind oder dem Alleinstehenden Bezüge zur Bestreitung der Betreuungskosten zufließen. Dem Gesetzgeber bleiben aber andere Lösungen zur Neuregelung der Familienbesteuerung unbenommen[289]. Bei der Berücksichtigung kindesbedingter Leistungsfähigkeitsminderung stehe es dem Gesetzgeber frei, dieser entweder im Steuerrecht, im Sozialrecht durch die Gewährung eines dafür ausreichenden Kindergeldes oder durch eine Kombinationslösung Rechnung zu tragen[290]. Infolgedessen gestattet das Bundesverfassungsgericht auch die Umrechnung des Kindergeldes in einen fiktiven Kinderfreibetrag[291]. Der gesetzliche Familienlastenausgleich[292] könne nur einheitlich auf seine Vereinbarkeit mit der Verfassung überprüft werden, selbst wenn er durch mehrere Vorschriften bewirkt werde, die unterschiedlichen Rechtsgebieten angehörten[293]. Ob Aufwendungen für das Existenzminimum durch einen Abzug von der Bemessungsgrundlage oder im Rahmen des Steuertarifs durch Einräumung eines Grundfreibetrags berücksichtigt werden, wird damit dem Gesetzgeber überlassen[294]. Zwar erkennt das Bundesverfassungsgericht, dass aus dem Grundsatz der Folgerichtigkeit die Berücksichtigung der existenznotwendigen Mindestaufwendungen für Kindesunterhalt unabhängig vom individuellen Grenzsteuersatz in

288 BVerfG v. 03.11.1982 – 1 BvR 620, 1335/78, 1104/79, u. 363/80 – BVerfGE 61, 319.

289 BVerfG v. 03.11.1982 – 1 BvR 620, 1335/78, 1104/79, u. 363/80 – BVerfGE 61, 319 (355).

290 BVerfG v. 29.05.1990 – 1 BvL 20, 26, 184 u. 4/86 – BVerfGE 82, 60 (84); BVerfG v. 10.11.1998 – 2 BvL 42/93 – BVerfGE 99, 246 (265); BVerfG v. 08.06.2004 – 2 BvL 5/00 – BVerfGE 110, 412 (437).

291 BVerfG v. 29.05.1990 – 1 BvL 20, 26, 184 u. 4/86 – BVerfGE 82, 60 (84).

292 Kritisch zur irreführenden Wirkung des Begriffs "Familienlastenausgleich" *Kirchhof*, in: Essener Gespräche zum Thema Staat und Kirche, Bd. 21, 117 f.; *Oepen*, DStZ 1992, 684 (688); *Söhn*, FA 1994, 373 (377); *Wendt*, in: Festschrift für Tipke, 47 (48). Der Gesetzgeber hat den Begriff zur Verdeutlichung der Leistungsfähigkeitsminderung durch Kinder und Anerkennung der Leistung der Familie durch die Bezeichnung "Familienleistungsausgleich" ersetzt, vgl. BT-Drucks. 13/1558, S. 155.

293 BVerfG v. 12.06.1990 – 1 BvL 72/86 – BVerfGE 82, 198 (206).

294 BVerfG v. 25.09.1992 – 2 BvL 5, 8, 14/91 – BVerfGE 87, 153 (169).

der Bemessungsgrundlage folgen müsse[295], schränkt diese Erkenntnis aber dahingehend ein, dass dem Gesetzgeber die technische Umsetzung grundsätzlich freistehe, solange die jeweiligen Ergebnisse der verschiedenen Methoden in ihren Auswirkungen gleichwertig seien[296].

4. Ausdehnung auf Bedarfsorientierung

Einen weiteren Höhepunkt in der Rechtsprechung des Bundesverfassungsgerichts zur Berücksichtigung von Unterhaltslasten bilden mehrere Urteile vom 10.11.1998[297]. Die Entscheidungen bringen neben einer genauen, am sozialrechtlich definierten Existenzminimum orientierten Quantifizierung des Kinderfreibetrags[298] eine zusätzliche Konkretisierung der Leistungsfähigkeit der Eltern: Über den existentiellen Sachbedarf und den erwerbsbedingten Betreuungsbedarf des Kindes hinaus werde die elterliche Leistungsfähigkeit auch durch den Erziehungsbedarf als Bestandteil des steuerlich zu verschonenden kindbedingten Existenzminimums gemindert und dies müsse nach dem Gebot der horizontalen Steuergerechtigkeit Berücksichtigung finden[299]. Betreuungsaufwand sei indisponibel und entstehe unabhängig davon, ob und in welchem zeitlichen Rahmen die Kinderbetreuung selbst oder durch Dritte wahrgenommen werde[300]. Zum Erziehungsbedarf rechnet das Bundesverfassungsgericht die "Aufwendungen, die dem Kind die persönliche Entfaltung, seine Entwicklung zur Eigenständigkeit und Eigenverantwortlichkeit ermöglichen"[301]. Durch diese Erweiterung

---

295 BVerfG v. 25.09.1992 – 2 BvL 5, 8, 14/91 – BVerfGE 87, 153 (170); BVerfG v. 22.06.1995 – 2 BvL 37/91 – BVerfGE 93, 121 (136); BVerfG v. 10.11.1998 – 2 BvL 42/93 – BVerfGE 99, 246 (265/266).

296 BVerfG v. 10.11.1998 – 2 BvL 42/93 – BVerfGE 99, 246 (266).

297 BVerfG v. 10.11.1998 – 2 BvR 1057, 1226, 980/91 – BVerfGE 99, 216; BVerfG v. 10.11.1998 – 2 BvL 42/93 – BVerfGE 99, 246; BVerfG v. 10.11.1998 – 2 BvR 1220/93 – BVerfGE 99, 268; BVerfG v. 10.11.1998 – 2 BvR 1852, 1853/97 – BVerfGE 99, 273. Dazu u. a. *Arndt/Schumacher*, NJW 1999, 745 f.; *Birk*, in: Festschrift für Kruse, 339 f.; *Birk/Wernsmann*, JZ 2001, 218 f.; *Glanegger*, DStR 1999, 227 f.; *Gröpl*, StuW 2001, 150 f.; *Heuermann*, BB 1999, 660 f.; *Horlemann*, DStR 1999, 397 f.; *Kanzler*, FR 1999, 512 f.; *Schöberle*, DStZ 1999, 693 f.; *Tiedchen*, BB 1999, 1681.

298 BVerfG v. 10.11.1998 – 2 BvL 42/93 – BVerfGE 99, 246 (259 f.). Zur Methode der Berechnung vgl. *Dziadkowski*, BB 1999, 1409; *Horlemann*, DStR 1999, 397.

299 BVerfG v. 10.11.1998 – 2 BvR 1057, 1226, 980/91 – BVerfGE 99, 216 (233).

300 BVerfG v. 10.11.1998 – 2 BvR 1057, 1226, 980/91 – BVerfGE 99, 216 (236).

301 BVerfG v. 10.11.1998 – 2 BvR 1057, 1226, 980/91 – BVerfGE 99, 216 (242) unter beispielhafter Aufzählung der Mitgliedschaft in Vereinen sowie sonstige Formen der Begegnung mit anderen Kindern oder Jugendlichen außerhalb des häuslichen Bereichs, das Erlernen und Erproben moderner Kommunikationstechniken, den Zugang zu Kultur-

existenzsichernder Aufwendungen auf Belastungen unabhängig von tatsächlichen Ausgaben hat die Rechtsprechung einen Paradigmenwechsel[302] vollzogen, dessen Umsetzung durch den Gesetzgeber[303] das Einkommensteuerrecht um die Erweiterung durch eine spezielle Freibetragslösung "bereichert" hat.

5. Zusammenfassung

Durch die Entwicklung des Postulats der realitätsgerechten Berücksichtigung zwangsläufiger Privatausgaben ergeben sich zwingende verfassungsrechtliche Grenzen für die Einkommensbesteuerung. Dadurch ist zugleich geklärt, dass die Eliminierung indisponiblen Einkommens aus der Bemessungsgrundlage dem Grunde nach eine Besteuerung nach der Leistungsfähigkeit verwirklicht und keine Steuervergünstigung darstellt.

Ob sich im geltenden Einkommensteuerrecht der Ansatz eines Regelungskonzepts findet, das eine steuersystematisch sachgerechte Behandlung von Unterhaltsleistungen auf Geber- und Empfängerseite beinhaltet, die auch den durch das Bundesverfassungsgericht für die steuerliche Berücksichtigung von kindesbedingtem Unterhaltsaufwand entwickelten Anforderungen der realitätsgerecht bemessenen, das Existenzminimum in bedarfsorientierter Weise absichernden Berücksichtigung auf Geberseite genügt, soll später erläutert werden[304]. Die Notwendigkeit eines solchen Ansatzes zur weiteren Konkretisierung des subjektiven Nettoprinzips[305] ergibt sich unmittelbar daraus, dass das Bundesverfassungsgericht dessen Reichweite – also eine primär quantitative Frage – als verfassungsgerichtlich nicht abschließend geklärt sieht[306], so dass diese Rechtsprechung und die durch sie aufgestellten Anforderungen zunächst steuersystematisch hinterfragt und in einem diese Anforderungen zugrunde legenden Ansatz unter Berücksichtigung der Grundprinzipien des Einkommensteuerrechts vereinigt werden müssen.

---

und Sprachfertigkeit, die verantwortliche Nutzung der Freizeit und die Gestaltung der Ferien .

302 So *Heuermann*, BB 1999, 660; *Seer/Wendt*, NJW 2000, 1904 (1905).

303 Durch das Gesetz zur Familienförderung v. 22.12.1999, BGBl. I 1999, 2552 und das Zweite Gesetz zur Familienförderung v. 16.08.2001, BStBl. I 2001, 2074. Vgl. hierzu *Schön*, DStR 1999, 1677; *Seer/Wendt*, NJW 2000, 1904.

304 Dazu unten F.IV., S. 112 f.

305 Hierauf verweisen *Tipke/Lang*, Steuerrecht[18], § 9 Rn. 72.

306 BVerfG v. 04.12.2002 – 2 BvR 400/98, 2 BvR 1735/00 – BVerfGE 107, 27 (48).

6. Steuersystematische Würdigung der Rechtsprechung des Bundesverfassungsgerichts

Die Rechtsprechung des Bundesverfassungsgerichts ist durch die Bemühung gekennzeichnet, zwingende Anforderungen an eine gerechte Familienbesteuerung aufzustellen und weist in ihrer Entwicklung die eindeutige Tendenz in Richtung einer an der subjektiven Leistungsfähigkeit orientierten Besteuerung der unterhaltsverpflichteten Eltern auf. In steuersystematischer Hinsicht erweisen sich die zugelassenen gesetzgeberischen Gestaltungsmöglichkeiten jedoch zum Teil als bedenklich und haben eine dementsprechend kritische Diskussion in der steuerrechtlichen Literatur hervorgerufen.

(a) Kombinationslösung von Kindergeld und Kinderfreibetrag

Kritisiert wird zunächst die vom Bundesverfassungsgericht gebilligte Kombinationsmöglichkeit von Kindergeld und Kinderfreibeträgen im geltenden sog. Familienleistungsausgleich[307]. Ausgangspunkt der Kritik ist dabei die Menschenwürdekonzeption des Grundgesetzes, der die freie, selbstverantwortliche Persönlichkeit als Substrat jeglicher freiheitsrechtlicher Betätigung zugrunde liege. Daraus sei zu folgern, dass existenzsichernde Aufwendungen primär selbst erwirtschaftet und nicht durch Steuereingriff erst entzogen werden dürften, so dass eine dadurch entstehende Bedürftigkeit durch staatliche Leistungen behoben werden müsse[308]. Aus dem Vorrang eigenverantwortlichen Handelns folge die qualitative Verschiedenheit von Staats- und Eigenleistung, oder mit den Worten *Tipkes*: Steuerverschonung geht vor Sozialleistung[309].

---

[307] Das Konzept des in § 31 EStG geregelten Familienleistungsausgleichs beruht auf dem sog. Optionsmodell, nach dem im laufenden Jahr Kindergeld gezahlt wird, das der Förderung der Familie dient, soweit es die steuerliche Freistellung des Existenzminimums des jeweiligen Kindes einschließlich Betreuungs- und Erziehungsbedarf übersteigt. Reicht das Kindergeld für die Freistellung des Existenzminimums aus, entfällt der Freibetragsabzug nach § 32 Abs. 6 EStG, andernfalls werden Freibeträge abgezogen und das gezahlte Kindergeld der tariflichen Einkommensteuer hinzugerechnet.

[308] Vgl. *Friauf*, DStJG 12, 3 (29); *Herdegen*, in: Maunz/Dürig, GG, Art. 1 Rn. 25; *Dreier*, in: Dreier, GG, Art. 1 Rn. 148; *Schöberle*, DStZ 1999, 693 (695); *Söhn*, in: Festschrift für Klein, 421 (427); *Wendt*, in: Festschrift für Tipke, 47 (59).

[309] *Tipke*, Steuerrechtsordnung II[1], S. 679 u. 695. Ebenso *Böckenförde*, StuW 1986, 335 (336); Felix, DStZ 1990, 471 (472); *Gröpl*, StuW 2001, 150 (165); *Kirchhof*, JZ 1982, 305; *Lang*, StuW 1990, 338; *Kulmsee*, DStZ 1998, 14 (23 f.); *Lehner*, Einkommensteuerrecht und Sozialhilferecht, S. 362; *Lieber*, DStZ 1997, 207 (209); *Lingemann*, S. 72 f.; *Martens*, StVj 1989, 199 (207); *Moderegger*, Der verfassungsrechtliche Familienschutz und das System des Einkommensteuerrechts, S. 156; *Schöberle*, DStZ 1999, 1693 (1695); *Söhn*, FA 1988, 372 (382); ders., in: Festschrift für Klein, 421 (430); *Uelner*, DStZ 1995, 321.

Werden kindesbedingte Leistungsfähigkeitsminderungen im Steuerrecht ausschließlich und zur Gänze durch Einräumung eines Freibetrags berücksichtigt, hat das Kindergeld die bloße Funktion einer allgemeinen Sozialleistung. Im Rahmen der Kombinationslösung kommt dem Kindergeld zusätzlich eine Ausgleichsfunktion für unzureichende steuerliche Berücksichtigung wegen zu niedriger Kinderfreibeträge zu. Für die verfassungsrechtliche Prüfung muss das Kindergeld in einen fiktiven Kinderfreibetrag umgerechnet[310], dem im Einkommensteuerrecht enthaltenen Freibetrag zugerechnet und dann dem Betrag des Existenzminimums gegenübergestellt werden. Bemängelt wird hier zu Recht die Vermengung von Eingriffs- und Leistungsrecht[311]: Wenn das durch die Eltern zu gewährleistende Existenzminimum der Kinder dem Steuereingriff zur konsequenten Verwirklichung der horizontalen Steuergerechtigkeit entzogen ist, kann eine Kompensation eines gleichwohl auf dieses Existenzminimum gerichteten Steuereingriffs durch Sozialleistungen in Form von Kindergeld keine Heilung eines auf das Existenzminimum als indisponiblen Teil des Einkommens gerichteten Steuereingriffs bewirken[312]. Die vorrangige Freistellung eines Einkommensbetrages in Höhe des Existenzminimums durch Kindergeld[313] widerspricht damit dem Gebot, dass indisponibles Einkommen von der Besteuerung von vornherein ausgenommen ist, da es insoweit schon an einem Zugriffsobjekt fehlt.

---

310 Kritisch zu der Umrechnung des Kindergeldes in einen Kinderfreibetrag mit einem fiktiven Steuersatz *Dostmann*, DStR 1999, 884; *Jüptner*, StVj. 1990, 307 (310); *Kulmsee*, DStZ 1998, 14 (18); *Lang*, StuW 1990, 331 (340); *Lehner*, Einkommensteuerrecht und Sozialhilferecht, S. 266 f.; *Lieber*, DStZ 1997, 207 (210); *Lingemann*, Familienbesteuerung, S. 225; Löwer, StVj. 1991 , 97 (102 f); *Mellinghoff*, in: Grundrechtsschutz im Steuerrecht, 39 (56 f.); *Pezzer*, StuW 1989, 219 (222); Seewald/Felix, VSSR 1991, 157 f.; *Söhn*, FA 1988, 372 (385); ders., in: Festschrift für Klein, 421 (434); *Vogel*, in: Festschrift für Offerhaus, 47 (58). Nach Auffassung von *Kanzler*, FR 2001, 921 (930) Fn. 138 erledigt sich diese Kritik jedoch durch die steuerrechtliche Entlastungsfunktion des Kindergeldes. Zur Kritik aus ökonomischer Sicht vgl. *Bareis*, DStR 1991, 1164; ders., StuW 1991, 1399.

311 *Lang*, StuW 1990, 331 (340); *Seer/Wendt*, NJW 2000, 1904 (1906); *Söhn*, FA 1988, 154 (170); ders., FA 1994, 372 (381 f.); *Tipke*, Steuerrechtsordnung II[1], S. 693; *Tipke/Lang*, Steuerrecht[18], § 9 Rn. 95; *Wendt*, in: Festschrift für Tipke, 47 (62).

312 *Friauf*, DStJG 12, 3 (31); *Söhn*, in: Festschrift für Klein, 421 (429); *Tipke*, StbKongrRep 1983, 39 (56); *Wendt*, in: Festschrift für Tipke, 47 (59); *Zeidler*, StuW 1985, 1 (5).

313 Dieses Vorrangverhältnis ist in § 31 Satz 1, 3 EStG, eingeführt durch das JStG 1996, BGBl. I 1995, 1250 (1259) und ergänzt durch das Gesetz zur Familienförderung, BGBl. I 1999, 2552 zum Ausdruck gebracht.

Der Staat gibt als Sozialleistung, was er via Steuer zu Unrecht genommen hat[314]. Daher sind Freibeträge und Kindergeld steuersystematisch keine beliebig austauschbaren Mittel[315] und der gesetzgeberischen Gestaltung überlassen, wie das Bundesverfassungsgericht annimmt. Diese Annahme stellt eine Verletzung der horizontalen Steuergerechtigkeit für den Teil der Steuerpflichtigen dar, bei denen im Rahmen der Kombinationslösung statt Freibeträgen Kindergeld als kompensierende Sozialleistung gewährt und dadurch mit Antasten des Kinderexistenzminimums in den indisponiblen und von Verfassungs wegen zu verschonenden Teil des Einkommens eingegriffen wird[316].

(b) Berücksichtigung von bedarfsorientiertem Aufwand

Steuersystematisch bemängelt wird des weiteren die durch das Bundesverfassungsgericht gestellte Anforderung der bedarfsorientierten Berücksichtigung von Unterhaltsleistungen, soweit hierfür keine tatsächlichen Unterhaltsaufwendungen anfallen[317]. Die Steuerfreistellung nicht monetärer Betreuungs- und Erziehungsleistungen liege außerhalb des Einkommensteuertatbestandes und verlasse den Leistungsfähigkeitsbegriff[318]. Die im geltenden Einkommensteuerrecht abzugsfähigen privaten Aufwendungen seien dadurch gekennzeichnet, dass sie Ausgaben, d.h. den Einsatz finanzieller Mittel, voraussetzen[319].
Die Berücksichtigung von Erziehungs- und Betreuungsleistungen oder eines hierauf zurückgehenden Verdienstverzichtes führe zur Berücksichtigung der

---

314 So *Jachmann*, in: Kirchhof/Söhn/Mellinghoff, EStG § 31 Rn. A 49, die den Familienleistungsaustausch verfassungsrechtlich nicht beanstandet, die Einbindung der Kindergeldzahlung in die einkommensteuerliche Kinderentlastung aber für steuersystematisch bedenklich hält. Kritisch jüngst auch das BVerfG, vgl. BVerfG v. 09.04.2003 – 1 BvL 1/01, 1 BvR 1749/01 – BVerfGE 108, 52 (75): Die das Kindergeld betreffenden Regelungen in ihrer sozialrechtlichen, steuerrechtlichen und familienrechtlichen Verflechtung genügen immer weniger den Grundsätzen der rechtsstaatlichen Normenklarheit.

315 *Söhn*, FA 1994, 372 (383); ders., in: Festschrift für Klein, 421 (430); a.A. *Pezzer*, StuW 1989, 219 (225), der davon ausgeht, Steuerrecht und Sozialrecht seien "zwei Seiten einer Medaille".

316 Vgl. *Gröpl*, StuW 2001, 150 (165); *Kanzler*, in: Herrmann/Heuer/Raupach, EStG, § 31, Rn 10; ders., FR 1996, 473 (477); ders., DStJG 24, 417 (448 f.); *Lieber*, DStZ 1997, 207 (211); *Sangmeister*, StuW 2001, 168 (172 f.); *Wendt*, in: Festschrift für Tipke, 47 (62). Aus ökonomischer Sicht *Wosnitza*, StuW 1996, 123 (134).

317 Vgl. *Arndt/Schumacher*, NJW 1999, 745 (747); *Birk/Wernsmann*, JZ 2001, 218 (221 f.); *Glanegger*, DStR 1999, 227 (228); *Sacksofsky*, NJW 2000, 1896 (1899); *Schön*, DStR 1999, 1677 (1680); *Kanzler*, FR 2001, 921 (935); ders., DStJG 24, 417 (424); *Kulmsee*, Berücksichtigung von Kindern, S. 127.

318 So *Tipke/Lang*, Steuerrecht[18], § 9 Rn. 94.

319 *Arndt/Schumacher*, NJW 1999, 745 (747); *Birk/Wernsmann*, JZ 2001, 218 (221).

Soll-Leistungsfähigkeit, während das geltende Einkommensteuerrecht nur die Ist-Leistungsfähigkeit erfasse[320].

Zur Rechtfertigung eines Betreuungsfreibetrags unabhängig von tatsächlich entstandenem Aufwand wird angeführt, der Einkommensverzicht bei eigenhändiger Betreuung und Erziehung müsse durch steuerliche Entlastung Berücksichtigung finden[321]. *Jachmann* will in Fällen, in denen Erwerbspotenzial des Steuerpflichtigen durch Wahrnehmung von Betreuungsaufgaben gebunden ist, den Leistungsfähigkeitsbegriff durch eine Orientierung an der Gemeinwohlverantwortung des Steuerpflichtigen erweitern[322]. Aufgrund der Wahrnehmung des Erziehungsauftrages nach Art. 6 Abs. 2 S. 1 GG reduziere sich die Gemeinwohlverantwortung durch Steuerzahlung. Deshalb seien Steuerpflichtige mit Kindern generell als steuerlich weniger leistungsfähig zu betrachten[323]. Ein aufwandsunabhängiger Abzug ergebe sich auch bei Zugrundelegung der zivilrechtlichen Unterhaltspflicht, da diese von den Eltern durch Betreuung erfüllt werde, wie § 1606 Abs. 3 S. 2 BGB vorsehe. Der Aufwand des Betreuenden repräsentiere eine vom Zivilrecht anerkannte Unterhaltssituation, die bei Kinderlosen fehle; das Leistungsfähigkeitsprinzip gebiete in einem solchen Fall, denjenigen, der sein Erwerbspotenzial am Markt nicht ausnutze und deshalb weniger leistungsfähig sei, insoweit nicht zur Besteuerung heranzuziehen.

Diese Argumentation widerspricht aber dem Verständnis des Leistungsfähigkeitsprinzips, das an die Zahlungsfähigkeit des Steuerpflichtigen anknüpft, die sich im tatsächlichen, nicht im potentiellen Einkommen ausdrückt. Bedenklich ist außerdem, dass die Einräumung eines am Betreuungsbedarf orientierten Freibetrags unabhängig von tatsächlichem Aufwand zur Bevorzugung der Eigenbetreuung gegenüber der Fremdbetreuung führt, da nur im zweiten Fall ein die Leistungsfähigkeit beeinträchtigender Umstand vorliegt. Durch Gleichstellung von Fremd- und Eigenbetreuung wird eine Bevorzugung der eigenhändig betreuenden Eltern gegenüber Eltern, die eine fremde Betreuung in Anspruch

---

320 *Birk*, in: Festschrift für Kruse, 339 (349); *Birk/Wernsmann*, JZ 2001, 218 (221); *Kanzler*, FR 2001, 921 (935). Für eine Berücksichtigung von tatsächlich angefallenen Betreuungskosten als Werbungskosten oder Betriebsausgaben *Birk*, in: Festschrift für Kruse, 339 (353), allerdings für Beschränkung der Abziehbarkeit auf notwendige Aufwendungen; *Kanzler*, FR 1999, 1385 (1386); ders., DStJG 24, 417 (457); *Oepen*, FR 1992, 789 (796); *Seer*, in: Festschrift für Kruse, 357 (372); *Seer/Wendt*, NJW 2000, 1904 (1907); *Tiedchen*, BB 1999, 1681 (1694).

321 *Kirchhof*, NJW 2000, 2792 (2795), der den Betreuungsfreibetrag mit dem Einkommensverzicht des betreuenden Elternteils rechtfertigt.

322 *Jachmann*, in: Kirchhof/Söhn/Mellinghoff, EStG, § 31 Rn. A 45 und § 32 Rn. A 81a.

323 *Jachmann*, in: Kirchhof/Söhn/Mellinghoff, EStG, § 31 Rn. 46a und § 32 Rn. A 81a.

nehmen, geschaffen, da bei ersteren wegen des Einkommensverzichts zunächst keine Leistungsfähigkeit entsteht, über die Berücksichtigung eines Freibetrags für aufwandlose Erziehung aber die Bemessungsgrundlage gemindert wird[324]. Eine einkommensteuerrechtlich zu berücksichtigende Leistungsfähigkeitsminderung ist daher nur anzunehmen, wenn sie anhand des gesetzlich geschuldeten Unterhalts meßbar und damit übereinstimmend ist, da nur in dieser Höhe indisponible Privatausgaben vorliegen.

(c) Heranziehung des Korrespondenzgedankens

Soweit das Bundesverfassungsgericht die Maßgeblichkeit zivilrechtlicher Unterhaltspflichten für die steuerliche Berücksichtigung auf der Verpflichtetenseite mit dem Hinweis auf die Nichtsteuerbarkeit der Unterhaltsleistungen auf Empfängerseite ablehnt, ist auch dies steuersystematisch zu beanstanden. *Söhn* hat die steuersystematischen Mängel dieser Begründung dargelegt[325]: Die Aussage, das Familieneinkommen bleibe ungeschmälert, treffe schon deshalb nicht zu, weil Unterhaltsleistungen bei progressivem Steuersatz im Falle der Nichtabzugsfähigkeit bei den Eltern einem höheren Steuersatz unterlägen, als wenn sie bei den Kindern besteuert würden[326]. Tatsächlich erinnert die Begründung an die mit dem Grundsatz der Individualbesteuerung nicht zu vereinbarende und durch das Bundesverfassungsgericht selbst ausdrücklich verworfene Haushaltsbesteuerung[327], wenn das "Einkommen des Familienverbandes" in den Blick genommen wird. Die Bemessungsgrundlage eines jeden Steuerpflichtigen ist bei einer am Grundsatz der Individualbesteuerung orientierten leistungsfähigkeitskonformen Besteuerung der Eltern unter Berücksichtigung indisponibler Unterhaltspflichten unabhängig davon zu ermitteln, ob der Unterhaltsempfänger die Unterhaltsleistungen versteuert. Eine Überbesteuerung auf Verpflichtetenseite kann nicht durch steuerliche Erfassung auf Berechtigtenseite kompensiert werden[328], die personal gebundene Einkommensteuer gebietet die Betrachtung des einzelnen Steuerpflichtigen.

---

324 Diese Subvention der Einverdienerehe durch Gleichstellung von Fremd- und Eigenbetreuung und daraus resultierende Benachteiligung Alleinerziehender bemängelnd: *Birk/Wernsmann*, JZ 2001, 218 (222); *Glanegger*, DStR 1999, 227 (229); *Kanzler*, DStJG 24, 417 (453); *Paus* FR 1999, 1354 (1356); *Sangmeister*, StuW 2001, 168 (175); *Schön*, DStR 1999, 1677 (1680); *Seer/Wendt*, NJW 2000, 1904 (1907); *Tiedchen*, BB 1999, 1681 (1684).

325 *Söhn*, FA 1994, 372 (385), ders., in: Festschrift für Klein, 421 (433).

326 So auch *Jüptner*, StVj 1990, 307 (313); *Paus*, Inf. 1990, 394 (398).

327 Vgl. BVerfG v. 17.01.1957 – 1 BvL 4/54 – BVerfGE 6, 55 (67).

328 *Söhn*, StuW 1985, 395 (406); ders. FA 1994, 372 (385).

Dies bedeutet: Die Abzugsfähigkeit auf Verpflichtetenseite darf nicht gleichsam aus der Empfängerperspektive beurteilt werden[329]. Die Nichtberücksichtigung gesetzlich geschuldeter Unterhaltsleistungen in der tatsächlichen Höhe widerspricht daher dem vom Bundesverfassungsgericht selbst vertretenen Grundsatz der horizontalen Steuergerechtigkeit. Eine Reduzierung des Abzugs auf einen einheitlich für alle Steuerpflichtigen geltenden, das Existenzminimum des Unterhaltsempfängers gewährleistenden Freibetrag bleibt daher dann hinter dem Gebot der horizontalen Steuergerechtigkeit zurück, wenn der Unterhaltsverpflichtete tatsächlich höheren Unterhalt zu leisten hat. Denn Zahlungen aufgrund einer gesetzlichen gesetzlichen Unterhaltspflicht sind indisponibel, so dass sie nicht in die Bemessungsgrundlage eingehen dürfen, sondern dem Steuereingriff entzogen sein müssen. Daraus folgt: Soweit indisponible, die subjektive Leistungsfähigkeit mindernde Unterhaltsleistungen vorliegen, kann und darf dies nur bei der Besteuerung des Unterhaltsverpflichteten berücksichtigt werden, einerlei ob der Empfänger diese Zahlungen zu versteuern hat oder nicht[330]. Eine systemwidrige Nichterfassung steuerlicher Leistungsfähigkeit der Unterhaltsempfänger rechtfertigt keine Überbesteuerung des Unterhaltsverpflichteten[331], sie kann nicht durch korrespondierende Nichterfassung in der Person des Empfängers geheilt oder ungesehen gemacht werden[332]. Auch gibt es keinen Grund, bei der steuerlichen Behandlung von zwangsläufigen Unterhaltsaufwendungen nach den Verhältnissen des Empfängers zu differenzieren[333]. Die gegenteilige, am negativen Korrespondenzprinzip orientierte Argumentation des Bundesverfassungsgerichts vermag steuersystematisch nicht zu überzeugen.

---

329 In weiteren Entscheidungen stellt das Bundesverfassungsgericht zur Rechtfertigung der Höchstbetragsbegrenzung bei dem in § 10 Abs. 1 Nr. 1 EStG geregelten Realsplitting ebenfalls auf die Sicht des Empfängers ab und verkennt damit die personale Anknüpfung der Einkommensteuer, vgl. BVerfG v. 18.09.1985 – 1 BvR 893/85 – DStZ/E 1985, 326; BVerfG v. 19.08.1986 – 1 BvR 694/85 – DStZ 1988, 489; BVerfG v. 15.07.1987 – 1 BvR 54/87 – NJW 1988, 127; BVerfG v. 04.07.1988 – 1 BvR 729/88 – HFR 1989, 442 sowie zur Kritik an dieser Argumentationsweise *Söhn*, in: Kirchhof/Söhn/Mellinghoff, EStG, § 10 Rn. C 111a.

330 *Söhn*, FA 1994, 372 (385); ders., in. Festschrift für Klein, 421 (435). Im Ergebnis auch *Lieber*, DStZ 1997, 207 (212).

331 *Kanzler*, DStJG 24, 417 (452).

332 Grundlegend *Söhn*, StuW 1985, 395 (406); ders., FA 1994, 372 (385).

333 *Klein*, in: Festschrift für Zeidler, 773 (783); *Söhn*, in: Festschrift für Vogel, 639 (654).

Die in der steuerrechtlichen Literatur[334] geforderte Berücksichtigung von Unterhaltsverpflichtungen in der tatsächlich geschuldeten Höhe ist demgegenüber der zutreffende Ansatz für eine steuersystematische Behandlung von Unterhaltsleistungen, wenn und soweit in der Person des einzelnen Steuerpflichtigen eine relevante Leistungsfähigkeitsminderung vorliegt. *Kanzler*[335] folgert sogar aus der vom Bundesverfassungsgericht gegen die Orientierung der steuerlichen Entlastung an den zivilrechtlichen Unterhaltsbeträgen angeführte sachliche Rechtfertigung der Nichtsteuerbarkeit der Unterhaltsleistungen auf Empfängerseite, dass ein realitätsgerechter Abzug von Unterhaltsaufwendungen unter Leistungsfähigkeitsgesichtspunkten zu einer Besteuerung beim Empfänger zwinge, zumal sie auch durch das Bundesverfassungsgericht für verfassungsrechtlich zulässig erachtet werde. Diese Annahme setzte aber voraus, dass Berechtigter und Verpflichteter isoliert betrachtet werden. Eine Besteuerung der Unterhaltsleistungen auf Empfängerseite wäre jedenfalls leistungsfähigkeitskonform und liefe im Ergebnis auch auf eine zutreffende Umkehrung der negativen in eine positive Korrespondenz hinaus.

(d) Exkurs: Existenzminimum des einzelnen Steuerpflichtigen als tariflicher Freibetrag

Soweit das Bundesverfassungsgericht es dem Gesetzgeber überlässt, auf welche Weise er der verfassungsrechtlichen Vorgabe der Berücksichtigung indisponibler Privataufwendungen Rechnung trägt, ist die gesetzgeberische Umsetzung in steuersystematischer Hinsicht überprüfungsbedürftig. Die Grundaussage des Bundesverfassungsgerichts, aus dem Gebot der Folgerichtigkeit ergebe sich zwingend, dass existenznotwendige Mindestaufwendungen für den Kindesunterhalt bereits bei der Ermittlung der Bemessungsgrundlage zu berücksichtigen seien wird nämlich relativiert, wenn dem Gesetzgeber insofern ein Gestaltungsspielraum zugestanden wird, "als die Auswirkungen der verschiedenen Methoden zu gleichwertigen Ergebnissen führen"[336]. Für die Berücksichtigung des *eigenen* Existenzminimums des Steuerpflichtigen soll nach Ansicht des Bundesverfassungsgerichts die Anerkennung des existenznotwendigen Bedarfs als verfassungsrechtlich vorgeschriebene Untergrenze für den Steuereingriff nicht bedeuten, dass jeder Steuerpflichtige vorweg in Höhe eines nach dem Existenzmi-

334 *Dziadkowski*, DStZ 1999, 273 (278); ders. BB 1999, 1409; *Lang*, StuW 1990, 331 (343); ders., in: Festschrift für Klein, 437 (441); *Klein*, in: Festschrift für Zeidler, 773 (794); *Söhn*, in: Festschrift für Franz *Klein*, 421 (431); *Tipke*, Steuerrechtsordnung II[1], S. 705; *Vogel*, DStR 1977, 31(41); ders., StuW 1984, 197; ders., StuW 1999, 201 (221); ders., in: Festschrift für Offerhaus, 47 (55); *Wendt*, in: Festschrift für Tipke, 47 (59).

335 *Kanzler*, in: DStJG 24, 417 (452).

336 BVerfG v. 10.11.1998 – 2 BvL 42/93 – BVerfGE 99, 246 (265).

nimum bemessenen Freibetrags verschont werden müsse; die im geltenden Einkommensteuerrecht[337] vorgesehene Freistellung des existenznotwendigen Bedarfs durch den in den Tarifvorschriften vorgesehenen Grundfreibetrag sei ebenfalls zulässig[338]. Die vom Bundesverfassungsgericht verlangte Verschonung indisponibler Privataufwendungen kann jedoch steuersystematisch nur durch einen Abzug von der Bemessungsgrundlage verwirklicht werden[339]. Wird die Bemessungsgrundlage als Ausdruck steuerlicher Leistungsfähigkeit verstanden, so sind diejenigen Privataufwendungen abzuziehen, die indisponibel sind und hierzu gehören insbesondere die Aufwendungen für das persönliche Existenzminimum. Diese können schon vor dem Hintergrund der materiell-rechtlichen Vorgaben der Art. 1 Abs. 1 GG i.V.m. Art. 20 Abs. 1 GG nicht Gegenstand des staatlichen Besteuerungszugriffs sein; eine Einbeziehung indisponiblen Einkommens in die Bemessungsgrundlage weist diese zu hoch aus[340]. Zudem werden mit der Berücksichtigung des Grundfreibetrags im Tarif die Ebenen der horizontalen und vertikalen Steuergerechtigkeit vermengt. Denn erst auf eine verfassungskonforme Bemessungsgrundlage kann der Tarif als Belastungsentscheidung Anwendung finden. Messfunktion der Bemessungsgrundlage und Belastungsfunktion des Tarifs sind klar voneinander abzugrenzen[341]. Wird also exis-

---

337 Derzeit ist durch den im Tarif geregelten Grundfreibetrag nach § 32a Abs. 1 Nr. 1 der existentielle Grundbedarf mit 7664 Euro berücksichtigt, so dass die tarifliche Steuerbelastung erst nach einer Nullzone einsetzt.

338 BVerfG v. 25.09.1992 – 2 BvL 5, 8, 14/91 – BVerfGE 87, 153 (169 f.). Nach Auffassung des BVerfG ist bei dieser Lösung entscheidend, dass von den das Existenzminimum übersteigenden Einkommensteilen den Steuerpflichtigen jeweils angemessenen Beträge verbleiben, also kein Progressionssprung stattfindet, der die vertikale Gleichheit im Verhältnis geringerer zu höheren Einkommen außer acht lässt. Die gleiche Belastung von Steuerpflichtigen bei gleicher Leistungsfähigkeit begründe hier – anders als beim Vergleich von Steuerpflichtigen mit Kindern und kinderlosen Steuerpflichtigen – keine zusätzlichen verfassungsrechtlichen Anforderungen.

339 *Arndt*, StVj 1993, 1 (5); *Birk*, StuW 1989, 212 (215); *Böckenförde*, StuW 1986, 336; *Dziadkowski*, DStR 1991, 8 (9); ders., FR 1991, 281 (282); *Esser*, DStZ 1994, 517 f.; *Friauf*, DStJG 12 (1989), 3 (30); *Glanegger*, in: Schmidt, EStG[24], § 32a Rn. 8; *Lang*, Bemessungsgrundlage, S. 549 f.; ders., StuW 1983, 103 (109); ders., in: Festschrift für Klein, 438 (443); *Lehner*, DStR 1992, 1641 (1644); ders., Einkommensteuerrecht und Sozialhilferecht, S. 171 f.; *Lieber*, DStZ 1997, 207 (208); *Mellinghoff*, StVj 1989, 130 (146); *Söhn*, FA 1994, 372 (392); *Tipke*, Steuerrechtsordnung II, 687; ders., StbKongrRep 1983, 39 (43); *Tipke/Lang*, Steuerrecht[18], § 9 Rn 86; *Vogel*, DStR 1977, 31 f.; *Vorwold*, StuW 1992, 264 (265); ders., FR 1992, 789 (797); *Wendt*, in: Festschrift für Tipke, 47 (54).

340 *Lehner*, DStR 1992, 1641 (1644); *Lieber*, DStZ 1997, 207 (208); *Söhn*, FA 1994, 372 (395); *Wendt*, in: Festschrift für Tipke, 47 (54 f.).

341 *Lehner*, DStR 1992, 1641 (1644); *Lieber*, DStZ 1997, 207 (208); *Söhn*, FA 1994, 372 (393).

tenznotwendiges Einkommen erst im Wege einer Tarifkorrektur entlastet, obwohl es a priori keine Leistungsfähigkeit zur Steuerzahlung begründet, hat dies zur Folge, dass das nicht verschonte indisponible Einkommen einen "progressionserhöhenden Schatten" auch auf das restliche disponible Einkommen wirft, da die Tarifkorrektur die auf das existenznotwenige Einkommen entfallende Steuer in einem die Progression nicht umkehrenden gleich bleibenden Abzug von der Steuerschuld nur teilweise rückerstattet[342]. Aus dem Gebot der horizontalen Steuergerechtigkeit folgt aber für Arme und Reiche gleichermaßen[343], dass Aufwendungen für das persönliche Existenzminimum als Gegenstand des staatlichen Steuerzugriffs ausscheiden. Der staatliche Zugriff durch Besteuerung muss auf eine verfassungsrechtlich zutreffend ermittelte Bemessungsgrundlage gerichtet sein. Daher ist nur ein Weg steuersystematisch zutreffend: Existenznotwendige Aufwendungen sind aus der Bemessungsgrundlage als Indikator steuerlicher Leistungsfähigkeit auszuscheiden.

7. Einwände aus ökonomischer Sicht

Das ökonomische Schrifttum hat sich teilweise vehement gegen die in der Rechtsprechung des Bundesverfassungsgerichts entwickelte Forderung der Berücksichtigung zwangsläufiger Privatausgaben gewendet und dabei das Leistungsfähigkeitsprinzip insgesamt angegriffen[344]. Diese Kritik soll dargestellt und anschließend erwidert werden.

---

342 *Kirchhof*, Gutachten für den 57. Deutschen Juristentag, Band I, S. F 57; *Lehner*, DStR 1992, 1641 (1644).

343 *Kirchhof*, Gutachten für den 57. Deutschen Juristentag, Band I, S. F 57.; *Söhn*, FA 1994, 372 (393); *Tipke*, FR 1990, 349. Dagegen wird teilweise auch ein bereichsbezogen begrenzter Freibetrag (sog. gleitende Freigrenze), der die aus dem Existenzminimum folgende Entlastungswirkung mit zunehmendem Einkommen auslaufen lässt, als verfassungsverträglich angesehen, vgl. *Dötsch*, FR 1991, 315 (317); *Schmidt*-Liebig, BB 1992, 107 (109); *Siegel*, in: Herrmann/Heuer/Raupach, EStG, § 32a Rn. 28; Thiel, in; FS für *Tipke*, 295 (302); *Tipke*, Steuerrechtsordnung II[1], S. 686; ders., FR 1990, 349.

344 Vgl. zuletzt *Bareis/Siegel*, DB 2006, S. 748 f. sowie bereits *Bareis*, StuW 1991, 38 f.; ders. DStR 1991, 1399 f.; ders. DStR 1991, 1434 f.; ders., FR 1991, 405 f.; ders.: StuW 2000, 81 (82 f.); *Schneider*, StuW 1984, 356 f.; ders. StuW 1985, 345 f.; ders., StuW 1989, 328 (331); *Siegel/Schneider*, DStR 1994, 597 f.; *Wagner*, StuW 1992, 2 f. Der Rechtsprechung des BVerfG stimmen im ökonomischen Schrifttum zu: *Bach*, StuW 1991, 116 (121); *Dziadkowski*, BB 1991, 805; ders., DStR 1991, 8 (10); *Schemmel*, StuW 1993, 70 (75).

(a) Kritik des ökonomischen Schrifttums

Aus ökonomischer Sicht wird vorgetragen, die verfassungsrechtliche Konzeption einer gleichmäßigen Besteuerung nach der wirtschaftlichen Leistungsfähigkeit führe zu Einbußen hinsichtlich Entscheidungsneutralität und Allokationseffizienz, die als allein maßgebliche Kategorien zur Verwirklichung einer gesamtwirtschaftlich effizienten Besteuerung anzusehen seien[345]. Wenn das Bundesverfassungsgericht den Abzug von Sonderausgaben, außergewöhnlichen Belastungen und Kinderfreibeträgen von der Bemessungsgrundlage zulasse, stelle dies eine Umverteilung dar, die einer gleichmäßigen Besteuerung durch die Wahl einer die Steuerwirkungen minimierenden Maßgröße der steuerlichen Leistungsfähigkeit entgegenstehe[346]. Die Berücksichtigung zwangsläufiger Unterhaltsaufwendungen verfälsche das Bild der steuerlichen Leistungsfähigkeit; diese werde nur durch das realisierte Markteinkommen einschließlich des Existenzminimums wiedergegeben[347]. Die Berücksichtigung zwingender persönlicher Ausgaben habe eine reine Umverteilungs- und Vergünstigungsfunktion und stelle sich als sozialpolitische Entscheidung mit Sozialleistungscharakter dar[348].
Werde Besteuerung nach der Leistungsfähigkeit so verstanden, dass zwangsläufige Unterhaltsaufwendungen von der Bemessungsgrundlage abzuziehen seien, vermische dies fiskalische und umverteilungsbezogene Zielsetzungen, verkenne die damit verbundene Lenkungswirkung und bleibe hinter dem auf Entscheidungsneutralität und Allokationseffizienz beruhenden Forschungsstand der ökonomischen Steuerwissenschaften zurück[349]. Eine neutrale Besteuerung mache hingegen einzelwirtschaftlich steuerliche Planungsaktivitäten überflüssig und führe so zum marktwirtschaftlichen Ideal einer gleichmäßigen, materiell gehaltvollen Besteuerung[350]. Daher sei das nicht durch Privatabzüge geminderte

---

345 *Bareis*, DStR 1995, 157 (158); *Elschen*, StuW 1991, 99 (100); *Schneider*, StuW 1989, 328 (331); *Wagner*, StuW 1992, 2 (4).

346 *Schneider*, StuW 1984, 356 (367).

347 *Bareis*, StuW 1991, 38 (43); *Schneider*, StuW 1984, 356 (363); ders., StuW 1985, 345 (354); ders., StuW 1989, 328 (331).

348 Zur Lösung der Umverteilungsproblematik im Sinne einer neutralen Besteuerung wird vorgeschlagen, zwangsläufige Unterhaltsleistungen von der Steuerschuld anstelle der Bemessungsgrundlage abzuziehen, um so eine betragsmäßig gleiche Entlastungswirkung für alle Steuerpflichtigen unter Aussparung der degressiven Wirkung eines Abzugs von der Bemessungsgrundlage zu vermeiden, vgl. *Bareis*, StuW 1991, 38 (48 f.); *Elschen*, StuW 1991, 99 (114); *Schneider*, StuW 1984, 356 (361 f.).

349 *Elschen*, StuW 1991, 99 (115).

350 *Wagner*, StuW 1992, 2 (4 f.).

Markteinkommen als Maßstab für eine an den Mittelerwerb für individuelles Konsumpotential anknüpfende gleichmäßige Besteuerung zugrunde zu legen[351].

(b) Erwiderung der Kritik

Zu den Einwänden der Ökonomen ist zunächst festzuhalten, dass – soweit es um die Anerkennung des Leistungsfähigkeitsprinzips an sich geht – auch das Einkommensteuerrecht an eine wirtschaftliche Betrachtungsweise anknüpft und hiervon keineswegs isoliert ist[352]. Der verfassungsrechtliche Grundsatz der gleichmäßigen Besteuerung nach der wirtschaftlichen Leistungsfähigkeit ist primär wertbezogen[353]. Umverteilung basiert dagegen auf einem numerisch-mathematischen Gleichheitsverständnis. Dies führt zur Inkompatibilität mit einer wertbezogenen Betrachtung[354]. Die Einbeziehung verfassungsrechtlicher, insbesondere sozialstaatlicher Aspekte in die Gleichheitsbetrachtung führt zwar stets zu einer Verteilung, ist aber aus verfassungsrechtlicher Sicht gerade keine *Um*verteilung[355]. Die Auflösung dieses Konfliktes kann und muss letztlich vor

---

351 *Bareis*, StuW 1991, 38 (42 f.); *Schneider*, FA 1979, 26 (43 f.).

352 Vgl. hierzu *Tipke/Lang*, Steuerrecht[18], § 1 Rn. 17; *Tipke*, Steuerrechtordnung I[2], S. 37.; *Walz*, Steuergerechtigkeit, S. 160.

353 *Jachmann*, StuW 1998, 293; *Lehner*, DStR 1992, 1641 (1644).

354 Die Verschiedenheit der Sichtweisen lässt sich besonders an der von *Lang*, in: Festschrift für Klein, 437 (445) und *Tipke/Lang*, Steuerrecht[18], § 9 Rn. 78 vorgenommenen Gegenüberstellung der folgenden Aussagen entnehmen. Wenn *Schneider*, StuW 1984, 356 (365) festhält, gerade die Menschenwürde verlange, das Markteinkommen und nicht das zur Vermögensmehrung disponible Einkommen zu besteuern, denn das Kinderaufziehen sei kein ökonomischer Sachverhalt, vergleichbar dem Füttern junger Kälber zur Erhaltung der Viehherde als Vermögensstamm, so steht dies in unvereinbarem Gegensatz zu der grundlegenden Feststellung des BVerfG: "Der Staat, der die Würde des Menschen als höchsten Rechtswert anerkannt hat, darf Kinder und private Bedürfnisbefriedigung nicht auf eine Stufe stellen und danach auf die Mittel, die für den Lebensunterhalt von Kindern unerlässlich sind, nicht in gleicher Weise zugreifen wie auf finanzielle Mittel, die zur Befriedigung beliebiger Bedürfnisse eingesetzt werden. Er muss die Entscheidung der Eltern zugunsten von Kindern achten und darf den Eltern im Steuerrecht nicht etwa die Vermeidbarkeit von Kindern in gleicher Weise entgegenhalten wie die Vermeidbarkeit sonstiger Lebensführungskosten.", vgl. BVerfG v. 29.05.1990 – 1 BvL 20, 26, 184 und 4/86 – BVerfGE 82, 60 (87). *Lang*, aaO, hält fest, dass die ökonomische Auffassung einen präsozialstaatlichen Privatheitsgrundsatz zum Ausdruck bringe, bei dessen Zugrundelegung sich unter der Geltung des Grundgesetzes ein verfassungsmäßiges Steuerrecht nicht formulieren lasse.

355 *Jachmann*, StuW 1998, 293 (297), die das von den Ökonomen aufgestellte Erfordernis einer neutralen Besteuerung durch den gesamtgesellschaftlichen Konsens über eine gleichmäßige Besteuerung nach der wirtschaftlichen Leistungsfähigkeit, der tendenziell

dem verfassungsrechtlichen Hintergrund erfolgen. Auch für die ökonomische Sichtweise sind verfassungsrechtliche Vorgaben zwingend, will sie sich nicht dem Verdikt der Verfassungswidrigkeit aussetzen. Dies bedeutet, dass die Anerkennung des Abzugs indisponibler Privatausgaben als verfassungsrechtlich vorgegebenes Gebot der horizontalen Steuergerechtigkeit nicht den Charakter einer der politischen Gestaltung zur Disposition stehenden Sozialleistung mit Umverteilungswirkung hat (haben kann)[356]. Vielmehr ergibt sich hier ein strikter Vorrang der verfassungsrechtlichen Wertung gegenüber einer hiervon abweichenden ökonomischen Sichtweise[357]. Aus der Indisponibilität der Unterhaltsaufwendungen folgt, dass diese von Verfassungs wegen nicht dem staatlichen Steuereingriff unterliegen, sondern diesem von vornherein entzogen sind[358]. Auch die einfachgesetzliche Anerkennung des subjektiven Nettoprinzips durch § 2 Abs. 4 EStG zur Ermittlung der Bemessungsgrundlage zeigt, dass die ökonomische Sichtweise im Einkommensteuergesetz keinen Niederschlag gefunden hat. Weder die Forderung nach Neutralität der Besteuerung[359], noch die als Alternativlösung zur Vermeidung der Umverteilungswirkung vorgeschlagene Berücksichtigung von zwangsläufigen Unterhaltsleistungen als Abzug von der Steuerschuld[360] können verfassungsrechtliche Bindungen in Frage stellen. Erstere setzt sich über verfassungsrechtliche Vorgaben hinweg, indem zugunsten einer formalen Steuergleichheit das auf die individuelle Zahlungsfähigkeit angelegte Lei-

---

keine Vermeidungsstrategien auslöse, gewahrt sieht, solange die Besteuerung nicht zu verfassungsrechtlich relevanten Umverteilungen führe.

356 *Kirchhof*, StuW 1985, 316 (326); ders., StuW 2000, 316 (326); *Lehner*, DStR 1992, 1641 (1644); *Schemmel*, StuW 1993, 70 (75); *Söhn*, FA 1994, 372 (379); ders., in: Festschrift für Klein, 421 (425); *Tipke*, Steuerrechtsordnung II[1], S. 673; *Tipke/Lang*, Steuerrecht[18], § 9 Rn. 79.

357 *Söhn*, FA 1994, 372 (379); ders., in: Festschrift für Klein, 421 (425); *Tipke*, Steuerrechtsordnung II[1], S. 679.

358 *Tipke/Lang*, Steuerrecht[18], § 9 Rn. 79 weisen darauf hin, dass niemand auf die Idee komme, den Abzug von Werbungskosten oder Betriebsausgaben als Steuervergünstigung mit Förderungscharakter zu bewerten, sich private Abzüge im Hinblick auf ihre verfassungsrechtliche Fundierung jedoch noch zwingender rechtfertigen lassen als Abzüge von Erwerbsaufwendungen. Ähnlich *Kirchhof*, Stbg. 1993, 508 (509), der festhält, dass das erzielte Einkommen zunächst um die existenzsichernden Aufwendungen und danach um die erwerbssichernden Aufwendungen gemindert werden müsse, um besteuerbar zu sein (Hervorhebung nur hier).

359 *Elschen*, StuW 1991, 99 (100); *Wagner*, StuW 1992, 2 (4 f.).

360 *Bareis*, StuW 1991, 38 (48 f.); *Elschen*, StuW 1991, 99 (114); *Schneider*, StuW 1984, 356 (361 f.).

stungsfähigkeitsprinzip vollständig ausgeblendet[361] und dabei übersehen wird, dass die verfassungsrechtlich vorgegebene horizontale Steuergerechtigkeit der Verwirklichung materieller Gerechtigkeit dient, die durch formale Steuergleichheit als solche nicht zwingend gewährleistet ist[362]. Die zweite Forderung verkennt ebenfalls die Funktion der horizontalen Steuergerechtigkeit und vermengt sie mit der Ebene der vertikalen Steuergerechtigkeit. Eine ergebnisorientierte Nichtberücksichtigung zwangsläufiger Unterhaltsaufwendungen zur Erreichung einer betragsmäßig gleichen Entlastungswirkung unter Vermeidung der degressiven Wirkung eines Abzugs von der Bemessungsgrundlage ignoriert deren Funktion als Maßgröße der individuellen Leistungsfähigkeit und Zugriffsobjekt für den staatlichen Steuereingriff. Erst als "Anschlußfrage" auf der zweiten Ebene der vertikalen Steuergerechtigkeit findet der Tarif Anwendung[363]. Verfassungsrechtlich zwingend zu beachten ist eine zutreffend ermittelte Bemessungsgrundlage. Deshalb kann die im ökonomischen Schrifttum geäußerte Kritik eine verfassungsrechtlich vorgegebene Berücksichtigung des nicht verfügbaren Teils des Einkommens durch private Abzüge von der Bemessungsgrundlage insgesamt nicht in Frage stellen.

V. Ergebnis

Die das Leistungsfähigkeitsprinzip durch freiheits- und gleichheitsrechtlich fundierte Ansätze festschreibende und konkretisierende Rechtsprechung des Bundesverfassungsgerichts verdeutlicht, dass der Steuergesetzgeber – wenngleich ihm ein weitgehender Handlungsspielraum zugestanden wird – zwangsläufige Privatausgaben, die auf gesetzlicher Unterhaltsverpflichtung beruhen, ohne Verstoß gegen die Steuergerechtigkeit nicht unberücksichtigt lassen darf. Dabei ist vor allem die Geberseite in den Blick genommen worden zugunsten einer zumindest in quantitativer Hinsicht immer weiter reichenden Abzugsmöglichkeit. Diese verfassungsrechtlich abgeleitete Verpflichtung zur Berücksichtigung der durch gesetzliche Unterhaltspflichten im Angehörigenverband geminderten steuerlichen Leistungsfähigkeit kann weder durch die einfachgesetzlichen, eine

361 *Wagner*, StuW 1992, 2 (2) verabschiedet das Leistungsfähigkeitsprinzip sogar als "ausgedientes Modell".

362 So muss auch *Wagner*, StuW 1992, 2 (13) auf Grundlage der geltenden Einkommens- und Ertragsbesteuerung erkennen, dass "Neutralitätskonzeptionen sich zwar theoretisch ableiten, jedoch mangels Objektivierung nicht praktisch verwirklichen lassen". Daher bilde die ökonomische Neutralität für die steuerrechtliche Vorstellung einer Besteuerung nach der wirtschaftlichen Leistungsfähigkeit "keine sicheren Anhaltspunkte".

363 Hier ist wiederum der bereits zitierte Hinweis *Lehners*, DStR 1992, 1641 (1644) darauf, dass auf bei einer solchen Lösung das in der Bemessungsgrundlage enthaltene indisponible Einkommen einen progressionserhöhenden Schatten auf das restliche disponible Einkommen wirft, zu beachten.

negative Korrespondenz begründenden Vorschriften der §§ 12 Nr. 1 und 2, 22 Nr. 1 S. 2 EStG noch durch ökonomische Sichtweisen in Frage gestellt werden. Die verfassungsrechtlichen Bindungen legen vielmehr nahe, die einfachgesetzlich normierte negative Korrespondenz de lege ferenda in eine positive Korrespondenz umzukehren. Der nachfolgende Abschnitt befasst sich daher mit der gesetzlich normierten positiven Korrespondenz bei der einkommensteuerlichen Behandlung des Geschiedenenunterhalts, um anhand dieses Konzepts zu überprüfen, inwiefern die Regelungen Modellcharakter zur Verwirklichung einer Besteuerung nach der individuellen Leistungsfähigkeit haben.

F. Die beschränkt positive Korrespondenz der §§ 10 Abs. 1 Nr. 1, 22 Nr. 1 a EStG

I. Grundsätzliches

Die einkommensteuerrechtlichen Regelungen zum Geschiedenenunterhalt haben wegen steigender Scheidungsraten eine nicht unerhebliche praktische Bedeutung[364]. Wird die Ehe wirksam geschieden, so werden die unterhalts- und vermögensrechtlichen Pflichten nicht beendet, sondern verändert[365]. Das Zivilrecht gewährt im Falle der rechtskräftigen Scheidung dem sozial schwächeren Ehegatten Trennungsunterhalt als Ausfluss der aus Art. 6 I GG abzuleitenden nachehelichen Solidarität und Verantwortung[366]. Beim Unterhaltsverpflichteten ist in einkommensteuerrechtlicher Hinsicht in der Regel der Wegfall des aus der Zusammenveranlagung nach § 26b EStG resultierenden sog. Splitting-Vorteils nachteilig, da ohne Splittingverfahren insbesondere die Verdoppelung des Grundfreibetrags wegfällt und eine stärkere tarifliche Belastung infolge des progressiven Tarifs eintritt[367]. Diese steuerlichen Nachteile für den Unterhaltsverpflichteten haben auch auf Seiten des Unterhaltsberechtigten Auswirkungen, da die Berechnung des Unterhalts nach der Leistungsfähigkeit des Verpflichteten und somit nach dessen bereinigten Nettoeinkommen erfolgt[368]. Die gegenseitige Unterhaltspflicht von getrennt lebenden oder geschiedenen Ehegatten wird einkommensteuerrechtlich durch das sog. beschränkte Realsplitting korrespondierend berücksichtigt: Beim Unterhaltsempfänger werden Leistungen nach § 22 Nr. 1a EStG erfasst, beim Leistenden nach Maßgabe des § 10 Abs. 1 Nr. 1 als

---

364 Im Jahr 2004 wurden fast 213 700 Ehen geschieden, vgl. Pressemitteilung des Statistischen Bundesamtes v. 13.07.2005 unter http://www.destatis.de.

365 *Brudermüller*, in: Palandt[65], vor § 1564 Rn. 3; *Jaeger*, in: Johannsen/Henrich, Eherecht[4], § 1564 Rn. 8 f.; *Schwab*, in: Handbuch des Scheidungsrechts[4], S. 483 f.; *Wolf*, in: Münchener Kommentar, BGB[4], Band 7, vor § 1564 Rn. 1.

366 *Brudermüller*, in: Palandt[65], Einf. vor § 1569, Rn. 5; *Maurer*, in: Münchener Kommentar Band 7[4], vor § 1569, Rn 8; BVerfG v. 28.02.1980 – 1 BvL 136/78, 1 BvR 890/77, 1300,1440/78 und 32/79 – BVerfGE 53, 224 (251); BVerfG v. 14.07.1981 – 1 BvL 28/77, 48/79, 1 BvR 154/79, 170 /80 – BVerfGE 57, 361 (366); BVerfG v. 10.01.1984 – 1 BvL 5/83 – BVerfGE 66, 84 (93); BGH v. 27.01.1999 – XII ZR 89/97 – FamRZ 1999, 710 (711).

367 Vgl. *Glanegger*, in: Schmidt, EStG[24], § 32a Rn. 11; *Lambrecht*, in: Kirchhof, EStG[6], § 32a Rn. 4; *Martin*, in: Kirchhof[6], EStG, § 26b Rn. 8.

368 Dies gilt sowohl für den Geschiedenen- als auch den Trennungsunterhalt, s. unten II. 2. zu den zivilrechtlichen Vorgaben.

Sonderausgaben berücksichtigt[369]. Alternativ hierzu können Unterhaltsleistungen auf Seiten des Unterhaltsverpflichteten in geringem Umfang als außergewöhnliche Belastung nach § 33a Abs. 1 EStG berücksichtigt werden, sind dann aber beim Empfänger nicht steuerbar.

II. Die gesetzliche Regelung

1. Rechtsentwicklung

Bis zur Einführung des § 10 Abs. 1 Nr. 1 EStG[370] wurden Unterhaltszahlungen an den dauernd getrennt lebenden oder geschiedenen Ehegatten nur als außergewöhnliche Belastungen berücksichtigt, ohne dass eine Besteuerung auf Empfängerseite stattfand, da diesbezüglich im Regelfall die Vorschrift des § 22 Nr. 1 S. 2 EStG im Wege stand. Eine Abziehbarkeit auf Geber- und die Steuerbarkeit auf Empfängerseite konnte nur dadurch erreicht werden, dass eine entsprechende vertragliche Verpflichtung begründet wurde, die auf Geberseite zum Vorliegen einer dauernden Last bzw. einer mit dem Ertragsanteil zu berücksichtigende Leibrente nach § 10 Abs. 1 Nr. 1 EStG a. F. führte und korrespondierend auf Empfängerseite eine Besteuerung als wiederkehrende Bezüge nach § 22 Nr. 1 EStG bewirkte. Dieser Gestaltungsmöglichkeit wurde jedoch durch Erweiterung des § 12 Nr. 2 auf Zuwendungen aufgrund freiwillig begründeter Rechtspflichten[371] der Boden entzogen und es kam wiederum lediglich zu einer Berücksichtigung des Scheidungs- und Trennungsunterhalts durch die Geltendmachung außergewöhnlicher Belastungen, während die Leistungen beim Empfänger regelmäßig nach § 22 Nr. 1 S. 2 EStG keine steuerbaren Einkünfte darstellten[372].

Der Entwurf zur Einführung einer Neuregelung im Jahre 1979[373] ist im wesentlichen damit begründet worden, dass die Auflösung einer Ehe neben Belastungen mit Unterhaltsleistungen zum Wegfall des Splittingvorteils führe und daher der begrenzte Sonderausgabenabzug und die Besteuerung des Unterhalts als wiederkehrende Leistungen auf Empfängerseite der steuerlichen Leistungsfähigkeit der Steuerpflichtigen gerecht werde. Zusätzlich wurde auf Vorschlag des

---

369 Zu Recht kritisch hinsichtlich der gesetzlichen Nomenklatur *Raupach*, in: Niedergang oder Neuordnung des deutschen Einkommensteuerrechts, S. 25.

370 Durch das Steueränderungsgesetz v. 30.11.1978, BGBl. I 1978, 1849.

371 Durch das Einkommensteuerreformgesetz v. 05.08.1974, BGBl. I 1974, 1769.

372 Vgl. zu den sich dadurch ergebenden Einschränkungen *Söhn*, in: Kirchhof/Söhn/Mellinghoff, EStG, § 10 Rn. C 2.

373 Entwurf des Steueränderungsgesetzes 1979, BT-Drucks. 8/2118, S. 5.

Finanzausschusses[374] ein Zustimmungserfordernis eingeführt: Der begrenzte Sonderausgabenabzug war von der Zustimmung des Empfängers abhängig. Anlass hierfür war die Erwägung, dass der Unterhaltsempfänger regelmäßig schutzbedürftiger sei und mit dem Zustimmungserfordernis gewährleistet werde, dass der Unterhaltsverpflichtete auf die Unterhaltsleistungen entfallende Steuern übernehme[375]. Die anfängliche Beschränkung des Sonderausgabenabzugs auf 9000 DM wurde mehrfach erhöht[376]. Derzeit gilt ein Höchstbetrag von 13.805 €.

2. Die zivilrechtlichen Vorgaben

Das Zivilrecht sieht in den §§ 1361, 1569 f. BGB Regelungen zur Bestimmung der unterhaltsrechtlichen Verhältnisse im Falle des Getrenntlebens und der Scheidung vor. Diese beruhen darauf, dass das eheliche Pflichtverhältnis sowie die wirtschaftliche Verantwortlichkeit der Ehegatten füreinander fortwirken und die im Zusammenhang mit der Ehe stehende Unterhaltsbedürftigkeit in den Grenzen der Eigenverantwortlichkeit berücksichtigt wird[377]. Daher räumt das Gesetz im Falle des Getrenntlebens nach Maßgabe des § 1361 BGB, bei rechtskräftiger Scheidung nach Maßgabe der §§ 1569 f. BGB dem sozial schwächeren Ehegatten einen Anspruch auf Unterhalt ein. Die nähere Ausgestaltung des Unterhaltsrechts als Ausprägung der aus Art. 6 I GG folgenden nachehelichen Solidarität und Verantwortung dient dem Schutz vor nachteiligen, aus der Ehescheidung resultierenden Veränderungen[378]. Das Maß des Unterhaltsanspruch im Falle des Getrenntlebens ist ehebezogen, da der Begriff der ehelichen Lebensverhältnisse in § 1361 Abs. 1 BGB und § 1578 genauso zu verstehen ist wie die für den gegenseitigen Unterhaltsanspruch bei intakter Ehe in § 1360a BGB verwen-

---

374 BT-Drucks. 8/2202, S. 4.

375 BT-Drucks. 8/2202, S. 4.

376 Durch das Steuersenkungsgesetz 1986/1988 v. 26.06.1985, BGBl. I 1985, 1153 fand eine Verdoppelung auf 18.000 DM statt, mit dem WoBauFG (Gesetz zur steuerlichen Förderung des Wohnbaus und zur Ergänzung des Steuerreformgesetzes 1990) v. 22.12.1989, BGBl. I 1989, 2408 wurde der Höchstbetrag auf 27.000 DM im Kalenderjahr erhöht, die Umstellung auf die Euro-Währung erfolgte durch das Gesetz zur Umrechnung und Glättung steuerlicher Euro-Beträge vom 19.12.2000, BGBl. I 2000, 1790 und beträgt seitdem der Höchstbetrag 13.805 € im Kalenderjahr.

377 Näher *Bäumel*, in: Göppinger/Wax, Unterhaltsrecht^{5}, Rn. 898, 935; *Borth*, in: *Schwab*, Handbuch des Scheidungsrechts, S. 753.

378 *Brudermüller*, in: Palandt, BGB^{65}, Einf. vor § 1569, Rn. 5; *Büttner*, in: Johannsen/Henrich, Eherecht, S. 37; *Maurer*, in; Münchener Kommentar, Band 7^{4}, vor § 1569 Rn. 8.

dete Formulierung "Verhältnisse der Ehegatten"[379]. Quantitativ ist der Unterhaltsanspruch grundsätzlich einzelfallbezogen nach den konkret zur Aufrechterhaltung des im Trennungszeitpunkt vorhandenen Lebensstandards erforderlichen Kosten zu ermitteln[380]. Das Maß des Unterhalts bestimmt sich nach der Leistungsfähigkeit des Unterhaltsverpflichteten[381] und der Bedürftigkeit des Unterhaltsberechtigten[382]. Die richterliche Praxis orientiert sich bei der Ermittlung der konkreten Höhe des angemessenen Unterhalts am sog. Halbteilungsgrundsatz, wonach das verfügbare Einkommen grundsätzlich[383] hälftig zwischen den Ehegatten verteilt wird[384]. Damit wird – nicht zuletzt vor dem Hintergrund des Grundsatzes der Gleichberechtigung zwischen Mann und Frau, Art. 3 Abs. 2 GG – zum Ausdruck gebracht, dass die Ehegatten am ehelichen Lebensstandard in gleicher Weise partizipieren[385].

---

379 *Bäumel*, in: Göppinger/Wax[8], Rn. 1009; *Brudermüller*, in: Palandt, BGB[65], § 1361 Rn. 62; ders., in: Palandt, BGB, § 1578, Rn. 3; *Luthin*, in: Luthin: Handbuch des Unterhaltsrechts[10], Rn. 2048, 2202.

380 Vgl. statt aller *Brudermüller*, in: Palandt, BGB[65], § 1361 Rn. 62.

381 Vgl. hierzu *Bäumel*, in: Göppinger/Wax, Unterhaltsrecht[8], Rn 1129 f.; *Brudermüller*, in: Palandt[64], Einf vor § 1569 Rn. 7; *Büttner*, in: Johannsen/Henrich, Eherecht[3], S. 502 f.; *Luthin*, in: Luthin, Handbuch des Unterhaltsrechts[10], Rn. 2222.

382 Vgl. näher *Bäumel*, in: Göppinger/Wax, Unterhaltsrecht[8], Rn. 1044; *Borth*, in: *Schwab*, Handbuch des Scheidungsrechts, S. 753; *Brudermüller*, in: Palandt[64], § 1361 Rn. 12 und § 1577 Rn. 2 f.; *Luthin*, in: Luthin, Handbuch des Unterhaltsrechts[9], Rn. 2191.

383 Abweichend vom Halbteilungsgrundsatz wird bei Bemessung des Unterhalts nach Erwerbseinkünften dem erwerbstätigen Unterhaltsschuldner ein Erwerbstätigkeitsbonus zugestanden, der sich aus dem Umstand rechtfertigt, dass mit der Einkünfteerzielung regelmäßig Aufwendungen verbunden sind und darüber hinaus ein Anreiz zu Beibehaltung oder Aufnahme der Erwerbstätigkeit geboten werden soll, vgl. hierzu und zu den Berechnungsmethoden im einzelnen *Bäumel*, in: Göppinger/Wax, Unterhaltsrecht[8], Rn. 1037 f.; *Brudermüller*, in: Palandt, BGB[65], § 1578 Rn. 58 f.; *Büttner*, in: Johannsen/Henrich, Eherecht[4], § 1578 Rn. 49; *Wacke*, in: Münchener Kommentar, BGB[4], § 1361 Rn. 22. Die Rechtsprechung geht dabei in flexibler Einzelfallbetrachtung grundsätzlich von einer Aufteilung des Einkommens aus Erwerbstätigkeit im Verhältnis 3/7 zu 4/7 aus, vgl. etwa BGH v. 16.12.1987 – IVb ZR 102/86 – NJW 1988, 2369; BGH v. 31.01.1990 XII ZR 21/89 – NJW-RR 1990, 578; BGH v. 19.12.1990 – XII ZR 27/90 – NJW 1991, 1049 (1052); BGH v. 16.04.1997 – XII ZR 233/95 – NJW 1997, 806.

384 *Bäumel*, in: Göppinger/Wax, Unterhaltsrecht[8], Rn. 1009; *Wacke*, in: Münchener Kommentar, BGB[4], § 1361, Rn. 22.

385 *Bäumel*, in: Göppinger/Wax, Unterhaltsrecht[8], Rn. 1009; *Borth*, in: Handbuch des Scheidungsrechts[4], S. 1174; *Büttner*, in: Johannsen/Henrich, Eherecht[4], § 1578 Rn. 49; BGH v. 16.09.1981 – IVb 674/80 – NJW 1982, 41; BGH v. 27.04.1983 – IVb ZR 372/81 – NJW 1983, 1733 (1734); BGH v. 16.12.1987 – IVb ZR 102/86 – NJW 1988, 2369; BGH v. 11.01.1995 – XII ZR 122/93 – NJW 1995, 963.

3. Der Begriff Realsplitting

Die Bezeichnung Realsplitting für den Sonderausgabenabzug auf Geber- und die steuerliche Belastung auf Empfängerseite folgt aus der Intention des Gesetzgebers, die mit dem dauernden Getrenntleben bzw. der Scheidung entfallenden Vorteile des Ehegattensplittings (§ 32a Abs. 5 EStG) abzufedern[386]. Der Ausdruck "begrenztes" Realsplitting knüpft an die auf den Höchstbetrag von derzeit 13.085 € beschränkte Abzugsmöglichkeit in § 10 Abs. 1 Nr. 1 EStG an; einen festen steuertechnischen Begriff stellt diese Bezeichnung nicht dar[387]. Steuersystematisch ist der Begriff Realsplitting nur bedingt hilfreich[388], da er nicht als steuertechnischer Begriff verstanden werden soll[389] und Maßstab für eine steuersystematische Betrachtung nur die eingangs beschriebenen Grundprinzipien des Einkommensteuerrechts sein können.

4. Steuerliche Berücksichtigung von Unterhaltsleistungen beim Realsplitting

Unterhaltshaltsleistungen an den geschiedenen Ehegatten werden im geltenden Einkommensteuerrecht entweder als Sonderausgaben, § 10 Abs. 1 Nr. 1 EStG oder als außergewöhnliche Belastungen, § 33a EStG berücksichtigt. Die Regelungen sind höchst unterschiedlich ausgestaltet und gesetzessystematisch verschiedenen Begrifflichkeiten zugeordnet. Hier werden zunächst die Vorschrift des § 10 Abs. 1 Nr. 1 EStG und ihre spezifischen Besonderheiten im Gesamtsystem der Einkommensteuer erläutert und zwar unter besonderer Berücksichtigung des gesetzlich normierten und durch einzelne Tatbestandsvoraussetzungen verstärkten Korrespondenzgedankens.

(a) Sonderausgaben – Rechtsnatur und systematische Einordnung

Unterhaltsleistungen an den geschiedenen Ehegatten stellen nach Maßgabe des § 10 Abs. 1 Nr. 1 EStG Sonderausgaben dar. Der Sonderausgabenbegriff ist nicht gesetzlich definiert. Gemeinsames Wesensmerkmal der Sonderausgaben ist nach dem Gesetzeswortlaut, dass sie weder Betriebsausgaben noch Werbungskosten sind. Die Rechtsnatur ist indes umstritten. Nach einer Ansicht handelt es sich bei den Sonderausgaben insgesamt um Ausgaben der privaten Le-

---

386 BT-Drucks. 8/2118, 62; *Fischer*, in: Kirchhof, EStG[6], § 10 Rn. 7; *Nolde*, in: Herrmann/Heuer/Raupach, EStG, § 10 Rn. 26b; *Söhn*, in: Kirchhof/Söhn/Mellinghoff, EStG, § 10 Rn. C 10.

387 *Söhn*, in: Kirchhof/Söhn/Mellinghoff, EStG, § 10 Rn. C 9.

388 *Söhn*, in: Kirchhof/Söhn/Mellinghoff, EStG, § 10 Rn. C 10.

389 Vgl. BT-Drucks. 9/1772, 2.

bensführung, die unter Durchbrechung des in § 12 EStG als "Grundprinzip" verankerten Abzugsverbots aus unterschiedlichen Gründen wegen ihrer Förderungswürdigkeit zum Abzug zugelassen werden[390]. Diese Betrachtungsweise verkennt zweierlei: Erstens beansprucht das verfassungsrechtlich vorgegebene Leistungsfähigkeitsprinzip normdirigierende Geltung im gesamten Einkommensteuerrecht und kann nicht durch einfachgesetzliche Vorschriften in Frage gestellt werden[391]. Zweitens beschränkt es die Möglichkeiten des Steuerzugriffs und gebietet daher die Verschonung indisponibler Einkommensteile. Vor diesem Hintergrund ist die Normierung des Abzugs privater Ausgaben nicht in das Belieben Gesetzgebers gestellt, sondern verfassungsrechtlich zwingend vorgegeben, wenn und soweit der Steuerpflichtige sich der in Frage stehenden Privatausgaben nicht entziehen kann, diese also zwangsläufig und indisponibel sind. Die Abzugsfähigkeit von Sonderausgaben wird daher durch das Leistungsfähigkeitsprinzip bestimmt und stellt sich als Konkretisierung des subjektiven Nettoprinzips dar; die Bemessungsgrundlage wird um zwangsläufige Privatausgaben durch die steuerliche Berücksichtigung als Sonderausgaben reduziert[392].

(b) Unterhaltsleistungen

(aa) Begriff der Unterhaltsleistungen in § 10 Abs. 1 Nr. 1 EStG

Der Begriff der Unterhaltsleistungen wird in § 10 Abs. 1 Nr. 1 EStG nicht näher definiert. Die Rechtsprechung interpretiert den Unterhaltsbegriff in Anlehnung an den in § 33a Abs. 1 EStG verwendeten Ausdruck "Aufwendungen für Unter-

---

390 So etwa BFH v. 27.09.1963 – VI 123/62 U – BStBl. III 1963, 536 (537) = BFHE 77, 592; BFH v. 20.02.1970 – VI R 11/68 – BStBl. II 1970, 314 = BFHE 98, 357; BFH v. 10.10.1975 – VI R 19/75 – BStBl. II 1976, 69 = BFHE 117, 72; BFH v. 20.02.1976 – VI R 131/74 – BFHE 118, 331; BFH v. 12.11.1976 – VI R 167/74 – BStBl. II 1977, 154 = BFHE 120, 398; BFH v. 14.07.1993 – X R 54/91 – BStBl. II 1994, 19 = BFHE 172, 324. Aus dem Schrifttum *Birk*, Steuerrecht[7], Rn. 931; *Fischer*, in: Kirchhof, EStG[6], § 10 Rn. 1; *Steiner*, in: Lademann, EStG, § 10 Rn. 9; *Stöcker*, in: Bordewin/Brandt, EStG, § 10 Rn. 1; Tiedtke/Wälzholz, DStR 1999, 1794 (1797); *Uelner*, DStR 1977, 119 (125). Vgl. ferner Bericht der Einkommensteuerkommission, Schriftenreihe des BMF, Heft 7, 1963, S. 140.

391 *Lang*, StuW 1985, 10 (14); *Söhn*, in: Kirchhof/Söhn/Mellinghoff, EStG, § 10 Rn. A 18; ders., StuW 1985, 395 (401 f.); ders., FA 1988, 154 (156 f.); *Tipke*, StbKongrRep 1983, 39 (42 f.).

392 *Hutter*, in: Blümich, EStG, § 10 Rn. 2; *Söhn*, in: Kirchhof/Söhn/Mellinghoff, EStG, § 10 Rn. A 7, 17; ders., StuW 1985, 395 (405) ; ders., StuW 1990, 356 (358); *Tipke/Lang*, Steuerrecht[18], § 9 Rn. 700. In diesem Sinne nunmehr auch BFH v. 19.04.1989 – X R 2/84 – BStBl. II 1989, 683 = BFHE 157, 101; BFH v. 14.12.2005 – X R 20/04 – DStRE 2006, 218 (219).

halt", nach der grundsätzlich nur typische Unterhaltsaufwendungen zur Deckung des Lebensbedarfs dem Sonderausgabenabzug unterfallen[393]. Soll jedoch die aufgrund der zivilrechtlichen Unterhaltsverpflichtung im Scheidungsfall (§ 1361 bzw. § 1378 BGB) geminderte Leistungsfähigkeit[394] nach Maßgage des subjektiven Nettoprinzips aus der Bemessungsgrundlage ausgeschieden werden, so muss sich der Sonderausgabenabzug auch hieran orientieren[395]. Es ist daher als leistungsfähigkeitskonforme Lösung ein Gleichlauf von zivilrechtlicher Unterhaltsverpflichtung und Sonderausgabenabzug vorzuziehen. Aus Sicht des Unterhaltsverpflichteten sind die Leistungen zwangsläufig und definitionsgemäß indisponibel, unabhängig davon, ob der Unterhaltsempfänger die empfangenen Leistungen dem engen Unterhaltsbegriff gemäß nur für den typischen Lebensbedarf verwendet oder ob die für den Geber verpflichtenden Leistungen für sonstige Zwecke eingesetzt werden.

(bb) Freiwillige Unterhaltsleistungen

Stellt man für die Abziehbarkeit der Unterhaltsleistungen als Sonderausgaben auf deren Zwangsläufigkeit ab, so ergibt sich für freiwillige Unterhaltsleistungen zunächst, dass sie dieses Kriterium gerade nicht aufweisen. Dennoch werden freiwillige Unterhaltsleistungen sowie vertraglich begründete Unterhaltspflichten zugunsten des geschiedenen Ehegatten verbreitet als abzugsfähige Sonder-

---

393 Vgl. die zum Begriff Unterhaltsbegriff in § 33a EStG ergangenen Urteile BFH v. 19.02.1965 – VI 306/64 U – BStBl. III 1965, 284 = BFHE 82, 102; BFH v. 12.01.1973 – VI R 207/71 – BStBl. II 1973, 442 = BFHE 108, 500; BFH v. 31.10.1973 – VI R 206/70 – BStBl. II 1974, 86 = BFHE 110, 547; BFH v. 28.04.1978 – VI R 145/75 – BStBl. II 1978, 456 = BFHE 125, 167; BFH v. 05.09.1980 – VI R 75/80 – BStBl. II 1981, 31 = BFHE 131, 475; BFH v. 08.03.1989 – X B 203/88 – BFH/NV 1990, 779.

394 So erstreckt sich die Unterhaltspflicht gegenüber einem unterhaltsberechtigten getrennt lebenden Ehegatten nach § 1578 I 2 auf den gesamten Lebensbedarf, d.h. über die Kosten der Deckung des allgemeinen Lebensbedarfs hinaus erfasst die Unterhaltspflicht die Kosten einer angemessenen Krankenversicherung, die Kosten der Berufsaus- und Fortbildung sowie unter den Voraussetzungen der §§ 1570-1573, 1576 BGB zusätzlich die Kosten einer angemessenen Alters-, Berufsunfähigkeits- und Erwerbsunfähigkeitsrente, darüber hinaus auch die Einkommensteuer, die der Unterhaltsberechtigte bei Versteuerung der Unterhaltsleistungen zahlen muss. Näher *Söhn*, in: Kirchhof/Söhn/Mellinghoff, EStG, § 10 Rn. C 20; *Hutter*, in: Blümich, EStG, § 10 Rn. 62; *Gérard*, in: Lademann, EStG, § 10 Rn. 62. Zur Konkurrenz der unter den Tatbestand der Unterhaltsleistungen fallenden Ausgaben mit anderen Sonderausgabenarten vgl. *Söhn*, in: Kirchhof/Söhn, EStG, § 10 Rn. C 119.

395 *Söhn*, in: Kirchhof/Söhn/Mellinghoff, EStG, § 10 Rn. C 19a; ders., StuW 1985, 395 (403).

ausgaben angesehen[396]. Entscheidend sei die Veranlassung der Leistungen durch die Ehescheidung oder das dauernde Getrenntleben[397]. Diese Auffassung widerspricht indes der dem Sonderausgabenabzug zugrunde liegenden Wertung, nur unvermeidbare, indisponible Privatausgaben zur Berücksichtigung der subjektiven Leistungsfähigkeit zum Abzug zuzulassen[398]. Freiwillige Ausgaben scheiden mangels Unvermeidbarkeit bereits begrifflich aus dieser Kategorie aus[399]. Ausgaben ohne gesetzliche Unterhaltsverpflichtung können nur dann unter den Sonderausgabenabzug fallen, wenn und soweit sie das Zwangsläufigkeitskriterium als konstitutive Voraussetzung der Minderung steuerlicher Leistungsfähigkeit aufweisen.

Ein Abzug freiwilliger Unterhaltsleistungen lässt sich auch nicht damit begründen, dass die Leistungen auf Empfängerseite der Einkommensteuer unterliegen[400]. Dieser Korrespondenzgedanke widerspricht der durch das Leistungsfähigkeitsprinzip als obersten Besteuerungsgrundsatz vorgegebenen individuellen Betrachtungsweise, nach der die Leistungsfähigkeit eines jeden Steuersubjekts für sich zu beurteilen ist und nicht die Leistungsfähigkeitserhöhung, hier auf Empfängerseite, automatisch eine den Abzug der Zuwendungen begründende Leistungsfähigkeitsminderung auf Geberseite bedeutet. Die steuermindernde Berücksichtigung freiwilliger Unterhaltsleistungen auf Seiten des Gebers verwirklicht nach alledem nicht die vom Gesetzgeber bezweckte[401] Verwirklichung einer Besteuerung nach der Leistungsfähigkeit; im Gegenteil, es liegt eine Durchbrechung dieses Grundsatzes vor.

---

396 *Hutter*, in: Blümich, EStG, § 10 Rn. 64; *Fischer*, in: Kirchhof, EStG[6], § 10 Rn. 7; *Mellinghoff*, Stbg. 1999, 60 (63); *Nolde*, in: Herrmann/Heuer/Raupach, EStG, § 10 Rn. 27, wonach Unterhalt jede durch das Getrenntleben bzw. die Scheidung veranlasste und zur Bestreitung der Lebensführung des Empfängers bestimmte Leistung mit Ausnahme von Geschenken sei; *Steiner*, in: Lademann/Söffing, EStG, § 10 Rn. 23a; *Stephan*, in: Littmann/Bitz/Pust, EStG, § 10 Rn. 22; *Stöcker*, in: Bordewin/Brandt, EStG, § 10 Rn. 108.

397 *Hutter*, in: Blümich, EStG, § 10 Rn. 64.

398 Es fehlt insoweit an der für Sonderausgaben erforderlichen eigenen Verpflichtung, vgl. *Söhn*, in: Kirchhof/Söhn/Mellinghoff, EStG, § 10 Rn. C 40b.

399 *Söhn*, in: Kirchhof/Söhn/Mellinghoff, EStG, § 10 Rn. C 21; ders., StuW 1985, 395 (403); *Tipke/Lang*, Steuerrecht[18], § 9 Rn. 98.

400 So aber *Borggreve*, Inf. 1982, 638 (639).

401 BT-Drucks. 8/2118, S. 5.

(cc) Einzelne Formen von Unterhaltsleistungen

Den praktischen Regelfall der Unterhaltsleistungen bilden Geldleistungen bzw. geldwerte Güter, die fortlaufend gewährt werden. Allerdings ist die fortlaufende Gewährung keine Voraussetzung für den Abzug; ungleichmäßige sowie Einmal- und Nachzahlungen werden ebenfalls erfasst[402]. Eine wichtige Rolle spielen in der Praxis die Bewertung der erbrachten Leistungen und Fallgestaltungen, in denen eine Wohnungsüberlassung des Unterhaltspflichtigen an den unterhaltsberechtigten geschiedenen oder dauernd getrennt lebenden Ehegatten erfolgt. Bei dieser besonderen Form der Unterhaltsgewährung ergeben sich verschiedenartige Konstellationen, die jeweils für sich betrachtet namentlich unter Gestaltungsgesichtspunkten unterschiedliche Ergebnisse für die Abzugsfähigkeit bzw. Steuerbarkeit mit sich bringen.

(aaa) Bewertung

Eine ausdrückliche Regelung für die Bewertung einzelner Unterhaltsleistungen im Rahmen des Sonderausgabenabzugs existiert nicht. Während Unterhaltszahlungen in Geld oder Rentenform mit dem Nennwert zu berücksichtigen sind, werden Sachleistungen entsprechend § 8 Abs. 2 S. 1 EStG bewertet, da diese Vorschrift insoweit verallgemeinerungsfähig ist[403]. Bei Unterhaltsgewährung durch Überlassung von Wirtschaftsgütern ist daher die geldwerte wirtschaftliche Belastung des Gebers für den Sonderausgabenabzug zugrunde zu legen[404].

(bbb) Wohnungsüberlassungen

Bei der Überlassung von Wohnraum an den geschiedenen oder getrennt lebenden Ehegatten als Form der Naturalunterhaltsgewährung[405] müssen folgende Konstellationen auseinander gehalten und jeweils anhand des Grundsatzes der Besteuerung nach der individuellen Leistungsfähigkeit systematisch betrachtet werden.

---

[402] *Fischer*, in: Kirchhof, EStG[6], § 10 Rn. 7; *Söhn*, in: Kirchhof/Söhn, EStG, § 10 Rn. C 24; *Stephan*, in: Littmann/Bitz/Pust, § 10 Rn. 23.

[403] Vgl. *Söhn*, in: Kirchhof/Söhn/Mellinghoff, EStG, § 10 Rn. B 7; *Crezelius*, in: Kirchhof/Söhn, EStG, § 8 Rn. C 1.

[404] *Hutter*, in: Blümich; EStG, § 10 Rn. 61; *Söhn*, in: Kirchhof/Söhn/Mellinghoff, EStG, § 10 Rn. C 28.

[405] Vgl. bereits *Diebold*, DStR 1979, 344 (347); *Gérard*, FR 1979, 1 (6); *Richter*, DStR 1979, 155 (156).

(1) Angemietete Wohnung

Bei Überlassung einer angemieteten Wohnung sind die vom Unterhaltsverpflichteten für den Empfänger erbrachten Mietzahlungen als Sonderausgaben abziehbar, unabhängig davon, ob der Mietvertrag mit einem Dritten vom Unterhaltsberechtigten abgeschlossen wird oder der Unterhaltsverpflichtete Vertragspartner ist und die angemietete Wohnung überlässt[406]. Dies ist Folge der grundsätzlich anzuerkennenden Möglichkeit, ein Mietverhältnis mit einem Dritten einzugehen und die hieraus resultierenden Zahlungspflichten zur Deckung der gegenüber dem geschiedenen Ehegatten bestehenden Unterhaltspflichten zu erfüllen.

(2) Vermietung einer eigenen Wohnung an den geschiedenen Ehegatten

Grundsätzlich kann auch eine dem Unterhaltsverpflichteten gehörende Wohnung an den geschiedenen Ehegatten vermietet werden mit der Folge, dass ersterer Einkünfte aus Vermietung und Verpachtung nach § 21 Abs. 1 Nr. 1 EStG erzielt[407]. Dabei kann die Miete mit dem geschuldeten Barunterhalt verrechnet werden, wenn und soweit das Mietverhältnis steuerlich anzuerkennen ist[408]. Hiervon zu unterscheiden ist die nachfolgend erläuterte, als Sachzuwendung im Rahmen des Sonderausgabenabzugs zu behandelnde unentgeltliche Wohnungsüberlassung, die den Anspruch des Unterhaltsberechtigten auf Barunterhalt mindert[409]. Bei dieser Konstellation hat die Rechtsprechung eine Kehrtwende gegenüber der früheren steuerrechtlichen Behandlung vollzogen und den Sonderausgabenabzug an die Reichweite des zivilrechtlich geschuldeten Unterhalts angepasst.

---

406 *Söhn*, in: Kirchhof/Söhn/Mellinghoff, EStG, § 10 Rn. C 30; *Stephan*, in: Littmann/Bitz/Pust, EStG, § 10 Rn. 23.

407 *Jansen*, in: Herrmann/Heuer/Raupach, EStG, § 21 Rn. 73; *Stephan*, in: Littmann/Bitz/Pust, EStG, § 10 Rn. 23c; Der BFH erkennt einen Vertrag zwischen geschiedenen Ehegatten über eine dem Unterhaltsverpflichteten gehörende Wohnung grundsätzlich an, auch im Falle der Verrechnung des Mietzinses mit dem geschuldeten Barunterhalt, vgl. BFH v. 16.01.1996 – IX R 13/92 – BStBl. II 1996, 214: "Wohnungsüberlassung als Sachunterhalt ist Teil des Gesamtunterhalts".

408 BFH v. 16.01.1996 – IX R 13/92 – BStBl. II 1996, 214 = BFHE 179, 400.

409 BFH v. 17.03.1992 – IX R 264/87 – BStBl. II 1992, 1009 = BFHE 168, 78; BFH v. 12.04.2000 – XI R 127/96 – BSTBl. II 2002, 130 = BFHE 192., 75.

(3) Unentgeltliche Überlassung einer Wohnung

(i) Frühere Behandlung

Die frühere einkommensteuerrechtliche Behandlung von unentgeltlichen Wohnungsüberlassungen an den geschiedenen Ehegatten zur Erfüllung der gesetzlichen Unterhaltspflicht ist vor dem Hintergrund der Nutzungswertbesteuerung zu sehen[410]. Dem Konzept der Nutzungswertbesteuerung lag die Erfassung eines fiktiven Mietwertes für den Nutzungswert der eigenen Wohnung zugrunde, der als Einnahmen aus Vermietung und Verpachtung besteuert wurde, deren Höhe sich objektbezogen entweder auf Grundlage der Markt- oder Kostenmiete oder bei Einfamilienhäusern nach einem pauschalierten Einheitswert, jeweils gekürzt um übliche auf den Nutzungsgegenstand anfallende Werbungskosten, berechnete[411]. Bei unentgeltlicher Nutzungsüberlassung wurden grundsätzlich dem Nutzenden fiktive Einkünfte zugerechnet, wenn die Nutzung auf einer eigenen, gesicherten Rechtsposition beruhte. Das bejahte die Rechtsprechung zunächst nur für den dinglich gesicherten Nießbrauch, später für sämtliche auf einer sachen- oder schuldrechtlichen Rechtsposition beruhenden Nutzungsverhältnisse[412]. Abweichend hiervon hat die Rechtsprechung den Nutzungswert bei einer unentgeltlichen Nutzungsüberlassung bei Vorliegen einer Unterhaltsverpflichtung oder einer freiwilligen Überlassung ursprünglich dem Überlassenden zugerechnet, da nach § 12 Nr. 2 EStG eine private Einkommensverwendung vorliege und der unterhaltspflichtige Überlassende wegen der Ersparnis von Unterhaltsaufwendungen durch die Wohnungsüberlassung so zu behandeln sei, als nutze er die Wohnung selbst[413]. Später hat die Rechtsprechung auch für die Fälle der

---

[410] Die ehemals in § 21 Abs. 2 EStG geregelte Nutzungswertbesteuerung geht auf das REStG vom 16.10.1934 zurück, RStBl. I 1934, 1261 zurück und galt bis Ablauf des Veranlagungsjahres 1986.

[411] Zum Konzept der Nutzungswertbesteuerung eingehend *Jansen*, in: Herrmann/Heuer/Raupach, EStG, § 21 Rn. 211 f.; *Trzaskalik*, in: Kirchhof/Söhn/Mellinghoff, EStG, § 21 Rn. A 34 f.; C 1 f.

[412] Vgl. BFH v. 29.11.1983 – VIII R 215/79 – BStBl. II 1984, 366 = BFHE 140, 199; BFH v. 16.10.1984 – IX R 71/84 – BStBl. II 1985, 154 = BFHE 142, 443; BFH v. 30.07.1985 – VIII R 71/81 – BStBl. II 1986, 327 = BFHE 144, 376; BFH v. 04.06.1986 – IX R 80/85 – BStBl. II 1986, 839 = BFHE 147, 315; BFH v. 15.12.1992 – IX R 131/90 – BStBl. II 1993, 492 = BFHE 170, 165.

[413] Vgl. RFH v. 08.09.1938 – IV 78/38 – RStBl. 1939, 4; RFH v. 09.03.1939 – IV 352/38 – RStBl. 1939, 758; RFH v. 29.01.1942 – IV 191/41 – RStBl. 1942, 471. Zur Rechtsprechung des RFH vgl. auch Scholz, DStZ 1940, 153. Ferner BFH v. 02.03.1951 – IV 149/50 U – BStBl. III 1951, 87 (88) = BFHE 55, 233 ; BFH v. 11.01.1957 – VI 5/54 U – BStBl. III 1957, 68 = BFHE 64, 177; BFH v. 14.11.1969 – VI R 72/68 – BStBl. II 1970, 207 = BFHE 97, 537; BFH v. 20.11.1973 – VIII R 256/72 – BStBl. II 1974, 163

Wohnungsüberlassung an Unterhaltsberechtigte darauf abgestellt, ob eine Nutzung aufgrund einer gesicherten Rechtsposition vorlag. Die Besteuerung des Nutzungswertes erfolgte dann beim Nutzenden, wenn die Bestellung des Nutzungsrechts unter nahen Angehörigen auch den allgemeinen Anforderungen eines Fremdvergleichs genügte[414].

Bei der unentgeltlichen Wohnungsüberlassung an den geschiedenen oder dauernd getrennt lebenden Ehegatten stellte sich im Geltungsbereich der Nutzungswertbesteuerung die Frage des Verhältnisses von Sonderausgabenabzug einerseits und Besteuerung der Nutzung andererseits. Während teilweise auf Seiten des Verpflichteten kumulativ ein Abzug als Sonderausgaben in Form der Unterhaltsgewährung und die Erfassung der Wohnungsnutzung unter die Nutzungswertbesteuerung für möglich gehalten wurde[415], lehnte eine Gegenansicht die hieraus resultierende zweifache Berücksichtigung des Wohnungswertes ab[416].

(ii) Heutige Behandlung

Mit dem Wegfall der Nutzungswertbesteuerung sind die der unentgeltlichen Wohnungsüberlassung zu Grunde liegenden Rechtsverhältnisse einkommensteuerrechtlich in einem anderen Licht zu betrachten. Entscheidend ist nunmehr, ob es sich bei der Wohnungsüberlassung aus Sicht des Verpflichteten trotz ihrer Unentgeltlichkeit um einen entgeltlichen und damit zu Einkünften aus Vermietung und Verpachtung führenden Vorgang handelt, der zugleich die Möglichkeit des Werbungskostenabzugs eröffnet.

Bei unentgeltlicher Überlassung einer Eigentumswohnung oder einer Wohnung im eigenen Haus erbringt zwar der Unterhaltspflichtige eine Leistung, der Unterhaltsberechtigte aber mit der Entgegennahme der Unterhaltsleistungen keine Gegenleistung, so dass insgesamt kein entgeltlicher Vorgang vorliegt und der Unterhaltsverpflichtete durch die Wohnungsüberlassung keine Einkünfte aus

= BFHE 110, 651; BFH v. 11.04.1978 – VIII R 119/76 – BStBl. II 1979, 17 (18) = BFHE 126, 13.

414 BFH v. 13.05.1980 – VIII R 63/79 – BStBl. II 1981, 295 = BFHE 131, 212; BFH v. 13.05.1980 – VIII R 75/79 – BStBl. II 1981, 297 = BFHE 131, 208; BFH v. 13.05.1980 – VIII R 128/78 – BStBl. II 1981, 299 = BFHE 131, 216; BFH v. 29.11.1983 – VIII R 215/79 – BStBl. II 1984, 199 = BFHE 104, 199.

415 Vgl. *Diebold*, DStR 1980, 528 (530); *Stadie*, FR 1985, 171 (173).

416 *Korth*, DB 1987, 553, der in der Unterhaltsverpflichtung eine gesicherte Rechtsposition des Nutzenden sieht und die Wohnungsüberlassung als typische Unterhaltsleistung ohne Entgeltcharakter einordnet mit der Konsequenz, dass diese nicht beim Überlassenden im Rahmen der Nutzungswertbesteuerung, sondern beim Nutzenden nach § 22 Nr. 1a EStG zu erfassen ist.

Vermietung und Verpachtung erzielt[417]. Wird die Wohnung zur Erfüllung der Unterhaltspflicht unentgeltlich überlassen, liegt also schon begrifflich keine Vermietung vor[418]. Anders sehen dies Teile der Literatur. Die Minderung der Unterhaltsverpflichtung sei ein entgeltlicher Vorgang, so dass der Überlassende Einkünfte aus Vermietung und Verpachtung erziele und gleichzeitig die erbrachten Leistungen als Sonderausgabenabzug abziehen könne, während der Nutzungswert für den Empfängers sonstige Einkünfte nach § 22 Nr. 1a EStG darstelle[419]. Die Streitfrage ist deshalb von erheblicher praktischer Bedeutung, weil bei Vorliegen von Einkünften aus Vermietung und Verpachtung der Unterhaltsverpflichtete den Abzug von Werbungskosten geltend machen kann[420] und außerdem fraglich ist, welche Kosten als Sonderausgaben zu berücksichtigten sind.

(iii) Höhe der abzugsfähigen Sonderausgaben

Der BFH hat in seiner neueren Rechtsprechung die Abzugsfähigkeit von Aufwendungen in Höhe des ortsüblichen Mietzinses bejaht und darüber hinaus auch den Sonderausgabenabzug verbrauchsunabhängiger Kosten zugelassen[421]. Während der fiktive Mietwert der überlassenen Wohnung bereits früher als abzugsfähige Sonderausgabe angesehen wurde[422], wollte die Finanzverwaltung nur die durch die konkrete Nutzung verursachten Kosten zum Abzug zulassen[423]. Diese Auffassung lehnt sich an die Rechtsprechung des BFH zur Vermögensübergabe gegen Versorgungsleistungen an, in denen die Wohnungsüberlassung aufgrund eines Nießbrauchsvorbehalts erfolgt[424]. Die Abzugsfähigkeit von Versorgungsleistungen als dauernde Last gem. § 10 Abs. 1 Nr. 1a EStG wird hier mit der

---

417 BFH v. 17.03.1992 – IX R 264/87 – BStBl. II 1992, 1009 = BFHE 168, 78; *Jansen*, in: Herrmann/Heuer/Raupach, EStG, § 21 Rn. 73; *Korth*, DB 1987, 553 (554); *Mellinghoff*, Stbg. 1999, 60 (66); *Söhn*, in: Kirchhof/Söhn/Mellinghoff, EStG, § 10 Rn. C 32b; *Trzaskalik*, in: Kirchhof/Söhn/Mellinghoff, EStG, § 21 Rn. B 191.

418 BFH v. 17.03.1992 – IX R 264/87 – BStBl. II 1992, 1009 = BFHE 168, 78; *Korth*, DB 1987, 553 (554).

419 *Meyer*, FR 1988, 485 (493); *Paus*, FR 1993, 43 (44); ders., DStZ 1996, 656 (659).

420 Vgl. *Stephan*, in: Littmann/Bitz/Pust, EStG, § 10 Rn. 23c.

421 BFH v. 12.04.2000 – XI R 127/96 – BStBl. II 2002, 130 =BFHE 192, 75.

422 Vgl. Abschn. 86b Abs. 2 S. 3 EStR 1990, wonach der Mietzins nach dem jeweiligen örtlichen Mietspiegel als abziehbare Unterhaltsleistung angesehen wurde; hierzu *Korth*, DB, 1987, 553 (556) sowie *Arens*, DStR 1998, 1043 (1044).

423 Vgl. H 86 b EStH 1999; ebenso *Stephan*, in: Littmann/Bitz/Pust, EStG, § 10 Rn. 23b.

424 Zur Wohnungsüberlassung im Rahmen der Vermögensübergabe gegen Versorgungsleistungen und hierbei zulässigen Gestaltungsmöglichkeiten vgl. ausführlich unten H.IV.1(c), S. 225 f..

Begründung verneint, dass der Vermögensübernehmer bei der Übertragung des Vermögensgegenstandes unter Nießbrauchsvorbehalt von vornherein mit dem Nießbrauchsrecht belastetes Vermögen erhalte, weshalb die Wohnungsüberlassung für ihn keine für den Sonderausgabenabzug erforderlichen Aufwendungen darstellten[425].

Der BFH hat nunmehr entschieden, dass die zur Vermögensübergabe ergangene Rechtsprechung nicht auf Unterhaltsleistungen im Sinne von § 10 Abs. 1 Nr. 1 EStG übertragbar sei[426]. Die Überlassung der Wohnung sei deswegen entsprechend § 15 Abs. 2 BewG mit dem Mietzins zu bewerten, weil eine Abkürzung des Zahlungswegs vorliege und es keinen Unterschied machen könne, ob der geschiedene Ehegatte die Wohnung selbst aus ihm überlassenen Mitteln bezahle oder die Wohnung direkt unter Anrechnung auf den Barunterhalt überlassen werde[427]. Gleiches gelte für die Berücksichtigung von verbrauchsunabhängigen Kosten, die alternativ auch aus einem höheren Barunterhalt finanziert werden können[428].

(iv) Stellungnahme: Maßgeblichkeit des subjektiven Leistungsfähigkeitsprinzips

Maßgeblich für die Abzugsfähigkeit als Sonderausgaben muss im Lichte des Leistungsfähigkeitsprinzips – dem hierdurch definierten Sonderausgabenbegriff entsprechend – die Indisponibilität der jeweiligen Ausgaben sein. Daher ist eine Differenzierung zwischen verbrauchsabhängigen und verbrauchsunabhängigen Kosten nicht zutreffend, wenn und soweit es sich um indisponible unterhaltsrechtliche Ausgaben handelt. Wird die Nichtabziehbarkeit verbrauchsunabhängiger Kosten auf eine Parallele zu der unter § 10 Abs. Nr. 1a EStG fallenden

---

425 BFH v. 26.07.1995 – X R 91/92 – BStBl. II 1995, 836; ähnlich BFH v. 25.03.1992 – X R 196/87 – BStBl. II 1992, 1012.

426 BFH v. 12.04.2000 – XI R 127/96 – BStBl. II 2002, 130 (131) =BFHE 192, 75.

427 BFH v. 12.04.2000 – XI R 127/96 – BStBl. II 2002, 130 (131) =BFHE 192, 75; BFH v. 23.10.2002, XI B 55/02 – BFH/NV 2003, 167. Ebenso *Hutter*, in; *Blümich*, EStG, § 10 Rn. 61; *Nolde*, in: Herrmann/Heuer/Raupach, EStG, § 10 Rn. 26j; *Söhn*, in: Kirchhof/Söhn/Mellinghoff, EStG, § 10 Rn. C 32; *Steiner*, in: Lademann, EStG, § 10 Rn. 23a.

428 BFH v. 12.04.2000 – XI R 127/96 – BStBl. II 2002, 130 (131) = BFHE 192, 75. Der BFH nennt hier nur Darlehenszinsen als Beispiel für verbrauchsunabhängige Kosten, ohne jedoch zu weiteren verbrauchsunabhängigen Kosten Stellung zu nehmen. Für eine Anerkennung sämtlicher verbrauchsabhängiger und verbrauchsunabhängiger Kosten bei tatsächlicher wirtschaftlicher Belastung des Unterhaltsverpflichteten *Söhn*, in: Kirchhof/Söhn, EStG, § 10 Rn. C 32. Einschränkend *Fischer*, in: Kirchhof, EStG[6], § 10 Rn. 7.

Vermögensübergabe gegen Versorgungsleistungen gestützt, steht dem bereits der Wortlaut des § 10 Abs. 1 Nr. 1 EStG entgegen, der mit dem Tatbestandsmerkmal "Unterhaltsleistungen" einen weiten Begriff verwendet[429]. Entscheidend ist aber letztlich das Verständnis des Sonderausgabenbegriffs im Lichte des Leistungsfähigkeitsprinzips.

Erfolgt die Wohnungsüberlassung zur Erfüllung der zivilrechtlichen Unterhaltsverpflichtung, liegen indisponible Ausgaben vor, die die finanzielle Leistungsfähigkeit des Verpflichteten mindern. Im Einklang mit der zivilrechtlich vorgegebenen Unterhaltspflicht, die nicht nach verbrauchsabhängigen und verbrauchsunabhängigen Kosten differenziert, sind sämtliche im Rahmen der Wohnungsüberlassung anfallende Kosten neben der ortsüblichen Miete als Sonderausgaben abzugsfähig. Dies stellt keine ausufernde Geltendmachung von Kosten, sondern eine realitätsgerechte, mit den tatsächlichen Unterhaltspflichten gleichlaufende Berücksichtigung indisponibler Ausgaben im Wege des Sonderausgabenabzugs dar. Auch der die Vorrangigkeit von Werbungskosten normierende Einleitungssatz des § 10 Abs. 1 EStG steht der Annahme von Sonderausgaben nicht entgegen. Aufgrund des Vorliegens eines Unterhaltsverhältnisses scheidet die Annahme einer Vermietung im Falle der unentgeltlichen Gebrauchsüberlassung einer Wohnung an den geschiedenen Ehegatten von vornherein aus, objektiv, weil keine Vermietung stattfindet, subjektiv, weil die Überlassung nicht mit Gewinnerzielungsabsicht, sondern zur Erfüllung der Unterhaltsverpflichtung erfolgt[430]. Dass der Eigentümer Schuldner der durch die Wohnungsüberlassung veranlassten Kosten ist, stellt nicht in Frage, dass diese in die Bewertung der durch Gebrauchsüberlassung veranlassten Aufwendungen des Unterhaltsleistenden eingehen müssen[431].

Unabhängig hiervon muss die steuerliche Erfassung der Wohnungsüberlassung beim Berechtigten erfolgen, insbesondere kann sie die Abzugsfähigkeit auf Seiten des Verpflichteten weder begründen noch sonst in Frage stellen[432]. Es kann für den Sonderausgabenabzug auf Verpflichtetenseite hier weder darauf ankommen, ob dem Überlassenden die Nutzungen weiterhin zuzurechnen sind und dieser sie als Einkünfte zu versteuern hat[433], noch kann umgekehrt die steu-

---

429 Vgl. auch *Arens*, DStR 1998, 1043; *Söhn*, in: Kirchhof/Söhn/Mellinghoff, EStG, § 10 Rn. C 32.

430 Darüber hinaus bleibt es den Ehegatten unbenommen, ein Mietverhältnis zu begründen, was gegenüber der unentgeltlichen Wohnungsüberlassung vorzugswürdig ist, wenn der Unterhaltsverpflichtete und Wohnungseigentümer somit zur Geltendmachung von Werbungskosten, insbesondere AfA gelangen will, vgl. *Stephan*, in: Littmann/Bitz/Pust, EStG, § 10 Rn. 23c.

431 *Söhn*, in: Kirchhof/Söhn/Mellinghoff, EStG, § 10 Rn. C 32.

432 *Söhn*, in: Kirchhof/Söhn/Mellinghoff, EStG, § 10 Rn. C 26.

433 So aber *Stephan*, in: Littmann/Bitz/Pust, EStG, § 10 Rn. 24.

erliche Erfassung auf Empfängerseite nach § 22 Nr. 1a EStG die Abzugsfähigkeit erst begründen oder rechtfertigen[434]. Denn eine solche Korrespondenz ist nach dem Grundsatz der Individualbesteuerung für das Vorliegen einer Unterhaltsleistung des Gebers nicht maßgeblich[435]. Damit ergibt sich für die beschriebene Konstellation: Wenn und soweit der Unterhaltsverpflichtete seine Unterhaltspflicht durch die unentgeltliche Überlassung einer Wohnung erbringt, ist darin in seiner Person ein leistungsfähigkeitsmindernder Umstand zu sehen, der im Rahmen des Sonderausgabenabzugs nach § 10 Abs. 1 Nr. 1 EStG zu berücksichtigen ist und dessen Reichweite sich innerhalb der Höchstbetragsregelung nach den zivilrechtlichen Vorgaben richten muss. Auf Empfängerseite liegt eine Leistungsfähigkeitserhöhung vor, die durch § 22 Nr. 1a EStG tatbestandlich erfasst wird und steuersystematisch auch erfasst werden muss.

(c) Antrags- und Zustimmungserfordernis

(aa) Die gesetzlichen Anforderungen

Der Sonderausgabenabzug nach § 10 Abs. 1 Nr. 1 EStG setzt einen Antrag des Gebers und die Zustimmung des Empfängers voraus. Darin liegt ein gesetzliches Wahlrecht[436], das aber an die Zustimmung des Empfängers gebunden ist und deshalb die Beziehung zweier Steuersubjekte zueinander abhängig gestaltet. Der vom Verpflichteten zu stellende Antrag bewirkt die Umqualifizierung der an den Empfänger gezahlten Unterhaltsleistungen, die nur als außergewöhnliche Belastung und ansonsten nach § 12 Nr. 2 EStG grundsätzlich nicht abzugsfähig wären, zu Sonderausgaben[437]. Durch das Mitwirkungserfordernis der Beteiligten durchbricht die Regelung die systematisch sonst vorgegebene Qualifizierung von Sonderausgaben nach objektiven Merkmalen[438]. Dass eine Umqualifizie-

---

[434] So aber *Fischer*, in: Kirchhof, EStG[6], § 10 Rn. 7 unter Berufung auf das Korrespondenzprinzip: Es bestehe eine "gebotene betragsmäßige Korrespondenz mit der Besteuerung des Zuflusses nach § 22 Nr. 1a EStG".

[435] Vgl. *Söhn*, in: Kirchhof/Söhn/Mellinghoff, EStG, § 10 Rn. C 26.

[436] *Fischer*, in: Kirchhof, EStG[6], § 10 Rn. 7; *Nolde*, in: Herrmann/Heuer/Raupach, EStG, § 10 Rn. 27g; *Söhn*, in: Kirchhof/Söhn/Mellinghoff, EStG, § 10 Rn. C 55; *Steiner*, in: Lademann, EStG, § 10 Rn. 73.

[437] BFH v. 12.07.1989 – X R 8/84 – BStBl. II 1989, 957 = BFHE 157, 484; BFH v. 22.09.1999 – XI R 121/96 – BStBl. II 2000, 218 = BFHE 190, 320; BFH v. 14.04.2005 – XI R 33/03 – BStBl. II 2005, 825 = BFHE 210, 235; *Steiner*, in: Lademann, EStG, § 10 Rn. 29; *Stephan*, in: Littmann/Bitz/Pust, EStG, § 10 Rn. 20.

[438] Zur Kritik vgl. *Diebold*, DStR 1979, 346; *Hutter*, in: Blümich, EStG, § 10 Rn. 73; *Nolde*, in: Herrmann/Heuer/Raupach, EStG, § 10 Rn. 27h; *Uelner*, StbKongrRep 1979, 116.

rung zu Sonderausgaben durch den Antrag stattfindet, befremdet allerdings, wenn man die Rechtsnatur der Sonderausgaben als zwangsläufige Privatausgaben betrachtet: Unterhaltsleistungen an den geschiedenen oder dauernd getrennt lebenden Ehegatten sind wegen der gesetzlich normierten Unterhaltspflicht indisponibel und weisen damit das entscheidende, den Sonderausgabenabzug konstituierende Merkmal auf. Einer Umqualifizierung infolge der Antragsstellung bedarf es daher an sich nicht. Allerdings ist die Umqualifizierung erforderlich, um eine umfangmäßig geringere Berücksichtigung als außergewöhnliche Belastung auszuschließen. Der Antrag ist für jedes Kalenderjahr zu stellen[439] und kann wegen seiner rechtsgestaltenden Wirkung nicht – auch nicht übereinstimmend – zurückgenommen oder nachträglich eingeschränkt werden[440]. Möglich ist aber eine anfängliche Beschränkung des Antrags der Höhe nach, um den Zufluss von steuerbaren Einnahmen auf Empfängerseite zu vermeiden[441], ebenso eine nachträgliche Erweiterung eines gestellten Antrags[442].

Der Abzug als Sonderausgaben ist abhängig von und interpersonell verknüpft mit der Zustimmung des Empfängers; die Voraussetzungen liegen im Zivilrecht, die Rechtsfolgen im Steuerrecht[443]. Ohne Zustimmung als konstitutive Voraussetzung der Umqualifizierung sämtlicher[444] Unterhaltsleistungen zu Sonderausgaben findet ein Abzug nach § 10 Abs. 1 Nr. 1 EStG nicht statt, gleich aus welchem Grund die Zustimmung nicht erteilt wurde[445]. Weil die Gestaltungswirkung an den mit Zustimmung des Empfängers gestellten Antrag des Gebers ge-

---

439 Vgl. Anlage U zur Einkommensteuererklärung. Hierzu *Risthaus*, FR 1999, 650 (651 f.); *Söhn*, in: Kirchhof/Söhn, EStG, § 10 Rn. C 64a.

440 BFH v. 22.09.1999 – XI R 121/96 – BStBl. II 2000, 218 = BFHE 190, 320 sowie hierzu *Kanzler*, FR 2000, 520; BFH v. 07.11.2000 – III R 23/98 – BStBl. II 2001, 338 = BFHE 193, 383 sowie hierzu *Kanzler*, FR 2001, 435 und *Paus*, DStZ 2001, 591.

441 Vgl. R 10.2 EStR 2005. Gegen diese Möglichkeit *Diebold*, DStR 1979, 344 (345).

442 *Nolde*, in: Herrmann/Heuer/Raupach, EStG, § 10 Rn. 27k.

443 BFH v. 22.09.1999, XI R 121/96 – BStBl. II 2000, 218 (219) = BFHE 190, 320.

444 Aufgrund des Gesetzeswortlauts "wenn" gilt die begriffliche Zuordnung zu den Sonderausgaben nicht nur für die als Sonderausgaben bis zum Höchstbetrag abziehbaren Unterhaltsleistungen, sondern für Unterhaltsleistungen des Kalenderjahres schlechthin; die den Höchstbetrag übersteigenden Unterhaltsleistungen können dann auch nicht mehr als außergewöhnliche Belastungen geltend gemacht werden. Näher *Söhn*, in: Kirchhof/Söhn, EStG, § 10 Rn. C 101. Zu sonstigen Aufwendungen zugunsten eines geschiedenen oder dauernd getrennt lebenden Ehegatten, die als außergewöhnliche Belastungen neben dem Sonderausgabenabzug nach § 10 Abs. 1 Nr. 1 EStG abzugsfähig sind, vgl. *Richter*, DStR 1979, 155 (156) sowie *Uelner*, StbKongrRep 1979, 99 (120).

445 BFH v. 12.07.1989 – X R 8/84 – BStBl. II 1989, 957 (958) = BFHE 157, 484; BFH v. 25.07.1990 – X R 137/88 – BStBl. II 1990, 1022 (1023) = 161, 517; BFH v. 07.11.2000 – III R 23/98 – BStBl. II 2001, 338 (339) = BFHE 193, 383.

knüpft ist, dürfen Antrag und Zustimmung nach Auffassung des BFH nicht voneinander losgelöst beurteilt werden[446].

Der Unterhaltsleistende hat nach bürgerlichem Recht aufgrund der nachwirkenden ehelichen Treuepflichten einen Anspruch gegen den getrennt lebenden oder geschiedenen Ehegatten auf Zustimmung zum Antrag auf Realsplitting, der vor den Zivilgerichten einzuklagen ist[447]. Der BGH sieht die Verpflichtung zur Zustimmung des unterhaltsberechtigten Ehegatten als Ausprägung des Grundsatzes von Treu und Glauben (§ 242 BGB) im Rahmen des zwischen den Beteiligten bestehenden Unterhaltsrechtsverhältnisses[448]. Anspruchsvoraussetzung ist jedoch, dass der Geber eine beim Empfänger mit der Steuerbarkeit der Unterhaltsleistungen nach § 22 Nr. 1a EStG verbundene Steuerbelastung durch entsprechende Erhöhungen der Unterhaltsleistungen ausgleicht[449]. Dies ist Ausdruck der sich aus dem Wesen der Ehe ergebenden Verpflichtung, die finanziellen Lasten des anderen Teils nach Möglichkeit zu vermindern, soweit dies ohne Verletzung eigener Interessen möglich ist[450]. Mit Rechtskraft der zur Zustimmung verurteilenden Entscheidung gilt die Zustimmung als ersetzt (§ 894 Abs. 1 ZPO)[451].

---

446 BFH v. 14.04.2005 – XI R 33/03 – BStBl. II 2005, 825 = BFHE 210, 235 sowie hierzu *Kanzler*, FR 2006, 40.

447 *Gérard*, FR 1980, 411; ders., FR 1982, 278. Die Kosten einer Klage auf Zustimmung zum Realsplitting sind nach BFH v. 10.03.1999 – XI R 86/95 – BStBl. II 1999, 522 = BFHE 188, 302 nicht als Sonderausgaben abziehbar, da sie als Nebenkosten weder § 10 Abs. 1 Nr. 1 noch Nr. 6 unterfallen; zustimmend *Fischer*, in: Kirchhof, EStG[6], § 10 Rn. 1; aA die überwiegende Literatur, vgl. *Heinicke*, in: Schmidt, EStG[24], § 10 Rn. 111; *Nolde*, in: Herrmann/Heuer/Raupach, EStG, § 10 Rn. 263; *Söhn*, in: Kirchhof/Söhn, EStG, § 10 Rn. 63.

448 BGH v. 23.03.1983 – IV b ZR 369/81 – NJW 1983, 1545; BGH v. 26.09.1984 – IV b ZR 30/83 – NJW 1985, 195; BGH v. 09.10.1985 – IV b ZR 39/84 – NJW 1986, 254; BGH v. 16.12.1998 – XII ZB 105/97 – NJW 1999, 723; *Brudermüller*, in: Palandt[64], vor § 1569 Rn. 2.

449 Nach BFH v. 12.11.1997 – X R 83/94 – BStBl. II 1998, 148 = BFHE 184, 499 soll die Zustimmung hiervon abhängig gemacht werden können.

450 BGH v. 09.10.1985 – IV b ZR 39/84 – NJW 1986, 254; BGH v. 24.02.1988 – IV b ZR 29/87 – HFR 1989, 504; BGH v. 29.01.1992 – XII ZR 248/90 – NJW 1992, 1391; BGH v. 29.04.1998 – XII ZR 266/96 – HFR 1999, 1. Darüber hinaus sind sonstige auf der Steuerbarkeit der Unterhaltsleistungen beruhende Nachteile auszugleichen, namentlich der Wegfall staatlicher Transferleistungen infolge der Überschreitung steuerlicher Einkommensgrenzen, vgl. *Borggreve*, Inf. 1982, 638 (641); *Gérard*, FR 1980, 411; *Kanzler*, FR 2000, 520 (522); *Langenfeld*, Handbuch der Eheverträge und Scheidungsvereinbarungen[5], Rn. 661.

451 BFH v. 25.10.1988 – IX R 53/84 – BStBl. II 1989, 192 = BFHE 155, 99; BFH v. 12.07.1989 – X R 8/84 – BStBl. II 1989, 958 (959) = BFHE 157, 484. Solange keine familiengerichtliche Entscheidung vorliegt, können Finanzämter und Finanzgerichte

(bb) Divergenzfälle

Die tatbestandliche Ausgestaltung des von einem Antrag und der Zustimmung des Empfängers abhängigen Realsplittings kann zu sog. Divergenzfällen führen. Folgende Abweichungen zwischen Antrag und Zustimmung sind möglich: Der Geber beantragt den Abzug des Höchstbetrags bzw. eines hierunter liegenden Betrags, der Empfänger stimmt aber nur zu einem geringeren Betrag zu, oder es wird ein über der Höchstbetragsgrenze liegender Abzug beantragt und der Empfänger stimmt dem Abzug des Höchstbetrags zu. In diesen Fällen soll die Zustimmung unwirksam sein und damit der Sonderausgabenabzug mangels Zustimmung als gesetzlich zwingend vorgesehenes Tatbestandsmerkmal ausscheiden[452]. Die Behandlung dieser Divergenzfälle lässt sich nur vor dem steuersystematischen Hintergrund des Antrags- und Zustimmungserfordernisses erläutern.

(cc) Antrags- und Zustimmungserfordernis im System des Einkommensteuerrechts

(aaa) Zustimmungserfordernis und allgemeine Besteuerungsprinzipien

Das Zustimmungserfordernis stellt eine tatbestandliche Verknüpfung von Geber- und Empfängerseite her. Ohne Zustimmung als konstitutives Tatbestandsmerkmal können die Unterhaltsleistungen auf Geberseite nicht als Sonderausgaben abgezogen werden und auf Empfängerseite hängt die Besteuerung nach § 22 Nr. 1a EStG von der Zustimmung ab, weil diese durch den Verweis auf § 10 Abs. 1 Nr. 1 EStG mit dem Sonderausgabenabzug korrespondiert. Wenn damit die steuerlichen Folgen auf Geber- und Empfängerseite voneinander abhängig gemacht werden, liegt darin eine Durchbrechung des Grundsatzes der Individualbesteuerung. Das Zustimmungserfordernis erscheint allerdings nicht nur vor dem Hintergrund der Besteuerung nach der individuellen Leistungsfähigkeit

---

nicht vorgreifen, so dass das Veranlagungs-, Klage oder Einspruchsverfahren auszusetzen oder an eine vorläufige Veranlagung (§ 165 AO) zu denken ist. Wenn erst nach Bestandskraft der Einkommensteuerfestsetzung des Gebers die Zustimmung erteilt und der Antrag auf Sonderausgabenberücksichtigung gestellt werden, so stellen diese nachträgliche Ereignisse als gesetzliche Tatbestandsmerkmale des § 10 Abs. 1 Nr. 1 EStG rückwirkende Ereignisse im Sinne des § 175 Abs. 1 S. 1 Nr. 2 AO dar, die eine Änderung ermöglichen. Gleiches gilt dann für die steuerliche Erfassung der Unterhaltsleistungen beim Empfänger, bei dem nachträglich die Voraussetzungen für die Steuerpflicht der Unterhaltsleistungen erfüllt werden, vgl. BFH v. 12.07.1989 – X R 8/84 – BStBl. II 1989, 957 = BFHE 157, 484.

[452] *Hutter*, in: Blümich, EStG, § 10 Rn. 79; *Richter*, DStR 1979, 155.

problematisch[453]. Vor allem wird kritisiert, dass das Zustimmungserfordernis den Unterhaltsberechtigten begünstige, weil Druck auf den Unterhaltsverpflichteten bei der Auseinandersetzung über die Höhe des Unterhalts ausgeübt werde; der Unterhaltsberechtigten sitze "am längeren Hebel"[454]. Maßgeblich für die Beurteilung des Zustimmungserfordernisses müssen indes das Leistungsfähigkeitsprinzip und dessen individualbezogene Natur sein. Hieraus folgt, dass das Zustimmungserfordernis nicht der Besteuerung nach der individuellen Leistungsfähigkeit entspricht. Wenn der Sonderausgabenabzug die geminderte Leistungsfähigkeit des Unterhaltsverpflichteten berücksichtigen soll, so kann dies nicht von der Zustimmung auf Geberseite abhängig sein[455]. Auf Empfängerseite widerspricht die Anknüpfung an die Abziehbarkeit beim Geber ebenfalls einer leistungsfähigkeitskonformen Besteuerung, weil hierfür nur die Höhe von leistungsfähigkeitsmehrenden Unterhaltsleistungen entscheidend sein darf. Die gegenseitige Abhängigkeit der Abziehbarkeit bzw. Steuerbarkeit von einem Zustimmungserfordernis ist daher nicht nur ein steuergesetzliches Novum[456], sondern mit der Formulierung *Söhns* als "steuersystematisches Unding"[457] zu bezeichnen. Es erscheint gemessen an den maßgeblichen Besteuerungsgrundsätzen geradezu widersinnig, dass die Abzugsfähigkeit beim Geber von der Zustimmung des Empfängers abhängig gemacht wird und letzterer es mit der Zustimmung in der Hand hat, über die steuerliche Auswirkung einer zweifelsohne gegebenen Leistungsfähigkeitserhöhung zu disponieren[458]. Diese gesetzliche normierte, steuersystematisch bereits in sich widersprüchliche Disponibilität von Indisponiblem läuft also einer leistungsfähigkeitskonformen, auf die einzelne Person als Steuersubjekt abstellenden Besteuerung zuwider.

---

453 *Steiner*, in: Lademann, EStG, § 10 Rn. 25.

454 So *Steiner*, in: Lademann, EStG, § 10 Rn. 25; *Uelner*, StbKongrRep 1979, 99 (116); ders. DStZ/A 1979, 9 (12); hiergegen *Buob*, FR 1980, 313.

455 *Tipke/Lang*, Steuerrecht[18], § 9 Rn. 98 wenden zu Recht ein, dies sei deswegen verfehlt, weil man sonst ebenso gut den Abzug von Betriebsausgaben von der Zustimmung des Geschäftspartners machen könnte.

456 *Diebold*, DStR 1979, 344 (346).

457 *Söhn*, in: Kirchhof/Söhn/Mellinghoff, EStG, § 10 Rn. C 106.

458 Für eine Streichung des Zustimmungserfordernisses auch *Steiner*, in: Lademann, EStG, § 10 Rn. 25a, allerdings mit dem Argument, dass wegen des Erfordernisses der regelmäßigen Zustimmung und der damit verbundenen Auseinandersetzung die Zustimmung aus Vereinfachungsgründen zu streichen sei. Kritisch auch *Kanzler*, DStJG 24, 417 (442); *Tipke/Lang*, Steuerrecht[18], § 9 Rn. 98.

(bbb) Leistungsfähigkeitskonforme Lösungen trotz Zustimmungserfordernisses?

Ist nur eine individuelle Besteuerung leistungsfähigkeitskonform, stellt sich die Frage, ob und inwieweit sich trotz des Zustimmungserfordernisses in den beschriebenen Divergenzfällen sowie in den Fällen der verweigerten Zustimmung leistungsfähigkeitskonforme Lösungen finden lassen.

(1) Divergenzfälle

In Divergenzfällen wird bei der Unwirksamkeit der Zustimmung überwiegend der Sonderausgabenabzug und auch die Steuerbarkeit auf Empfängerseite überhaupt verneint[459]. Eine leistungsfähigkeitsgerechte Besteuerung gebietet in diesem Fall jedoch die Berücksichtigung der Unterhaltsleistungen zumindest in der von der Zustimmung erfassten Höhe. Dies ist für den Geber – der ansonsten auf die regelmäßig ungünstigere Alternative der Geltendmachung außergewöhnlicher Belastungen angewiesen wäre – von Vorteil und belastet auch nicht den Empfänger, soweit er dem Sonderausgabenabzug in der beschränkten Höhe zugestimmt hat; der mit dem Zustimmungserfordernis bezweckte Schutz des Empfängers ist somit nicht tangiert [460]. Die Vorteilhaftigkeit ist indes für den Abzug nicht entscheidend, vielmehr wird eine zumindest teilweise leistungsfähigkeitskonforme Besteuerung sichergestellt. Gleiches gilt für Fälle, in denen Antrag und Zustimmung übereinstimmend die Höchstbetragsgrenze überschreiten. Auch hier ist erkennbar, dass Geber und Empfänger zumindest den Höchstbetrag als Sonderausgaben bzw. zu versteuernde Einkünfte berücksichtigt wissen wollen[461]. In Divergenzfällen gilt also bei leistungsfähigkeitskonformer Auslegung, dass jeweils in Höhe der Teilkonvergenz von Antrag und Zustimmung bis zur Höchstgrenze eine Berücksichtigung als Sonderausgaben beim Geber und eine Besteuerung als Einkünfte beim Empfänger stattzufinden hat.

(2) Fälle verweigerter Zustimmung

In den Fällen fehlender Zustimmung wird diskutiert, ob bei rechtsmissbräuchlicher Verweigerung der Zustimmung durch den Empfänger eine Berücksichtigung der Unterhaltsleistungen als Sonderausgaben nicht auch ohne eine

---

459 Vgl. *Hutter*, in: Blümich, EStG, § 10 Rn. 79; *Nolde*, in: Herrmann/Heuer/Raupach, EStG, § 10 Rn. 27n.

460 *Söhn*, in: Kirchhof/Söhn, EStG, § 10 Rn. C 83; aA *Nolde*, in: Herrmann/Heuer/Raupach, EStG, § 10 Rn. 27n.

461 *Söhn*, in: Kirchhof/Söhn, EStG, § 10 Rn. C 84.

zwangsweise Durchsetzung der Zustimmung im Klagewege möglich ist[462]. Das Zustimmungserfordernis ist für die Umqualifizierung der Unterhaltsleistungen zu Sonderausgaben jedoch zwingendes Tatbestandsmerkmal, so dass eine klageweise Durchsetzung nicht vermeidbar ist[463]. Außerdem entfällt die Notwendigkeit zur Überprüfung, ob eine rechtsmissbräuchliche Verweigerung der Zustimmung vorliegt schon deshalb, weil die Möglichkeit der vorläufigen Veranlagung nach § 165 AO besteht. Das Zustimmungserfordernis als zwingendes gesetzliches Tatbestandsmerkmal verhindert hier eine leistungsfähigkeitskonforme Lösung.

(3) Zwischenergebnis

Das Zustimmungserfordernisses behindert eine leistungsfähigkeitskonformen Erfassung der Unterhaltsleistungen im Rahmen des Realsplittings. Zwar lassen sich die Divergenzfälle zum Teil im Sinne des Leistungsfähigkeitsprinzips lösen, in Fällen fehlender Zustimmung steht das gesetzlich zwingende Tatbestandsmerkmal der Zustimmung aber einer leistungsfähigkeitskonformen Lösung im Wege.

5. Anforderungen auf Empfängerseite

§ 10 Abs. 1 Nr. 1 EStG knüpft die Abzugsfähigkeit auf Geberseite an persönliche Voraussetzungen auf Empfängerseite. Der Empfänger muss entweder geschiedener Ehegatte des den Sonderausgabenabzug geltend machenden Steuerpflichtigen sein oder dauernd von diesem getrennt leben oder die Ehe muss für nichtig erklärt oder aufgehoben worden sein. Darüber hinaus muss der Empfänger unbeschränkt steuerpflichtig (§ 1 Abs. 1 und 3, § 1a, § 50 Abs. 1 S. 2 EStG) sein.

---

462 Hierfür sprechen sich Teile der Literatur aus, vgl. *Buob*, StWa. 1980, 143 (144); Feldhausen, StbKongrRep. 1980, 359 (372); *Gérard*, FR 1979, 173; *Uelner*, StbKongrRep. 1979, 99 (118); Dabei wird hauptsächlich darauf verwiesen, dass sich diese Lösung in Anlehnung an das Parallelproblem des einseitig gestellten Antrags auf getrennte Veranlagung bei Ehegatten, § 26 Abs. 2 S. 1 EStG, ergebe. Zu letzterem vgl. BFH v. 12.08.1977 – VI R 61/75 – BStBl. II 1977, 870 = BFHE 123, 172.

463 BFH v. 25.07.1990 – X R 137/88 – BStBl. II 1990, 1022 (1023) = BFHE 161, 517. Vgl. auch *Nolde*, in: Herrmann/Heuer/Raupach, EStG, § 10 Rn. 27p, der darauf hinweist, dass die Finanzbehörden die Voraussetzung der missbräuchlichen Verweigerung zur Zustimmung nicht zu prüfen haben, da es sich bei der Zustimmungserteilung um einen zivilrechtlichen Anspruch handele.

(a) Dauerndes Getrenntleben, Ehescheidung, Nichtigerklärung und Aufhebung

Zum Zeitpunkt der Erbringung der jeweiligen Unterhaltsleistungen muss die Ehe wirksam geschieden oder ein dauerndes Getrenntleben zu bejahen sein. Die Voraussetzungen des dauernden Getrenntlebens beurteilen sich nach bürgerlichem Recht (§ 1567 BGB) und liegen dann vor, wenn zwischen den Ehegatten keine häusliche Gemeinschaft besteht und ein Ehegatte sie erkennbar nicht herstellen will, weil er die eheliche Lebensgemeinschaft ablehnt[464]. § 10 Abs. 1 Nr. 1 S. 5 erweitert den Anwendungsbereich auf die Fälle nichtiger und aufgehobener Ehen.

(b) Unbeschränkte Steuerpflicht

Die unbeschränkte Steuerpflicht des Empfängers muss im Zeitpunkt der einzelnen Unterhaltsleistung, d.h. im Zeitpunkt des Abflusses (§ 11 Abs. 2 EStG), bestehen. Auf die beschränkte oder unbeschränkte Steuerpflicht zu der Zeit, für die Unterhalt geleistet wird, kommt es nicht an[465]. Bei beschränkter Steuerpflicht des Empfängers unterfallen Unterhaltsleistungen nicht dem Sondersausgabenabzug, können aber als außergewöhnliche Belastung unter den Voraussetzungen des § 33a EStG nach Maßgabe der dort vorgesehenen Höchstbeträge geltend gemacht werden[466]. Bei einem Wechsel zwischen beschränkter und unbeschränkter Steuerpflicht auf Empfängerseite kann der Sonderausgabenabzug nach § 10 Abs. 1 Nr. 1 EStG nur für die während der unbeschränkten Steuerpflicht erbrachten Unterhaltsleistungen geltend gemacht werden, ohne dass eine

---

464 *Brudermüller*, in: Palandt[65], § 1567 Rn. 2; Gernhuber/Coester-Waltjen, Familienrecht[4], S. 333 f. ; *Wolf*, in: Münchener Kommentar, Band 7[4], § 1567 Rn. 2 f. Diese Voraussetzungen sind auch maßgeblich für § 10 Abs. 1 Nr. 1 EStG, vgl. nur *Nolde*, in: Herrmann/Heuer/Raupach, EStG, § 10 Rn. 27d; Zum Merkmal des Getrenntlebens, auch im Rahmen des § 26 EStG, vgl. BFH v. 27.08.1971 – VI R 206/68 – BStBl. II 1972, 173 = BFHE 104, 51; BFH v. 09.03.1973 VI R 396/70 – BStBl. II 1973, 487 (488) = BFHE 109, 44; BFH v. 13.12.1985 – VI R 190/82 – BStBl. II 1986, 486 (487) = BFHE 145, 549; BFH v. 26.08.1997 – VI R 268/94 – BFH/NV 1998, 163; BFH v. 26.11.1997 – IX B 47/97 – BFH/NV 1998, 585; BFH v. 07.12.2001 – III B 129/01 – BFH/NV 2001, 483.

465 *Nolde*, in: Herrmann/Heuer/Raupach, EStG, § 10 Rn. 27f; *Söhn*, in: Kirchhof/Söhn, EStG, § 10 Rn. C 50.

466 *Glanegger*, in: Schmidt, EStG, § 33a Rn. 7; BFH v. 25.03.1986 – IX R 4/83 – BStBl. II 1986, 603 = BFHE 146, 403 und BVerfG v. 21.11.1986 – 1 BvR 840/86 – HFR 1988, 35 halten die in § 33a EStG vorgesehene Begrenzung der Abziehbarkeit von Unterhaltsleistungen für verfassungsgemäß.

zeitanteilige Beschränkung den Höchstbetrag berührt[467]. Maßgeblich ist wiederum der Zeitpunkt des Abflusses der erbrachten Leistungen.

Die tatbestandliche Verknüpfung von Geber und Empfänger im Rahmen des geltenden Realsplittings wird in zwei Entscheidungen des BFH mit Auslandsbezug, bei denen sich die Anknüpfung an das persönliche Merkmal der beschränkten bzw. unbeschränkten Steuerpflicht und die hierdurch hervorgerufene interpersonale Korrespondenz auswirken, besonders deutlich.

(aa) Leistungen durch beschränkt steuerpflichtigen Geber

In der Entscheidung vom 31.03.2004 mußte der BFH[468] die Frage klären, ob durch einen im Ausland (Monaco) wohnenden beschränkt steuerpflichtigen Geber erbrachte Unterhaltsleistungen beim unbeschränkt steuerpflichtigen Empfänger steuerbar sind. Der BFH verneinte die Steuerbarkeit und berief sich dabei unter anderem ausdrücklich auf das Korrespondenzprinzip. Die Entscheidung wirft grundlegende systematische Fragen auf, die unter Heranziehung allgemeiner Besteuerungsprinzipien und der historischen Entwicklung der gesetzlichen Grundlagen zu beantworten sind.

(aaa) Die Entscheidung des BFH vom 31.03.2004

Der BFH verneint die Steuerbarkeit der von einem beschränkt steuerpflichtigen Geber an seine geschiedene Ehefrau erbrachten Unterhaltsleistungen unter Berufung auf den abschließenden und speziellen Charakter des § 22 Nr. 1a EStG. Dieser verdränge die Regelung des § 22 Nr. 1 EStG in Fällen, in denen zwar der Regelungsbereich des § 22 Nr. 1 a EStG eröffnet sei, eine Besteuerung der Unterhaltsbezüge aber mangels Erfüllung der Voraussetzungen für den korrespondierenden Sonderausgabenabzug tatsächlich nicht stattfinde[469]. Zwar werde die Leistungsfähigkeit des Empfängers von Unterhaltsleistungen unabhängig davon erhöht, ob der jeweilige Unterhaltspflichtige seinen Wohnsitz im Ausland oder im Inland habe. Wegen der Nichterfassung vergleichbarer Leistungsfähigkeitserhöhungen im Geltungsbereich des § 22 Nr. 1 S. 2 Hs. 1 EStG sei aber eine gleichheitssatzkonforme Gleichbehandlung durch Annahme der Nichtsteuerbarkeit der Unterhaltsleistungen erforderlich, so dass § 22 Nr. 1 S. 1 und S. 2 EStG

---

467 *Nolde*, in: Herrmann/Heuer/Raupach, EStG, § 10 Rn. 27f.

468 BFH v. 31.03.2004 – X R 18/03 – BStBl. II 2004, 1047 = BFHE 206, 68; die vorinstanzliche Entscheidung des FG Nürnberg v. 17.10.2002 – VI 69/2002 – EFG 2003, 92 ging von der Steuerbarkeit der empfangenen Unterhaltsleistungen als die Leistungsfähigkeit der Empfängerin steigernde, wiederkehrende Bezüge im Sinne von § 22 Nr. 1 S. 1 EStG aus. Ebenso *Stuhrmann*, in: Blümich, EStG, § 22 Rn. 159.

469 BFH v. 31.03.2004 – X R 18/03 – BStBl. II 2004, 1047 (1048) = BFHE 206, 68.

in erster Linie nicht der Verwirklichung des Leistungsfähigkeitsprinzips diene, sondern eine weitergehende, normleitende und gleichheitsrechtlich rechtfertigende Konzeptionhabe. Wegen des Grundsatzes der materiellen Korrespondenz ergebe sich die Abhängigkeit der Steuerbarkeit auf Empfängerseite von der Abziehbarkeit auf Geberseite kraft ausdrücklicher Anordnung in der Spezialnorm des § 22 Nr. 1a EStG[470]. Das gegenständlich auf den Transfer von Einkünften beschränkte Prinzip der materiellen Korrespondenz, das Bestätigung erfahren habe durch die Rechtsprechung zum Sonderrecht der Vermögensübergabe gegen Versorgungsleistungen, verlange nur die Besteuerung der beim Verpflichteten abziehbaren Leistungen[471]. Auch der Gesetzeswortlaut gebe keinen Anhaltspunkt für eine weitergehende steuerliche Erfassung von Unterhaltsleistungen auf Empfängerseite, da der Gesetzgeber in der Vergangenheit dahingehende Änderungen des § 22 Nr. 1 S. 2 EStG hätte vornehmen können, aber tatsächlich nicht vorgenommen habe[472]. Mit Einführung der Spezialregelung des § 22 Nr. 1a EStG sei daher die frühere Rechtsprechung zu § 22 Nr. 1, die eine Besteuerung der von einem beschränkt steuerpflichtigen Geber gewährten Unterhaltsbezüge angenommen habe[473], hinfällig[474].

(bbb) Stellungnahme: Maßgeblichkeit des Leistungsfähigkeitsprinzips

Die Argumentation des BFH zeigt, dass die § 22 Nr. 1 und 1 a EStG und das dort verankerte Korrespondenzprinzip mit einer leistungsfähigkeitskonformen Erfassung von Unterhaltsleistungen unvereinbar ist. Die Entscheidung wirft einerseits ein tatbestandliches Zuordnungsproblem, andererseits ein grundsätzliches Zurechnungsproblem auf, das steuersystematisch unter Beachtung des normdirigierenden, verfassungsrechtlich vorgeschriebenen Prinzips der Besteuerung nach der individuellen Leistungsfähigkeit zu lösen ist. Zwar erkennt der BFH ausdrücklich an, dass Unterhaltsleistungen die Leistungsfähigkeit des Empfängers erhöhen, begründet die Nichtbesteuerung aber damit, dass § 22 Nr. 1 S. 2 EStG weniger das Leistungsfähigkeitsprinzip als vielmehr das Kor-

---

470 BFH v. 31.03.2004 – X R 18/03 – BStBl. II 2004, 1047 (1049) = BFHE 206, 68.

471 BFH v. 31.03.2004 – X R 18/03 – BStBl. II 2004, 1047 (1049) = BFHE 206, 68 unter Hinweis auf BFH v. 26.07.1995 – X R 113/93 – BStBl II 1996, 157 und BMF v. 26.08.2002 – BStBl I, 893 Tz. 35.

472 BFH v. 31.03.2004 – X R 18/03 – BStBl. II 2004, 1047 (1050) = BFHE 206, 68. Vgl. auch *Fischer*, in: Kirchhof/Söhn/Mellinghoff, EStG, § 22 Rn. B 373.

473 BFH v. 27.09.1973 – VIII R 71/69 – BStBl. II 1974, 101 = BFHE 111, 33; BFH v. 27.09.1973 – VIII R 77/69 – BStBl II 1974, 103 = BFHE 111, 37.

474 BFH v. 31.03.2004 – X R 18/03 – BStBl. II 2004, 1047 (1050) = BFHE 206, 68.

respondenzprinzip verwirklichen wolle[475]. Die "Lösung" weist insoweit eine Parallele zu der bereits im Zusammenhang mit dem Zustimmungserfordernis diskutierten Problematik der tatbestandlich zwingenden Abhängigkeit auf. Die Zuordnung der Unterhaltsleistungen auf Empfängerseite zu § 22 Nr. 1 a EStG verknüpft die Abzugsfähigkeit mit § 10 Abs. 1 Nr. 1 EStG, die im entschiedenen Fall wegen der beschränkten Steuerpflicht des Gebers ausscheidet (§ 50 Abs. 1 S. 4 EStG). Diese Verbindung von Tatbestandsmerkmalen bei zwei Steuerpflichtigen verstößt gegen den Grundsatz der Besteuerung nach der individuellen Leistungsfähigkeit. Eine Erfassung der auf Empfängerseite gegebenen Leistungsfähigkeitserhöhung, die auch bei nicht am Markt erwirtschafteten Einkünften vorliegt[476], wäre de lege lata durch eine Zuordnung zum Tatbestand des § 22 Nr. 1 EStG möglich; denn dessen Satz 2 würde nicht greifen, weil der Geber beschränkt steuerpflichtig ist[477].

Ebenso wie im Fall der negativen Korrespondenzregelung §§ 12 Nr. 2, 22 Nr. 1 S. 2 nimmt § 22 Nr. 1 S. 2 EStG Unterhaltsleistungen bei beschränkter Steuerpflicht des Gebers von der Steuerbarkeit aus, *obwohl* die Leistungsfähigkeit des Empfängers gesteigert wird, bei unbeschränkter Steuerpflicht des Gebers sind die Unterhaltsbezüge hingegen steuerbar, *weil* sie leistungsfähigkeitssteigernd sind. Der Gesetzgeber hat zwar in der Gesetzesbegründung zur Einführung des Realsplittings betont, dass die Unterhaltszahlungen eines beschränkt Steuerpflichtigen "wie bisher" in vollem Umfang als wiederkehrende Bezüge der Einkommensteuer unterliegen[478] und dies entspricht auch dem in der Gesetzesbegründung geäußertem Anliegen, durch die Neuregelung die steuerliche

---

475 Kulosa, HFR 2004, 749.

476 *Jansen*, in: Herrmann/Heuer/Raupach, EStG, § 22 Rn. 246; *Söhn*, FR 1996, 81 (87); ders. in: Festschrift für Tipke, 343 (352) sowie bereits oben D.IV.

477 In diesem Sinne FG Nürnberg v. 17.10.2002 – VI 69/2002 – EFG 2003, 92. Anders aber *Fischer*, in: Kirchhof/Söhn/Mellinghoff, EStG, § 22 Rn. B 354, der durch Annahme eines Vorrangs des § 2 Abs. 1 als verbindliche Auslegungshilfe unter Zugrundelegung der Markteinkommenstheorie eine einschränkende Auslegung des § 22 Nr. 1 S. 2 EStG und die Streichung des Merkmals "wenn der Geber unbeschränkt steuerpflichtig ist" fordert. Dabei verkennt *Fischer* die normdirigierende Funktion des Leistungsfähigkeitsprinzips, das über das Markteinkommensprinzip hinausgreift und die steuerliche Erfassung leistungsfähigkeitserhöhender Bezüge gebietet. Wenn *Fischer*, a.a.O., ferner betont, es gehe nicht darum, eine Abzugsfähigkeit zu Lasten der inländischen Besteuerung "interpersonell korrespondierend auszugleichen", legt diese Begründung offen, dass der Argumentation überdies noch ein verfehltes Korrespondenzprinzip zugrunde gelegt wird.

478 BT-Drucks. 8/2118, 63 sowie BT-Drucks. 11/5970 (Anhebung des Höchstbetrags). Der BFH lehnt dies aber mit dem Hinweis ab, diese Auffassung des Gesetzgebers habe keinerlei Niederschlag gefunden, vgl. BFH v. 31.03.2004 – X R 18/03 – BStBl. II 2004, 1047 (1050) = BFHE 206, 68. So auch bereits *Fischer*, in: Kirchhof/Söhn/Mellinghoff, EStG, § 22 Rn. B 373.

Leistungsfähigkeit der Beteiligten besser zu erfassen[479]. Die Korrespondenzregelung verhindert aber eine leistungsfähigkeitskonforme Besteuerung. Die Problematik belegt stellvertretend, dass die Erfassung von leistungsfähigkeitserhöhenden Unterhaltsleistungen allgemein durch die tatbestandliche Verknüpfung von Verpflichteten- und Berechtigtenseite im geltenden Einkommensteuerrecht nicht konsequent systematisch verwirklicht ist.

Überdies zeigt die Begründung des BFH weitere Mängel, die u.a. und insbesondere auf dem Korrespondenzprinzip als Begründungsansatz beruhen. Wird die steuerliche Erfassung einer auf Empfängerseite vorliegenden Leistungsfähigkeitserhöhung deswegen verneint, weil kein Abzugstatbestand auf Seiten des Gebers vorliege, der zu Lasten des inländischen Steueraufkommens gehe, verkennt diese fiskalische Rechtfertigung zweierlei[480]: Erstens führen zwangsläufige Unterhaltsleistungen auf Verpflichtetenseite stets zu einer Leistungsfähigkeitsminderung, unabhängig von der Wohnsitznahme und der davon abhängigen unbeschränkten (fiktiven) Steuerpflicht nach § 1 Abs. 1 EStG bzw. § 1a Abs. 1 EStG; und zweitens ist die Abzugsfähigkeit auf Verpflichtetenseite durch das Leistungsfähigkeitsprinzip geboten, einerlei, wie die Leistungsfähigkeitsmehrung auf der Empfängerseite steuerlich behandelt wird. Die fiskalische Begründung des BFH vermengt die durch die personale Rechtsnatur der Einkommensteuer systematisch vorgegebene Besteuerung nach den individuellen Verhältnissen des Steuerpflichtigen, denn danach kann die Nichtberücksichtigung zwangsläufiger Unterhaltsausgaben auf Verpflichtetenseite nicht durch die Annahme der Nichtsteuerbarkeit auf Empfängerseite geheilt werden[481]. Es ist kein Grund ersichtlich, warum der Unterhaltsempfänger steuerlich davon profitieren soll, dass der Geber nicht leistungsfähigkeitskonform besteuert wird und der Fiskus auf eine leistungsfähigkeitskonforme Besteuerung des Empfängers deshalb soll verzichten müssen, weil auf Geberseite im Widerspruch zu einer leistungsfähigkeitskonformen Besteuerung der Abzug versagt bleibt[482]. Ferner ist der Behauptung des BFH zu widersprechen, seine "Lösung" werde durch die Entstehungsgeschichte gestützt. Die bei der früheren Haushaltsbesteuerung gewollte Vermeidung einer doppelten Besteuerung des Haushaltsvorstandes[483] passt definitionsgemäß nicht auf Unterhaltszahlungen zwischen geschiedenen Ehegatten, die durch das dauernde Getrenntleben oder die vollzogene Scheidung gerade die Aufhebung einer Haushaltsgemeinschaft dokumentieren. Im Übrigen kann nach der Aufgabe der Haushaltsbesteuerung und der Durchsetzung des Grundsatzes

---

479 BT-Drucks. 8/2118, 5.

480 Dezidiert *Söhn*, StuW 2005, 109 (112, 115 f.).

481 *Söhn*, StuW 2005, 109 (115). Ferner bereits oben E. IV. 6. c), S. 68.

482 *Söhn*, StuW 2005, 109 (115).

483 Dazu oben C.I., S. 11 f.

der Individualbesteuerung die Behauptung des BFH, § 22 Nr. 1 S. 2 EStG fasse Unterhaltsleistungen beim Leistenden und beim Empfänger zu einem Besteuerungsgut zusammen mit der Zielsetzung, die Leistungen nur einmal beim unbeschränkt steuerpflichtigen Geber der Einkommensteuer zu unterwerfen[484], weder für geschiedene Ehegatten noch für sonstige Unterhaltsgemeinschaften als allgemeingültig angesehen werden[485].

Das vor diesem Hintergrund nur schwer zu vermittelnde und nach allgemeinen Besteuerungsgrundsätzen untragbare Ergebnis, dass derjenige Steuerpflichtige, der Unterhaltsleistungen von einem im Ausland ansässigen geschiedenen Ehegatten bezieht, diese nicht zu versteuern hat, während die von einem im Inland lebenden geschiedenen Ehegatten bezogenen Unterhaltsleistungen steuerpflichtiges Einkommen des Empfängers darstellen, gibt Anlass, die auf dem Korrespondenzprinzip basierenden Regelungen zu überdenken und durch eine dem Leistungsfähigkeitsprinzip entsprechende Reformlösung zu ersetzen[486].

(bb) Leistungen an beschränkt steuerpflichtigen Empfänger

In einem weiteren Fall befaßte sich der BFH mit der Abzugsfähigkeit von Unterhaltsleistungen eines unbeschränkt steuerpflichtigen Gebers an eine im EU-Ausland ansässige Ehefrau, in deren Wohnsitzstaat derartige Unterhaltsleistungen nicht steuerbar sind[487]. § 1a Abs. 1 Nr. 1 EStG bestimmt, dass Staatsangehörige eines Mitgliedsstaates der Europäischen Union und EWR-Staatsangehörige, die nach § 1 Abs. 1 EStG unbeschränkt einkommensteuerpflichtig sind und die Voraussetzungen des § 1 Abs. 3 S. 2 bis 4 erfüllen, Unterhaltszahlungen an den geschiedenen Ehegatten auch dann als Sonderausgaben abziehen können, wenn der Empfänger nicht unbeschränkt steuerpflichtig ist, allerdings nach Nr. 1 S. 2 und 3 nur, wenn der Empfänger seinen Wohnsitz oder gewöhnlichen Aufenthalt im Hoheitsgebiet eines anderen Mitgliedsstaates der EU hat und die Besteuerung der Unterhaltszahlungen beim Empfänger durch eine Bescheinigung der zuständigen ausländischen Steuerbehörde nachgewiesen wird[488]. Damit wird das Korrespondenzprinzip auf grenzüberschreitende Unterhaltsleistungen erweitert[489].

---

484 So *Fischer*, in: Kirchhof/Söhn/Mellinghoff, EStG, § 22 Rn. A 50.

485 *Söhn*, in: Festschrift für Tipke, 343 (362); ders., StuW 2005, 109 (114).

486 Zu den einzelnen Reformvorschlägen vgl. unten F.IV.5., S. 123 f.

487 BFH v. 22.07.2003 – XI R 5/02 – BStBl. II 2003, 851 = BFHE 202, 570.

488 Vgl. hierzu *Stapperfend*, in: Herrmann/Heuer/Raupach, EStG, § 1a Rn. 25 f.; *Vogt*, in: Blümich, EStG, § 1a Rn. 40.

489 Diese für EU-Ausländer und EWR-Angehörige geltende Ausnahme kann sich aufgrund entsprechender DBA auch für andere Staatsangehörige ergeben, vgl. *Söhn*, in: Kirchhof/Söhn, EStG, § 10 Rn. C 51c; *Stephan*, in: Littmann/Bitz/Pust, EStG, § 10 Rn. 18.

Für den entschiedenen Fall ergab sich daraus nach Auffassung des BFH, dass die Abziehbarkeit der Unterhaltsleistungen auf Geberseite aufgrund des Korrespondenzprinzips mangels Steuerbarkeit der Unterhaltsleistungen auf Empfängerseite[490] ausscheidet[491]. Dieses Ergebnis überzeugt nicht: Die durch zwangsläufige Unterhaltszahlungen auf Verpflichtetenseite begründete, allein in dessen Person zu berücksichtigende Leistungsfähigkeitsminderung darf nicht korrespondierend von der Steuerbarkeit dieser Leistungen beim Empfänger abhängig gemacht werden; denn darin liegt ein Verstoß gegen den Grundsatz der Besteuerung nach der individuellen Leistungsfähigkeit. Daher ist auch das auf Auslandssachverhalte durch § 1a EStG erweiterte Korrespondenzprinzip steuersystematisch verfehlt.

(c) Zwischenergebnis

Die Anknüpfung des § 10 Abs. 1 Nr. 1 EStG an die unbeschränkte Steuerpflicht des Unterhaltsleistenden führt ebenso zu problematischen Ergebnissen wie die in § 22 Nr. 1a an die Abzugsfähigkeit gekoppelte Steuerbarkeit. Eine leistungsfähigkeitskonforme Besteuerung wird nur partiell erreicht. Die Normauslegung im Sinne des Korrespondenzprinzips und der Grundsatz der Besteuerung nach der individuellen Leistungsfähigkeit führen zu divergierenden Ergebnissen. Die steuersystematische Forderung, dass Leistungsfähigkeitsminderungen auf Geberseite einkommensteuerlich zu berücksichtigen sind, einerlei, ob der Empfänger diese zu versteuern hat (und umgekehrt), ergibt für die tatbestandliche Ausgestaltung des Realsplittings und deren steuersystematische Würdigung, dass erstens die steuerliche Leistungsfähigkeit des Unterhaltspflichtigen sowohl bei

---

490 Im zu entscheidenden Fall konnte der nach § 1 Abs. 1 Nr. 1 S. 3 EStG erforderliche Nachweis der Besteuerung der Unterhaltszahlungen bei der in Österreich wohnhaften Empfängerin durch eine Bescheinigung der zuständigen Steuerbehörde nicht erbracht werden.

491 Vgl. BFH v. 22.07.2003 – XI R 5/02 – BStBl. II 2003, 851 = BFHE 202, 570 sowie FG München v. 20.02.2002 – 9 K 3683/99 – EFG 2002, 528. Mit dem Beschluss v. 22.07.2003 – XI R 5/02 – BStBl. II 2003, 851 = BFHE 202, 570 hat der BFH dem EuGH die Frage vorgelegt, ob diese Regelung mit den Art. 12 und 18 EGV vereinbar sei, vgl. hierzu *Kanzler*, FR 2003, 1192 sowie *Dautzenberg*, FR 2003, 1192. Der EuGH verneint einen Verstoß gegen das in Art. 12 Abs. 1 EG niedergelegte Diskriminierungsverbot bzw. die in Art. 18 Abs. 1 EG verankerte allgemeine Freizügigkeit, da die Lage des Staatsangehörigen eines Mitgliedsstaates, der selbst von seinem Recht auf Freizügigkeit keinen Gebrauch gemacht habe, nicht allein aus diesem Grund einer rein internen Situation ohne Bezug zum Gemeinschaftsrecht gleichgestellt werden könne, wenn ihm in seinem Wohnsitzstaat negative steuerliche Folgen aus der nach Art. 18 EG gewährleisteten freien Wohnsitznahme einer anderen Person erwachsen, vgl. EuGH v. 12.07.2005 – C 403/03 – ("Egon Schempp") – DStR 2005, 1265. Zu dieser Entscheidung vgl. *Fischer*, jurisPR-SteuerR 37/2005 Anm. 2 sowie *Kanzler*, FR 2005, 902.

unbeschränkter als auch bei beschränkter Steuerpflicht durch die Zwangsläufigkeit der Unterhaltsleistungen gemindert ist und die steuerliche Nichtberücksichtigung einen Verstoß gegen den Grundsatz der Besteuerung nach der subjektiven Leistungsfähigkeit darstellt. Zweitens wird die steuerliche Leistungsfähigkeit des Unterhaltsempfängers unabhängig von beschränkter oder unbeschränkter Steuerpflicht durch Unterhaltsleistungen erhöht, so dass die Nichtbesteuerung einen Verstoß gegen den Grundsatz der Besteuerung nach der (objektiven[492]) Leistungsfähigkeit darstellt[493]. Die steuerliche Erfassung von Unterhaltsleistungen auf Empfängerseite wäre hier zudem de lege lata möglich, durch das Leistungsfähigkeitsprinzip geboten und deshalb systemkonform[494].

6. Die Höchstbetragsregelung

(a) Die gesetzliche Regelung

Die Unterhaltsleistungen können nur bis zur Höhe von 13.805 € als Sonderausgaben abgezogen werden. Dieser Betrag wird als realitätsgerecht und verfassungskonform angesehen[495]. Das Bundesverfassungsgericht hat mehrfach ausgesprochen, dass eine über den Höchstbetrag hinaus gehende Berücksichtigung von Aufwendungen nicht geboten sei, da der Gesetzgeber zwar keine realitätsfremden Grenzen für die Abziehbarkeit zwangsläufiger Ausgaben normieren, sich aber an den Regelsätzen der Sozialhilfe orientieren dürfe. Der geltende Höchstbetrag liegt über dem sozialhilferechtlichen Regelsatz und begegnet deshalb insoweit keinen verfassungsrechtlichen Bedenken[496]. Der Höchstbetrag ist

---

492 Dass eine Erhöhung objektiver Leistungsfähigkeit durch die Unterhaltsleistungen vorliegt, folgt aus der konsequenten Anwendung der dem Leistungsfähigkeitsprinzip gerecht werdenden Reinvermögenszugangstheorie. Bei Beischränkung steuerbarer Bezüge auf Markteinkünfte ergibt sich eine Zuordnung zur Maßgröße subjektiver Leistungsfähigkeit, deren Erfassung durch einen "Transfer steuerlicher Leistungsfähigkeit" erfasst werden soll, vgl. *Tipke/Lang*, Steuerrecht[18], § 9 Rn. 99. Ferner *Fischer*, in: Kirchhof, EStG[6], § 10 Rn. 7; *Lang*, Bemessungsgrundlage, S. 52; *Lang* u. a., Kölner Entwurf eines Einkommensteuergesetzes, S. 66. Zur Systemkonformität der Besteuerung von Unterhaltsleistungen durch die Erfassung individueller Leistungsfähigkeit im Sinne der Reinvermögenszugangstheorie vgl. insgesamt *Söhn*, in: Festschrift für Tipke, 343 (359 f.).

493 *Söhn*, StuW 2005, 109 (115).

494 A.A. *Fischer*, in: Kirchhof/Söhn/Mellinghoff, EStG, § 22 Rn. B 354, 371.

495 *Fischer*, in: Kirchhof, EStG[6], § 10 Rn. 7; *Stephan*, in: Littmann/Bitz/Pust, EStG, § 10 Rn. 19.

496 Vgl. jeweils BVerfG v. 18.09.1985 – 1 BvR 54/87 – Inf. 1985, 574; BVerfG v. 19.08.1986 – 1 BvR 694/85 – DStZ 1988, 489; BVerfG v. 15.07.1987 – 1 BvR 54/87 – NJW 1988, 127; BVerfG v. 04.07.1988 – 1 BvR 729/88 – DStZ 1989, 177 (Nr. 4). Zur

dann voll abzugsfähig, wenn im Zeitpunkt des Abflusses (§ 11 Abs. 2 EStG) die Voraussetzungen des § 10 Abs. 1 Nr. 1 EStG vorliegen, wobei nicht erforderlich ist, dass sie im gesamten Veranlagungszeitraum vorgelegen haben[497].

(b) Höchstbetragsregelung und Leistungsfähigkeitsprinzip

Die Höchstbetragsregelung lässt über die Höchstgrenze hinaus gehende Unterhaltsleistungen unberücksichtigt. Wegen der Umqualifizierung der Unterhaltsleistungen in Sonderausgaben kommt eine Berücksichtigung von Mehrzahlungen als außergewöhnliche Belastungen nicht in Betracht[498]. Eine betragsmäßige Beschränkung des Abzugs widerspricht indes dem Leistungsfähigkeitsprinzip; bei unvermeidbaren Ausgaben ist der Abzug sämtlicher tatsächlich geschuldeter Ausgaben geboten[499]. Soweit die Verfassungsmäßigkeit der Höchstbetragsregelung damit begründet wird, dass auf Empfängerseite nur eine realitätsgerecht bemessenes soziales Existenzminimum gewährleistet sein müsse, wird verkannt, dass es für das Vorliegen zwingender Unterhaltsleistungen auf Geberseite nicht auf die Person des Empfängers ankommen kann[500]. Zudem sollte nach der Gesetzesbegründung die wirtschaftliche Leistungsfähigkeit für die Einführung der Regelung ausschlaggebend sein[501]. Die Höchstbetragsregelung steht jedenfalls einer Reinverwirklichung des Leistungsfähigkeitsprinzips im Wege. Bei Unterhaltspflichten unterhalb des Höchstbetrags sind nur die tatsächlichen Zahlungen abzugsfähig[502].

Kritik an der den Korrespondenzgedanken aufgreifenden Argumentationsweise *Söhn*, in: Kirchhof/Söhn/Mellinghoff, EStG, § 10 Rn. C 111a.

497 BFH v. 07.11.2000 – III R 23/98 – BStBl. II 2001, 338 (339) = BFHE 193, 383; *Nolde*, in: Herrmann/Heuer/Raupach, EStG, § 10 Rn. 29; *Söhn*, in: Kirchhof/Söhn/Mellinghoff, EStG, § 10 Rn. C 112.

498 *Söhn*, in: Kirchhof/Söhn/Mellinghoff, EStG, § 10 Rn. C 103; *Stephan*, in: Littmann/Bitz/Pust, EStG, § 10 Rn. 19; BFH vom 24.07.1996 – X R 153/90 – BFH/NV 1996, 889 (890); BFH v. 07.11.2000 – III R 23/98 – BStBl. II 2001, 338 (339) = BFHE 193, 383; aA *Jansen/Wrede*, Renten, Raten, dauernde Lasten[12], Rn. 321.

499 *Lang*, StuW 1983, 103 (111); *Nolde*, in: Herrmann/Heuer/Raupach, EStG, § 10 Rn 26b; *Söhn*, in: Kirchhof/Söhn/Mellinghoff, EStG, § 10 Rn. C 111; *Tipke/Lang*, Steuerrecht[18], § 9 Rn. 98; *Tipke*, StbKongrRep 1983, 39 (58).

500 *Söhn*, in: Kirchhof/Söhn/Mellinghoff, EStG, § 10 Rn. C 10, 111a.

501 Vgl. BT-Drucks. 8/2201, S. 4; allerdings ist unerfindlich, warum die Leistungsfähigkeit des geschiedenen oder dauernd getrennt lebenden unterhaltspflichtigen Ehegatten stärker gemindert sein soll, als diejenige anderer Unterhaltsleistender.

502 *Tipke/Lang*, Steuerrecht[18], § 9 Rn. 98.

7. Berücksichtigung als außergewöhnliche Belastungen

(a) Anwendungsbereich und Unterhaltsbegriff

Sofern die Unterhaltsleistungen nicht unter den Sonderausgabenabzug nach § 10 Abs. 1 Nr. 1 EStG fallen, ist eine Berücksichtigung als außergewöhnliche Belastung nach § 33a EStG möglich[503]. Eine kumulative Anwendung der Vorschriften über den Sonderausgabenabzug und die außergewöhnliche Belastung bei den Höchstbetrag nach § 10 Abs. 1 Nr. 1 EStG übersteigenden Unterhaltsleistungen ist wegen der mit Stellung eines wirksamen Antrags im Sinne von § 10 Abs. 1 Nr. 1 EStG verbundenen Umqualifizierung sämtlicher Unterhaltsleistungen zu Sonderausgaben ausgeschlossen[504]. Nur Unterhaltsleistungen an den geschiedenen oder dauernd getrennt lebenden beschränkt steuerpflichtigen Ehegatten, für die die Voraussetzungen des § 10 Abs. 1 Nr. 1 EStG nicht vorliegen, können demnach als außergewöhnliche Belastungen nach § 33a EStG geltend gemacht werden[505]. Wegen des Antragserfordernisses hat der Unterhaltsverpflichtete ein Wahlrecht, ob er die Unterhaltszahlungen als außergewöhnliche Belastungen nach § 33a EStG oder unter den Voraussetzungen des § 10 Abs. 1 Nr. 1 EStG als Sonderausgaben steuerlich geltend macht[506]. Unter den Unterhaltsbegriff fallen in § 33a EStG nur typische Unterhaltsleistungen für den laufenden Lebensbedarf[507]. Die Vorschrift ist insoweit enger als das bürgerliche Recht in §§ 1601 f., 1361 und 1569 f. BGB[508].

---

503 *Glanegger*, in: Schmidt, EStG[24], § 33a Rn. 5; *Mellinghoff*, in: Kirchhof, EStG[6], § 33a Rn. 85.

504 *Glanegger*, in: Schmidt, EStG[24], § 33a Rn. 7; *Stephan*, in: Littmann/Bitz/Pust, EStG, § 10 Rn 19; BFH v. 31.05.1989 – III R 166/86 – BStBl. II 1989, 658 = BFHE 157, 177; aA *Jansen/Wrede*, Renten, Raten, dauernde Lasten[12], Rn 321.

505 *Glanegger*, in: Schmidt, EStG[25], § 33a Rn. 7; BFH v. 25.03.1986 – IX R 4/83 – BStBl. II 1986, 603 = BFHE 146, 403. BVerfG v. 21.11.1986 – 1 BvR 840/86 – HFR 1988, 35; BFH v. 22.07.2003 – XI R 5/02 – BStBl. II 2003, 851.

506 BFH v. 13.03.1995 – X B 158/94 – BFH/NV 1995, 777. *Stöcker*, in: Bordewin/Brandt, EStG, § 10 Rn. 105.

507 *Arndt*, in: Kirchhof/Söhn/Mellinghoff, EStG, § 33a Rn. B 167; *Glanegger*, in: Schmidt, EStG[24], § 33a, Rn. 13.

508 *Mellinghoff*, in: Kirchhof, EStG[6], § 33a Rn 7; *Kanzler*, in: Hermann/Heuer/Raupach, EStG, § 33a Rn. 38; *Oepen*, in: Blümich, EStG, § 33a Rn. 84.

(b) Nachteile der Berücksichtigung als außergewöhnliche Belastung gegenüber einem Sonderausgabenabzug nach § 10 Abs. 1 Nr. 1 EStG

Wegen der Höchstbetragsbeschränkung der außergewöhnlichen Belastung auf 7680 € ist der Sonderausgabenabzug regelmäßig günstiger. Außerdem erfolgt beim Sonderausgabenabzug keine Anrechnung der Einkünfte und Bezüge sowie des Vermögens des unterstützten Ehegatten[509]. Im Regelfall ist der "Steuervorteil", der sich beim Verpflichteten durch den Sonderausgabenabzug ergibt, größer als der Nachteil für den Empfänger durch die Versteuerung der Unterhaltsleistungen, da die "Progressionsvorteile" des Gebers höher sind[510]. Bei der Geltendmachung von außergewöhnlichen Belastungen ist außerdem § 33a Abs. 1 S. 3, 4 zu berücksichtigen, der die Abzugsmöglichkeit beim Verpflichteten ausschließt, wenn die unterhaltene Person eigene Einkünfte oder Bezüge in Höhe von 8304 € hat[511]. Dies verletzt indes den Grundsatz der Individualbesteuerung. Die Höhe des Unterhaltsabzugs muss sich ausschließlich nach der Belastung des unterhaltsverpflichteten Steuerpflichtigen bemessen; die Leistungsfähigkeit der unterhaltenen Person darf keine Rolle spielen, denn allein das Bestehen des gesetzlichen Unterhaltsanspruchs mindert die steuerliche Leistungsfähigkeit des Verpflichteten. Die wirtschaftliche Situation des Berechtigten kann lediglich als Vorfrage für die Höhe des zivilrechtlich geschuldeten Unterhalts von Bedeutung sein, nicht aber die Zwangsläufigkeit für den Verpflichteten in steuerrechtlicher Hinsicht in Frage stellen[512]. Zudem ergibt sich eine weitere Einschränkung der Geltendmachung als außergewöhnliche Belastung aus der zeitlichen Zurechnung der Einkünfte durch die Regelung des § 33a Abs. 4 EStG, wenn die Aufwendungen nur einen Teil des Veranlagungszeitraums betreffen[513].

III. Zusammenfassung

Die Regelungen der §§ 10 Abs. 1 Nr. 1, 22 Nr. 1a EStG verwirklichen nur partiell das Gebot der Besteuerung nach der individuellen Leistungsfähigkeit. Steuersystematisch sind die für den Verpflichteten indisponiblen Unterhaltsleistungen an den geschiedenen oder getrennt lebenden Ehegatten zwar den Sonderausgaben zugeordnet, allerdings steht einer Reinverwirklichung der Besteuerung nach der individuellen Leistungsfähigkeit des Verpflichteten das Zustimmungs-

---

509 *Arndt*, in: Kirchhof/Söhn/Mellinghoff, EStG, § 33a Rn. B 195; *Glanegger*, in: Schmidt, EStG, § 33a Rn. 7; Liebelt, NJW 1994, 609 (612).

510 *Risthaus*, FR 1999, 650.

511 Vgl. näher *Arndt*, in: Kirchhof/Söhn/Mellinghoff, EStG, § 33a Rn. B 114; *Mellinghoff*, Stbg. 1999, 60 (64).

512 *Tipke/Lang*, Steuerrecht[18], § 9 Rn. 90.

513 Hierzu *Mellinghoff*, Stbg. 1999, 60 (64).

erfordernis im Wege, das eine steuersystematisch nicht zu rechtfertigende Verknüpfung zwischen zwei Steuersubjekten darstellt. Auf Seiten des Empfängers sind wegen der tatbestandlichen Anknüpfung an die Voraussetzungen des Sonderausgabenabzugs bei der steuerlichen Erfassung nach § 22 Nr. 1a EStG nicht alle Fälle einer Leistungsfähigkeitserhöhung erfasst. Systematisch zutreffend – dies aber nur in den Grenzen der geltenden Höchstbetragsregelung – werden lediglich die Bezüge erfasst, an denen zwei unbeschränkt Steuerpflichtige beteiligt sind oder die von einem unbeschränkt steuerpflichtigen Geber einem beschränkt steuerpflichtigen Empfänger geleistet werden, bei dem die Voraussetzungen des § 1a Abs. 1 Nr. 1 EStG vorliegen. Ein unbeschränkt steuerpflichtiger Unterhaltsverpflichteter kann erbrachte Leistungen außerhalb des Realsplittings nur in den Grenzen des § 33a EStG als außergewöhnliche Belastung geltend machen. Wenn wegen des normierten Korrespondenzprinzips weder ein Abzug beim Geber noch eine Besteuerung auf Empfängerseite stattfindet, wird eine leistungsfähigkeitskonforme Besteuerung verfehlt. Die Annahme, dass eine Korrespondenz in diesen Fällen einer leistungsfähigkeitskonformen Besteuerung vorgehe, ist weder logisch noch systematisch haltbar oder gar zwingend. Nach dem Grundsatz der Besteuerung nach der individuellen Leistungsfähigkeit und dem hieraus abgeleiteten Gebot, dass sich die Abzugsfähigkeit auf Seiten des Unterhaltsverpflichteten danach richtet, ob in seiner Person eine relevante Leistungsfähigkeitsminderung vorliegt, einerlei, ob der Empfänger die Leistungen zu versteuern hat oder nicht (und umgekehrt) ergibt sich, dass eine Korrespondenz allenfalls Folge, nicht aber Voraussetzung einer leistungsfähigkeitsorientierten Besteuerung sein kann. Die korrespondierende Behandlung von Abzugsfähigkeit und Steuerbarkeit der zivilrechtlich vorgegebenen Unterhaltsleistungen ist daher – steuersystematisch betrachtet – Folge der Verwirklichung einer Besteuerung nach der individuellen Leistungsfähigkeit und keineswegs "Fremdkörper" im geltenden Einkommensteuerrecht[514].

Das Korrespondenzprinzip vermag diese Folge nur zu umschreiben, nicht aber zu bestimmen oder gar zu begründen, da es mit einer an der individuellen Leistungsfähigkeit orientierten Besteuerung nicht vereinbar ist, interpersonale Verknüpfungen als Voraussetzung für die Abziehbarkeit auf Verpflichteten- bzw. die Steuerbarkeit auf Geberseite zu normieren. Das Leistungsfähigkeitsprinzip gebietet es, die für den Unterhaltsverpflichteten unvermeidbaren Ausgaben unbeschränkt in Höhe der tatsächlichen wirtschaftlichen Belastung wie sie sich nach Maßgabe der zivilrechtlichen Vorschriften ergibt, zum Abzug zuzulassen. Hiervon unabhängig sind die die individuelle Leistungsfähigkeit des Gebers erhöhenden Leistungen bei diesem steuerlich zu erfassen.

---

514 So aber *Kirchhof*, in: Kirchhof/Söhn/Mellinghoff, EStG, § 2 Rn. B 173.

IV. Modellcharakter des Realsplittings für die Einkommensteuerreform

Das geltende Konzept des Realsplittings nach Maßgabe der §§ 10 Nr. 1, 22 Nr. 1a EStG wird für Unterhaltsleistungen im Angehörigenverband auf zivilrechtlicher Grundlage als "rechtssystematisch fortschrittliche Initiativlösung"[515] und Modell für eine gleichartige Behandlung zivilrechtlicher Unterhaltspflichten im Einkommensteuerrecht herangezogen[516]. Danach werden die Unterhaltsleistungen von der einkommensteuerlichen Bemessungsgrundlage des Unterhaltsverpflichteten abgezogen, und zwar nach Maßgabe des Zivilrechts, das seinerseits an die Leistungsfähigkeit des Verpflichteten anknüpft[517]. Der Empfänger hat diese leistungsfähigkeitserhöhenden Unterhaltsleistungen zu versteuern.

1. Vereinbarkeit mit der Rechtsprechung des Bundesverfassungsgerichts

Die Berücksichtigung der tatsächlichen zivilrechtlichen Unterhaltsverpflichtungen in der Bemessungsgrundlage entspricht den Anforderungen, die das Bundesverfassungsgericht zur einkommensteuerlichen Behandlung von Privataufwendungen für den Lebensunterhalt der unterhaltsberechtigten Kinder entwickelt hat: Wenn zwangsläufige Unterhaltsleistungen auf der Grundlage des Postulats einer realitätsgerechten Berücksichtigung zur bedarfsorientierten Sicherung des Familienexistenzminimums unter gleichzeitiger Bedarfsorientierung berücksichtigt werden, so entspricht diese Forderung den "deckungsgleichen" zivilrechtlichen Unterhaltsvorschriften der §§ 1601 f. BGB[518]. Das zeigt sich in

---

515 *Lang*, Bemessungsgrundlage, S. 80.

516 Vgl. zum Konzept des Familienrealsplittings *Arndt/Schumacher*, AöR 1993, 515 (577); *Janssen*, DStZ 1991, 13 (21 f.); *Kanzler*, DStJG 24, 417 (459 f.); *Klein*, in: Festschrift für Zeidler, 773 (800); ders., DStR 1987, 779 (783); *Lang*, Bemessungsgrundlage, S. 655 f.; ders., StuW 1983, 103 (123 f.); ders., in: Festschrift für Klein, 437 (451 f.); *Lehner*, Einkommensteuerrecht und Sozialhilferecht; 165 f.; *Lieber*, DStZ 1997, 207 (212); *Lingemann*, Familienbesteuerung, S. 156 f.; *Moderegger*, Familienschutz, S. 163 f.; *Pechstein*, Familiengerechtigkeit, S. 300; *Tipke/Lang*, StuW 1984, 127 (132); Thiede, Ehegattenbesteuerung, S. 177 f.; *Vogel*, in: Festschrift für Offerhaus, 47 (63); *Seer/Wendt*, NJW 2000, 1904 (1907); *Vorwold*, FR 1992, 789 (797); *Waterkamp*, Ehegattenveranlagung, S. 262 f.; dies., StuW 1994, 312 (317 f.); *Wendt*, in: Festschrift für Tipke, 47 (67 f.) sowie aus ökonomischer Sicht *Wosnitza*, StuW 1996, 123 (127 f.).

517 Zur Maßgeblichkeit der Leistungsfähigkeit des Unterhaltsverpflichteten nach § 1603 BGB für die Höhe des Unterhaltsanspruchs s. *Diederichsen*, in: Palandt[65], BGB, vor § 1601 Rn. 4.

518 Wenn auch das BVerfG die Berücksichtigung von Unterhaltsaufwendungen in Anlehnung an zivilrechtliche Unterhaltsvorschriften als sachlich nicht geboten bezeichnet hat, wurde die Möglichkeit eines Familienrealsplittings nicht insgesamt für unzulässig erklärt, vgl. BVerfG v. BVerfG v. 29.05.1990 – 1 BvL 20, 26, 184 und 4/86 – BVerfGE 82, 60 (91).

der Regelung des § 1610 BGB, wenn dort für das Maß des zu gewährenden Unterhalts auf die Lebensstellung des Unterhaltsbedürftigen abgestellt wird (§ 1610 Abs. 1) und Unterhalt für den gesamten Lebensbedarf einschließlich der Kosten einer angemessenen Vorbildung zu einem Beruf sowie die Kosten der Erziehung verlangt wird (§ 1610 Abs. 2 BGB). Eine realitätsgerechtere Berücksichtigung als den an die zivilrechtlichen Vorgaben anknüpfenden steuerlichen Abzug gibt es daher nicht, wenn die Minderung der subjektiven Leistungsfähigkeit auf Verpflichtetenseite in der Bemessungsgrundlage abgebildet werden soll[519].

Die Annahme des Bundesverfassungsgerichts, dass eine individuelle Bemessung nach den Umständen des Einzelfalls das Besteuerungsverfahren unverhältnismäßig erschweren würde[520], schließt eine typisierende Bemessung auf Grundlage des familienrechtlichen Unterhaltsrechts nicht aus[521].

2. Steuersystematische Vorteile eines Familienrealsplittings

Das Familienrealsplitting ermöglicht eine leistungsfähigkeitskonforme Erfassung von Unterhaltsleistungen sowohl auf Geber-, als auch auf Empfängerseite. Die Leistungsfähigkeit des Unterhaltsverpflichteten ist durch die gesetzliche auferlegte Unterhaltspflicht gemindert, die regelmäßig das Existenzminimum des Unterhaltsberechtigten abdeckt. Demgegenüber bewirken die Unterhaltsleistungen eine Erhöhung der Leistungsfähigkeit des Unterhaltsempfängers, die bei diesem – soweit sie dessen eigenen Existenzbedarf überschreitet – steuerlich zu erfassen ist. Dadurch wird eine am Grundsatz der Individualbesteuerung ausgerichtete Ermittlung der Bemessungsgrundlagen von Unterhaltsempfänger und Unterhaltsverpflichteten vorgenommen.

(a) Volle Berücksichtigung des zivilrechtlich geschuldeten Unterhalts

Um ein leistungsfähigkeitskonformes Bild der Bemessungsgrundlage zu erhalten, sind beim Unterhaltsleistenden die auf zivilrechtlicher Verpflichtung beruhenden Unterhaltsleistungen in der tatsächlichen Höhe abzuziehen[522]. *Uelner*

---

519 Deutlich der Beschluss des 57. Deutschen Juristentages, Sitzungsberichte, S. N 211: "Die realitätsgerechte Berücksichtigung bedeutet Abzug in Höhe der gesetzlichen Unterhaltspflichten des bürgerlichen Rechts von der Bemessungsgrundlage."

520 BVerfG v. 29.05.1990 – 1 BvL 20/86 – BVerfGE 82, 60 (85).

521 *Vogel*, in: Festschrift für Offerhaus, 47 (55); ders., StuW 1999, 201 (221).

522 *Dziadkowski*, DStZ 1999, 273 (278); ders. BB 1999, 1409; *Lang*, StuW 1990, 331 (343); ders., Bemessungsgrundlage, S. 651; ders., in: Festschrift für Klein, 437 (441); *Söhn*, in: Festschrift für Franz *Klein*, 421 (431); *Vogel*, DStR 1977, 31 (41); aA für Kindesunterhalt *Birk*/*Wernsmann*, JZ 2001, 218 (220): Dass nicht der Unterhalt in voller Höhe der jeweils unterschiedlichen zivilrechtlichen Verpflichtungen abziehbar sein müsse, sondern nur ein einheitlicher Betrag, sei nicht nur aus Gründen Typisierung,

weist zureffend darauf hin, dass dieser Grundsatz für sämtliche bürgerlich-rechtlich zwingende Unterhaltsleistungen gelten müsse[523]. Wenn die Berücksichtigung von Unterhaltsaufwendungen mit der Einheit der Rechtsordnung und einer ansonsten auftretenden Widersprüchlichkeit zwischen Zivilrecht und Steuerrecht begründet wird[524], ist dies Ausdruck der Zwangsläufigkeit zivilrechtlicher Unterhaltsverpflichtungen, deren Nichteinhaltung auch strafrechtlich sanktioniert wird (§ 170 Abs. 1 StGB). Als indisponibler Teil des Einkommens müssen Unterhaltsverpflichtungen folgerichtig aus der Bemessungsgrundlage ausscheiden. Soweit dies mit der Besteuerung beim Empfänger begründet wird[525], ist festzuhalten, dass die korrespondierende Besteuerung der Unterhaltsleistungen beim Empfänger nicht zwingende Voraussetzung, sondern allenfalls Folge einer am Leistungsfähigkeitsgrundsatz ausgerichteten Individualbesteuerung ist. Beim Unterhaltsverpflichteten müssen zwangsläufige Ausgaben abzugsfähig sein, einerlei, ob der Empfänger die Leistung zu versteuern hat oder nicht und Leistungen aufgrund gesetzlicher Unterhaltspflicht sind definitionsgemäß indisponibel[526].

(b) Erfassung der erhöhten Leistungsfähigkeit auf Empfängerseite

Unterhaltsleistungen erhöhen die steuerliche Leistungsfähigkeit des Empfängers und sind deshalb bei diesem steuerlich zu erfassen. Das erfolgt ebenfalls unabhängig von einem tatsächlichen Abzug auf Geberseite und bewirkt beim Empfänger eine konsequente Besteuerung nach der individuellen Leistungsfähigkeit. Ein derartiges Realsplitting würde zudem Probleme vermeiden, die die geltende

---

sondern auch wegen der Nähe der nicht existenzsichernden Unterhaltsaufwendungen zur disponiblen Einkommensverwendung gerechtfertigt. Ebenso *Osterloh*, in: Sachs, Art. 3 GG Rn. 158.

523 *Uelner*, in: Festschrift für Ludwig Schmidt, 21 (29).

524 *Böckenförde*, StuW 1986, 335 (337); *Klein*, in: Festschrift für *Pezzer*, 773 (780); ders., DStR 1987, 779 (782); *Lang*, in: Festschrift für Klein, 437 (441); *Vogel*, in: Festschrift für Offerhaus, 47 (57); *Zeidler*, Ehe und Familie, in: Benda/Maihofer/*Vogel*, Handbuch des Verfassungsrechts[1], S. 604.

525 Nach *Seer/Wendt*, NJW 2000, 1904 (1907) kann die Berücksichtigung von Unterhaltsaufwand bei den Eltern nur um den Preis der Besteuerung des Unterhaltsempfängers im Sinne eines Familienrealsplittings erfolgen. Ähnlich *Kanzler*, DStJG 24, 417 (461), der im Hinblick auf das Korrespondenzprinzip den Abzug realitätsgerechter Beträge ohne Prüfung einer Unterhaltsverpflichtung für "vertretbar" hält, da die Unterhaltsleistungen in jedem Fall beim Steuerpflichtigen zu versteuern seien.

526 *Pezzer*, in: Festschrift für Zeidler, 757 (767); *Söhn*, StuW 1985, 395 (406); ders., FA 1994, 372 (385); ders., in: Festschrift für Klein, 421 (433).

Kinderfreibetragslösung mit sich bringt[527]. Eine Besteuerung auf Empfängerseite vermeidet nämlich eine doppelte Berücksichtigung des Kinderexistenzminimums, die im geltenden Recht bei der Übertragung von Einkunftsquellen erreichbar ist. Übertragen Eltern ihren Kindern Einkunftsquellen zur Einkünfteerzielung[528], so unterliegt die Besteuerung der hieraus erzielten Einkünfte zwar regelmäßig einem niedrigeren Steuersatz, das Kind hat aber einen eigenen tariflichen Grundfreibetrag[529] und bei den Eltern wird zusätzlich das Kinderexistenzminimum durch einen Kinderfreibetrag[530] berücksichtigt. Diese vorteilhaften Gestaltungsmöglichkeiten ist vor allem vermögenden Familien eröffnet[531]. Nach § 32 Abs. 4 EStG entfällt allerdings ein Kinderfreibetrag bei volljährigen Kindern, deren Einkünfte und Bezüge die festgelegte Freigrenze überschreiten[532]. Das Bundesverfassungsgericht hat aber jüngst judiziert, dass die in § 32 Abs. 4 S. 2 EStG vorgesehene Einbeziehung von Sozialversicherungsbeiträgen des Kindes in die Bemessungsgrundlage des Jahresgrenzbetrags gegen den allgemeinen Gleichheitsgrundsatz verstößt. Damit werden erneut die Mängel der

---

527 *Lang*, in: Festschrift für Klein, 437 (452); *Seer/Wendt*, NJW 2000, 1904 (1907); *Vogel*, StuW 1999, 201 (219).

528 Zur Problematik der Übertragung von Einkunftsquellen vgl. grundlegend *Tipke* (Hrsg.), Übertragung von Einkunftsquellen, DStJG 1. Ferner *Kirchhof*, in: Kirchhof/Söhn, EStG, § 2 Rn. A 623, B 246 f.; Knobbe-Keuk, Bilanz- und Unternehmenssteuerrecht[9], S. 505 f.; *Raupach/Schenking*, in: Hermann/Heuer/Raupach, EStG, § 2 Rn 104, 152, 171 f., 201 f.; *Tipke/Lang*, Steuerrecht[18], § 9 Rn. 150, 523 m.w.N.

529 In Höhe von derzeit 7664 Euro, § 32a Abs. 1 Nr. 1 EStG.

530 Nach § 32 Abs. 6 wird für jedes zu berücksichtigende Kind ein Freibetrag von 1824 Euro für das sächliche Existenzminimum des Kindes sowie ein Freibetrag von 1080 Euro für den Betreuungs- und Erziehungs- oder Ausbildungsbedarf des Kindes vom Einkommen abgezogen, die sich bei zusammen veranlagten Ehegatten verdoppelt.

531 *Lang*, in: Festschrift für Klein, 437 (451); ders., StuW 1983, 103 (125). In Teilen der Literatur werden die Ergebnisse dieser Gestaltungsmöglichkeiten als "faktisches Familiensplitting" bezeichnet, vgl. *Authenrieth*, DStZ 1992, 86; *Flume*, DStR 1973, 618 (622); *Klein*, DStR 1987, 779 (783); *Raupach/Schenking*, in: Herrmann/Heuer/Raupach, EStG, § 2 Rn. 104.

532 Nach § 32 Abs. 4 S. 2 EStG beträgt die Freigrenze derzeit 7680 Euro. Die Regelung ist im Zuge der Neuregelung des Familienleistungsausgleichs durch das JStG 1996 vom 11.10.1995, BGBl. I 1995, S. 1250 (wieder) eingeführt worden, nachdem die Berücksichtigung eigener Einkünfte und Bezüge des Kindes seit dem EStRG vom 05.08.1974, BGBl. I 1974, S. 1769 entfallen war. Die Gesetzesbegründung erläutert die steuersystematische Bedeutung der Einkommensgrenze mit dem Leistungsfähigkeitsgrundsatz, ohne aber die Einschränkung des Anwendungsbereichs der Regelung auf volljährige Kinder näher zu begründen, vgl. BT-Drucks. 14/1558, S. 139 f.

Ausgestaltung des geltenden Familienleistungsausgleichs offenbart[533]. In der Praxis jedenfalls bleibt eine Einkünfteverlagerung von Eltern auf unterhaltsberechtigte minderjährige Kinder möglich, ohne dass berücksichtigt wird, dass der zivilrechtliche Unterhaltsanspruch mit fehlender Bedürftigkeit des Unterhaltsberechtigten entfällt (§ 1602 BGB). Wo keine gesetzliche Unterhaltspflicht besteht, liegt keine Minderung steuerlicher Leistungsfähigkeit vor. Die Gewährung eines Kinderfreibetrags widerspricht in einem solchen Fall einer folgerichtigen Umsetzung des Leistungsfähigkeitsprinzips; die Unterhaltsbedürftigkeit minderjähriger Kinder darf nicht ohne weiteres unterstellt werden[534]. Das Familienrealsplitting würde die bestehenden Gestaltungsmöglichkeit zwar nicht ausschließen[535], aber zumindest entschärfen[536], ohne die grundsätzliche Möglichkeit der Übertragung von Einkunftsquellen zur Bildung von Kindesvermögen in Frage zu stellen[537].

(c) Einwände gegen das Konzept des Familienrealsplittings

Dem Konzept des Familienrealsplittings wird entgegen gehalten, dass die mit einer Besteuerung der Unterhaltsempfänger im Einzelfall verbundene Ermittlung der zivilrechtlichen Unterhaltspflichten einen hohen Verwaltungsaufwand

---

533 BVerfG v. 11.01.2005 – 2 BvR 167/02 – BVerfGE 112, 164. Zutreffend erkennt das BVerfG eine Benachteiligung unterhaltsverpflichteter Eltern von Kindern, die sozialversicherungspflichtige Einkünfte oberhalb der Freigrenze beziehen, gegenüber Eltern, deren Kinder keine die Freigrenze übersteigenden Einkünfte und Bezüge haben. Während letztere in den Genuß eines Ausgleichs für ihre durch Unterhaltshaltsverpflichtungen geminderte Leistungsfähigkeit durch Gewährung von Kindergeld und Kinderfreibeträgen kommen, bleibe dies in der Fallgruppe mit Sozialversicherungspflicht versagt, obwohl Einkünfte in Höhe der gesetzlichen Pflichtbeiträge für den laufenden Unterhalt des Kindes von vornherein nicht verfügbar seien und deshalb eine unmittlelbare Erhöhung der finanziellen Leistungsfähigkeit der Eltern nicht bewirken können. Zu dieser Entscheidung *Seer/Wendt*, NJW 2006, 1 f.

534 *Kanzler*, DStJG 24, 417 (450); ders., FR 2001, 921 (932); *Paus*, FR 1996, 337 (340)

535 So *Schuster*, in: Littmann/Bitz/Pust, EStG, § 12 Rn. 18.

536 *Jachmann*, in: Kirchhof/Söhn, EStG, § 31 Rn. 55; *Lang*, in: Festschrift für Klein, 437 (449); *Lieber*, DStZ 1997, 207 (212); *Seer*, in: Festschrift für Kruse, 357 (371); *Wendt*, in: Festschrift für Tipke, 47 (68).

537 *Janssen*, DStZ 1991, 13 (22); *Vogel*, StuW 1999, 201 (219) weist darauf hin, dass die Einführung eines Familienrealsplittings das Problem der Einkünfteverlagerung lediglich weniger dringlich mache, da für Eltern mit hohen gewerblichen oder Kapitaleinkünften noch die Möglichkeit und der Anreiz bestehe, durch die Übertragung eines zusätzlichen Teils ihrer Erwerbsgrundlagen ihre Steuerpflichten weiter zu mindern. Ähnlich *Klein*, in: Festschrift für Zeidler, 773 (800), der das Familienrealsplitting durch die Verteilung von Einkunftsquellen für leicht umgehbar hält.

verursache und daher kompliziert und wenig praktikabel sei[538]. Die Einbeziehung von Unterhaltsempfängern, insbesondere von Kindern, in den Steuervollzug sei praktisch nicht durchführbar, weil geprüft werden müsse, ob die Unterhaltsleistungen zusammen mit eigenen Einkünften des Unterhaltsempfängers zu einer Steuerpflicht des Unterhaltsempfängers führen, oder wegen des Grundfreibetrags letztlich keine Steuerpflicht bestehe[539]. Zur Lösung dieser praktischen Schwierigkeiten wird von den Befürwortern des Realsplittings auf die Möglichkeit eines Rückgriffs auf typisierte und pauschalierte Unterhaltstabellen, wie sie in der zivilrechtlichen Praxis verwendet werden[540], hingewiesen[541]. Das ist zutreffend: Das Bundesverfassungsgericht räumt dem Gesetzgeber grundsätzlich die Möglichkeit zum Erlaß typisierender und pauschalierender Regelungen ein[542] und die einkommensteuerliche Berücksichtigung von Unterhaltspflichten nach Maßgabe der ständig aktualisiert verfügbaren Unterhaltstabellen[543] wäre eine praktikable und leistungsfähigkeitsgerechte Lösung. Verfahrensmäßige Erschwernisse durch eine notwendig werdende Veranlagung von unterhaltsberechtigten Kindern können zudem dadurch vermieden werden, dass die Eltern weiterhin Steuerschuldner bleiben. Das würde den Grundsatz der Individualbesteuerung nicht verletzen[544]. Steuerbescheide sollten – auch in Fällen, in denen der Unterhaltsberechtigte wegen einer Überschreitung des eigenen Grundfreibetrags Steuern zu entrichten hat – an die Unterhaltsverpflichteten gerichtet werden, solange keine sonstigen steuerbaren Einkünfte des Unterhaltsempfängers vorliegen[545]. Die auf Schwierigkeiten des Vollzugs gestützte Kritik verliert zudem

---

538 *Horlemann*, BB 1996, 186 (187); *Janssen*, DStZ 1991, 13 (22); *Oepen*, FR 1992, 149 (152); *Tipke*, StuW 1985, 78 (79); *Vogel*, DStR 1977, 31 (39); *Waterkamp*, Ehegattenveranlagung, S. 262 f.

539 *Horlemann*, BB 1996, 186 (187); *Oepen*, FR 1992, 149 (153)

540 Vgl. die zur Ermittlung der Höhe des Unterhaltsanspruchs in der Praxis herangezogenen Unterhaltstabellen und Leitlinien der Unterhaltsberechnung, dargestellt bei *Diederichsen*, in: Palandt[65], BGB, vor § 1601 Rn. 14 f.

541 *Lang*, Bemessungsgrundlage, S. 653; *Tipke/Lang*, StuW 1984, 129 (132); *Vogel*, DStR 1977, 31 (41).

542 BVerfG v. 02.10.1969 – 1 BvL 12/68 – BVerfGE 27, 58 (66); BVerfG v. 31.05.1988 – 1 BvR 520/83 – BVerfGE 78, 214 (226); BVerfG v. 08.10.1991 – 1 BvL 50/86 – BVerfGE 84, 348 (359); BVerfG v. 08.06.1993 – 1 BvL 20/85 – BVerfGE 89, 15 (24); BVerfG v. 11.11.1998 – 2 BvL 10/95 – BVerfGE 99, 280 (290); BVerfG v. 06.03.2002 – 2 BvL 17/99 – BVerfGE 105, 73 (127).

543 So etwa die Düsseldorfer Tabelle unter www.olg-düsseldorf.nrw/de/.

544 *Tipke/Lang*, Steuerrecht[18], § 9 Rn 103; zustimmend *Jachmann*, in: Kirchhof/Söhn, EStG, § 33 Rn. 55.

aufgrund der zunehmenden Technisierung des Besteuerungsverfahrens an Bedeutung und verdeckt tatsächlich allenfalls fiskalische Interessen[546].

Soweit gegen das Konzept des Familienrealsplittings eingewandt wird, es stelle eine Begünstigung für Besserverdienende dar, da der zivilrechtlich an der Leistungsfähigkeit des Unterhaltsverpflichteten ausgerichtete Unterhaltsanspruch mit wachsendem Einkommen steige, weil der volle Abzug der geschuldeten Unterhaltspflichten von der Bemessungsgrundlage bei einem progressivem Tarif zu einer progressiven Entlastungswirkung führt, ist folgendes festzustellen: Bei dieser Betrachtung werden vertikale und horizontale Steuergerechtigkeit vermengt und verkannt, dass zur Verwirklichung der horizontalen Steuergerechtigkeit die indisponiblen Teile des Einkommens aus der Bemessungsgrundlage auszusondern sind. Gesetzlich normierte Unterhaltspflichten sind für jeden Steuerpflichtigen in Höhe des tatsächlich geschuldeten Unterhalts indisponibel und damit leistungsfähigkeitsmindernd.

3. Familientarifsplitting als gleichwertige Reformalternative?

Bei einem tariflichen Familiensplitting[547] werden die Familienmitglieder veranlagt. Entsprechend der Technik des Ehegattensplittings wird das Gesamteinkommen der Familie auf die einzelnen Familienmitglieder aufgeteilt und anschließend dem progressiven Tarif unterworfen, mit der Folge einer mit der Anzahl der Familienmitglieder (und damit der Höhe des Splittingdivisors) steigenden Milderung der Progression[548]. Dabei wird davon ausgegangen, dass zwi-

---

545 *Tipke/Lang*, StuW 1984, 129 (132) und *Lingemann*, Familienbesteuerung, S. 161 begründen dies damit, dass auf diese Weise Streitigkeiten über die Entrichtung der Steuer vermieden werden und dem Unterhaltsverpflichteten lediglich die Steuerentlastung gewährt werden soll, die sich aus dem Transfer steuerlicher Leistungsfähigkeit durch Unterhaltszahlungen ergebe. Vorrangig ist dann aber der Steuerbescheid des Unterhaltsverpflichteten, auf dessen Grundlage die Höhe der zivilrechtlichen Unterhaltsansprüche zu ermitteln ist, vgl. *Janssen*, DStZ 1991, 13 (22).

546 So auch *Kanzler*, DStJG 24, 417 (458).

547 Beschreibungen des Familientarifsplittings finden sich bei *Charlier*, StbJb 1979/80, 479 (500 f.); *Gaddum*, Steuerreform, S. 44 f.; *Haller*, Besteuerung der Familieneinkommen und Familienlastenausgleich, 1981, S. 34; ders., Steuern[3], S. 82; *Jachmann*, in: Kirchhof/Söhn/Mellinghoff, § 31 Rn. A 55; *Klein*, DStR 1987, 779 (783); ders., in: Festschrift für Zeidler, 773 (796 f.); *Lang*, Bemessungsgrundlage, S. 650 f.; ders., in: Festschrift für Klein, 437 (451); *Lingemann*, Familienbesteuerung, S. 187 f.; *Moderegger*, Familienschutz, S. 165 f.; *Oepen*, DStZ 1992, 684 (690); *Pechstein*, Familiengerechtigkeit, S. 297; *Vogel*, DStR 1977, 31 (40); ders., StuW 1999, 201 (225 f.); *Vorwold*, FR 1992, 789 (792); *Wendt*, in: Festschrift für Tipke, 47 (67 f.).

548 Dabei kommen zwei Berechnungsmethoden in Betracht. Bei ersterer wird nach Ermittlung des Einkommens sämtlicher Familienmitglieder dieses Einkommen durch einen aus der Summe der für jedes Familienmitglied festzulegenden Splitting-Divisoren, die

schen Kindern und Eltern eine ähnliche Erwerbsgemeinschaft besteht wie zwischen Ehegatten[549] und letztlich eine Haushaltsbesteuerung vorgenommen[550]. Die Konzeption des tariflichen Familiensplittings ignoriert strukturelle Unterschiede zwischen Ehegatten auf der einen und zwischen Eltern und Kindern auf der anderen Seite. Im Gegensatz zum Verhältnis der Ehegatten untereinander besteht zwischen Eltern und Kindern keine Verbrauchs-, sondern eine Unterhaltsgemeinschaft[551]. Nur die Ehegattengemeinschaft ist regelmäßig auf Zugewinn- und Versorgungsausgleich angelegt[552]. Außerdem besteht die behauptete Einfachheit der Berechnung mittels eines Divisorensystems allenfalls auf den ersten Blick. So müssten beispielsweise spezielle Regelungen für nicht haushaltszugehörige Kinder getroffen[553] und darüber hinaus wie beim Ehegattensplitting die Möglichkeit einer getrennten Veranlagung auf Antrag eingeräumt werden[554]. Durch die Festlegung der Divisoren entfernt sich das Konzept des Familientarifsplittings ferner von einer realitätsgerechten Berücksichtigung der

---

bei Kindern altersmäßig gestaffelt sein können, gebildeten Gesamtdivisor geteilt, die so ermittelte Bemessungsgrundlage einem einheitlichen Tarif unterworfen und anschließend wieder mit dem Gesamtsplittingdivisor multipliziert. Die zweite Berechnungsmethode sieht dagegen nach Ermittlung des Gesamteinkommens der Familie eine Teilung durch den Gesamtdivisor mit anschließender Multiplikation mit dem für jedes Familienmitglied festgelegten Einzeldivisor vor, woraufhin die so ermittelten Steuerbeträge der einzelnen Familienmitglieder addiert werden. Als Beispiel für die erste Berechnungsmethode vgl. Wiss. Beirat beim Bundesministerium für Finanzen, Gutachten zur Reform der direkten Steuern, 1967, S. 326 (352), die zweite Berechnungsmethode ziehen z. B. heran *Janssen*, DStZ 1991, 13 (21); *Vorwold*, FR 1992, 789 (792).

549 Vgl. hierzu BVerfG v. 03.11.1982 – 1 BvR 620/78, 1335/78, 1104/79, 363/80 – BVerfGE 61, 319 (345 f.). Zur Rechtfertigung des Ehegattensplittings aus unterhaltsrechtlichen Erwägungen siehe nachfolgend 5. m.w.N.

550 *Oepen*, DStZ 1992, 684 (690); *Vorwold*, FR 1992, 789 (792).

551 *Arndt/Schumacher*, AöR 118 (1993), 513 (578); *Jachmann*, in: Kirchhof/Söhn/Mellinghoff, EStG, § 31 Rn A 55; *Lang*, Bemessungsgrundlage, S. 651; *Moderegger*, Familienschutz, S. 166; *Lingemann*, Familienbesteuerung, S. 191; *Oepen*, DStZ 1992, 684 (691); *Uelner*, DStZ 1995, 321 (326); vgl. auch BVerfG vom 03.11.1982 – 1 BvR 620, 1335/78, 1104/79 u. 363/80 – BVerfGE 61, 319. *Kirchhof*, NJW 2000, 2792 (2793) spricht von einer Bedarfs- und Versorgungsgemeinschaft. A.A. *Klein*, DStR 1987, 779 (783) und *Haller*, Besteuerung der Familieneinkommen und Familienlastenausgleich, S. 27 f., die zur Rechtfertigung des Familientarifsplittings darauf abstellen, dass Kinder am Lebensstandard der Eltern teilhaben.

552 *Oepen*, DStZ 1992, 684 (691); *Vorwold*, FR 1992, 789 (794) und *Tipke/Lang*, StuW 1984, 127.

553 Vgl. *Lang*, Bemessungsgrundlage, S. 650.

554 *Arndt/Schumacher*, AöR 118 (1993), 513 (576); *Wendt*, in: Festschrift für Tipke, 47 (60).

tatsächlichen Unterhaltsverhältnisse innerhalb der Familie. So würde bei hohem Einkommen ein deutlich höherer Entlastungseffekt auftreten als bei einem niedrigeren Familiengesamteinkommen. Das ließe sich auch nicht dadurch vermeiden, dass bei niedrigem Familieneinkommen als Ausgleich für die geringere Entlastungswirkung zur Abdeckung der Kinderexistenzminima zusätzlich sozialstaatliche Zuwendungen etwa in Form eines Kindergeldes erfolgen[555]. Eine Beschränkung der Einkünfteverlagerung auf Kinder wäre nicht möglich, wenn für diese ein niedriger Splittingdivisor gelten würde[556]. Insgesamt ist die Festlegung der Splittingdivisoren das Hauptproblem, da durch derartige Determinanten eine Berücksichtigung der individuellen Unterhaltsbelastung, wie sie das Realsplitting durch Anknüpfung an die zivilrechtlichen Unterhaltspflichten gewährleistet, nicht exakt, sondern allenfalls näherungsweise möglich ist[557].

4. Das geltende Ehegattensplitting als typisiertes Realsplitting

Das in §§ 26, 26b und § 32a Abs. 5 EStG geregelte Ehegattensplitting muss dem Postulat entsprechen, dass der Gesetzgeber gesetzliche Unterhaltspflichten ohne Verstoß gegen die Steuergerechtigkeit bei der Besteuerung nicht außer Acht lassen darf; andernfalls liegt ein Verstoß gegen die Steuergerechtigkeit vor. Beim Ehegattensplitting werden die zusammengerechneten Einkünfte beider Ehegatten hälftig geteilt und dem Steuersatz unterworfen. Das Zivilrecht sieht zur Regelung der Lebensverhältnisse in der intakten Ehe drei Güterstände vor. Bei der durch Ehevertrag vereinbarten Gütergemeinschaft (§§ 1415 f. BGB) wird das gemeinschaftliche Vermögen der Ehegatten einschließlich des während der Gütergemeinschaft erworbenen Vermögens zu einem Gesamtgut zusammengefaßt[558]. Wird Gütertrennung (§ 1414 BGB) vereinbart, treten keine güterrechtlichen Wirkungen ein, die beiderseitigen Vermögensmassen bleiben unabhängig voneinander. Der gesetzliche Güterstand der Zugewinngemeinschaft (§§ 1363 f. BGB) beruht auf dem Grundgedanken des Zugewinnausgleichs, wonach während des Bestehens der Zugewinngemeinschaft die Vermögen von Mann und Frau getrennt bleiben und erst bei Beendigung der Zugewinngemeinschaft eine

---

555 Dies erwägen *Haller*, Besteuerung der Familieneinkommen und Familienlastenausgleich, S. 30 f.; *Klein*, DStR 1987, 779 (784); *Vogel*, DStR 1977, 31 (40).

556 *Klein*, DStR 1987, 779 (784) schlägt für einen solchen Fall eine Anhebung der Splittingfaktoren vor.

557 *Bopp*, DStR, 1983, 131 (135); *Janssen*, DStZ 1991, 13 (21); *Lang*, StuW 1983, 103 (122); ders., StuW 1990, 331 (343); *Lieber*, DStZ 1997, 207 (212); *Moderegger*, Familienschutz, S. 166; *Oepen*, DStZ 1992, 684 (691); *Pechstein*, Familiengerechtigkeit, S. 298 f.; *Tipke/Lang*, StuW 1984, 127 (127).

558 Zum Konzept der Gütergemeinschaft vgl. *Brudermüller*, in: Palandt[65], vor § 1415 Rn. 1; *Kanzleiter*, in: Münchener Kommentar, BGB[4], Band 7, vor § 1415 Rn. 1 f.

Teilung des in gemeinschaftlicher Lebensleistung erarbeiteten Gewinns durch den Zugewinnausgleich erfolgt[559]. Auf den ersten Blick erscheint die beim Ehegattensplitting vorgenommene Teilung der zusammengerechneten Einkünfte unter Anknüpfung an die zivilrechtlichen Güterstände für die Gütergemeinschaft nachvollziehbar[560], bei Gütertrennung hingegen wegen fehlender güterrechtlicher Beziehungen eher zweifelhaft[561] und bei der Zugewinngemeinschaft zwar nicht zwingend[562], aber unter großzügiger wirtschaftlicher Betrachtung der durch Zugewinnausgleich (§§ 1371 f. BGB) und Versorgungsausgleich (§§ 1587 f. BGB) vorgeschriebenen hälftigen Vermögens-teilung aber begründbar[563]. Unabhängig vom Güterstand wird das Ehegattensplitting jedoch überwiegend damit gerechtfertigt, dass zwischen den Ehegatten eine Erwerbs- und Verbrauchsgemeinschaft vorliege[564]. Das Bundesverfassungsgericht[565] hat hierzu grundlegend festgehalten, beim Ehegattensplitting handele es sich um eine am Schutzgebot des Art. 6 Abs. 1 GG und an der wirtschaftlichen Leistungsfähigkeit der Ehepaare orientierte sachgerechte Besteuerung. Das Steuerrecht dürfe bei wirtschaftlicher Betrachtungsweise davon ausgehen, dass in einer intakten Durchschnittsehe das von beiden oder nur von einem der Ehegatten erzielte Gesamteinkommen

---

559 Vgl. hierzu *Brudermüller*, in: Palandt, BGB[65], § 1363 Rn. 1 f.; *Koch*, in: Münchener Kommentar, BGB[4], § 1363 Rn. 7.

560 Vgl. *Lingemann*, Familienbesteuerung, S. 174 f.; *Lang*, Bemessungsgrundlage, S. 628; *Pechstein*, Familiengerechtigkeit, S. 198; *Seer*, in: Festschrift für Kruse, 357 (364); *Tipke*, Steuerrechtsordnung I[2], S. 377.

561 Vgl. *Lang*, StuW 1983, 103 (117); *Lingemann*, S. 173; *Tipke*, StbKongrRep. 1983, 39; *Vogel*, DStR 1977, 31 (39); ders., StuW 1999, 201 (208); (51); *Vollmer*, Ehegattensplitting, S. 93.

562 So *Lang*, in: Festschrift für Klein, , 473 (451); *Vogel*, DStR 1977, 31 (39).

563 *Lang*, StuW 1983, 103 (114); *Lehner*, Einkommensteuerrecht und Sozialhilferecht, S. 234; *Moderegger*, Der verfassungsrechtliche Familienschutz und das System des Einkommensteuerrechts, S. 140; *Seer*, in: Festschrift für Kruse, 357 (364); *Tipke*, StBKongrRep 1983, 39 (49); *Vogel*, DStZ 1975, 409 (412). Kritisch dagegen *Böckenförde*, StuW 1986, 335 (339) und *Vorwold*, FR 1992, 789 mit dem Argument, die hälftige Vermögensaufteilung erfolge nach, nicht während der Ehe.

564 *Kirchhof*, BB 2006, 71 (75); ders., ZRP 2003, 73; *Klein*, DStZ 1997, 105 (107); *Lang*, Bemessungsgrundlage, S. 627; ders., StuW 1983, 103 (113 f.); *Lingemann*, Familienbesteuerung, S. 169 f.; *Moderegger*, Verfassungsrechtlicher Familienschutz und System des Einkommensteuerrechts, S. 143; *Schöberle*, in: Kirchhof/Söhn/Mellinghoff, EStG, § 32a Rn. A 154; *Stöcker*, BB 1999, 234; *Vogel*, StuW 1999, 201, (203 f.); *Tipke*, StbKongrRep 1983, 39 (45 f.); *Tipke/Lang*, Steuerrecht[18], § 9 Rn. 826. Zur Kritik an diesem Ansatz sowie am Ehegattensplitting insgesamt vgl. *Sacksofsky*, NJW 2000, 1896 (1898); *Vollmer*, Ehegattensplitting, S. 127 f.; *Vorwold*, FR 1992, 789 (791).

565 BVerfG v. 03.11.1982 – 1 BvR 620/78, 1335/79, 363/89 – BVerfGE 61, 319 (345 f.).

wirtschaftlich je zur Hälfte beiden gemeinsam für Zwecke des Konsums, der Investition oder des Sparens zur Verfügung stehe und dass es insoweit gegebenenfalls zu einem entsprechenden Transfer wirtschaftlicher Leistungsfähigkeit komme.

Die Annahme einer Erwerbs- und Verbrauchsgemeinschaft mag zwar bei großzügiger wirtschaftlicher Betrachtung zutreffend sein, jedoch bleibt hierbei folgendes außer Betracht: Der Güterstand lässt die einkommensteuerrechtliche Zurechnung der von den einzelnen Ehegatten erzielten Einkünfte unberührt. Hierfür ist entscheidend, wer den Tatbestand der Einkünfteerzielung persönlich (individuell) verwirklicht; das gilt auch beim Bestehen einer Gütergemeinschaft[566]. Hiervon gehen auch die Vorschriften über die Zusammenveranlagung aus, wenn zunächst eine getrennte, individualbezogene Einkünfteermittlung vorgeschrieben ist. Für eine leistungsfähigkeitskonforme Besteuerung ist entscheidend, ob das Ehegattensplitting unter Berücksichtigung der zivilrechtlichen Unterhaltsverpflichtungen der Ehegatten (§§ 1360, 1360a BGB) die beim Unterhaltsverpflichteten Ehegatten eintretende Leistungsfähigkeitsminderung und den beim Unterhaltsberechtigten eintretenden Leistungsfähigkeitszuwachs zutreffend abbildet. Die gesetzliche Unterhaltspflicht umfasst nach § 1360a BGB den angemessenen Unterhalt, der zwar bei intakter Ehe anders als im Falle des Getrenntlebens nicht notwendigerweise betragsmäßig quantifiziert werden muss[567], sich aber in Anlehnung an den Trennungs- und Geschiedenenunterhalt bestimmen lässt[568] und damit grundsätzlich die Hälfte des verfügbaren Einkommens beträgt[569]. Die hälftige Zurechnung des Einkommens im Rahmen des Splittings entspricht daher einem typisierend an den zivilrechtlichen Vorgaben des Unterhaltsrechts ausgerichteten pauschalen Realsplitting und verwirklicht daher eine leistungsfähigkeitskonforme Besteuerung beider Ehegatten[570].

---

566 *Kanzler*, DStJG 24, 417 (437); *Söhn*, in: Festschrift für Vogel, 639 (649 f.). Anders *Vogel*, StuW 1999, 201 (209).

567 Vgl. *Wacke*, in: Münchener Kommentar, BGB[4], § 1360a, Rn. 4.

568 *Brudermüller*, in: Palandt, BGB[65], § 1360a Rn. 1. Ungenau insoweit *Kanzler*, DStJG 24, 417 (439).

569 Vgl. hierzu die Nachweise unter F. II. 2., S. 80 f.

570 *Müller-Franken*, StuW 2004, 109 (117); *Seer*, in: Festschrift für Kruse, 357 (369); *Söhn*, in: Festschrift für Vogel, 639 (655), der zutreffend darauf hinweist, dass die Heranziehung des ehelichen Unterhaltsrechts zur Rechtfertigung des Ehegattensplittings weder durch die marginalen Abweichungen vom Halbteilungsgrundsatz durch Berücksichtigung eines Erwerbstätigkeitsbonus bei der Einverdienerehe, noch durch die steuerliche Nichtberücksichtigung von Unterhaltsleistungen in Form von Haus- und Familienarbeit in Frage gestellt werden kann. Zur Gegenauffassung vgl. *Vollmer*, Ehegattensplitting, S. 235 f. Aus ökonomischer Sicht *Homburg*, StuW 2000, 261 (263).

Das geltende Ehegattensplitting stellt sich damit nicht als steuerliche Vergünstigung, sondern als verfassungsgemäße, allerdings nicht als verfassungsrechtlich zwingende[571] Lösung dar. Die Alternativlösung in Form eines tatsächlichen Realsplittings müsste den Anforderungen an eine realitätsgerechte Berücksichtigung von rechtlich zwingenden Unterhaltsleistungen genügen und folglich mangels fester Unterhaltssätze bei zusammenlebenden Ehegatten betragsmäßig auf die zum Trennungs- und Geschiedenenunterhalt entwickelten Unterhaltstabellen zurückgreifen[572].

5. Kritischer Ausblick: Einkommensteuerreformentwürfe

In den aktuell diskutierten Einkommensteuerreformentwürfen[573] finden sich höchst unterschiedliche Ansätze zur einkommensteuerlichen Erfassung zwangsläufiger Unterhaltsleistungen auf Geber- und Empfängerseite. Sie reichen von der Beibehaltung einer kombinierten Kindergeld- und Freibetragslösung bis zur Reinverwirklichung eines Realsplittings für alle Unterhaltsgemeinschaften, außerdem werden auch Mischformen vorgeschlagen.

(a) Der Entwurf Mitschkes

Der Entwurf eines Einkommensteuergesetzes von *Mitschke* sieht in § 2 des Entwurfs[574] eine Regelung zur Familienbesteuerung vor, die sowohl nicht ge-

---

571 So auch *Böckenförde*, StuW 1986, 335; *Kruse*, in: Festschrift für Friauf, 793 (800); *Lang*, StuW 1983, 103 (115); *Seer*, in: Festschrift für Kruse, 357 (375); *Söhn*, in: Festschrift für Oberhauser, 413 (431); *Vogel*, DStR 1977, 31 (39); ders., StuW 1999, 201 (208); *Zeidler*, StuW 1985, 1 (2). Auch das Bundesverfassungsgericht hält das Ehegattensplitting nicht für verfassungsrechtlich zwingend, vgl. BVerfG v. 17.01.1957 – 1 BvL 4/54 – BVerfGE 6, 55 (67 f.); BVerfG v. 03.11.1982 – 1 BvR 620/78, 1335/79, 363/89 – BVerfGE 61, 319 (345 f.).

572 *Söhn*, in: Festschrift für Oberhauser, 413 (432); *Vogel*, DStR 1977, 31 (39).

573 Vgl. hierzu den allgemeinen Überblick von *Kube*, BB 2005, 743.

574 § 2 des Entwurfs lautet:

(1) Nicht getrennt lebende Ehegatten und ihre minderjährigen, unverheirateten Kinder bilden mit der Summe ihrer weltweiten Einkünfte (§ 3 Abs. 1) und mit ihren sonstigen Besteuerungsmerkmalen eine unbeschränkt steuerpflichtige Besteuerungseinheit, soweit zumindest ein Ehegatte unbeschränkt steuerpflichtig ist und nicht einer der Ehegatten die getrennte Veranlagung (§ 31) beantragt.

(2) Unbeschränkt steuerpflichtige, alleinerziehende Elternteile bilden im Umfang nach Abs. 1 mit den zu ihrem Haushalt gehörigen minderjährigen, unverheirateten Kindern eine unbeschränkt steuerpflichtige Besteuerungseinheit.

(3) Kinder sind bei der Familienbesteuerung mit beiden Eltern oder einem Elternteil im ersten Grad verwandte Kinder.

trennt lebende Ehegatten (Abs. 1) als auch alleinerziehende Elternteile (Abs. 2) mit ihren unverheirateten, minderjährigen Kindern zu einer Besteuerungseinheit zusammenfaßt, auf die nach Maßgabe der Tarifregelung des § 28 des Entwurfs[575] die dort vorgesehenen Splittingfaktoren Anwendung finden[576]. Als von der Bemessungsgrundlage abzugsfähige Privatabzüge werden Grundfreibeträge (§ 21 Abs. 1 Nr. 5 und § 26 des Entwurfs) sowie nach Alter und Bedarf gestaffelte Kinderfreibeträge (§§ 21 Abs. 1 Nr. 4, 25 des Entwurfs) vorgesehen. Letztere können nach Wahl des Anspruchsberechtigten auch durch die Gewährung von Kindergeld nach dem außerhalb des Einkommens-teuergesetzes geregelten Kindergeldgesetz berücksichtigt werden. Dadurch wird die im geltenden Einkommensteuerrecht vorgesehene Berücksichtigung von Freibeträgen in den tariflichen Vorschriften (§§ 32 Abs. 6 EStG, 32a Abs. 1 S. 1 Nr. 1 EStG) beseitigt[577]. Daneben sind die in §§ 21 Abs. 1 Nr. 2, 23 Abs. 1 Nr. 1 des Entwurfs[578]

---

575 § 28 des Entwurfs lautet:

(1) Bei der Familienbesteuerung nach § 2 und der getrennten Veranlagung von Ehegatten nach § 31 ist das maßgebliche, auf 100 € abgerundete zu versteuernde Einkommen durch den Faktor nach Abs. 2 zu teilen, für den sich ergebenden Teilbetrag die Einkommensteuer nach dem Grundtarif (§ 27) zu errechnen und die errechnete Einkommensteuer mit dem Faktor nach Abs. 2 zu vervielfältigen. Der sich ergebene, gerundete Betrag ist die Einkommensteuer auf das maßgebliche zu versteuernde Einkommen.

(2) Der Faktor ist

(a) bei der Familienbesteuerung nach § 2 Abs. 1:

der Betrag oder die Summe von 2,0 und je 0,5 für jedes in die Familienbesteuerung einbezogene minderjährige Kind;

(b) bei der Familienbesteuerung nach § 2 Abs. 2:

der Betrag oder die Summe von 1,0 und je 0,5 für jedes in die Familienbesteuerung einbezogene minderjährige Kind;

(c) bei der getrennten Veranlagung von Ehegatten nach § 31:

der Betrag oder die Summe von 1,0 und je 0,25 für jedes in die getrennte Veranlagung einbezogene minderjährige Kind.

576 Die Regelung beruht ausweislich der Entwurfsbegründung insbesondere auf der Vermutung einer gemeinsamen Bewirtschaftung der Familieneinkünfte, vgl. Mitschke, Erneuerung des deutschen Einkommensteuerrechts, Rn. 36 f., 103.

577 Zur Kritik an der Verortung der Freibeträge in den Vorschriften über den Tarif vgl. *Tipke/Lang*, Steuerrecht[18], § 9 Rn. 83 f.

578 § 23 des Entwurfs lautet:

(1) Besondere abzugsfähige Privataufwendungen sind Aufwendungen für

beschriebenen Unterhaltsleistungen abzugsfähig. Auf Empfängerseite werden Unterhaltsbezüge als Einkünfte aus Unterhaltsansprüchen (§ 20 Nr. 3 des Entwurfs[579]) erfasst. Insgesamt orientieren sich die Vorschriften an dem im geltenden Einkommensteuerrecht normierten Realsplitting bei getrennt lebenden und geschiedenen Ehegatten, ohne die bereits bemängelten steuersystematischen Mängel des Zustimmungserfordernisses, der Höchstbetragsbegrenzung und der intersubjektiven Koppelung von Abziehbarkeit und Steuerbarkeit (Korrespondenzprinzip) zu übernehmen. Allerdings wird nicht hinreichend deutlich gemacht, dass nur indisponible Privatausgaben abzugsfähig sein können (müssen), wenn es heißt, dass "vereinbarte Leistungen" zur Abzugsfähigkeit berechtigen[580]. Zudem ist das vorgesehene Nebeneinander von Familientarifsplitting und Familienrealsplitting im Hinblick auf den Grundsatz der Individualbesteuerung problematisch; denn die Einführung eines Familientarifsplittings wäre eine Rückkehr zur Haushaltsbesteuerung.

(b) Karlsruher Entwurf zur Reform des Einkommensteuergesetzes

Der Karlsruher Entwurf zur Reform des Einkommensteuergesetzes[581] sieht in § 14 Nr. 2 des Entwurfs[582] die Abzugsfähigkeit und Steuerbarkeit von Zahlun-

---

Nr. 1 die bei der Trennung festgesetzten oder vereinbarten Unterhaltsleistungen an den geschiedenen oder dauernd getrennt lebenden Ehegatten und an die Kinder …

579 § 20 des Entwurfs lautet:

Einkünfte aus Versicherungen und Unterhaltsansprüchen sind Einkünfte aus …

3. bei der Trennung festgesetzten oder vereinbarten Unterhaltsleistungen an den geschiedenen oder dauernde getrennt lebenden Ehegatten und an die Kinder.

580 Aus der Entwurfsbegründung geht allerdings hervor, dass das disponible Einkommen als Indikator der subjektiven steuerlichen Leistungsfähigkeit beim Verpflichteten durch "unabdingbare Unterhaltszahlungen unzweifelhaft geschmälert ist", vgl. *Mitschke*, Erneuerung des deutschen Einkommensteuerrechts, Rn. 167.

581 Karlsruher Arbeitskreis, Karlsruher Entwurf zur Reform des Einkommensteuergesetzes, Gesetzestext, S. 1 f. Vgl. hierzu *Kirchhof*, StuW 2002, 3 f. sowie die steuerjuristische Würdigung von *Tipke*, StuW 2002, 148 f. Ferner *Bareis*, StuW 2002, 135 f.; *Maiterth*, BB 2001, 1172; *Wagner*, StuW 2001, 354; *Wassermeyer*, DStR 2001, 920.

582 § 14 des Karlsruher Entwurfs lautet:

Der Steuerpflichtige kann zur Ermittlung seines Einkommens von den Einkünften abziehen:

1. einen Grundfreibetrag von 16.000 DM, soweit für den Steuerpflichtigen kein Anspruch auf Kindergeld besteht;

2. Zahlungen zur Erfüllung gesetzlicher Unterhaltspflichten bei einem geschiedenen oder dauernde getrennt lebenden Ehegatten bis zu 30.000 DM, im Übrigen bis

gen aufgrund gesetzlicher Unterhaltspflichten vor. Das Existenzminimum für Kinder soll nicht durch einen Kinderfreibetrag, sondern durch angemessenes Kindergeld gesichert werden, das beim Abzug von Kindesunterhalt anzurechnen ist. Ausweislich der Entwurfsbegründung folgt die Regelung für Unterhaltsgemeinschaften "dem Korrespondenzprinzip als einkommensteuerliche Ausnahmeregelung"[583]. Diese Begründung erklärt sich nur vor dem Hintergrund, dass die Besteuerung des Unterhalts nach der dem Entwurf zugrunde gelegten Markteinkommenstheorie nicht passt. Dass der Unterhaltsempfänger die Unterhaltsbezüge deshalb zu versteuern hat, weil der Unterhaltsverpflichtete sie von den Erwerbseinkünften abziehen kann, widerspricht indes einer dem Leistungsfähigkeitsprinzip entsprechenden Behandlung von Unterhaltszahlungen auf Empfänger- und Geberseite. Es wird verkannt, dass ein Korrespondenzprinzip weder als Ausnahmeregelung richtig ist noch überhaupt einen eigenständigen Besteuerungsgrundsatz darstellen kann, sondern allenfalls die Folge einer am Grundsatz der Besteuerung nach der individuellen Leistungsfähigkeit orientierten systemgerechten Besteuerung ist[584].

(c) Das Kirchhof'sche Einkommensteuergesetzbuch

In dem von *Kirchhof* vorgelegten Einkommensteuergesetzbuch[585] findet sich kein Tatbestand, der Unterhaltsleistungen auf Empfängerseite steuerlich erfasst. Dies ist die Konsequenz der ausschließlichen Ausrichtung des Besteuerungsgegenstandes an der Markteinkommenstheorie[586]. In § 10 EStGB[587] ist allerdings eine Übertragung des Grundfreibetrags eines Unterhaltsberechtigten auf den Unterhaltspflichtigen vorgesehen. Die Übertragungsmöglichkeit wird als wirt-

---

zum Grundfreibetrag (Nr. 1) von 16.000 DM; die Zahlungen sind beim Unterhaltsberechtigten zu versteuern. Dies gilt nicht für Unterhaltsleistungen an Personen, soweit ein Anspruch auf Kindergeld nicht besteht ...

583 Karlsruher Arbeitskreis, Karlsruher Entwurf zur Reform des Einkommensteuergesetzes, Begründung, S. 44.

584 Vgl. speziell zu § 14 Nr. 2 des Karlsruher Entwurfs *Tipke*, StuW 2002, 148 (168).

585 Vgl. hierzu *Homburg/Bolik*, BB 2005, 2330 f.; *Kirchhof*, BB 2006, 71.

586 Vgl. *Kirchhof*, Einkommensteuergesetzbuch, Begründung, § 2 Rn. 25.

587 § 10 EStGB lautet:

(1) Ein Unterhaltsberechtigter kann seinen Grundfreibetrag auf denjenigen übertragen, der ihm gegenüber eine gesetzliche Unterhaltspflicht erfüllt.

(2) Ehegatten bilden eine eheliche Erwerbsgemeinschaft, wenn sie zusammenleben. Sie könne untereinander Einkünfte ausgleichen, die Vereinfachungspauschale, den Grundfreibetrag und den Sozialausgleichsbetrag (persönliche Steuerentlastungsbeträge) übertragen.

schaftliches Äquivalent für eine Inanspruchnahme des Unterhaltsschuldners durch seinen Unterhaltsgläubiger betrachtet und orientiert sich an den zivilrechtlichen Unterhaltspflichten[588]. Im Ergebnis werden durch die Übertragung von Grundfreibeträgen eine niedrigere Besteuerung beim Unterhaltspflichtigen und eine höhere Besteuerung beim Unterhaltsberechtigten erreicht. Dieser Effekt entspricht zwar einer leistungsfähigkeitskonformen Besteuerung, kann aber nur über den Umweg der fakultativen Freibetragsübertragung erreicht werden[589]. Zudem weist die Anknüpfung an den Freibetrag als technisches Instrument zur Verwirklichung einer leistungsfähigkeitskonformen Besteuerung durch Übertragung gegenüber einem Modell, das die Leistungsfähigkeitsminderung durch Unterhaltszahlungen auf Verpflichtetenseite und die Leistungsfähigkeitserhöhung auf Berechtigtenseite für jeden Steuerpflichtigen originär und unabhängig erfasst, Lücken auf. Beispielsweise versagt die Übertragungslösung bei einem im Ausland lebenden unterhaltspflichtigen getrennt lebenden oder geschiedenen Ehegatten[590].

(d) Elickers Entwurf einer proportionalen Netto-Einkommensteuer

Der von *Elicker* vorgeschlagene Entwurf einer proportionalen Nettoeinkommensteuer[591] differenziert bei der steuerlichen Berücksichtigung von Unterhaltsleistungen zwischen Zahlungen an haushaltszugehörige Unterhaltsberechtigte[592]

---

588 Vgl. *Kirchhof*, Einkommensteuergesetzbuch, Begründung, § 10 Rn. 3 f.

589 *Homburg/Bolik*, BB 2005, 2330 (2332) halten es "aus heutiger Sicht seltsam und rechtfertigungsbedürftig, dass sich Unterhaltsleistungen, die beim Empfänger nicht steuerbar sind, auf Seiten des Gebers bis zur Höhe des Grundfreibetrags steuermindernd auswirken (§ 10 Abs. 1 EStGB).

590 Vgl. *Söhn*, StuW 2005, 109 (110).

591 *Elicker*, Entwurf einer proportionalen Netto-Einkommensteuer, S. 7 f.

592 § 8 des Entwurfs lautet:

(1) Jedem Steuerpflichtigen steht zur steuerlichen Entlastung des typischen Grundbedarfs der Abzug eines persönlichen Freibetrags in Höhe von 8.000 Euro von seinem Einkommen zu. Ein Steuerpflichtiger kann die persönlichen Freibeträge der in seinem Haushalt lebenden Personen, gegenüber denen er gesetzlich zum Unterhalt verpflichtet ist, abziehen, soweit die Höhe des persönlichen Freibetrags deren eigenes Einkommen übersteigt und soweit tatsächlich Unterhalt geleistet wird.

(2) Sorgen mehrere gesetzlich Unterhaltsverpflichtete für den Unterhalt einer Lebensgemeinschaft, so werden die insgesamt für die Unterhalt Leistenden abziehbaren persönlichen Freibeträge entsprechend den finanziellen Beiträgen zum Unterhalt der Unterhaltsberechtigten aufgeteilt.

(3) Werden an den Steuerpflichtigen oder einen seiner Haushaltsangehörigen, deren persönliche Freibeträge er geltend macht, nicht steuerbare Unterhaltsleistungen

an außerhalb des Haushalts lebende gesetzlich Unterhaltsberechtigte und an geschiedene oder dauernd getrennt lebende Ehegatten[593]. Die Regelungen bezwecken der Begründung zufolge eine gleichmäßige Berücksichtigung der subjektiven Leistungsfähigkeit[594]. Die hierzu verwendete Technik der Freibetragsübertragung unterliegt der bereits am Kirchhof'schen Einkommensteuergesetzbuch geäußerten Kritik: Zwar werden die Leistungsfähigkeitsminderung beim Verpflichteten und die Leistungsfähigkeitserhöhung beim Empfänger im Ergebnis zutreffend erfasst, aber nur bei einer Haushaltsgemeinschaft. Zudem wird mit der vergröbernden Pauschalierung durch Festsetzung eines einheitlichen Freibetrags dem Postulat der realitätsgerechten Berücksichtigung gesetzlicher Unterhaltspflichten nur näherungsweise Rechnung getragen. Dass in § 9 Abs. 1 Nr. 2 des Entwurfes eine Freibetragserhöhung bei Abdeckung eines Sonderbedarfs des Unterhaltsberechtigten durch Unterhaltsleistungen vorgesehen ist, ist zwar realitätsgerecht, wirft aber die Frage auf, warum dies nicht auch bei den zum Haushalt gehörigen Unterhaltsberechtigten vorgesehen ist. Die Entwurfsbegründung enthält eine zutreffende, wenn auch nur indirekt ausgesprochene Ablehnung des Korrespondenzprinzips[595]. Dass die durch Unterhaltszahlungen vermittelte Leistungsfähigkeit auf Empfängerseite nicht erfasst wird[596], ist und bleibt aber nicht

---

eines Dritten, staatliche Sozialleistungen oder sonstige nicht steuerbare Erstattungs- bzw. Entschädigungsleistungen bewirkt, die der Abdeckung des persönlichen Lebensbedarfs im betreffenden Zeitraum dienen, so ist der Freibetrags des durch die Leistung Begünstigten um den geleisteten Betrag zu kürzen.

593 § 9 des Entwurfs lautet:

(1) Als Sonderbedarfe sind abziehbar:

2. Zahlungen an geschiedene oder dauernd getrennt lebende Ehegatten und an sonstige außerhalb des Haushalts lebende gesetzlich Unterhaltsberechtigte bis zur Höhe des persönlichen Freibetrags. Der Freibetrag ist zu erhöhen, soweit in der Person des Zahlungsempfängers ein abziehbarer Sonderbedarf nach Nr. 3 bis Nr. 5 begründet ist und dieser Sonderbedarf durch die Zahlungen des Unterhalt Leistenden abgedeckt wird. § 8 Abs. 3 ist entsprechend anzuwenden. …

594 *Elicker*, Entwurf einer proportionalen Netto-Einkommensteuer, Begründung, § 8 Rn. 4.

595 *Elicker*, Entwurf einer proportionalen Netto-Einkommensteuer, Begründung, Allgemeiner Teil, Rn. 18 f.

596 *Elicker*, Entwurf einer proportionalen Netto-Einkommensteuer, Begründung, § 2 Rn. 4 führt hierzu aus: "Private Unterhaltszahlungen sind nach dem vorliegenden Entwurf bei Entnahme aus der Erwerbsvermögenssphäre grundsätzlich zu versteuern. Die Steuerpflicht trifft somit den Entnehmenden; er kann allerdings den Grundfreibetrag des zu Versorgenden in Anspruch nehmen (§ 8, § 9 Abs. 1 Nr. 2)".

"sachgerecht"[597] und entspricht einer systematisch am Leistungsfähigkeitsprinzip orientierten Besteuerung nicht. Der Entwurf müsste insoweit das geltende Recht korrigieren; ein dahingehender Vorschlag fehlt aber. Daran kann die Ausrichtung an dem von *Elicker*[598] entwickelten, auf die Netto-Einkommensteuer zugeschnittenen Einkommensbegriff nichts ändern.

(e) Roses Einfachsteuergesetz

Das von *Rose* entworfene Einfachsteuergesetz (EfStG)[599] enthält in § 24 EfStG[600] einen dem jetzigen Sonderausgabenabzug in § 10 Abs. 1 EStG ähnelnden Abzugstatbestand, in dem ein einheitlicher, nach einer Lebensbedarfsverordnung fortgeschriebener Grundfreibetrag sowohl für den Steuerpflichtigen selbst als auch für die durch den Steuerpflichtigen unterhaltene Personen, gekürzt um deren eigene steuerpflichtigen Einkünfte, gewährt wird. Wegen der Beschränkung des zu versteuernden Einkommens auf Markteinkünfte (§ 6 Abs. 1 EfStG) wird die Besteuerung von Unterhaltsleistungen nicht angesprochen, so dass die durch Gewährung von Unterhaltsleistungen beim Empfänger eintretende Leistungsfähigkeitserhöhung nicht erfasst wird.

---

597 Vgl. aber *Elicker*, Entwurf einer proportionalen Netto-Einkommensteuer, Begründung, § 8 Rn. 8: "Wertzuflüsse aus privaten Unterhaltsleistungen sind nach der Sphärentheorie nicht steuerbar, was auch sachgerecht ist."

598 *Elicker*, Entwurf einer proportionalen Netto-Einkommensteuer, Begründung, § 8 Rn. 8: "Es wäre nicht im Interesse eines zielgenauen Systems, diese Transfers zu erhöhen, um den Empfänger in die Lage zu versetzen, direkte Steuern auf diesen Empfang zu zahlen mit der gleichzeitigen Folge der Abziehbarkeit beim Geber."

599 *Manfred Rose*, Reform der Einkommensbesteuerung in Deutschland, S. 150 f. und www.einfachsteuer.de.

600 § 24 EfStG lautet:

(1) Bei unbeschränkt Steuerpflichtigen sind folgende Ausgaben der privaten Lebensführung abzugsfähig:

1. Ausgaben für den regelmäßigen Grundbedarf des Steuerpflichtigen in Höhe eines Grundfreibetrags gem. Abs. 2;

2. Ausgaben für den regelmäßigen Grundbedarf der vom Steuerpflichtigen unterhaltenen Personen und nicht zum Kindergeld berechtigten Personen in Höhe der Freibeträge gemäß Abs. 3

(2) Der Grundfreibetrag für den unbeschränkt Steuerpflichtigen beträgt für das Kalenderjahr 10.000 Euro und wird durch die Lebensbedarfsverordnung fortgeschrieben. ...

(3) Der Freibetrag für eine unterhaltene Person entspricht dem Grundfreibetrag gemäß Abs. 2 gekürzt um die eigenen steuerpflichtigen Einkünfte der unterhaltenen Person. Wurde für die unterhaltene Person während des Ermittlungszeitraums Kindergeld ausgezahlt, so ist der Freibetrag zeitanteilig zu kürzen.

(f) Gesetzesentwürfe aus der 15. Legislaturperiode

Eine ausdrückliche Korrespondenz normiert der an der Markteinkommenstheorie orientierte Gesetzesentwurf der FDP-Fraktion[601] in § 7 Abs. 4 des Entwurfs[602]. Die Abhängigkeit der Steuerbarkeit auf Empfängerseite von der Abziehbarkeit auf Verpflichtetenseite wird mit der Vermeidung doppelter steuerlicher Belastungen begründet. Dieser Begründungsansatz steht jedoch im Widerspruch zu der in § 1 des Entwurfs ausdrücklich als Ziel angegebenen Besteuerung nach der Leistungsfähigkeit. Zudem liegt in der Annahme, dass es sich bei rechtlichen Ansprüchen meist um Verpflichtungen des finanziell besser gestellten Versorgers an bedürftige Familienangehörige handele[603], ein Verstoß gegen die horizontale Steuergerechtigkeit. Die Zwangsläufigkeit von Unterhaltszahlungen aufgrund rechtlicher Unterhaltspflichten mindert die individuelle Leisutungsfähigkeit unabhängig vom Status des Verpflichteten und die interpersonale Verknüpfung der nur im Rahmen einer Höchstbetragsregelung vorgesehenen Steuerbarkeit auf Empfängerseite[604] mit der Abziehbarkeit auf Verpflichtetenseite widerspricht dem als Grundprinzip des Entwurfs ausgegebenen Leistungsfähigkeitsprinzip. Wegen der Anknüpfung an die unbeschränkte Steuerpflicht des Empfängers bleiben außerdem Zahlungen an Unterhaltsberechtigte mit Wohnsitz im Ausland unberücksichtigt. Das Konzept 21 der CDU/CSU-Bundestagsfraktion lehnt sich an die im Kirchhof'schen Einkommensteuergesetz vorgeschlagene Technik der Freibetragsübertragung auf Unterhaltspflichtige an, sieht nur die Möglichkeit der Übertragung des Kindergrundfreibetrags auf die Eltern vor[605] und bleibt aufgrund dieser partiellen Lösung hinter den Anforderungen an eine leistungsfähigkeitskonforme einkommensteuerliche Erfassung von Unterhaltsleistungen auf zivilrechtlicher Grundlage zurück.

(g) Der Kölner Entwurf eines Einkommensteuergesetzes

Der Kölner Entwurf eines Einkommensteuergesetzes[606] schließt die bei Ausrichtung an der Markteinkommenstheorie entstehende Lücke durch die Schaffung

---

601 BT-Drucks. 15/2349, S. 3 f. Vgl. hierzu *Rind*, in: Festschrift für Solms, 77 f.

602 § 7 Abs. 4 des Entwurfs lautet: Unterhaltszahlungen werden beim Empfänger nur besteuert, soweit sie beim Leistenden abziehbar sind.

603 Vgl. die Einzelbegründung des Entwurfs, BT-Drucks. 15/2349, S. 15.

604 Vgl. § 23 Nr. 5 des Entwurfs: Als Sonderaufwendungen in voller Höhe abziehbar sind folgende im Jahr der Veranlagung gezahlten Beiträge: Unterhaltszahlungen auf Grund einer rechtlichen Verpflichtung bis zu einem jährlichen Höchstbetrag von 12.000 Euro, wenn der Empfänger im Inland steuerpflichtig ist.

605 BT-Drucks. 15/2745, S. 6.

606 *Lang* u.a. (Hrsg.), Kölner Entwurf eines Einkommensteuergesetzes, Gesetzestext, S. 1 f.

eines eigenen, den allgemeinen Privatausgaben- und Privateinnahmentatbestand[607] konkretisierenden Unterhaltseinnahmentatbestandes, in dem auch die Anforderungen an die Abzugsfähigkeit mitgeregelt sind[608].
Die Entwurfsbegründung erklärt diese als Realsplitting ausgestaltete Berücksichtigung gesetzlicher Unterhaltsleistungen auf der Verpflichteten- und der Berechtigtenseite zutreffend mit dem durch die Rechtsprechung des Bundesverfassungsgerichts entwickelten Postulat der realitätsgerechten Berücksichtigung zwangsläufiger Unterhaltsleistungen sowie mit einer konsequenten Verwirkli-

---

607 § 35 des Kölner Entwurfs lautet:

(1) Nach § 2 Abs. 2 abziehbare Privatausgaben sind

1. Lebensbedarfsausgaben im Sinne des § 36
2. Unterhaltsausgaben im Sinne des § 37 ...

(3) Nach § 2 Abs. 2 zu versteuernde Privateinnahmen sind

1. Lebensbedarfseinnahmen im Sinne des § 36 Abs. 5
2. Unterhaltseinnahmen im Sinne des § 37.

608 § 37 des Kölner Entwurfs lautet:

(1) [1]Der tatsächlich geleistete Unterhalt wird durch abziehbare Unterhaltsausgaben des Gebers und durch zu versteuernde Unterhaltseinnahmen des Empfängers berücksichtigt, wenn der Unterhalt gesetzlich zwangsläufig ist oder die Unterhaltsleistung die Hilfe aus öffentlichen Mitteln entlastet. [2]Abziehbare Unterhaltsausgaben sind auch Ausgaben, die durch das Unterhalts- und Versorgungsverhältnis veranlasst sind. [3]Unterhaltseinnahmen sind nur im Umfange der Abziehbarkeit von Unterhaltsausgaben zu versteuern.

(2) [1]Unterhaltsausgaben werden zunächst durch Regelunterhaltsbezüge und durch Sonderunterhaltsbezüge berücksichtigt. [2]Die Regelunterhaltsabzüge werden nach den Grundsätzen des Unterhaltsrechts pauschal durch Rechtsverordnung (Unterhaltsverordnung) festgelegt. [3]Sonderbedarfsausgaben (§ 36 Abs. 4) für die unterhaltene Person sind in tatsächlich geleisteter Höhe als Sonderunterhaltsabzüge abziehbar.

(3) [1]Unterhaltsleistungen zwischen Ehegatten werden durch Einkünfteausgleich in der Weise berücksichtigt, dass jedem Ehegatten die Hälfte der Summe der von beiden Ehegatten erwirtschafteten Einkünfte zugerechnet wird. [2]Dieser Einkünfteausgleich ist nur durchzuführen, wenn beide Ehegatten nicht dauernd getrennt leben und keiner der Ehegatten dem Einkünfteausgleich widerspricht. [3]Die Vorschriften der Sätze 1 und 2 sind für eingetragene Lebenspartnerschaften entsprechend anzuwenden.

(4) Bei mehreren Unterhaltsverpflichteten wird der tatsächlich geleistete Unterhalt anteilig berücksichtigt, es sei denn, die Verpflichteten beantragen gemeinsam schriftlich eine andere Aufteilung.

chung des subjektiven Nettoprinzips[609]. Durch die Festlegung der Regelunterhaltsabzüge nach den Grundsätzen des Unterhaltsrechts werde der Konnex zwischen Unterhaltsrecht und Steuerrecht hergestellt[610]. Vor diesem Hintergrund ist allerdings nicht verständlich, warum Steuerbarkeit und Abziehbarkeit von Unterhaltsleistungen in § 37 Abs. 1 S. 3 des Entwurfs einem Korrespondenzprinzip unterworfen werden. Die systemgerechte Verwirklichung des Leistungsfähigkeitsprinzips ist an den Grundsatz der Individualbesteuerung gebunden. Daraus folgt, dass jeder Steuerpflichtige nach seiner individuellen Leistungsfähigkeit zu besteuern ist, so dass eine Entsprechung von Abzugsfähigkeit und Steuerbarkeit bei Unterhaltsleistungen keine konstitutive Voraussetzung für die einkommensteuerliche Behandlung auf Seiten des Berechtigten und des Verpflichteten sein darf. Die konsequente Ausfüllung eines auf der Markteinkommenstheorie beruhenden lückenhaften Reformkonzepts durch eine steuerliche Erfassung von Privateinnahmen kann daher nicht "komplementären Zwecken" dienen und den Abzug von Privatausgaben im Sinne eines Korrespondenzprinzips voraussetzen[611]. Insoweit ist § 37 Abs. 1 S. 3 des Kölner Entwurfs verfehlt und sollte gestrichen werden[612].

V. Ergebnis

Anders als das Familienrealsplitting ist das Familientarifsplitting keine brauchbare Reformalternative. In einem an der individuellen Leistungsfähigkeit ausgerichteten System der Einkommensteuer ist für ein auf dem Konzept der Haushaltsbesteuerung basierendes Familientarifsplitting kein Raum[613]. Das Realsplitting erfasst hingegen zutreffend die individuelle Leistungsfähigkeitsminderung durch gesetzliche Unterhaltspflichten auf Seiten des Verpflichteten und die erhöhte Leistungsfähigkeit auf Empfängerseite. Im Ergebnis folgt hieraus für Zahlungen aufgrund gesetzlicher Unterhaltsverpflichtung im Regelfall eine positive Korrespondenz: Der Geber kann die Ausgaben von der Bemessungsgrundlage abziehen, der Empfänger hat die Bezüge zu versteuern. Dies ist aber Folge, nicht Voraussetzung einer leistungsfähigkeitskonformen Besteuerung. Das gesetzlich normierte Realsplitting in §§ 10 Abs. 1 Nr. 1, 22 Nr. 1a EStG hat insoweit Mo-

---

609 Vgl. *Lang* u. a., Kölner Entwurf eines Einkommensteuergesetzes, Begründung, Rn. 450 f., 467 f.

610 Vgl. *Lang* u. a., Kölner Entwurf eines Einkommensteuergesetzes, Begründung, Rn. 470.

611 So aber *Lang*, u. a., Kölner Entwurf eines Einkommensteuergesetzes, Begründung, Rn. 455.

612 Ebenso *Söhn*, StuW 2005, 109 (115).

613 *Tipke/Lang*, StuW 1984, 129 (132) bezeichnen das Konzept als "reformuntauglichen Oldtimer".

dellcharakter, als es die Leistungsfähigkeit von Geber und Empfänger zutreffend erfasst[614], stellt aber wegen seiner tatbestandlichen Beschränkungen keine Idealverwirklichung einer leistungsfähigkeitskonformen Besteuerung dar. Die für eine Reform der Einkommensteuer vorgelegten Entwürfe enthalten sowohl am Tarifsplitting als auch am Realsplitting orientierte Reformvorschläge, teilweise wird die im geltenden Einkommensteuerrecht verankerte Freibetragslösung betragsmäßig und qualitativ durch Übertragungsmöglichkeiten erweitert. Soweit das interpersonale Korrespondenzprinzip als Begründungsansatz herangezogen oder ausdrücklich normiert wird, sind die hierauf beruhenden Regelungen mit dem Grundsatz der Besteuerung nach der individuellen Leistungsfähigkeit unvereinbar und halten deshalb einer steuersystematischen Überprüfung nicht stand.

614 S. auch *Tipke*, Steuerrechtsordnung II[1], S. 693: "Warum dies nicht zum allgemeinen, dem Leistungsfähigkeitsprinzip entsprechenden Unterprinzip erhoben wird, ist unerfindlich." Ähnlich deutlich *Paus*, DStZ 2001, 591 (592): die durch das Realsplitting gewährleistete systemgerechte Lösung liege "eigentlich auf der Hand".

G. Das Korrespondenzprinzip im Bereich der §§ 10 Abs. 1 Nr. 1a, 22 Nr. 1 EStG

I. Eingrenzung des Untersuchungsgegenstandes

In diesem Abschnitt soll untersucht werden, ob und inwieweit in den Vorschriften der §§ 10 Abs. 1 Nr. 1a, 22 Nr. 1 EStG ein Korrespondenzprinzip verankert ist oder als Begründungsansatz für die steuerliche Behandlung wiederkehrender Bezüge Bedeutung hat. Ebenfalls einzubeziehen ist § 9 Abs. 1 S. 1 Nr. 3 EStG, der zwischen dauernden Lasten und Leibrenten differenziert, damit die in § 10 Nr. 1a EStG genannten Tatbestandsmerkmale aufgreift und zugleich auch mit § 22 Nr. 1 S. 3 EStG korrespondiert, da hinsichtlich der Höhe des Werbungskostenabzugs auf die Ertragsanteilstabelle verwiesen wird[615].

Die Behandlung und Unterscheidung von Renten und dauernden Lasten ist bisweilen zum Teil als "steuerrechtliches Jahrhundertproblem"[616] bezeichnet worden, was aufgrund der Vielzahl der zu diesen Begriffen ergangenen Entscheidungen und dogmatischer Wandelungen nicht verwundern kann. Hier sollen die den Vorschriften zugrunde liegenden Begrifflichkeiten überblicksartig erläutert und in Anlehnung an die jüngere Rechtsprechung dargestellt werden. Dabei werden Versorgungsleistungen als Anwendungsfall der auf Geberseite abzugsfähigen dauernden Last und der auf Empfängerseite in vollem Umfange steuerbaren wiederkehrenden Bezüge zunächst ausgeklammert, und im nachfolgenden Abschnitt gesondert behandelt. Untersuchungsgegenstand sind zunächst ausschließlich die zu den privaten wiederkehrenden Bezügen gehörenden Renten und dauernde Lasten, die im Zusammenhang mit einer Gegenleistung stehen und damit auf einem entgeltlichen Vorgang beruhen. Auf betriebliche Vorgänge wird nicht eingegangen[617].

---

615 *v. Beckerath*, in: Kirchhof, EStG^6, § 9 Rn. 100.

616 *Fischer*, Wiederkehrende Bezüge und Leistungen, Rn. 1; *Hutter*, in: Blümich, EStG, § 10 Rn. 90.

617 Infolge der Subsidiarität des § 22 Nr. 1 EStG stellen auf einem betrieblichen Vorgang beruhende Einkünfte Betriebseinnahmen aus Land- und Forstwirtschaft, Gewerbebetrieb oder selbständiger Arbeit dar. Zu sog. betrieblichen Veräußerungsrenten, bei denen Leistung und Gegenleistung nach kaufmännischen Gesichtspunkten gegeneinander abgewogen werden, vgl. BFH v. 26.01.1978 – IV R 62/77 – BStBl. II 1978, 301 = BFHE 124, 338; BFH v. 22.09.1982 – IV R 154/79 – BStBl. II 1983, 99 = BFHE 136, 527. Zu sog. betrieblichen Versorgungsrenten, bei der die Rente nicht als Entgelt für überlassene Wirtschaftsgüter des Betriebsvermögens, sondern als Vergütung für früher im Betrieb erbrachte Leistungen gedacht ist, vgl. BFH v. 25.10.1984 – IV R 165/82 – BStBl. II 1985, 212 (214) = BFHE 142, 283; BFH v. 24.07.1990 – VIII R 39/84 – BStBl. II 1992, 229 = BFHE 161, 504; BFH v. 07.11.1990 – I R 154/85 – BFHE 162, 432; BFH v. 07.07.1992 – VIII R 36/90 – BStBl. II 1993, 26 = BFHE 169, 53; BFH v. 07.04.1994 –

II. Begriffsbestimmung

1. Leibrente

(a) Frühere Anknüpfung an Rentenstammrecht zur Begriffsbildung

Was eine Leibrente ist, wird im Einkommensteuerrecht nicht ausdrücklich definiert. Die frühere Rechtsprechung des BFH hat die Begriffsbildung unter Zugrundlegung des zivilrechtlichen Rentenbegriffs in § 759 BGB vorgenommen. Danach setzt der Leibrentenbegriff ein einheitlich nutzbares Rentenstammrecht voraus, das dem Berechtigten für die Lebenszeit eines Menschen eingeräumt wird und dessen Erträge aus fortlaufend wiederkehrenden Leistungen in Geld oder vertretbaren Sachen bestehen[618]. Diese Begriffsbestimmung hat die Rechtsprechung des BFH[619] bis zur zweiten Entscheidung des Großen Senats zur Vermögensübergabe gegen Versorgungsleistungen geprägt[620]. Der Große Senat lehnt den steuerrechtlichen Leibrentenbegriff zwar grundsätzlich an den zivilrechtlichen Begriff an, stellt aber die Erforderlichkeit eines Stammrechts wegen der nicht auf einem Stammrecht basierenden Sozialversicherungsrenten im Sin-

IV R 56/92 – BFH/NV 1995, 212. BFH v. 07.10.1997 – VIII R 56/96 – BFH/NV 1998, 820. Zum Ausnahmefall einer betrieblichen Versorgungsrente mit dem Zweck der Firmenimagepflege s. BFH v. 23.01.1964 – IV 8/62 U – BStBl. III 1964, 422 = BFHE 79, 516; BFH v. 27.04.1977 – I R 12/74 – BStBl. II 1977, 603 = BFHE 122, 275; BFH v. 26.01.1978 – IV R 62/77 – BStBl. II 1978, 301 = BFHE 124, 338; BFH v. 20.12.1988 – VIII R 121/83 – BStBl. II 1989, 585 (588) = BFHE 156, 339.

618 Aus der Rechtsprechung des Reichsgerichts vgl. RG v. 12.12.1907 – IV 221/07 – RGZ 67, 204 (212); RG v. 12.10.1912 – IV 75/12 – RGZ 80, 209; RG v. 08.10.1917 – IV 228/17 – RGZ 91, 6 (7); RG v. 17.09.1925 – IV 159/25 – RGZ 111, 286; RG v. 23.09.1932 – VII 94/32 – RGZ 137, 259 (261); RG v. 19.03.1936 – IV 277/35 – RGZ 150, 391. Hieran anschließend die Rechtsprechung des BGH, vgl. BGH v. 16.12.1965 – II ZR 274/63 – BB 1966, 305; BGH v. 25.04.1991 – III ZR 159/90 – NJW-RR 1991, 1035. Zum zivilrechtlichen Leibrentenbegriff s. auch *Pecher*, in: MüKo[3], § 759 Rn. 2 f., der das Erfordernis eines Stammrechts verneint; *Thomas*, in: Palandt[65], § 759 Rn. 1; *Welter*, Wiederkehrende Bezüge, S. 24 f.

619 Vgl. nur BFH v. 29.03.1962 – VI 105/61 U – BStBl. III 1962, 304 = BFHE 75, 96; BFH v. 10.10.1963 – VI 115/61 U – BStBl. III 1963, 592 = BFHE 77, 738; BFH v. 05.04.1965 – VI 339/63 – BStBl. III 1965, 359 = BFHE 82, 312; BFH v. 16.09.1965 – IV 67/61 S – BStBl. III 1965, 706 = BFHE 83, 568; BFH v. 25.11.1966 – VI R 111-112/66 – BStBl. III 1967, 178 = BFHE 1987, 476; BFH v. 27.09.1973 – VIII R 77/69 – BStBl. II 1974 – BFHE 111, 37; BFH v. 11.03.1975 – VIII R 1/74 – BStBl. II 1975, 630 = BFHE 115, 452; BFH v. 18.03.1980 – VIII R 69/78 – BStBl. II 1980, 501 = BFHE 130, 446; BFH v. 25.11.1980 – VIII R 71/76 – BStBl. II 1981, 358 (359) = BFHE 132, 422; BFH v. 02.12. VIII R 197/78 – BStBl. II 1981, 263 = BFHE 132, 270; BFH v. 12.11.1985 – IX R 2/82 – BStBl. II 1986, 261 = BFHE 145, 368.

620 BFH v. 15.07.1991 – GrS 1/90 – BStBl. II 1992, 78 = BFHE 165, 225.

ne des § 22 Nr. 1 S. 3 a.F. EStG in Frage[621]. Letztlich erweist sich die Voraussetzung eines Rentenstammrechts für den steuerlichen Leibrentenbegriff als überflüssig, da sich zivilrechtlicher und steuerrechtlicher Rentenbegriff verselbständigt haben und dem Stammrecht keine entscheidende Rolle zu Abgrenzungszwecken mehr zukommt[622].

(b) Gleichmäßigkeit der Leistungen

Kennzeichen der Leibrente ist die Erbringung gleichmäßiger, d.h. betragsmäßig fest begrenzter, fortlaufend wiederkehrender Leistungen[623]. Erforderlich, aber auch ausreichend ist die wirtschaftliche Gleichmäßigkeit; eine unregelmäßige Zahlungsweise bei regelmäßiger Zahlungspflicht ist unerheblich[624]. Eine Leibrente liegt daher nicht vor, wenn die zu erbringenden Leistungen wertmäßigen Schwankungen unterliegen, etwa bei Abhängigkeit von einer variablen Bemessungsgrundlage[625], von ungewissen Umständen wie z.B. der zukünftigen Leistungsfähigkeit des Verpflichteten oder der Bedürftigkeit des Empfängers[626] oder

---

621 Kritisch zur Argumentationsweise des Großen Senats *Jansen*, in: Herrmann/Heuer/Raupach, EStG, § 22 Rn. 271; zustimmend *Stuhrmann*, in: Blümich, EStG, § 22 Rn. 34.

622 Vgl. BFH v. 08.03.1989 – X R 16/85 – BStBl. II 1989, 551 = BFHE 156, 432; BFH v. 12.07.1989 – X R 15/85 – BFH/NV 1990, 227. Aus dem Schrifttum *Fischer*, in: Kirchhof/Söhn/Mellinghoff, EStG, § 22 Rn. B 62; ders., Wiederkehrende Bezüge und Leistungen; *Lüsch*, in: Littmann/Bitz/Pust, EStG, § 22 Rn. 47; *Jansen/Wrede*, Renten, Raten, dauernde Lasten[12], Rn. 141; *Weber-Grellet*, in: Schmidt, EStG[25], § 22 Rn. 26. Am Erfordernis des Stammrechts festhaltend *Stöcker*, in: Bordewin/Brandt, EStG, § 22 Rn. 94.

623 BFH v. 29.03.1962 – VI 105/61 U – BStBl. III 1982, 304; BFH v. 16.09.1965 – IV 67/61 S – BStBl. III 1965, 706 = BFHE 83, 568; BFH v. 18.03.1980 – VIII R 69/78 – BStBl. II 1980, 501 (503) =BFHE 130, 446; BFH v. 20.05.1980 – VI R 108/77 – BStBl. II 1980, 573 = BFHE 130, 520; BFH v. 30.10.1984 – IX R 2/84 – BStBl. II 1985, 610 (612) = BFHE 143, 117; BFH v. 15.07.1991 – GrS 1/90 – BStBl. II 1992, 78 (81) = BFHE 165, 225; BFH v. 05.06.2002 – X R 1/00 – BFH/NV 2002, 1438.

624 BFH v. 25.11.1966 – VI R 111-112/66 – BStBl. III 1967, 178 = BFHE 87, 476; *Söhn*, in: Kirchhof/Söhn/Mellinghoff, EStG, § 10 Rn. D 18.

625 BFH v. 10.10.1963 – VI 115/61 U – BStBl. III 1963, 592 = BFHE 77, 738; BFH v. 27.05.1964 – I 379/61 U – BStBl. III 1964, 475 = BFHE 80, 1; BFH v. 25.11.1966 – VI R 112/66 – BStBl. III 1967, 178 = BFHE 87, 476.

626 BFH v. 11.10.1963 – VI 54/61 – U BStBl. III 1963, 594 = BFHE 77, 745; BFH v. 03.12.1964 – IV 99/62 U – BStBl. III 1965, 166 = BFHE 81, 458; BFH v. 20.05.1980 – VI R 108/77 – BStBl. II 1980, 573 = BFHE 130, 520; BFH v. 28.01.1986 – IX R 12/80 – BStBl. II 1986, 348 = BFHE 146, 68; BFH v. 02.12.1980 – VIII R 197/78 – BStBl. II 1981, 263 = BFHE 132, 270; BFH v. 17.11.1987 – IX R 16/83 – BFH/NV 1988, 294; BFH v. 25.04.1990 – X R 38/86 – BStBl. II 1990, 625 (627) = BFHE 160, 33.

von einem Verhalten des Empfängers[627]. Unschädlich ist dagegen die Koppelung der Rente an eine bestimmte Bezugsgröße, z.B. die Vereinbarung einer Wertsicherungsklausel oder einer Währungsklausel[628]. Die zahlreichen Einzelfälle, in denen eine Beeinträchtigung des inneren Wertes zur Annahme einer abänderbaren, dauernden Last führen, können hier nicht weiter vertieft werden[629]. Hingewiesen werden soll aber auf die Fallgruppe, bei der eine Änderungsklausel unter Bezugnahme auf § 323 ZPO vereinbart wird. In ständiger Rechtsprechung nimmt der BFH an, dass die Vereinbarung des Vorbehalts der Rechte aus § 323 ZPO ein Indiz für das Vorliegen einer dauernden Last sei[630]. Besonderheiten gelten einerseits für den Bereich der Vermögensübergabe gegen Versorgungsleistungen, bei der sich die Abänderbarkeit (dauernde Last) auch bei fehlender Bezugnahme auf § 323 ZPO aus der Rechtsnatur des Versorgungsvertrages ergeben kann[631]. Bei entgeltlichen Vermögensübergabeverträgen, die durch eine Abwägung von Leistung und Gegenleistung nach kaufmännischen Gesichtspunkten gekennzeichnet sind, führt dagegen andererseits die Bezugnahme auf § 323 ZPO nicht ohne weiteres zu einer Beurteilung der wiederkehrenden Leistungen als dauernde Last[632].

---

627 BFH v. 11.03.1975 – VIII R 1/74 – BStBl. II 1975, 630 = BFHE 115, 452.

628 BFH v. 11.10.1963 – VI 54/61 – U BStBl. III 1963, 594 = BFHE 77, 745; BFH v. 02.12.1966 – VI R 31/66 – BStBl. III 1967, 179 = BFHE 87, 395; BFH v. 11.08.1967 – VI R 80/66 – BStBl. III 1967, 699 = BFHE 89, 443; BFH v. 30.11.1967 – IV R 12/67 – BStBl. II 1968, 262 = BFHE 91, 79; BFH v. 25.05.1973 – VI R 375/69 – BStBl. II 1973, 680 = BFHE 109, 446; BFH v. 18.03.1980 – VIII R 69/78 – BStBl. II 1980, 501 = BFHE 130, 446; BFH v. 05.12.1980 – VI R 118/79 – BStBl. II 1981, 265 = BFHE 132, 84; BFH v. 30.10.1984 – IX R 2/84 – BStBl. II 1985, 610 (612) = BFHE 143, 317; BFH v. 28.01.1986 – IX R 12/80 – BStBl. II 1986, 348 (349) = BFHE 146, 68; BFH v. 28.01.1986 – IX R 5/80 – BFH/NV 1986, 526; BFH v. 11.03.1992 – X R 141/88 – BStBl. II 1992, 499 =BFHE 166, 564; BFH v. 27.11.1996 – X R 85/94 – BStBl. II 1997, 284 = BFHE 182, 110; BFH v. 03.04.2004 – X R 14/01 – BStBl. II 2004, 826 = BFHE 205, 161.

629 Vgl. hierzu die umfassenden Darstellungen bei *Lüsch*, in: Littmann/Bitz/Pust, EStG, § 22 Rn. 50 f.; *Söhn*, in: Kirchhof/Söhn/Mellinghoff, EStG, § 22 Rn. D 21 f.

630 Vgl. exemplarisch BFH v. 03.04.2004 – X R 14/01 – BStBl. II 2004, 826 = BFHE 205, 161 m.w.N. Vgl. im einzelnen *Lüsch*, in: Littmann/Bitz/Pust, EStG, § 22 Rn 52 f.; *Rindermann/Schlenker*, in: Littmann/Bitz/Pust, EStG, § 10 Rn. 33 f.; *Söhn*, in: Kirchhof/Söhn/Mellinghoff, EStG, § 10 Rn. D 40 f.

631 Vgl. hierzu unten Abschnitt H. IV. 6., S. 257 f.

632 BFH v. 28.01.1986 – IX R 12/80 – BStBl. II 1986, 348 = BFHE 146, 68; BFH v. 17.12.1993 – VIII R 80/87 – BStBl. II 1993, 15 (17) = BFHE 167, 344.

(c) Leistungsgegenstände

Die Leistungsgegenstände bei Leibrenten beschränken sich auf Geld oder vertretbare Sachen (§ 91 BGB), die im Verkehr nach Maß, Zahl oder Gewicht bestimmt zu werden pflegen[633]. Hierin unterscheiden sich die Leibrenten von dauernden Lasten, die auch sonstige wiederkehrende Leistungen zum Gegenstand haben können.

(d) Zeitliche Anforderungen

Grundsätzlich ist die Leibrente von der Lebenszeit einer Person abhängig[634]. Dies muss allerdings nicht zwingend der Empfänger selbst sein. Zudem sind zur Begrenzung des Wagnischarakters[635] Laufzeitvereinbarungen möglich. Hinsichtlich der zeitlichen Mindestanforderungen ist die Rechtsprechung nicht einheitlich. Teilweise wird eine Mindestzeitdauer für erforderlich gehalten[636], wobei zahlreiche Entscheidungen verschiedene bestimmte Mindestzeiträume genügen lassen[637], teilweise wird das Erfordernis einer Mindestzeitdauer gänzlich abgelehnt[638]. Bei abgekürzten Leibrenten soll die Leibrente spätestens mit dem Tod des Berechtigten enden, die Laufzeit ist aber zunächst von einer von vornherein vereinbarten Frist abhängig, mit deren Ablauf zugleich die Leibrente jedenfalls

---

633 *Jansen/Wrede*, Renten, Raten, dauernde Lasten, Rn 141; *Söhn*, in: Kirchhof/Söhn/Mellinghoff, EStG, § 10 Rn. D 45.

634 *Gérard*, in: Lademann, § 22 Rn. 15; *Jansen*, in: Herrmann/Heuer/Raupach, EStG, § 22 Rn. 285; *Weber-Grellet*, in: Schmidt, EStG[25], § 22 Rn. 41.

635 Zum Wagnischarakter vgl. BFH v. 20.01.1959 – I 200/58 U – BStBl. III 1959, 192 = BFHE 68, 500; BFH v. 12.06.1968 – IV 254/62 – BStBl. II 1968, 653 = BFHE 92, 653; BFH v. 26.07.1984 – IV R 137/82 – BStBl. II 1984, 829 = BFHE 141, 829.

636 BFH v. 24.01.1952 – IV 352/51 U – BStBl. III 1952, 48 = BFHE 56, 115 lässt einen Zeitraum von 4 Jahren nicht genügen. Nach BFH v. 12.08.1960 – VI 82/60 U – BStBl. III 1960, 424 = BFHE 71, 466 reicht ein Zeitraum von 5 Jahren aus.

637 RFH v. 23.07.1930 – VI A 1124/30 – StuW 1930 Nr. 1188; RFH v. 19.08.1931 – VI A 420/31 – RStBl. 1931, 910 (12 Jahre). Eine Zeitdauer von 10 Jahren halten für ausreichend, aber auch erforderlich BFH v. 07.08.1959 VI 284/58 U – BStBl. III 1959, 463 = BFHE 69, 542; BFH v. 27.11.1959 – VI 172/59 U – BStBl. III 1960, 65 = BFHE 70, 174; BFH v. 10.10.1963 – VI 12/62 U – BStBl. III 1963, 563 = BFHE 77, 662; BFH v. 12.03.1965 – VI 102/64 – HFR 1965, 504.

638 BFH v. 22.01.1991 – X R 97/89 – BStBl. II 1991, 686 = BFHE 164, 304; BFH v. 26.01.1994 – X R 54/92 – BStBl. II 1994, 633 = BFHE 173, 360. Insgesamt kritisch zum Erfordernis einer Mindestlaufzeit *Nolde*, in: Herrmann/Heuer/Raupach, EStG, § 10 Rn. 42; *Söhn*, in: Kirchhof/Söhn/Mellinghoff, EStG, § 10 Rn. D 47, 90.

endet[639]. Verlängerte Leibrenten sind auf Lebenszeit des Berechtigten, mindestens aber für eine bestimmte Anzahl von Jahren zu erbringende Leistungen. Bei Versterben des Rentenberechtigten vor Ablauf des Mindestzeitraums ist die verlängerte Leibrente an die Erben, nach Ablauf des Mindestzeitraums bis an das Lebensende des Berechtigten an diesen weiter zu erbringen[640]. Unter dem Begriff Zeitrente werden für einen bestimmten Zeitraum zu erbringende wiederkehrende Leistungen bezeichnet, bei denen der vorzeitige Tod des Rentenbeziehers ohne Auswirkung bleibt und damit der Wagnischarakter der Leibrente fehlt[641].

(e) Einteilung nach Anlaß und Zweck

Nach dem mit einer Leibrente verfolgten Zweck wird zwischen Veräußerungs-, Unterhalts- und Versorgungsrenten unterschieden[642]. Auszugrenzen sind Raten als nach Dauer und Höhe von vornherein bestimmte Teilleistungen eines Gesamtbetrages. Bei außerbetrieblichen Vorgängen wirkt sich hier wegen des vermögensumschichtenden Charakters von Raten nur der Zinsanteil nach § 20 Abs. 1 Nr. 7 EStG auf Empfängerseite aus[643].

---

639 Vgl. BFH v. 07.12.1966 – VI 268/65 – BStBl. II 1969, 165 = BFHE 94, 339; BFH v. 04.10.1990 – X R 60/90 – BStBl. II 191, 89 = BFHE 162, 298; BFH v. 22.01.1991 – X R 97/89 – BStBl. II 1991, 686 = BFHE 164, 304; BFH v. 05.09.2001 – X R 40/98 – BStBl. II 2002, 6 = BFHE 196, 286. Zur Berechnung s. § 55 Abs. 2 S. 1 EStDV.

640 *Lüsch*, in: Littmann/Bitz/Pust, EStG, § 22 Rn. 68; *Stöcker*, in: Bordewin/Brandt, § 10 Rn. 258

641 Die frühere Rechtsprechung verlangt hier eine Mindestlaufzeit von 10 Jahren, vgl. z. B. BFH v. 25.11.1980 – VIII R 71/76 – BStBl. II 1981, 358 (359) = BFHE 132, 422 m.w.N., während nach BFH v. 26.01.1994 – X R 54/92 – BStBl. II 1994, 633 = BFHE 173, 360 eine starre Mindestlaufzeit nicht für maßgeblich gehalten wird. Vgl. ferner *Stöcker*, in: Bordewin/Brandt, EStG, § 10 Rn. 261; *Jansen/Wrede*, Renten, Raten, Dauernde Lasten, Rn. 151.

642 Zusammenfassend, BFH v. 25.04.1990 – X R 38/86 – BStBl. II 1990, 625 (629) = BFHE 160, 33; *Nolde*, in: Herrmann/Heuer/Raupach, EStG, § 10 Rn. 38; *Söhn*, in: Kirchhof/Söhn/Mellinghoff, EStG, § 10 Rn. D 63 f.; *Steiner*, in: Lademann, EStG, § 10 Rn. 41; *Stöcker*, in: Bordewin/Brandt, EStG, § 22 Rn. 267.

643 So bereits RFH v. 07.05.1930 – IV 157/43 – RFHE 54, 60-62. Aus der Rechtsprechung des BFH vgl. BFH v. 20.01.1959 – I 200/58 U – BStBl. III 1959, 292 = BFHE 68, 500; BFH v. 23.01.1964 – IV 85/62 U – BStBl. III 1964, 239 = BFHE 79, 16; BFH v. 24.04.1970 – VI R 212/69 – BStBl. II 1970, 541 = BFHE 98, 38; BFH v. 29.10.1974 – VIII R 131/70 – BStBl. II 1975, 173 = BFHE 114, 79; BFH v. 25.06.1974 – VIII R 163/71 – BStBl. II 1975, 431 = BFHE 114, 463; BFH v. 29.10.1974 – VIII 131/70 – BStBl. II 1975, 173 = BFHE 114, 79; BFH v. 21.10.1980 – VIII R 190/78 – BStBl. II 1981, 160 = BFHE 132, 38; BFH v. 12.11.1985 – IX R 2/82 – BStBl. II 1986, 261 (263) = BFHE 145, 368; BFH v. 11.12.1986 – IV R 222/84 – BStBl. II 1987, 553 = BFHE 149, 156; BFH v. 26.11.1992 – X R 187/87 – BStBl. II 1993, 298 (301). *Jansen*, in:

Private Veräußerungsrenten liegen dann vor, wenn ein Wirtschaftsgut gegen Zahlung einer Rente veräußert wird und sich die Veräußerung im Rahmen eines vereinbarten Leistungsaustausches vollzieht, die Parteien also subjektiv übereinstimmend von einer nach kaufmännischen Gesichtspunkten abgewogenen Gegenleistung für den Erwerbsgegenstand ausgehen[644]. Demgegenüber ist für Unterhaltsrenten kennzeichnend, dass sie objektiv ohne Gegenleistung oder nur gegen eine unwesentliche Gegenleistung an den nicht notwendigerweise unterhaltsberechtigten Empfänger erbracht werden oder die Gegenleistung bei überschlägiger und großzügiger Berechnung die Gegenleistung weniger als die Hälfte des Werts der Rentenverpflichtung beträgt[645]. Zwischen Unterhalts- und Veräußerungsrenten stehen Versorgungsrenten; sie unterscheiden sich von Unterhaltsrenten durch ein objektiv gegebenes Wertverhältnis von Leistung und einer nicht unverhältnismäßig geringen Gegenleistung, von Veräußerungsrenten dadurch, dass für die Parteien subjektiv der Versorgungsgedanke im Vordergrund steht.[646].Die begriffliche Unterscheidung und daraus herrührende terminologische Vielfalt wird im Schrifttum teilweise für überflüssig gehalten[647]. Die Rechtsprechung weise eine Entwicklung auf, die auf einen Dualismus der wiederkehrenden Bezüge hinauslaufe[648]. Danach sei grundsätzlich zu unterscheiden zwischen wiederkehrenden Leistungen im Austausch mit einer Gegenleistung einerseits und privaten Versorgungsleistungen andererseits.

2. Dauernde Last

Der Begriff der dauernden Last ist im Gesetz nicht legaldefiniert. Nach ständiger Rechtsprechung liegt eine dauernde Last vor, wenn aufgrund einer rechtlichen Verpflichtung einem anderen gegenüber für längere Zeit wiederkehrende Aufwendungen in Form von Geld oder Sachwerten zu erbringen sind, ohne dass ein

---

Herrmann/Heuer/Raupach, EStG, § 22 Rn. 117; *Söhn*, in: Kirchhof/Söhn/Mellinghoff, EStG, § 10 Rn. D 63, 67.

644 *Söhn*, in: Kirchhof/Söhn/Mellinghoff, EStG, § 10 Rn. D 67; *Stöcker*, in: Bordewin/Brandt, EStG, § 10 Rn. 268.

645 BFH v. 23.01.1964 – IV 8/62 U – BStBl. III 1964, 422 = BFHE 116, 501; BFH v. 28.07.1983 – IV R 174/80 – BStBl. II 1984, 97 (100) = BFHE 139, 367. Zur Bedeutung dieses Wertverhältnisses in der Rechtsprechungsentwicklung zu privaten Versorgungsleistungen siehe unten H. IV. 2., S. 234 f.

646 *Söhn*, in: Kirchhof/Söhn/Mellinghoff, EStG, § 10 Rn. D 77 f.

647 *Fischer*, Wiederkehrende Bezüge und Leistungen, Rn. 16.

648 *Fischer*, Wiederkehrende Bezüge und Leistungen, Rn. 117.

Zusammenhang mit steuerbaren Einkünften besteht[649]. Nach der zweiten Entscheidung des Großen Senats zur Vermögensübergabe gegen Versorgungsleistungen hat die Rechtsprechung nicht mehr eine begriffsorientierte Betrachtung bemüht, sondern sieht Versorgungsleistungen als Hauptanwendungsfall der dauernden Last[650].

(a) Wiederkehrende Aufwendungen

Wie aus dem Zweck des Sonderausgabenabzugs, leistungsfähigkeitsmindernde zwangsläufige Privatausgaben des Steuerpflichtigen aus der Bemessungsgrundlage auszuscheiden, sowie aus dem Einleitungssatz des § 10 EStG hervorgeht, setzt der Begriff der dauernden Last das Vorliegen von Aufwendungen und damit eine wirtschaftliche Belastung in Form eines Geld- oder Güterabflusses voraus[651]. Daher fallen z.B. persönlich erbrachte Dienstleistungen[652] sowie bloße Vermögensumschichtungen mangels wirtschaftlicher Belastung nicht unter den Begriff der dauernden Last. Diese Betrachtung bildet den Ansatzpunkt für die bei Vorliegen einer Gegenleistung entwickelte Wertverrechnungslehre, wonach eine wirtschaftliche Belastung erst dann anzunehmen ist, wenn die wiederkehrenden Leistungen den Wert der Gegenleistung übersteigen[653]. Das Erfordernis der Wiederkehr wird bei der dauernden Last im Gegensatz zur Rente nicht im Sinne von Gleichmäßigkeit und Regelmäßigkeit vorausgesetzt, vielmehr reicht

---

649 BFH v. 29.03.1962 – VI 105/61 U – BStBl. III 1962, 304 = BFHE 75, 96; BFH v. 03.12.1964 – IV 99/62 U – BStBl. III 1965, 166 = BFHE 81, 458; BFH v. 17.04.1980 – IV R 207/75 – BStBl. II 1980, 639 = BFHE 130, 491; BFH v. 07.12.1982 – VIII R 166/80 – BStBl. II 1983, 660 = BFHE 139, 23.; BFH v. 30.10.1984 – IX R 2/84 – BStBl. II 1985, 610 = BFHE 143, 317; BFH v. 13.08.1985 – IX R 10/80 – BStBl. II 1985, 709 = BFHE 144, 423; BFH v. 28.01.1986 – IX R 12/80 – BStBl. II 1986, 348 = BFHE 146, 68; BFH v. 03.06.1986 – IX R 2/79 – BStBl. II 1986, 674 = BFHE 146, 443; BFH v. 04.04.1989 – X R 14/85 – BStBl. II 1989, 779 = BFHE 157, 88; BFH v. 24.10.1990 – X R 43/89 – BStBl. II 1991, 175 = BFHE 162, 425. Aus dem Schrifttum vgl. *Jansen/Wrede*, Renten, Raten, Dauernde Lasten[12], Rn. 177 f.; *Rindermann/Schlenker*, in: Littmann/Bitz/Pust, EStG, § 10 Rn. 31; *Söhn*, in: Kirchhof/Söhn/Mellinghoff, EStG, § 10 Rn. D 85 f.

650 Vgl. BFH v. 15.07.1991 – GrS 1/90 – BStBl. II 1992, 78 = BFHE 165, 225; BFH v. 22.01.1992 – X R 35/89 – BStBl. II 1992, 552 = BFHE 166, 555. Siehe ausführlich unten Abschnitt H., S. 188 f.

651 Vgl. statt vieler *Söhn*, in: Kirchhof/Söhn/Mellinghoff, EStG, § 10 Rn. D 86.

652 BFH v. 28.07.1983 – IV R 174/80 – BStBl. II 1984, 97 (101) = BFHE 139, 367; BFH v. 28.07.1983 – IV R 174/80 – BStBl. II 1984, 97 (101) = BFHE 139, 367; *Biergans*, Renten und Raten[4], S. 22; *Jansen/Wrede*, Renten, Raten, Dauernde Lasten[12], Rn. 179.

653 Zur Entwicklung der Wertverrechnungslehre und ihrer Bedeutung in der jetzigen Rechtsprechung siehe unten III., S. 148 f.

auch eine mehrfache Wiederholung in unregelmäßigen Zeitabständen und in unterschiedlicher oder betragsmäßig nicht bestimmter Höhe[654].

(b) Grabpflegeaufwendungen als Beispiel der Problematik der Begriffsbildung

Die Frage, ob eine dauernde Last ebenso wie eine Rente das Vorhandensein eines Berechtigten voraussetzt, dem wiederkehrende Leistungen zufließen, lässt sich an dem durch die Rechtsprechung entschiedenen Beispiel von Grabpflegeaufwendungen als dauernde Last verdeutlichen. Die frühere Rechtsprechung[655] verlangte für die Annahme einer dauernden Last das Vorhandensein eines Berechtigten, weil sich aus einem Vergleich mit dem Rentenbegriff, der einen Berechtigten voraussetze, ergebe, dass eine unterschiedliche Behandlung von dauernden Lasten insoweit nicht gerechtfertigt sei[656]. Später hat der BFH[657] indes entschieden, dass das Erfordernis eines Berechtigten weder aus der Entstehungsgeschichte der Vorschrift, noch aus einem Korrespondenzprinzip als einem allgemeinen einkommensteuerrechtlichen Grundsatz[658] oder aus der Ausnahmeregelung des § 22 Nr. 1 S. 2 EStG herzuleiten sei[659]. Im Ergebnis ließ der BFH jedoch offen, ob sich aus dem Korrespondenzprinzip das Erfordernis eines Berechtigten ergibt, da im entschiedenen Fall nach der Wertverrechnungstheorie eine wirtschaftliche Belastung fehlte. Es gelte nichts anderes als für Grabpflegeaufwendungen, die aus dem Nachlaß finanziert werden; es liege keine Belastung des Steuerpflichtigen vor. Zutreffend geht der BFH davon aus, dass das Korrespondenzprinzip keinen Begründungsansatz liefert, da die Frage, ob die Aufwendungen für einen begünstigten Dritten steuerpflichtige Einnahmen sind, für die Besteuerung des Gebers irrelevant ist[660]. Der Begründung mit einer mangelnden wirtschaftlichen Belastung hätte es allerdings bei konsequenter Ausrichtung der

---

654 BFH v. 15.07.1991 – GrS 1/90 – BStBl. II 1992, 78 = BFHE 165, 225.

655 BFH v. 23.11.1967 – IV R 143/67 – BStBl. III 1968, 259 = BFHE 91, 149; BFH v. 20.03.1984 – IX R 8/80 – BStBl. II 1985, 43 = BFHE 140, 566; BFH v. 29.03.1988 – IX R 55/83 – BFH/NV 1988, 636.

656 Vgl. BFH v. 23.11.1967 – IV R 143/67 – BStBl. III 1968, 259 = BFHE 91, 149.

657 BFH v. 04.04.1989 – X R 14/85 – BStBl. II 1989, 779 = BFHE 157, 88.

658 BFH v. 04.04.1989 – X R 14/85 – BStBl. II 1989, 779 = BFHE 157, 88 unter Hinweis auf *Charlier*, StbJb. 1966/67, 279 (288); *Lang*, Bemessungsgrundlage, S. 80 f.; *Söhn*, StuW 1985, 395 (406); *Tipke*, StuW 1980, 1 (8); *Welter*, Wiederkehrende Leistungen, S. 221 f.

659 BFH v. 04.04.1989 – X R 14/85 – BStBl. II 1989, 779 = BFHE 157, 88 unter Hinweis auf *Söhn*, StuW 1985, 395 (406); *Tipke*, StuW 1980, 1 (8).

660 Vgl. *Söhn*, in: Kirchhof/Söhn/Mellinghoff, EStG, § 10 Rn. D 92.

Argumentation am Zweck des Sonderausgabenabzugs, eine durch zwangsläufige wiederkehrende Aufwendungen beeinträchtigte subjektive Leistungsfähigkeit zu erfassen, nicht bedurft[661]. Aus der steuersystematisch maßgeblichen individualbezogenen Betrachtungsweise folgt, dass das Vorhandensein eines Berechtigten kein konstitutives Begriffsmerkmal für die dauernde Last sein kann[662].

(c) Leistungsgegenstände

Wie die Leibrente können auch dauernde Lasten Geld- oder Sachleistungen zum Gegenstand haben. Während bei der Leibrente Sachleistungen auf vertretbare Sachen beschränkt sind, kommen bei dauernden Lasten Sachleistungen aller Art in Betracht[663]. An dieser Stelle sollen nicht alle Leistungsgegenstände aufgezählt und erörtert werden[664]. Herauszugreifen sind aber Nutzungsüberlassungen von Wohnungen. Zunächst stellt sich die Frage, ob Wohnungsüberlassungen als dauernde Last behandelt werden können. Später wird auf Besonderheiten von Wohnungsüberlassungen im Bereich der Vermögensübergabe gegen Versorgungsleistungen eingegangen[665].

(aa) Insbesondere: Wohnungsüberlassungen

(aaa) Entgeltliche Nutzungsüberlassung

Erfolgt die Wohnungsüberlassung durch den Eigentümer entgeltlich, entfällt die für den Sonderausgabenabzug erforderliche wirtschaftliche Belastung wegen des Vorliegens einer Gegenleistung in Form des Miet- oder Pachtzinses. Der Eigentümer erzielt Einkünfte aus Vermietung und Verpachtung[666]. Problematisch ist

---

661 Zu beachten ist dabei, dass konsequenterweise auch der besondere Verpflichtungsgrund, auf dem die dauernde Last beruht, zwangsläufig entstanden und damit indisponibel ist, vgl. *Söhn*, in: Kirchhof/Söhn/Mellinghoff, EStG, § 10 Rn. D 7.

662 So im Ergebnis *Nolde*, in: Herrmann/Heuer/Raupach, EStG, § 10 Rn. 42; *Söhn*, in: Kirchhof/Söhn/Mellinghoff, EStG, § 10 Rn. D 92. *Steiner*, in: Lademann, EStG, § 10 Rn. 60 nimmt ohne Begründung an, es sei "wohl gesichert., dass der Begriff der dauernden Last einen Berechtigten nicht voraussetzt". Das Merkmal "einem anderen gegenüber" offenbar beibehaltend *Stöcker*, in: Bordewin/Brand, EStG, § 10 Rn. 361.

663 *Nolde*, in: Herrmann/Heuer/Raupach, EStG, § 10 Rn. 42; Zur Behandlung einzelner Fälle vgl. *Jansen/Wrede*, Renten, Raten, Dauernde Lasten[12], Rn. 190 f.

664 Dazu überblicksmäßig *Hutter*, in: Blümich, EStG, § 10 Rn. 160 f.; *Rindermann/Schlenker*, in: Littmann/Bitz/Pust, EStG, § 10 Rn. 31 f.; *Steiner*, in: Lademann, EStG, § 10 Rn. 82 f.

665 Dazu Abschnitt H. IV. 1. c), S. 225 f.

666 *Nolde*, in: Herrmann/Heuer/Raupach, EStG, § 10 Rn. 59e; *Söhn*, in: Kirchhof/Söhn/Mellinghoff, EStG, § 10 Rn. D 200.

dagegen die Behandlung des Nutzungswerts einer unentgeltlichen Wohnungsüberlassung.

(bbb) Unentgeltliche Nutzungsüberlassung einer Wohnung

Unter Geltung der früheren Nutzungswertbesteuerung führte die unentgeltliche Wohnungsüberlassung beim Nutzenden zu Einkünften aus Vermietung und Verpachtung, soweit die Nutzungsausübung auf eine gesicherte Rechtsposition, insbesondere auf ein dingliches Nutzungsrecht gestützt wurde[667]. Eine Erfassung des Nutzungswertes als dauernde Last beim Empfänger hat die Rechtsprechung überwiegend[668] abgelehnt, weil die unentgeltliche Nutzungsüberlassung keine Ausgabe sei und damit keine für den Sonderausgabenabzug erforderliche Aufwendung vorliege[669]. Begründet wurde dies damit, dass der Nutzungswert entweder dem überlassenden Eigentümer vermögensmäßig zuzurechnen sei[670] oder aber dem Nutzungsberechtigten[671].

Nach dem Wegfall der Nutzungswertbesteuerung[672] kommt es für das Vorliegen einer Aufwendung darauf an, ob durch die unentgeltliche Wohnungsüberlassung Ausgaben auf Seiten des Überlassenden entstehen. Zwar kann ein Einnahmeverzicht nicht mit Aufwendungen gleichgesetzt werden[673], eine Ausgabe in Form eines mit der tatsächlichen unentgeltlichen Wohnungsüberlassung abfließenden Vermögenswerts ist aber in der dauernden Nutzungsüberlassung zu

---

667 Vgl. zu diesem Erfordernis BFH v. 27.06.1978 –VIII R 54/74 – BStBl. II 1979, 332 = BFHE 125, 535; BFH v. 29.11.1983 – VIII R 215/79 – BStBl. II 1984, 366 = BFHE 140, 199; BFH v. 30.10.1984 – IX R 2/84 – BStBl. II 1985, 610 (613).

668 Zu Ausnahmefällen, in denen die Abziehbarkeit einer unentgeltlichen Wohnungsüberlassung angenommen wurde s. BFH v. 02.12.1966 – VI R 365/65 – BStBl. III 1967, 243 = BFHE 87, 563; BFH v. 25.05.1973 – VI R 375/79 – BStBl. II 1973, 680 = BFHE 109, 446; BFH v. 13.08.1985 – IX R 6/80 – BFH/NV 1986, 275.

669 BFH v. 06.07.1966 – VI 135/65 – BStBl. III 1966, 650 = BFHE 86, 650; BFH v. 30.04.1976 – VI R 34/75 – BStBl. II 1976, 539 = BFHE 119, 54; BFH v. 27.06.1978 – VIII R 54/74 – BStBl. II 1979, 332 = BFHE 125, 535; BFH v. 30.10.1984 – IX R 2/84 – BStBl. II 1985, 610 (611) = BFHE 143, 317; BFH v. 16.07.1985 – IX R 1/79 – BFH/NV 1985, 77; BFH v. 16.07.1985 – IX R 1/84 – BFH/NV 1985, 78.

670 Vgl. BFH v. 29.11.1983 – VIII R 215/79 – BStBl. II 1984, 366 = BFHE 140, 199; BFH v. 13.12.1983 – VIII R 17/82 – BStBl. II 1984, 368 = BFHE 140, 234.

671 BFH v. 30.10.1984 – IX R 2/84 – BStBl. II 1985, 610 (611) = BFHE 143, 317.

672 Aufgrund des WohneigFG v. 15.05.1986, BStBl. I 1986, 278.

673 *Biergans*, Renten und Raten[4], S. 22; *Jansen/Wrede*, Renten, Raten, dauernde Lasten, Rn. 183.

sehen; insoweit liegt eine dauerhafte wirtschaftliche Belastung vor[674]. Die wirtschaftliche Belastung wurde unter Geltung der Nutzungswertbesteuerung bei einer Versteuerung des Nutzungswertes durch den Eigentümer unter gleichzeitiger unentgeltlicher Überlassung an einen Dritten noch verstärkt[675], besteht aber auch nach Wegfall der Nutzungswertbesteuerung. Insbesondere kann ein gegenteiliges Ergebnis nicht aus der steuerlichen Nichterfassung des Nutzungswertes beim Empfänger gefolgert werden, denn maßgeblich ist allein das Vorliegen einer wirtschaftlichen Belastung beim Überlassenden, und zwar unabhängig davon, ob nunmehr beim Empfänger des Nutzungswertes nach § 22 Nr. 1 EStG steuerbare wiederkehrende Leistungen zu versteuern sind. Andernfalls würde im Ergebnis eine verfehlte korrespondierende Betrachtungsweise zugrunde gelegt[676]. Damit kann grundsätzlich auch die unentgeltliche Wohnungsüberlassung für den Besteller des Wohnrechts eine dauernde Last darstellen.

(bb) Dienstleistungen

Die Verpflichtung zur Erbringung wiederkehrender Dienstleistungen ist bei persönlicher Erbringung keine dauernde Last, wenn und weil keine Aufwendungen vorliegen[677]. Erst wenn der Verpflichtete eine fremde Arbeitskraft einstellt, liegt eine dauernde Last in Höhe des Lohnaufwands vor[678]. Aus dem Fehlen von Aufwendungen bei persönlicher Erbringung der Dienstleistungen dürfen allerdings keine Folgerungen für die Besteuerung auf Empfängerseite nach § 22 Nr. 1 EStG gezogen werden. Zwar entstehen dem Verpflichteten keine Aufwendungen, dem Empfänger fließen aber Güter in Geldeswert zu, die leistungsfähigkeitserhöhend und damit steuerbar sind[679]. Auch insoweit gibt es kein Korrespondenzprinzip[680].

---

674 *Söhn*, in: Kirchhof/Söhn/Mellinghoff, EStG, § 10 Rn. D 203. Zustimmend *Fischer*, Wiederkehrende Bezüge und Leistungen, allerdings ausgehend von der – verfehlten – Prämisse, das Vorliegen einer Ausgabe ergebe sich aus korrespondierenden Behandlung von Abzug beim Leistenden und Steuerbarkeit beim Empfänger. A.A. *Hutter*, in: Blümich, § 10 Rn. 160; *Jansen/Wrede*, Renten, Raten, Dauernde Lasten[12], Rn. 180; *Rindermann/Schlenker*, in: Littmann/Bitz/Pust, EStG, § 10 Rn. 35b.

675 *Söhn*, in: Kirchhof/Söhn/Mellinghoff, EStG, § 10 Rn. D 205.

676 *Söhn*, in: Kirchhof/Söhn/Mellinghoff, EStG, § 10 Rn. D 205.

677 BFH v. 28.07.1983 – IV R 174/80 – BStBl. II 1983, 97 (101) = BFHE 139, 367; *Jansen/Wrede*, Renten, Raten, Dauernde Lasten[12], Rn. 179; *Nolde*, in: Herrmann/Heuer /Raupach, EStG, § 10 Rn. 42; *Söhn*, in: Kirchhof/Söhn/Mellinghoff, EStG, § 10 Rn. D 86.

678 BFH v. 22.01.1992 – X R 35/89 – BStBl. II 1992, 552 = BFHE 166, 555.

679 *Jansen*, in: Herrmann/Heuer/Raupach, EStG, § 22 Rn. 104; aA *Gérard*, in: Lademann, EStG, § 22 Rn. 11 und *Stuhrmann*, in: Blümich, EStG, § 22 Rn. 26 unter Berufung auf BFH v. 28.07.1983 – IV R 174/80 – BStBl. II 1983, 97 (101) = BFHE 139, 367, die of-

(d) Zeitliche Anforderungen

Aus der in der Rechtsprechung für Renten geforderten Mindestlaufzeit wird gefolgert, dass auch dauernde Lasten entweder für die Lebenszeit eines Menschen oder für eine bestimmte Zeit von mindestens zehn Jahren erbracht werden müssen. Bei einer dauernden Last in Form von Versorgungsleistungen verneint die Judikatur dagegen eine starre Mindestlaufzeit[681]. In der Literatur wird das Erfordernis ebenfalls bezweifelt[682]. Insgesamt ist eine Mindestlaufzeit als Voraussetzung einer Rente als auch einer dauernden Last weder den gesetzlichen Vorschriften zu entnehmen, noch kann es für das für den Sonderausgabenabzug entscheidende Kriterium der Indisponibiliät wiederkehrender Leistungen auf zeitliche Anforderungen ankommen; denn eine vorhandene Zwangsläufigkeit lässt sich durch zeitliche Kriterien nicht in Frage stellen[683].

(e) Erforderlichkeit eines Stammrechts

Das Vorliegen eines Stammrechts ist für das Vorliegen einer dauernden Last keine Voraussetzung, schließt aber – falls vorhanden – die Annahme einer dauernden Last auch nicht aus[684]. Etwas Gegenteiliges kann auch nicht daraus entnommen werden, dass das Gesetz sowohl für dauernde Lasten als auch für Renten einen besonderen Verpflichtungsgrund voraussetzt. Stammrecht und Verpflichtungsgrund sind nicht wesensidentisch[685], vielmehr ist der besondere Verpflichtungsgrund eine zusätzliche Voraussetzung für die Abzugsfähigkeit der

---

fenbar ohne nähere Begründung von einer korrespondierenden Behandlung in Abhängigkeit von der steuerlichen Behandlung auf Verpflichtetenseite ausgehen.

680 *Jansen/Wrede*, Renten, Raten, Dauernde Lasten[12], Rn. 26.

681 BFH v. 22.01.1991 – X R 97/89 – BStBl. II 1991, 686 = BFHE 164, 304; BFH v. 26.01.1994 – X R 54/92 – BStBl. II 1994, 633 = BFHE 173, 360.

682 *Fischer*, DStR 1992, Beihefter zu Heft 17, S. 7; *Nolde*, in: Herrmann/Heuer/Raupach, EStG, § 10 Rn. 42.

683 *Söhn*, in: Kirchhof/Söhn/Mellinghoff, EStG, § 10 Rn. D 47, 90. *Jansen*, in: Herrmann/Heuer/Raupach, EStG, § 22 Rn. 113 hält fest, dass aufgrund des Erfordernisses einer längeren Laufzeit keine korrespondierende Übereinstimmung zwischen den Begriffen "dauernde Last" und "wiederkehrende Bezüge" bestehe.

684 BFH v. 11.10.1963 – VI 53/61 – BStBl. III 1963, 594 = BFHE 77, 745; BFH v. 05.04.1965 – VI 330/63 U – BStBl. III 1965, 359 = BFHE 82, 543; BFH v. 16.07.1965 -- VI 286/64 U – BStBl. III 1965, 82 = BFHE 83, 225; *Söhn*, in: Kirchhof/Söhn/Mellinghoff, EStG, § 10 Rn.D 93.

685 *Söhn*, in: Kirchhof/Söhn/Mellinghoff, EStG, § 10 Rn. D 104.

dauernden Last als Sonderausgaben[686] und darüber entscheidend, ob die Leistungspflicht zwangsläufig entstanden ist. Andernfalls liegt eine auf einer freiwilligen Verpflichtung beruhende Privatausgabe vor[687].

3. Zusammentreffen von Renten und dauernden Lasten

Enthalten wiederkehrende Leistungen unterschiedliche Leistungsverpflichtungen muss u.U. zwischen gleichbleibenden und nicht gleichbleibenden Leistungen unterschieden und entsprechend aufgeteilt werden. In solchen Fällen beschränkt sich die Abzugsfähigkeit bzw. die Steuerbarkeit bei Leibrenten auf den Ertragsanteil nach Maßgabe des § 22 Nr. 1 S. 3 Lit. a bb EStG, während gesondert zu beurteilende dauernde Lasten in voller Höhe Sonderausgaben darstellen[688]. Maßgebliches Aufteilungskriterium ist sowohl beim Zusammentreffen von Geld- und Sachleistungen als auch bei aus mehreren reinen Geldleistungen zusammengesetzten wiederkehrenden Bezügen die Trennbarkeit in Einzelleistungen. Eine gesondert zu behandelnde Leistung darf allerdings anteilsmäßig nicht als geringfügig anzusehen sein[689].

---

686 *Hutter*, in: Blümich, EStG, § 10 Rn. 125; *Jansen/Wrede*, Renten, Raten, Dauernde Lasten, Rn. 178; *Söhn*, in: Kirchhof/Söhn/Mellinghoff, EStG, § 10 Rn. D 97.

687 *Söhn*, in: Kirchhof/Söhn/Mellinghoff, EStG, § 10 Rn. D 105.

688 *Friele/Spiegels*, DStZ 1981, 478; *Rindermann/Schlenker*, in: Littmann/Bitz/Pust, EStG, § 10 Rn. 34; *Söhn*, in: Kirchhof/Söhn/Mellinghoff, EStG, § 10 Rn. D 117; *Stöcker*, in: Bordewin/Brandt, EStG, § 10 Rn. 401.

689 Vgl. hierzu für das Zusammentreffen von Geld- und Sachleistungen BFH v. 16.09.1965 – IV 67/61 S – BStBl. III 1965, 706 = BFHE 83, 568; BFH v. 02.12.1966 – VI R 365/65 – BStBl. III 1967, 243 = BFHE 87, 563; BFH v. 25.05.1973 – VI R 375/69 – BStBl. II 1973, 680 = BFHE 109, 446; BFH v. 01.08.1975 – VI R 48/73 – BStBl. II 1975, 881 = BFHE 116, 501; BFH v. 28.07.1983 – IV R 174/80 – BStBl. II 1984 , 97 (100) = BFHE 139, 367; BFH v. 30.10.1984 – IX R 2/84 – BStBl. II 1985, 610 = BFHE 143, 317. Zur Behandlung mehrerer Geldleistungen vgl. BFH v. 29.03.1962 -- VI 105/61 U – BStBl. III 1962, 304 = BFHE 75, 96; BFH v. 16.09.1965 – IV 67/61 S – BStBl. III 1965, 706 = BFHE 83, 568; BFH v. 20.05.1976 – VI B 138/75 – BFHE 119, 73; BFH v. 18.03.1980 – VIII R 69/78 – BStBl. II 1980, 501 = BFHE 130, 466; BFH v. 30.05.1980 – VI R 153/77 – BStBl. II 1980, 575 = BFHE 130, 524.

III. Die Behandlung entgeltlicher wiederkehrender Bezüge

1. Allgemeines

Werden wiederkehrende Leistungen im Austausch mit einer Gegenleistung erbracht, so stellt sich die Frage, wie sich das Austauschverhältnis auf Seiten des Berechtigten und des Verpflichteten einkommensteuerrechtlich auswirkt. Die ältere Rechtsprechung begründete die Steuerbarkeit wiederkehrender Leistungen mit der äußeren Form der Wiederkehr, nahm bei Ratenzahlungen als zeitlich fest bestimmte, gleichmäßige, nicht auf Lebenszeit einer Person zu erbringende Zahlungen eine einkommensteuerlich irrelevante Vermögensumschichtung an und bejahte die Steuerbarkeit der in den Zahlungen enthaltenen Zinsanteile[690]. Ursprünglich lagen nach der Rechtsprechung des RFH steuerbare wiederkehrende Bezüge grundsätzlich nicht vor, wenn sie wirtschaftlich Kapitalrückzahlungen aus einem darlehensähnlichen Geschäft darstellten und damit Stundungscharakter aufwiesen. Allerdings wurden unter Differenzierung nach zeitlichen Kriterien solche Leistungen als voll steuerbar bzw. abziehbar behandelt, die auf Lebenszeit oder für einen längeren, unbestimmten Zeitraums zu erbringen waren[691].

Die insbesondere mit der judizierten Anknüpfung der Steuerbarkeit an die äußere Wiederkehr verbundenen Abgrenzungsschwierigkeiten veranlasste die Rechtsprechung, den Gesetzgeber aufzufordern, eine Neuregelung unter Beachtung des Grundsatzes zu treffen, dass "Einkünfte des Rentenberechtigten wirtschaftlich betrachtet nur insoweit vorliegen, als den Einnahmen nicht eigene Aufwendungen gegenüberstehen" und bei Veräußerungsrenten die Teilbeträge, die wirtschaftlich betrachtet Kaufpreisraten für das veräußerte Wirtschaftsgut darstellen, aus den steuerpflichtigen Rentenbeträgen ausgeschieden werden müssen[692]. Dieser Aufforderung kam der Gesetzgeber mit der Neuregelung der Rentenbesteuerung im StNOG 1954[693] nach. Der amtlichen Begründung zufolge

---

690 Vgl. RFH v. 07.05.1930 – VI A 827/27 – RStBl. 1930, 578 (579); RFH v. 30.10.1937 – VI 500/37 – RStBl. 1938, 92; RFH v. 27.01.1944 – IV 157/43 – RStBl. 1944, 363; BFH v. 20.08.1970 – IV 143/64 – BStBl. II 1970, 807 (808) = BFHE 100, 97; BFH v. 25.06.1974 – VIII R 163/71 – BStBl. II 1975, 431 = BFHE 114, 463; BFH v. 29.10.1974 – VIII R 131/70 – BStBl. II 1975, 173 (174) = BFHE 114, 79.

691 Vgl. RFH v. 07.12.1927 – VI A 597/27 – RStBl. 1928, 93; RFH v. 07.05.1930 – VI A 827/27 – RStBl. 1930, 578; RFH v. 27.01.1944 – IV 157/43 – RStBl. 1944, 363; RFH v. 29.03.1944 – VI 28/44 – RStBl. 1944, 651. Kritisch bereits *Glaser*, StuW 1928, Sp. 1189 f.

692 BFH v. 18.09.1952 – IV 70/49 U – BStBl. III 1952, 290 (291) = BFHE 56, 754.

693 Steuerneuordnungsgesetz v. 16.12.1954 – BStBl. I 1954, 372.

sollte bei Hingabe eines privaten Vermögenswertes gegen den "Erwerb eines Rentenstammrechts" nach der Systematik des Einkommensteuergesetzes der Teil der Rente, der nicht über den Wert des hingegebenen Vermögensgegenstandes hinausgeht, nicht als Einkünfte erfasst werden; nur die Erträge des Rentenstammrechts seien zu besteuern[694]. Diese zunächst auf Leibrenten beschränkte Neuregelung bildete den Ausgangspunkt für die Entwicklung der einkommensteuerlichen Behandlung sämtlicher wiederkehrender Bezüge im Austausch mit einer Gegenleistung, angefangen bei der sog. Wertverrechnungslehre bis zur heute praktizierten Aufteilung in Zins- und Kapitalanteil nach dem Modell der Ertragsanteilsbesteuerung als gesetzliche Sonderung eines pauschalierten Zinsanteils.

2. Anwendungsbereich

Voraussetzung für die Annahme privater wiederkehrender Leistungen im Austausch mit einer Gegenleistung ist nach nunmehr gefestigter Rechtsprechung, dass sich der Vorgang nicht dem Sonderrecht der Vermögensübergabe gegen Versorgungsleistungen zuordnen lässt[695]. Die Zuordnung erfolgt dabei auf Grundlage bestimmter Vermutungsregeln: Unter Fremden gilt die nur in Ausnahmefällen widerlegbare Vermutung, dass es sich wegen der Abwägung von Leistung und Gegenleistung unter kaufmännischen Gesichtspunkten um ein entgeltliches Rechtsgeschäft handelt. Umgekehrt spricht unter Angehörigen grundsätzlich eine Vermutung zugunsten einer Vermögensübergabe gegen Versorgungsleistungen[696]. Entscheidend ist dabei, dass die Parteien subjektiv von der Ausgewogenheit der Leistungen ausgehen, so dass auch bei objektiver Ungleichwertigkeit noch ein als unentgeltlich zu behandelndes Geschäft vorliegen kann[697].

Unter Beachtung des Wertverhältnisses zwischen Leistung und Gegenleistung sind Fallgestaltungen denkbar, in denen die Aufteilung der wiederkehrenden Leistungen in Kapital- und Zinsanteil nur in Bezug auf ein Teilentgelt erfolgt, nämlich dann, wenn entweder (erstens) der Wert des übertragenen Vermögens höher ist als der Barwert der wiederkehrenden Leistungen oder wenn (zweitens)

---

694 BT-Drucks. II/481, S. 86 f.

695 BFH v. 14.11.2001 – X R 32-33/01 – BStBl. II 2002, 183 (184) = BFHE 197, 199.

696 Vgl. z. B. BFH v. 31.08.1994 – X R 44/93 – BStBl. II 1996, 676 = BFHE 176, 19. Zur Vermutungsrechtsprechung bei der Vermögensübergabe gegen Versorgungsleistungen vgl. die ausführlichen Nachweise in Abschnitt H.III.1(a) und (d), S. 193 und 198 f.

697 Vgl. BFH v. 29.01.1992 – X R 193/87 – BStBl. II 1992, 465 = BFHE 167, 95; BFH v. 16.12.1993 – X R 67/92 – BStBl. II 1996, 669 = BFHE 173, 152; BFH v. 30.07.2003 – X R 12/01 – BStBl. II 2004, 211 = BFHE 204, 53.

umgekehrt der Barwert der wiederkehrenden Leistungen über dem Wert des übertragenen Vermögens liegt. Im ersten Fall sind die wiederkehrenden Leistungen im jeweiligen Wertverhältnis in einen entgeltlichen und einen unentgeltlichen Teil aufzuteilen, im zweiten Fall beschränkt sich die Annahme eines entgeltlichen Geschäfts auf den als Gegenleistung angemessen anzusehenden Teil, während der hierüber hinaus gehende Teil eine nicht steuerbare, nach Maßgabe des § 12 Nr. 2 EStG zu behandelnde Zuwendung darstellt[698].

3. Von der Wertverrechnungslehre zur generellen Aufteilung wiederkehrender Leistungen im Austausch mit einer Gegenleistung in Zins- und Kapitalanteil

(a) Wertverrechnungslehre

Die Wertverrechnungslehre beruht auf dem Gedanken, dass die aufgrund eines gegenseitigen Vertrages erbrachten wiederkehrenden Leistungen im Austausch mit einer Gegenleistung erst dann steuerbare Einnahmen darstellen, wenn sie den Wert der Gegenleistung übersteigen. Bis zur Höhe des Wertes der Gegenleistung liege eine bloße Vermögensumschichtung vor. Zudem soll mit dieser Konzeption eine Besteuerung von wiederkehrenden Leistungen im Austausch mit einer Gegenleistung allein aufgrund der äußeren Form der Wiederkehr vor Erreichen des Verrechnungsvolumens verhindert werden.

(aa) Ausgangslage

Der BFH gelangte bei privaten Veräußerungsrenten mit Hilfe einer Wertverrechnung zu dem Ergebnis, dass die wiederkehrend zu erbringenden Leistungen bis zum Erreichen des Wertes der Gegenleistung auf Empfängerseite nicht steuerbar und auf Verpflichtetenseite mangels wirtschaftlicher Belastung nicht abziehbar seien[699]. Nach der Einführung der Ertragsanteilsbesteuerung für Leibrenten durch das StNOG 1954[700] hat der BFH die Grundsätze der Wertverrechnung

---

698 Vgl. *Lüsch*, in: Littmann/Bitz/Pust, EStG, § 22 Rn. 265. BMF-Schreiben v. 16.09.2004 – IV C 3 – S 2255 – 354/04 – BStBl. I 2004, 922 Rn. 50 f. Wegen der an das Wertverhältnis zwischen Übertragungsgegenstand und Barwert der wiederkehrenden Leistungen anknüpfenden Besonderheiten der früheren Rechtsprechung im Bereich der Vermögensübergabe gegen Versorgungsleistungen s. unten H.IV.1(b), S. 218 f.

699 BFH v. 18.09.1952 – IV 70/49 U – BStBl. III 1952, 290 = BFHE 56, 574; BFH v. 15.02.1957 – VI 150/55 – BStBl. III 1957, 134 = BFHE 64, 356.

700 StNOG v. 16.12.1954, BStBl. I 1954, 575.

zunächst generell auf abänderbare Geld- und Sachleistungen ausgedehnt[701]. Erst später werden Versorgungsleistungen aus dem Anwendungsbereich der Wertverrechnung[702] ausgeklammert und Besonderheiten bei kauf- und darlehensähnlichen Verträgen angenommen[703]. Da im Austausch mit einer Gegenleistung gewährte wiederkehrende Bezüge mit Ausnahme von Versorgungsleistungen nur nach einem Übersteigen des Wertes der Gegenleistung steuerbar waren[704], sollte über kauf- und darlehensähnliche Verträge hinaus eine Wertverrechnung in allen Fällen geboten sein, in denen wiederkehrende Leistungen im Austausch mit einer Gegenleistung erbracht werden[705]. Die Abziehbarkeit als dauernde Last auf der Verpflichtetenseite erst nach einer Wertverrechnung, also ohne Sofortberücksichtigung laufender Zinsanteile, begründete die Rechtsprechung mit dem bei dauernden Lasten fehlenden Stammrecht; die für Leibrenten geltende laufende Berücksichtigung des Ertragsanteils sei nicht übertragbar[706].

(bb) Fortentwicklung der Wertverrechnungslehre

Die Rechtsprechung hat die Wertverrechnungslehre erst ab dem Jahre 1990 dahingehend modifiziert, dass wiederkehrende Bezüge – unabhängig von der zeitlichen Dauer – für die gesamte Laufzeit von vornherein in einen Zins- und Kapitalanteil zerlegt werden müssten[707]. Die Grundsätze der Wertverrechnung seien

---

701 BFH v. 28.06.1963 – VI 321/61 U – BStBl. II 1963, 424 = BFHE 77, 287; BFH v. 21.02.1964 – IV 295/59 – HFR 1964, 335 (336); BFH v. 27.05.1964 – I 379/61 U – BStBl. III 1964, 475 (477) 0 BFHE 80, 1.

702 Dazu unten H.III.1(c), S. 198 f.

703 BFH v. 16.09.1965 – IV 67/1 S – BStBl. II 1965, 706 = BFHE 83, 568; BFH v. 17.12.1965 – VI 294/64 U – BStBl. III 1966, 244 = BFHE 85, 87; BFH v. 27.09.1973 – VIII R 71/69 – BStBl. II 1974, 101 = BFHE 111, 33.

704 BFH v. 13.08.1985 – IX R 10/80 – BStBl. II 1985, 709 (710) = BFHE 144, 423; BFH v. 03.06.1986 – IX R 2/79 – BStBl. II 1986, 674 = BFHE 146, 442; BFH v. 04.04.1989 – X R 14/85 – BStBl. II 1989, 779 =BFHE 157, 88; BFH v. 12.07.1989 – X R 11/84 – BStBl. II 1990, 13 = BFHE 158, 22. Diese Rechtsprechung ist durch das BVerfG nicht beanstandet worden, vgl. BVerfG v. 18.02.1988 – 1 BvR 930/86 – HFR 1989, 271. Zur Kritik an der Wertverrechnungslehre, die im Gesetz keine Stütze habe und daher gegen die Tatbestandsmäßigkeit der Besteuerung verstoße, s. *Biergans*, Renten und Raten[4], S. 210; ferner *Paus*, FR 1993, 417 (420); Sauren, BB 1987, 1869.

705 BFH v. 04.04.1989 – X R 14/85 – BStBl. II 1989, 779 (781) =BFHE 157, 88.

706 BFH v. 03.06.1986 – IX R 2/79 – BStBl. II 1986, 674 (675) = BFHE 146, 422.

707 BFH v. 27.02.1992 – X R 136/88 – BStBl. II 1992, 609 = BFHE 167, 375; BFH v. 25.11.1992 – X R 91/89 – BStBl. II 1996, 666 = BFHE 170, 82; BFH v. 25.11.1992 – X R 34/89 – BStBl. II 1996, 663 = BFHE 170, 76; BFH v. 28.09.1993 – X B 96/93 – BFH/NV 1994, 237; BFH v. 09.02.1994 – IX R 110/90 – BStBl. II 1995, 47 = BFHE 175, 212; BFH v. 18.10.1994 – IX R 46/88 – BStBl. II 1995, 169 = BFHE 175, 572;

in der Weise fortzuentwickeln, dass die Rechtslage für die gesamte Dauer der Verpflichtung zur Erbringung von wiederkehrenden Leistungen nach Maßgabe des § 12 EStG, Verzinslichkeit langfristiger Kapitalforderungen und des Grundsatzes der Nichtsteuerbarkeit privater Vermögensumschichtungen durch eine Sonderung von Zins- und Kapitalanteil bestimmt werde[708]. Für gleichbleibende wiederkehrende Leistungen, die auf Lebenszeit einer Person gezahlt werden und daher begriffsmäßig den Leibrenten unterfallen, bezwecke das Gesetz mit der Ertragsanteilsbesteuerung die Sonderung des Zinsanteils von einer im privaten Bereich steuerlich irrelevanten Vermögensumschichtung, indem es durch die Verweisung des § 10 Abs. 1 Nr. 1a S. 2 EStG auf die Ertragswerttabelle des § 22 Nr. 1 S. 3 EStG den Zinsanteil pauschaliere. Mit der Streichung des privaten Schuldzinsenabzugs sei diese nur für Leibrenten geltende gesetzliche Quantifizierung indes gegenstandslos geworden[709]. Deshalb seien die Grundsätze über die Sonderung von Zins- und Kapitalanteil auf Leibrenten und dauernde Lasten gleichermaßen anwendbar. Es gebe beim entgeltlichen Erwerb eines Wirtschaftsguts keine Rechtfertigung dafür, die durchgehende Erfassung eines Zinsanteils bei dauernden Lasten im Gegensatz zu Leibrenten auszuschließen[710]. Etwas anderes könne auch nicht der Vorschrift des § 9 Abs. 1 S. 3 Nr. 1 EStG entnommen werden, die für Leibrenten ausdrücklich die Erfassung des Ertragsanteils vorschreibe. Hieraus ließen sich keine Schlüsse gegen die Erfassung des in dauernden Lasten enthaltenen Zinsanteils ziehen[711]. Zudem habe der Große Senat in der Entscheidung vom 15.07.1991 durch die Abkehr vom zivilrechtlichen Rentenbegriff den Weg geebnet, die steuerliche Behandlung wiederkehrender Leistungen im Austausch mit einer Gegenleistung an den durch die Leibrentenbesteuerung verfolgten Gesetzeszweck der Sonderung des steuerbaren Ertragsanteils von der nicht im steuerbaren Bereich liegenden Vermögensumschichtung anzupassen[712].

BFH v. 20.10.1999 – X R 132/95 – BStBl. II 2000, 82 =BFHE 190, 178; BFH v. 14.11.2001 – X R 32-33/01 – BStBl. II 2002, 183 = BFHE 197, 199.

708 Grundlegend BFH v. 27.02.1992 – X R 136/88 – BStBl. II 1992, 609 (611) = BFHE 167, 375.

709 BFH v. 25.11.1992 – X R 91/89 – BStBl. II 1996, 666 (669) = BFHE 170, 82.

710 BFH v. 09.02.1994 – IX R 110/90 – BStBl. II 1995, 47 (52) = BFHE 175, 212; BFH v. 18.10.1994 – IX R 46/88 – BStBl. II 1995, 169 = BFHE 175, 572.

711 BFH v. 09.02.1994 – IX R 110/90 – BStBl. II 1995, 47 (52) = BFHE 175, 212 unter Aufgabe der in BFH v. 03.06.1986 – IX R 2/79 – BStBl. II 1986, 674 = BFHE 146, 442 vertretenen auf das Rentenstammrecht als maßgebliches Unterscheidungskriterium abstellenden Auffassung.

712 BFH v. 09.02.1994 – IX R 110/90 – BStBl. II 1995, 47 (52) = BFHE 175, 212 unter Bezugnahme auf BFH v. 15.07.1991 – GrS 1/90 – BStBl. II 1992, 78 (83) = BFHE 165, 225.

4. Behandlung des Kapitalanteils

(a) Behandlung auf Seiten des Verpflichteten

Der in wiederkehrenden Leistungen enthaltene Kapitalanteil ist beim Verpflichteten als nicht steuerbare Vermögensumschichtung grundsätzlich steuerrechtlich irrelevant. Dies folgt auf Grundlage der Wertverrechnungslehre für die Berücksichtigung als Sonderausgabe nach § 10 Abs. 1 Nr. 1 a EStG daraus, dass keine für eine Aufwendung erforderliche wirtschaftliche Belastung vorliegt, wenn Leistungen aus einer empfangenen Gegenleistung erbracht werden können. Die Nichtsteuerbarkeit auf Empfängerseite ergibt sich aus dem Grundsatz, dass außerhalb der Vorschriften der §§ 17 und 23 EStG private Vermögensumschichtungen einkommensteuerlich keine Auswirkungen haben[713].

Bei Verwendung des erworbenen Gegenstandes zur Erzielung von Überschußeinkünften ist der in den Leistungen enthaltene Kapitalanteil durch den Abzug von AfA, berechnet auf der Grundlage des Barwertes der wiederkehrenden Leistungen, zu berücksichtigen. Die Ermittlung des Barwerts der wiederkehrenden Leistungen nimmt der BFH[714] bei gleichmäßig für die Lebensdauer zu erbringenden Leistungen nach Maßgabe der §§ 12 f. BewG vor, die Finanzverwaltung[715] wendet daneben alternativ versicherungsmathematische Grundsätze an. Bei ungleichmäßigen Leistungen ergibt sich der Barwert aus dem unter Zugrundelegung eines Jahreswertes aus Sicht des Anschaffungszeitpunktes zu ermittelnden Veräußerungspreis[716]. Ein voller Abzug des Kapitalanteils der wiederkehrenden Leistungen im Abflußzeitpunkt nach § 9 Abs. 1 S. 3 Nr. 1 EStG ist nach der Rechtsprechung wegen der insoweit als vorrangig angesehenen Vorschrift des § 9 Abs. 1 S. 3 Nr. 7 EStG nicht möglich, ebensowenig stehe die Wertverrechnungslehre der Geltendmachung von AfA entgegen, da ihr Anwendungsbereich auf die §§ 10 Abs. 1 Nr. 1 a, 22 Nr. 1 EStG beschränkt sei und wegen der Berücksichtigung des objektiven Nettoprinzips für die Frage der Berücksichtigung dauernder Lasten im Werbungskostenbereich keine Rolle spiele[717].

---

713 BFH v. 27.02.1992 – X R 136/88 – BStBl. II 1992, 609 (611); BFH v. 25.11.1992 – X R 91/89 – BStBl. II 1996, 666 (667) = BFHE 170, 82.

714 Vgl. BFH v. 09.02.1994 – IX R 110/90 – BStBl. II 1995, 47 (52) = BFHE 175, 212.

715 BMF-Schreiben v. 16.09.2004 – IV C 3 – S 2255 – 354/04 – BStBl. I 2004, 922 Rn. 51.

716 BFH v. 18.10.1994 – IX R 46/88 – BStBl. II 1995, 169 = BFHE 175, 572.

717 Vgl. BFH v. 09.02.1994 – IX R 110/90 – BStBl. II 1995, 47 (48) = BFHE 175, 212.

(b) Behandlung auf Seiten des Berechtigten

Der in den wiederkehrenden Leistungen enthaltene Kapitalanteil fällt beim Leistungsempfänger nicht unter § 22 Nr. 1 EStG, da es sich grundsätzlich um eine Vermögensumschichtung im Privatbereich handelt. Der Wortlaut des § 22 Nr. 1 EStG spricht zwar an sich für die Erfassung einer aus Kapital- und Zinsanteil zusammengesetzten Leistung, kann aber die Notwendigkeit einer Trennung von Zins- und Tilgungsanteil nicht in Frage stellen, weil das Einkommensteuerrecht Vermögensmehrungen besteuern will, nicht aber einen Vermögensbestand oder eine bloße Vermögensumschichtungen. Der Kapitalanteil liegt damit grundsätzlich nicht im steuerbaren Bereich[718]. Steuerliche Relevanz erlangen private Vermögensumschichtungen nur unter den Voraussetzungen der §§ 17 und 23 EStG, falls ein Veräußerungsgewinn entsteht. Wird ein Wirtschaftsgut des Betriebsvermögens übertragen, so kann der Barwert der wiederkehrenden Leistungen einen nach Maßgabe der §§ 16 und 34 EStG zu behandelnden Veräußerungsgewinn darstellen[719].

5. Behandlung des Zinsanteils

Für die Behandlung des in den laufenden wiederkehrenden Leistungen neben dem Kapitalanteil enthaltenen Zinsanteils ist beim Verpflichteten entscheidend, unter welchen Voraussetzungen der Zinsanteil abzugsfähig ist, beim Berechtigten hat die Unterscheidung nach der Abänderbarkeit der Leistungen Konsequenzen bei der tatbestandlichen Erfassung des Zinsanteils: Während bei Leibrenten auf Empfängerseite eine gesetzliche Bindung an die Ertragsanteilstabelle in § 22 Nr. 1 S. 3 Lit. a bb EStG besteht, fällt der in ungleichmäßigen Leistungen enthaltene Zinsanteil seiner Rechtsnatur gemäß unter die Einkünfte aus Kapitalvermögen im Sinne des § 20 Abs. 1 Nr. 7 EStG.

---

718 BFH v. 25.11.1992 – X R 34/89 – BStBl. II 1996, 663 = BFHE 170, 76 unter Hinweis auf *Kirchhof*, in: Kirchhof/Söhn/Mellinghoff, EStG, § 2 Rn. A 95.

719 Hierbei ist insbesondere zu beachten, dass bei Veräußerung eines Betriebes, Teilbetriebes oder Mitunternehmeranteils gegen wiederkehrende Bezüge ein Wahlrecht des Veräußerers zwischen sofortiger Versteuerung und Zuflußversteuerung eingeräumt wird. Zum Veräußererwahlrecht zwischen Sofortversteuerung des Veräußerungsgewinns nach §§ 16, 34 EStG und zur laufenden Versteuerung der wiederkehrenden Leistungen nach § 24 Nr. 2 EStG siehe BFH v. 30.01.1974 – IV R 80/70 – BStBl. II 1974, 452 = BFHE 111, 477; BFH v. 26.07.1984 IV R 137/82 – BStBl. II 1984, 829 = BFHE 141, 525; R 139 Abs. 11 EStR 2003. Ausführlich *Reiß*, in: Kirchhof/Söhn/Mellinghoff, EStG, § 16 Rn. B 166 f. m.w.N.

(a) Behandlung auf Seiten des Verpflichteten

Da private Schuldzinsen grundsätzlich nicht abzugsfähig sind, berechtigte der in wiederkehrenden Leistungen enthaltene Zinsanteil nach Ansicht der Rechtsprechung nicht zum Abzug nach § 10 Abs. 1 Nr. 1 a EStG[720]. Außerdem soll die Nichtabziehbarkeit des Zinsanteils aus dem Fehlen einer wirtschaftlichen Belastung des Steuerpflichtigen als Voraussetzung für den Sonderausgabenabzug folgen. Den Zinsleistungen als Entgelt für die Kapitalnutzung stehe eine Gegenleistung in Form der Kapitalnutzungsmöglichkeit gegenüber[721]. Das gelte auch für den in dauernden Lasten und Leibrenten enthaltenen Zinsanteil. Die für Leibrenten in § 10 Abs. 1 Nr. 1 a S. 2 EStG vorgesehene gesetzliche Quantifizierung des privaten Schuldzinsenabzugs sei deshalb "gegenstandslos"[722].

Nur bei Verwendung des erworbenen Wirtschaftsguts zur Einkunftserzielung kommt eine Berücksichtigung des Zinsanteils als Betriebsausgaben nach § 4 Abs. 4 EStG oder Werbungskosten nach § 9 Abs. 1 S. 3 Nr. 1 EStG in Betracht. Da § 9 Abs. 1 S. 3 Nr. 1 EStG seinem Wortlaut nach hinsichtlich der Höhe des Werbungskostenabzugs zwischen Leibrenten und sonstigen wiederkehrenden Bezügen differenziert, stellt sich die Frage nach der Berechnung des jeweils abzugsfähigen Zinsanteils. Bei Leibrenten ergibt sich der Zinsanteil aus der pauschalierten Ertragsanteilstabelle des § 22 Nr. 1 S. 3 Lit. a EStG[723]. Für dauernde Lasten trifft § 9 Abs. 1 S. 3 Nr. 1 S. 1 EStG seinem Wortlaut nach keine Unterscheidung zwischen Kapital- und Zinsanteil, so dass zunächst eine Abgrenzung zwischen dauernden Lasten und Leibrenten auf Begriffsebene erforderlich ist. Insoweit ist festgestellt worden, dass die Gleichmäßigkeit der auf Lebenszeit des Berechtigten zu erbringenden Leistungen begriffliches Hauptunterscheidungsmerkmal ist. Nach dem Wortlaut der Vorschrift erscheint zunächst die volle Abzugsfähigkeit sowohl des Kapital- als auch des Zinsanteils möglich. Die Rechtsprechung gelangt jedoch zur Sonderung des Tilgungsanteils: § 9 Abs. 1 S. 3 Nr. 7 EStG sei vorrangig und der Kapitalanteil durch Geltendmachung der AfA

---

720 BFH v. 27.11.1992 – X R 139/88 – BStBl. II 1992, 612 = BFHE 167, 381; BFH v. 25.11.1992 – X R 91/89 – BStBl. II 1996, 666 = BFHE 170, 82; BFH v. 20.10.1999 – X R 86/96 – BStBl .II 2000, 602 = BFHE 190, 365; BFH v. 14.11.2001 – X R 39/98 – BStBl. II 2002, 246 = BFHE 197, 179.

721 BFH v. 25.11.1992 – X R 91/89 – BStBl. II 1996, 666 (669) = BFHE 170, 82; BFH v. 27.11.1996 – X R 85/94 – BStBl. II 1997, 284 (287) = BFHE 182, 110.

722 BFH v. 25.11.1992 – X R 91/89 – BStBl. II 1996, 666 (669) = BFHE 170, 82; BFH v. 14.11.2001 – X R 39/98 – BStBl. II 2002, 246 = BFHE 197, 179.

723 Ab dem Veranlagungszeitraum 2005 wird in der Ertragsanteilstabelle statt wie bisher ein Zinsfuß von 3 % zugrunde gelegt statt wie bislang 5,5 %.

während der Gesamtnutzungsdauer des erworbenen Wirtschaftsguts zu berücksichtigen[724].

Hinsichtlich der konkreten Berechnung des Zinsanteils bei dauernden Lasten divergieren die Auffassungen der einzelnen Senate des BFH. Während der X. Senat eine finanzmathematische Berechnung unter Zugrundelegung eines Rechnungszinsfußes von bislang 5,5 % vorgenommen hat und die voraussichtliche Laufzeit der wiederkehrenden Leistungen nach den biometrischen Durchschnittswerten der Allgemeinen Deutschen Sterbetafel bemisst[725], hat der IX. Senat bislang die Ertragsanteilstabelle auf die Ermittlung des Zinsanteils dauernder Lasten im Rahmen des § 9 Abs. 1 S. 3 Nr. 1 EStG entsprechend angewendet und dies mit der Vermeidung von Unstimmigkeiten im Recht der wiederkehrenden Leistungen begründet[726]. Die Finanzverwaltung räumt ein Wahlrecht zwischen beiden Methoden ein[727].

(b) Behandlung auf Seiten des Berechtigten

Der in wiederkehrenden Leistungen enthaltene Zinsanteil wird beim Berechtigten erfaßt je nachdem, ob Leibrenten oder dauernde Lasten anzunehmen sind. Bei Leibrenten sind die Zinsanteile als wiederkehrende Bezüge nach Maßgabe des § 22 Nr. 1 S. 3 Lit. a bb EStG zu erfassen. Diese Einordnung erfolgt nach Auffassung der Rechtsprechung ungeachtet dessen, dass es sich bei den Zinsanteilen ihrer Rechtsnatur nach um pauschalierte Einkünfte aus Kapitalvermögen handelt[728]. Obwohl der Ertragsanteil ein privater Zinsanteil ist, scheidet danach bei privaten Veräußerungsleibrenten eine Erfassung als Kapitaleinkünfte nach § 20 Abs. 1 Nr. 7 EStG aus. Dies hat zur Konsequenz, dass der Sparerfreibetrag

---

[724] BFH v. 09.02.1994 – IX R 100/90 – BStBl. II 1995, 47 (49) = BFHE 175, 212; BFH v. 18.10.1994 – IX R 46/88 – BStBl. II 1995, 169 (170) = BFHE 175, 572; BFH v. 14.12.1994 – X R 1-2/90 – BStBl. II 1996, 680 (683) = BFHE 177, 36. Zum gleichen Ergebnis, aber unter Heranziehung des Wertverrechnungsgedankens, wonach die laufenden Leistungen bis Erreichen des Verrechnungsvolumens steuerlich nicht zu berücksichtigen sein sollen, gelangen *Jansen*, DStR 1995, 203 (205) und – unter Einschränkung auf den Erwerb nicht abnutzbarer Wirtschaftsgüter – *Paus*, FR 1995, 363 (365), die diese Lösung vor allem zur Vermeidung von Berechnungsschwierigkeiten bei der Barwert- und Zinsermittlung bevorzugen.

[725] Vgl. BFH v. 25.11.1992 – X R 34/89 – BStBl. II 1996, 663 = BFHE 170, 76; BFH v. 26.11.1992 – X R 187/87 – BStBl. II 1993, 298 (301) = BFHE 170, 98, allerdings unter Einräumung der Möglichkeit der Berechnung nach der Ertragsanteilstabelle des § 22 Nr. 1 S. 3 Lit. a EStG in Einzelfällen zur Ermöglichung einer vereinfachten Berechnung.

[726] BFH v. 09.02.1994 – IX R 110/90 – BStBl. II 1995, 47 (53) = BFHE 175, 212.

[727] BMF-Schreiben v. 16.09.2004 – IV C 3 – S 2255 – 354/04 –BStBl. I 2004, 922 Rn. 53.

[728] BFH v. 14.11.2001 – X R 32-33/01 – BStBl. II 2002, 183 = BFHE 197, 199.

des § 20 Abs. 4 EStG auf diese Einkünfte keine Anwendung findet. Insoweit gilt daher für in gleichbleibenden Leistungen enthaltene Zinsanteile eine interpersonale Korrespondenz aufgrund der gesetzlichen Normierung der Ertragsanteilstabelle in § 22 Nr. 1 S. 3 Lit. a EStG. Eine derartige Bindungswirkung der Ertragsanteilsbesteuerung besteht hingegen nicht für abänderbare wiederkehrende Leistungen, so dass die in dauernden Lasten enthaltenen Zinsen von § 20 Abs. 1 Nr. 7 EStG erfaßt werden und der Sparerfreibetrag Anwendung findet[729]. Folge dieser Rechtsprechung ist das "Kuriosum"[730], dass der Zinsanteil dauernder Lasten zwar betragsmäßig aus der Tabelle des § 22 Nr. 1 S. 3 Lit. a EStG entnommen, qualitativ aber den Einkünften aus Kapitalvermögen zugeordnet wird. Diese unterschiedliche Behandlung hält der BFH im Ergebnis für unvereinbar mit dem allgemeinen Gleichheitsgrundsatz, sieht aber wie der überwiegende Teil der Literatur[731] keine Möglichkeit im Wege einer verfassungskonformen Auslegung des Gesetzes den Sparerfreibetrag auch auf die in privaten Veräußerungsleibrenten enthaltenen Zinsteile anzuwenden. Die unmissverständliche Zuordnung zu § 22 EStG und der klare Wortlaut des § 20 Abs. 4 S. 1 EStG stünde im Wege[732].

6. Gegenläufige Positionen im Schrifttum

Im Schrifttum wird an der Rechtsprechung zur steuerlichen Behandlung wiederkehrender Leistungen im Austausch mit einer Gegenleistung in mehrfacher Hinsicht Kritik geübt[733]. Zum Teil wird bereits die Wertverrechnung als ursprünglicher Ausgangspunkt für die Sonderung von Kapital- und Zinsanteil wegen einer fehlenden gesetzlichen Grundlage beanstandet[734]. Außerdem seien die Lösungsansätze mit dem Wortlaut des Gesetzes und der Intention des Gesetzge-

---

729 BFH v. 09.02.1994 – IX R 110/90 – BStBl. II 1995, 47 (53) = BFHE 175, 212.

730 *Seer*, ZEV 1995, 173 (176).

731 *Fischer*, in: Kirchhof/Söhn/Mellinghoff, EStG, § 22 Rn. B 111; ders., Wiederkehrende Bezüge und Leistungen, Rn. 65; *Schmitz*, Besteuerung wiederkehrender Bezüge, S. 171; *Seer*, ZEV 1995, 173 (175).

732 Daher hat der BFH das Bundesverfassungsgericht im Wege des Normenkontrollverfahrens nach Art. 100 Abs. 1 GG angerufen, BFH v. 14.11.2001 – X R 32-33/01 – BStBl. II 2002, 183 = BFHE 197, 199.

733 Vgl. *Biergans/Koller*, DStR 1993, 857 (864); *Drenseck*, DStR 1993, 1429 (14359, ders., in: Festschrift für L. *Schmidt*, 845 (861); ders., StbJb 1993/94, 187 (204); *Jansen*, in: Herrmann/Heuer/Raupach, EStG, § 22 Rn. 123; *Jansen/Wrede*, Renten, Raten, Dauernde Lasten[12], Rn. 976 f.; *Katterbe*, FR 1993, 623 (626); *Weber-Grellet*, FR 1995, 505.

734 S. insbesondere *Biergans*, Renten und Raten[4], S. 210; ders., DStR 1986, 141; *Paus*, FR 1993, 417 (420); Sauren, BB 1987, 1860.

bers unvereinbar[735]. Dies gelte insbesondere für die Zerlegung dauernder Lasten in einen Zins- und einen Kapitalanteil. Der Gesetzeswortlaut lasse keine Zweifel daran, dass eine derartige Zerlegung auf Leibrenten beschränkt sei. Ansonsten hätte der Gesetzgeber nicht in Kenntnis der unterschiedlichen Erscheinungsformen wiederkehrender Bezüge für Leibrenten eine andere Regelung als für sonstige wiederkehrende Bezüge geschaffen und für den Bereich der Leibrenten durch die Beschränkung der Abziehbarkeit bzw. der Steuerbarkeit in den §§ 9 Abs. 1 S. 3 Nr. 1, 10 Abs. 1 Nr. 1 a bzw. § 22 Nr. 1 S. 3 Lit. a EStG eine korrespondierende Regelung getroffen[736]. Insbesondere im Anwendungsbereich des § 9 Abs. 1 S. 3 Nr. 1 EStG sei mit dem Gesetzeswortlaut von einer vollen Abziehbarkeit der dauernden Last auszugehen, da andernfalls kaum zu bewältigende Schwierigkeiten bei der Zerlegung und der dabei erforderlichen Ermittlung des Barwerts der wiederkehrenden Leistungen und des Zinsanteils bestünden[737]. Ob eine finanzmathematische Berechnung oder die Ertragsanteilstabelle zur Ermittlung des in ungleichmäßigen Leistungen enthaltenen Zinsanteils zugrunde gelegt werde, ändere nichts daran, dass wegen der Ungleichmäßigkeit der Leistungen bei unvorhergesehenen Entwicklungen absurde steuerliche Folgen und sinnwidrige Ergebnisse[738] einträten. Gegen den Ausschluß einer Wertverrechnung im Werbungskostenbereich durch eine vorrangige Anwendung der AfA auf den Kapitalanteil über § 9 Abs. 1 Nr. 7 wenden sich *Jansen/Wrede*: Dauernde Lasten wirkten sich bei einer Wertverrechnung steuermindernd aus, soweit sie Anschaffungskosten übersteigen, während AfA nur bis zur Höhe der Anschaffungskosten zulässig sei. Damit werde die aus dem Gesetzeswortlaut zu entnehmende volle Abzugsfähigkeit der Zahlungen im Abflußzeitpunkt umgangen[739].

Für eine Abzugsfähigkeit des in Leibrenten und dauernden Lasten enthaltenen Zinsanteils als Sonderausgaben nach Maßgabe des § 10 Abs. 1 Nr. 1 EStG spricht nach einem Teil der Literatur[740] ebenfalls bereits der Wortlaut des Gesetzes. Denn danach werde der Abzug der Zinsanteile eindeutig angeordnet; nichts

---

735 *Jansen*, in: Herrmann/Heuer/Raupach, EStG, § 22 Rn. 123; *Jansen/Wrede*, Renten, Raten, Dauernde Lasten[12], Rn. 968; Rose, StuW 2002, 276 (277).

736 *Jansen/Wrede*, Renten, Raten, Dauernde Lasten[12], Rn. 968.

737 *Drenseck*, FR 1994, 787; *Paus*, FR 1995, 363 (364).

738 *Jansen*, in: Herrmann/Heuer/Raupach, EStG, § 22 Rn. 123; *Jansen/Wrede*, Renten, Raten, Dauernde Lasten, Rn. 974; *Paus*, FR 1993, 417 (420).

739 *Jansen/Wrede*, Renten, Raten, Dauernde Lasten[12], Rn. 977.

740 *Biergans*, Renten und Raten[4], S. 252; *Biergans/Koller*, DStR 1993, 857 (864); *Drenseck*, DStR 1993, 1429 (14359, ders., in: Festschrift für L. *Schmidt*, 845 (861); ders., StbJb 1993/94, 187 (204).

Gegenteiliges könne sich aus der Streichung des privaten Schuldzinsenabzugs ergeben[741]. Gegen die materiell-rechtliche Einordnung des Ertragsanteils von Leibrenten als Zinsanteile und damit verbundene systematische Zuordnung zu den Einkünften aus Kapitalvermögen spreche, dass Zinsanteil und Ertragsanteil nicht deckungsgleich seien; dies habe der Gesetzgeber durch die Zuordnung des Ertragsanteils zu den wiederkehrenden Bezügen statt zu den Einnahmen aus Kapitalvermögen ausdrücklich normiert[742].

7. Steuersystematische Beurteilung

Ob die durch die Rechtsprechung entwickelten Ergebnisse zur Behandlung entgeltlicher wiederkehrender Bezüge steuersystematisch haltbar sind, ist an den allgemeinen Grundsätzen des Einkommensteuerrechts unter besonderer Berücksichtigung des Leistungsfähigkeitsprinzips zu messen.

(a) Behandlung des Tilgungsanteils

Die in wiederkehrenden Bezügen enthaltenen Tilgungsanteile werden beim Verpflichteten unter Berücksichtigung des subjektiven Nettoprinzips als Kernelement des Sonderausgabenabzugs zutreffend behandelt: Da eine zwangsläufige Beeinträchtigung der Leistungsfähigkeit des Steuerpflichtigen eine wirtschaftliche Belastung voraussetzt, muss bei einer leistungsfähigkeitsneutralen Vermögensumschichtung ein steuermindernder Abzug ausscheiden. Dieses Ergebnis lässt sich sowohl mit der ursprünglichen Wertverrechnung (keine wirtschaftliche Belastung, wenn und solange die Aufwendungen aus einer empfangenen Gegenleistung erbracht werden können) als auch mit der Trennung von Zins- und Kapitalanteil als Ausdruck des Grundsatzes der Neutralität von Umschichtungen des Privatvermögens begründen. Für die Behandlung des Empfängers bedeutet das: Weil Umschichtungen von Privatvermögen einkommensteuerrechtlich – außerhalb der §§ 17, 23 EStG – keine Relevanz haben, kann der in den wiederkehrenden Leistungen enthaltene Kapitalanteil nicht zu steuerbaren Einkünften nach § 22 Nr. 1 EStG führen.

Die Neutralisierung des Kapitalanteils entspricht daher dem Grundsatz der Besteuerung nach der Leistungsfähigkeit und es besteht insoweit eine zutreffende korrespondierende Behandlung des Tilgungsanteils bei Verpflichtetem und Empfänger. Wird das erworbenene Wirtschaftsgut vom Verpflichteten zur priva-

---

741 *Drenseck*, DStR 1993, 1429 (14359, ders., in: Festschrift für L. *Schmidt*, 845 (861); ders., StbJb 1993/94, 187 (204).

742 *Jansen*, in: Herrmann/Heuer/Raupach, EStG, § 22 Rn. 292 unter Hinweis auf die Begründung zum Entwurf des StNOG 1954, BT-Drucks. II/481, 86; *Jansen/Wrede*, Renten, Raten, Dauernde Lasten[12], Rn. 919.

ten Einkünfteerzielung eingesetzt, verlangt das objektive Nettoprinzip, dass der Kapitalanteil nur nach § 9 Abs. 1 S. 3 Nr. 7 berücksichtigt wird[743].

(b) Behandlung des Zinsanteils

Beim Verpflichteten ist bei der Behandlung des Zinsanteils nach der Rechtsprechung danach zu unterscheiden, ob wegen einer einkünfterelevanten Verwendung des erworbenen Wirtschaftsguts ein Abzug als Werbungskosten in Betracht kommt oder private Ausgaben vorliegen, deren Berücksichtigung am Abzugsverbot für private Schuldzinsen scheitert. Im ersten Fall entspricht die Behandlung des Zinsanteils als Werbungskosten dem objektiven Nettoprinzip, da es sich um Aufwendungen handelt, die durch den Erwerb eines im Rahmen der Einkünfteerzielung eingesetzten Wirtschaftsguts veranlaßt sind. Die Nichtabzugsfähigkeit bei einer nicht einkünfterelevanten Verwendung des gegen wiederkehrende Leistungen erworbenen Wirtschaftsguts vor dem Hintergrund der Abschaffung des allgemeinen Schuldzinsenabzugs und der "Modellfunktion" der Ertragsanteilsbesteuerung bedarf indes näherer Betrachtung.

Der Große Senat des BFH hat den Leibrentenbegriff losgelöst vom bürgerlichen Recht zu einem "steuerrechtlichen Funktionsbegriff" entwickelt, dessen Zielsetzung die Sonderung von Vermögensumschichtung und steuerbarem Zinsanteil sei[744].

Nach der amtlichen Begründung des StNOG 1954 entspricht die Beschränkung der Besteuerung privater Leibrenten auf die Erträge des Rentenstammrechts, falls sich der Erwerb ausschließlich in der nicht das Einkommen berührenden Vermögenssphäre abspielt, den Grundsätzen des Einkommensteuerrechts. Es gehe um die Ermittlung von Einkünften als Überschuß der Einnahmen über die Werbungskosten und es sei steuersystematisch nicht haltbar, den Teil der Rente, der nicht über den Wert des hingegebenen Vermögensgegenstandes hinausgehe, als Einkünfte zu bezeichnen[745]. Damit lässt auch die Gesetzesbegründung erkennen, dass die Konstruktion der Ertragsanteilsbesteuerung auf die Sondierung von Zins- und Kapitalanteil zugeschnitten ist. Die gesetzestechnische Ausgestaltung ist aber steuersystematisch zu bemängeln, wenn in der amtlichen Begründung behauptet wird, der Abzug der Rente beim Verpflichteten müsse der Besteuerung beim Berechtigten in der Weise entsprechen, dass der Verpflichtete die gleichen Beträge abziehen könne, die beim Berechtigten der

743 Vgl. hierzu BFH v. 09.02.1994 – IX R 110/90 – BStBl. II 1995, 47 (49) = BFHE 175, 212 mit ausführlicher Darstellung der Gesetzesentwicklung.

744 BFH v. 15.07.1991 – GrS 1/90 – BStBl. II 1992, 78 = BFHE 165, 225.

745 BT-Drucks. II/481, S. 86.

Besteuerung unterlägen[746]. Aus einer korrespondierenden Behandlung der Besteuerung beim Berechtigten- und beim Verpflichteten folgt nämlich an sich eine interpersonale Verknüpfung, die eine getrennte, voneinander unabhängige Betrachtung von Berechtigtem und Verpflichteten ausschließt. Die Sonderung des Zinsanteils und dessen Erfassung auf der Empfängerseite mittels der Ertragsanteilsbesteuerung könnte danach einerseits nur im Rahmen des § 22 Nr. 1 S. 3 Lit. a EStG erfolgen, obwohl der Ertragsanteil wegen seines Zinscharakters an sich den Einkünften aus Kapitalvermögen unterfiele und damit der Sparerfreibetrag des § 20 Abs. 4 EStG für den Berechtigten gelten müßte. Andererseits müsste korrespondierend ein Abzug beim Verpflichteten erfolgen, obwohl es sich materiell außerhalb der einkünfterevanten Verwendung des empfangenen Gegenstandes um private Schuldzinsen handelt, deren Abzug das EStG grundsätzlich[747] nicht vorsieht.

Das ist nicht nötig. Steuersystematisch muss auch in diesem Zusammenhang gelten, dass Verpflichteter und Berechtigter nach Maßgabe ihrer jeweiligen individuellen Leistungsfähigkeit besteuert werden[748]. Dies allein liefert den Ansatzpunkt für eine zutreffende Behandlung der in entgeltlichen wiederkehrenden Leistungen enthaltenen Zinsanteile, die in der Privatsphäre anfallen. Beim Verpflichteten ist zu berücksichtigten, dass nach § 10 Nr. 1a EStG sowohl dauernde Lasten als auch Leibrenten dem Gesetzeswortlaut nach auf einem besonderen Verpflichtungsgrund beruhen müssen und eine Abzugsfähigkeit als Sonderausgaben wegen des subjektiven Nettoprinzips nur dann in Frage kommt, wenn nicht nur eine Zahlungspflicht vorliegt, sondern diese auch zwangsläufig entstanden ist, da freiwillige Privatausgaben die Bemessungsgrundlage nicht mindern (dürfen)[749]. Unter Beachtung dieser Grundsätze kann der in wiederkehrenden Leistungen enthaltene Zinsanteil nicht als Sonderausgabe abzugsfähig sein, da die Leistungsverpflichtung im Regelfall freiwillig übernommen wurde, so dass die für den Sonderausgabenabzug erforderliche Zwangsläufigkeit fehlt[750].

---

746 BT-Drucks. II 481, S. 88.

747 Ausnahmen stellen die praktisch nicht mehr bedeutsame Regelung des § 10e Abs. 6 S. 2 EStG dar sowie die ausnahmsweise unter engen Voraussetzungen anzuerkennende Berücksichtigung privater Schuldzinsen als außergewöhnliche Belastung, wenn die Schuldaufnahme durch Ausgaben veranlasst ist, die ihrerseits eine außergewöhnliche Belastung darstellen, vgl. *Mellinghoff*, in: Kirchhof, EStG[6], § 33 Rn. 100.

748 Speziell zur Ertragsanteilsbesteuerung *Söhn*, in: Kirchhof/Söhn/Mellinghoff, EStG, § 10 Rn. 152; ders., StuW 1986, 324 (328) Fn. 44.

749 *Söhn*, in: Kirchhof/Söhn/Mellinghoff, EStG, § 10 Rn. D 6; *Tipke*, StuW 1980, 1 (5).

750 So im Ergebnis auch *Schmitz*, Besteuerung wiederkehrender Bezüge, S. 157 f., der dies aber auf dem Umweg einer teleologisch-restriktiven Auslegung des § 10 Abs. 1 Nr. 1a EStG als Erfordernis des subjektiven Nettoprinzips begründet.

Im Bereich entgeltlicher wiederkehrender Bezüge läuft deshalb die Vorschrift des § 10 Abs. 1 Nr. 1 a EStG regelmäßig leer[751]. Die Verneinung des Abzugs des Zinsanteils mit der Begründung, es liege bereits keine wirtschaftliche Belastung vor, da der Leistungsverpflichtete einen Gegenwert in Form der Kapitalüberlassung erhalte[752], sowie der Hinweis auf die Streichung des allgemeinen Schuldzinsenabzugs[753] und die hierdurch erforderliche, durch den Gleichbehandlungsgrundsatz gebotene Nichtberücksichtigung des in abänderbaren und nichtabänderbaren wiederkehrenden Leistungen enthaltenen Zinsanteils im Sonderausgabenbereich[754] stützen dieses Ergebnis.

Unabhängig von der steuerlichen Behandlung des Zinsanteils auf Verpflichtetenseite führen die in wiederkehrenden Leistungen enthaltenen Zinsanteile beim Empfänger zu einer Erhöhung der steuerlichen Leistungsfähigkeit. Die steuerliche Erfassung wirft aber in tatbestandlicher Hinsicht Probleme auf, weil und soweit zwischen ungleichmäßigen und gleichmäßigen Leistungen differenziert wird. Bei Leibrenten kommen wegen des bindenden Wortlauts des § 22 Nr. 1 S. 3 Lit. a bb EStG ausschließlich sonstige Einkünfte in Betracht, während die in dauernden Lasten enthaltenen Zinsanteile Einkünfte aus Kapitalvermögen im Sinne des § 20 Abs. 1 Nr. 7 EStG sind, so dass damit einhergehend der Sparerfreibetrag nach § 20 Abs. 4 EStG Anwendung findet.

Für die der Ertragsanteilsbesteuerung unterliegenden Veräußerungsleibrenten ist eine Zuordnung des Zinsanteils zu den Einkünften aus Kapitalvermögen nicht nur im Hinblick auf den Gesetzeswortlaut, sondern auch nach den Gesetzesmaterialien ausgeschlossen. Der Entwurf des StNOG 1954 sieht explizit vor, die Besteuerung von Leibrenten "wie bisher" im Rahmen des § 22 EStG, also nicht im Rahmen des § 20 EStG zu regeln[755]. Damit ist die Regelung des § 22 Nr. 1 S. 3 Lit. a bb EStG insoweit eindeutig und keiner anderen Auslegung zugänglich. Eine Einordnung des in Form des Ertragsanteils pauschalierten Zinsanteils unter § 20 Abs. 1 Nr. 7 EStG würde die gesetzgeberische Entscheidung derogieren und einen Übergriff in die Entscheidungsprärogative des Parlaments bedeu-

---

751 Vgl. *Söhn*, StuW 1986, 324 (328) Fn. 44.

752 BFH v. 25.11.1992 – X R 91/89 – BStBl. II 1996, 666 (669) = BFHE 170, 82; *Fischer*, in: Kirchhof/Söhn/Mellinghoff, EStG, § 22 Rn. B 110; aA *Schmitz*, Wiederkehrende Bezüge, S. 157.

753 Durch das Einkommensteueränderungsgesetz v. 26.06.1973, BGBl. I 1973, 676.

754 BFH v. 25.11.1992 – X R 91/89 – BStBl. II 1996, 666 (669); BFH v. BFH v. 14.11.2001 – X R 39/98 – BStBl. II 2002, 246 (248) = BFHE 197, 179.

755 BT-Drucks. II/481, S. 86.

ten[756]. Im Gegensatz hierzu können die Zinsanteile, die in ungleichmäßigen Leistungen enthalten sind, ihrer Rechtsnatur entsprechend als Zins i.S.d. § 20 Abs. 1 Nr. 7 EStG eingeordnet und um den Sparer-Freibetrag gemindert werden, da § 22 Nr. 1 S. 3 EStG nicht entgegensteht[757]. Damit ergeben sich hinsichtlich der Anwendung des Sparer-Freibetrags unterschiedliche Ergebnisse je nachdem, ob abänderbare oder gleichbleibende Leistungen vorliegen, obwohl die materielle Qualifikation als Zinsanteile insgesamt eine Zuordnung zu den Einkünften aus Kapitalvermögen gebietet.

Nach dem allgemeinen Gleichheitssatz (Art. 3 Abs. 1 GG) ist eine derartige Differenzierung bereichsspezifisch auf ihre Zulässigkeit hin zu beurteilen. Im Steuerrecht gilt, dass jeder Steuerpflichtige nach seiner finanziellen Leistungsfähigkeit gleichmäßig im Sinne einer Belastungsgleichheit zur Finanzierung der allgemeinen Staatsaufgaben heranzuziehen ist[758]. Diese Belastungsgleichheit hat der Gesetzgeber im Wege einer folgerichtigen Gleichbehandlung der Einkunftsarten durchzusetzen. Das ist nur dann gewährleistet, wenn gleiche wirtschaftliche Leistungsfähigkeit auch gleich, folgerichtig und systemgerecht erfasst wird, soweit Differenzierungen nicht durch sachliche Gründe gerechtfertigt werden können[759]. Die Beschränkung des Sparerfreibetrags auf Kapitaleinkünfte wird mit den Besonderheiten der Kapitaleinkünfte, insbesondere der Geldwertabhängigkeit und Inflationsanfälligkeit des Kapitalvermögens sowie der Bedeutung für die Existenzsicherung im Alter, gerechtfertigt[760]. Es ist aber kein sachlicher

---

756 So zutreffend BFH v. 14.11.2001 – X R 32-33/01 – BStBl. II 2002, 183 = BFHE 197, 199. Aus dem Schrifttum *Fischer*, Wiederkehrende Bezüge und Leistungen, Rn. 65; ders., Stbg. 1997, 201 (203); *Jansen/Wrede*, Renten, Raten, Dauernde Lasten[12], Rn. 919; *Schmitz*, Wiederkehrende Bezüge, S. 171 f.; *Seer*, ZEV 1995, 173 (175).

757 BFH v. 09.02.1994 – IX R 110/90 – BStBl. II 1995, 47 (53) = BFHE 175, 212; *Ebling*, DStR 1995, 13 (14); *Fischer*, DStR 1992, Beihefter zu Heft 17, 1 (8); *Martin*, BB 1993, 1773 (1781); *Seer*, ZEV 1995, 173 (175).

758 Grundlegend BVerfG v. 22.06.1995 – 2 BvL 37/91 – BVerfGE 91, 121 (134).

759 Vgl. zu diesen Anforderungen BVerfG v. 27.06.1991 – 2 BvR 1439/39 – BVerfGE 84, 239 (271 f.); BVerfG v. 25.09.1992 – 2 BvL 5/91 – BVerfGE 87, 153 (170); BVerfG v. 22.06.1995 – 2 BvL 37/91 – BVerfGE 93, 121 (136); BVerfG v. 22.06.1995 – 2 BvR 552/91 – BVerfGE 93, 165; BVerfG v. 11.10.1998 – 2 BvL 10/95 – BVerfGE 99, 280 (289). Ferner *Jachmann*, Steuergesetzgebung, S. 109; *Kirchhof*, DStJG 24, 9 (19 f.); ders., StuW 2006, 3 (14 f.); *Lang*, Bemessungsgrundlage, S. 218 f.

760 Vgl. BVerfG v. 27.06.1991 – 2 BvR 1493/39 – BVerfGE 84, 239 (273, 282). Ausführlich *Dötsch*, in: Kirchhof/Söhn/Mellinghoff, EStG, § 20 Rn. 1 f.; ferner *Jakob*, DStR 1992, 893. Zur Kritik an der Gewährung des Sparerfreibetrags für sämtliche und damit auch für nicht inflationsbelastete Kapitalanlageformen vgl. *Birk*/Kulosa, FR 1999, 433 (441); *Dötsch*, in: Kirchhof/Söhn/Mellinghoff, EStG, § 20 Rn. 6; *Schumacher*, FR 1997, 1 (6); *Tipke*, FR 1991, 480 (481); *Tipke/Lang*, Steuerrecht[18], § 9 Rn. 503.

Grund ersichtlich, weshalb die in entgeltlichen wiederkehrenden Leistungen enthaltene Zinsanteile beim Empfänger nicht allgemein wegen ihres Zinscharakters in den Anwendungsbereich des Sparer-Freibetrags fallen sollen[761], denn sie dienen auch hier im Regelfall der durch den Sparer-Freibetrag geförderten eigenverantwortlichen Vorsorge[762] und unterliegen allgemein dem Inflationsrisiko wie die übrigen durch den Sparer-Freibetrag begünstigten Anlageformen. Allein der Umstand, dass das Einkommensteuerrecht systematisch zwischen verschiedenen Einkunftsarten unterscheidet, kann eine Ungleichbehandlung des Zinsanteils nicht ohne Vorliegen eines sachlichen Grundes rechtfertigen[763].

Danach ist festzuhalten, dass § 22 Nr. 1 S. 3 Lit. a bb EStG, der eine Zuordnung der in gleichmäßigen Leistungen enthaltenen Zinsanteile zu den Einkünften aus Kapitalvermögen ausschließt, eine sachlich nicht gerechtfertigte Ungleichbehandlung zur Folge hat, weil damit die Nichtgewährung des Sparer-Freibetrags verbunden ist. Diese Ungleichbehandlung kann aber nur der Gesetzgeber selbst beseitigen, indem entweder die Anwendung des Sparerfreibetrags auch auf die in gleichmäßigen entgeltlichen wiederkehrenden Leistungen enthaltenen Zinsanteile ausgedehnt oder die in wiederkehrenden Leistungen enthaltene Zinsanteile generell den Einkünften aus Kapitalvermögen zugeordnet werden.

8. Zusammenfassung

Die Rechtsprechung hat entgeltliche wiederkehrende Bezüge im Laufe der Zeit unterschiedlich behandelt. Heute ist für Leibrenten und dauernde Lasten eine einheitliche geltende Aufteilung in einen Zins- und einen Kapitalanteil von Beginn der Laufzeit kennzeichnend. Die in § 22 Nr. 1 S. 3 Lit. a EStG geregelte Ertragsanteilsbesteuerung liefert mit der generellen Pauschalierung des in entgeltlichen wiederkehrenden Leistungen enthaltenen Zinsanteils den maßgebenden Rechtsgedanken. Allerdings ist die interpersonale Verknüpfung mit § 10

761 Ebenso BFH v. 14.11.2001 – X R 32-33/01 – BStBl. II 2002, 183 = BFHE 197, 199, unter IV 2. Aus dem Schrifttum vgl. *Fischer*, in: Kirchhof/Söhn/Mellinghoff, EStG, § 22 Rn. B 111; ders., Wiederkehrende Bezüge und Leistungen, Rn. 65; *Martin*, BB 1773 (1781); *Schmitz*, Besteuerung wiederkehrender Bezüge, S. 171; *Seer*, ZEV 1995, 173 (175).

762 Hierauf verweist die Regierungsbegründung zum Entwurf des Steuerreformgesetzes 1975 explizit hin, vgl. BT-Drucks. 7/1470, S. 220.

763 Vgl. nur BVerfG v. 08.10.1991 – 1 BvL 50/86 – BVerfGE 84, 348 (363); BVerfG v. 10.04.1997 – 2 BvL 77/92 – BVerfGE 96, 1 (6). Nur ausnahmsweise lässt das BVerfG Ungleichheiten aus Praktikabilitätsgründen in geringfügigen und besonders gelagerten Fällen zu, vgl. BVerfG v. 14.11.1969 – 1 BvL 4/69 – BVerfGE 27, 220 (230), was im Hinblick auf den Sparer-Freibetrag allerdings nicht zutrifft.

Abs. 1 Nr. 1a S. 2 EStG steuersystematisch falsch. Die im Wortlaut der §§ 10 Abs. 1 Nr. 1a und § 22 Nr. 1 EStG angelegte Korrespondenz zwischen der Abzugsfähigkeit beim Verpflichteten und der Steuerbarkeit beim Berechtigten ist durch die Rechtsprechung unter Zugrundelegung allgemeiner Grundsätze des Einkommensteuerrechts weitgehend durchbrochen worden. In einer ersten Entwicklungsphase wurden einkommensteuerlich neutrale Vermögensumschichtungen im privaten Bereich durch die Anwendung der Wertverrechnungslehre ausgesondert. Im Anschluß daran hat die Rechtsprechung dem Grundsatz entwickelt, dass wiederkehrende Leistungen allgemein in einen Zins- und einen Kapitalanteil aufzuteilen sind. Damit verliert die Wertverrechnungslehre ihre Bedeutung[764]. Die Behandlung wiederkehrender Bezüge im Austausch mit einer Gegenleistung ist aber in tatbestandlicher Hinsicht bei der Erfassung des in gleichbleibend wiederkehrenden Leistungen enthaltenen Zinsanteils problematisch, da die Ertragsanteilsbesteuerung die Anwendung des Sparer-Freibetrags gleichheitswidrig ausschließt.

Ein Korrespondenzprinzip, wie es die Vorschriften der §§ 10 Abs. 1 Nr. 1 a, 9 Abs. 1 Nr. 3 S. 1 und § 22 Nr. 1 EStG ihrem Wortlaut nach vorsehen, kann für entgeltliche wiederkehrende Bezüge keine konstitutive Regelung sein. Wenn eine tatsächliche Korrespondenz zwischen Abzugfähigkeit und Steuerbarkeit auf Geber- und Empfängerseite vorliegt, so ist diese letztlich lediglich Folge einer an der individuellen Leistungsfähigkeit des jeweiligen Steuerpflichtigen orientieren Besteuerung. Der Gesetzgeber sollte die gleichheitswidrigen Ergebnisse der steuerlichen Behandlung von wiederkehrenden Leistungen im Austausch mit einer Gegenleistung zum Anlaß nehmen, die den Grundsatz der Individualbesteuerung dem Wortlaut nach durchbrechende Verknüpfung der Vorschriften zu beseitigen.

---

764 *Fischer*, Harzburger Steuerprotokoll 1994, 127 (134) stellt fest, die Wertverrechnungslehre habe sich "in der Hauptsache erledigt"; ähnlich *Tipke/Lang*, Steuerrecht[18], § 9 Rn. 532 Fn. 76, wonach die Wertverrechnungslehre "überholt" sei.

IV. Einkommensteuerrechtliche Behandlung privater Schadensrenten

Werden Leistungen aufgrund von Schadensersatzverpflichtungen erbracht, stellt sich die Frage, ob und wie sich diese Zahlung beim Berechtigten und beim Verpflichteten einkommensteuerrechtlich auswirken. Da gesetzlich unterschiedliche Formen von Schadensersatzrenten normiert sind, sollen diese kurz dargestellt werden, bevor die Entwicklung der Rechtsprechung zu den einzelnen Erscheinungsformen wiedergegeben und einer steuersystematischen Betrachtung unterzogen wird.

1. Einzelne private Schadensrenten

(a) Erwerbsersatzrente, § 843 Abs. 1 Alt. 1 BGB

Die Erwerbsersatzrente nach § 843 Abs. 1 Alt. 1 BGB sieht Schadensersatz durch Entrichtung einer Geldrente vor, wenn infolge einer Verletzung des Körpers oder der Gesundheit die Erwerbsfähigkeit des Verletzten aufgehoben oder gemindert wird[765]. Der ersatzfähige Schaden ist konkret-individuell auf der Grundlage einer dreischrittigen Berechnung zu bemessen: Zunächst ist die aktuelle Einkommenslage des Geschädigten und dann der hypothetische Einkommensstrom, der sich bei Ausbleiben des schädigenden Ereignisses ergeben hätte, zu ermitteln. Hieraus ist schließlich die den Erwerbsschaden ausmachende Differenz zwischen der hypothetischen Einkommenssituation ohne die Verletzung und der hypothetischen Einkommenslage mit der Verletzung zu bilden[766].

(b) Mehrbedarfsrente, § 843 Abs. 1 Alt. 2 BGB

§ 843 Abs. 1 Alt. 2 BGB räumt dem Geschädigten einen Anspruch auf Schadensersatz in Form einer Geldrente für die infolge einer Verletzung des Körpers oder der Gesundheit eintretende Vermehrung der Bedürfnisse ein, um einen Ausgleich für die ständigen Mehraufwendungen für die persönliche Lebensführung infolge der dauerhaften Beeinträchtigung zu gewähren[767]. Bei der Mehrbedarfsrente handelt es sich um einen besonders gestalteten Schadensersatz und nicht um eine Unterhaltspflicht, so dass insbesondere §§ 1610 f. BGB keine

---

765 Sondervorschriften mit entsprechendem Regelungsgehalt finden sich in § 87 S. 1 Alt. 1, 89 AMG; § 29 Abs. 1 Alt. 1 AtG; § 24 Abs. 5 S. 1 Alt. 1 GenTG; § 6 Abs. 1 S. 1 Alt. 1 HPflG, § 11 S. 1 Alt. 1 StVG, § 36 S. 1 Alt. 1 LuftVG, § 9 Abs. 1 Alt. 1 ProdHaftG.

766 Zur Berechnung vgl. umfassend *Wagner*, in: MüKo[4], BGB, Band 5, § 843 Rn. 19 f.

767 Sondervorschriften mit entsprechendem Regelungsgehalt finden sich in §§ 87 S. 1 Alt. 2, 89 AMG; § 29 Abs. 1 Alt. 2 AtG; § 24 Abs. 5 S. 1 Alt. 2 GenTG; § 6 Abs. 1 S. 1 Alt. 2 HPflG, § 11 S. 1 Alt. 2 StVG, § 36 S. 1 Alt. 2 LuftVG, § 9 Abs. 1 Alt. 2 ProdHaftG.

Anwendung finden[768]. Die in § 843 Abs. 1 BGB geregelten Ersatzansprüche wegen Erwerbsminderung und Bedürfnisvermehrung sind in Entstehung und Höhe grundsätzlich unabhängig voneinander zu prüfen[769], führen aber bürgerlich-rechtlich zu einem einheitlichen, in einem Gesamtgeldbetrag festzusetzenden Rentenanspruch[770]. Steuerrechtlich sind beide Erscheinungsformen der Ersatzpflicht getrennt voneinander zu betrachten[771].

(c) Unterhaltsersatzrenten, § 844 Abs. 2 BGB

Nach § 844 Abs. 2 BGB hat der Ersatzpflichtige einem Dritten durch Entrichtung einer Geldrente Schadensersatz zu leisten, wenn im Falle der Tötung der Getötete dem Dritten gegenüber kraft Gesetzes unterhaltspflichtig war oder unterhaltspflichtig werden konnte und dem Dritten infolge der Tötung das Recht auf Unterhalt entzogen wird[772]. Dabei hat der Ersatzpflichtige dem Dritten insoweit Schadensersatz zu leisten, als der Getötete während der mutmaßlichen Dauer seines Lebens zur Gewährung des Unterhalts verpflichtet gewesen sein würde[773]. Vertraglich begründete Unterhaltspflichten werden nicht erfasst[774].

---

768 *Sprau*, in: Palandt, BGB, § 843 Rn. 4.

769 Vgl. BGH v. 19.11.1955 – VI ZR 134/54 – NJW 1956, 219 (220); BGH v. 19.05.1981 – VI ZR 108/79 – NJW 1982, 757 (758).

770 Vgl. RG v. 09.07.1908 – VI 490/07 – RGZ 69, 296; RG v. 20.07.1910 – VI 31/09 – RGZ 74, 131 (132); BGH v. 19.05.1981 – VI ZR 108/79 – NJW 1982, 757 (758).

771 U. a. im Hinblick auf die einkommensteuerrechtlich unterschiedliche Erfassung von Erwerbsschadensrente und Mehrbedarfsrente äußert *Wagner*, in: Münchener Kommentar[4], BGB, Band 5, § 843 Rn. 69 "Unbehagen" an der Annahme eines einheitlichen Anspruchs.

772 Entsprechende gefährdungshaftungsrechtliche Bestimmungen enthalten §§ 86 Abs. 2, 89 AMG; §§ 28 Abs. 2, 30 AtG; §§ 6, 32 Abs. 4 GenTG; §§ 5 Abs. 2, 8 HPflG; § 35 Abs. 2 LuftVG; §§ 7 Abs. 2, 9 ProdHaftG; §§ 10 Abs. 2, 13 StVG; §§ 12 Abs. 2, 14 UmweltHG.

773 Hierzu gehören Verwandte in gerader Linie (§§ 1601 f. BGB) Ehegatten, sowohl bei intakter Ehe als auch während des Getrenntlebens (§ 1361 BGB) und nach der Scheidung (§§ 1569 f.), die Mutter im Falle des § 1615 l BGB, Adoptivkinder (§§ 1751 Abs. 4, 1754, 1767 Abs. 2 BGB), Lebenspartner einer gleichgeschlechtlichen Lebensgemeinschaft, § 5 LPartG. Bei der geschiedenen Ehe ist zu beachten, dass auch der Anspruch auf schuldrechtlichen Versorgungsausgleich durch Rentenzahlung nach § 1587g BGB wegen seiner Alimentationsfunktion unterhaltsrechtlich zu qualifizieren ist, während Anwendung des § 844 Abs. 2 BGB beim öffentlich-rechtlichen Versorgungsausgleich, §§ 1587a f. BGB, ausscheidet, weil sich dieser durch Teilung der während der Ehezeit erworbenen Renten- oder Pensionsanwartschaften gegenüber dem für die Tötung des Versorgungsanwärters Verantwortlichen nicht durchführen lässt, vgl. *Wagner*, in: Münchener Kommentar[4], BGB, Band 5, § 844 Rn. 23.

Der Unterhaltsersatzanspruch ist ein echter Schadensersatzanspruch wegen Entziehung gesetzlicher Unterhaltsansprüche, kein Unterhaltsanspruch[775]. Der zu ersetzende Schaden bemißt sich nach dem rechtlich geschuldeten Unterhalt des Getöteten, die Schadensermittlung richtet sich danach, was in einem fiktiven Unterhaltsprozess des Berechtigten gegen den Getöteten zuzusprechen wäre[776]. Die Verhältnisse des Ersatzpflichtigen sind daher wegen dieser Anspruchsqualität ohne Bedeutung, insbesondere findet – anders als im Unterhaltsrecht[777] – dessen wirtschaftliche Leistungsfähigkeit keine Berücksichtigung[778].

(d) Dienstleistungsersatzrenten, § 845 BGB

Einen praktisch seltenen Anwendungsbereich hat § 845 BGB, wonach einem Drittem durch Entrichtung einer Geldrente Ersatz in Höhe des Wertes der infolge der Verletzung entgangenen Dienste zu leisten ist, wenn der Verletzte zu Diensten im Hauswesen oder Gewerbe verpflichtet ist. Der heutige Anwendungsbereich der Vorschrift beschränkt sich auf die gesetzliche Mitarbeitspflicht eines dem elterlichen Hausstand angehörigen Kindes[779].

(e) Schmerzensgeldrenten, § 253 II BGB

Schmerzensgeld wird als Ersatz für infolge der Verletzung höchstpersönlicher Rechtsgüter eingetretene Schäden gewährt; kennzeichnend ist die Ausgleichsfunktion. Der Geschädigte soll in die Lage versetzt werden, sich Erleichterungen

---

774 *Sprau*, in: Palandt[65], BGB, § 844 Rn. 4; BGH v. 24.06.1969 – VI ZR 66/67 – NJW 1969, 2007 (2008); BGH v. 06.12.1983 – VI ZR 2/82 – NJW 1984, 977 (978); BGH v. 21.11.2000 – VI ZR 231/99 – NJW 2001, 971 (973).

775 BGH v. 23.04.1974 – VI ZR 188/72 – NJW 1974, 1373; *Sprau*, in: Palandt[65], BGB, § 844 Rn. 8; *Wagner*, in: Münchener Kommentar[4], BGB, Band 5, § 844 Rn. 29.

776 *Wagner*, in: Münchener Kommentar[4], BGB, Band 5, § 844 Rn. 29. Zu den ersatzfähigen Schäden gehört auch der Steuerschaden, soweit die zu zahlende Geldrente steuerpflichtig ist, vgl. BGH NJW 1998, 985 (986). Insoweit wirkt sich die einkommensteuerliche Frage, ob Unterhaltsersatzrenten auf Seiten des Empfängers zu versteuerndes Einkommen darstellen, korrespondierend auf Seiten des Ersatzpflichtigen auf die Höhe des Ersatzanspruchs aus.

777 Vgl. §§ 1581, 1603, 1360a Abs. 1, 1361 Abs. 1 BGB.

778 *Wagner*, in: Münchener Kommentar[4], BGB, Band 5, § 844 Rn. 29.

779 BGH v. 07.10.1997 – VI ZR 144/96 – NJW 1998, 307 (308). Früher bestand nach § 1356 Abs. 2 BGB a.F. eine Verpflichtung der Ehefrau zur Mitarbeit im Hauswesen und im Geschäft des Mannes, die nunmehr aber keine Dienstleistung im Sinne des § 845 BGB darstellt, vgl. näher *Wagner*, in: Münchener Kommentar[4], BGB, Band 5, § 845 Rn. 3 f.

und Annehmlichkeiten zu verschaffen, die die erlittenen Verletzungen jedenfalls teilweise ausgleichen. Darüber hinausgehend kommt dem Schmerzensgeld eine Genugtuungsfunktion zu[780]. Regelmäßig wird das Schmerzensgeld als Kapital geschuldet, ausnahmsweise ist die Erbringung in Form einer Rente – gegebenenfalls auch neben einem Einmalbetrag – möglich, namentlich bei schweren Dauerschäden, wenn sich die Entwicklung eines Dauerschadens nicht übersehen lässt oder aber die ungünstigen Verhältnisse des Schädigers eine Streckung der Zahlung gebieten[781]. Dann sind die jeweiligen Zahlungen als einzelne Schadensersatzleistungen anzusehen, die selbständig neben einem kapitalisierten Betrag stehen.

2. Private Schadensrenten in der Rechtsprechung des RFH

Die Rechtsprechung des RFH unterschied bei der Steuerbarkeit zwischen Erwerbsersatzrenten einerseits und sonstigen privaten Schadensersatzrenten andererseits. Erwerbsersatzrenten wurden auf Empfängerseite wie die entgangenen Einnahmen behandelt und der Einkunftsart zugeordnet, unter die die entgangenen Einnahmen gefallen wären. Damit war der Anwendungsbereich des subsidiären § 22 Nr. 1 EStG nur eröffnet, wenn keine vorrangige Einkunftsart in Betracht kam[782]. Alle sonstigen privaten Schadensersatzrenten erfasste der RFH auf Empfängerseite als wiederkehrende Bezüge[783] unter der bereits erwähnten allgemeinen Prämisse, dass die Steuerbarkeit allein durch die äußere Form bestimmt werde. Danach war erforderlich und ausreichend, dass jemand mit einer gewissen Regelmäßigkeit oder auf eine gewisse Dauer mit dem Zufließen von Einnahmen rechnen können müsse, die ihrem Wesen nach zum laufenden Verbrauch bestimmt seien[784]. Somit waren für die Steuerbarkeit von privaten Scha-

---

780 Vgl. statt aller *Heinrichs*, in: Palandt[65], BGB, § 253 Rn. 11 m.w.N.

781 *Heinrichs*, in: Palandt[65], BGB, § 253 Rn. 23. Wenn nicht eine Gewährung des Schmerzensgeldes in Rentenform einvernehmlich erfolgt, ist prozessual wegen § 308 ZPO zur Gewährung einer Rente ein entsprechender Antrag seitens des Geschädigten erforderlich, vgl. BGH v. 21.07.1998 – VI ZR 276/91 – NJW 1998, 3411.

782 Vgl. RFH v. 07.05.1930 – VI A 827/27 – RStBl. 1930, 578; RFH v. 14.10.1937 – IV A 81/37 – RStBl. 1937, 308; RFH v. 10.02.1939 – IV 262/38 – RStBl. 1939, 907; RFH v. 07.05.1941 – VI 91/40 – RStBl. 1941, 553.

783 RFH v. 03.12.1927 – VI A 597/27 – StuW 1928, Nr. 66; RFH v. 18.01.1928 – VI A 192/27 – RStBl. 1928, 212; RFH v. 14.03.1928 – VI A 877/27 – RStBl. 1928, 212; RFH v. 28.03.1928 – VI A 209/28 – RStBl. 1928, 212; RFH v. 07.05.1930 – VI A 827/27 – RStBl. 1930, 578; RFH v. 14.10.1936 – VI A 82/36 – RStBl. 1937, 110; RFH v. 29.03.1944 – VI 28/44 – RStBl. 1944, 651.

784 RFH v. 07.05.1930 – VI A 827/27 – RStBl. 1930, 578; RFH v. 29.03.1944 – VI 28/44 – RStBl. 1944, 651 (652). Die äußere Form der Wiederkehr und damit die Steuerbarkeit

densrenten die äußere Form der Wiederkehr und die tatsächliche Leistungserbringung prägend, ohne dass – bis auf die Sonderbehandlung von Kaufpreisraten – weitere besondere Anforderungen an die Steuerbarkeit gestellt wurden.

3. Private Schadensrenten in der Rechtsprechung des BFH

Der BFH hat die Rechtsprechung des RFH zu Erwerbsersatzrenten fortgeführt und gelangt so zur Steuerbarkeit der Erwerbsersatzrente in voller Höhe[785], da es sich um eine Entschädigung für entgangene Einnahmen handele (§ 24 Nr. 1 a EStG) und eine Zuordnung zu der Einkunftsart zu erfolgen habe, die durch die Erwerbsersatzrente ersetzt werde[786]. Bei den übrigen privaten Schadensersatzrenten finden sich in der Rechtsprechung des BFH mehrere Ansätze, unter denen auch das Korrespondenzprinzip zunächst eine Rolle spielte, bevor der BFH in einer Entscheidung über die Steuerbarkeit von Mehrbedarfsrenten die Anforderungen an die Besteuerung als wiederkehrende Bezüge näher festlegte[787]. Die volle Steuerbarkeit von Unterhaltsersatzrenten nach § 844 Abs. 2 BGB wird durch den BFH[788] damit begründet, es handele sich bei den kraft Gesetzes als Geldrente zu erbringenden Zahlungen begrifflich um wiederkehrende Bezüge. Die nach § 844 Abs. 2 i.V.m. 843 Abs. 3 BGB bei Vorliegen eines wichtigen Grundes auf Verlangen des Verletzten mögliche Erbringung als Einmalzahlung sei unschädlich[789]. Zudem wird die Steuerbarkeit der Unterhaltsersatzrente mit Blick auf die Abzugsfähigkeit beim Verpflichteten begründet. Soweit das schädigende Ereignis in einem inneren Zusammenhang mit der betrieblichen oder beruflichen Tätigkeit des Gebers stehe, seien diese Zahlungen als Betriebsaus-

---

verneinte die Rechtsprechung des RFH, wenn private Schadensrenten entweder von vornherein als Einmalzahlung erbracht wurden oder aber später durch eine Kapitalabfindung abgelöst wurden, vgl. RFH v. 14.10.1936 – VI A 82/36 – RStBl. 1937, 110; RFH v. 10.02.1939 – IV 262/38 – RStBl. 1939, 907 (908).

785 Zur steuerrechtlichen Möglichkeit der Novation des Schuldgrundes der unerlaubten Handlung durch eine abstrakte, auf Zahlung einer Leibrente gerichteten Verpflichtung mit der Folge der Ertragsanteilsbesteuerung vgl. *Biergans*, Renten und Raten[4], S. 83; Bilsdorfer, NJW 1979, 2423; *Fischer*, Wiederkehrende Bezüge und Leistungen, Rn. 457; *Jansen/Wrede*, Renten, Raten, Dauernde Lasten[12], Rn. 1183; Steinle, BB 1981, 359 (361).

786 BFH v. 21.02.1957 – IV 630/55 U – BStBl. III 1957, 164 (165); BFH v. 17.12.1959 – IV 223/58 S – BStBl. III 1960, 72; BFH v. 12.09.1985 – VIII R 306/81 – BStBl. II 1986, 252 (254) = BFHE 145, 320.

787 BFH v. 25.10.1994 – VIII R 79/91 – BStBl. II 1995, 121 = BFHE 175, 439.

788 BFH v. 19.10.1978 – VIII R 9/77 – BStBl. II 1979, 133 (134) = BFHE 126, 405.

789 So z. B. BFH v. 29.10.1963 – IV 290/62 U – BStBl. III 1964, 12 = BFHE 78, 32; BFH v. 26.04.1977 – VIII R 2/75 – BStBl. II 1977, 631 (632) = BFHE 122, 271.

gaben oder Werbungskosten abzugsfähig. Bei Privatausgaben liege eine Minderung der subjektiven Leistungsfähigkeit vor, die durch Sonderausgabenabzug berücksichtigt werden müsse; § 12 EStG stehe dem nicht entgegen. Weil der Tatbestand auf Geber- und Empfängerseite grundsätzlich einheitlich zu beurteilen sei, folge hieraus die entsprechende Erfassung der Bezüge beim Empfänger[790]. Eine entsprechende Ansicht vertritt dies im überwiegenden Schrifttum[791].

Der BFH ist in einer Entscheidung über die Steuerbarkeit der Mehrbedarfsrente (§ 843 Abs. 1 Alt. 2 BGB) von der materiell korrespondierenden Betrachtungsweise abgerückt und bricht mit der zuvor judizierten einheitlichen Beurteilung von Steuerbarkeit und Abziehbarkeit auf Empfänger- und Geberseite[792]. Ausgehend vom Grundsatz der Besteuerung nach der wirtschaftlichen Leistungsfähigkeit stellt der BFH fest, dass eine Besteuerung von Bezügen allein aufgrund der äußeren Form nicht zulässig sein könne. Die Steuerbarkeit von Schadensersatzrenten wird auf die Fälle beschränkt, in denen Ersatz für andere, bereits steuerbare Einkünfte geleistet wird. Deshalb sei die Mehrbedarfsrente nicht steuerbar. Da als Ersatzleistung erbrachte Einmalzahlungen grundsätzlich nicht steuerbar seien, könne auch hier die zeitlich gestreckte Auszahlung – mit Ausnahme der in den Zahlungen enthaltenen Zinsanteile – nichts anderes gelten[793]. Bei Ablösung einer Schadensersatzrente durch eine Kapitalabfindung wird die Steuerbarkeit ebenfalls verneint[794]. Nach den normativen Grundaussagen des § 2 Abs. 1 EStG erfasse die Einkommensteuer nur die erwirtschaftete objektive Leistungsfähigkeit[795]. Die lediglich zum Ausgleich für verletzungsbedingt entstandene zusätzliche Bedürfnisse gezahlten Ersatzleistungen steigerten die Leistungsfähigkeit ebensowenig wie eine bloße Vermögensumschichtung.

---

790 BFH v. 19.10.1978 – VIII R 9/77 – BStBl. II 1979, 133 (134) = BFHE 126, 405.

791 Vgl. z. B. *Biergans*, Renten und Raten[4], S. 83; *Jansen/Wrede*, Renten, Raten, Dauernde Lasten[12], Rn. 845, 1181 f.; *Schellenberger*, DStZ/A 1979, 175; *Steinle*, Schadensersatz und Ertragssteuerrecht, S. 50 f.

792 BFH v. 25.10.1994 – VIII R 79/91 – BStBl. II 1995, 121 = BFHE 175, 439.

793 BFH v. 25.10.1994 – VIII R 79/91 – BStBl. II 1995, 121 = BFHE 175, 439 unter Hinweis auf BFH v. 21.02.1957 – IV 630/55 U – BStBl. III 1957, 164 = BFHE 64, 437; BFH v. 29.10.1959 – IV 235/58 U – BStBl. III 1960, 87 = BFHE 70, 234; BFH v. 29.10.1963 – VI 290/62 U – BStBl. III 1964, 12 = BFHE 78, 32; BFH v. 22.04.1982 – III R 135/79 – BStBl. II 1982, 496 = BFHE 135, 512.

794 BFH v. 25.10.1994 – VIII R 79/91 – BStBl. II 1995, 121 = BFHE 175, 439 unter Hinweis auf RFH v. 14.10.1936 – VI A 82/36 – RStBl. 1938, 110; BFH v. 23.04.1958 – VI 176/57 U – BStBl. III 1958, 277 (278) = BFHE 67, 10.

795 BFH v. 25.10.1994 – VIII R 79/91 – BStBl. II 1995, 121 (122) = BFHE 175, 439. So auch BFH v. 29.11.1992 – X R 187/87 – BStBl. II 1993, 298 (299) = BFHE 170, 98.

Im Schrifttum wird vertreten, die Nichtsteuerbarkeit privater Schadensrente folge daraus, dass hier kein "erzieltes" Einkommen im Sinne der Markteinkommenstheorie vorliege[796]. Indes ist bereits darauf hingewiesen worden, dass die Markteinkommenstheorie zwar die Regel, nicht aber die einzige Kategorie steuerbaren Einkommens darstellt[797]. Die einkommensteuerliche Behandlung aller Erscheinungsformen privater Schadensrenten ist daher aus der Perspektive der individuellen steuerlichen Leistungsfähigkeit als normleitendes Prinzip zu betrachten.

4. Leistungsfähigkeitskonforme Besteuerung privater Schadensersatzrenten

(a) Prämissen

Bei der Überprüfung der Frage, ob die Begründungsansätze der Rechtsprechung mit dem Leistungsfähigkeitsprinzip übereinstimmen, ist vorab festzuhalten, dass auf Empfängerseite die Steuerbarkeit privater Schadensersatzrenten allein unter Anknüpfung an die äußere Form der Wiederkehr zu Recht abgelehnt wird, da dieses äußere Merkmal für sich genommen leistungsfähigkeitsneutral und damit nicht konstitutiv für die Begründung der Steuerbarkeit sein kann[798]. Die Begründung der Steuerbarkeit auf Empfängerseite lässt sich auch nicht mit einer Korrespondenz zur Abziehbarkeit auf Geberseite bejahen, da ein solches Prinzip nicht generell für wiederkehrende Bezüge gilt[799]. Maßgeblich ist immer der Grundsatz Besteuerung nach der individuellen Leistungsfähigkeit; die Abzugsfähigkeit beim Leistenden und die Besteuerung auf Empfängerseite sind danach verschiedene, nach den individuellen Verhältnissen des einzelnen Steuerpflichtigen zu bewertende Vorgänge. Aus dem Grundsatz der Besteuerung nach der individuellen Leistungsfähigkeit folgt hier, dass Schadensersatzleistungen beim Geber im Falle einer Leistungsfähigkeitsminderung abzugsfähig sein müssen,

---

796 So z. B. *Fischer*, in: Kirchhof/Söhn/Mellinghoff, EStG, § 22 Rn. B 401; ders., Wiederkehrende Bezüge und Leistungen, Rn. 456; *Koch*, Besteuerung von Schadensersatzleistungen, S. 98 f.; *Lang*, Bemessungsgrundlage, S. 52, 266; ders., StuW 1983, 103 (111); *Loritz*, StVj. 1993, 231 f. Im Ergebnis auch *Schick*, NJW 1967, 962 (964).

797 Vgl. oben D. III. 3., S. 33.

798 *Söhn*, FR 1996, 81 (85); ders., in: Festschrift für Friauf, 809 (819). Ähnlich auch BFH v. 25.10.1994 – VIII R 79/91 – BStBl. II 1995, 121 (124) = BFHE 175, 439: "Nicht ersichtlich ist, wodurch allein die Wiederkehr von Leistungen eine erhöhte wirtschaftliche Leistungsfähigkeit indizieren soll, insbesondere im Vergleich zur nichtsteuerbaren Einmalzahlung".

799 BFH v. 25.10.1994 – VIII R 79/91 – BStBl. II 1995, 121 (124) = BFHE 175, 439 unter Hinweis auf BFH v. 04.04.1989 – X R 14/85 – BStBl. II 1989, 779 (781) = BFHE 157, 88.

einerlei, ob der Empfänger die Leistungen zu versteuern hat oder nicht. Umgekehrt sind die wiederkehrenden Bezüge dem Empfänger als steuerbares Einkommen zuzurechnen, wenn und soweit in seiner Person eine Steigerung wirtschaftlicher Leistungsfähigkeit vorliegt, unabhängig von der Beurteilung der Zahlungen auf Geberseite[800]. Danach gelten die nachfolgenden dargestellten Ergebnisse.

(b) Empfängerseite

(aa) Erwerbsersatzrenten

Hinsichtlich der Steuerbarkeit von Erwerbsersatzrenten ist der Rechtsprechung zuzustimmen. Da die Zahlungen als Ersatz für entgangene oder entgehende Einnahmen zumindest mittelbar im Zusammenhang mit Einkünften stehen[801], ist die Zuordnungsnorm des § 24 Nr. 1a EStG eröffnet, unabhängig von der Form der Ersatzleistungen[802]. Die gegebene Erhöhung der steuerlichen Leistungsfähigkeit auf Seiten des Empfängers ist nach § 24 Nr. 1a EStG im Rahmen der Einkunftsart zu versteuern, in die die erstetzten Einkünfte gefallen wären[803]. Dass die Ersatzleistungen zwar die Einkünfte ersetzen, die der Geschädigte am Markt hätte erzielen können, als solche aber lediglich durch den Schädiger zugewendet und damit nicht am Markt erwirtschaftet werden, stellt die Steuerbarkeit nicht in Frage. Denn die wirtschaftliche Leistungsfähigkeit des Empfängers wird ebenso gesteigert wie es bei den ersetzten, am Markt erwirtschafteten Einkünften gewesen wäre[804].

---

800 *Söhn*, FR 1996, 81 (90).

801 *Fischer*, in: Kirchhof/Söhn/Mellinghoff, EStG, § 22 Rn. B 401; *Schick*, NJW 1967, 962 (963); *Steinle*, Schadensersatz und Ertragssteuerrecht, S. 48 f.

802 Der Schadensersatz kann hier alternativ für die Vergangenheit durch Einmalzahlung, für die Zukunft durch Rentenzahlung oder durch verpflichtungsablösende Kapitalabfindung geleistet werden, vgl. *Wagner*, in: Münchener Kommentar, BGB, § 843, Rn. 6.

803 Problematisch sind die Fälle, in denen der Geschädigte einen Berufswechsel anstrebt oder (noch) nicht berufstätig ist, da hier hypothetische Überlegungen im Hinblick auf die zukünftige Entwicklung anzustellen sind, vgl. *Fischer*, in: Kirchhof/Söhn/Mellinghoff, EStG, § 22 Rn. B 401; *Schick*, NJW 1967, 962 (963); *Steinle*, Schadensersatz und Ertragssteuerrecht, S. 49. Bei nicht erwerbstätigen Kindern wird eine hilfsweise Anwendung des § 22 Nr. 1 EStG erwogen, vgl. *Fischer*, in: Kirchhof/Söhn/Mellinghoff, EStG, § 22 Rn. B 401; *Jansen/Wrede*, Renten, Raten, Dauernde Lasten[12], Rn. 837, 1183; *Jansen*, in: Herrmann/Heuer/Raupach, EStG, § 22 Rn. 153.

804 *Söhn*, FR 1996, 81 (89).

(bb) Mehrbedarfsrenten

Mehrbedarfsrenten nach § 843 Abs. 1 Alt. 2 BGB sind durch eine Ausgleichsfunktion gekennzeichnet. Sie sollen den Geschädigten durch finanziellen Ausgleich so stellen, wie er ohne Verletzung stehen würde[805]. Diese Kompensationsfunktion ist auch bei der Antwort auf die Frage, ob auf Empfängerseite eine Mehrung finanzieller Leistungsfähigkeit als Voraussetzung für die Steuerbarkeit der Mehrbedarfsrente vorliegt, zu berücksichtigen. Wenn und weil der Geschädigte auf die Verwendung der erhaltenen wiederkehrenden Bezüge zur Finanzierung von unfallbedingten Mehraufwendungen angewiesen ist, steht ihm insoweit kein für die Steuerzahlung disponibles Einkommen zur Verfügung[806]. Es findet lediglich und ausschließlich ein Ausgleich der Minderung des körperlichen Wohlbefindens durch die Schadensersatzleistungen statt[807]. Wenn der Ausgleich des Mehrbedarfs die Wiederaufnahme einer steuerbaren Tätigkeit des Geschädigten ermöglicht, kann dies die leistungsfähigkeitsneutrale Wirkung der in Form der Mehrbedarfsrente gewährten Ersatzleistungen als solche nicht mehr in Frage stellen, wie auch der körperliche Zustand ohne schädigendes Ereignis als solcher für die steuerliche Leistungsfähigkeit keine Rolle spielt[808]. Daher ist der Rechtsprechung zur Steuerbarkeit von Mehrbedarfsrenten im Ergebnis zuzustimmen: Nach dem Grundsatz der Besteuerung nach der Leistungsfähigkeit können Mehrbedarfsrenten im Sinne des § 843 Abs. 1 Alt. 2 BGB nicht von § 22 Nr. 1 EStG als steuerbare wiederkehrende Bezüge erfasst werden[809].

(cc) Unterhaltsersatzrente – Verhältnis zu § 22 Nr. 1 S. 2 EStG

Im Urteil vom 25.10.1994 hat sich der BFH zwar nicht unmittelbar mit der Steuerbarkeit von Unterhaltsersatzrenten auseinandergesetzt, allerdings zur Steuerbarkeit privater Schadensersatzrenten insofern eine allgemeine Kehrtwen-

---

805 Vgl. statt aller *Sprau*, in: Palandt[65], BGB, § 843 Rn. 3. Ferner BGH v. 20.01.2004 – VI ZR 46/03 – NJW-RR 2004, 671 m.w.N.

806 A.A. *Jansen*, in: Herrmann/Heuer/Raupach, EStG, § 22 Rn. 153; *Jansen/Wrede*, Renten, Raten, Dauernde Lasten[12], Rn. 889, die davon ausgehen, eine Erhöhung wirtschaftlicher Leistungsfähigkeit sei bereits durch den Zufluß von Gütern in Geld oder Geldeswert gegeben, ohne dass es auf die Verwendung der Güter ankomme.

807 *Söhn*, in: Festschrift für Friauf, 809 (821).

808 So bereits RFH v. 23.11.1932 – VI A 134/32 – RStBl. 1933, 133.

809 Ebenso enthalten einzelne Rentenleistungen einer Mehrbedarfsrente steuerlich relevante Zinsanteile, da es sich der Rechtsnatur dieses Schadensersatzanspruches nach um einen grundsätzlich als Geldrente geschuldeten, nach dem unfallbedingten Mehrbedarf ausgerichteten Anspruch handelt, vgl. *Sprau*, in: Palandt[65], § 843 Rn. 4. Zutreffend insoweit BFH v. 25.10.1994 – VIII 79/92 – BStBl. II 1995, 121 (125) = BFHE 175, 439.

de gegenüber der bisherigen Rechtsprechung vollzogen, als Ersatzleistungen in Form wiederkehrender Bezüge nur noch dann und deshalb steuerbar sein sollen, wenn und weil sie für steuerbare Einkünfte geleistet werden. Wiederkehrende Ersatzleistungen für nicht steuerbare Einkünfte seien dementsprechend nicht steuerbar[810].

Im Schrifttum ist gegen die Besteuerung einer Unterhaltsersatzrente gemäß § 22 Nr. 1 S. 2 EStG angeführt worden, eine Unterhaltsersatzrente müsse als Ersatz für den Wegfall eines gesetzlichen Unterhaltsanspruchs ebenso behandelt werden wie Unterhaltszahlungen selbst. Da diese dem Empfänger wegen § 22 Nr. 1 S. 2 EStG regelmäßig nicht als Einkünfte zuzurechnen seien, erziele der Ersatzberechtigte durch Wegfall eines familienrechtlichen Unterhaltsanspruchs folglich kein neues, selbständiges und am Markt erwirtschaftetes Einkommen[811]. Andernfalls werde der Rechtsgedanke des § 24 Nr. 1a EStG ignoriert[812]. Eine solche Begründung muss jedoch zunächst Sinn, Zweck und Entstehungsgeschichte des § 22 Nr. 1 S. 2 EStG entsprechen[813], bevor der Zuordnungsnorm[814] des § 24 Nr. 1 a EStG der Schluß entnommen werden kann, dass eine Unterhaltsersatzrente deswegen nicht steuerbar sein könne, weil wegen § 22 Nr. 1 S. 2 EStG bereits für die Grundleistung, nämlich die Unterhaltszahlungen, eine Steuerbarkeit auf Empfängerseite ausscheide. Wie bereits dargestellt, sollten die Vorgängervorschriften des heutigen § 22 Nr. 1 S. 2 EStG mit der Nichtsteuerbarkeit und Nichtabzugsfähigkeit von Unterhaltszahlungen im Angehörigenverband Doppelbesteuerungen im Geltungsbereich der Haushaltsbesteuerung vermeiden[815]. Demnach erfasst § 22 Nr. 1 S. 2 EStG seinem Normzweck nach Zahlungen innerhalb des Familienverbandes auf familienrechtlicher Grundlage.

---

810 BFH v. 25.10.1994 – VIII R 79/91 – BStBl. II 1995, 121 (124) = BFHE 175, 439. Vgl. auch BFH v. 14.12.1994 – X R 106/92 – BFH/NV 1995, 1050.

811 Vgl. *Beiser*, DB 2001, 1900 (1902); *Fischer*, in: Kirchhof/Söhn/Mellinghoff, EStG, § 22 Rn. B 407; *Koch*, Besteuerung von Schadensersatzleistungen, S. 98 f.; *Lang*, Bemessungsgrundlage, S. 53; *Niepoth*, FR 1956, 525; *Schick*, NJW 1967, 962 (964).

812 So *Lang*, Bemessungsgrundlage, S. 53.

813 Vgl. *Söhn*, FR 1996, 81 (86).

814 Zum Charakter des § 24 Nr. 1 a EStG als Zuordnungsnorm, die keine selbständige Einkunftsart neben den in § 2 Abs. 1 EStG erwähnten schafft, s. BFH v. 09.04.1965 – VI 82/63 U – BStBl. III 1965, 361 = BFHE 82, 319; BFH v. 09.04.1970 – IV R 262/69 – BStBl. II 1970, 421 = BFHE 98, 434; BFH v. 24.01.1974 – IV R 76/70 – BStBl. II 1974, 295 = BFHE 111, 329; BFH v. 02.04.1976 – VI R 67/74 – BStBl. II 1974, 490 = BFHE 119, 141; BFH v. 21.08.1990 – VIII R 17/86 – BStBl. II 1991, 76 = BFHE 162, 62. Vgl. ferner *Stuhrmann*, in: Blümich, EStG, § 24 Rn. 2; *Gérard*, in: Lademann, EStG, § 24 Rn. 2.

815 Ausführlich oben C.II., S. 11 f.

Hiervon sind Schadensersatzleistungen in Form von Unterhaltsersatzleistungen zu unterscheiden: Diese werden nicht von einem nicht zum Familienverband gehörigen Ersatzverpflichteten erbracht, und zwar unabhängig davon, dass sich Art und Ausmaß der Ersatzpflicht nach §§ 1601 f. BGB richten und die Unterhaltsersatzrente an die Stelle des Unterhaltsanspruchs tritt. Auf Zahlungen durch einen außerhalb des Familienverbandes stehenden Dritten sind die steuerlichen Besonderheiten bei Zahlungen unterhaltsverpflichteter an unterhaltsberechtigte Familienmitglieder, die § 22 Nr. 1 S. 2 EStG im Auge hat, definitionsgemäß nicht anwendbar[816]. Hieraus folgt, dass weder § 22 Nr. 1 S. 2 EStG noch der in § 24 Nr. 1 a EStG zum Ausdruck kommende Rechtsgedanke der Steuerbarkeit von Unterhaltsersatzrenten im Wege stehen können. Die Steuerbarkeit ergibt sich vielmehr systemgerecht aus einer Erhöhung der Leistungsfähigkeit des Ersatzberechtigten[817]. Die Ersatzleistung muss hiervon unabhängig dann (und nur dann) abziehbar sein, wenn und soweit es sich um indisponible Ausgaben handelt.

(dd) Sonstige private Schadensersatzrenten

Die praktisch wenig relevanten Dienstleistungsersatzrenten nach § 845 BGB haben wie Mehrbedarfsrenten Kompensationsfunktion. Sie sollen eine eingetretene Vermögensminderung ausgleichen, so dass bereits deswegen keine Steigerung der wirtschaftlichen Leistungsfähigkeit vorliegt[818]. Auch nach der von der Rechtsprechung vertretenen Ansicht, dass nur die als Ersatz für andere bereits steuerbare Einkünfte geleisteten privaten Schadensersatzrenten steuerbar seien[819], kommt eine Steuerbarkeit der Dienstleistungsersatzrenten nicht in Betracht, da nach § 1619 BGB zu erbringenden Dienstleistungen mangels einer möglichen Zuordnung zu einer Einkunftsart steuerrechtlich unbeachtlich sind[820].

---

816 *Söhn*, FR 1996, 81 (86).

817 Bei Erbringung der Unterhaltsersatzrente als Einmalabfindung müßte dann konsequenterweise ebenfalls deren Steuerbarkeit bejaht werden, da die Steigerung der Leistungsfähigkeit des Empfängers in beiden Fällen gleich ist, vgl. *Söhn*, FR 1996, 81 (90); ferner allgemein *Tipke*, StuW 2002, 148 (149). Mißverständlich *Stöcker*, in: Bordewin/Brandt, EStG, § 22 Rn. 270, der die Steuerbarkeit der Unterhaltsersatzrente auf die erhöhte steuerliche Leistungsfähigkeit stützt, aber zugleich festhält, es bleibe bei dem "für Unterhaltsrenten in § 22 Nr. 1 S. 2 bestimmten Korrespondenzprinzip, wonach wiederkehrende Bezüge beim Verpflichteten und Empfänger einheitlich zu beurteilen sind". Dies ist verfehlt: Ein Korrespondenzprinzip kann die leistungsfähigkeitskonforme steuerliche Erfassung von Unterhaltsersatzrenten weder begründen noch bestätigen.

818 *Söhn*, in: Festschrift für Friauf, 809 (823).

819 BFH v. 25.10.1994 – VIII R 79/91 – BStBl. II 1995, 121 = BFHE 175, 439.

820 *Fischer*, in: Kirchhof/Söhn/Mellinghoff, EStG, § 22 Rn. B 404. A.A. *Stöcker*, in: Bordewin/Brandt, EStG, § 22 Rn. 270, der die Steuerbarkeit mit dem Korrespondenzprinzip

Wird statt einer einmaligen Kapitalabfindung ausnahmsweise eine Schmerzensgeldrente geleistet, wird ebenso wie für Mehrbedarfsrenten keine Minderung steuerlicher Leistungsfähigkeit ausgeglichen, da lediglich Ersatz für eine Verletzung geleistet wird, der als solcher nicht leistungsfähigkeitserhöhend ist[821]. Demnach folgt aus dem Grundsatz der Besteuerung nach der Leistungsfähigkeit, dass auch Schmerzensgeldrenten nicht unter § 22 Nr. 1 EStG fallen.

(c) Geberseite

Beim Verpflichteten kommt eine Abzugsfähigkeit der Schadensersatzleistungen als dauernde Last nach § 10 Abs. 1 Nr. 1 a EStG in Frage. Das gilt immer unabhängig von einer etwaigen Steuerbarkeit auf Empfängerseite. Bei gleichbleibenden Leistungen ist nur eine Einordnung als dauernde Last, nicht als Leibrente möglich, da die Ersatzleistungen zum einen unmittelbar auf Gesetz und nicht auf einem für die Leibrente zumindest früher begrifflich vorausgesetzten Stammrecht beruhen[822] und andererseits die Einzelbezüge Ausgleich eines Schadensersatzanspruchs bleiben[823]. Da sich der nach dem Wortlaut der Vorschrift des § 10 Abs. 1 Nr. 1a EStG erforderliche besondere Verpflichtungsgrund unmittelbar aus der gesetzlich normierten Schadensersatzverpflichtung ergibt, liegen begriffsmäßig die Voraussetzungen der dauernden Last vor. Die Abzugsfähigkeit beim Verpflichteten entspricht auch dem Grundsatz der Besteuerung nach der individuellen Leistungsfähigkeit, denn es handelt sich bei den Schadensersatzleistungen um zwangsläufige, indisponible Ausgaben, so dass das subjektive Leistungsfähigkeitsprinzip einen Abzug verlangt. Problematisch sind allein

---

begründet, wonach wiederkehrende Bezüge beim Verpflichteten und beim Empfänger einheitlich zu beurteilen seien. Diese Annahme eines Korrespondenzprinzips verstößt aber gegen den Grundsatz der Individualbesteuerung, maßgeblich für die Beurteilung der Steuerbarkeit auf Empfängerseite ist einzig das Leistungsfähigkeitsprinzip, das im Fall der Dienstleistungsersatzrente mangels Leistungsfähigkeitssteigerung zur Nichtsteuerbarkeit führt.

821 Bereits RFH v. 23.11.1932 – VI A 134/32 – RStBl. 1933, 133 begründete dies quellentheoretisch damit, dass Schmerzen keine Einkunftsquelle seien, gelangte aber zur Steuerbarkeit aufgrund der äußeren Form der Wiederkehr.

822 BFH v. 05.04.1965 – VI 330/63 U – BStBl. III 1965, 359 = BFHE 82, 312; BFH v. 19.10.1978 – VIII R 9/77 – BStBl. II 1979, 133 = BFHE 126, 405; *Nolde*, in: Herrmann/Heuer/Raupach, EStG, § 10 Rn. 38; *Söhn*, in: Kirchhof/Söhn/Mellinghoff, EStG, § 10 Rn. D 50, 93; *Rindermann/Schlenker*, in: Littmann/Bitz/Pust, EStG, § 10 Rn. 35a.

823 *Biergans*, Renten und Raten[4], S. 69; *Rindermann/Schlenker*, in: Littmann/Bitz/Pust, EStG, § 10 Rn. 28c; *Söhn*, in: Kirchhof/Söhn/Mellinghoff, EStG, § 10 Rn. D 50. Zur Möglichkeit der Ersetzung des Schadensersatzanspruchs durch eine abstrakte, auf Zahlung einer Rente gerichteten Verpflichtung vgl. *Jansen/Wrede*, Renten, Raten, Dauernde Lasten[12], Rn. 1189.

Einmalabfindungen. Eine dauernde Last kann begrifflich nicht vorliegen, weil eine wiederholte Erbringung fehlt[824]. Einmalzahlungen aufgrund einer Schadensersatzverpflichtung mindern indes die steuerliche Leistungsfähigkeit auf Verpflichtetenseite ebenso wie gestreckte Zahlungen, so dass die vom BFH geäußerten Einwände gegen die Steuerbarkeit von Einmalabfindungen auf Empfängerseite auch auf Geberseite relevant werden: Gleichheitsrechtlich ist es nach dem Grundsatz der Besteuerung nach der wirtschaftlichen Leistungsfähigkeit bedenklich, wenn die Leistung mehr oder weniger zufällig wiederholt oder nur einmal erbracht werden kann und bei einmaliger Zahlung nicht steuerbar (bzw. hier auf Seiten des Verpflichteten abzugsfähig) wäre[825]. De lege lata lässt sich indes die Abzugsfähigkeit von Einmalzahlungen als Sonderausgaben trotz ihres Charakters als indisponible Privataufwendungen wegen der Begriffsbestimmung der dauernden Last nicht begründen[826]. Dem kann de lege ferenda in der Weise begegnet werden, dass ein einheitlicher Abzugstatbestand für indisponible Privataufwendungen geschaffen wird.

5. Zusammenfassung

Bei der Frage, ob einzelne private Schadensrenten steuerbar sind oder nicht, ist nach dem Grundsatz der Besteuerung nach der individuellen Leistungsfähigkeit zu differenzieren. Auf Empfängerseite sind Mehrbedarfsrenten, Dienstleistungsersatzrenten und Schmerzensgeldrenten nicht, Erwerbersatzrenten und Unterhaltsersatzrenten dagegen steuerbar. Beim Verpflichteten richtet sich die Abzugsfähigkeit als dauernde Last gem. § 10 Abs. 1 Nr. 1a EStG nach der Indisponibiliät der Schadensersatzleistungen, die sich aus der gesetzlichen Verpflichtung zur Ersatzleistung ergibt. Ein Korrespondenzprinzip ist nicht maßgeblich.

V. Behandlung wiederkehrender Leistungen beim Versorgungsausgleich

1. Allgemeines

Für geschiedene Ehegatten sehen die §§ 1587 f. BGB[827] einen Versorgungsausgleich vor, soweit für beide oder einen von ihnen während der Ehezeit Anwart-

---

[824] Vgl. nur *Söhn*, in: Kirchhof/Söhn/Mellinghoff, EStG, § 10 Rn. D 17.

[825] BFH v. 26.04.1977 – VIII R 2/75 – BStBl. II 1977, 631 (632) = BFHE 122, 271.

[826] Hiervon unberührt bleibt die Möglichkeit der Berücksichtigung als außergewöhnliche Belastung, vgl. *Mellinghoff*, in: Kirchhof, EStG[6], § 33 Rn. 100 Stichwort Schadensersatzzahlungen. Dabei wird nach der Rechtsprechung der Verschuldensgrad mitberücksichtigt, vgl. BFH v. 03.06.1982 – VI R 41/79 – BStBl. II 1982, 749 = BFHE 136, 370.

[827] §§ 1587 f. BGB beruhen auf dem Ehereformgesetz v. 14.06.1976 – BGBl. 1976 I, 1421.

schaften auf eine Versorgung wegen Alters- oder Erwerbsunfähigkeit der in § 1587a Abs. 2 BGB genannten Art begründet oder aufrechterhalten worden sind[828]. Zusätzlich gelten die Vorschriften des Gesetzes zur Regelung von Härten im Versorgungsausgleich (VAHRG)[829]. Die Vorschriften der §§ 1587 f. BGB sehen in Ergänzung des im Scheidungsfalle vorgesehenen Zugewinnausgleichs einen Ausgleich in der Weise vor, dass derjenige Ehegatte, der während der Ehe höhere Anwartschaften oder Aussichten auf eine Versorgung als sein Ehepartner erworben hat, dem anderen die Hälfte des Wertunterschieds der beiden Versorgungsanwartschaften überträgt (§ 1587a Abs. 1 BGB). Die Regelungen beruhen auf dem Grundgedanken, dass die in der Ehezeit erworbenen Vermögensanrechte als Ergebnis einer partnerschaftlichen Lebensleistung zu sehen sind, bei der Erwerbs- und Haushaltstätigkeit als gleichrangig bewertet werden und deshalb als gemeinsam geschaffene Werte bei der Scheidung zwischen den Ehegatten aufzuteilen sind, indem jeder Ehegatte die Hälfte der in der Ehezeit erworbenen Vermögenswerte erhält[830]. Das Gesetz unterscheidet zwischen dem öffentlich-rechtlichen Versorgungsausgleich (§§ 1587b Abs. 1 – 3 BGB[831]) und dem schuldrechtlichen Versorgungsausgleich nach §§ 1587f – 1587n BGB. Letzterer ist als Surrogat für die nicht durchgeführte oder nicht durchführbare Realteilung beim öffentlich-rechtlichen Versorgungsausgleich diesem gegen-

828 Wegen einzelner versorgungsausgleichspflichtiger Anrechte vgl. die Übersicht von *Brudermüller*, in: Palandt[65], BGB, § 1587 Rn. 4 f.

829 BGBl. 1983, 105. Das VAHRG wurde nach der Beanstandung des § 1587b Abs. 3 BGB durch das Urteil des BVerfG v. 28.02.1980 – 1 BvL 17/77 – BVerfGE 53, 257 sowie BVerfG v. 27.01.1983 – 1 BvR 1008/79, 1091/81, 322/80 – BVerfGE 63, 88 zur Schaffung zusätzlicher Formen des Versorgungsausgleichs eingeführt und nach weiteren Beanstandungen durch BVerfG v. 08.04.1986 – 1 BvR 1186/83, 1574/83, 1704/83, 291/84, 334/84, 271/84 – BVerfGE 71, 364 erneut modifiziert. Zu Entwicklung, Inhalt und Systematik des VAHRG vgl. näher *Brudermüller*, in: Palandt[65], BGB, Anhang zu § 1587b, Rn. 1. Aus einkommensteuerrechtlicher Sicht eingehend *Stuhrmann*, DStR 1983, 256; ders., BB 1987, 2347.

830 Vgl. nur BVerfG v. 20.05.2003 – 1 BvR 237/97 – NJW 2003, 2819.

831 Der öffentlich-rechtliche Versorgungsausgleich erfolgt entweder durch die Übertragung von auszugleichenden Anwartschaften aus der gesetzlichen Rentenversicherung (sog. Rentensplitting, § 1587b Abs. 1 BGB), die Begründung von Anwartschaften ohne Beitragsentrichtung im Falle von Versorgungsanwartschaften aus einem öffentlich-rechtlichen Dienstverhältnis oder Arbeitsverhältnis mit einer Versorgung nach beamtenrechtlichen Vorschriften (sog. Quasi-Splitting, § 1587b Abs. 2 BGB) oder die Begründung einer Anwartschaft mit Beitragsentrichtung nach Maßgabe des § 1587b Abs. 3 BGB.

über subsidiär[832]. Beide Arten des Versorgungsausgleichs werden in einkommensteuerrechtlicher Hinsicht unterschiedlich behandelt.

2. Öffentlich-rechtlicher Versorgungsausgleich

Hat ein Ehegatte in der Ehezeit höhere Rentenanwartschaften in einer gesetzlichen Rentenversicherung erworben als der andere Ehegatte, findet ein Rentensplitting statt. Das Familiengericht überträgt bei Ehescheidung die Hälfte des Wertunterschieds auf den Ausgleichsberechtigten (§§ 1587b Abs. 1, 1587a Abs. 2 Nr. 2 BGB). Beim sog. Quasisplitting wird eine Anwartschaft in einer gesetzlichen Rentenversicherung zugunsten des Ausgleichsberechtigten begründet, wenn der Ausgleichsverpflichtete eine Versorgung oder eine Versorgungsanwartschaft aus einem Dienst- oder Arbeitsverhältnis mit Anspruch auf Versorgung nach beamtenrechtlichen Vorschriften hat (§§ 1587b Abs. 2, 1587a Abs. 2 Nr. 1 BGB)[833]. Nach allgemeiner Auffassung vollziehen sich Rentensplitting und Quasirentensplitting beim öffentlichen-rechtlichen Versorgungsausgleich in der Vermögenssphäre und bleiben damit ohne einkommensteuerrechtliche Auswirkung[834]. Sowohl Rentensplitting als auch Quasisplitting sind nicht mit Aufwendungen für den ausgleichsverpflichteten Ehegatten verbunden, so dass eine Berücksichtigung als Sonderausgaben ausscheidet[835]. Fließen dem Ausgleichsberechtigten später Renten aus der gesetzlichen Rentenversicherung zu, ist § 22 Nr. 1 S. 3 Lit. a aa EStG anwendbar, bei Renten aus betrieblichen Altersversorgungseinrichtungen oder privaten Rentenversicherungen erfolgt die Besteuerung gem. § 22 Nr. 1 S. 3 Lit. a bb EStG.

---

832 Zur Subsidiarität vgl. *Brudermüller*, in: Palandt[65], BGB, § 1587f Rn. 3. Ferner BGH v. 26.10.1994 – XII ZB 126/92 – FamRZ 1995, 157; BGH v. 23.07.2003 – XII ZB 188/99 – FamRZ 2003, 1738.

833 Zu beachten ist hier die Erweiterung des Versorgungsausgleichs durch § 1 VAHRG.

834 Vgl. *Biergans*, DB 1979, 958; *Fischer*, in: Kirchhof/Söhn/Mellinghoff, EStG, § 22 Rn. B 163; *Jansen/Wrede*, Renten, Raten, Dauernde Lasten[12], Rn. 197; *Lüsch*, in: Littmann/Bitz/Pust, EStG, § 22 Rn. 173; *Stöcker*, in: Bordewin/Brandt, EStG, § 22 Rn. 255; *Stuhrmann*, DStR 1977, 470. A.A. *Meilicke*, StbJb. 1977/78, 255 für das Quasi-Splitting.

835 *Söhn*, in: Kirchhof/Söhn/Mellinghoff, EStG, § 10 Rn. D 184. Als vorab entstandene Werbungskosten können nach BFH v. 05.05.1993 – X R 128/90 – BStBl. II 1993, 867 = BFHE 172, 31 aber Schuldzinsen zur Finanzierung von Ausgleichsleistungen zu berücksichtigen sein. Gleicht der Ausgleichsverpflichtete die Minderung seiner Rentenanwartschaft durch zusätzliche Beiträge an den Rentenversicherungsträger aus, stellen diese nach Maßgabe des § 10 EStG zu behandelnde Sonderausgaben dar, vgl. *Lüsch*, in: Littmann/Bitz/Pust, EStG, § 22 Rn. 174.

3. Schuldrechtlicher Versorgungsausgleich

Kontrovers diskutiert wird die einkommensteuerliche Behandlung der Durchführung des schuldrechtlichen Versorgungsausgleichs, bei dem die Hälfte des Unterschiedsbetrags zwischen den auszugleichenden Versorgungsanwartschaften in Form einer mit dem Tod des Berechtigten erlöschenden Geldrente durch den Ausgleichsverpflichteten zu erbringen ist (§§ 1587g, 1587k BGB). Der BFH[836] hat jüngst in zwei Entscheidungen insbesondere zu der Frage, ob und inwieweit eine interpersonale Verbindung durch § 10 Abs. 1 Nr. 1 a EStG einerseits und § 22 Nr. 1 EStG andererseits besteht, die eine materielle Korrespondenz begründet, Stellung bezogen.

(a) Meinungsstand im Schrifttum

Das Meinungsspektrum im Schrifttum reicht von der Annahme eines steuerneutralen Ausgleichs auf der Vermögensebene bis zur korrespondierenden Behandlung des schuldrechtlichen Versorgungsausgleichs auf Berechtigten- und Verpflichtetenseite. *Stephan*[837] mißt dem schuldrechtlichen Versorgungsausgleich den Charakter einer Vermögensumschichtung bei, da es sich um einen kauf- oder darlehensähnlichen Vertrag handele, auf den die Grundsätze über die Wertverrechnungslehre anzuwenden seien, weshalb keine wirtschaftliche Belastung des Ausgleichsverpflichteten vorliege. Die fehlende wirtschaftliche Belastung wird zum Teil auch daraus hergeleitet, dass die Versorgungsanwartschaft bei wirtschaftlicher Betrachtung unabhängig von der formal-rechtlichen Zuordnung beiden Ehegatten je zur Hälfte gehöre und folglich bei Beendigung der Ehe rechtlich aufgeteilt werden müsse. Der Versorgungsausgleich stelle wirtschaftlich eine Vermögensumschichtung dar[838]. Die Erfüllung eines von Gesetzes wegen entstandenen Anspruchs sei nicht anders zu behandeln als eine Vermögensumschichtung[839].

---

836 BFH v. 18.09.2003 – X R 152/97 – BFH/NV 2004, 120; BFH v. 15.10.2003 – X R 29/01 – BFH/NV 2004, 478.

837 *Stephan*, DB 1986, 450 (453).

838 *Söhn*, in: Kirchhof/Söhn/Mellinghoff, EStG, § 10 Rn. D 188.

839 *Fischer*, in: Kirchhof/Söhn/Mellinghoff, EStG, § 22 Rn. B 163; *Ruland/Tiemann*, Versorgungsausgleich, Rn. 1009.

Demgegenüber bejahen eine andere Ansicht in der Literatur[840] sowie die Finanzverwaltung[841] die Abzugsfähigkeit der im Rahmen des schuldrechtlichen Versorgungsausgleichs erfolgenden Zahlungen beim Verpflichteten als Sonderausgaben und korrespondierend die Steuerbarkeit beim Ausgleichsberechtigten. Ausgehend von den begrifflichen Voraussetzungen der in § 10 Abs. 1 Nr. 1a EStG erfassten Renten und dauernden Lasten wird überwiegend wegen der auf Antrag des Ausgleichsberechtigten vorgesehenen Änderungsmöglichkeit durch das Familiengericht (§§ 1587g Abs. 3, 1587d Abs. 2 BGB) eine voll abzugsfähige dauernde Last angenommen[842]. Dem soll § 12 Nr. 2 EStG nicht entgegenstehen, da die Zahlung zwar unterhaltsähnliche Wirkung habe, aber keine echte Unterhaltsleistung darstelle, weil sie nicht von der Bedürftigkeit des Ausgleichsberechtigten abhänge[843]. Das Vorliegen einer Zuwendung im Sinne des § 12 Nr. 2 EStG wird mit der Begründung verneint, es handele sich um die Tilgung der durch Teilung der Versorgungsanwartschaften entstandenen Ausgleichsschuld und damit nicht um freiwillig oder aufgrund einer freiwillig begründeten Rechtspflicht erbrachte Leistungen[844]. Auch bei der Abtretung von Versorgungsansprüchen anstelle einer Rentenzahlung nach § 1587i BGB wird die Abzugsfähigkeit beim Ausgleichsverpflichteten bejaht. Die Versorgungsleistungen seien dem Zahlenden steuerlich zuzurechnen, weil sie wegen der Abtretung nicht ihm, sondern dem Ausgleichsberechtigten zuflössen. Denn mit dem Tod des Ausgleichsberechtigten erlösche der Ausgleichsanspruch regelmäßig[845], die abgetretenen Versorgungsansprüche gingen dann aber wieder auf den Ausgleichsverplichteten über (§ 1587k Abs, 2 BGB) und die Einkunftsquelle des Ausgleichsberechtigten werde daher nicht durch die Abtretung gespalten[846].

---

840 Vgl. *Biergans*, Renten und Raten[4], S. 292; *Hutter*, in: Blümich, EStG, § 10 Rn. 160; *Gérard*, in: Lademann, EStG, § 22 Rn. 11; *Meincke*, StbKongrRep 1978, 389 (405); *Nolde*, in: Herrmann/Heuer/Raupach, EStG, § 10 Rn. 59g; *Jansen/Wrede*, Renten, Raten, Dauernde Lasten[12], Rn. 200; *Stöcker*, in: Bordewin/Brandt, EStG, § 22 Rn. 263; *Stuhrmann*, DStR 1981, 531; *Uelner*, StbJb 1980/81, 415.

841 BMF-Schreiben v. 20.07.1981 – S 1900 – BStBl. 1981 I, 567.

842 *Jansen/Wrede*, Renten, Raten, Dauernde Lasten[12] Rn. 200; *Nolde*, in: Herrmann/Heuer/Raupach, EStG, § 10 Rn. 59g. A.A. *Schulze zur Wiesche*, FR 1979, 474; *Ruland/Tiemann*, Versorgungsausgleich, Rn. 1009, die von einer Leibrente und damit der Beschränkung des Abzugs auf den Ertragsanteil ausgehen.

843 *Nolde*, in: Herrmann/Heuer/Raupach, EStG, § 10 Rn. 59g.

844 *Jansen/Wrede*, Renten, Raten, Dauernde Lasten[12], Rn. 292.

845 § 3a VAHRG sieht darüber hinausgehend einen verlängerten schuldrechtlichen Versorgungsausgleich vor.

846 *Nolde*, in: Herrmann/Heuer/Raupach, EStG, § 10 Rn. 59g.

(b) Behandlung des schuldrechtlichen Versorgungsausgleichs durch die Rechtsprechung des BFH

Der BFH gelangt zur Abzugsfähigkeit und zur Steuerbarkeit der im Rahmen des schuldrechtlichen Versorgungsausgleichs erbrachten Leistungen durch die Annahme eines Transfers steuerbarer Einkünfte auf den Versorgungsberechtigten[847]. Ohne die Annahme eines solchen Transfers werde der Ausgleichsverpflichtete über seine persönliche Leistungsfähigkeit hinaus besteuert, weil er die gesamten Versorgungsbezüge nach § 19 Abs. 1 Nr. 2 EStG bzw. die vollständigen Erträge der Rentenbezüge gem. § 22 Nr. 1 S. 3 EStG der Besteuerung unterwerfen müßte, ohne dass ein Sonderausgabenabzug nach § 10 Abs. 1 Nr. 1 a EStG in Betracht komme. Andererseits würde die dem Ausgleichsberechtigten nach § 1587g BGB zustehende Ausgleichsrente nicht der Besteuerung unterliegen. Vor dem Hintergrund der den Versorgungsausgleich bestimmenden hälftigen Aufteilung der Versorgungsleistungen (§ 1587a Abs. 1 S. 2 BGB) trete folglich eine "störende Asymmetrie" auf, wenn nur dem Ausgleichsverpflichteten steuerbares Einkommen zufließe[848]. Wenn der Abzug einer dauernden Last und korrespondierend die Steuerbarkeit nicht rechtstechnisch durch eine Transferlösung erreicht werde, müsse die "gebotene Symmetrie" im Einzelfall durch die Zivilgerichte hergestellt werden[849]. Das sei jedoch nicht möglich.

Um einen Wertungswiderspruch zur steuerlichen Behandlung des dinglichen Versorgungsausgleichs, bei dem der ausgleichsberechtigte Ehegatte eine eigene, originär seine Steuerpflicht begründende Einkunftsquelle habe, zu vermeiden, sei ein rechtstechnisch durch den Abzug als Sonderausgaben und durch die Versteuerung als wiederkehrende Leistungen bzw. als Leibrente umzusetzender Einkünftetransfer zwingend, weil sich der schuldrechtliche Versorgungsausgleich auf die finanzielle Situation des verpflichteten Ehegatten faktisch nicht anders auswirke als der dingliche Versorgungsausgleich[850]. Der Transfer der Einkünfte bewirke, dass die Ausgleichsrente nur soweit beim Ausgleichsverpflichteten als dauernde Last abziehbar und beim Ausgleichsberechtigten steu-

---

847 BFH v. 18.09.2003 – X R 152/97 – BFH/NV 2004, 120; BFH v. 15.10.2003 – X R 29/01 – BFH/NV 2004, 478.

848 BFH v. 18.09.2003 – X R 152/97 – BFH/NV 2004, 120 (124); BFH v. 15.10.2003 – X R 29/01 – BFH/NV 2004, 478 (481).

849 Für die Ermittlung der auszugleichenden Versorgung sind nach der Rechtsprechung individuelle Abzüge und Belastungen im System des Versorgungsausgleichs nicht zu berücksichtigen und nur in einzelnen Ausnahmefällen ist die restriktiv anzuwendende Härteklausel des § 1587h Nr. 1 bemüht worden, vgl. BGH v. 26.01.1994 – XII ZB 10/92 – NJW 1994, 1214; BGH v. 28.09.1994 – XII ZB 166/90 – NJW 1995, 453.

850 BFH v. 18.09.2003 – X R 152/97 – BFH/NV 2004, 120 (123); BFH v. 15.10.2003 – X R 29/01 – BFH/NV 2004, 478 (480).

erbar sei, wie steuerbare und steuerpflichtige Einkünfte vom Ausgleichsverpflichteten auf den Ausgleichsberechtigten transferiert würden. Die daraus für beide Seiten folgende Korrespondenz führe im Ergebnis dazu, dass der ausgleichsverpflichtete Ehegatte Einkünfte insoweit als Sonderausgaben gem. § 10 Abs. 1 Nr. 1a EStG abziehen könne, als er sie zu versteuern habe und umgekehrt richte sich die Steuerbarkeit auf Seiten des Ausgleichsberechtigten nach dem Umfang der Abzugsfähigkeit. Sei die vom Ausgleichsverpflichteten zu zahlende Ausgleichsrente nach § 19 EStG auf bei ihm mit Ausnahme des Versorgungsfreibetrags in vollem Umfang steuerbar, folge hieraus die volle Abzugsfähigkeit der wegen ihrer Abänderbarkeit nach §§ 1587g Abs. 3, 1587d Abs. 2 BGB als dauernde Last einzuordnenden Ausgleichsleistungen. Damit korrespondiert die volle Steuerbarkeit der Ausgleichsrente beim Empfänger. Wenn sich die vom Ausgleichsverpflichteten zu zahlende Ausgleichsrente auf Anrechte auf Alterssicherung gründe, die als Leibrente nur der Ertragsanteilsbesteuerung nach § 22 Nr. 1 S. 3 Lit. a bb EStG unterliege, folge ein Abzug als Sonderausgaben lediglich in Höhe des Ertragsanteils und der Empfänger müsse die Ausgleichszahlungen korrespondierend mit dem Ertragsanteil versteuern, da nur dieser als pauschalierter Zinsanteil auf den Ausgleichsberechtigten transferiert worden sei; die Weiterleitung der nichtsteuerbaren, vermögensumschichtenden Rentenbestandteile an den Ausgleichsberechtigten beruhe auf einer Kapitalrückzahlung außerhalb der Einkommensphäre[851]. Insgesamt bedeutet das: Der Transfer von Einkünften stellt nach dieser Rechtsprechung im Fall eines schuldrechtlichen Versorgungsausgleichs eine zwingende Korrespondenz von Abziehbarkeit und Steuerbarkeit her.

(c) Stellungnahme: Maßgeblichkeit des Leistungsfähigkeitsprinzips

Wie alle Erscheinungsformen wiederkehrender Leistungen muss sich auch die Behandlung der Ausgleichsrente nach § 1587g BGB auf Berechtigten- und auf Verpflichtetenseite am Maßstab des individualbezogenen Leistungsfähigkeitsprinzips messen. Bereits die Ausgangsprämisse des BFH, dass Zahlungen im Rahmen von Scheidungsfolgen nach der Systematik des Einkommensteuerrechts beim Verpflichteten nicht abziehbar und beim Berechtigten nicht steuerbar seien[852] (§§ 12 Nr. 2, 22 Nr. 1 S. 2 EStG), der Gesetzgeber sich aber bei der Ausgestaltung des Realsplittings (§§ 10 Abs. 1 Nr. 1, 22 Nr. 1a EStG) der Rechtstechnik des "Transfers von Einkünften" bediene, ist in Frage zu stellen. Wie bereits dargelegt, ist die in §§ 12 Nr. 2, 22 Nr. 1 S. 2 EStG angeordnete negative

---

851 BFH v. 18.09.2003 – X R 152/97 – BFH/NV 2004, 120 (124); BFH v. 15.10.2003 – X R 29/01 – BFH/NV 2004, 478 (481).

852 BFH v. 18.09.2003 – X R 152/97 – BFH/NV 2004, 120 (123); BFH v. 15.10.2003 – X R 29/01 – BFH/NV 2004, 478 (480).

Korrespondenz steuersystematisch deswegen verfehlt, weil sie nicht im Einklang mit dem Leistungsfähigkeitsprinzip steht. Denn es wird nicht die in der Person des Leistungsempfängers und des Leistungsverpflichteten eintretende Leistungsfähigkeitserhöhung bzw. –minderung erfasst, sondern eine interpersonale Korrespondenz normiert, die die steuerrechtliche Berücksichtigung indisponibler und damit leistungsfähigkeitsmindernder Unterhaltsleistungen beim Unterhaltsverpflichteten verhindert und die leistungsfähigkeitserhöhende Wirkung auf Empfängerseite unberücksichtigt lässt[853]. Das Realsplitting verwirklicht demgegenüber in seiner Grundstruktur[854] eine leistungsfähigkeitskonforme Besteuerung: Die erhöhte Leistungsfähigkeit auf Empfängerseite wird ebenso erfasst wie die Leistungsfähigkeitsminderung auf der Geberseite. Allerdings leidet die Regelung in der geltenden Ausgestaltung wegen der Normierung interpersonaler Verknüpfungen an steuersystematischen Defiziten[855]. Wenn der BFH im Realsplitting die gesetzgeberische Verwirklichung eines Transfermechanismus sieht, so erklärt sich dies nur vor dem Hintergrund der Markteinkommenstheorie, die aber – wie gezeigt[856] – nicht jede Kategorie steuerbaren Einkommens erfasst. Richtigerweise bedarf es zur Erklärung des Realsplittings keines Rückgriffs auf einen Transfer steuerlicher Leistungsfähigkeit. Steuerliche Leistungsfähigkeit wird originär auch durch Unterhaltsleistungen vermittelt bzw. auf Geberseite im Falle ihrer Indisponibilität gemindert.

In dem vom BFH angestellten Vergleich des dinglichen mit dem schuldrechtlichen Versorgungsausgleich klingt der zutreffende leistungsfähigkeitskonforme Ansatz an, wenn betont wird, dass der Ausgleichsberechtigte beim dinglichen Versorgungsausgleich eine eigene Einkunftsquelle hat und somit originär steuerpflichtig ist. Der BFH erkennt in diesem Zusammenhang zu Recht, dass jeder der geschiedenen Ehepartner nur diejenigen Einkünfte zu versteuern hat, die ihm selbst zur freien Verfügung stehen[857]. Oder anders formuliert: Jeder Steuerpflichtige ist nach seiner individuellen Leistungsfähigkeit zu besteuern. Diese Aussage findet sich beim BFH nur und erst auf der Vergleichsebene dinglicher – schuldrechtlicher Versorgungsausgleich, jedoch wird zunächst eine "gebotene Symmetrie" behauptet, mit anderen Worten die Notwendigkeit eines Korrespondenzprinzips, das rechtstechnisch durch die "Transferlösung" umgesetzt werden müsse. Darin liegt in steuersystematischer Hinsicht ein Argumentationswiderspruch: Wenn für jeden Steuerpflichtigen seine individuelle Leistungsfähigkeit

853 Dazu oben E.I. und II., S. 41 f.

854 Zum Modellcharakter des Realsplittings siehe oben F IV., S. 112 f.

855 Im einzelnen oben F.II.4(c), F.II.5(b) und F.II.6., S. 82 f.

856 Vgl. oben D.IV., S. 35 f.

857 BFH v. 18.09.2003 – X R 152/97 – BFH/NV 2004, 120 (XX); BFH v. 15.10.2003 – X R 29/01 – BFH/NV 2004, 478 (XX).

maßgeblich ist und sein muss, kann hierfür keine vorausgesetzte "gebotene Symmetrie" oder ein Korrespondenzprinzip erforderlich sein, vielmehr eine Korrespondenz allenfalls Folge leistungsfähigkeitskonformer Besteuerung sein[858]. Die allein entscheidende, leistungsfähigkeitsbezogene Betrachtung verlangt eine Berücksichtigung der individuellen Leistungsfähigkeit des einzelnen Steuerpflichtigen. Deshalb verbietet sich eine intersubjektive Verknüpfung. Der vom BFH behauptete Transfermechanismus, nach dem Abzugsfähigkeit und Steuerbarkeit der Ausgleichsrente davon abhängen, ob und in welcher Form die erworbenen Versorgungsleistungen auf Seiten des Empfängers steuerpflichtig sind, ist steuersytematisch entgegen der Auffassung des BFH nicht nur nicht "zwingend", sondern überhaupt entbehrlich.

Richtigerweise ist danach zu fragen, ob eine mit Aufwendungen verbundene Leistungsfähigkeitsminderung beim Verpflichteten und eine hiervon unabhängige originäre, nicht notwendigerweise durch einen Transfer von Einkünften begründete Mehrung steuerlicher Leistungsfähigkeit auf Seiten des Ausgleichsberechtigten vorliegt. Eine Besteuerung nach der wirtschaftlichen Leistungsfähigkeit muss den Versorgungsausgleich auch "wirtschaftlich" erfassen[859]. Der Wertverrechnungsgedanke[860] kann für die steuerliche Behandlung des schuldrechtlichen Versorgungsausgleichs nicht fruchtbar gemacht werden, da er für die Fälle eines entgeltlichen Leistungsaustausches konzipiert ist, beim schuldrechtlichen Versorgungsausgleich aber gerade kein Leistungsaustausch vorliegt, sondern eine gesetzliche Korrektur der wirtschaftlichen Situation bei Eheauflösung durch eine Ausgleichsleistung[861].

Beim Versorgungsausgleich soll eine hälftige Aufteilung der während der Ehe erworbenen Versorgungsanwartschaften erfolgen. Bei Beendigung der Ehe erbringt der ausgleichsverpflichtete Ehegatte zwar einerseits Ausgleichsleistungen an den Ausgleichsberechtigten, behält aber andererseits die wirtschaftlich gesehen dem ausgleichsberechtigten Ehegatten zur Hälfte gehörenden Versorgungsleistungen. Bei Abtretung von Versorgungsansprüchen (§ 1587i BGB) werden wirtschaftlich betrachtet lediglich die dem Ausgleichsberechtigten bereits gehörenden Versorgungsleistungen durch einen Dritten erbracht. Dies entspricht auch dem Anliegen des Gesetzgebers, durch den Versorgungsausgleich die wäh-

858 Zum Verhältnis Leistungsfähigkeitsprinzip – Korrespondenzprinzip vgl. bereits oben D.V., S. 39.

859 *Söhn*, in: Kirchhof/Söhn/Mellinghoff, EStG, § 10 Rn. D 189.

860 Dazu oben G.II.3., S. 150 f.

861 *Biergans*, Renten und Raten[4], S. 292; *Jansen/Wrede*, Renten, Raten, Dauernde Lasten[12], Rn. 200.

rend der Ehe erworbenen Anrechte auf Alters- und Invaliditätssicherung dadurch gerecht aufzuteilen, dass der Versorgungsausgleich sowohl auf dem güterrechtlichen Prinzip der Vermögensteilung als eine Weiterentwicklung des Zugewinnausgleichs, als auch auf einer unterhaltsrechtliche Überlegungen realisierenden rechtlichen Umgestaltung des Vorsorgeunterhalts beruht[862]. Nach Ansicht des Bundesverfassungsgerichts dient die im Versorgungsausgleich vorgesehene Teilung der Anwartschaften im Zeitpunkt der Scheidung einer umfassenden und abschließenden vermögensrechtlichen Auseinandersetzung entsprechend der grundgesetzlich durch Art. 6 Abs. 1 GG gewährleisteten Gleichberechtigung der Ehepartner[863]. Damit liegt in der Erfüllung des Ausgleichsanspruchs wirtschaftlich betrachtet eine Vermögensumschichtung, da der schuldrechtliche Versorgungsausgleich als Fortsetzung des die Vermögensauseinandersetzung regelnden Zugewinnausgleichs anzusehen ist. Insoweit kann nichts anderes gelten als für Zahlungen im Rahmen des Zugewinnausgleichs selbst, die als Bestandteil der Vermögenssphäre der Ehegatten eine einkommensteuerrechtlich neutrale Vermögensumschichtung darstellen[864]. Weder auf Seiten des Ausgleichsverpflichteten, bei dem keine wirtschaftliche Belastung vorliegt, noch beim Ausgleichsberechtigten, bei dem keine relevante Vermögensmehrung gegeben ist, da er lediglich dasjenige erhält, was ihm ohnehin bereits zusteht, wird die Leistungsfähigkeit durch den schuldrechtlichen Versorgungsausgleich verändert. Der Vorgang ist deshalb einkommensteuerlich insgesamt neutral.

4. Ergebnis

Sowohl der öffentlich-rechtliche als auch der schuldrechtliche Versorgungsausgleich stellen sich aus einkommensteuerrechtlicher Sicht als neutrale Vermögensumschichtung dar. Die von der Rechtsprechung bemühte Konstruktion eines Einkünftetransfers führt zu einer interpersonalen Verknüpfung von Ausgleichsberechtigtem und Ausgleichsverpflichteten aufgrund einer angeblich "gebotenen Symmetrie". Dieses "Konzept" ist mit den Anforderungen einer an der individuellen Leistungsfähigkeit orientierten Besteuerung nicht vereinbar und für eine systemkonforme Lösung auch nicht erforderlich.

---

862 Vgl. BT-Drucks. 7/650, 155 f.

863 Vgl. BVerfG v. 28.02.1980 – 1 BvL 17/77 – BVerfGE 53, 257 (unter C. I. 2. e).

864 So auch *Kanzler*, in: Herrmann/Heuer/Raupach, EStG, § 33 Rn. 300; *Mellinghoff*, Stbg. 1999, 60 (68).

H. Korrespondenzprinzip bei der Vermögensübergabe gegen Versorgungsleistungen

I. Grundsätzliches

Das Rechtsinstitut der Vermögensübergabe gegen Versorgungsleistungen[865] kann auf eine lange sowohl zivilrechtlich[866] als auch steuerrechtlich begründete Tradition zurückblicken. Es wird auch als "steuerrechtliches Sonderrecht der Generationennachfolge" bezeichnet[867]. Werden wiederkehrende Leistungen im Zusammenhang mit einer Vermögensübertragung erbracht, die sich dem Rechtsinstitut der Vermögensübergabe gegen Versorgungsleistungen zuordnen lassen, nimmt die Rechtsprechung in diesem gegenständlich auf den Transfer von Einkünften beschränkten Bereich eine materiellrechtliche Korrespondenz zwischen Abzugs- und Besteuerungstatbestand an[868]. Nach der Systematik des Einkommensteuerrechts – so der BFH[869] – gebe es für die Zurechnung von dem Übergeber zugewendeten Leistungen als steuerbare Einkünfte "keinen anderen rechtlichen Grund als den, dass diese Einkünfte beim Verpflichteten dem Grund und der Höhe nach abziehbar sind". Bei der Einteilung wiederkehrender Leistungen in einen Dualismus von Versorgungsleistungen einerseits und wiederkehrenden Leistungen im Austausch mit einer Gegenleistung andererseits werden Versorgungsleistungen zum Hauptanwendungsfall der auf Geberseite voll abzugsfähigen dauernden Last, die auf Empfängerseite in vollem Umfang steuerbare wiederkehrende Leistungen darstellen[870]. Die Versorgungsleistungen nehmen damit

865 Synonym für den Begriff der Versorgungsleistungen sind die Begriffe Leibgedinge oder Altenteil, vgl. BFH v. 12.05 2003 – GrS 1/00 – BStBl. II 2004, 95 (97) = BFHE 202, 464.

866 Vgl. im geltenden Recht Art. 96 EGBGB sowie ausführlich *Engelhardt*, Vermögensübergabe gegen private Versorgungsleistungen, S. 20 f.

867 *Fischer*, in: Kirchhof/Söhn, EStG, § 22 B 201; ders., Wiederkehrende Bezüge und Leistungen, Rn 110; *Hutter*, in: Blümich, EStG, § 10 Rn. 92; *Spiegelberger*, DStR 2000, 1073 (1074).

868 Ausdrücklich BFH v. 26.07.1995 – X R 91/92 – BStBl. II 1995, 836 = BFHE 178, 229; BFH v. 26.07.1995 – X R 113/93 – BStBl. II 1996, 157 = BFHE 179, 34; BFH v. 10.11.1999 – X R 46/97 – BStBl. II 2000, 188 (192) = BFHE 189, 497; BFH v. 14.11.2002 – X R 120/98 – BStBl. II 2002, 413 = BFHE 197, 194; BFH v. 16.06.2004 – X R 50/01 – BStBl. II 2005, 130 = BFHE 207, 114.

869 BFH v. 26.07.1995 – X R 113/93 – BStBl. II 1996, 157 = BFHE 179, 34; BFH v. 10.11.1999 – X R 46/97 – BStBl. II 2000, 188 (192) = BFHE 189, 497.

870 Ständige Rechtsprechung seit BFH v. 05.07.1990 – GrS 4-6/89 – BStBl. II 1990, 847 = BFHE 161, 317, vgl. BFH v. 27.02.1992 – X R 136/88 – BStBl. II 1992, 609 = BFHE 167, 375; BFH v. 22.01.1992 – X R 35/89 – BStBl. II 1992, 552 = BFHE 166, 555;

im Bereich der wiederkehrenden Leistungen im Zusammenhang mit einer Vermögensübertragung eine Sonderstellung ein und sind von Unterhaltsleistungen und wiederkehrenden Leistungen im Austausch mit einer Gegenleistung abzugrenzen.

Neben der rechtshistorischen Begründung wird die Vermögensübergabe gegen Versorgungsleistungen typologisch hergeleitet und auf diese Weise die innere Rechtfertigung für die Abziehbarkeit als dauernde Last auf Geberseite und die Steuerbarkeit als wiederkehrende Bezüge auf Seiten des Empfängers hergestellt[871]. Diese typologische Betrachtung kennzeichnet sich durch eine vermögensübergabebedingte Verknüpfung der beiderseitigen Lebensverhältnisse von Vermögensübergeber und Vermögensübernehmer als konstituierenden Gesichtspunkt des zugrunde liegenden Versorgungsvertrages[872]. Das "norminspirierende Prinzip"[873], aufgrund dessen eine positive materielle Korrespondenz anzunehmen sei, ergibt sich nach Auffassung der Befürworter des Sonderrechts der Vermögensübergabe aus dieser typologischen Betrachtungsweise, die darauf abstellt, dass sich der Übergeber bei der Vermögensübertragung regelmäßig seiner Existenzgrundlage begibt. Hieraus entstehe ein besonderes Versorgungsbedürfnis, aus dem die steuerliche Behandlung materiell-typisierend hergeleitet wird[874]. Die typologische Einordnung bringt es mit sich, dass die Voraussetzungen des Rechtsinstituts der Vermögensübergabe zu präzisieren sind, was ohne klare gesetzliche Vorgaben Spielraum für die Rechtsprechung eröffnet. Zugleich sind damit Auslegungsprobleme und Divergenzen vorprogrammiert, wie die mehrfache Anrufung des Großen Senats des BFH durch die zuständigen Einzel-

---

BFH v. 03.06.1992 – X R 147/88 – BStBl. II 1993, 98; BFH v. 03.06.1992 – X R 14/89 – BStBl. II 1993, 23 (25) = BFHE 169, 25; BFH v. 26.07.1995 – X R 91/92 – BStBl. II 1995, 836 = BFHE 178, 339; BFH v. 26.07.1995 – X R 113/93 – BStBl. II 1996, 157 = BFHE 179, 34; BFH v. 31.08.1994 – X R 58/92 – BStBl. II 1996, 672 = BFHE 176, 333; BFH v. 10.11.1999 – X R 46/97 – BStBl. II 2000, 188 (190) = BFHE 189, 497.

871 Vgl. nur BFH v. 24.04.1990 – X R 38/86 – BStBl. II 1990, 625; BFH v. 27.02.1992 – X R 136/88 – BStBl. II 1992, 609; BFH v. 11.03.1992 – X R 141/88 – BStBl. II 1992, 499; BFH v. 13.10.1993 – X R 86/89 – BStBl. II 1994, 451; BFH v. 27.11.1996 – X R 85/94 – BStBl. II 1997, 284; BFH v. 27.08.1997 – X R 54/94 – BStBl. II 1997, 813; BFH v. 16.03.1999 – X R 87/95 – BFH/NV 2000, 12; BFH v. 03.03.2004 – X R 135/98 – BStBl. II 2004, 824. Zur Kritik an der Ausrichtung der Vermögensübergabe an einem steuerrechtlichen Typus siehe unten V. 2., S. 268.

872 *Fischer*, Wiederkehrende Bezüge und Leistungen, Rn 135, der dieses typologische Merkmal als entscheidendes Abgrenzungsmerkmal zur nicht abziehbaren Unterhaltsrente sieht; ders., in: Kirchhof, EStG[6], § 22 Rn. 10.

873 *Fischer*, in: Kirchhof/Söhn, EStG § 22 B 222; ders., DStR 1992, Beihefter zu Heft 17, 1 (4).

874 *Fischer*, Wiederkehrende Bezüge und Leistungen, Rn. 320.

senate belegt[875]. Die Entwicklung des Rechtsinstituts der Vermögensübergabe gegen Versorgungsleistungen, die Bemühungen der Rechtsprechung, dogmatische Grundlagen für die steuerliche Behandlung von Versorgungsleistungen zu schaffen sowie die Anforderungen an die steuerliche Anerkennung der Vermögensübergabe sollen im folgenden dargestellt werden, um abschließend Argumentation und Ergebnis steuersystematisch zu betrachten. Im Blickpunkt stehen dabei vor allem die Neuerungen, die sich infolge der Entscheidungen des Großen Senats vom 12.05.2003[876] ergeben haben.

II. Historische Entwicklung der Rechtsfigur

1. Die Rechtsprechung des PrOVG

Bereits die zu den preußischen Einkommensteuergesetzen von 1891[877] und 1906[878] ergangenen Entscheidungen des Preußischen Oberverwaltungsgerichts gehen von einer materiell korrespondierenden Behandlung der Ausgaben des Vermögensübernehmers und der Einnahmen des Vermögensübergebers aus. So wurden die Bezüge aus Altenteilen auf Empfängerseite nicht zu den nach § 7 Nr. 2 und 3 PrEStG 1891 bzw. der Nachfolgernorm des § 6 Nr. 2 PrEStG 1906 steuerbaren Einkünften aus Grundvermögen, Handel und Gewerbe zugeordnet und entsprechend erfolgte die Behandlung der Altenteilsleistungen auf Übernehmerseite, bei dem sie nicht als abzugsfähige Aufwendungen zur Einkünfteerzielung nach § 9 Abs. 1 Nr. 1 PrEStG 1891 bzw. § 8 Abs. 1 S. 1 PrEStG 1906 zu erfassen waren. Die korrespondierende Behandlung ergab sich daraus, dass die Bezüge beim Vermögensübergeber als periodische Hebungen im Sinne des § 15 PrEStG 1891, beim Übernehmer als abziehbare dauernde Last nach § 9 Abs. 1 Nr. 3 PrEStG 1891 bzw. § 8 Abs. 2 Nr. 2 PrEStG 1906 erfasst wurden. Begründet wurde diese korrespondierende Behandlung damit, dass die Altenteilsberechtigungen ein einheitliches Ganzes bildeten und zur lebenszeitigen Versorgung der Berechtigten bestimmt seien, was sie als periodische Hebungen kennzeichne und von Einkommen aus Grundvermögen unterscheide[879]. Die Abzieh-

---

875 BFH v. 05.07.1990 – GrS 4-6/89 – BStBl. II 1990, 847 = BFHE 161, 317, v. 15.07.1991 – GrS 1/90 – BStBl. II 1992, 78 = BFHE 165, 225 sowie zuletzt BFH v. 12.05.2003 – GrS 1/00 – BStBl. II 2004, 95 = BFHE 202, 464 und BFH v. 12.05.2003 – GrS 2/00 – BStBl. II 2004, 100 = BFHE 202, 477.

876 BFH v. 12.05.2003 – GrS 1/00 – BStBl. II 2004, 95 = BFHE 202, 464 und BFH v. 12.05.2003 – GrS 2/00 – BStBl. II 2004, 100 = BFHE 202, 477.

877 PrGS 1891, 175.

878 PrGS 1906, 260.

879 PrOVG v. 13.06. 1896 – V.B. 178/95 –OVGSt 5, 157.

barkeit der Versorgungsleistungen als dauernde Last beim Vermögensübernehmer[880] führte beim Empfänger jedoch nicht zwingend, sondern nur dann zur Versteuerung, wenn die Voraussetzungen auf Empfängerseite hierfür erfüllt waren[881], ohne dass das in § 9 Abs. 2 Nr. 2 PrEStG 1891 bzw. § 8 Abs. 3 Nr. 2 PrEStG 1906 normierte Abzugsverbot für Unterhaltsleistungen näher erörtert wurde. Diese Behandlung fand in der Literatur Zustimmung, wo die Begründungsansätze des Preußischen Oberverwaltungsgerichts weitgehend aufgegriffen wurden[882].

2. Fortsetzung durch die Rechtsprechung des RFH

Der RFH setzte diese Rechtsprechung fort und betonte dabei insbesondere den erb- und familienrechtlichen Gehalt der Vermögensübergabe gegen Versorgungsleistungen.

Das Leibgedinge war durch die Einkommensteuergesetze 1920, 1925 und 1934 tatbestandlich als sonstige Einnahmen bzw. wiederkehrende Bezüge erfasst[883], die Abziehbarkeit als dauernde Last[884] außerhalb der Aufwendungen zur Erfüllung einer gesetzlichen Unterhaltspflicht[885] vorgesehen. Die Übergabe eines landwirtschaftlichen oder gewerblichen Betriebs, aber auch von Grundvermögen unter Angehörigen unter Ausbedingung von Versorgungsleistungen zugunsten des Übergebers wurden bei diesem als steuerbare wiederkehrende Bezüge erfasst, während der Übernehmer die Zahlungen abziehen konnte, und zwar im Regelfall auch dann, wenn der Übernehmer die Versorgungsleistungen nicht unmittelbar an den Übergeber, sondern an nahe Angehörige zu erbringen hatte[886]. Zwar differenzierte der RFH und ihm folgend die Literatur in vereinzelt

---

880 Vgl. PrOVG v. 14.05. 1895- Rep. V.A. 351/94 – OVGSt 4, 58; PrOVG v. 17.10. 1895 – VI. C. 1968/94 – OVGSt 4, 195; PrOVG v. 13.06. 1896 – V.B. 178/95 –OVGSt 5, 157; PrOVG v. 01.12.1904 – Rep. XII.a. 207/03 – PrOVG 12, 143; PrOVG v. 23.03.1907 – Rep. V. b. 154/06 – OVGSt 13, 221.

881 PrOVG v. 01.12.1904 – Rep. XII a 207/03 – OVGSt 12, 143.

882 Vgl. *Fuisting*, EStG 1891, § 9 Anm. 16; *Fuisting/Strutz*, EStG 1906[8],§ 8 Anm. 47; *Krause*, EStG 1891, § 9 Anm. 6.

883 Vgl. § 11 Nr. 1 EStG 1920, RGBl. 1920, 359; §§ 6 Abs. 1 Nr. 7, 40 Nr. 2 EStG 1925, RGBl. I 1925, 189; § 22 Nr. 1b EStG 1934, RGBl. I 1934, 1005.

884 Vgl. § 13 Nr. 2 EStG 1920, RGBl. 1920, 359; § 15 Abs. 1 Nr. 3 S. 1, Abs. 2 EStG 1925, RGBl. I 1925, 189.

885 Vgl. § 15 Abs. 1 Nr. 3 S. 2 EStG 1925.

886 RFH v. 11.01.1928 – VI A 840/27 – RStBl. 1928, 96; RFH v. 24.07.1929 – VI A 676/29 – StuW 1929, Teil II, Nr. 684; RFH v. 12.03.1930 – VI A 143/24 – StuW 1930, Teil II, Nr. 484; RFH v. 08.10.1931 – VI A 770/31 -- RStBl. 1931, 946; RFH v. 02.12.1931 – VI A 2030/30 – StuW 1932, Teil II, Nr. 416; RFH v. 26.10.1932 – VI A 2195/31 – StuW

gebliebenen Entscheidungen bei Gleichstellungsgeldern an nahe Angehörige danach, ob diese als Entgelt für den übertragenen Vermögensgegenstand anzusehen seien und gelangte so zu einem teilweise entgeltlichen Erwerb; die für den Erwerb anfallenden Kosten des Vermögensübernehmers seien dann Anschaffungskosten[887]. Der BFH lehnte später jedoch eine derartige Differenzierung unter Anknüpfung an das bürgerliche Recht ab[888]. Es handele sich bei der Vermögensübergabe gegen Versorgungsleistungen nicht um ein teilentgeltliches, sondern um ein insgesamt unentgeltliches Geschäft, weil die Leistung des Übernehmers einseitig von der des Übergebers abhänge und aus zugewendetem Vermögen erbracht werde. Somit liege eine bürgerlich-rechtliche Schenkung unter einer Auflage vor, die insgesamt als unentgeltlich zu behandeln sei, so dass keine Anschaffungskosten vorlägen[889]. Losgelöst von einer zivilrechtlichen Betrachtung[890] haben sich nach der ersten Entscheidung des Großen Senats[891] zur Vermögensübergabe die im folgenden beschriebenen dogmatischen Begründungsansätze herausgebildet.

1933, Teil II, Nr. 21; RFH v. 01.02.1933 – VI A 2056/32 – RStBI. 1933, 583; RFH v. 18.10.1933 – VI A 203/33 – RStBI. 1933, 1287; RFH v. 08.11.1933 – VI A 1488/31 – RStBI. 34, 295; RFH v. 08.08.1934 – VI A 2012/32 – StuW 1934, Teil II, Nr. 654; RFH v. 10.06.1936 – VI A 389/36 – StuW 1936, Teil II, Nr. 325; RFH v. 26.07.1939 – VI 456/39 – RStBI. 39, 1120.

887 RFH v. 08.11.1933 – VI A 1488/31 – RStBl. 1934, 295; *Becker*, StuW 1934, Sp. 45 (66 f.); ders. StuW 1936, Sp. 945 (955). Eine besondere Behandlung erfuhren Altenteilsleistungen in der Landwirtschaft vor dem Hintergrund der Regelungen der § 28a und § 57a REStG 1925. Diese sahen die Abgeltung der Einkommensteuer durch die Grundsteuer in Höhe der ersten 6000 Reichsmark der Reineinkünfte aus Land- und Forstwirtschaft vor, wobei hierbei auch die Ausgaben im Sinne des § 15 Abs. 2 S. 1 REStG 1925 bei der Gewinnermittlung zu berücksichtigen waren. RFH v. 12.09.1934 – IV A 360/34 – RStBl. 1935, 157 (158) sah den Abzug von Altenteilsleistungen trotz des insgesamt als unentgeltlich zu betrachtenden Erwerbs wegen des wirtschaftlichen Zusammenhangs zwischen Altenteilsleistungen und Einkünften aus dem landwirtschaftlichen Betrieb bei der Gewinnermittlung vor. Diese Behandlung führte dazu, dass Altenteilsleistungen im landwirtschaftlichen Bereich bis zur Entscheidung des BFH v. 16.09.1965 – IV 67/61 S – BStBl. III 1965, 706 = BFHE 83, 568 als Betriebsausgaben angesehen wurden, obwohl der RFH selbst nicht ausdrücklich den Begriff Betriebsausgaben verwendete.

888 Grundlegend BFH v. 21.08.1962 – I 82/60 U, BStBl III 1963, 178 = BFHE 76, 482. Vgl. ferner BFH v. 26.11.1985 – IX R 64/82 – BStBl. II 1986, 161 = BFHE 145, 211.

889 BFH v. 26.11.1985 – IX R 64/82 – BStBl. II 1986, 161 (162) = BFHE 145, 211.

890 Zur uneinheitlichen zivilrechtlichen Rechtsprechung hinsichtlich der Einordnung von Altenteilsverträgen vgl. *Engelhardt*, Vermögensübergabe gegen private Versorgungsleistungen, S. 78 f.; *Niepoth*, DB 1991, 249 (250).

891 BFH v. 05.07.1990 – GrS 4-6/89 – BStBl. II 1990, 847 = BFHE 161, 317.

III. Dogmatische Begründung

Als Begründungsansätze für die Abziehbarkeit als dauernde Last beim Verpflichteten gem. § 10 Abs. 1 Nr. 1a und einer damit korrespondierenden Steuerbarkeit der empfangenen Leistungen beim Empfänger nach § 22 Nr. 1 EStG haben sich in der Rechtsprechung in erster Linie die Rechtsfigur einer einen "Einkünftetransfer" beschreibenden Metapher der vorbehaltenen Erträge sowie die Einordnung der Vermögensübergabe gegen Versorgungsleistungen als unentgeltlicher, außerbetrieblicher Vorgang entwickelt. Zudem wird die Nichtanwendung des in § 12 Nr. 1 und 2 EStG normierten Abzugsverbots besonders begründet. Ferner greift der BFH auf die Gesetzesentwicklung zurück und beruft sich zuletzt in der Entscheidung des Großen Senats vom 12.05. 2003 auch auf die Kompetenz zur richterlichen Rechtsfortbildung[892].

1. Argumentationslinien innerhalb der Rechtsprechung des BFH

(a) Einordnung der Vermögensübergabe als unentgeltlicher Vorgang

Die Annahme der Unentgeltlichkeit beruht zunächst darauf, dass die Rechtsprechung seit jeher einen Übergabevertrag, in dem Versorgungsleistungen bedungen sind, nicht als entgeltliches Veräußerungsgeschäft betrachtet hat[893]. Der Ausschluss der Entgeltlichkeit ist dabei argumentativ auf mehrere Ansätze gestützt worden, die versuchen, die Einordnung der Vermögensübergabe gegen Versorgungsleistungen zu erklären und die Grundlage für den heute konstitutiven Begründungsansatz des Ertragsvorbehalts bilden. Ursprünglich hat der BFH die Unentgeltlichkeit durch die Gleichsetzung der Vermögensübergabe mit der zivilrechtlich ebenfalls als unentgeltlich zu betrachtenden Auflagenschenkung begründet[894]. Auch die Betrachtung der Vermögensübergabe als Instrument der vorweggenommenen Erbfolge führt nach der Rechtsprechung dazu, die aufgrund einer Vermögensübergabe erbrachten Versorgungsleistungen an den Übergeber nicht als Entgelt zu bewerten. Dies habe jedoch nicht zur Folge, dass der Zuwendungsbegriff des § 12 Nr. 2 EStG erfüllt sei[895]. Des weiteren wurde

---

892 Vgl. BFH v. 12.05.2004 – GrS 1/00 – BStBl. II 2004, 95 (97) = BFHE 202, 464.

893 Zusammenfassend BFH v. 05.07.1990 – BStBl. II 1990, 847 (850) = BFHE 161, 317 unter C II 1. Bestätigt durch BFH v. 12.05.2003 – GrS 1/00 – BStBl. II 2004, 95 (97) = BFHE 202, 464.

894 BFH v. 26.11.1985 – IX R 64/86 – BStBl. II 1986, 161 = BFHE 145, 211; BFH v. 03.06.1986 – IX R 2/79 – BStBl. II 1986, 674 (675) = BFHE 146, 442.

895 Ständige Rechtsprechung, vgl. zusammenfassend BFH v. 05.07.1990 – BStBl. II 1990, 847 (850) = BFHE 161, 317. Zur Gegenauffassung, die eine Vergleichbarkeit von vorweggenommener Erbfolge und Erbfall verneint, vgl. *Felix*, FR 1987, 601 (607); *Knob-*

für den Bereich der Vermögensübergabe eine auf dem familiären Charakter aufbauende widerlegbare[896] Vermutung dafür angenommen, dass die Versorgungsleistungen unabhängig vom Wert des übertragenen Vermögens nach dem Versorgungsbedürfnis der weichenden Generation sowie der Ertragskraft des übergebenen Vermögens bemessen werden und damit ein unentgeltlicher Vorgang anzunehmen sei[897]. Umgekehrt bestehe im außerfamiliären Bereich eine nur in Ausnahmefällen widerlegbare Vermutung[898] dahingehend, dass die an der Ver-

be-Keuk, in: Festschrift für Döllerer, 315 (326); *Reiß*, FR 1990, 381 (384); *Schmitz*, Besteuerung wiederkehrender Bezüge, S. 245 f.

896 Zu den Anforderungen an die Widerlegung der Vermutung vgl. BFH v. 28.07.1983 – IV R 174/80 – BStBl. II 1984, 97 (99) = BFHE 139, 367; BFH v. 09.10.1985 – I R 149/82 – BStBl. II 1986, 51 = BFHE 144, 561; BFH v. 21.01.1986 – VIII R 238/81 – BFH/NV 1986, 597; BFH v. 29.01.1992 – X R 193/87 – BStBl. II 1992, 465 = BFHE 167, 95; BFH v. 16.12.1993 – X R 67/92 – BStBl. II 1996, 669 = BFHE 173, 152; BFH v. 02.05.2001 – VIII R 64/93 – BFH/NV 2002, 10 (11); BFH v. 30.07.2003 – X R 12/01 – BStBl. II 2004, 211 = BFHE 204, 53.

897 So bereits die Rechtsprechung des RFH, vgl. RFH v. 25.06.1930 – VI A 38/30 – StuW 1930 II, Nr. 1000; RFH v. 08.10.1931 – VI A 770/31 – RStBl. 31, 946; RFH v. 26.10.1932 – VI A 2195/31 – StuW 1933 II, Nr. 21; RFH v. 08.08.1934 – VI A 2012/32 – StuW 1934 II, Nr. 654; RFH v. 10.06.1936 – VI A 389/36 – StuW 1936 II, Nr. 325. Hieran anknüpfend die ständige Rechtsprechung des BFH, vgl. BFH v. 12.07.1955 – I 232/54 – U BStBl. III 1955, 302 (303) = BFHE 61, 372; BFH v. 02.02.1956 – IV 217/54 U – BStBl. III 1956, 88 = BFHE 62, 235, BFH v. 16.06.1959 – I 141/58 U – BStBl. III 1962, 217 = BFHE 75, 4; BFH v. 23.01.1964 – IV 8/62 U – BStBl. III 1964, 422 = BFHE 79, 516; BFH v. 05.03.1964 – IV 417-62 – HFR 1964, 416; BFH v. 03.08.1966 – IV 190/62 – BStBl. III 1966, 679 = BFHE 86, 807; BFH v. 25.08.1966 – IV 299/62 – BStBl. III 1966, 675 = BFHE 86, 797; BFH v. 12.04.1967 – I 129/64 – BStBl. III 1967, 668 = BFHE 89, 412; BFH v. 30.11.1967 – IV 1/65 – BStBl. II 1968, 263 = BFHE 91, 81; BFH v. 16.07.1969 – I R 186/66 – BStBl. II 1970, 56 (58) = BFHE 97, 63; BFH v. 23.04.1971 – IV 201/65 – BStBl. II 1971, 686 = BFHE 102, 488; BFH v. 16.11.1972 – IV R 38/68 – BStBl. II 1973, 184 = BFHE 108, 28; BFH v. 27.02.1975 – IV B 8/74 – BStBl. II 1975, 598 = BFHE 115, 434; BFH v. 06.03.1975 – IV R 191/71 – BStBl. II 1975, 600 = BFHE 115, 443; BFH v. 21.12.1977 – I R 52/76 – BStBl. II 1978, 332 = BFHE 124, 432; BFH v. 24.10.1978 – VIII R 172/75 – BStBl. II 1979, 135 = BFHE 126, 282; BFH v. 18.01.1979 – IV R 76/76 – BStBl. II 1979, 403 (404) = BFHE 127, 171; BFH v. 22.09.1982 – IV R 154/79 – BStBl. II 1983, 99 (100) = BFHE 136, 527; BFH v. 28.07.1983 – IV R 174/80 – BStBl. II 1984, 97 (99) = BFHE 139, 367; BFH v. 09.10.1985 – I R 149/82 – BStBl. II 1986, 51 = BFHE 144, 561; BFH v. 17.12.1991 – VIII R 80/87 – BStBl. II 1993, 15 = BFHE 167, 344; BFH v. 03.06.1992 – X R 14/89 – BStBl. II 1993, 23 (25) = BFHE 169, 25; BFH v. 16.12.1993 – X R 67/92 – BStBl. II 1996, 669 = BFHE 173, 152; BFH v. 02.05.2001 – VIII R 64/93 – BFH/NV 2002, 10 (11); BFH v. 30.07.2003 – X R 12/01 – BStBl. II 2004, 211 = BFHE 204, 53.

898 Zu den Anforderungen an die Widerlegung der Vermutung vgl. zusammenfassend BFH v. 16.12.1997 – IX R 11/94 – BStBl. 1998, 718 = BFHE 185, 208 m.w.N.

mögensübergabe Beteiligten die Leistungen nach kaufmännischen Gesichtspunkten abgewogen hätten und somit die zur entgeltlichen Übertragung von Wirtschaftsgütern gegen wiederkehrende Leistungen entwickelten Rechtsfolgen greifen, insbesondere dann, wenn Wirtschaftsgüter von nicht unbedeutendem Wert gegen wiederkehrende Leistungen übertragen worden seien[899].

(b) Nichtanwendung des Abzugsverbots des § 12 EStG

Die Einordnung von Versorgungsleistungen als dauernde Last im Sinne von § 10 Abs. 1 Nr. 1a EStG setzt voraus, dass der dadurch eröffneten Abzugsmöglichkeit nicht die Vorschrift des § 12 EStG im Wege steht. § 12 EStG ist durch das Alterseinkünftegesetz[900] novelliert worden; der Einleitungssatz wurde neu gefasst. Nach der alten Fassung des Einleitungssatzes des § 12 EStG galt für die für den Haushalt des Steuerpflichtigen und für den Unterhalt seiner Familienangehörigen aufgewendeten Beträge (§ 12 Nr. 1 EStG) sowie für freiwillige oder aufgrund einer freiwillig begründeten Rechtspflicht erbrachte Zuwendungen und Zuwendungen an gegenüber dem Steuerpflichtigen oder seinem Ehegatten gegenüber gesetzlich unterhaltsberechtigte Personen oder deren Ehegatten § 12 Nr. 2 EStG) ein Abzugsverbot, "soweit in § 10 Abs. 1 Nr. 1, 2, ... nichts anderes bestimmt ist ...". § 10 Abs. 1 Nr. 1a EStG wurde somit nicht vom Einleitungssatz des § 12 EStG erfasst. Die Rechtsprechung mußte daher zur Begründung der Abzugsfähigkeit Versorgungsleistungen aus dem Anwendungsbereich des § 12 EStG a.F. herausnehmen.

(aa) Rechtsprechung zu § 12 EStG a.F.

Zur Nichtanwendung des für Unterhaltsleistungen an gesetzlich unterhaltsberechtigte Personen sowie für freiwillige Zuwendungen geltenden Abzugsverbots des § 12 Nr. 1 und 2 EStG gelangte die frühere Rechtsprechung, indem die Versorgungsleistungen als Gegenleistung für das übernommene Vermögen angesehen wurden[901]. Das Vorliegen von Unterhaltsleistungen schloss der BFH mit der Begründung aus, dass § 12 Nr. 2 EStG nicht auf Versorgungsleistungen anwendbar sei, da diese nicht aufgrund einer gesetzlichen Unterhaltspflicht, sondern aufgrund einer Verpflichtung aus dem Vermögensübergabevertrag erbracht

---

899 Vgl. BFH v. 30.11.1967 – IV 1/65 – BStBl. II 1968, 263 = BFHE 91, 81; BFH v. 16.12.1997 – IX R 11/94 – BStBl. II 1998, 718 = BFHE 185, 208; BFH v. 02.05.2001 – VIII R 64/93 – BFH/NV 2002, 10 (11).

900 Alterseinkünftegesetz v. 05.07.2004 – BGBl. I 2004, 1427.

901 BFH v. 02.02.1956 – IV 217/54 U – BStBl. III 1956, 88 (89) = BFHE 62, 235; BFH v. 08.02.1957 – VI 27/56 U – BStBl. III 1957, 207 (209) = BFHE 64, 550; BFH v. 23.01.1964 – IV 8/62 U – BStBl. III 1964, 422 = BFHE 79, 516; BFH v. 28.07.1983 – IV R 174/80 – BStBl. II 1984, 97 (100) = BFHE 62, 235.

würden[902]. Der Zuwendungsbegriff des § 12 Nr. 2 EStG, der nach der Rechtsprechung dann erfüllt ist, wenn den erbrachten Leistungen keine oder nur eine geringfügige Gegenleistung gegenübersteht[903], sei nicht erfüllt, weil den Versorgungsleistungen ein – wenn auch nicht angemessener – Gegenwert in Form des übertragenen Vermögens gegenüberstehe[904]. Als Voraussetzung für die Annahme einer Gegenleistung als Unterscheidungsmerkmal für die Abgrenzung von Unterhalts- zu Versorgungsleistungen forderte die Rechtsprechung darüber hinaus, dass der Unterhaltscharakter der Versorgungsleistungen unter Berücksichtigung der Gegenleistung nicht offensichtlich überwiegt[905]. Als wesentlichen Anhaltspunkt sah der BFH das Wertverhältnis von Gegenleistung und Versorgungsverpflichtung. Ein Überwiegen des Unterhaltscharakters könne regelmäßig dann angenommen werden, wenn der Wert der Gegenleistung bei überschlägiger und großzügiger Berechnung weniger als die Hälfte der Versorgungsverpflichtung ausmache[906]. Diese Formulierung sollte sich im Laufe der Entwicklung zu einem der Hauptstreitpunkte innerhalb des dogmatischen Konzepts der Vermögensübergabe gegen Versorgungsleistungen entwickeln. Das "Paradoxon eines unentgeltlichen Vorgangs mit Gegenleistung"[907] wird aufgelöst durch den noch eingehend zu würdigenden dogmatischen Ansatz der vorbehaltenen Erträge.

(bb) Zuordnungsentscheidung des Gesetzgebers?

Durch die Neufassung des Einleitungssatzes des § 12 EStG[908] ist nunmehr auch § 10 Abs. 1 Nr. 1a vom Einleitungssatz des § 12 erfasst. Damit sind die dargestellten Begründungsansätze dem Gesetzeswortlaut nach überflüssig geworden.

---

902 BFH v. 23.01.1964 – IV 8/62 U – BStBl. III 1964, 422 = BFHE 79, 516; BFH v. 28.07.1983 – IV R 174/80 – BStBl. II 1984, 97 (100) = BFHE 62, 235.

903 Vgl. BFH v. 28.07.1983 – IV R 174/80 – BStBl. II 1984, 97 = BFHE 139, 367 sowie oben E. I. 1., S. 41.

904 BFH v. 28.07.1983 – IV R 174/80 – BStBl. II 1984, 97 (100) = BFHE 62, 235.

905 Grundlegend BFH v. 23.01.1964 – IV 8/62 U – BStBl. III 1964, 422 = BFHE 79, 516.

906 BFH v. 23.01.1964 – IV 8/62 U – BStBl. III 1964, 422 = BFHE 79, 516; BFH v. 28.07.1983 – IV R 174/80 – BStBl. II 1984, 97 (98) = BFHE 139, 367; BFH v. 07.04.1992 – VIII R 59/89 – BStBl. II 1992, 809 (810) = BFHE 167, 515. BFH v. 15.07.1991 – GrS 1/90 – BStBl. II 1992, 78 (85) = BFHE 165, 225 sah in diesem Wertvergleich einen "wesentlichen Anhaltspunkt" für das Überwiegen des Unterhaltscharakters.

907 *Fischer*, in: Kirchhof/Söhn, EStG, § 22 Rn. B 377; ders., wiederkehrende Bezüge und Leistungen, Rn. 125.

908 Mit dem Alterseinkünftegesetz v. 05.07.2004, BGBl. I 2004, 1427 wurde der Wortlaut geändert und der Einleitungssatz lautet nunmehr: "Soweit in § 10 Abs. 1 Nr. 1 bis 4 … nichts anderes bestimmt ist, …".

Fraglich ist, ob durch die Änderung des Einleitungssatzes des § 12 EStG eine gesetzgeberische Zuordnungsentscheidung getroffen worden ist, die Versorgungsleistungen der abzugsfähigen dauernden Last zuordnet. In der Gesetzesbegründung des Alterseinkünftegesetzes hat die Änderung des Einleitungssatzes des § 12 EStG keine Rolle gespielt. Die Gesetzesmaterialien ergeben, dass die Zuordnung von Versorgungsleistungen zur dauernden Last im Sinne von § 10 Abs. 1 Nr. 1a EStG nicht diskutiert worden ist. In der Einzelbegründung der vom Finanzausschuss vorgeschlagenen Änderungen der Gesetzesentwürfe[909] heißt es lediglich: "Durch die Änderung des §10 ergeben sich redaktionelle Folgeänderungen in § 12 S. 1 EStG, in dem auf § 10 verwiesen wird"[910]. Durch die Neuordnung der Behandlung von Altersvorsorgeaufwendungen und Altersbezügen sind umfassende Änderungen auch des § 10 Abs. 1 EStG vorgenommen und der Verweis auf die Bestimmungen des Sonderausgabenabzugs im Eingangssatz des § 12 EStG dementsprechend angepasst worden[911]. Diese bloß redaktionelle Änderung hat keine Bedeutung für die Beurteilung von Versorgungsleistungen und deren Erfassung als dauernde Last im Sinne von § 10 Abs. 1 Nr. 1a EStG. Eine gesetzgeberische Zuordnungsentscheidung ist damit durch die Änderung des Einleitungssatzes des § 12 EStG nicht erfolgt[912].

(c) Ablehnung der Wertverrechnung

Im Bereich der Wertverrechnungslehre haben Versorgungsleistungen in der Rechtsprechung des BFH bereits frühzeitig eine Sonderstellung eingenommen. Für Versorgungsleistungen wird eine Wertverrechnung weder beim Berechtigten noch beim Verpflichteten vorgenommen[913]. Allerdings ist der Wertverrechnungsgedanke bei privaten Versorgungsleistungen bis zur grundlegenden Entscheidung des BFH vom 16.09.1965[914] unterschiedlich verwendet worden. Die

909 BT-Drucks. 15/2150, 15/2563 sowie 15/2592.

910 BT-Drucks. 15/3004, S. 18.

911 Loschelder, in: Herrmann/Heuer/Raupach, EStG, § 12 Anm. J 04-2.

912 Ebenso *Martin*, in: Kirchhof, EStG[5], § 12 Rn. 27: "Die Rechtslage ändert sich nicht".

913 BFH v. 16.09.1965 – IV 67/61 S – BStBl. III 1965, 706 (708) = BFHE 83, 568; BFH v. 17.12.1965 – VI 294/64 U – BStBl. III 1966, 244 = BFHE 85, 87; BFH v. 27.09.1973 – VIII R 71/69 – BStBl. II 1974, 101 = BFHE 111, 33; BFH v. 30.04.1984 – IX R 2/84 – BStBl. II 1985, 610 = BFHE 143, 317; BFH v. 13.08.1985 – IX R 10/80 – BStBl. II 1985, 709 = BFHE 144, 423; BFH v. 03.06.1986 – IX R 2/79 – BStBl. II 1986, 674 = BFHE 146, 422; BFH v. 12.07.1989 – X R 11/84 – BStBl. II 1990, 13 = BFHE 158, 22; BFH v. 25.04.1990 – X R 36/86 – BStBl. II 1990, 625 = BFHE 161, 16; BFH v. 05.07.1990 – GrS 4-6/89 – BStBl. II 1990, 847 =BFHE 161, 317.

914 BFH v. 16.09.1965 – IV 67/61 S – BStBl. III 1965, 706 = BFHE 83, 568.

Wertverrechnungslehre galt zwar zunächst bei privaten Veräußerungsrenten[915], aber auch für Versorgungsleistungen, die anlässlich einer vorweggenommenen Erbfolge erbracht wurden[916]. Des weiteren ist zur Angleichung der steuerlichen Behandlung von dauernden Lasten und Renten auch für den Bereich der dauernden Last eine Wertverrechnung befürwortetet worden[917]. Diese Annahme wurde jedoch durch die Entscheidung des BFH vom 16.09.1965[918] aus dem Bereich der wechselseitigen Schenkung oder Schenkung unter Auflage herausgenommen und auf kauf- und darlehensähnliche Vorgänge beschränkt. Allerdings räumte der BFH die mit der Ablehnung der Wertverrechnung verbundenen Schwierigkeiten ein: Unstimmigkeiten, Ungerechtigkeiten und weitere Rechtsprobleme seien unvermeidbar und eine befriedigende Lösung der privaten Renten und dauernden Lasten nur auf gesetzgeberischen Wege möglich[919]. Mit der Annahme einer spezifisch steuerrechtlichen Unentgeltlichkeit der Vermögensübergabe entfällt jedenfalls wegen des fehlenden Gegenleistungscharakters die Grundlage für eine Wertverrechnung, bei der eine wirtschaftliche Belastung und damit die Eröffnung des Sonderausgabenabzugs erst nach Ausschöpfung des Verrechnungsvolumens möglich ist[920].

(d) Außerbetrieblichkeit der Vermögensübergabe

In Abgrenzung zu Veräußerungsleistungen hat der BFH die Einordnung von Versorgungsleistungen in ständiger Rechtsprechung mit dem erb- und familienrechtlichen Hintergrund der Vermögensübertragung begründet. Aus der Verneinung eines Zusammenhangs mit betrieblichen Einkünften ergebe sich die Außerbetrieblichkeit der Vermögensübergabe, weil widerlegbar zu vermuten sei, dass Leistung und Gegenleistung nicht wie unter Fremden nach kaufmännischen Gesichtspunkten abgewogen würden, sondern nach dem Versorgungsbedürfnis der weichenden Generation und der Ertragskraft der übertragenen Vermögenswerte[921]. Für die zwischen Eltern und Kindern stattfindende Vermögensüberga-

---

915 Grundlegend BFH v. 18.09.1952 – IV 70/48 U – BStBl. III 1952, 290 = BFHE 56, 754.

916 BFH v. 04.05.1955 – IV 579/53 U – BStBl. III 1955, 302 = BFHE 61, 270; BFH v. 12.07.1955 – I 232/54 U – BStBl. III 1955, 302 (303) = BFHE 61, 272.

917 BFH v. 28.06.1963 – IV 321/61 U – BStBl. III 1963, 424 = BFHE 77, 287; BFH v. 27.05.1964 – I 379/61 U – BStBl. III 1963, 706 = BFHE 80, 1.

918 BFH v. 16.09.1965 – IV 67/61 S – BStBl. III 1965, 706 (707) = BFHE 83, 568.

919 BFH v. 16.09.1965 – IV 67/61 S – BStBl. III 1965, 706 (707) = BFHE 83, 568.

920 Vgl. BFH v. 05.07.1990 – GrS 4-6/89 – BStBl. II 1990, 847 = BFHE 161, 317 unter C. II. 1. c; s. auch BFH v. 25.11.1992 – X R 91/89 – BStBl. II 1996, 666 = BFHE 170, 82.

921 BFH v. 04.05.1955 – IV 579/53 U – BStBl. III 1955, 302 = BFHE 61, 270; BFH v. 23.01.1964 IV 8/62 U – BStBl. III 1964, 422 = BFHE 79, 516; BFH v. 30.10.1984 – IX R 2/84 – BStBl. II 1985, 610 = BFHE 143, 317; BFH v. 29.01.1992 – X R 193/87 –

be gilt aufgrund dieser Vermutung im Regelfall die Rechtsfolge der Abziehbarkeit der Versorgungsleistungen als dauernde Last. Begründet wird dies mit der Interessenlage der an der Vermögensübergabe Beteiligten. Grundlegend führt der BFH in seiner Entscheidung vom 04.05.1955[922] aus, die Vermögensübergabe bezwecke im Gegensatz zur Geschäftsübertragung unter Fremden die Versorgung der weichenden Generation; dieser Versorgungszweck stehe bei der Vermögensübertragung im Vordergrund. Unter Bezugnahme auf die Rechtsprechung des RFH, an der festzuhalten sei, wird der Übergabevertrag als eine die künftige Erbschaft vorwegnehmende Schenkung mit dem Zweck der Sicherung der Versorgung agesehen, während ein Veräußerungsgeschäft nur bei Abwägung von Leistung und Gegenleistung wie unter nichtverwandten Personen angenommen werden könne. Auf dieser Rechtsprechung beruht letztlich die von *Fischer* als Wesensmerkmal der Vermögensübergabe angesehene "Verknüpfung beiderseitiger Lebensverhältnisse"[923].

Der BFH musste einräumen, es sei "schwer einzusehen", warum ein Steuerpflichtiger Zuwendungen an eine gesetzlich unterhaltsberechtigte Person nur deshalb abziehen dürfe, weil er vom Empfänger Vermögen erhalten habe, während die Leistungen ohne gleichzeitigen Empfang von Vermögen unter das Abzugsverbot des § 12 Nr. 2 fallen[924]. Dennoch wurden Abzugsmöglichkeit und Steuerbarkeit von Versorgungsleistungen mit der zunächst widersprüchlich anmutenden Begründung bejaht, die Versorgungsleistungen stellten einerseits – in Abgrenzung zu Unterhaltsleistungen – Entgelt dar, andererseits sei der Gesamtvorgang – in Abgrenzung zu Anschaffungskosten für das übertragene Vermögen – als unentgeltlich und außerbetrieblich zu bewerten. Diese scheinbare Widersprüchlichkeit versucht die Rechtsprechung mit dem noch darzustellenden Ansatz der vorbehaltenen Erträge dogmatisch aufzulösen.

BStBl. II 1992, 465 = BFHE 167, 95; BFH v. 02.05.2001 – VIII R 64/93 – BFH/NV 2002, 10 (11); BFH v. 30.07.2003 – X R 12/01 – BStBl. II 2004, 211 = BFHE 204, 53 .

922 BFH v. 04.05.1955 – IV 579/53 U – BStBl. III 1955, 302 = BFHE 61, 270. Die Entscheidung stellt gegenüber BFH v. 18.09.1952 – IV 70/49 U – BStBl. III 1952, 290 (292) = BFHE 56, 754 insofern eine Neuerung dar, als in letztgenannter Entscheidung die Steuerpflichtigkeit der wiederkehrenden Bezüge unter Heranziehung des Wertverrechnungsgedanken nur dann angenommen wurde, wenn die Einnahmen den veräußerten Vermögensgegenstand wertmäßig überstiegen.

923 *Fischer*, Wiederkehrende Bezüge und Leistungen, Rn. 135.

924 BFH v. 16.09.1965 – IV 67/61 S – BStBl. III 1965, 706 (708) = BFHE 83, 568.

(e) Die Gesetzesentwicklung als Begründungsansatz

Die Einordnung der Versorgungsleistungen unter den Begriff der dauernden Last in § 10 Abs. 1 Nr. 1a EStG begründen die Rechtsprechung und ihre Anhänger zudem mit der Gesetzesentwicklung. Insbesondere der X. Senat des BFH[925] behauptet, die steuerrechtliche Behandlung der Vermögensübergabe gegen Versorgungsleistungen beruhe auf einer Privilegierungsentscheidung des Gesetzgebers durch das StNOG 1954.

(aa) Rechtsprechung

Der X. Senat des BFH sowie die Befürworter des Sonderrechts der Generationennachfolge im Schrifttum[926] nehmen bereits den Entstehungsprozess des StNOG 1954 für sich in Anspruch. Im Regierungsentwurf sei vorgesehen gewesen, landwirtschaftliche Altenteilsleistungen den Leibrenten zuzuordnen und die Abzugsfähigkeit auf den Ertragsanteil zu beschränken. Dieser Vorschlag habe sich jedoch nicht durchgesetzt und daraus sei der Wille des Gesetzgebers zu entnehmen, die volle Abziehbarkeit bzw. Steuerbarkeit der Altenteilsleistungen im landwirtschaftlichen Bereich beizubehalten; ein gegenteiliger Wille des Gesetzgeber sei nicht objektiviert worden[927]. Hieraus folge der negative gesetzliche Regelungswille: Der Gesetzgeber habe an der vollen Abzugsfähigkeit bzw. Steuerbarkeit festhalten wollen[928]. Dies entspreche der Ansicht des Bundesverfassungsgerichts, dass aus dem Scheitern eines Gesetzgebungsverfahrens der gesetzgeberische Wille erkennbar sein könne, den bisherigen Rechtszustand zu belassen[929]. *Fischer* beruft sich zudem darauf, die gesetzgeberische Zuordnungsentscheidung sei vom BFH anerkannt[930] und durch die Rechtsprechung des Großen Senats bestätigt worden[931].

---

925 BFH v. 25.04.1990 – X R 38/86 – BStBl. II 1990, 625 (631) = BFHE 160, 33; BFH v. 22.01.1992 – X R 35/89 – BStBl. II 1992, 552 = BFHE 166, 555; BFH v. 13.10.1993 – X R 86/89 – BStBl. II 1994, 451 = BFHE 174, 45.

926 *Fischer*, in: Kirchhof/Söhn/Mellinghoff, EStG, § 22 Rn B 40, B 211 f.; ders., FR 1992, 765 (767); ders., DB 1993, 1002 (1003); ders., in: Festschrift für Tipke, 187 (199).

927 BFH v. 25.04.1990 – X R 38/86 – BStBl. II 1990, 625 (631) = BFHE 160, 33.

928 *Fischer*, in: Festschrift für Tipke, 187 (199).

929 *Fischer*, Wiederkehrende Bezüge und Leistungen, Rn 115 unter Bezugnahme auf BVerfG v. 14.02.1973 – I BvR 112/65 – BVerfGE 34, 269 (291 f.).

930 *Fischer*, FR 1992, 765 (767); ders., in: Festschrift für Tipke, 187 (199), jeweils unter Bezugnahme auf BFH v. 16.09.1965 – IV 67/61 S – BStBl. III 1965, 706 = BFHE 83, 568.

931 *Fischer*, DStR 1992, Beihefter zu Heft 17, 1 (3), unter Bezugnahme auf BFH v. 15.07.1991 – GrS 1/90 – BStBl. II 1992, 78 = BFHE 165, 225.

Die Bejahung einer gesetzgeberischen Zuordnungsentscheidung ist vor allem deswegen überprüfungsbedürftig, weil sich der Große Senat zur Begründung und Festigung des Rechtsinstituts der Vermögensübergabe gegen Versorgungsleistungen auf die Kompetenz zur richterlichen Rechtsfortbildung berufen hat[932] und damit die Frage nach dem Verhältnis von gesetzgeberischer Zuordnungsentscheidung einerseits und den Anforderungen an eine solche richterliche Rechtsfortbildung andererseits aufwirft.

(bb) Der Gang des Gesetzgebungsverfahrens

Das StNOG 1954 konzipierte eine Neuregelung der Besteuerung wiederkehrender Bezüge[933], in deren Rahmen § 10 Abs. 1 Nr. 3 des Regierungsentwurfs bei einem unentgeltlichem Erwerb eines landwirtschaftlichen Betriebes eine Zuordnung von Altenteilsleistungen zu den Leibrenten vorsah[934]. Nach der Begründung des Regierungsentwurfssollte die vom RFH[935] angenommene Abzugsfähigkeit von Altenteilsleistungen im landwirtschaftlichen Bereich als Betriebsausgaben beseitigt, Altenteilsleistungen ebenso wie Renten im Zusammenang mit einem unentgeltlichen Erwerb eines gewerblichen Betriebs den Sonderausgaben zugeordnet werden und nur in dem für alle unentgeltlichen Leibrenten geltenden Umfang als Sonderausgaben abzugsfähig sein[936]. Die Beschränkung der Abzugsfähigkeit auf den Ertragsanteil sollte allgemein gelten, unabhängig davon, ob es sich bei dem Übergabegegenstand um landwirtschaftliches oder gewerbliches Vermögen handelte[937]. Bei einem unentgeltlichen Übergang gewerblichen Vermögens ging der Gesetzesentwurf also davon aus, dass die in diesem Zusammenhang erbrachten Altenteilsleistungen von der Ertragsanteilsbesteuerung erfasst würden[938]. Die im Regierungsentwurf vorgesehene Bestimmung des § 10 Abs. 1 Nr. 1 S. 3 wurde jedoch – ohne nähere Begründung –

932 BFH v. 12.05.2003 – GrS 1/00 – BStBl. II 2004, 95 (100) = BFHE 202, 464.

933 Auslöser hierfür waren die in der Entscheidung des BFH v. 18.09.1952 – IV 70/49 U – BStBl. III 1952, 290 (292) = BFHE 56, 754 geltend gemachten Bedenken gegen die rechtliche Beurteilung von Veräußerungsrenten. Der BFH hielt eine Besteuerung nur insoweit für zulässig, als die durch die Veräußerung erzielten Einnahmen den Wert des veräußerten Vermögensgegenstandes überstiegen. Vgl. hierzu näher *Welter*, Wiederkehrende Leistungen, S. 85 f.

934 BT-Drucks. II/481, S. 4.

935 Vgl. RFH v. 12.09.1934 – IV 360/34 – RStBl. 1934, 157 sowie die Nachweise oben unter II. 2.

936 BT-Drucks. II/481, S. 88.

937 BT-Drucks. II/481, S. 88.

938 BT-Drucks. II/481, S. 88.

nicht als Gesetz beschlossen[939]. Der Bundesrat plädierte statt dessen für eine Streichung des § 10 Abs. 1 Nr. 1 S. 3 des Regierungsentwurfs[940] und unterbreitete den Vorschlag, die bei entgeltlichem oder unentgeltlichem Erwerb eines landwirtschaftlichen Betriebes übernommenen Altenteilsleistungen als Betriebsausgaben zu qualifizieren und in einem § 22 Nr. 1 c den wiederkehrenden Bezügen zuzuordnen[941]. Altenteilsleistungen sollten damit ausdrücklich nicht unter die Neuregelung für Leibrenten unterliegen, die Beschränkung der Steuerbarkeit auf den Ertragsanteil also insoweit nicht gelten[942]. Durchgesetzt haben sich diese Vorschläge aber letztlich nicht.

(cc) Gegenpositionen im Schrifttum

In der Literatur sind sowohl die Heranziehung und Auswertung der Gesetzesmaterialien des StNOG zur Begründung des Sonderrechts der Vermögensübergabe gegen Versorgungsleistungen und der Begründungsansatz insgesamt z. T. heftig kritisiert worden.

(aaa) Gesetzgeberische Entscheidung durch das StNOG 1954 ?

In erster Linie wird eingewandt, es lasse sich dem Gesetzgebungsverfahren keinerlei positive Entscheidung zugunsten der Vermögensübergabe gegen Versorgungsleistungen entnehmen[943]. Der Gesetzgeber habe zu der Frage, ob Altenteilsleistungen den dauernden Lasten zuzuordnen sind, keine Stellung genommen und die Gesetzesmaterialien enthielten keine Aussage darüber, ob Altenteilsleistungen anlässlich der Übergabe eines landwirtschaftlichen Betriebs als

---

939 Dies geht zurück auf den Vorschlag des Ausschusses für Finanz- und Steuerfragen, vgl. BT-Drucks. II/961, S. 27, der im übrigen keine explizite Aussage über die Behandlung von Altenteilsleistungen enthält.

940 BT-Drucks. II/481, S. 125.

941 BT-Drucks. II/481, S. 121.

942 BT-Drucks. II/481, S. 122.

943 Vgl. *Biergans/Koller*, DStR 1993, 741 (749); Felix, StRK-Anm. EStG 1975 § 10 Abs. 1 Nr. 1a R. 48, S. 1; Flies, DStZ 1998, 889 (892); *Engelhardt*, Vermögensübergabe gegen Versorgungsleistungen, S. 122 f.; ders., StuW 1997, 235 (236); *Hipler*, Vermögensübergabe gegen private Versorgungsleistungen, S. 31; *Hofer*, Vorweggenommene Erbfolgeregelungen gegen private Versorgungsleistungen, S. 162; *Loritz*, StVj 1991, 195 (225); *Paus*, DStZ 1993, 335 (336); ders. DStZ 1994, 278 (279); ders. FR 1998, 461 (463); *Reiß*, in: Kirchhof/Söhn, EStG, § 16 Rn. B 199; *Seer*, ZEV 1995, 173 (177); *Schmitz*, Besteuerung wiederkehrende Bezüge, S. 232 f., der allerdings für den Bereich landwirtschaftlicher Altenteile einen gesetzgeberischen Willen zur Sonderbehandlung erkennt, diesem aber wegen veränderter wirtschaftlicher und sozialer Verhältnisse die Relevanz abspricht.

Sonderausgaben oder als Betriebsausgaben abziehbar sein sollen[944]. Dass ein negativer Regelungswillle des Gesetzgebers darin seinen Ausdruck finden könne, dass ein Gesetzesentwurf an den parlamentarischen Hürden scheitere und der daraus gezogene Schluss, aus der Nichtrealisierung des Regierungsentwurfs sei der gesetzgeberische Wille erkennbar, den früheren Rechtszustand beizubehalten[945], sei zwar möglich, aber nicht zwingend[946]. Das Bundesverfassungsgericht habe selbst zu erkennen gegeben[947], dass aus dem Scheitern eines Gesetzesentwurfs noch nicht ohne weiteres gefolgert werden könne, dass es der Gesetzgeber bei dem bisherigen Rechtszustand belassen habe wollen[948]. Vielmehr sei das Gegenteil ebenso gut denkbar. Das Scheitern des Gesetzesvorhabens lasse keine zwingenden Schlüsse auf den Willen des Gesetzgebers zu[949]. Die Behauptung des X. Senats des BFH, die Nichtverwirklichung des Gesetzesentwurfs sei ein "starkes Indiz" dafür, dass der Gesetzgeber die Zuordnungsfrage selbst in einem dem Entwurf gegenteiligen Sinne entschieden habe[950], sei wenig überzeugend, weil der Gesetzgeber zur Zuordnungsfrage tatsächlich keine Stellung bezogen habe und für den Willen des Gesetzgebers nur die in Regelungsabsicht beschlossenen oder aus ihr folgenden Zwecke, Wertsetzungen und Grundentscheidungen, zu denen die am Gesetzgebungsakt Beteiligten Stellung genommen haben, in Betracht kommen[951]. Das StNOG 1954 weise zudem kein durchdachtes Gesamtkonzept auf. Die Zuordnung der Versorgungsleistungen zur voll abzugsfähigen dauernden Last sowie die hierfür von der Rechtsprechung entwickeltenen Voraussetzungen seien den Vätern des StNOG 1954 nicht bekannt gewesen[952]. Das unklare Begriffsverständnis habe die Reform von 1954 überdauert[953] und es sei "überraschend", dass lange nach dem Erlass des StNOG 1954 eine gesetzgeberische Zuordnung festgestellt werde[954].

---

944 *Hipler*, Vermögensübergabe gegen private Versorgungsleistungen, S. 32.

945 *Fischer*, FR 1992, 765 (767).

946 *Engelhardt*, StuW 1997, 235 (236).

947 Das BVerfG führt insoweit aus: "Die Gesetzesentwürfe sind jedoch bereits in den Anfängen des Gesetzgebungsverfahrens gescheitert, ohne dass ein gesetzgeberischer Wille erkennbar geworden wäre, es bei dem bisherigen Rechtszustand zu belassen.", vgl. BVerfG vom 14.02.1973 – I BvR 112/65 – BVerGE 34, 269 (291).

948 *Hipler*, Vermögensübergabe gegen private Versorgungsleistungen, S. 32.

949 *Engelhardt*, StuW 1997, 235 (236).

950 BFH v. 25.04.1990 – X R 38/86 – BStBl. II 1990, 625 (631) = BFHE 160, 33.

951 Vgl. *Larenz*, Methodenlehre[6], S. 314.

952 *Paus*, FR 1992, 33 (37).

953 *Welter*, Wiederkehrende Leistungen im Zivilrecht und im Steuerrecht, S. 108.

(bbb) Keine Zustimmung innerhalb der Rechtsprechung

Die Auffassung, die Rechtsprechung habe die behauptete Zuordnungsentscheidung mitgetragen[955], ist ebenfalls angegriffen worden. Das zur Begründung hierfür bemühte Urteil des BFH vom 16.09.1965[956] bestätige dies schon deswegen nicht, weil die streitigen Versorgungsleistungen teilweise als nur mit dem Ertragsanteil abziehbare Leibrente, teilweise als in vollem Umfang abziehbare dauernde Last beurteilt worden seien[957]. Eine Anerkennung einer gesetzgeberischen Zuordnungsentscheidung setze indes voraus, dass die Versorgungsleistungen vollständig als dauernde Last hätten behandelt werden müssen[958]. Soweit der BFH ausführe, der Entstehungsgeschichte sei zu entnehmen, dass Altenteilsleistungen im Regelfall ganz oder teilweise abzugsfähig sein sollten[959], stehe diese Aussage im Zusammenhang mit der Ablehnung der Wertverrechnungstheorie, nach der die Versorgungsleistungen bis zum Erreichen des Verrechnungsvolumens nicht abgezogen werden dürfen[960]. Ebenso wenig könne den ersten beiden Entscheidungen des Großen Senats[961] die behauptete Bestätigung einer gesetzgeberischen Zuordnungsentscheidung entnommen werden[962]. Wenn gesagt werde, der Große Senat habe in seiner ersten Entscheidung mit der Rechtsfigur der vorbehaltenen Erträge eine Zuordnungsentscheidung akzeptiert[963], so könne dem entgegen gehalten werden, dass der Große Senat in seinem zweiten einschlägigen Beschluss ausführt habe, es sei im ersten Beschluss offen geblieben, ob und unter welchen Voraussetzungen die Versorgungsleistungen in vollem Umfang als dauernde Last abziehbar seien[964]. Zwar stelle der Große Senat

954 *Engelhardt*, Vermögensübergabe gegen Versorgungsleistungen, S. 131; ders., StuW 1997, 235 (237).

955 *Fischer*, FR 1992, 765 (767).

956 BFH v. 16.09.1965 – IV 67/61 S – BStBl. III 1965, 706 = BFHE 83, 568 .

957 BFH v. 16.09.1965 – IV 67/61 S – BStBl. III 1965, 706 (707) = BFHE 83, 568.

958 *Engelhardt*, StuW 1997, 235 (238); ders., Vermögensübergabe gegen Versorgungsleistungen, S. 130 f.; *Hipler*, Vermögensübergabe gegen private Versorgungsleistungen, S. 34.

959 BFH v. 16.09.1965 – IV 67/61 – BStBl. III 1965, 706 (708).

960 *Hipler*, Vermögensübergabe gegen private Versorgungsleistungen, S. 35.

961 BFH v. 05.07.1990 – GrS 4-6/89 – BStBl. II 1990, 847; BFH v. 15.07.1991 – GrS 1/90 – BStBl. II 1992, 78.

962 *Engelhardt*, Vermögensübergabe gegen Versorgungsleistungen, S. 135 f.; ders., StuW 1997, 235 (238).

963 So *Fischer*, FR 1992, 765 (767).

964 BFH v. 15.07.1991 – GrS 1/90 – BStBl. II 1991, 78 (84) = BFHE 165, 225.

fest, dass die anlässlich der Übergabe von Vermögen vereinbarten Versorgungsleistungen "Hauptanwendungsfall" der dauernden Last seien[965]. Hieraus könne aber schon deswegen keine Bestätigung einer gesetzgeberischen Zuordnungsentscheidung abgeleitet werden, weil die im Leitsatz des zweiten Beschlusses getroffene Aussage, dass Versorgungsleistungen Leibrenten oder dauernde Lasten sein könnten, in den Entscheidungsgründen nicht näher erläutert würde, was für eine Verneinung der Zuordnungsentscheidung spreche[966]. Hätte der Gesetzgeber Versorgungsleistungen insgesamt der dauernden Last zugeordnet, so müsste dies auch der Große Senat respektieren und könnte nicht judizieren, dass gleich bleibende Versorgungsleistungen auch als Leibrenten angesehen werden könnten[967].

(dd) Die Entscheidung des Großen Senats vom 12.05. 2003

Die in der Literatur geäußerte Kritik ist nicht spurlos am BFH vorbeigegangen. In der dritten Entscheidung des Großen Senats vom 12.05. 2003[968] zur Vermögensübergabe gegen Versorgungsleistungen hält der BFH daran fest, dass die Rechtsprechung einen Übergabevertrag seit jeher nicht als entgeltliches Geschäft betrachtet habe und dass dies im Einklang mit der Entstehungsgeschichte des StNOG 1954 stehe; denn daraus sei "jedenfalls" zu entnehmen, dass Altenteilsleistungen und sonstige Versorgungslasten in der Regel ganz oder teilweise abziehbar sein sollten[969]. Diese Aussage spricht dafür, dass der Große Senat nach wie vor keine explizite Bestätigung einer Zuordnungsentscheidung vornimmt. Der Große Senat verlagert nämlich in einem weiteren Schritt die Begründung auf eine andere Ebene und stellt fest: "Selbst wenn man die Meinung vertreten wollte, der Gesetzgeber des StNOG 1954 habe die Frage, ob Altenteilsleistungen als Sonderausgaben oder als Betriebsausgaben abzuziehen seien, offen gelassen, wäre es Aufgabe der Rechtsprechung, die vom Gesetzgeber offen gelassene Lücke zu füllen .... Das hat der Große Senat in seinem Beschluss[970] getan". Damit rückt der Streit um die gesetzgeberischere Zuordnungs-

---

965 BFH v. 15.07.1991 – GrS 1/90 – BStBl. II 1991, 78 (84) = BFHE 165, 225.

966 *Engelhardt*, StuW 1997, 235 (239). *Fischer*, DStR 1993, 316 (317) sieht hierin lediglich ein Tribut an die Rechtskontinuität, der die Bestätigung einer gesetzgeberischen Entscheidung durch die Rechtsprechung nicht hindere.

967 *Engelhardt*, StuW 1997, 235 (239); *Hipler*, Vermögensübergabe gegen private Versorgungsleistungen, S. 36.

968 BFH v. 12.05.2003 – GrS 1/00 – BStBl. II 2004, 95 = BFHE 202, 464.

969 BFH v. 12.03.2003 – GrS 1/00 – BStBl. II 2004, 95 (97) = BFHE 202, 464 unter Bezugnahme auf das Urteil v. 16.09.1965 – IV 67/61 S – BStBl. III 1965, 706.

970 Verwiesen wird auf den ersten Beschluss v. 05.07.1990 – GrS 4-6/89 – BStBl. II 1990, 847 = BFHE 161, 317.

entscheidung in den Hintergrund und das Recht auf richterliche Rechtsfortbildung in den Vordergrund. Daraus erhellt zunächst, dass der Große Senat des BFH die von den Vertretern des Sonderrechts der Generationennachfolge behauptete Zuordnungsentscheidung tatsächlich nicht anerkannt hat. Denn ansonsten hätte die zweite Argumentationsebene nicht beschritten werden müssen. Die Inanspruchnahme der Kompetenz zur Lückenauffüllung wirft andererseits Fragen der Zulässigkeit und Grenzen richterlicher Rechtsfortbildung auf.

(aaa) Hilfsweise Berufung auf richterrechtliche Kompetenz?

Der Große Senat stellt in seiner Entscheidung weder ausdrücklich fest, dass tatsächlich eine ausfüllungsbedürftige Gesetzeslücke vorliegt noch wird erläutert, wie die zur Begründung der Einordnung von Versorgungsleistungen notwendige Lückenausfüllung methodologisch vorzunehmen ist[971]. Statt dessen wird auf die erste zu Versorgungsleistungen ergangene Entscheidung des Großen Senats[972] verwiesen. Dort sei die steuerliche Behandlung von Versorgungsleistungen im Wege richterlicher Rechtsfortbildung vorgenommen worden. Die grundsätzliche, in § 137 GVG einfachgesetzlich vorausgesetzte Möglichkeit richterlicher Rechtsfortbildung soll hier nicht bezweifelt werden. Ebenso wenig kann an dieser Stelle erschöpfend dargelegt werden, welche Anforderungen namentlich im Steuerrecht an die richterliche Rechtsfortbildung zu stellen sind[973]. Hinsichtlich der durch die Rechtsprechung des BFH entwickelten Grundsätze zur steuerlichen Behandlung von Versorgungsleistungen lässt sich indes folgendes festhalten: Bei der Inanspruchnahme der Kompetenz zur Auffüllung von Gesetzeslücken im Wege richterlicher Rechtsfortbildung ist zu beachten, dass die Zuordnung von Versorgungsleistungen zur dauernden Last wegen der Eröffnung des Sonderausgabenabzugs einerseits für den Steuerpflichtigen und Versorgungsleistungsverpflichteten vorteilhaft ist, andererseits aber wegen der materiellen Korrespondenz und der hiermit begründeten Steuerbarkeit der Versorgungsleistungen nach § 22 Nr. 1 EStG zu einer Rechtsfortbildung zulasten des Empfän-

971 BFH v. 12.03.2003 – GrS 1/00 – BStBl. II 2004, 95 (97) = BFHE 202, 464. Die Formulierung "Selbst wenn man die Meinung vertreten wollte, der Gesetzgeber habe die Frage ... offen gelassen, wäre es Aufgabe der Rechtsprechung, die vom Gesetzgeber offen gelassene Lücke zu füllen" legt nahe, dass der Große Senat weder eine Zuordnungsentscheidung akzeptiert, noch eine Erläuterung einer gesetzlichen Lücke für nötig erachtet.

972 BFH v. 05.07.1990 – GrS 4-6/89 – BStBl. II 1990, 847 = BFHE 161, 317.

973 Vgl. hierzu grundlegend *Barth*, Richterliche Rechtsfortbildung im Steuerrecht. Ferner die Beiträge in *Tipke* (Hrsg.), Grenzen der Rechtsfortbildung durch Rechtsprechung und Verwaltungsvorschriften im Steuerrecht, DStJG 5 (1982).

gers führt, deren Zulässigkeit in Rechtsprechung[974] und Literatur[975] umstritten ist.

Naturgemäß weist der Begriff "Lücke" eine erhebliche Weite und Interpretationsbedürftigkeit auf[976]. Voraussetzung einer Lückenausfüllung durch Richterrecht muss jedoch zumindest eine methodologisch zutreffende Auseinandersetzung zur Bewältigung einer Lücke sein[977], um auf diese Weise dem "erhöhten

---

974 Grundsätzlich ablehnend die frühere Rechtsprechung, vgl. BFH v. 14.02.1958 – VI 162/55 U – BStBl. III 1958, 207 (208) = BFHE 66, 539; BFH v. 11.12.1964 – III 193/60 S – BStBl. III 1965, 82 (83) = BFHE 81, 222; BFH v. 28.11.1967 – II 110/62 – BStBl. III 1968, 216 (217) = BFHE 91, 132; BFH v. 21.10.1969 – II 210/65 – BStBl. II 1969, 736 (737) = BFHE 97, 147; BFH v. 02.12.1969 – II 120/64 – BStBl. II 1970, 119 (120) = BFHE 97, 311; BFH v. 21.05.1970 – IV 344/64 – BStBl. II 1970, 747 (749) = BFHE 99, 469; BFH v. 09.02.1971 – I R 205/66 – BStBl. II 1972, 455 (457) = BFHE 105, 15; BFH v. 09.02.1972 – I R 205/66 – BStBl. II 1972, 455 (457) = BFHE 105, 15; BFH v. 16.12.1975 – VIII R 3/74 – BStBl. II 1976, 246 (248) = BFHE 117, 563; BFH v. 11.06.1980 – I R 253/78 – BStBl. II 1980, 577 (579) = BFHE 130, 528; BFH v. 28.04.1982 – I R 89/77 – BStBl. II 1982, 556 (559) = BFHE 135, 531; BFH v. 08.12.1981 – VIII R 125/79 – BStBl. II 1982, 618 (619) = BFHE 135, 426. Die Zulässigkeit einer steuerverschärfenden Rechtsfortbildung bejaht dagegen BFH v. 20.10.1983 – IV R 175/79 – BStBl. II 1984, 221 (224).

975 Ablehnend mit verfassungsrechtlichen Argumenten *Crezelius*, Steuerrechtliche Rechtsanwendung, S. 155; ders. BB 1984, 1377 (1380); *Friedrich*, in: Festschrift für Wallis, S. 151 (152); *Friauf*, StbJb 1977/78, 39 (58); *Kirchhof*, in: Kirchhof/Söhn/Mellinghoff, EStG, § 2 Rn. A 503; *Offerhaus*, BB 1984, 993 (997). Ablehnend mit der Begründung, das Steuerrecht sei mangels analogiefähiger Sachgesetzlichkeiten analogieunfähig *Danzer*, Steuerumgehung, S. 59 f.; *Flume*, StbJb. 1964/65, 55 (68); ders. StbJb. 1967/68, 63 (65); ders. StbJb. 1985/86, 277 (294); Knobbe-Keuk, in: Festschrift 75 Jahre Reichsfinanzhof/Bundesfinanzhof, S. 303 (305); *Kruse*, DStJG 5 (1982), 71 (72 f.). Bejahend *Birk*, in: Hübschmann/Hepp/Spitaler; § 4 AO, Rn 693; *Fischer*, StuW 1979, 347 (361); ders. StVj. 1992, 3 (25); Woerner, BB 1984, 523; ders. FR 1992, 226 f.; *Weber-Grellet*, DStR 1991, 438 (442); ders., StuW 1993, 195 (200); *Walz*, Steuergerechtigkeit und Rechtsanwendung, S. 142 f.; *Tipke*, StuW 1981, 189; ders., in: Festschrift für Wallis, S. 133 f.; ders., StuW 1990, 246 f.; ders., Steuerrechtsordnung I², S. 185 f. Differenzierend *Ruppe*, in: Herrmann/Heuer/Raupach, EStG, Einf., Anm. 663.

976 Vgl. zu verschiedenen Begriffsbestimmungsansätzen *Barth*, Richterliche Rechtsfortbildung im Steuerrecht, S. 64 f.; *Bydlinski*, Methodenlehre², S. 472 f; *Canaris*, Feststellung von Lücken im Gesetz², S. 16 f.; *Engisch*, Einführung in das juristische Denken⁸, S. 138 f.; *Fischer*, StVj 1992, 3 (28); *Koller*, Theorie des Rechts², S. 209 f.; *Pawlowski*, Methodenlehre³, Rn. 461 f; *Tipke*, Steuerrechtsordnung III, S. 1297; *Wank*, Grenzen richterlicher Rechtsfortbildung, S. 70; *Zippelius*, Juristische Methodenlehre⁹, S. 64 f.

977 Vgl. *Tipke*, Steuerrechtsordnung III, S. 1298. Den Nachweis einer Regelungslücke als Voraussetzung für eine (steuerverschärfende) richterliche Rechtsfortbildung fordert ausdrücklich z. B. BFH v. 15.12.1983 – V R 112/76 – BStBl. II, 388 (391) = BFHE 140, 375.

Begründungsbedarf"[978] bei Rechtsfortbildungen gerecht zu werden. *Tipke* weist darauf hin, es bestehe "Einigkeit darüber, dass eine Lücke nicht bloß behauptet oder für möglich gehalten werden darf, sondern dass sie vielmehr festgestellt werden muß"[979]. Das Bundesverfassungsgericht[980] hat grundlegend ausgeführt, es sei Aufgabe des Richters, "Wertvorstellungen, die der verfassungsmäßigen Ordnung immanent, aber in den Texten der geschriebenen Gesetze nicht oder nur unvollkommen zum Ausdruck gelangt sind, in einem Akt des bewertenden Erkennens, dem auch willenhafte Elemente nicht fehlen, ans Licht zu bringen und in Entscheidungen zu realisieren". Es müsse "einsichtig gemacht werden können, dass das geschriebene Gesetz seine Funktion, ein Rechtsproblem gerecht zu lösen, nicht erfüllt"[981]. Die richterliche Entscheidung schließe dann diese Lücke nach den Maßstäben der praktischen Vernunft und den fundierten allgemeinen Gerechtigkeitsvorstellungen der Gemeinschaft"[982]. Diese Ausführungen verdeutlichen, dass die Feststellung einer planwidrigen Regelungslücke Grundvoraussetzung richterlicher Rechtsfortbildung ist.

Die Ausführungen des Großen Senats in seiner ersten Entscheidung zur einkommensteuerrechtlichen Behandlung von Versorgungsleistungen[983] lassen keine ausdrückliche Feststellung einer Regelungslücke erkennen. Vielmehr wird die bisherige Behandlung von Versorgungsleistungen beibehalten, so dass tendenziell mehr eine ergebnisorientierte Verfestigung als eine Rechtsfortbildung zur Ausfüllung von Gesetzeslücken vorliegt[984]. Die Begründung für die steuerrechtliche Zuordnung der Versorgungsleistungen zu den wiederkehrenden Leistungen und Sonderausgaben, dass sich der Vermögensübergeber in Gestalt der Versorgungsleistungen typischerweise Erträge seines Vermögens vorbehalte, die

---

978 So *Koller*, Theorie des Rechts², S. 213. Ähnlich *Pawlowski*, Methodenlehre, Rn 459.

979 *Tipke*, in: Festschrift für v. Wallis, 133 (140).

980 BVerfG v. 14.02.1973 – 1 BvR 112/65 – BVerfGE 34, 269 f.

981 BVerfG v. 14.02.1973 – 1 BvR 112/65 – BVerfGE 34, 269 (287).

982 BVerfG v. 14.02.1973 – 1 BvR 112/65 – BVerfGE 34, 269 (287). Zur richterlichen Rechtsfortbildung im Steuerrecht vgl. insbesondere BVerfG v. 24.01.1962 – 1 BvR 232/60 – BVerfGE 13, 318 (326 f.); BVerfG v. 11.11.1964 – 1 BvR 488/62, 1 BvR 562/63, 1 BvR 216/64 – BVerfGE 18, 224 (236 f.); BVerfG v. 13.12.1966 – 1 BvR 512/65 – BVerfGE 21, 1 (4); BVerfG v. 12.03.1985 – 1 BvR 571/81, 1 BvR 494/82, 1 BvR 47/83 – BVerfGE 69, 188 (203 f.); BVerfG v. 20.05.1988 – 1 BvR 273/88 – HFR 1989, 317; BVerfG v. 14.01.1986 – 1 BvR 209/79, 1 BvR 221/79 – BVerfGE 71, 354 (362 f.).

983 BFH v. 05.07.1990 – GrS 4-6/89 – BStBl. II 1990, 847 (851) = BFHE 161, 317, unter II. 1.

984 Kritik an der rein pragmatischen Herangehensweise äußert *Biergans*, StuW 1991, 381 (389).

nunmehr vom Vermögensübernehmer erwirtschaftet werden müssten, erfolgt im Anschluss an die Wiedergabe der Behandlung von Versorgungsleistungen in der Vergangenheit, an der der Große Senat explizit "festhält"[985]. Somit erscheint die vom Großen Senat eingeschlagene methodische Vorgehensweise fraglich, wenn er in der Entscheidung vom 12.05. 2003[986] konstatiert, der Große Senat habe "jedenfalls" die ihm zukommende Aufgabe wahrgenommen, im Wege richterlicher Rechtsfortbildung vorhandene Gesetzeslücken auszufüllen, gleich, ob diese auf einer planwidrigen Regelungslücke oder einer fehlenden gesetzlichen Regelung beruhten. Überdies zeigt sich ein Widerspruch zu der Aussage, bereits aus der Entstehungsgeschichte des StNOG 1954 ergebe sich die Abziehbarkeit von Versorgungsleistungen: Wenn einerseits dem Gesetzgeber des StNOG 1954 attestiert werden soll, eine Zuordnungsentscheidung getroffen zu haben, andererseits aber zur Begründung der Kompetenz zur Lückenausfüllung auf *Ossenbühl*[987] verwiesen wird, der eine subsidiäre Kompetenz der Gerichte als Nothelfer in der staatlichen Gesetzgebung konzediert, "wenn der parlamentarische Gesetzgeber versagt", hätte die Inanspruchnahme der Kompetenz zur Bildung von Richterrecht zwecks Gesetzeskonkretisierung und Lückenfüllung durch den Großen Senat nicht angesprochen werden dürfen, wenn und weil eine Anerkennung der Behandlung von Versorgungsleistungen als dauernde Lasten durch den Gesetzgeber des StNOG 1954 nach Überzeugung des Großen Senats tatsächlich erfolgt sein soll. Methodologisch ist daher die ergebnisorientierte Vorgehensweise des Großen Senats wenig überzeugend, weil eine nähere Auseinandersetzung mit der Aufgabe und den Anforderungen zulässiger richterlicher Rechtsfortbildung unterbleibt[988].

(bbb) Zwischenergebnis

Die Argumentation des Großen Senats zur Begründung der steuerlichen Einordnung von Versorgungsleistungen überzeugt nicht. Einerseits wird eine gesetzgeberische Zuordnungsentscheidung behauptet, andererseits wird die Kompetenz zur richterlichen Rechtsfortbildung aufgrund der Auffüllung einer Gesetzeslücke in Anspruch genommen, ohne dass eine nähere Auseinandersetzung mit den Anforderungen an eine Rechtsfortbildung durch Richterrecht erfolgen oder eine vom Wortlaut der maßgeblichen Vorschrift des § 10 Abs. 1 Nr. 1a EStG ausgehende Lückenfeststellung vorgenommen wird. Insgesamt ist die Kompetenz zur

985 BFH v. 05.07.1990 – GrS 4-6/89 – BStBl. II 1990, 847 (851) = BFHE 161, 317, unter II. 1. b.

986 BFH v. 12.05.2003 – GrS 1/00 – BStBl. II 2004, 95 (97) = BFHE 202, 464.

987 *Ossenbühl*, in: Handbuch des Staatsrechts², Band III, § 61 Rn. 41.

988 So auch *Paus*, DStZ 2004, 21 (29).

Lückenfüllung nicht anzuzweifeln. Da der Große Senat aber die Inanspruchnahme dieser Kompetenz nicht hinreichend begründet, sind die getroffenen Feststellungen insgesamt zu beanstanden.

(f) Der dogmatische Ansatz der "vorbehaltenen Erträge"

Seit der Entscheidung des Großen Senats vom 05.07.1990[989] wird für die systematische Einordnung von Versorgungsleistungen in Abgrenzung zu Unterhaltsleistungen einerseits und Anschaffungskosten andererseits der Erklärungsansatz der vorbehaltenen Erträge herangezogen. Die Charakterisierung der Versorgungsleistungen als Erträge, die sich der Vermögensübergeber aus dem übertragenen Vermögen vorbehält, findet sich – soweit ersichtlich – erstmals im RFH-Urteil vom 01.02.1933[990]. Die damit verbundene Nichtanwendbarkeit des § 12 EStG[991] wird durch einen wirtschaftlichen Vergleich mit der Vermögensübertragung unter Vorbehaltsnießbrauch begründet. Daraus folge die spezifisch steuerrechtliche Unentgeltlichkeit und damit das Fehlen eines Entgelts als Wesensmerkmal von Anschaffungskosten. Der Große Senat des BFH führt dazu in der Entscheidung vom 05.07.1990[992] grundlegend aus: "Die steuerrechtliche Zuordnung zu den wiederkehrenden Bezügen und Sonderausgaben beruht auf dem Umstand, dass sich der Vermögensübergeber typischerweise[993] Erträge seines Vermögens vorbehält, die nunmehr vom Vermögensübernehmer erwirtschaftet werden müssen. Abzug und Versteuerung der Versorgungsleistungen führen hierbei zu einem ähnlichen Ergebnis wie der Vorbehalt eines gegenständlich beschränkten Nießbrauchs durch den Übergeber, der mit einer entgeltlichen Nutzungsüberlassung an den Vermögensübernehmer verbunden ist ".

---

989 BFH v. 05.07.1990 – GrS 4-6/89 – BStBl. II 1990, 847 (851) = BFHE 161, 317.

990 RFH v. 01.02.1933 – VI A 2056/36 – RStBl. 1933, 583.

991 BFH v. 05.07.1990 – GrS 4-6/89 – BStBl. II 1990, 847 (852) = BFHE 161, 317. Seitdem ständige Rechtsprechung, vgl. BFH v. 22.01.1992 – X R 35/89 – BStBl. II 1992, 552 = BFHE 166, 555; BFH v. 11.03.1992 – X R 141/88 – BStBl. II 1992, 499 = BFHE 166, 564; BFH v. 25.11.1992 – X R 91/89 – BStBl. II 1996, 666 = BFHE 170, 82; BFH v. 26.07.1995 – X R 113/93 – BStBl. II 1996, 157 = BFHE 179, 34; BFH v. 31.08.1994 – X R 58/92 – BStBl. II 1996, 672 = BFHE 176, 333; BFH v. 14.12.1994 – X R 1-2/90 – BStBl. II 1996, 680 = BFHE 177, 36; BFH v. 23.01.1997 – IV R 45/96 – BStBl. II 1997, 458 = BFHE 182, 539; BFH v. 27.08.1997 – X R 54/94 – BStBl. II 1997, 813 = BFHE 184, 337; BFH v. 10.11.1999 – X R 46/97 – BStBl. II 2000, 188 (190) = BFHE 189, 497.

992 BFH v. 05.07.1990 – GrS 4-6/89 – BStBl. II 1990, 847 (852) = BFHE 161, 317.

993 Zum unter den einzelnen Senaten des BFH und im Schrifttum umstrittenen Verständnis dieses Begriffs innerhalb des dogmatischen Aufhängers der vorbehaltenen Erträge für die Frage der Ertragskraft des Übergabegegenstandes s. nachfolgend IV. 1. b.

In der Folgerechtsprechung wird dem Merkmal des Ertragsvorbehalts konstitutive Wirkung beigemessen[994], da durch den Abzug der Versorgungsleistungen beim Verpflichteten und durch die Erfassung der Einkünfte aus wiederkehrenden Bezügen beim Berechtigten das der gesetzlichen Regelung zugrunde liegende und den Ausschluss der §§ 12, 22 Nr. 1 S. 2 EStG beim Rechtsinstitut der Vermögensübergabe gegen Versorgungsleistungen rechtfertigende Prinzip der "vorbehaltenen Vermögenserträge" rechtstechnisch verwirklicht werde[995]. Das von *Fischer* so bezeichnete Paradoxon eines unentgeltlichen Vorgangs mit Gegenleistung[996] wird durch die Rechtsfigur der vorbehaltenen Erträge aufgelöst und darin liegt nach *Fischer*[997] die dogmatische Grundlage für die Behandlung von Versorgungsleistungen. Der Vorbehalt der Erträge stelle eine eigenständige, dem Charakter der Generationennachfolge bei der Vermögensübergabe entsprechende dogmatische Rechtsfigur dar[998] und sei zugleich eine den Einkünftetransfer beschreibende Metapher[999]. Der durch den Vorbehalt der Erträge bedingte "Transfer steuerlicher Leistungsfähigkeit" werde durch die materiell-rechtliche Korrespondenz von Abziehbarkeit als dauernde Last beim Verpflichteten und Steuerbarkeit auf Seiten des Berechtigten als wiederkehrende Bezüge – sei es als Leibrente oder als dauernde Last – zur Geltung gebracht[1000]. Das Abzugsverbot des § 12 EStG greife hier nicht ein, vielmehr sei vorausgesetzt, dass – entsprechend der materiellen Korrespondenz – weder die Abziehbarkeit auf Verpflichtetenseite (§ 12 EStG) noch die Steuerbarkeit auf Berechtigtenseite (§ 22 Nr. 1 Satz 2) ausgeschlossen sei[1001]. Der Große Senat hat die Folgerechtsprechung mit

---

994 Ausdrücklich BFH v. 14.07.1993 – X R 54/91 – BStBl. II 1994, 19 (22) = BFHE 172, 324; BFH v. 10.11.1999 – X R 46/97 – BStBl. II 2000, 188 (192) = BFHE 189, 497.

995 BFH v. 14.07.1993 – X R 54/91 – BStBl. II 1994, 19 (21) = BFHE 172, 324; BFH v. 26.07.1995 – X R 113/93 – BStBl. II 1996, 157 (158) = BFHE 179, 34.

996 *Fischer*, in: Kirchhof/Söhn/Mellinghoff, EStG, § 22 Rn. B 377; ders., wiederkehrende Bezüge und Leistungen, Rn. 125.

997 Vgl. *Fischer*, in: Kirchhof/Söhn/Mellinghoff, EStG § 22 Rn. B 225; ders., in: Kirchhof, EStG[6], § 22 Rn. 13: "rechtliche Leitlinie".

998 *Fischer*, in: Kirchhof/Söhn/Mellinghoff, EStG, § 22 Rn. B 43; ders., FR 1992, 765 (767).

999 *Fischer*, in: Kirchhof/Söhn/Mellinghoff, EStG, § 22 Rn. B 67.

1000 Vgl. BFH v. 14.07.1993 – X R 54/91 – BStBl. II 1994, 19 = BFHE 172, 324; BFH v. 26.07.1995 – X R 113/93 – BStBl. II 1996, 157 = BFHE 179, 34; BFH v. 10.11.1999 – X R 46/97 – BStBl. II 2000, 188 (194) = BFHE 189, 497; BFH v. 14.11.2001 – X R 39/98 – BStBl. II 2002, 246 = BFHE 197, 179; BFH v. 14.11.2001 – X R 120/98 – BStBl. II 2002, 413 = BFHE 197, 194; BFH v. 31.03.2004 – X R 66/98 – BStBl. II 2004, 830 = BFHE 205, 285.

1001 BFH v. 25.03.1992 – X R 100/91 – BStBl. II 1992, 803 (805) = BFHE 168, 243.

dem "Dogma der vorbehaltenen Ertrgäge" ausdrücklich bestätigt, um die Folgerichtigkeit der eigenen Judikatur zu wahren[1002]. Außerdem hält der Große Senat weiterhin daran fest, "dass wiederkehrende Leistungen nur dann als Sonderausgaben im Sinne des § 10 Abs. 1 Nr. 1a EStG abgezogen werden können bzw. als wiederkehrende Bezüge im Sinne des § 22 Nr. 1 EStG zu versteuern sind, wenn die hiermit zusammenhängende Übertragung als unentgeltlicher Vorgang anzusehen ist"[1003]. Als "maßgebliches Kriterium" für die Frage, ob ein Wirtschaftsgut Gegenstand einer unentgeltlichen Vermögensübergabe gegen Versorgungsleistungen sein kann, wird die Vergleichbarkeit mit dem Vorbehaltsnießbrauch herangezogen[1004]. Insgesamt hat der Große Senat die Rechtsfigur der vorbehaltenen Erträge und die Unentgeltlichkeit der Vermögensübergabe als dogmatischen Ansatz für die steuerliche Behandlung der Vermögensübergabe gegen Versorgungsleistungen verfestigt.

2. Zusammenfassung

Die dogmatischen Grundlagen der Vermögensübergabe gegen Versorgungsleistungen werden durch die Einordnung der Vermögensübergabe als unentgeltlicher Vorgang geprägt, die im Kern aus einem angenommenen Vorbehalt der Erträge hergeleitet, mit der rechtstechnischen Bezeichnung eines Transfers von Einkünften durch den Vermögensübernehmer auf den Versorgungsberechtigten umschrieben und mit der gegenständlich auf diesen Einkünftetransfer beschränkten Bereich einer echten materiell-rechtlichen Korrespondenz begründet werden. Eine gesetzgeberische Zuordnungsentscheidung für Versorgungsleistungen lässt sich allerdings nicht nachweisen. Der Große Senat hat ebenfalls keine entsprechende Zuordnungs-entscheidung angenommen, da er zur Begründung des Rechtsinstituts der Vermögensübergabe sich zusätzlich auf die Kompetenz zur richterlichen Rechtsfortbildung mittels Lückenausfüllung beruft. Ob diese von der Rechtsprechung entwickelten dogmatischen Grundelemente in den einzelnen Anwendungsfällen und Erscheinungsformen von Versorgungsleistungen konsequent umgesetzt werden, wird im folgenden unter besonderer Berücksichtigung neuester Rechtsprechungsänderungen untersucht.

[1002] BFH v. 12.05.2003 – GrS 1/00 – BStBl. II 2004, 95 (98) = BFHE 202, 464 unter Bezugnahme auf BFH v. 05.07.1990 – GrS 4-6/89 – BStBl. II 1990, 847 = BFHE 161, 317.

[1003] BFH v. 12.05.2003 – GrS 1/00 – BStBl. II 2004, 95 (97) = BFHE 202, 464.

[1004] BFH v. 12.05.2003 – GrS 1/00 – BStBl. II 2004, 95 (99) = BFHE 202, 464.

IV. Voraussetzungen der Vermögensübergabe gegen Versorgungsleistungen

Der BFH hat das Rechtsinstitut der Vermögensübergabe gegen Versorgungsleistungen fortlaufend weiterentwickelt und es lassen sich gewisse Entwicklungslinien erkennen. Namentlich der X. Senat hat im Anschluss an die Entscheidungen des Großen Senats aus den Jahren 1990 und 1991[1005] seine Folgerechtsprechung für Vermögensübergaben gegen Versorgungsleistungen verfestigt und die Voraussetzungen im Einzelen erläutert[1006]. Diese "lebhafte Rechtsprechung"[1007] und ihre wesentlichen Grundzüge sollen im folgenden dargestellt werden und dabei die Neuerungen durch die jüngsten Entscheidungen des Großen Senats[1008] berücksichtigt werden, mit denen insbesondere die Zusammenführung divergierender Auffassungen der einzelnen Senate und der Finanzverwaltung versucht wird, und zwar durch eine Definition und eine Erweiterung des sachliches Anwendungsbereichs der Vermögensübergabe unter dem Gesichtspunkt der "vorbehaltenen Erträge". Hierbei wird das Hauptaugenmerk auf steuerliche Gestaltungsmöglichkeiten gelegt, da zahlreiche Einzelfragen auch nach den Entscheidungen des Großen Senats offen geblieben und durch die jüngst ergangene Folgerechtsprechung erst zum Teil beantwortet worden sind.

1. Existenzsichernde Wirtschaftseinheit

Erforderlich für die Annahme einer Vermögensübertragung gegen Versorgungsleistungen ist die Übertragung einer existenzsichernden Wirtschaftseinheit. Der Große Senat hat in dem richtungweisenden Beschluss vom 05.07.1990[1009] die bereits in der älteren Rechtsprechung anzutreffende Orientierung am Normalfall der Hof- und Geschäftsübergabe als maßgebliches Kriterium für die Zuordnung zur Vermögensübergabe gegen Versorgungsleistungen aufgegriffen. Ähnlich sieht der X. Senat des BFH die Hof- und Geschäftsübergabe an die nächste Generation im Wege eines zivilrechtlichern Übergabevertrags zur Regelung der vorweggenommenen Erbfolge als "Normalfall" an[1010]. Der Begriff der existenz-

[1005] BFH v. 05.07.1990 – GrS 4-6/89 – BStBl. II 1990, 847 = BFHE 161, 317; BFH v. 15.07.1991 – GrS 1/90, BStBl. II 1992, 78 (83) = BFHE 165, 225.

[1006] Vgl. zu dieser Folgerechtsprechung ausführlich *Engelhardt*, Vermögensübergabe gegen private Versorgungsleistungen, S. 142 f.

[1007] *Groh*, FR 2001, 277 (278).

[1008] BFH v. 12.05.2003 – GrS 1/00 – BStBl II 2004, 95 = BFHE 202, 464; BFH vom 12.05.2003 – GrS 2/00 – BStBl II 2004, 100 = BFHE 202, 477.

[1009] BFH v. 05.07.1990 – GrS 4-6/89, BStBl. II 1990, 847 =BFHE 161, 317.

[1010] BFH v. 27.02.1992 – X R 136/88 – BStBl. II 1992, 609 (611) = BFHE 167, 375 ; BFH v. 11.03.1992 – X R 141/88 – BStBl. II 1992, 499 = BFHE 166, 564; BFH v. 13.10

sichernden Wirtschaftseinheit sei infolge der typologischen Betrachtungsweise offen für Konkretisierungen und deshalb im Einzelfall zu prüfen, ob der Sachverhalt Merkmale aufweise, die das Gesamtbild des Typusbegriffes ergäben[1011]. Zwischenzeitlich hat eine umfangreiche, an der Hof- und Geschäftsübergabe orientierte Rechtsprechung Fallgruppen für das Vorliegen existenzsichernder Wirtschaftseinheiten gebildet[1012].

1993 – X R 86/89 – BStBl. II 1994, 451 = BFHE 174, 45; BFH v. 14.02.1996 – X R 106/91 – BStBl. II 1996, 687 (688) = BFHE 180, 87; BFH v. 24.07.1996 – X R 167/95 – BStBl. II 1997, 315 (317) = BFHE 181, 72.

1011 *Fischer*, in: Kirchhof/Söhn/Mellinghoff, EStG, § 22 Rn. B 261 f.

1012 Als typische Fälle der Vermögensübergabe einer existenzsichernden Wirtschaftseinheit gegen Versorgungsleistungen führte die Rechtsprechung bislang auf: BFH v. 27.02.1992 – X R 136/88 – BStBl. II 1992, 609 (611) = BFHE 167, 375; BFH v. 25.11.1992 – X R 148/90 – BFH/NV 1993, 586; BFH v. 16.05.2001 – X R 53/99 – BFH/NV, 1388 (Hof- und Betriebsübergabe); BFH v. 04.12.1991 – X R 9/84 – BFH/NV 1992, 306; BFH v. 25.03.1992 – X R 100/91 – BStBl. II 1992, 803 = BFHE 168, 243; BFH v. 18.12.1991 – XI R 2/88 – BFH/NV 1992, 382; BFH v. 11.03.1992 – X R 3/85 – BFH/NV 1992, 592; BFH v. 29.04 – 1992 – XI R 7/85 – BFH/NV 1992, 734; BFH v. 26.01.1994 – X R 54/92 – BStBl. II 1994, 633 = BFHE 173, 360; BFH v. 26.01.1994 – X R 141/90 – BFH/NV 94, 845 (846); BFH v. 24.07.1996 – X R 167/95 – BStBl. II 1997, 315; BFH v. 17.06.1998 – X R 104/98 – BStBl. II 2002, 646 = BFHE 186 (280); BFH v. 27.08.1997 – X R 54/94 – BStBl. II 1997, 813 (815) = BFHE 184, 337; BFH v. 16.03.1999 – X R 87/95 – BFH/NV 2000, 12; BFH v. 10.11.1999 – X R 46/97 – BStBl. II 2000, 188 = BFHE 189, 497 (Grundstücke, soweit diese ihrer Nutzungsart und in Anbetracht der konkret erzielbaren Beträge eine ertragbringende Wirtschaftseinheit darstellen, also sowohl landwirtschaftlich genutzte Grundstücke als auch Mietwohngrundstücke); BFH v. 22.01.1992 – X R 205/87 – BFH/NV 1992, 513; BFH v. 08.04.1992 – X R 48/90 – BFH/NV 1993, 10; BFH v. 11.03.1992 – X R 141/88 – BStBl. II 92, 499 = BFHE 166, 564; BFH v. 25.03.1992 – X R 155/88 – BFH/NV 1992, 654; BFH v. 03.06.1992 – X R 14/89 – BStBl. II 1993, 23 = BFHE 169, 25; BFH v. 15.07.1992 – X R 31/91 – BFH/NV 1993, 18; BFH v. 15.07.1992 – X R 201-202/89 – BFH/NV 1992, 817; BFH v. 27.03.2001 – X R 106/98 – BFH/NV 2001, 1242 (Gewerbebetriebe, auch Betriebsanteile); BFH v. 25.05.1973 – VI R 375/69 – BStBl. II 1973, 680 = BFHE 109, 446; BFH v. 20.05.1980 – VI R 108/77 – BStBl. II 80, 573 = BFHE 130, 520; BFH v. 29.01.1992 – X R 193/87 – BStBl. II 1992, 465 = BFHE 167, 95; BFH v. 11.03.1992 – X R 3/85 – BFH/NV 1992, 591; BFH v. 08.04.1992 – X R 52/89 – BFH/NV 1992, 657 (Anteile an Personengesellschaften); BFH v. 25.11.1992 – X R 148/90 = BFH/NV 1993, 586; BFH v. 25.11.1992 – X R 34/89 – BStBl. II 1996, 663 = BFHE 170, 76; BFH v. 13.10.1993 – X R 86/89 – BStBl. II 1994, 451 = 174, 45; BFH v. 15.03.1994 – X R 93/90 = BFH/NV 1994, 848; BFH v. 14.02.1996 – X R 106/91 – BStBl. 1996, 687 = BFHE 180, 87; BFH v. 25.08.1999 – X R 38/95 – BStBl. II 2000, 21 = BFHE 190, 302 (Dingliches Nutzungsrecht, z. B. Nießbrauch oder Wohnrecht). Vgl. auch die Übersichten bei *Fischer*, in: Kirchhof/Söhn/Mellinghoff, EStG, § 22 B 261 f; *Jansen*, in: Herrmann/Heuer/Raupach, EStG, § 22 Rn. 173 f.

Der Begriff der existenzsichernden Wirtschaftseinheit als Teilmerkmal der Vermögensübergabe ist allerdings bereits nach der Entscheidung des Großen Senats vom 05.07.1990[1013] kontrovers diskutiert worden. Zweifelsfälle wurden höchst unterschiedlich gelöst, wobei sich divergierende Ansichten von Rechtsprechung und Literatur gegenüberstehen. So wurden und werden insbesondere die Fälle der Übergabe von Wertpapierdepots[1014], von überschuldeten Betrieben[1015] sowie Fälle, in denen der Erwerber das übertragene Vermögen sofort veräußert[1016], in Rechtsprechung und Literatur uneinheitlich behandelt. Daher sollen einzelne Übergabegegenstände vor und nach den neuesten Entscheidungen des Großen Senats[1017] dargestellt und zu noch offenen Fragen Stellung bezogen werden.

(a) Geldvermögen

Die Behandlung von Geldvermögen hat durch die Entscheidung des Großen Senats vom 12.05. 2003[1018] eine Wandlung erfahren. Durch die Einbeziehung von Geldvermögen in den Kreis der als existenzsichernd anzusehenden Wirtschaftseinheiten wird der Anwendungsbereich der Vermögensübergabe gegen Versorgungsleistungen erheblich erweitert und eröffnet damit neue Gestaltungsmöglichkeiten.

(aa) Frühere Rechtsprechung

Die frühere Rechtsprechung zählte Geldvermögen nicht zum Kreis der existenzsichernden Wirtschaftseinheiten. Dies galt unabhängig von der Höhe des übergebenen Geldbetrags[1019]. Der BFH stützte die Ausgrenzung von Geldvermögen

---

1013 BFH v. 05.07.1990 – GrS 4-6/89 – BStBl. II 1990, 847 =BFHE 161, 317.

1014 Wegen fehlender Nähe zur Hof- und Betriebsübergabe ablehnend *Fischer*, DStR 1992, Beihefter zu Heft 17, 1 (5); ders., in: Kirchhof/Söhn, EStG, § 22 B 268; *Martin*, BB 1993, 1773 (1776); für eine Zuordnung *Seithel*, BB 1993, 473 (474).

1015 Offen gelassen in BFH v. 15.07.1992 – X R 142/88 – BFH/NV 1992, 816.

1016 Für eine Zuordnung *Fischer*, in: Kirchhof/Söhn/Mellinghoff, EStG, § 22 Rn. B 266 mit dem Argument, der sachliche Zusammenhang der weiterhin zu zahlenden Versorgungsleistungen werde durch die Veräußerung nicht aufgehoben. Hiergegen *Reiß*, in: Kirchhof/Söhn/Mellinghoff, § 16 Rn. B 199.

1017 BFH v. 12.05.2003 – GrS 1/00 – BStBl. II 2004, 95 = BFHE 202, 464 und BFH v. 12.05.2003 – GrS 2/00 – BStBl. II 2004, 100 = BFHE 202, 477.

1018 BFH v. 12.05.2003 – GrS 1/00 – BStBl. II 2004, 95 = BFHE 202, 464.

1019 Vgl. BFH v. 13.08.1985 – IX R 10/80 – BStBl. II 1985, 70 = BFHE 144, 423; BFH v. 27.02.1992 – X R 40/89 – BFH/NV 1992, 647; BFH v. 27.02.1992 – X R 55/89 – BFH/NV 1992, 647. BFH v. 27.02.1992 – X R 136/88 – BStBl. II 1992, 609 = BFHE 167, 375; BFH v. 14.02.1996 – X R 106/91 – BStBl. II 1996, 687 = BFHE 180, 87;

auf einen Vergleich mit der Hof- und Betriebsübergabe als idealtypischen Fall der Vermögensübergabe. Hierfür sei charakteristisch, dass das übergebene Vermögen auf einer generationenübergreifenden dauerhaften Anlage basiere, die vom Übernehmer zu bewirtschaften sei, was einen persönlichen Zeit- und Arbeitsaufwand voraussetze[1020]. Dieses auf langer Rechtstradition beruhende Verständnis sei nicht auf Geldvermögen erweiterungsfähig[1021]. Bei der Überlassung von Geldvermögen handele es sich um einen darlehensähnlichen Vorgang, bei dem die wiederkehrenden Leistungen ebenso wenig abgezogen werden dürften, wie die privaten Schuldzinsen aus einem Darlehensvertrag[1022].

Auch Fallgestaltungen, in denen bei einer Überlassung von Geldvermögen der Erwerb eines typischen existenzsichernden Gegenstandes zur Auflage gemacht wurde, ordnete die Rechtsprechung nicht dem Rechtsinstitut der Vermögensübergabe gegen Versorgungsleistungen zu[1023].

(bb) Abweichende Ansichten

Teile der Literatur[1024] sowie vereinzelte Entscheidungen der Finanzgerichte[1025] sahen auch Geldvermögen als existenzsichernde Wirtschaftseinheit an. Haupteinwand gegen die Auffassung der Rechtsprechung war die Umwandelbarkeit

---

BFH v. 25.03.1996 – X B 96/93 – BFH/NV 1994, 237 (238); BFH v. 24.07.1996 – X R 167/95 – BStBl. II 1997, 315 = BFHE 171, 72; BFH v. 09.10.1997 – X B 51/97 – BFH/NV 1998, 447; BFH v. 26.11.1997 – X R 114/94 – BStBl. II 1998, 190 (192) = BFHE 184, 554. Ebenso die Verwaltung, vgl. BMF-Schreiben v. 23.12.1996 – IV B 33 – S 2257 – 54/96 – BStBl. II 1996 1508 (1510).

1020 BFH v. 27.02.1992 – X R 136/88 – BStBl. II 1992, 609 (611) =BFHE 167, 375.

1021 BFH v. 27.02.1992 – X R 136/88 – BStBl. II 1992, 609 (611) = BFHE 167, 375. Ähnlich *Fischer*, Stbg. 1997, 201 (204).

1022 BFH v. 27.02.1992 – X R 136/88 – BStBl. II 1992, 609 (611) = BFHE 167, 375; BFH v. 25.11.1992 – X R 91/89 – BStBl. II 1992, 666 = BFHE 170, 82.

1023 BFH v. 05.07.1990 – GrS 4-6/89 – BStBl. II 1990, 847 (851) = BFHE 161, 317; BFH v. 27.02.1992 – X R 136/88 – BStBl. II 1992, 609 (610) = BFHE 167, 375; BFH v. 26.11.1997 – X R 114/94 – BStBl. II 1998, 190 (192) = BFHE 184, 554.

1024 *Biergans/Koller*, DStR 1993, 741 (748); *Drenseck*, StbJb. 1993/94 , 187 (198); *Engelhardt*, Vermögensübergabe gegen Versorgungsleistungen, S. 169; Flies, DStZ 1998, 889 (893); *Groh*, FR 2001, 277 (280); *Hipler*, Vermögensübergabe gegen private Versorgungsleistungen, S. 67; Hofer, Erbfolgeregelungen, S. 46; *Jansen*, in: Herrmann/Heuer/Raupach, EStG, § 22 Rn. 173; *Korn*, DStR 1997, 137 (138); *Richter*, DStR 1992, 1196; *Seithel*, BB 1993, 473 (474); *Spiegelberger*, in: Festschrift für Offerhaus, S. 554; *Strahl*, Stbg. 1996, 263 (268).

1025 Hessisches FG v. 25.10.1993 – 3 K 1116/90 – EFG 1994, 521 (522).

von Geldvermögen in Vermögensgegenstände[1026]. Die potentielle Versorgungsmöglichkeit, die unabhängig von der Art des übertragenen Vermögens als entscheidendes Zuordnungskriterium maßgeblich sei[1027], verlange auch eine Erfassung von Geldvermögen als tauglichen Übergabegegenstand. Der rechtsdogmatische Ansatz der "vorbehaltenen Erträge" stehe dem nicht entgegen, weil Geldvermögen aufgrund einer Investitionsentscheidung und ihrer Ausführung den Beginn neuer Wirtschaftsaktivität begründe und daher wirtschaftlich betrachtet bereits zum Erwirtschaften des Ertragsvermögens gehöre. Bei der gebotenen Gesamtbetrachtung sei darauf abzustellen, ob die Reinvestition des erhaltenen Geldbetrages den Übernehmer und Versorgungsverpflichteten dauerhaft in die Lage versetze, die vereinbarten Versorgungsleistungen zu erbringen[1028].

(cc) Änderungen durch die Entscheidungen des Großen Senats

In der Entscheidung des Großen Senats vom 12.05. 2003[1029] vollzieht der BFH eine Kehrtwende und bejaht das Vorliegen einer Wirtschaftseinheit auch bei der Übertragung von Geldvermögen. Die vorgelegte Rechtsfrage betraf zwar an sich die Frage, wann die für die Annahme von Versorgungsleistungen notwendige Ertragseigenschaft des Übergabegegenstandes gegeben ist. Der Große Senat nahm dies zum Anlass, den Begriff der Wirtschaftseinheit zu definieren. Die Rechtsfigur der vorbehaltenen Erträge sei maßgebendes Kriterium für die Frage, ob ein Wirtschaftsgut Gegenstand einer unentgeltlichen Vermögensübergabe gegen Versorgungsleistungen sein könne. Hierbei sei die Vergleichbarkeit mit dem Nießbrauchsvorbehalt entscheidend[1030]. Sodann heißt es: "Die Vermögensübergabe muss sich so darstellen, dass die vom Übernehmer zugesagten Leistungen – obwohl sie von ihm erwirtschaftet werden müssen – als zuvor abgespaltene Nettoerträge vorstellbar sind"[1031]. Daher könne auch die Übertragung von Geldvermögen, Wertpapieren und typischen stillen Beteiligungen in gleicher Weise berücksichtigt werden wie die Übertragung der bisher unter der Bezeichnung "existenzwahrend" zusammengefassten Vermögensarten.

[1026] Vgl. *Strahl*, Stbg. 1996, 263 (268).

[1027] *Biergans/Koller*, DStR 1993, 741 (748); gegen eine am Versorgungsgedanken orientierte Argumentation *Hipler*, Vermögensübergabe gegen Versorgungsleistungen, S. 67; *Martin*, BB 1993, 1773 (1777).

[1028] *Flies*, DStZ 1998, 889 (893); ähnlich *Spiegelberger*, in: Festschrift für Offerhaus, S. 547 (555); *Korn*, DStR 1997, 137 (138) bemängelt die einer wirtschaftlichen Gesamtbetrachtung entgegenstehende formale Vorgehensweise des BFH.

[1029] BFH v. 12.05.2003 – GrS 1/00 – BStBl. II 2004, 95 = BFHE 202, 464.

[1030] BFH v. 12.05.2003 – GrS 1/00 – BStBl. II 2004, 95 (99) = BFHE 202, 464.

[1031] BFH v. 12.05.2003 – GrS 1/00 – BStBl. II 2004, 95 (99) = BFHE 202, 464.

(b) Ertragloses Vermögen und Umschichtungsfälle

Für die Übertragung von ertraglosen Vermögensgegenständen wird die bisherige Rechtsprechung durch den Beschluss des Großen Senats vom 12.05. 2003 ebenfalls geändert. Insbesondere Fälle einer nach der Übergabe erfolgenden Vermögensumschichtung durch den Übernehmer sind nunmehr in einem anderen Lichte zu sehen. Dabei stellen sich erneut Fragen nach den Grenzen der steuerlichen Gestaltungsmöglichkeiten und nach den für die Zuordnung zum Rechtsinstitut der Vermögensübergabe maßgeblichen Anforderungen an die nunmehr mögliche Umschichtung ertraglosen Vermögens. Da diese für die an der Vermögensübergabe Beteiligten einen nicht unerheblichen Aufwand in zeitlicher und finanzieller Hinsicht mit sich bringt, müssen diese durch Rechtsprechung und Verwaltung teilweise bereits konkretisierten, aber noch nicht abschließend feststehenden Anforderungen in jedem Einzelfall zur steueroptimalen Nutzung der Gestaltungsmöglichkeiten im Rahmen der Vermögensübergabe beachtet werden. Dies kann wiederum nur vor dem Hintergrund der bisher in Rechtsprechung und Literatur geführten Diskussion zur Behandlung verschiedener Fallgestaltungen von Vermögensumschichtungen erfolgen, da im Grundsatz die Restriktionen der bisherigen Rechtsprechung zwar entfallen sind, für offene Detailfragen allerdings nach wie vor Bedeutung erlangen.

(aa) Bisherige Rechtsprechung

Früher nahm die Rechtsprechung an, dass ertragloses Vermögen keine existenzsichernde Wirtschaftseinheit darstellen könne, wenn das übergebene Vermögen erst im Wege eine Vermögensumschichtung oder -umbildung durch den Erwerber in einen die Erzielung von Erträgen ermöglichenden Zustand versetzt werden müsse[1032]. Der BFH ging hierbei davon aus, dass eine Übergabe stets zur Fortsetzung der Bewirtschaftung erfolge, eine Weiterveräußerung des Vermögens nach erfolgter Vermögensübergabe schädlich sei und die Einordnung der erbrachten Leistungen als Versorgungsleistungen vom Zeitpunkt der Veräuße-

1032 BFH v. 27.08.1997 – X R 54/94 – BStBl. II 1997, 813 (816) = BFHE 184, 337; BFH v. 16.03.1999 – X R 87/95 – BFH/NV 2000, 12; BFH v. 17.06.1998 – X R 104/94 – BStBl. II 2002, 646 = BFHE 186, 280: Veräußerung des übertragenen Vermögens schädlich, auch wenn mit dem erzielten Erlös ein ertragfähiges Wirtschaftsgut ähnlicher Art erworben wird. Zustimmend in der Literatur mit dem Argument der typologischen Zuordnung *Fischer*, Wiederkehrende Bezüge und Leistungen, Rn. 337; ders., DB 1994, 2310 (2311); ders., in: Kirchhof/Söhn, EStG, § 22 Rn. B 286, wonach Kunstgegenstände, Schmuck oder eine Briefmarkensammlung als nicht ertragsbringende Gegenstände nicht unter den Begriff der Vermögensübergabe fallen; s. auch *Martin*, BB 1993, 1773.

rung an ausscheide[1033]. Als Hauptargument wurde angeführt, dass die Versorgungsleistungen wegen der Veräußerung letztlich nur aus dem Veräußerungserlös zu bezahlen seien und dies bei wertender Betrachtung nicht den idealtypischen Sachverhalten der Hof- und Betriebsübergabe, sondern einer nicht erfassten Übergabe von Geldvermögen gegen wiederkehrende Leistungen entspreche[1034]. Diese Rechtsprechung orientierte sich also an der typologischen, auf den traditionellen und historisch überlieferten Fällen der Hof- und Geschäftsübergabe aufbauenden Betrachtung der Vermögensübergabe gegen Versorgungsleistungen.

(bb) Gegenauffassung der Literatur

Ein Teil des Schrifttums[1035] argumentierte bei Sachverhaltsgestaltungen, in denen eine nachträgliche Veräußerung des Vermögens stattfand, ähnlich wie bei der Einbeziehung von Geldvermögen in den Kreis der existenzsichernden Wirtschaftseinheiten. Maßgeblich seien die Umschichtungsmöglichkeit sowie der vereinbarte Versorgungszweck. Es könne keinen Unterschied machen, ob der Übergeber zunächst selbst ertragloses Vermögen in einen dem Normaltypus zuordbaren Übergabegegenstand umwandle, oder ob dies erst durch den Übernehmer erfolge. Der für die steuerliche Anerkennung für Altenteilsverträge maßgebende Versorgungscharakter entfalle nicht bei Weiterveräußerung des übergebenen Vermögens durch den Übernehmer, vielmehr bleibe der Versorgungsgedanke von einer Veräußerung unberührt. Darüber hinaus habe der Versorgungsberechtigte auf die Veräußerung des Vermögens durch den Übernehmer keinen Einfluß und der steuerliche Charakter der Versorgungsleistungen dürfe nicht aufgrund eines einseitigen Entschlusses des Übernehmers zur Veräußerung gegen den Willen des Übergebers geändert werden können[1036]. *Groh* meint, vor dem Hintergrund der durch die Rechtsprechung zur Begründung des dogmatischen Ansatzes der vorbehaltenen Erträge herangezogenen Vergleichs mit der Vermögensübergabe unter Nießbrauchsvorbehalt sei nicht einsichtig, warum

[1033] BFH v. 14.02.1996 – X R 106/91 – BStBl. II 1996, 687 (689) = BFHE 180, 87; BFH v. 24.07.1996 – X R 167/95 – BStBl. II 1997, 315 = BFHE 181, 72; BFH v. 17.06.1998 – X R 104/94 – BStBl. II 2002, 646 = BFHE 186, 280; BFH v. 17.06.1998 – X R 129/96 – BFH/NV 1999, 294.

[1034] BFH v. 17.06.1998 – X R 104/94 – BStBl. II 2002, 646 (648) = BFHE 186, 280.

[1035] Vgl. *Biergans/Koller*, DStR 1993, 857 (860); *Drenseck*, StbJb 1993/1994, 187 (197); Flies, DStZ 1998, 889 (893); *Hipler*, Vermögensübergabe gegen private Versorgungsleistungen, S. 71; *Seithel*, DStR 1993, 674 (678); *Strahl*, Stbg. 1996, 263 (269); *Weber-Grellet*, DStR 1993, Beihefter zu Heft 31, S. 5.

[1036] So *Jansen*, in: Herrmann/Heuer/Raupach, EStG, § 22 Rn. 184, unter Hinweis auf die zivilrechtlich fortbestehenden Pflichten des Übernehmers aus dem Altenteilsvertrag.

Versorgungsleistungen nach einer Vermögensumschichtung nicht mehr möglich sein sollten, wenn ein Nießbraucher der Umschichtung nur unter Neubegründung seines Rechts am Ersatzwirtschaftsgut zugestimmt habe[1037].

(cc) Änderungen durch die Beschlüsse des Großen Senats vom 12.05.2003

Der Große Senat hält die Ersetzung von ertraglosem durch ertragbringendes Vermögen wegen des maßgeblichen Vergleichs mit dem Vorbehaltsnießbrauch für zulässig[1038]. Zwar fehle es bei der Übertragung ertragloser Wirtschaftsgüter (zunächst) an der Voraussetzung der vorbehaltenen Nettoerträge, der Übergeber könne jedoch solche Objekte veräußern und mit dem Erlös ertragbringendes Vermögen erwerben, das er dann dem Übernehmer unter Vorbehalt der Erträge überlasse. Nicht notwendig sei, dass der Übergeber das ertraglose Wirtschaftsgut in eigener Person durch ein ertragfähiges ersetze. Vielmehr könne eine unentgeltliche Vermögensübergabe gegen Versorgungsleistungen auch dann vorliegen, wenn der Übernehmer sich im Übergabevertrag verpflichtet, das übertragene ertraglose Objekt zu veräußern und vom Erlös eine ihrer Art nach bestimmte Vermögensanlage zu erwerben, die einen zur Erbringung der zugesagten Versorgungsleistungen ausreichenden Nettoertrag abwerfe.

Nach dieser Rechtsprechung fällt nunmehr auch eine Vermögensumschichtung von ursprünglich ertraglosem in ertragbringendes Vermögen durch den Übernehmer unter den Typus der Vermögensübergabe, wenn eine diesbezügliche Verpflichtung im Übernahmevertrag besteht. Dies bedeutet, dass es die an der Vermögensübergabe Beteiligten in der Hand haben, durch die Vereinbarung einer Verpflichtung zur Umschichtung im Übergabevertrag die steuerlichen Rechtsfolgen der Vermögensübergabe gegen Versorgungsleistungen herbeizuführen; in diesem Fall ist die steuerliche Anerkennung von der vertraglichen Verpflichtung abhängig[1039]. Ob auch ein Austausch eines (weniger) ertragbringenden durch ein anderes Wirtschaftsgut ausreicht, behandelt der Große Senat nicht[1040]. Die Finanzverwaltung hat sich der Rechtsprechung des Großen Senats insoweit vollumfänglich angeschlossen und hält weitergehend auch die tatsächlich erfolgte Anschaffung einer Ersatzwirtschaftseinheit für ausreichend, wenn

---

1037 *Groh*, FR 2001, 277 (280).

1038 BFH v. 12.05.2003 – GrS 1/00 – BStBl. II 2004, 95 (99) = BFHE 202, 464. Bestätigt durch BFH v. 16.06.2004 – X R 22/99 – BStBl. II 2004, 1053 = BFHE 206, 400.

1039 Vgl. zu den Anforderungen an die vertragliche Vereinbarung die Entscheidung des BFH v. 31.05.2005 – X R 26/04 – BFH/NV 2005, 1789, die eine eindeutige Festlegung im Übergabevertrag aus Gründen der Rechtsklarheit für erforderlich hält.

1040 Bejahend im Wege eines Erst-Rechtschlusses *Weber-Grellet*, FR 2003, 1092.

dies im Übergabevertrag vereinbart wurde. Es genügt danach, dass die bisherige oder eine neu erworbene Wirtschaftseinheit existenzsichernd war bzw. ist und ausreichende Erträge zur Erbringung der Versorgungsleistungen abwirft[1041].

(dd) Ungelöste Probleme bei Umschichtungsfällen

Der Große Senat hat zwar die Möglichkeit der Umschichtung zugelassen, aber Einzelheiten nicht geklärt. Offen gelassen wurde insbesondere die Frage, inwieweit nachträgliche Umschichtungen des übertragenen Vermögens außerhalb der im Übergabevertrag festgehaltenen Verpflichtung zur Umwandlung von Geldvermögen in eine ertragbringende Wirtschaftseinheit zu berücksichtigen sind. Ebenso wenig finden sich Ausführungen dazu, welche zeitlichen Vorgaben bei Umschichtungsfällen zu beachten sind und welche Rechtsfolgen für den Zeitraum zwischen Abschluss des Übergabevertrags und erfolgreicher Umschichtung gelten.

(aaa) Erstmalige Umschichtung in ertragbringende Wirtschaftseinheit

Die Finanzverwaltung lässt derartige Umschichtungen, insbesondere die Übertragung des ursprünglichen Übergabegegenstandes auf einen Dritten, um mit dem erzielten Erlös eine existenzsichernde und ausreichend ertragbringende Wirtschaftseinheit zu erwerben, ausdrücklich zu, wenn dies "zeitnah" geschieht[1042]. Somit besteht weiterhin ein Zuordnungsproblem für die im Zeitraum bis zur Umschichtung erbrachten Leistungen, ebenso für außerhalb der im Versorgungsvertrag vereinbarten Umschichtungsverpflichtung liegende Wirtschaftseinheiten. Bei letzteren sollen die Rechtsfolgen einer Vermögensübergabe gegen Versorgungsleistungen nur dann eintreten, wenn der durch die Veräußerung des ursprünglich übergebenen Vermögensgegenstandes erzielte Erlös "zeitnah" zum Erwerb einer existenzsichernden und ausreichend ertragbringenden Wirtschaftseinheit reinvestiert wird[1043]. Für den Zeitraum bis zur Vollendung einer vereinbarten Vermögensumschichtung werden die Rechtsfolgen der Vermögensübergabe gegen Versorgungsleistungen erst ab Vollzug der Umschichtung angenommen. Wiederkehrende Leistungen *vor* der Anschaffung ei-

---

1041 BMF v. 16.09.2004 – IV C 3 – S 2255 – 354/04 – BStBl. I 2004, S. 922 Tz. 31 f.

1042 BMF v. 16.09.2004 – IV C 3 – S 2255 – 354/04 – BStBl. I 2004, S. 922; für die Fallgruppe der im Voraus vereinbarten Umschichtung von ertraglosem Vermögen gilt eine Frist von drei Jahren, vgl. BMF aaO Tz 16.

1043 BMF v. 16.09.2004 – IV C 3 – S 2255 – 354/04 – BStBl. I 2004, 922, Tz. 28 f.; dies stellt eine abweichende Neuerung gegenüber BMF v. 26.08.2002 – IV C 3 – S 2255 – 420/02 – BStBl. I 2002, 893, Tz. 20 dar. Das Kriterium der zeitlichen Nähe führt das BMF für diesen Fall nicht näher aus.

ner ausreichend ertragbringenden sind folglich als Unterhaltsleistungen ohne einkommensteuerliche Auswirkung beim Übernehmer und Übergeber, danach treten mit Wirkung ex nunc die Rechtsfolgen der Vermögensübergabe gegen Versorgungsleistungen ein[1044].

(bbb) Ursprünglich ertragbringende Vermögensgegenstände

Von der erstmaligen Umschichtung in ertragbringendes Vermögen sind die Fälle zu unterscheiden, in denen zunächst eine ausreichend ertragreiche Wirtschaftseinheit übertragen, aber anschließend durch den Übernehmer veräußert wird. Bei der Übertragung existenzsichernden Vermögens durch den Übergeber zum Zweck der Weiterveräußerung verneinte die frühere Rechtsprechung eine Vermögensübergabe[1045] ebenso wie bei einer Veräußerung aufgrund eines vom Übernehmer nachträglich gefassten Beschlusses[1046]. Der sachliche Zusammenhang der wiederkehrenden Bezüge mit der Vermögensübergabe ende grundsätzlich, wenn das übernommene Vermögen auf einen Dritten übertragen werde und es dem Übernehmer steuerrechtlich nicht mehr zuzurechnen sei. Lasse sich ein Zusammenhang der wiederkehrenden Leistungen mit einer weiterzuführenden Wirtschaftseinheit nicht feststellen, so seien die Voraussetzungen für die Behandlung der Vermögensübergabe als unentgeltlicher Vorgang nicht mehr erfüllt. Dem Übernehmer einer ertragbringenden Wirtschaftseinheit verbleibe wegen der Verneinung von Anschaffungskosten nur die AfA des Rechtsvorgängers. Demgegenüber trete eine Doppelvergünstigung dann ein, wenn der Übernehmer bei nachträglicher Umschichtung zusätzlich zu den Versorgungsleistungen auch die AfA für die Anschaffungskosten des Ersatzwirtschaftsgutes geltend machen könne[1047].

Nach neuerer Rechtsprechung verbleibt es bei der Zuordnung zur Vermögensübergabe, wenn der Übernehmer mit dem durch die Veräußerung erzielten Erlös zeitnah eine existenzsichernde und ausreichend ertragbringende Wirtschaftseinheit erwirbt oder herstellt, ohne dass die in die Zwischenphase fallenden Leistungen an den Übergeber anders zu behandeln wären. Der Einsatz nur

---

1044 BMF v. 16.09.2004 – IV C 3 – S 2255 – 354/04 – BStBl. I 2004, 922, Tz. 13. Findet keine Umschichtung innerhalb von drei Jahren nach Abschluss des Übergabevertrags statt, gelten ab dem Jahr der Vermögensübertragung die Grundsätze über die einkommensteuerrechtliche Behandlung wiederkehrender Leistungen im Austausch mit einer Gegenleistung, vgl. Tz. 16.

1045 BFH v. 14.02.1996 – X R 106/91 – BStBl. II 1996, 687 = BFHE 180, 87; BFH v. 24.07.1996 – X R 167/95 – BStBl. II 1997, 315 = BFHE 181, 72.

1046 Vgl. BFH v. 17.06.1998 – X R 129/96 – BFH/NV 1999, 294.

1047 BFH v. 17.06.1998 – X R 104/94 – BStBl. II 2002, 646 = BFHE 186, 280.

von Teilen des Erlöses oder ein zusätzlicher Einsatz eigener Mittel des Übernehmers sind unschädlich[1048]. Damit ist für den Übernehmer einer von vornherein ertragbringenden Wirtschaftseinheit eine Umschichtung unter geringeren Voraussetzungen möglich als für den Übernehmer solcher Vermögensgegenstände, die erst noch einer im Vermögensübergabevertrag vereinbarten Umschichtung bedürfen.

(ccc) Maßgeblichkeit des Zeitpunkt des Übergabevertrags

Die Differenzierung zwischen anfänglich ertragbringenden Wirtschaftsgütern und erst nach einer erfolgreichen Umschichtung ertragsfähig werdenden Wirtschaftsgütern ist nach der Erweiterung des Kreises der existenzsichernden Wirtschaftseinheiten auf Geldvermögen[1049] nicht haltbar. Zwar werden in der Übergangsphase die zur Erbringung der wiederkehrenden Leistungen nötigen Erträge zunächst nicht aus dem übertragenen Gegenstand erwirtschaftet, sondern erst später aus der durch Umschichtung erworbenen Wirtschaftseinheit. Unter dem Gesichtspunkt des für die Vermögensübergabe charakteristischen Vorbehalts der Erträge ist aber auf den wirtschaftlichen Gesamtvorgang abzustellen und die übergebene, noch umzuschichtende Wirtschaftseinheit als Ausgangspunkt der Erwirtschaftung vorbehaltener Erträge durch den Übernehmer zu sehen. Dies folgt aus der der Entscheidung des Großen Senats zu entnehmenden Tendenz, dass die steuerlichen Rechtsfolgen der Vermögensübergabe allein auf dem Ertragspotenzial des übergebenen Vermögens beruhen[1050]. Es kann keinen Unterschied machen, ob nach erfolgter Vermögensübergabe ertragloses Vermögen in ertragbringendes Vermögen oder ertragbringendes Vermögen später in einen ebenfalls ertragbringenden Ersatzgegenstand umgeschichtet wird[1051]. Ferner spricht für diese Gesamtbetrachtung, dass andernfalls ein ertragloser Übergabegegenstand zunächst in eine ertragbringende Wirtschaftseinheit in Form von Geldvermögen umgeschichtet und dieses anschließend im Wege einer Zweitumschichtung für den Erwerb einer anderen Wirtschaftseinheit verwendet werden könnte, so dass die Herbeiführung der Wirkungen einer Vermögensübergabe letztlich von der im Belieben der Beteiligten stehenden vertraglichen Konstruktion abhängen würde[1052]. Die vom X. Senat in einer neueren Entscheidung be-

---

1048 BMF v. 16.09.2004 – IV C 3 – S 2255 – 354/04 – BStBl. I 2004, 922, Tz. 31.

1049 BFH v. 12.05.2003 – GrS 1/00 – BStBl. II 2004, 95 (99) = BFHE 202, 464; BFH v. 16.06.2004 – X R 22/99 – BStBl. II 2004, 1053 = BFHE 206, 400; BMF v. 16.09.2004 – IV C 3 – S 2255 – 354/04 – BStBl. I 2004, 922, Tz. 10.

1050 Vgl. BFH v. 12.05.2003 – GrS 1/00 – BStBl. II 2004, 95 (99) = BFHE 202, 464.

1051 So auch *Lüsch*, in: Littmann/Bitz/Pust, EStG, § 22 Rn. 240; *Weber-Grellet*, FR 2003, 1092.

1052 Ähnlich *Geck*, DStR 2005, 85 (86).

tonte Privilegierungsfunktion des Rechtsinstituts[1053] wird unterlaufen, wenn derjenige, der sich im Übergabevertrag zu einer Vermögensumschichtung verpflichtet hat, erst nach einer erfolgreichen Umschichtung innerhalb einer Drei-Jahres-Frist die steuerlichen Rechtsfolgen ex nunc geltend machen kann, während derjenige, der bereits anfänglich einen ertragreichen Übergabegegenstand erwirbt, beliebig und ohne zeitliche Vorgaben Umschichtungen vornehmen kann[1054]. Die von der Verwaltung vorgesehene Drei-Jahres-Frist findet zudem im Gesetz keine Stütze[1055] und der Hinweis, dass erst mit vollzogener Umschichtung eine begünstigte Vermögensübergabe zustande gekommen sei, steht im Widerspruch mit der vom Großen Senat anerkannten Möglichkeit der im Übergabevertrag vereinbarten Verpflichtung zur Vermögensumschichtung. Die Rechtsfolgen der Vermögensübergabe gegen Versorgungsleistungen sollten immer ab dem Zeitpunkt des Abschlusses des Übergabevertrages eintreten, unabhängig von später vorzunehmenden Umschichtungen[1056]. Dies ist auch deshalb bedenkenfrei, weil erfolglose Umschichtungen oder die spätere Feststellung der Ertraglosigkeit des im Zuge der Umschichtung erworbenen Vermögensgegenstandes durch das verfahrensrechtliche Instrument der Steuerfestsetzung unter dem Vorbehalt der Nachprüfung (§§ 164 f. AO) hinreichend berücksichtigt werden können.

(c) Immobilien als Übertragungsgegenstände der Vermögensübergabe

Bei der praktisch bedeutsamen[1057] Übertragung von Immobilien sind insbesondere zwei Konstellationen zu unterscheiden, nämlich die Eigennutzung der Wohnung durch den Übernehmer und Versorgungspflichtigen und das sog. Stuttgarter Modell, bei dem eine Vermietung der übergebenen Wohnung durch den Übernehmer und Versorgungsverpflichteten an den Übergeber und Versorgungsberechtigten erfolgt.

1053 BFH v. 31.03.2004 – X R 66/98 – BStBl. II, 830 = BFHE 205, 285.

1054 Zweifelnd hinsichtlich der zeitlichen Anforderungen auch *Rindermann/Schlenker*, in: Littmann/Bitz/Pust, EStG, § 10 Rn. 44d. Für die Zulässigkeit der Surrogationsmöglichkeit bei bestimmten Gruppen existenzsichernder Wirtschaftseinheiten bereits *Stuhrmann*, DStR 1999, 924 (925). Kritisch insgesamt *Paus*, DStZ 2005, 31 (33).

1055 *Rindermann/Schlenker*, in: Littmann/Bitz/Pust, EStG, § 10 Rn. 44d.

1056 So im Ergebnis auch *Bauschatz*, KÖSDI 2005, 14596 (14601); *Geck*, DStR 2005, 85 (89); *Rindermann/Schlenker*, in: Littmann/Bitz/Pust, EStG, § 10 Rn. 44d.

1057 *Spiegelberger*, DStR 2000, 1073 (1074) spricht vom "Kernbereich" der vorweggenommenen Erbfolge.

(aa) Bisherige Behandlung

Die Behandlung von Wohnraum als Gegenstand der Vermögensübergabe gegen Versorgungsleistungen hat mehrfach einen Wandel erfahren. Unter dem Blickwinkel der Ertragskraft handelt es sich bei der Überlassung von Wohneigentum an sich um ertragbringendes Vermögen. Bei Eigennutzung durch den Übernehmer fallen aber keine Erträge an, vielmehr liegen ersparte Aufwendungen vor. Der BFH hat in früheren Entscheidungen bei vom Übernehmer selbst genutzten Immobilien eine Vermögensübergabe gegen Versorgungsleistungen angenommen[1058]. Diese Lösung wurde auch nach dem Wegfall der Nutzungswertbesteuerung[1059] aufrechterhalten und von der Verwaltung akzeptiert[1060].
Der X. Senat des BFH[1061] hat jedoch das Vorliegen von Versorgungsleistungen verneint, wenn der Übernehmer die Immobilie zu eigenen Zwecken nutzt. Er stützte sich hierbei auf die Aufgabe der Nutzungswertbesteuerung, die als gesetzgeberische Entscheidung auch für die Beurteilung der Vermögensübergabe gegen Versorgungsleistungen maßgeblich sei.

(bb) Neuerungen

Der Große Senat sieht auch einen Nutzungsvorteil als Ertrag an, da der maßgebende Nettoertrag nicht mit den steuerlichen Einkünften identisch sein müsse und ein Nutzungsvorteil als Einkommen im finanzwirtschaftlichen Sinn angesehen werden könne[1062]. Damit wird die vom X. Senat vertretene Ansicht nicht übernommen, sondern zur früheren Praxis zurückgekehrt[1063]. Die Finanzverwaltung hat sich dem angeschlossen[1064]. Bei der Übertragung einer bereits bewohn-

---

1058 BFH v. 18.12.1991 – XI R 2/88 – BFH/NV 1992, 382; BFH v. 23.01.1992 – XI R 6/87 – BStBl. II 1992, 526 = BFHE 167, 86.

1059 Durch das Wohnungseigentumsförderungsgesetz vom 15.05.1986, BGBl. I 1986, 730.

1060 Vgl. Rentenerlass I, BMF-Schreiben vom 23.12.1996 – IV B 3 – S 2257 – 54/96 – BStBl. I 1996, 1508, Tz. 13. Zustimmend *Fischer* in Kirchhof/Söhn/Mellinghoff, EStG, § 22 Rn. B 269; ders., Wiederkehrende Bezüge und Leistungen, Rn. 340; *Spiegelberger*, Stbg. 1995, 481(485); *Strahl*, Stbg. 1996, 263 (267); *Wendt*, Harzburger Steuerprotokoll 1996, 205. Ablehnend einzelne unterinstanzliche Gerichte, vgl. FG Brandenburg v. 16.04.1997 – 2 K 616/96 E – EFG 1997, 956; FG Brandenburg v. 25.11.1998 – 2 K 1661/97 E – EFG 1999, 226. Ebenso Teile der Literatur, vgl. *Hipler*, Vermögensübergabe gegen Versorgungsleistungen, S. 73; *Paus*, BB 1994, 1759 (1761); Warnke, BB 1999, 85.

1061 BFH v. 10.11.1999 – X R 10/99 – BStBl. II 2002, 653 = BFHE 190, 143.

1062 BFH v. 12.05.2003 – GrS 1/00 – BStBl. II 2003, 99 (100) = BFHE 202, 464.

1063 Vgl. Rentenerlass I, BMF-Schreiben v. 23.12.1996 – IV B 3 – S 2257 – 54/96 – BStBl. I 1996, 1508, Tz. 13.

1064 BMF v. 16.09.2004 – IV C 3 – S 2255 – 354/04 – BStBl. I 2004, 922, Tz. 21.

ten Immobilie stellt der Nutzungsvorteil in Form ersparter Aufwendungen einen Ertrag dar, dem eine als Sonderausgabe abziehbare Versorgungsrente gegenübersteht[1065].

(aaa) Dem Übergeber überlassene Immobilie

Bei der Überlassung einer Immobilie als Versorgungsleistung an den versorgungsberechtigten Übergeber sind zwei Konstellationen zu unterscheiden, nämlich die schon seit langem unter dem Begriff "Stuttgarter Modell"[1066] praktizierte entgeltliche Überlassung der Immobilie an den Übergeber sowie die unentgeltliche Überlassung der Immobilie.

(1) Entgeltliche Überlassung (Stuttgarter Modell)

Bewohnt der Übergeber weiterhin die als Wirtschaftseinheit übertragene Wohnung unter Begründung eines Mietverhältnisses mit dem Übernehmer, so kann der Übergeber die vereinbarte dauernde Last als Mietzahlung verwenden (sog. Stuttgarter Modell). Dabei liegen zwei getrennte Rechtsverhältnisse vor, die Vermögensübergabe gegen Versorgungsleistungen und die entgeltliche Wohnungsnutzung durch den Übergeber. Die Höhe der Versorgungsleistungen entspricht im wesentlichen dem vereinbarten Mietzins. Wirtschaftlich wird der Übergeber im Ergebnis so gestellt, als habe er das Objekt lediglich unter Vorbehalt eines Wohnungsrechts, ohne Versorgungsleistung und ohne Rückvermietung, übertragen. Durch diese Gestaltung soll erreicht werden, dass der Übernehmer die auf das Objekt vorgenommenen Investitionen bei den Einkünften aus Vermietung und Verpachtung als Werbungskosten absetzen kann[1067]. Die aus den Mieteinnahmen zu bestreitenden Versorgungsleistungen sind für den Übernehmer in voller Höhe als Sonderausgaben abzugsfähig. Korrespondierend

---

[1065] Kritisch *Schwenke*, DStR 2004, 1679 (1684), der hierin einen Widerspruch zu den zur Vermögensübergabe gegen Versorgungsleistungen entwickelten Grundsätzen sieht, wonach der Vermögensübergeber in Gestalt der Versorgungsleistungen typischerweise Erträge seines Vermögens vorbehält, die nunmehr vom Übernehmer erwirtschaftet werden müssen. Es fehle im der Übertragung einer eigengenutzten Wohnung an einer Vergleichbarkeit mit dem Vorbehaltsnießbrauch. Zweifelnd auch *Risthaus*, DB 2003, 2190 (2194).

[1066] Der Begriff "Stuttgarter Modell" geht zurück auf die grundsätzliche Anerkennung der Kombination von Mietvertrag und dauernder Last durch das Baden-württembergische Finanzministerium im Schreiben vom 26.02.1985, BWNotZ 1985, 33. Zur Vertragsgestaltung vgl. *Hipler*, ZEV 2004, 195; *Mayer/Geck*, DStR 2005, 1425; dies., DStR 2005, 1471; *Spiegelberger*, DStR 2004, 1105 (1107).

[1067] *Hipler*, Stbg. 2004, 109; Busch/Trompeter, FR 2005, 633, jeweils mit Erläuterung der schenkungssteuerrechtlichen Vorteile der Gestaltung.

findet beim Übergeber eine Besteuerung als sonstige Einkünfte nach § 22 Nr. 1 EStG statt. Dieser hat regelmäßig einen deutlich niedrigen Durchschnittssteuersatz als der Übernehmer, so dass bei einer Gesamtbetrachtung wie in den üblichen Fällen der Vermögensübergabe gegen Versorgungsleistungen eine Steuerersparnis möglich ist. In der Rechtsprechung des BFH werden derartige Gestaltungsmöglichkeiten anerkannt, weil die Eigentumsübertragung und die Rückvermietung im Hinblick auf § 42 AO zivilrechtlich und wirtschaftlich und somit auch steuerrechtlich getrennt zu beurteilen seien[1068]. Ein Missbrauch von Gestaltungsmöglichkeiten[1069] liege demnach beim sog. Stuttgarter Modell nicht vor[1070].

(2) Unentgeltliche Überlassung

Die Überlassung der übertragenen Immobilie an den Übergeber kann auch unentgeltlich durch Einräumung eines dinglichen oder obligatorischen Wohnrechts erfolgen. Die Rechtsprechung hat den Nutzungswert der überlassenen Immobilie nicht berücksichtigt, da entgangene Einnahmen ebenso wie ersparte Aufwen-

---

1068 BFH v. 12.09.1995 – IX R 54/93 – BStBl. II 1996, 158 = BFHE 178, 542; BFH v. 29.11.1996 – IX B 80/96 – BFH NV 1997, 406; BFH v. 27.07.1999 – IX R 64/96 – BStBl. II 1999, 826 = BFHE 190, 125; BFH v. 19.10.1999 – IX R 39/99 – BStBl. II 2000, 224 = BFHE 190, 173; BFH v. 05.11.2002 – IX R 48/01 – BStBl. II 2003, 646 = BFHE 201, 46; BFH v. 10.12.2003 – IX R 12/01 – BStBl. II 2004, 643 = BFHE 205, 62; BFH v. 17.12.2003 – IX R 60/98 –BStBl. II 2004, 646 = BFHE 204, 485; BFH v. 17.12.2003 – IX R 56/03 – BStBl. II 2004, 648 = BFHE 205, 70; BFH v. 17.12.2003 – IX R 30/99 – BFH/NV 2004, 1271.

1069 Nach der Rechtsprechung des BFH liegt ein Mißbrauch von Gestaltungsmöglichkeiten regelmäßig dann vor, wenn eine Gestaltung gewählt wird, die unter Berücksichtigung des angestrebten Ziels unangemessen ist, der Steuerminderung dienen soll und durch wirtschaftliche oder sonst beachtliche außersteuerliche Gründe nicht zu rechtfertigen ist, vgl. grundlegend BFH v. 29.11.1982 – GrS 1/81 – BStBl. II 1983, 272 = BFHE 137, 433; ferner BFH v. 29.10.1985 – IV R 107/82 – BStBl. II 1986, 217 = BFHE 145, 351; BFH v. 13.07.1989 – V R 8/86 – BStBl. II 1990, 100 = BFHE 158, 166; BFH v. 06.03.1990 – II R 88/87 – BStBl. II 1990, 446 = BFHE 160, 57; BFH v. 17.01.1991 – IV R 132/85 – BStBl. II 1991, 205 = BFHE 163, 449; BFH v. 16.01.1992 – V R 1/91 – BStBl. II 1992, 541 (542) = BFHE 167, 215; BFH v. 03.02.1998 – IX R 38/96 – BStBl. II 1998, 539 = BFHE 185, 379; BFH v. 19.11.1999 – IX R 39/99 – BStBl. II 2000, 224 (225) = BFHE 190, 224.

1070 Dass dies teilweise grenzwertig ist, zeigen abweichende Entscheidungen der Finanzgerichte, vgl. FG Köln v. 17.05.2001, 15 K 4884/93 – DStRE 2002, 1137; Niedersächsisches FG v. 23.06.1994, II 690/90 – EFG 1994, 1089; FG Düsseldorf v. 14.11.2000 – 6 K 4517/94 E – DStRE 2001, 536; FG Nürnberg vom 19. 10.1995 – IV 12/95 – EFG 1996, 279. Differenzierend *Hipler*, Stbg. 2004, 109 (111), der bei Ausschluss des Rechtes zur ordentlichen Kündigung im Mietvertrag oder Befristung des Mietverhältnisses auf die Lebensdauer des Übergebers eine unangemessene Gestaltung annimmt, für die es regelmäßig keine außersteuerlichen Gründe gebe.

dungen mangels Belastung auf Übernehmerseite auch bei der Vermögensübergabe gegen Versorgungsleistungen keine für den Abzug als dauernde Last erforderliche Aufwendungen darstellen könnten[1071]. Beim Übergeber lägen dementsprechend auch keine als wiederkehrende Bezüge zu erfassenden Einnahmen vor[1072]. Diese Auffassung stützt sich einerseits auf den Wegfall der Nutzungswertbesteuerung. Die Abziehbarkeit als dauernde Last setze – ganz im Sinne des Korrespondenzprinzips – die Besteuerung des Mietwertes beim Nutzenden voraus. Weil dem aus der Vermögensübergabe Verpflichteten kein Nutzungswert mehr zuzurechnen sei, entfalle zugleich die Abzugsmöglichkeit als dauernde Last beim Übernehmer und Überlassenden[1073]. Des weiteren betont der BFH, dass es an einer Überleitung der Erträge fehle, da es keinen tragfähigen Grund gebe, weshalb sich nach Wegfall der Nutzungswertbesteuerung der Wert der bisher dem Übergeber zuzurechnenden Nutzung in einen Sachbezug des Nutzungsberechtigten bzw. in eine Sachleistung des Vermögensübernehmers verwandeln solle[1074]. Behalte sich der Übergeber die Nutzung vor, erhalte der Vermögensübernehmer nur bereits mit dem Nutzungsrecht belastetes Vermögen, weshalb die Nutzungsüberlassung keine Aufwendung darstelle und es nicht zu einem materiell korrespondierend zu behandelnden Transfer steuerlicher Leistungsfähigkeit kommen könne[1075].

Im Schrifttum ist demgegenüber der Abzug als dauernde Last mit der Begründung bejaht worden, der Verpflichtete erbringe durch die unentgeltliche Nutzungsüberlassung wegen des Verzichts auf die Erzielung von Einnahmen oder die Eigennutzung ein als dauernde Last zu berücksichtigendes Wertop-

---

1071 BFH v. 30.10.1984 – IX R 2/84 – BStBl. II 1985, 610 (613) BFH v. 25.03.1992 – X R 196/87 – BStBl. II 1992, 1012 = BFHE 167, 408; BFH v. 21.09.1993 – IX R 96/88 – BFH/NV 1994, 307 (308); BFH v. 26.07.1995 – X R 91/92 – BStBl. II 1995, 836 = BFHE 178, 339. Anders wurden nur Fälle beurteilt, in denen auf Seiten des Nutzungsverpflichteten aufgrund der Überlassung einzelner Räume eine Schmälerung seiner eigenen steuerbaren Nutzung angenommen wurde, vgl. BFH v. 13.08.1985 – IX R 6/80 – BFH/NV 1986, 275; BFH v. 11.08.1992 – IX R 223/87 – BStBl. II 1993, 31 = BFHE 169, 85.

1072 A.A. *Jansen/Wrede*, Renten, Raten, dauernde Lasten[12], Rn. 24 für den Fall der unentgeltlichen Wohnungsüberlassung in einem bereits vor Übergabe eines Mietgrundstücks dem Übergeber gehörenden Hauses, wo der Nutzungswert als Einnahmen beim Übergeber des Grundstücks anzusetzen und dem Übernehmer wegen fehlender Aufwendungen kein Abzug als dauernde Last zu gewähren sei, so dass es insoweit kein Korrespondenzprinzip gebe.

1073 BFH v. 26.07.1995 – X R 91/92 – BStBl. II 1995, 836 (838) = BFHE 178, 339.

1074 BFH v. 26.07.1995 – X R 91/92 – BStBl. II 1995, 836 (838) = BFHE 178, 339.

1075 BFH v. 26.07.1995 – X R 91/92 – BStBl. II 1995, 836 (838) = BFHE 178, 339.

fer[1076]. *Fischer* kehrt das durch die Rechtsprechung zur Begründung angeführte Korrespondenzverhältnis um, indem er eine Versteuerung der unentgeltlichen überlassenen Wohnung beim Übergeber bejaht, wenn aus Gründen der materiell-rechtlichen Korrespondenz der Übernehmer und Verpflichtete den zufließenden Wert als dauernde Last abziehen könne[1077].

Hinsichtlich der Beurteilung unentgeltlicher Wohnungsüberlassungen im Rahmen eines Vermögensübergabevertrages müssen die bereits zur Begriffsbestimmung der dauernden Last getroffenen Feststellungen[1078] maßgeblich sein. Die Beurteilung der unentgeltlichen Wohnungsüberlassung aufgrund eines Vermögensübergabevertrags kann weder abhängig davon sein, ob und bei wem der Nutzungswert der Wohnung steuerlich erfasst wird (Investitionsgutlösung) oder nicht steuerbar ist (Privatgutlösung)[1079], noch kommt einem Korrespondenzprinzip konstitutive Funktion zu. Ob und in welcher Form ein Steuerpflichtiger etwas aufwendet, ist allein nach seinen Verhältnissen zu entscheiden, nicht auch nach denen des Empfängers[1080]. Daraus folgt, dass in der unentgeltlichen Wohnungsüberlassung für den Verpflichteten dann eine dauernde Last vorliegen kann, wenn dies mit dem Sonderausgabenbegriff vereinbar ist. Der Einwand, dass der Verzicht auf Einnahmen keine wirtschaftliche Belastung darstelle, ist schon deshalb nicht stichhaltig, weil auch der Einnahmeverzicht im Falle der unentgeltlichen Wohnungsüberlassung eine wirtschaftliche Belastung und mithin eine Ausgabe darstellt[1081]. Insoweit ist der Fall nicht anders zu behandeln als die unentgeltliche Wohnungsüberlassung an den geschiedenen Ehegatten[1082].

Der Große Senat hat sich mit dieser Fallkonstellation nicht befasst, so dass abzuwarten bleibt, ob die Rechtsprechung weiterhin den Abzug als dauernde Last versagt. Allerdings ist wegen der Erweiterung des Kreises der für die Vermögensübergabe relevanten ertragbringenden Wirtschaftsgüter und der als Erträge anzusehenden Nutzungsvorteile[1083] eine Ungleichbehandlung der Fälle, in

---

1076 Vgl. *Fischer*, Wiederkehrende Bezüge und Leistungen, Rn. 397; *Söhn*, in: Kirchhof/Söhn/Mellinghoff, EStG, § 10 Rn. D 203.

1077 *Fischer*, in: Kirchhof/Söhn/Mellinghoff, EStG, § 22 Rn. B 311; ders., Wiederkehrende Bezüge und Leistungen, Rn. 397.

1078 Siehe oben G. II. 2. c) aa), S. 143 f.

1079 So *Nolde*, in: Herrmann/Heuer/Raupach, EStG, § 10 Rn. 59 f., wonach es nur darauf ankomme, ob die Nutzungsüberlassung den Tatbestand der Aufwendungen erfülle.

1080 *Söhn*, in: Kirchhof/Söhn/Mellinghoff, EStG, § 10 Rn. D 205.

1081 *Söhn*, in: Kirchhof/Söhn/Mellinghoff, EStG, § 10 Rn. D 205; zustimmend insoweit *Fischer*, in: Kirchhof/Söhn/Mellinghoff, EStG, § 22 Rn. B 311.

1082 Dazu F. II. 4. b) cc) bbb), S. 86 f.

1083 BFH v. 12.05.2003 – GrS 1/00 – BStBl. II 2004, 95 (100) = BFHE 202, 464.

denen der Übernehmer den übertragenen Gegenstand selbst nutzt und der Fälle, in denen der übertragene Gegenstand dem Übergeber unentgeltlich überlassen wird, nicht mehr haltbar. Die in beiden Fällen gegebene Aufwendungsersparnis verlangt vielmehr unter dem Gesichtspunkt des Ertragsvorbehalts eine Gleichbehandlung. Der dogmatische Ansatz der vorbehaltenen Erträge muss dazu allerdings so verstanden werden, dass in der unentgeltlichen Überlassung eine Ertragserzielung des Übernehmers liegt.

(3) Aufwendungen im Zusammenhang mit der Wohnungsüberlassung

Der Wohnbedarf des Vermögensübergebers wird häufig dadurch gewährleistet, dass sich der Vermögensübernehmer dazu verpflichtet, eine Wohnung in bewohnbarem Zustand zu halten, wenn der Vermögensübergeber die Wohnung auch nach Vermögensübergabe aufgrund eines Nießbrauchsrechts nutzt. Die aufgrund eines Vermögensübergabevertrages erbrachten Instandhaltungsaufwendungen werden von der Rechtsprechung in der tatsächlich entstandenen Höhe als auf Verpflichtetenseite abziehbare und auf Empfängerseite steuerbare Versorgungsleistungen behandelt[1084], wenn diesbezüglich eine klare und eindeutige Vereinbarung im Übergabevertrag besteht[1085] und die Instandhaltungskosten der Erhaltung des vertragsgemäßen Zustandes der Immobilie im Zeitpunkt der Übergabe dienen[1086]. Die für den Sonderausgabenabzug erforderliche wirtschaftliche Belastung wird auch nicht deswegen verneint, weil die Sachaufwendungen des Verpflichteten nach Vollzug des Übergabevertrags der in seinem Eigentum stehenden Immobilie zugute kommen[1087].

1084 BFH v. 30.10.1984 – IX R 2/84 – BStBl. II 1985, 610 (613 f.) = BFHE 143, 317; BFH v. 16.07.1985 – IX R 1/79 – BFH/NV 1985, 77; BFH v. 05.08.1986 – IX R 10/82 – BFH/NV 1987, 29 (30); BFH v. 25.03.1992 – X R 196/87 – BStBl. II 1992, 1012 (1014) = BFHE 167, 408; BFH v. 26.07.1995 – X R 91/92 – BStBl. II 1995, 836 (837) = BFHE 178, 339; BFH v. 25.08.1999 – X R 38/95 – BStBl. II 2000, 21 = BFHE 190, 302; BFH v. 25.08.1999 – X R 94/98 = BFH/NV 2000, 418. Nicht den Versorgungsleistungen zuzuordnen sind dagegen vom Eigentümer geschuldete Grundstückslasten, wenn das Versorgungsbedürfnis des Nießbrauchsberechtigten nicht berührt wird, vgl. BFH v. 25.03.1992 – X R 196/87 – BStBl. II 1992, 1012 (1014) = BFHE 167, 408; BFH v. 11.08.1992 – IX R 223/87 – BStBl. II 1993, 31 (33) = BFHE 169, 85.

1085 Vgl. hierzu BFH v. 14.07.1993 – X R 54/91 – BStBl. II 1994, 19 = BFHE 172, 324; BFH v. 24.11.1993 – X R 123/90 – BFH/NV 1994, 704; BFH v. 16.03.1999 – X R 87/95 – BFH/NV 2000, 12 (14); BFH v. 25.08.1999 – X R 38/95 – BStBl. II 2000, 21 = BFHE 190, 302; BFH v. 15.03.2000 – X R 50/98 – BFH/NV 2000, 1089.

1086 BFH v. 25.03.1992 – X R 196/87 – BStBl. II 1992, 1012 = BFHE 167, 408; BFH v. 25.08.1999 – X R 38/95 – BStBl. II 2000, 21 = BFHE 190, 102; BFH v. 15.03.2000 – X R 50/98 – BFH/NV 2000, 1089.

1087 Vgl. BFH v. 30.10.1984 – IX R 2/84 – BStBl. II 1985, 610 = BFHE 143, 317; BFH v. 25.03.1992 – X R 196/87 – BStBl. II 1992, 1012 (1014) = BFHE 167, 408; BFH v.

(bbb) Neuerungen bei Übergabe einer zuvor vom Übergeber bewohnten Immobilie

Vor den Entscheidungen des Großen Senats vom 12.05. 2003[1088] fiel das Stuttgarter Modell bei ausschließlicher Eigennutzung des Übergebers bis zur Übergabe nicht unter das Sonderrecht der Vermögensübergabe gegen Versorgungsleistungen. Nach Auffassung des X. Senats und der Finanzverwaltung war hierfür Voraussetzung, dass das übertragene Vermögen bereits beim Übergeber eine ertragbringende Wirtschaftseinheit gewesen war und dem Übernehmer zur fortgesetzten Bewirtschaftung überlassen wurde[1089]. Die Selbstnutzung einer Immobilie wurde nicht als Ertrag angesehen, so dass eine im Zeitpunkt der Übergabe vom Übergeber selbst genutzte Immobilie keinen Übergabegegenstand im Sinne einer Vermögensübergabe gegen Versorgungsleistungen darstellte[1090]. Abweichend hiervon hat der Große Senat entschieden, dass auch ein Nutzungsvorteil berücksichtigt werden kann, da der maßgebliche Nettoertrag nicht mit den steuerlichen Einkünften identisch sein müsse. Versorgungsleistungen, die im Gegenzug zur Übertragung einer durch den Übernehmer genutzten Immobilie erbracht werden, können danach dann als Sonderausgaben abgezogen werden, "wenn die ersparte Nettomiete nicht niedriger ist als die versprochenen Leistungen"[1091].

Dies erscheint im Hinblick auf die nunmehr zulässigen Vermögensumschichtungen auf den ersten Blick folgerichtig. Wenn die im Übergabevertrag enthaltene Verpflichtung des Übernehmers, das übertragene, zunächst ertraglose Vermögen in ertragbringendes Vermögen umzuschichten unter das Rechtsinstitut der Vermögensübergabe gegen Versorgungsleistungen fällt, dann kann der Fall des Stuttgarter Modells, bei dem eine von vornherein ertragbringende Wirtschaftseinheit übertragen wird und durch die Übergabe lediglich die Selbst- zur

---

24.11.1993 – X R 123/90 – BFH/NV 1994, 704; BFH v. 25.08.1999 – X R 38/95 – BStBl. II 2000, 21 = BFHE 190, 302.

1088 BFH v. 12.05.2003 – GrS 1/00 – BStBl. II 2004, 95 = BFHE 202, 464; BFH v. 12.05.2003 – GrS 2/00 – BStBl. II 2004, 100 = BFHE 202. 477.

1089 BFH v. 27.08.1997 – X R 54/94 – BStBl. II, 813 (815) = BFHE 184, 337. BMF Schreiben v. 26.08.2002 – IV C 3 – S 2255 – 420-02, BStBl. I 2002, 893.

1090 BFH v. 10.11.1999 – X/R 10/99 – BStBl. II 2002, 653 = BFHE 190, 413.

1091 BFH v. 12.05.2003 – GrS 1/00 – BStBl. II 2003, 95 (100) = BFHE 202, 464. Kritisch *Schwenke*, DStR 2004, 1679 (1684), der wegen der fehlenden Vergleichsmöglichkeit mit dem Vorbehaltsnießbrauch einen Widerspruch zu dem durch die Rechtsprechung des BFH verfolgten dogmatischen Konzept sowie die Schaffung einer Steuersparmöglichkeit sieht. Die Vorteilhaftigkeit der Gestaltungsmöglichkeiten verdeutlicht das Beispiel bei *Reich*, DNotZ 2004, 6 (18).

Fremdnutzung verändert wird, nicht anders zu behandeln sein[1092]. Bei näherer Betrachtung fällt jedoch ein Widerspruch zu dem das Rechtsinstitut konstituierenden Gesichtspunkt der vorbehaltenen Erträge auf: Die zur Begründung des Ertragsvorbehalt herangezogene Vergleichbarkeit mit dem Nießbrauchsvorbehalt gründet maßgeblich auf dem Erwirtschaften von Erträgen, was bei einem bloßen Nutzungsvorteil nur schwerlich anzunehmen ist[1093].

(d) Vom Übernehmer ersparte Zinsaufwendungen

Der Große Senat bejaht das Vorliegen einer existenzsichernden Wirtschaftseinheit auch dann, wenn erhaltenes Geldvermögen zur Tilgung von Schulden des Übernehmers zum Zweck der Zinsersparnis verwendet wird und die hierdurch freiwerdenden Nettoerträge zur Deckung der Versorgungsleistungen ausreichen[1094]. Danach wäre es wirtschaftlich betrachtet möglich, dem Übernehmer den Abzug von privaten Schuldzinsen zu gestatten, indem durch den Übergabevertrag ein Geldbetrag zugewendet wird mit der Auflage, diesen zur Tilgung von Verbindlichkeiten zur Zinsersparnis zu verwenden.

(aa) Finanzverwaltung und Folgerechtsprechung

Die Finanzverwaltung lehnt dies grundsätzlich ab[1095]. Der BFH hat jedoch für den Fall der Übergabe von Geld- oder Wertpapiervermögen den Sonderausgabenabzug von Schuldzinsen zugelassen, wenn diese Vermögensgegenstände vereinbarungsgemäß zur Tilgung von Schulden verwendet werden, mit denen die Anschaffung oder Herstellung von ertragbringendem Vermögen finanziert wird[1096]. Einschränkend verlangt der BFH, dass eine Entlastung von langfristigen Schuldverpflichtungen vorliegt. Dies folge aus dem Prinzip der generationenübergreifenden Perpetuierung des Übergabevermögens, die nur dann gewahrt sei, wenn und soweit ein Finanzierungszusammenhang mit dem Erwerb

---

1092 So auch *Hipler*, ZEV 2004, 194 (199).

1093 Gl. A. *Schwenke*, DStR 2004, 1679 (1685), der hierin die Schaffung einer sachlich nicht gerechtfertigten Steuersparmöglichkeit sieht.

1094 BFH v. 12.05.2003 – GrS 1/00 – BStBl. II 2004, 95 (99) = BFHE 202, 464; bestätigt durch BFH v. 16.06.2004 – X R 22/99 – BStBl. II 2004, 1053 = BFHE 206, 400.

1095 Vgl. BMF-Schreiben v. 16.09.2004 – IV C 3 – S 2255 – 354/04 – BStBl. I 2004, 922 Tz 21 mit Übergangsregelung in Tz 76.

1096 BFH v. 01.03.2005 – X R 45/03 – DStR 2005, 1174 = BFHE 209, 302.

einer ertragbringenden Vermögensanlage besteht, die ihrerseits Objekt einer Vermögensübergabe sein könnte[1097].

(bb) Schrifttum

In der Literatur wird die Berücksichtigung von ersparten Zinsaufwendungen unterschiedlich behandelt. Teilweise wird eine Einbeziehung von ersparten Zinsaufwendungen in eine Vermögensübergabe gegen Versorgungsleistungen mit dem Argument abgelehnt, dies sei mit dem Gedanken des Erwirtschaftens von Erträgen insgesamt nicht in Einklang zu bringen[1098]. Andererseits wird ein Abzug dann für möglich erachtet, wenn der Nutzungsvorteil in Aufwendungen liege, die steuerlich als Betriebsausgaben oder Werbungskosten abzugsfähig gewesen wären[1099].

(cc) Stellungnahme

Das Entfallen der Restriktionen der früheren Rechtsprechung hinsichtlich der Übertragungsgegenstände bringt es mit sich, dass der dogmatische Ansatz der vorbehaltenen Erträge in neuem Licht zu sehen ist. Soweit der Große Senat darauf abstellt, dass als Erträge "Einkommen im finanzwirtschaftlichen Sinne"[1100] auch Nutzungsvorteile in Betracht kommen, ist die Einbeziehung von Zinsersparnissen jedenfalls dann konsequent, wenn diese zur Tilgung solcher Verbindlichkeiten verwendet werden, die mit der Ertragserzielung in Zusammenhang stehen. Dies bestätigt ein Vergleich mit der Beurteilung der eigengenutzten Wohnung, die als Nutzungsvorteil nunmehr einen relevanten Ertrag darstellt, seit Aufgabe der Nutzungswertbesteuerung aber nicht mehr im steuerlichen Bereich liegt. Wenn diese als geeigneter Ertrag anzusehen ist, muss dies erst recht dann – aber nur dann – gelten, wenn der Übernehmer vereinbarungsgemäß ihm überlassenes Geldvermögen zur Schuldentilgung im Zusammenhang mit einer Ertragserzielung, die zu höheren steuerlichen Einkünften führt, verwendet, wenn also die Zinsaufwendungen bei einem hypothetischen Vergleich Betriebsausgaben oder Werbungskosten darstellen würden[1101]. Der vom BFH[1102] entschiedene

---

[1097] BFH v. 01.03.2005 – X R 45/03 – DStR 2005, 1174 (1176) = BFHE 209, 302. Zustimmend im Hinblick auf das Kriterium der langfristigen Ablösung von Schulden zur Abgrenzung zum Konsumentenkredit *Fischer*, in: Kirchhof, EStG[6], § 22 Rn. 11b.

[1098] *Schwenke*, DStR 2004, 1679 (1684).

[1099] *Geck*, DStR 2005, 85 (87).

[1100] Vgl. BFH v. 12.05.2003 – GrS 1/00 – BStBl. II 2004, 95 (99) = BFHE 202, 464.

[1101] Gleicher Ansicht *Geck*, DStR 2005, 85 (87); *Lüsch*, in. Littmann/Bitz/Pust, EStG, § 22 Rn. 224.

[1102] BFH v. 01.03.2005 – X R 45/03 – DStR 2005, 1174 = BFHE 209, 302.

Fall, in dem ein im Wege der Vermögensübergabe übertragenes Einfamilienhaus vom Übernehmer genutzt wird und letzterer langfristige Zinsaufwendungen als Sonderausgaben abziehen können soll, passt nicht in dieses Konzept[1103]. Insgesamt ist bei dem Abstellen auf ersparte Aufwendungen zu beachten, dass praktische Schwierigkeiten sowohl bei der Ermittlung der Höhe der ersparten Aufwendungen als auch bei der Frage, ob die ersparten Aufwendungen ursächlich auf den Vermögensübergabevertrag zurückzuführen sind, auftreten können[1104]. Ob und inwieweit die infolge der Berücksichtigung von Nutzungsvorteilen mögliche Abzugsfähigkeit privater Schuldzinsen einkommensteuersystematisch tragbar und erträglich ist, soll erst abschließend beantwortet werden[1105].

2. Ertragskraft

Eine der umstrittensten Fragen beim Rechtsinstitut der Vermögensübergabe gegen Versorgungsleistungen betraf und betrifft die Voraussetzung der Ertragskraft des übertragenen Vermögensgegenstandes. Diese war Hauptgegenstand der Vorlagefragen an den Großen Senat[1106], dessen Entscheidungen auch in diesem Bereich zu erheblichen Neuerungen geführt haben und eine innerhalb von Verwaltung und Rechtsprechung zu beobachtende Entwicklungslinie zu beenden versuchen. Gleichzeitig hängt die steuerliche Anerkennung der Vermögensübergabe entscheidend von dem Kriterium der Ertragskraft ab, so dass die Erkenntnisse aus den Entscheidungen des Großen Senats hinsichtlich der Ermittlung der Ertragskraft für Beratungspraxis und Finanzverwaltung zentrale Bedeutung erlangen.

(a) Bisherige Einteilung nach Maßgabe des Ertragswerts (Typus 1 und Typus 2)

Liegt eine Wirtschaftseinheit im beschriebenen Sinne vor, so war nach der Rechtsprechung vor den Entscheidungen des Großen Senats danach zu unterscheiden, ob die Versorgungsleistungen von dem tatsächlichen Ertrag des übergebenen Vermögens gedeckt waren oder nicht. Rechtsprechung und Finanzverwaltung stellten hierzu Vermutungsregelungen durch eine Einteilung der Versorgungsleistungen in einen Typus 1 und Typus 2 auf. Der sog. Typus 1 erfasste Fälle, in denen die Erträge des übertragenen Vermögensgegenstandes ausrei-

---

1103 Zweifelnd auch *Risthaus*, DB 2003, 2190 (2192).

1104 Vgl. *Rindermann/Schlenker*, in: Littmann/Bitz/Pust, EStG, § 10 Rn. 46d; *Risthaus*, DB 2003, 2190.

1105 Dazu unten V. 3., S. 270 f.

1106 BFH v. 10.11.1999 – X R 46/97 – BStBl. II 2000, 18 = BFHE 184, 497; BFH v. 13.09.2000 – X R 147/96 – BStBl. II 2001, 175 = BFHE 193, 121.

chen, um die geschuldeten Versorgungsleistungen zu erbringen, der Typus 2 Fälle, in denen keine ausreichend ertragbringende Wirtschaftseinheit übertragen wurde, die Erträge also nicht ausreichen, um die Versorgungsleistungen zu erwirtschaften. Das übertragene Vermögen machte in diesen Fällen wertmäßig aber im Zeitpunkt der Vermögensübergabe bei überschlägiger und großzügiger Berechnung mindestens die Hälfte des Kapitalwerts der wiederkehrenden Leistungen aus. Dieser Typus 2 war innerhalb der Rechtsprechung nicht unumstritten[1107], setzte sich aber in der Finanzverwaltung durch[1108]. Danach war die 50 %-Grenze ein gewichtiges Indiz für die steuerliche Anerkennung von Versorgungsleistungen. Wegen der Kontroversen hinsichtlich dieser Einteilung sollen die Entwicklung der Rechtsprechung sowie gegenläufige Positionen kurz dargestellt werden.

(aa) Die Entscheidungen des Großen Senats GrS 4-6/89 und GrS 1/90

Erste Ansätze für eine typologische Einteilung bilden die Beschlüsse des Großen Senats zur Vermögensübergabe gegen Versorgungsleistungen GrS 4-6/89[1109] und GrS 1/90[1110]. In dem Beschluß vom 05.07.1990 legt der Große Senat den Schwerpunkt auf die dogmatische Verfestigung des Rechtsinstituts der Vermögensübergabe gegen Versorgungsleistungen und bestätigt die Abgrenzung der Versorgungsleistungen von Unterhaltsleistungen im Sinne von § 12 Nr. 2 EStG anhand der Rechtsfigur der typischerweise vom Vermögensübergeber vorbehaltenen Erträge[1111]. Hieran anknüpfend bekräftigt der Große Senat mit Beschluss

---

1107 Exemplarisch die gegenteiligen Ausführungen des X. Senats in BFH vom 27.08.1997 – X R 54/94 – BStBl. II 1997, 813 (816) = BFHE 184, 337, wo der Typus 2 unter Hinweis auf die verfassungsrechtlich für geboten gehaltene Beschränkung des Sonderrechts verteidigt wird sowie ferner BFH v. 24.11.1993 – X R 123/90 – BFH/NV 1994, 704 (705), wonach die Voraussetzung der Verknüpfung der beiderseitigen Lebensverhältnisse bei Übertragung von nicht ausreichend ertragbringendem Vermögen fehle, andererseits BFH v. 23.01.1992 – XI R 6/87 – BStBl. II 1992, 526 (527), wonach es ausreiche, wenn durch eine existenzsichernde Wirtschaftseinheit typischerweise zur Erbringung der Versorgungsleistungen ausreichender Ertrag erwirtschaftet werden kann, solange das übertragene Vermögen nicht weniger als 50 % des Barwerts der Versorgungsverpflichtung ausmache (Hervorhebung nur hier).

1108 Vgl. BMF-Schreiben v. 23.12.1996 IV B 3 – S 2257 – 54/56 – BStBl. I 1996, 1508. *Rindermann/Schlenker*, in: Littmann/Bitz/Pust, EStG, § 10 Rn. 39 bezeichnen die Übernahme der Rechtsprechung des X. Senats sowie der abweichenden Rechtsprechung anderer Senate als "steuerlichen Spagat".

1109 BFH v. 05.07.1990 – GrS 4-6/89 – BStBl. II 1990, 847 = BFHE 161, 317.

1110 BFH v. 15.07.1991 – GrS 1/90 – BStBl. II 1992, 78 = BFHE 165, 225.

1111 BFH v. 05.07.1990 – GrS 4-6/89 – BStBl. II 1990, 847 (852) = BFHE 161, 317.

vom 15.07.1991 diesen dogmatischen Ansatz[1112] und stellt eine Rückbetrachtung der bisherigen Rechtsprechung an, innerhalb derer zur Abgrenzung der Versorgungs- von den Unterhaltsleistungen auf das offensichtliche Überwiegen des Unterhaltscharakters unter Berücksichtigung der Gegenleistung abgestellt wird[1113].

(bb) Die Folgerechtsprechung

Nach diesen Entscheidungen des Großen Senats wird die Typusbildung durch die Folgerechtsprechung teilweise fortgeführt, andererseits finden sich aber auch abweichende Entscheidungen. Dies führte letztlich zur erneuten Vorlage beim Großen Senat. Der X. Senat verfestigt in der Folgerechtsprechung das dogmatische Konzepts der Vermögensübergabe gegen Versorgungsleistungen und stellt die Ertragserwirtschaftung durch den Übernehmer als Voraussetzung für das Vorliegen vorbehaltener Erträge in den Vordergrund. Häufig finden sich keine expliziten Stellungnahmen zu der Frage, ob die zugesagten Versorgungsleistungen von den zu erwartenden Erträgen gedeckt sein müssen oder ob trotz fehlender Deckung die Zuordnung zur Vermögensübergabe möglich ist, wenn der Substanzwert des Übergabegegenstandes 50 % des Kapitalswerts der Versorgungsleistungen ausmacht[1114]. Die übrigen Senate ließen erkennen, dass es auf eine Deckung der zugesagten Leistungen durch die erzielbaren Erträge für die Einordnung der Versorgungsleistungen als vorbehaltene Erträge nicht ankam und hielten eine Gegenüberstellung des Kapitalwerts der Leistungen mit dem Wert des übertragenen Gegenstands für maßgeblich, nicht hingegen, ob und in welcher Höhe überhaupt Erträge durch das übergebene Vermögen erzielbar waren[1115].

1112 BFH v. 15.07.1991 – GrS 1/90 – BStBl. II 1992, 78 (84) = BFHE 165, 225.

1113 BFH v. 23.01.1964 – IV 8/62 U – BStBl. III 1964, 422 (423) sieht einen wesentlichen Anhaltspunkt für das Überwiegen, "wenn der Wert der Gegenleistung bei überschlägiger und großzügiger Berechnung weniger als die Hälfte des Wertes der Verpflichtung beträgt" und stellt somit die erste Entscheidung dar, aus der sich die 50 %-Grenze entnehmen lässt; BFH v. 28.07.1983 – IV R 174/80 – BStBl. II 1984, 97 (100) greift dies als "Anhaltspunkt" auf.

1114 BFH v. 25.03.1992 – X R 100/91 – BStBl. II 1992, 803 (805) = BFHE 168, 243 lässt die Frage offen; auch BFH v. 03.06.1992 – X R 147/88 – BStBl. II 1993, 98 (100) = BFHE 169, 127 lässt bei Ablösung eines Vorbehaltsnießbrauchs durch eine private Versorgungsrente den sachlichen Zusammenhang mit der Vermögensübergabe ausreichen, ohne Ausführungen zur Ertragskraft des Vermögens anzustellen.

1115 So BFH v. 23.01.1992 – XI R 6/87 – BStBl. II 1992, 526 (527) = BFHE 167, 86, wo es um die Anerkennung um Versorgungsleistungen in Form einer Leibrente ging; ähnlich BFH v. 29.04.1992 – XI R 7/85 – BFH/NV 1992, 734 (736). Die 50 %-Grenze wurde ferner aufgegriffen, ohne dass das Wertverhältnis von versprochenen Leistungen und

In seinem Vorlagebeschluss[1116] vertritt der X. Senat die Ansicht, dass der Anwendungsbereich der Vermögensübergabe gegen Versorgungsleistungen nur eröffnet sei, wenn ausreichend ertragbringendes Vermögen übertragen wird. Die 50 %-Grenze wiederstreite der dogmatischen Figur der vorbehaltenen Erträge, wenn ein Unternehmen übertragen werde, das nach herkömmlicher substanzwertorientierter Betrachtung[1117] keinen oder nur einen geringen Substanzwert habe, aber ausreichend Erträge abwerfe, aus denen Versorgungsleistungen an den Übergeber gezahlt werden könnten. Auch in einem solchen Falle komme es ausschließlich darauf an, ob mit dem übertragenen Unternehmen ausreichend Erträge erwirtschaftet würden[1118]. Der rechtliche Gesichtspunkt der vorbehaltenen Erträge sei konstitutiv für gleichheitsrechtlich begründungbedürftige Ausnahmen vom Abzugsverbot für Unterhaltsleistungen und freiwilligen Zuwendungen und von der Nichtsteuerbarkeit zugewendeter Bezüge. Es sei auch mit dem Verfassungsgebot der steuerrechtlichen Gleichbehandlung nicht zu vereinbaren, wenn Unterhaltszahlungen von Kindern an ihre Eltern allein deshalb steuerlich abziehbar wären, weil die Eltern in der Lage sind, ihren Kindern Vermögen zu übertragen[1119]. Die Absage an den Typus 2 findet sich auch in dem der zweiten Entscheidung des Großen Senats vorangehende Vorlagebeschluß[1120]. Der X. Senat versteht dort die Charakterisierung der Versorgungsleistungen als vorbehaltene Erträge in dem Sinne, "dass durch den Abzug der dauernden Last beim Verpflichteten und durch die Erfassung wiederkehrender

Übergabegegenstand für die Entscheidung von Bedeutung war in BFH v. 07.04.1992 – VIII R 59/89 – BStBl. II 1992, 809 (812) = BFHE 167, 515; BFH v. 18.02.1993 – IV R 50/92 – BStBl. II 1993, 548 = BFHE 170, 557; BFH v. 27.08.1996 – IX R 86/93 – BStBl. II 1997, 47 (50) = BFHE 181, 175. Auf dieser Rechtsprechung basiert letztlich die Aufnahme des Typus 2 im Rentenerlass I, BMF-Schreiben vom 23.12.1996 – IV B 3 – S 2257 – 54/96 – BStBl. I 1996, 1508 f. Tz 17, beibehalten im Rentenerlass II, BMF-Schreiben vom 26.08.2002 – IV C 3 S 2255 – 420-02 – BStBl. I 2002, 893 Tz. 17, mit der die Verwaltung versuchte, die divergierenden Auffassungen zu vereinbaren.

1116 BFH v. 10.11.1999 – X R 46/97 – BStBl. II 2000, 188 = BFHE 189, 497.

1117 Zur Wertermittlung nach der sog. Mittelwertmethode unter je hälftiger Berücksichtigung von Substanz- und Ertragswert, vgl. BFH v. 21.01.1986 – VIII R 238/81 – BFH/NV 1986, 597 (599).

1118 BFH v. 10.11.1999 – X R 46/97 – BStBl. II 2000, 188 (193) = BFHE 189, 497.

1119 BFH v. 10.11.1999 – X R 46/97 – BStBl. II 2000, 188 (192) = BFH 189, 497. So auch bereits BFH v. 13.10.1993 – X R 54/91 – BStBl. II 1994, 19 = BFHE 172, 324; BFH v. 24.07.1996 – X R 167/95 – BStBl. II 1997, 315 = BFHE 181, 72; bestätigt werde diese Auffassung durch die Rechtsprechung des Bundesverfassungsgerichts in BVerfG v. 17.12.1992 – 1 BvR 4/87 – DStR 1993, 315. Ebenso *Fischer*, Wiederkehrende Bezüge und Leistungen, Rn 138.

1120 BFH v. 13.09.2000 – X R 147/96 – BStBl. II, 175 = BFHE 193, 121.

Einkünfte beim Bezieher das der gesetzlichen Regelung zugrunde liegende Rechtsprinzip der vorbehaltenen Erträge rechtstechnisch verwirklicht wird"[1121]. Dieser Transfer steuerlicher Leistungsfähigkeit sei nur, dann aber auch stets möglich, wenn die Erträge des übergebenen Vermögens die Versorgungsleistungen abdeckten. Die Abziehbarkeit einer dauernden Last könne nicht an der 50 %-Grenze scheitern, wenn der Gegenstand der Vermögensübergabe zwar ausreichende Erträge zur Sicherung zweier Generationen abwerfe, aber keinen ausreichenden Substanz- oder Ertragswert aufweise[1122].

(cc) Die Beurteilung des Typus 1 und Typus 2 in der Literatur

Die Einteilung in einen Typus 1 und einen Typus 2 ist auch in der Literatur heftig diskutiert worden. Bei denjenigen, die das Rechtsinstitut der Vermögensübergabe gegen Versorgungsleistungen dogmatisch auf die vorbehaltenen Erträge stützen, wird einhellig verlangt, dass der Übergabegegenstand ein ausreichend ertragbringendes Vermögen sein muss (Typus 1)[1123]; die Gegenauffassung will demgegenüber vollständig auf das Erfordernis der ausreichenden Ertragskraft verzichten[1124]. Hauptauslöser für die Diskussion ist die Formulierung in dem Beschluss des Großen Senats vom 05.07.1990[1125], wonach die Unentgeltlichkeit der Vermögensübergabe gegen Versorgungsleistungen daraus folge, dass sich der Übergeber "typischerweise" die Erträge des übertragenen Vermögens vorbehalte[1126]. Die Interpretation dieser Aussage zugunsten des Typus 2 beruht auf der Annahme, dass neben dem Regelfall auch andere unter das Rechtsinstitut der Vermögensübergabe gegen Versorgungsleistungen zu fassende Konstellationen geben müsse, da die Formulierung "typischerweise" im Sinne von "regelmäßig", also nicht abschließend im Sinne des Typus 1 zu verstehen

---

1121 BFH v. 13.09.2000 – X R 147/96 – BStBl. II, 175 (178) = BFHE 193, 121.

1122 BFH v. 13.09.2000 – X R 147/96 – BStBl. II, 175 (178) = BFHE 193, 121.

1123 *Fischer*, FR 1992, 765 (767); ders., Stbg. 1996, 193 (199); ders., DStZ 2000, 885; *Hippler*, Vermögensübergabe gegen Versorgungsleistungen, S. 98, 119; ders., DStR 2001, 1918 (1920); *Martin*, BB 1993, 1773 (1776); Flies, DStZ 1998, 889 (894); *Warnke*, BB 1999, 85 (87).

1124 *Crezelius*, Stbg. 1996, 251 (253); *Drenseck*, StbJb 1993/94, 187 (197).; *Groh*, FR 2001, 277 (280); *Jansen/Wrede*, Renten, Raten, Dauernde Lasten[12], Rn. 244, 248 f.; *Seithel*, BB 1993, 473 (481); *Spiegelberger*, in: Festschrift für Offerhaus, 547 (588); ders., DStR 2000, 1173; *Weber-Grellet*, DStR 1993, Beihefter zu Heft 31, 5 f., der dem Vorbehalt der Erträge und damit der Frage nach der ausreichenden Ertragskraft "sekundäre Bedeutung" beimisst; ders., Stbg. 1998, 27; ders., FR 2000, 399 (401).

1125 BFH v. 05.07.1990 – GrS 4-6/89 – BStBl. II 1990, 847 = BFHE 161, 317.

1126 BFH v. 05.07.1990 – GrS 4-6/89 – BStBl. II 1990, 847 (852) = BFHE 161, 317.

sei[1127]. Die Gegenmeinung legt hingegen die Formulierung "typischerweise" abschließend im Sinne von "immer" aus, um die Folgerichtigkeit des eigenen Ansatzes zu wahren. Die Annahme eines unentgeltlichen Vorgangs sei dann nicht mehr gerechtfertigt, wenn die Versorgungsleistungen im konkreten Fall nicht aus den Nettoerträgen des übergebenen Vermögens entrichtet werden könnten[1128]. Die Bildung des Typus 2 sei zudem abzulehnen, weil andernfalls die Gefahr von gleichheitssatzwidrigen Ergebnissen und Gestaltungsmöglichkeiten bestehe, wenn die 50 %-Grenze rechtsbegründende Bedeutung für die Zuordnung zur Vermögensübergabe habe[1129].

Die Befürworter des Typus 2 halten dem entgegen, die 50 %-Regel biete im Rahmen der Zuordnungsproblematik eine leichte Handhabung und das "Alles-oder-Nichts-Prinzip" gewähre unter Vermeidung von Abgrenzungsschwierigkeiten eine sichere Beurteilungsbasis[1130]. Dem wird wiederum entgegengehalten, der Ertrag sei schon kein geeignetes Tatbestandsmerkmal, da bereits der Bezugstyp, die Hofübergabe als Urtyp angesichts der in weiten Bereichen heute ertraglosen Tätigkeit der Landwirtschaft nicht passe. Im übrigen sei allgemein eine zuverlässige Prognose über die künftigen Erträge bei allen Vermögensübergabegegenständen nur selten möglich und in zahlreichen Fällen wirtschaftlich schwacher Betriebe würde ein Übergang im Wege der Vermögensübergabe überhaupt ausscheiden[1131].

1127 Vgl. *Drenseck*, StbJb 1993/1994, 187 (197); *Spiegelberger*, DStR 2000, 1073 (1077); *Groh*, FR 2001, 277 (278) unter Berufung auf die Rechtsprechung des XI Senats.

1128 *Hipler*, DStR 2001, 1918 (1925).

1129 *Fischer*, in: Kirchhof/Söhn/Mellinghoff, EStG, § 22 Rn. B 251 f. warnt vor durch nichts gerechtfertigten Mitnahmeeffekten; ders., Harzburger Steuerprotokoll 1994, 127 (146); Gericke, in: Bordewin/Brandt, EStG, § 12 Rn 213; *Hipler*, Vermögensübergabe gegen Versorgungsleistungen, S. 99; *Martin*, BB 1993, 1773 (1777); *Stephan*, DB 1997, 2196 spricht der 50 %-Grenze die Qualität eines sachgerechten Abgrenzungskriteriums ab; *Wacker*, in: Schmidt, EStG[21], § 22 Rn. 86 spricht von einer abzulehnenden "Wohltat".

1130 *Arndt*, in: Kirchhof/Söhn, EStG, § 12 Rn. C 33; *Nolde*, in: Herrmann/Heuer/Raupach, EStG, § 12 Rn 80; *Jansen/Wrede*, in: Renten, Raten, dauernde Lasten[12], Rn. 130; *Schuster*, in: Littmann/Bitz/Pust, EStG, § 12 Rn. 310.

1131 *Spiegelberger*, DStR 2000, 1073 (1074); *Weber-Grellet*, FR 2000, 399 (401), fordert eine Rückkehr zu der auf die Rechtsprechung des RFH zurückgehende Orientierung an der Hof- und Geschäftsübergabe als Urtyp der Vermögensübergabe.

(b) Neuerungen durch die Entscheidungen des Großen Senats

Die Entscheidungen des Großen Senats lehnen die vorgenommene Einteilung der Vermögensübergabe in einen Typus 1 und einen Typus 2 ab und führen damit die Anknüpfung des X. Senats an das Wesensmerkmal der vorbehaltenen Erträge fort. Der sog. Typus 2 beruhe auf einer "nicht zutreffenden Auslegung des geltenden Rechts"[1132]. Der Rechtfertigungsgrund der vorbehaltenen Vermögenserträge trage nur in den Fällen, in denen er tatsächlich vorliege[1133]. Die Entscheidungen des Großen Senats erteilen dem Typus 2 damit eine klare Absage, bringen aber zugleich Erweiterungen des Typus 1 mit sich, in dessen Rahmen die für den Typus 2 maßgebliche 50 %- Grenze zwar nicht mehr als typusbegründendes Merkmal, aber als Beweisanzeichen aufgegriffen wird.

(aa) Fortführung und Erleichterung des Typus 1

In den Entscheidungen des Großen Senats wird für den Typus 1 weiterhin verlangt, dass die laufenden Nettoerträge nach einer überschlägigen Prognose ausreichen, um die vereinbarten Versorgungsleistungen zu erbringen. Damit rückt die Ermittlung der aus dem Vermögensübergabegegenstand erzielbaren Nettoerträge im Einzelfall in den Mittelpunkt der Frage nach der steuerlichen Anerkennung der Vermögensübergabe gegen Versorgungsleistungen, weil der Ertragsprognose entscheidendes Gewicht zukommt.

(aaa) Nettoerträge

Der Große Senat sieht für die Zuordnung zur Vermögensübergabe gegen Versorgungsleistungen eine wertmäßige Gegenüberstellung von übertragenem Vermögen und erzielbarem Nettoertrag vor. Die erzielbaren Erträge müssen die Versorgungsleistungen tatsächlich abdecken; das entspricht dem Typus 1. Dabei müssen die erzielten Nettoerträge, zu deren Ermittlung Abschreibungen, erhöhte Absetzungen, Sonderabschreibungen, außerordentliche Aufwendungen, Nutzungsvorteile sowie ersparte Aufwendungen hinzuzurechnen sind, nicht notwendigerweise mit den steuerlichen Einkünften identisch sein[1134]. Ein Unternehmerlohn mindert die erzielbaren Nettoerträge als kalkulatorischer Posten nicht, sondern ist bei der Ermittlung des Ertragswerts zu Grunde zu legen.

1132 BFH v. 12.05.2003 – GrS 1/00 – BStBl. II 2004, 95 (97) = BFHE 202, 464.

1133 BFH v. 12.05.2003 – GrS 1/00 – BStBl. II 2004, 95 (99) = BFHE 202, 464.

1134 BFH v. 12.05.2003 – GrS 1/00 – BStBl. II 2004, 95 (99) = BFHE 202, 464.

(bbb) Ertragsprognose

Die Nettoerträge sind nach einer überschlägigen Berechnung zu ermitteln, wobei geringfügig unterhalb der zugesagten Summe der Versorgungsleistungen liegende Nettoerträge ausreichen[1135]. Bei der Prognose der zukünftigen Nettoerträge ist auf den Zeitpunkt des Vertragsschlusses abzustellen und eine überschlägige Berechnung vorzunehmen, die sich auf einen in der Regel neben dem Jahr der Übergabe die beiden folgenden Jahre umfassenden, überschaubaren Prognosezeitraum bezieht[1136]. Die spätere Nichterfüllung der Ertragserwartungen ändert nichts an der steuerlichen Einordnung der wiederkehrenden Leistungen als Sonderausgaben beim Übernehmer und als wiederkehrende Bezüge beim Übergeber[1137]. Eine Beweiserleichterung wird vorgesehen bei der Übertragung gewerblicher Unternehmen, bei Unternehmen, mit denen Einkünfte aus selbständiger Tätigkeit erzielt werden sowie bei landwirtschaftlichen Betrieben, jedenfalls bei Fortführung durch den Übernehmer[1138]. Hier wird eine widerlegliche Vermutung für die ausreichende Ertragskraft aufgestellt[1139]. Ob dies jedoch auch gilt, wenn der Übernehmer den Betrieb aufgibt oder veräußert[1140], wird vom Großen Senat ebenso wenig behandelt wie die zeitlichen Anforderungen an die tatsächliche Fortführung durch den Erwerber[1141]. Reichen die in der Vergangenheit erwirtschafteten Nettoerträge nicht aus, verlagert sich die Beweislast auf den Über-

1135 BFH v. 12.05.2003 – GrS 1/00 – BStBl. II 2003, 95 (100). Diese Formulierung erinnert an die 50 %-Grenze, ohne jedoch erneut in Richtung des Typus 2 zu weisen, vielmehr soll eine gewisse Bandbreite bei der Ertragsermittlung eine großzügige Handhabung ermöglichen, vgl. Kempermann, DStR 2003, 1736 (1740).

1136 BFH v. 16.06.2004 – X R 22/99 – BStBl. II 2004, 1053 (1054) = BFHE 206, 400. BFH v. 16.06.2004 – X R 50/01 – BStBl. II 2005, 130. = BFHE 207, 114; *Kempermann*, DStR 2003, 1736 (1740).

1137 BFH v. 12.05.2003 – GrS 1/00 – BStBl. II 2003, 95 (100) = BFHE 202, 464; kritisch *Weber-Grellet*, FR 2003, 1089 (1092): bei einem langfristigen Vorgang auf eine rein zufällige Ertragslage abzustellen, sei "eher unbefriedigend".

1138 BFH v. 12.05.2003 – GrS 1/00 – BStBl. II 2004, (100) = BFHE 202, 464. BFH v. 21.07.2004 – X R 44/01 – BStBl. II 2005, 133 = BFHE 207, 179 wendet diese Rechtsprechung auch auf die Übertragung von GmbH-Anteilen an, wenn sowohl Übergeber als auch Übernehmer als Geschäftsführer tätig waren bzw. sind.

1139 Zweifelnd hinsichtlich der Differenzierung zwischen Unternehmensübertragungen und den übrigen für die Vermögensübergabe in Betracht kommenden Wirtschaftsgütern *Risthaus*, DB 2003, 2190 (2195).

1140 Bejahend *Weber-Grellet*, FR 2003, 1092; verneinend *Kempermann*, DStR 2003, 1736 (1740).

1141 *Neufang*, BB 2005, 688 (690) schlägt mindestens 5 Jahre in Anlehnung an die zeitliche Komponente des § 13a Abs. 5 ErbStG vor.

nehmer, der die Zuordnung zur Vermögensübergabe gegen Versorgungsleistungen durch Erbringung des Nachweises, dass infolge der Vermögensübergabe zukünftig eine wertmäßige Deckung der Versorgungsleistungen durch erwirtschaftete Erträge möglich ist, herbeiführen kann[1142]. Damit bemüht sich der Große Senat letztlich um praktikable Lösungen bei der Ertragsprognose, lässt aber zahlreiche Fragen offen[1143].

(bb) Positiver Substanz- oder Ertragswert – Ablehnung des Typus 2

Ein Vermögensgegenstand, der die Versorgungsleistungen abdeckende Nettoerträge abwirft, muss zusätzlich einen positiven Substanz oder Ertragswert aufweisen, der im Vergleich zum Barwert der zugesagten Versorgungsleistungen auch nicht zu gering sein darf[1144].

Ein positiver Ertragswert sei dann zu verneinen, wenn der Vermögenswert abzüglich eines Unternehmerlohns nach großzügiger und überschlägiger Berechnung nicht mindestens die Hälfte des Barwerts der wiederkehrenden Bezüge erreiche, da andernfalls bereits kein Vermögen vorliege, das an die nachfolgende Generation übertragen werden könne[1145]. Zur Ermittlung seien die zu Grunde gelegten Gewinne um einen Unternehmerlohn zu mindern, und zwar sowohl bei der Bewertung mit dem Ertragswert als auch bei Anwendung der Mittelwertmethode, bei der Ertrags- und Substanzwert jeweils hälftig zu berücksichtigen sind[1146]. Verbleibe nach Abzug des Unternehmerlohns kein ausreichender Unternehmenswert, könnten die vom Übernehmer an den Übergeber erbrachten Versorgungsleistungen nicht mehr als vorbehaltene Erträge des übergebenen Unternehmens verstanden werden, da sie ausschließlich durch die Arbeitsleistung des Unternehmers finanziert seien[1147]. Die 50 %-Grenze stellt in diesem

---

1142 BFH v. 12.05.2003 – GrS 1/00 – BStBl. II 2003, 95 (100) = BFHE 202, 464. Zu den Anforderungen an die Beweisführung vgl. BFH v. 03.03.2004 – X R 38/01 – BFH/NV 2004, 1095; BFH v. 03.03.2004 – X R 7/98 – BFH/NV, 1237.

1143 *Kempermann*, DStR 2003, 1736 (1738) bezeichnet die Ertragsprognose als "Crux der Doktrin der vorbehaltenen Erträge". Zur Ertragsprognose unter den vom Großen Senat aufgestellten Voraussetzungen vgl. ferner *Geck*, ZEV 2003, 441 (444); *Schwenke*, DStR 2004, 1679 (1685).

1144 BFH v. 12.05.2003 – GrS 2/00 – BStBl. II 2004, 100 (103) = BFHE 202, 477.

1145 BFH v. 12.05.2003 – GrS 2/00 – BStBl. II 2004, 100 (103) = BFHE 202, 477.

1146 BFH v. 12.05.2003 – GrS 2/00 – BStBl. II 2004, 100 (103) = BFHE 202, 477.

1147 *Hipler*, FR 2003, 1162 und *Weber-Grellet*, in: Schmidt, EStG[25], § 22 Rn. 80, sprechen sich für eine Berücksichtigung des Unternehmerlohns unmittelbar bei den erzielbaren Erträgen aus. *Paus*, DStZ 2004, 21 (23) will den Unternehmerlohn gänzlich unberücksichtigt lassen, da keine Rechtfertigung dafür zu erkennen sei, den Unternehmerlohn in

Zusammenhang nach Auffassung des Großen Senats ein Beweisanzeichen für die Abgrenzung zwischen Versorgungsleistungen und Unterhaltsleistungen dar. Ob ein ausreichender Substanzwert des übergebenen Vermögensgegenstandes vorliege, richte sich aber immer nach der Gesamtheit der Umstände des Falles[1148]. Damit bleibt der Große Senat konsequent beim dogmatischen Ansatz der vorbehaltenen Erträge, weicht diesen aber gleichzeitig auf, indem die neuralgische Voraussetzung des ertragbringenden Vermögensgegenstandes erweitert wird[1149]. Die Finanzverwaltung wendet den Beschluss des Großen Senats jedoch insoweit nicht an und hält weiterhin am Typus 2 fest[1150].

Offen gelassen hat der Große Senat die Frage, wie die wiederkehrenden Leistungen zu bewerten sind, wenn der positive Substanz- oder Ertragswert die 50 %-Grenze unterschreitet. Ob in Anlehnung an die bisherige Behandlung des Unterschreitens des 50-%-Grenze durch Rechtsprechung und Verwaltung die wiederkehrenden Leistungen insgesamt als nach § 12 Nr. 1 und 2, § 22 Nr. 1 S. 2 EStG grundsätzlich auf Geber- und Empfängerseite einkommensteuerlich unbeachtliche Unterhaltsleistungen zu qualifizieren sind oder eine Aufteilung in Unterhaltsleistungen und Versorgungsleistungen nach dem Verhältnis des durch den Wert der Gegenleistung gedeckten und des nicht mehr gedeckten Teils der Versorgungsverpflichtung möglich ist, wird nicht erläutert. Der Große Senat stellt aber zur 50-%-Grenze fest, dass es sich um ein Beweiszeichen handele und die wiederkehrenden Leistungen nicht zwangsläufig ganz oder zum Teil Unterhaltsleistungen darstellten, wenn der Unternehmenswert weniger als 50 % des Kapitalwerts der wiederkehrenden Leistungen betrage[1151].

---

eine Vergünstigung einzubeziehen, die auf Erträge des übereigneten Vermögens, zu denen der Unternehmerlohn nicht gehöre, begrenzt sei.

1148 BFH v. 12.05.2003 – GrS 2/00 – BStBl. II 2004, 100 (104) = BFHE 202, 477.

1149 Kritisch *Spiegelberger*, DStR 2004, 1105, der darauf hinweist, dass insbesondere im Dienstleistungs- und Pachtbetriebsbereich eine Vielzahl von Betrieben die aufgestellten Kriterien nicht erfüllen. *Lüsch*, in: Littmann/Bitz/Pust, EStG, § 22 Rn. 209 sieht einen Widerspruch zur Entscheidung des Großen Senats vom 12.05.2003 – GrS 1/00 – BStBl. II 2004, 95 = BFHE 202, 464.

1150 Der Rentenerlass III, BMF-Schreiben vom 16.09.2004 – IV C 3 – S 2255 – 354/04 – BStBl. I, 922, sieht in Tz. 8 vor, dass Versorgungsleistungen, die aus laufenden Nettoerträgen eines übergebenen Betriebs erbracht werden können, auch dann als Sonderausgaben abziehbar sind, wenn der übergebene Betrieb nicht über einen ausreichenden Ertragswert verfügt.

1151 BFH v. 12.05.2003 – GrS 2/00 – BStBl. II 2004, 100 (104) = BFHE 202, 477. Aus dieser Aussage leitet Kempermann, DStR 2003, 1736 (1740) eine Sympathie des Großen Senats für die Aufteilungslösung ab.

Der BFH hat bereits im Jahre 1964 eine Aufteilung von wiederkehrenden Leistungen in Versorgungsleistungen und Unterhaltsleistungen deswegen abgelehnt, weil eine steuerlich einheitliche Beurteilung eines wirtschaftlich einheitlichen Gesamtzusammenhangs vorzunehmen sei, um praktische Berechnungsschwierigkeiten zu vermeiden[1152]. Dieser Auffassung ist in der Literatur entgegengehalten worden, dass die Rechtsprechung in anderen Bereichen wie etwa bei betrieblichen Versorgungsleistungen oder bei Verträgen unter nahen Angehörigen eine Aufteilung vornehme, obwohl es sich ebenfalls um einheitliche wirtschaftliche Vorgänge handele[1153]. Es komme somit eine Aufteilung in Versorgungsleistungen und Unterhaltsleistungen grundsätzlich in Betracht[1154]. Der Wortlaut des § 10 Abs. 1 Nr. 1a unterscheide nicht danach, ob die Leistungen entgeltlich, teilentgeltlich oder insgesamt unentgeltlich erbracht werden[1155] und ein Aufteilungsverbot lasse sich auch nicht schlüssig begründen[1156]. Der X. Senat des BFH hat in seinem Vorlagebeschluß[1157] die Meinung vertreten, die spezifisch steuerrechtliche Unentgeltlichkeit der Vermögensübergabe habe die Behandlung der Versorgungsleistungen als dauernde Last nur dann zur Folge, wenn diese aus den laufenden Erträgen erwirtschaftet werden könnten, so dass konsequenterweise bei nicht ausreichender Ertragslage von einer insgesamt entgeltlichen Vermögensübertragung auszugehen sei. Nachdem der Große Senat die Begründung der steuerrechtlichen Unentgeltlichkeit mit dem Ertragsvorbehalt und damit auch den Vergleich mit der Übertragung unter Vorbehaltsnießbrauch bestätigt hat[1158], ist die Aufteilungsfrage unter dem Gesichtspunkt der vorbehaltenen Erträge zu beantworten. Bei einem Vergleich mit dem Nießbrauchsvorbehalt kommt eine Aufteilung schon deswegen nicht in Betracht, weil die vorbehaltenen Erträge nur *insgesamt* Versorgungsleistungen darstellen können und Voraussetzung hierfür die ausreichende Ertragskraft zur Erbringung der Versorgungsleistungen in voller Höhe ist. Eine Aufteilung würde daher dem durch die Entscheidungen des Großen Senats bekräftigten dogmatischen Konzept widersprechen.

1152 BFH v. 23.01.1964 – IV 8/62 U – BStBl. III 1964, 422 (423) = BFHE 79, 516.

1153 Vgl. *Arndt*, in: Kirchhof/Söhn/Mellinghoff, EStG, § 12 Rn C 34 m.w.N.

1154 Für eine Aufteilung auch *Fischer*, in: Kirchhof/Söhn/Mellinghoff, EStG, § 22 Rn. B 242; *Reiß*, in: Kirchhof/Söhn/Mellinghoff, EStG, § 16 Rn. B 195.

1155 Vgl. *Offerhaus*, FR 1970, 344 (345).

1156 So *Paus*, FR 1992, 33 (34).

1157 BFH v. 10.11.1999 – X R 46/97 – BStBl. II 2000, 188 (195) = BFHE 189, 497.

1158 Vgl. BFH v. 12.05.2003 – GrS 1/00 – BStBl. II 2004, 95 (99) = BFHE 202, 464.

3. Bewirtschaftung der übertragenen Wirtschaftseinheit

Für das Vorliegen einer Vermögensübergabe ist von Bedeutung, in welcher Beziehung Übergeber und Übernehmer zum übertragenen Wirtschaftsgut gestanden haben, namentlich inwiefern eine Bewirtschaftung durch die Beteiligten zu erfolgen hat und welche zeitlichen Anforderungen hieran zu stellen sind.

(a) Bewirtschaftung durch den Übergeber

Durch die Erweiterung des Kreises der möglichen Übergabegegenstände wird die Frage, ob und wie lange vor Übergabe eine Bewirtschaftung durch den Übernehmer stattgefunden haben muss, hinfällig. Die Auffassung des X. Senats, dass die Erträge des übertragenen Vermögens ganz oder teilweise die Existenz des Übergebers gesichert haben müssen und hierfür in Anlehnung an den Typus der Hof- und Betriebsübergabe eine Bewirtschaftung durch den Übergeber selbst vor der Übergabe stattgefunden haben muss[1159], ist nicht mehr relevant, weil auch zunächst ertraglose und im Wege der Umschichtung in ertragreiche Wirtschaftsgüter umwandelbare Übergabegegenstände ausreichen[1160]. Dies stellt insofern eine Erleichterung dar, als nunmehr nicht über das Kriterium ausreichender Bewirtschaftung durch den Übergeber in einem von der Rechtsprechung bis hierher auch nicht näher bestimmten Zeitraum[1161] entschieden werden muss[1162].

(b) Eigene Bewirtschaftung durch den Übernehmer

Das Merkmal der vorbehaltenen Erträge setzt voraus, dass der Versorgungsverpflichtete diese Erträge erwirtschaftet hat. Hierbei waren und sind verschiedene Problemfälle von Relevanz, die nach den Entscheidungen des Großen Senats neu zu beurteilen sind. Im Blickpunkt stehen dabei die Gestaltungen, in denen die Übertragung des Vermögensgegenstandes unter einem Totalnießbrauchsvorbehalt zugunsten des Übergebers erfolgt sowie die spätere Ablösung eines solchen Nießbrauchs durch den Vermögensübernehmer. Die Eröffnung des zeitli-

---

1159 BFH v. 27.08.1997 – X R 54/94 – BStBl. II 1997, 813 (815) = BFHE 184, 337; BFH v. 26.11.1997 – X R 114/94 – BStBl. II 1998, 190 (192) = BFHE 184, 554 .

1160 Kritisch zu dieser Voraussetzung bislang *Hipler*, Vermögensübergabe gegen Versorgungsleistungen, S. 75 f.; *Jansen*, in: Herrmann/Heuer/Raupach, EStG, § 22 Rn. 183; *Strahl*, KÖSDI 1998, 11575 (11579).

1161 BFH v. 10.11.1999 – X R 46/97 – BStBl. II 2000, 188 = BFHE 189, 497 nahm zu dem Fall des Erwerbs einer Wirtschaftseinheit durch den Übergeber wenige Monate vor der Vermögensübergabe nicht explizit Stellung, während die Vorinstanz Hessisches FG v. 27.11.1996 – 2 K 2677/95 – EFG 1997, 658 hierin einen Gestaltungsmissbrauch sah.

1162 *Brinkmann*, FR 2003, 1261 (1263).

chen und sachlichen Anwendungsbereichs der Vermögensübergabe spielt bei diesen Gestaltungen eine entscheidende Rolle.

(aa) Übertragung unter Totalnießbrauchsvorbehalt

Behält sich der Übergeber einen Totalnießbrauch an dem Übergabegegenstand vor, so erwirtschaftet er selbst die Erträge. Diese Konstellation lässt sich mit dem dogmatischen Ansatz der vorbehaltenen Erträge erklären. Rechtsprechung und Schrifttum verfolgen allerdings unterschiedliche Lösungsansätze.

(aaa) Rechtsprechung des BFH

Auf die Bewirtschaftung zur Ertragserzielung als Merkmal der Vermögensübergabe stellt der X. Senat des BFH in den Fällen ab, in denen sich der Übergeber den gesamten Ertrag des Vermögens vorbehält[1163].

Diese Fälle des Totalnießbrauchs entsprächen nicht mehr der typischen Ausgangslage eines Übergabevertrages, der eine Erwirtschaftung der Versorgungsleistungen durch den Übernehmer als Charakteristikum des Ertragsvorbehalts beinhalte. In den Fällen des Totalnießbrauchs, aber auch bei einem gegenständlich beschränkten Nießbrauch könne wegen der originären Zurechnung der Einkünfte zum Nießbrauchsberechtigten nicht mehr von einem die materielle Korrespondenz begründenden Transfer der vom Übernehmer des Vermögens erwirtschafteten Einkünfte die Rede sein. Deshalb greife in diesen Fällen § 12 hinsichtlich der Abziehbarkeit der Versorgungsleistungen Platz[1164].

1163 BFH v. 25.03.1992 – X R 100/91 – BStBl. II 1992, 803 (804) = BFHE 168, 243; BFH v. 25.03.1992 – X R 196/87 – BStBl. II 1992, 1012 (1015) = BFHE 167, 408; BFH v. 14.07.1993 – X R 54/91 – BStBl. II 1994, 19 = BFHE 172, 324. Der X. Senat beruft sich dabei ausdrücklich auf den zur Vermögensübergabe gegen Versorgungsleistungen ergangenen Beschluss des Großen Senats, BFH v. 05.07.1990 – GrS 4-6/89 – BStBl. II 1990, 847 = BFHE 161, 317 sowie auf die ältere Rechtsprechung, BFH v. 15.05.1986 – III R 190/82 – BStBl. II 1986, 714 = BFHE 147, 22; BFH v. 26.02.1987 – IV R 325/84 – BStBl. II 1987, 772 = BFHE 150, 321; BFH v. 31.03 1987 – IX R 53/83 – BFH/NV 1987, 645, die durch die Entscheidung des GrS bestätigt worden sei.

1164 Ausdrücklich BFH v. 25.03.1992 – X R 100/91 – BStBl. II 1992, 803 (805) = BFHE 168, 243, wo aber die durch BMF v. 23.12.1996 – IV B 3 – S 2257 – 54/96 – BStBl. I 1996, 1508 (1510) Tz. 10 aufgestellte Betrachtungsweise, bei Bestellung des Nießbrauchs zu Sicherungszwecken und Überlassung der Ausübung gem. § 1059 BGB seien Versorgungsleistungen anzuerkennen, explizit offen gelassen wurde.

(bbb) Abweichende Auffassungen

Diese Rechtsprechung wird in der Literatur von denjenigen, die auf das dogmatische Konzept der vorbehaltenen Erträge abstellen, geteilt[1165], während von der Gegenmeinung vertreten wird, dass der Nießbrauchsvorbehalt bei gleichzeitig vereinbarten Versorgungsleistungen deren steuerliche Anerkennung nicht ausschließe[1166]. Diese Auffassung beruht im wesentlichen auf den für die Anerkennung des Typus 2 angeführten Gründen[1167] und greift für die Behandlung der Vermögensübertragung unter Totalnießbrauchsvorbehalt auf die Aussage des Großen Senats zurück, der Vermögensübergeber behalte sich in Gestalt der Versorgungsleistungen typischerweise die Erträge seines Vermögens zurück. Dies sei nicht im Sinne einer ausnahmslosen, abschließenden Feststellung zu verstehen, so dass auch die Übertragung einer Wirtschaftseinheit unter Totalnießbrauchsvorbehalt vom Anwendungsbereich der Vermögensübergabe erfasst sein müsse[1168]. Der Große Senat[1169] bekennt sich eindeutig zugunsten des dogmatischen Ansatzes der vorbehaltenen Erträge und stellt das konstitutive Erfordernis der ausreichenden Ertragskraft unter gleichzeitiger Erweiterung des Kreises der Übergabegegenstände auf. Die bisherige Behandlung der Fälle der Übertragung unter Vorbehalt eines Totalnießbrauchs durch die Rechtsprechung des X. Senats finden hierin eine Bestätigung. Damit bleibt unter dem Gesichtspunkt des Ertragsvorbehalts für die abweichenden Auffassungen im Schrifttum kein Raum mehr.

(bb) Ablösung eines Nießbrauchsvorbehalts

Von der eben beschriebenen Konstellation ist der Fall zu unterscheiden, in dem sich der Vermögensübergeber zunächst ein Nießbrauchsrecht vorbehält und dieses später durch die Zusage von Versorgungsleistungen abgelöst wird. Diese Fälle ordnet die Rechtsprechung der Vermögensübergabe gegen Versorgungsleistungen grundsätzlich zu, da hier eine Vergleichbarkeit mit dem Normaltypus der Vermögensübergabe bestehe[1170].

1165 *Fischer*, DB 1993, 1002 (1005); *Flies*, DStZ 1998, 889 (893); *Martin*, BB 1993, 1773 (1777).

1166 *Seithel*, BB 1993, 473 (481); ders., DStR 1993, 674 (678); *Spiegelberger*, in: Festschrift für Offerhaus, 547 (559); *Weber-Grellet*, DStR 1993, Beihefter zu Heft 31, 1 (7).

1167 Dazu oben H. IV. 2., S. 234 f.

1168 *Spiegelberger*, in: Festschrift für Offerhaus, 547 (559).

1169 BFH v. 12.05.2003 – GrS 1/00 – BStBl. II 2004, 95 = BFHE 202, 464; BFH v. 12.05.2003 – GrS 2/00 – BStBl. II 2004, 100 = BFHE 202, 477.

1170 Sog. gleitende Vermögensübergabe, vgl. BFH v. 27.11.1996 – X R 85/94 – BStBl. II 1997, 284 (285) = BFHE 182, 110; BFH v. 16.06.2004 – X R 50/01 – BStBl. II 2005,

Diese Lösung passt auch in das Konzept der Entscheidungen des Großen Senats[1171], nach dem nachträgliche Umschichtungen die Annahme einer Vermögensübernahme grundsätzlich nicht hindern. Die Möglichkeit der Surrogation von Übergabegegenständen lässt sich auf den Fall der Ablösung eines Vorbehaltsnießbrauchs insoweit übertragen, als ein im Zusammenhang mit der Vermögensübergabe erfolgter wirtschaftlicher Gesamtvorgang anzunehmen ist, bei dem letztlich der Erwerb ertragbringenden Vermögens durch den Versorgungsverpflichteten zur Erbringung der vorbehaltenen Erträge an den Versorgungsberechtigten führt. Der einzig relevante Unterschied ist aber, dass der Große Senat die Verpflichtung des Übernehmers zur Umschichtung im Übergabevertrag als Voraussetzung für eine Zuordnung von Surrogationsfällen zur Vermögensübergabe verlangt. Dies kann aber für die Beurteilung der Ablösung eines Vorbehaltsnießbrauchs nicht entscheidend sein; denn der wirtschaftliche Gehalt der vorbehaltenen Erträge bleibt gleich. Die spätere schuldrechtliche Versorgungszusage kann nicht zu einer anderweitigen Beurteilung des Nießbrauchs als stärkerer Form des Ertragsvorbehalts führen[1172]. Die Zuordnung zur Vermögensübergabe kann hier nicht anders sein, als wenn sie von vornherein mit der Ver-

---

130 = BFHE 207, 114. Der X. Senat unterscheidet danach, ob ein sachlicher Zusammenhang zwischen vereinbarten Versorgungsleistungen und Vermögensübergabe vorliegt, vgl. im einzelnen BFH v. 03.06.1992 – X R 14/89 – BStBl. II 1993, 23 = BFHE 169, 25; BFH v. 03.06.1992 – X R 147/88 – BStBl. II 1993, 98 = BFHE 169, 127; BFH v. 25.11.1992 – X R 34/89 – BFHE 170, 76 (79) = BFHE 170, 76; BFH v. 25.11.1992 – X R 148/90 – BFH/NV 1993, 586; BFH v. 15.03.1994 – X R 93/80 – BFH/NV 1994, 848 (849). Zuvor bestand unter den Finanzgerichten keine einheitliche Linie – FG Münster vom 23.05.1991 – 6 K 1409/88 E – EFG 1991, 667 folgte der Einordnung unter den Typus der Vermögensübergabe, während FG Düsseldorf vom 27.02.1991 – 15 K 427/87 E – EFG 1991, 464 die zur Ablösung des Nutzungsrechts gezahlten wiederkehrenden Leistungen als Anschaffungskosten einordnete. Den Fällen der gleitenden Vermögensübergabe werden gleichgestellt Fälle, in denen zwar keine vorweggenommene Erbfolge anzunehmen ist, aber ein Verzicht auf ein Nutzungsrecht, unabhängig davon, ob dieses entgeltlich oder unentgeltlich erworben worden sei (Nießbrauch als Übergabegegenstand trotz fehlender zivilrechtlicher Übertragungsmöglichkeit), vgl. BFH v. 25.11.1992 – X R 148/90 – BFH/NV 1994, 848 (849); insgesamt zu dieser Fallgruppe BFH v. 25.11.1992 – X R 148/90 – BFH/NV 1993, 586 (588); BFH v. 25.11 1992 – X R 91/89 – BStBl. II 1996, 666 (668) = BFHE 170, 82; BFH v. 13.10.1993 – X R 86/89, 93/90 – BFH/NV 1994, 848 (Verzicht auf Nießbrauch); BFH v. 13.10.1993 – X R 86/89 – BStBl. II 94, 451 = BFHE 174, 5; (Verzicht auf Wohnungsrecht). Nach *Hipler*, Vermögensübergabe gegen Versorgungsleistungen, S. 104, soll ein Nießbrauch selbst grundsätzlich nicht Gegenstand der Vermögensübergabe sein können.

1171 BFH v. 12.05.2003 – GrS 1/00 – BStBl. II 2004, 95 = BFHE 202, 464; BFH v. 12.05.2003 – GrS 2/00 – BStBl. II 2004, 100 = BFHE 202, 477.

1172 *Hipler*, Vermögensübergabe gegen Versorgungsleistungen, S. 107.

mögensübertragung verbunden gewesen wäre[1173]. Das vom Großen Senat für Umschichtungsfälle aufgestellte Erfordernis der vertraglichen Verpflichtung des Übernehmers bringt damit bei der Beurteilung der Ablösung eines Vorbehaltsnießbrauchs keine Neuerungen und die grundsätzliche Zulassung von Umschichtungen bestätigt die bisherige Behandlung.

4. Personenbezogene Voraussetzungen

In personeller Hinsicht erlangt die Charakterisierung der Versorgungsleistungen als vorbehaltene Erträge ebenfalls eine Ein- und Abgrenzungsfunktion aufgrund einer typusorientierten Betrachtung[1174]. Der Sache nach geht es um die Einschränkung der Anwendung des § 12 EStG und die Abgrenzung zwischen nicht abziehbaren Unterhaltsleistungen und steuerlich zu berücksichtigenden Versorgungsleistungen. In der Formulierung der "Verknüpfung der beiderseitigen Lebensverhältnisse"[1175] ist die materielle Korrespondenz angesprochen, jedoch noch nichts darüber ausgesagt, wer zum Personenkreis des Generationennachfolgeverbundes gehört. Dabei sind die Fragen, wer als Vermögensübernehmer und wer als Empfänger von Versorgungsleistungen in Frage kommt, streng auseinander zu halten[1176]. Auch hier kann die umfangreiche Kasuistik nur durch Fallgruppenbildung anhand typologischer Zuordnung bewältigt werden.

(a) Versorgungsverpflichteter

Als typische den Personenkreis der Übernehmer bestimmende Fallgruppe ist die Vermögensübertragung an die Abkömmlinge des Übergebers hervorzuheben[1177]. Allerdings beschränken Rechtsprechung und Literatur die möglichen Empfänger des übertragenen Vermögens nicht ausschließlich auf nahe Angehörige; entfern-

---

1173 So bereits *Seithel*, DStR 1993, 674 (676).

1174 *Fischer*, in: Kirchhof/Söhn/Mellinghoff, EStG, § 22 Rn. B 28, B 239; ders., in: Kirchhof, EStG[6], § 22 Rn. 10; ders., Wiederkehrende Bezüge und Leistungen, Rn 363; ders. FR 1992, 765 (768).

1175 *Fischer*, Wiederkehrende Bezüge und Leistungen, Rn 135. Ebenso BFH v. 11.03.1992 – X R 141/88 – BStBl. II 1992, 499 = BFHE 166, 564; BFH v. 13.10.1993 – X R 86/89 – BStBl. II 1994, 451 = BFHE 174, 45; BFH v. 27.08.1997 – X R 54/94 – BStBl. II 1997, 813 = BFHE 184, 337; BFH v. 17.06.1998 – X R 129/96 – BStBl. II 2002, 646 = BFHE 186, 280.

1176 BFH v. 27.03.2001 – X R 106/98 – BFH/NV 2001, 1242 (1243); BFH v. 26.11.2003 – X R 11/01 – BStBl. II 2004, 820 = BFHE 204, 192.

1177 BFH v. 05.07.1990 – GrS 4-6/89 – BStBl. II 1990, 847 (851) = BFH 161, 317; BFH v. 15.07.1991 – GrS 1/90 – BStBl. II 1992, 78 (84) = BFHE 165, 225; BFH v. 16.12.1993 – X R 67/92 – BStBl. II 1996, 669 (671) = BFHE 173, 152.

te Verwandte[1178], nahe stehende Dritte[1179] und Familienfremde[1180] kommen ebenfalls in Betracht. Die Einbeziehung Familienfremder begründet die Rechtsprechung damit, dass der Steuerpflichtige nach den Grundsätzen der Testierfreiheit einen Fremden als Erben einsetzen und damit auch sein Vermögen in vorweggenommener Erbfolge gegen Zusage lebenslanger Versorgung an einen Fremden übergeben könne. Es gebe keinen überzeugenden Grund, steuerrechtlich hiervon abzuweichen[1181]. Damit unterliegt im Ergebnis der Kreis der verpflichteten Vermögensempfänger keinerlei Beschränkungen.

(b) Versorgungsberechtigte

Auf Seiten des Versorgungsberechtigten engt die Rechtsprechung den Anwendungsbereich ein. Allerdings ist diese Einschränkung nicht zwingend, so dass Raum für eine auf den Einzelfall abstellende Betrachtung bleibt[1182]. Die Ausfüh-

---

1178 BFH v. 23.01.1992 – XI R 6/87 – BStBl. II 1992, 526 = BFHE 167, 86; BFH v. 16.12.1993 – X R 67/92 – BStBl. II 1996, 669 = BFHE 173, 152; BFH v. 17.04.1996 – X R 160/94 – BStBl. II 1997, 32 (33) = BFHE 180, 566: Bei Überspringen einer Generation wegen Ausschlagung könne dies nicht den Typus der Vermögensübergabe beeinflussen.

1179 Korn, DStR 1997, 137 (140).

1180 So von Beginn an die Rechtsprechung, vgl. BFH v. 25.08.1966 – IV 299/62 – BStBl. III 1966, 675 = BFHE 86, 797; BFH v. 16.12.1993 – X R 67/92 – BStBl. II 1996, 669 = BFHE 173, 152; BFH v. 16.12.1997 – IX R 11/94 – BStBl. II 1998, 718 = BFHE 185, 208; BFH v. 10.11.1999 – X R 46//97 – BStBl. II 2000, 188 (189) = BFHE 189, 407; BFH v. 16.05.2001 – X R 53/99 – BFH/NV 2001, 1388. Aus der Literatur vgl. *Fischer*, in: Kirchhof/Söhn, EStG, § 22 Rn B 289; ders., in: Kirchhof[4], EStG, § 22 Rn 12; ders. Stbg. 1997, 201 (205); *Hipler*, Vermögensübergabe gegen Versorgungsleistungen, S. 130; *Martin*, BB 1993, 1773 (1778); *Rindermann/Schlenker*, in: Littmann/Bitz/Pust, EStG, § 10 Rn. 44e; *Vorwold*, DStR 1998, 585 (587). Einschränkend *Weber-Grellet*, DStR 1994, 498, der nur gesetzlich Erbberechtigte zum Empfängerkreis zählen will.

1181 BFH v. 16.12.1997 – IX R 11/94 – BStBl. II 1998, 718 = BFHE 185, 208; BFH v. 16.05.2001 – X R 53/99 – BFH/NV 2001, 1388 (1389).

1182 Grundlegend BFH v. 27.02.1992 – X R 139/88 – BStBl. II 1992, 612 = BFHE 167, 381; BFH v. 16.12.1993 – X R 67/92, BStBl. II 1996, 669 = BFHE 173, 152; BFH v. 26.01.1994 – X R 54/92 – BStBl. II 1994, 633 = BFHE 173, 360; BFH v. 14.12.1994 X R 1-2/90 – BStBl. II 1996, 680 = BFHE 177, 36; BFH v. 17.04.1996 – X R 160/94 – BStBl. II 1996, 680 = BFHE 180, 566; BFH v. 17.04.1996 – X R 160/94 – BStBl. II 1997, 32 = BFHE 180, 566; BFH v. 16.03.1999 – X R 87/95 – BFH/NV 2000, 12; BFH v. 26.11.2003 – X R 11/01 – BStBl. II 2004, 820 = BFHE 204, 192. Für eine am Einzelfall orientierte Betrachtung vor allem im landwirtschaftlichen Bereich *Fischer*, in: Kirchhof/Söhn/Mellinghoff, EStG, § 22 Rn. B 291; ders., FR 1992, 765 (769); *Schmidt*, FR 1992, 548. Kritisch bzgl. der restriktiven Handhabung der Ermittlung des Personenkreises auf Empfängerseite durch die Rspr. *Paus*, StB 1993, 284 (287 f.); *Richter*, DStR 1993, 674 (676); *Schmidt*, FR 1992, 548; *Seithel*, BB 1993, 473 (476); ders., DStR

rungen des Großen Senats[1183] deuten jedoch darauf hin, dass Versorgungsleistungen, die auch für Dritte – etwa die Großeltern, die Ehegatten oder Geschwister des Übernehmers – vereinbart werden können, in Anknüpfung an das Muster des zivilrechtlichen Übergabevertrags nur im Angehörigenverband zu erbringen sind. Auf dieser Linie liegt auch die Folgerechtsprechung, die den Personenkreis der Versorgungsberechtigten streng auf den Generationennachfolgeverbund beschränkt und explizit Stiefkinder[1184] und sonstige Familienfremde[1185] ausschließt, Mitglieder des Generationennachfolgeverbundes dagegen unter bestimmten Voraussetzungen einbezieht[1186]. Die Finanzverwaltung hat sich dem angeschlossen, erweitert den Kreis der Empfänger jedoch auf pflichtteilsberechtigte Abkömmlinge sowie Lebenspartner[1187].

Unter dem Blickwinkel der vorbehaltenen Verträge und des Erfordernisses der Verknüpfung der beiderseitigen Lebensverhältnisses erscheint diese Festlegung des Kreises der Empfänger von Versorgungsleistungen insofern konsequent, als Versorgungsleistungen infolge der Übertragung des die Existenz sichernden Vermögens für den Empfänger notwendig werden. Jedoch ist bei Erbringung der Leistung an Dritte innerhalb des Generationennachfolgeverbundes das persönliche Versorgungsbedürfnis des Übergebers als Ausdruck der Verknüpfung der beiderseitigen Lebensverhältnisse zwischen Übergeber und

1993, 674 (676), die in Anlehnung an die zivilrechtliche Vertragsfreiheit eine Einschränkung der an der Vermögensübergabe beteiligten Parteien ablehnen und der Rechtsprechung Inkonsequenz insofern vorwerfen, als einerseits für das Vorliegen des Typus der Vermögensübergabe an das Zivilrecht angeknüpft wird, andererseits jedoch hinsichtlich der persönlichen Voraussetzungen eine restriktive Linie verfolgt wird, die nicht der zivilrechtlich möglichen Vertragsgestaltung entspreche. *Flies*, DStZ 1998, 889 (894), spricht sich für eine Einbeziehung Dritter aus, da an diese geleistete Zahlungen eigentlich Zuwendungen des Vermögensübergebers seien und somit eine Abkürzung des Zahlungswegs vorliege, die mit dem Erfordernis der vorbehaltenen Erträge vereinbar sei.

1183 BFH v. 05.07.1990 – GrS 4-6/89 – BStBl. II 1990, 847 (852) = BFHE 161, 317.

1184 BFH v. 27.03.2001 – X R 106/98 – BFH/NV 2001, 1242.

1185 BFH v. 27.02.1992 – X R 139/88 – BStBl. II 1992, 612 = BFHE 167, 381; BFH v. 14.12.1994 – X R 1-2/90 – BStBl. II 1996, 680 (681) = BFHE 177, 36.

1186 Vgl. BFH v. 28.07.1983 – IV R 174/80 – BStBl. II 1984, 97 = BFHE 139, 367 (Geschwister bei Hofübergabe); BFH v. 23.01.1997 – IV R 45/96 – BStBl. II 1997, 458 = BFHE 182, 539 (Großeltern); BFH v. 26.11.2003 – X R 11/01 – BStBl. II 2004, 820 = BFHE 204, 192 (Ehegatte sowie erb- und pflichtteilsberechtigte Abkömmlinge). Im Übrigen spricht eine nur in Ausnahmefällen widerlegbare Vermutung gegen die Erbringung von Versorgungsleistungen an Geschwister, da im Regelfall von Abstandszahlungen und damit von einem entgeltlichen Übertragungstatbestand auszugehen sei, vgl. BFH v. 20.10.1999 – X R 86/96 – BStBl. II 2000, 602 (603) = BFHE 190, 365.

1187 BMF-Schreiben v. 16.09.2004 – IV C 3 – S 2255 – 354/04 – BStBl. I 2004, 922 Tz. 36.

Übernehmer nicht ohne weiteres als konstitutives Element der Vermögensübergabe maßgeblich. Wenn auf der ersten Stufe der Begriff der vorbehaltenen Erträge zur dogmatischen Begründung herangezogen wird, so bedeutet das nicht, dass dies für die Bestimmung des Personenkreises der Empfänger von Versorgungsleistungen ebenfalls aussagekräftig ist. Zieht man auf einer zweiten Stufe den Vergleich mit dem Nießbrauchsvorbehalt heran, so ist festzustellen, dass ein solcher auch zugunsten Dritter außerhalb des Generationennachfolge-Verbundes bestellt werden kann. Daher wird in Teilen der Literatur vorgeschlagen, den Kreis der Empfänger von Versorgungsleistungen in Anlehnung an den Kreis der potentiellen Empfänger des Übergabegegenstandes zu bestimmen[1188]. Hiervon zu trennen ist wiederum die Frage, inwieweit die Festlegung des persönlichen Anwendungsbereichs von Versorgungsleistungen insgesamt steuersystematisch zu bewerten ist[1189].

5. Versorgungsleistungen

Ziel der an der Vermögensübergabe gegen Versorgungsleistungen Beteiligten ist es regelmäßig, dem Berechtigten den Lebensunterhalt aus vorbehaltenen Erträgen zu finanzieren. Diese privaten Versorgungsleistungen sind von Veräußerungsleistungen betrieblicher oder privater Art und von betrieblichen Versorgungsleistungen abzugrenzen[1190]. Im Rahmen eines Übergabevertrags erbrachte private Versorgungsleistungen werden selbst dann der steuerlichen Behandlung der Vermögensübergabe gegen Versorgungsleistungen unterworfen, wenn sie nicht in dem Vertrag selbst, sondern erst nachträglich durch eine vertragliche Abmachung vereinbart werden, solange die wiederkehrenden Leistungen notwendige Folge der Vermögensübertragung sind und damit ein sachlicher Zusammenhang besteht[1191]. Ein konkretes Versorgungsbedürfnis des Vermögensübergebers ist dagegen keine Voraussetzung für die Annahme von Versorgungsleistungen. Insbesondere ist unschädlich, wenn zunächst tatsächlich eine Ver-

---

1188 *Jansen/Wrede*, Renten, Raten, Dauernde Lasten[12], Rn. 283; *Richter*, DStR 1993, 1439; *Rindermann/Schlenker*, in: Littmann/Bitz/Pust, EStG, § 22 Rn. 44i; *Schmidt*, FR 1992, 548; ders., FR 1993, 201; *Seithel*, DStR 1993, 675 (676); *Spiegelberger*, DStR 2004, 1105 (1111); *Weber-Grellet*, FR 1995, 505.

1189 Hierzu unten V. 3., S. 270 f.

1190 BFH v. 29.01.1992 – X R 193/87 – BStBl. II 1992, 465 = BFHE 167, 95; BFH v. 08.04.1992 – X R 48/90 – BFH/NV 1993, 10; BFH v. 25.11.1992 – X R 34/89 – BStBl. II 1996, 663 = BFHE 170, 76.

1191 BFH v. 03.06.1992 – X R 14/89 – BStBl. II 1993, 98 = BFHE 169, 25; BFH v. 22.09.1993 – X R 48/92 – BStBl. II 1994, 107 = BFHE 172, 366.

sorgungsbedürftigkeit besteht, aber im Laufe der Zeit infolge geänderter Umstände entfällt. Maßgeblich ist allein der Versorgungsgedanke[1192].

(a) Arten von Versorgungsleistungen

Grundsätzlich fallen unter den Begriff der Versorgungsleistungen alle existenzsichernden Zuwendungen zur Grundbedürfnisbefriedigung, mithin alle Leistungen zur Abdeckung des Lebensbedarfs. Hierzu zählen auch Pflegeleistungen, wenn dem Übernehmer hierfür Aufwendungen entstanden sind[1193]. Selbst erbrachte Pflegeleistungen sind mangels Vorliegens von Aufwendungen keine dauernde Last. Zudem lassen sie sich wegen der persönlichen Komponente nicht mit der Rechtsfigur der vorbehaltenen Erträge vereinbaren. Entsprechend werden die durch den Übernehmer persönlich erbrachten Pflegeleistungen beim Berechtigten nicht als wiederkehrende Bezüge erfasst. Dienstleistungen stellen zwar grundsätzlich auch Einnahmen im Sinne von § 8 EStG dar; die materielle Korrespondenz von Steuerbarkeit und Abziehbarkeit soll eine Besteuerung ausschließen[1194].

(b) Zeitliche Voraussetzungen

Die Versorgungsleistungen sind grundsätzlich für die Lebenszeit des Berechtigten zu gewähren[1195]. Nach diesem an das Versorgungsbedürfnis anknüpfenden zeitlichen Element sind Vereinbarungen mit einer fest bestimmten Laufzeit abzugrenzen. Feste Laufzeiten schließen Versorgungsleistungen grundsätzlich

---

1192 In diesem Sinne bereits RFH v. 12.10.1938 – VI 629/38 – RStBl. 39, 122 (123). Vgl. ferner BFH v. 30.07.1959 – IV 266/58 U – BStBl. III 1959, 406 = BFHE 69, 387; BFH v. 07.12.1966 – VI 266/65 – BStBl. III 1967, 306 (307) = BFHE 88, 115; BFH v. 24.03.1993 – X R 147/88 – BStBl. 1993, 98 = BFHE 169, 127; BFH v. 26.01.1994 – X R 54/92 – BStBl. II 1994, 633 = BFHE 173, 360; BFH v. 16.03.1999 – X R 87/95 – BFH/NV 2000, 12.

1193 BFH v. 22.01.1992 – X R 35/89 – BStBl. II 1992, 552 = BFHE 166, 555.

1194 BFH v. 22.01.1992 – X R 35/89 –BStBl. II 1992, 552 = BFHE 166, 255. *Fischer*, in: Kirchhof/Söhn/Mellinghoff, EStG, § 22 Rn. B 304 Fn. 577; ders., Wiederkehrende Bezüge und Leistungen, Rn. 410.

1195 BFH v. 03.08 1994 – X R 44/93 – BStBl. II 1996, 676 = BFHE 176, 19; BFH v. 31.08.1994 – X R 58/92 – BStBl. II 1994, 672 = BFHE 176, 333; BFH v. 09.10.1997 – X R 51/97 – BFH/NV 1998, 447; BFH v. 21.10.1999 – X R 75/97 – BStBl. II 2002, 651 = BFHE 190, 197; BFH v. 01.03.2005 – X R 45/03 – DStR 2005, 1174 = BFHE 209, 302. Kritisch hinsichtlich des Ausschlusses der Möglichkeit einer zeitlichen Beschränkung Teile des Schrifttums, vgl. *Spiegelberger*, Stbg. 1995, 481; *Weber-Grellet*, FR 1995, 234. Differenzierend *Biergans/Koller*, DStR 1993, 741 (749); *Hipler*, Vermögensübergabe gegen Versorgungsleistungen, S. 114.

aus[1196]. Dies gilt sowohl, wenn die vereinbarte Laufzeit auf die Lebenszeit des Berechtigten mit einer Mindestlaufzeit über den Tod hinaus vereinbart wird und die Mindestlaufzeit nach der statistischen Lebenserwartung noch vor dem Tod des Berechtigten endet[1197] als auch dann, wenn die Versorgungsleistungen auf Lebenszeit des Berechtigten, höchstens aber für eine bestimmte Dauer zu leisten sind.[1198] Ausnahmen erkennt die Rechtsprechung unter dem Gesichtspunkt des Versorgungscharakters an, wenn die Versorgungsleistungen auf den Zeitraum bis zum Wegfall der Versorgungsbedürftigkeit des Berechtigten beschränkt sind[1199].

(c) Anforderungen an den Vermögensübergabevertrag

Der Vermögensübergabevertrag muss steuerrechtlich anzuerkennen sein. Dies richtet sich zunächst nach den allgemeinen Grundsätzen, die bei Verträgen unter nahen Angehörigen gelten[1200]. Allerdings sind gewisse Besonderheiten zu beachten. Vermögensübergabeverträge unter nahen Angehörigen müssen ernstlich gewollt und tatsächlich durchgeführt werden sowie einem Fremdvergleich standhalten[1201]. Bei Fehlen einer der Voraussetzungen scheidet die Behandlung als Vermögensübergabe gegen Versorgungsleistungen aus. Die Rechtsprechung

---

1196 BFH v. 31.08.1994 – X R 58/92 – BStBl. II 1996, 672 (674) = BFHE 176, 333; BFH v. 31.08.1994 – X R 44/93 – BStBl. II 1996, 676 (678) = BFHE 176, 19; ; BFH v. 21.10.1999 – X R 75/95 – BStBl. II 2002, 651 (652) = BFHE 190, 197; aA *Jansen*, in: Herrmann/Heuer/Raupach, EStG, § 22 Rn. 169 unter Hinweis auf BFH v. 24.10.1978 – VIII R 172/75 – BStBl. II 1979, 135 = BFHE 126, 282.

1197 BFH v. 31.08.1994 – X R 58/92 – BStBl. II 1996, 672 (673) = BFHE 176, 333; BFH v. 21.10.1999 – X R 75/95 – BStBl. II 2002, 651 (652) = BFHE 190, 197. A.A. Gebel, Betriebsvermögensnachfolge[2], Rn 502.

1198 BFH v. 21.10.1999 – X R 75/95 – BStBl. II 2002, 651 (652) = BFHE 190, 197; aA für diesen Fall *Hipler*, DStR 2001, 1918 (1924).

1199 BFH v. 26.01.1994 – X R 54/92 – BStBl. II 1994, 633 (634) = BFHE 173, 360; BFH v. 31.08.1994 – X R 58/92 – BStBl. II 1996, 672 (674) = BFHE 176, 333; BFH v. 31.08.1994 – X R 44/93 – BStBl. II 1996, 676 (678) = BFHE 176, 19; BFH v. 21.10.1999 – X R 75/95 – BStBl. II 2002, 651 (652) = BFHE 190, 197.

1200 Dazu allgemein *Tipke/Lang*, Steuerrecht[18], § 9 Rn. 162 m.w.N.

1201 Für Vermögensübergabeverträge: BFH v. 28.04.1987 – IX R 40/81 – BFH/NV 1987, 712 (713); BFH v. 12.09.1991 – X R 199/87 – BFH/NV 1992, 233; BFH v. 04.12.1991 – X R 9/84 – BFH/NV 1992, 306; BFH v. 20.05.1992 – X R 207/87 – BFH/NV 1992, 805; BFH v. 15.07.1992 – X R 165/90 – BStBl. II 1992, 1020 = BFHE 168, 561; BFH v. 24.03.1993 – X R 4/92 – BFH/NV 1993, 717; BFH v. 14.07.1993 – X R 54/91 – BStBl. II 1994, 19 = BFHE 172, 324; BFH v. 18.01.1996 – X B 40/95 – BFH/NV 1996, 471; BFH v. 28.06.2000 – X R 48/98 – BFH/NV 2000, 1468; BFH v. 19.01.2005 – X R 23/04 – BStBl. II 2005, 434 = BFHE 209, 91.

gewichtet die einzelnen Voraussetzungen aber teilweise unterschiedlich[1202]. Neben der Überprüfung der Ernsthaftigkeit der Vereinbarung des Versorgungsverhältnisses[1203] wird der Vertragsinhalt daraufhin untersucht, ob klare und eindeutige Vereinbarungen eine Einordnung als Versorgungsvertrag zulassen[1204]. Das setzt voraus, dass die wesentlichen Vertragsbestandteile, vor allem Art und Umfang des übertragenen Vermögens, die Höhe der Versorgungsleistungen sowie die Zahlungsmodalitäten als Mindestbestand bürgerlich-rechtlicher Rechtsfolgen klar und eindeutig geregelt sind[1205]. Bei Umschichtungsfällen ist die Festschreibung der Verpflichtung des Übernehmers zum Erwerb einer ertragbringenden Wirtschaftseinheit erforderlich[1206]. Rückwirkende Vereinbarungen werden grundsätzlich[1207] nicht anerkannt, die Vereinbarungen müssen zu Beginn des

---

1202 So für die Frage, ob eine klare, ernstliche Vereinbarung vorliegt: Während BFH vom 10.04.1991 – XI R 19/88 – BFH/NV 1993, 717 es für die Annahme eines Versorgungsvertrags unbeachtlich erklärte, dass im das im Übergabevertrag zugunsten des Übergebers eingeräumte Wohnrecht nicht auf eine bestimmte Wohnung bezogen war, legt der X. Senat strengere Maßstäbe an, vgl. BFH v. 15.07.1992 – X R 165/90 – BStBl. II 1992, 1020 (1022) = BFHE 168, 561; BFH v. 14.07.1993 – X R 54/91 – BStBl. II 1994, 19 (20) = BFHE 172, 324.

1203 Das Hauptaugenmerk der Rechtsprechung liegt hierbei auf der Wahrung einschlägiger Formvorschriften, vgl. BFH v. 04.12.1991 – X R 9/84 – BFH/NV 1992, 306; BFH v. 24.11.1993 – X R 123/90 – BFH/NV 94, 704, wonach ein Formverstoß Indizwirkung für mangelnde Ernsthaftigkeit hat.

1204 BFH v. 28.01.1986 – IX R 12/80 – BStBl. II 1986, 348 (350) = BFHE 146, 68; BFH v. 12.09.1991 – X R 199/87 – BFH/NV 1992, 233 (234); BFH v. 04.12.1991 – X R 9/84 – BFH/NV 1992, 306 (307); BFH v. 20.05.1992 – X R 207/87 – BFH/NV, 805; BFH v. 15.07.1992 – X R 165/90 – BStBl. II 1992, 1020 (1022) = BFHE 168, 561; BFH v. 14.07.1993 – X R 54/91 – BStBl. II 1994, 19 (20) = BFHE 172, 324; BFH v. 16.03.1999 – X R 87/95 – BFH/NV 2000, 12 (14); BFH v. 25.08.1999 – X R 94/98 – BFH/NV 2000, 418.

1205 Vgl. BFH v. 15.07.1991 – GrS 1/90 – BStBl. II 1992, 78 = BFHE 165, 255; BFH v. 15.07.1992 – X R 165/90 – BStBl. II 1992, 1020 (1022) = BFHE 168, 561; BFH v. 24.03.1993 – X R 4/92 – BFH/NV 1993, 717 (718); BFH v. 31.08.1994 – X R 79/92 – BFH/NV 1995, 382 (383); BFH v. 11.01.1996 – X B 128/95 – BFH/NV 1996, 469; BFH v. 25.08.1999 – X R 38/95 – BStBl. II 2000, 21 = BFHE 190, 302; BFH v. 02.11.2000 – X B 50/00 – BFH/NV 01, 592; BFH v. 03.03.2004 – X R 135/98 – BStBl II 2004, 824 = BFHE 205, 447; BFH v. 19.01.2005 – X R 23/04 – BStBl. II 2005, 434 = BFHE 209, 91.

1206 BFH v. 12.05.2003 – BFH GrS 1/00 – BStBl. II 2004, 95 (99) = BFHE 202, 464; BFH v. 16.06.2004 – X R 22/99 – BStBl. II 2004, 1053 = BFHE 206, 400.

1207 Ausnahmsweise soll bei einer schuldrechtlichen Rückbeziehung etwas anderes gelten, wenn sie von kurzer Dauer ist und lediglich technische Bedeutung hat, vgl. BFH v. 12.09.1991 – X R 199/87 – BFH/NV 1992, 233 (234); BFH v. 25.11.1992 – X R 148/90 – BFH/NV 1993, 586 (587).

maßgeblichen Rechtsverhältnisses getroffen werden[1208]. Allerdings sind bestimmte für die Zukunft wirkende Abänderungen möglich. Anpassungen an ein erhöhtes Versorgungsbedürfnis oder durch eine veränderte Leistungsfähigkeit des Übernehmers veranlasste Anpassungen[1209] sind ebenso zulässig wie die nachträgliche Umwandlung einer Leibrentenvereinbarung in eine dauernde Last mit Wirkung für die Zukunft[1210].

Für die steuerliche Anerkennung spielen insbesondere die tatsächliche Durchführung und der Fremdvergleich eine Rolle. Die im Rahmen des Versorgungsverhältnisses vereinbarten Leistungen müssen wie vereinbart erbracht werden[1211]. Außerdem muss eine klare Trennung der Vermögenssphären der nahen Angehörigen bei der Durchführung als Indiz für den unter Fremden gegebenen marktüblichen Interessengegensatz erkennbar sein. Daran fehlt es, wenn der Versorgungsberechtigte über die ihm zugeflossenen Einnahmen nicht tatsächlich verfügen kann[1212]. Der Fremdvergleich ist z.B. nicht gewahrt, wenn der Verpflichtete die geschuldeten Versorgungsleistungen zum Fälligkeitszeitpunkt nicht erbringt, sondern erst zu einem späteren Zeitpunkt[1213]. Enthält der Übergabevertrag eine Wertsicherungsklausel und machen die Vertragsparteien hiervon

---

1208 BFH v. 12.09.1991 – X R 199/87 – BFH/NV 1992, 233 (234); BFH v. 04.12.1991 – X R 9/84 – BFH/NV 1992, 306 (307); BFH v. 20.05.1992 – X R 207/87 – BFH/NV 1992, 805; BFH v. 03.06.1992 – X R 147/88 – BStBl. II 1993, 98 (100) = BFHE 169, 127; BFH v. 15.07.1992 – X R 142/88 – BFH/NV 1992, 816 (817); BFH v. 15.07.1992 – X R 165/90 – BStBl. II 1992, 1020 (1022) = BFHE 168, 561; BFH v. 15.07.1992 – X R 31/91 – BFH/NV 1993, 18 (19); BFH v. 25.11.1992 – X R 148/90 – BFH/NV 1993, 586 (587); BFH v. 24.03.1993 – X R 4/92 – BFH/NV 1993, 717 (718); BFH v. 14.07.1993 – X R 54/91 – BStBl. II 1994, 19 (20); BFH v. 24.11.1993 – X R 123/90 – BFH/NV 1994, 704; BFH v. 31.08.1994 – X R 79/92 – BFH/NV 1995, 382 (383); BFH v. 16.03.1999 – X R 87/95 – BFH/NV 2000, 12; BFH v. 25.08.1999 – X R 38/95 – BStBl. II 2000, 21 = BFHE 190, 302; BFH v. 28.06.2000 – X R 48/98 – BFH/NV 2000, 1468; BFH v. 03.03.2004 – X R 14/01 – BStBl. II 2004, 826 = BFHE 205, 261.

1209 BFH v. 15.07.1992 – X R 165/90 – BStBl. II 1992, 1020 (1022) = BFHE 168, 561.

1210 BFH v. 03.03.2004 – X R 135/98 – BStBl. II 2004, 824 = BFHE 205, 447.

1211 BFH v. 20.05.1992 – X R 207/87 – BFH/NV 1992, 805; BFH v. 13.06.1994 – X B 104/93 – BFH/NV 1995, 21; einschränkend wegen der Rechtsnatur der Versorgungsleistungen als abänderbare dauernde Lasten BFH v. 15.07.1992 – X R 165/90 – BStBl. II 1992, 1020 = BFHE 168, 561 mit dem Hinweis, dass aber bei geänderten Versorgungsleistungen die Änderung durch nachweisbare, für den Vertrag relevante, Umstände veranlasst sein müsse.

1212 BFH v. 20.05.1992 – X R 207/87 – BFH/NV 1992, 805; BFH v. 24.03.1993 – X R 4/92 – BFH/NV 1993, 717 (718).

1213 BFH v. 24.03.1993 – X R 4/92 – BFH/NV 1993, 717 (719); BFH v. 31.08.1994 – X R 115/92 –BFH/NV 1995, 498 (499).

keinen Gebrauch, hat dies nach der Rechtsprechung nur Bedeutung im Rahmen einer Gesamtwürdigung, lässt aber noch nicht auf einen fehlenden Rechtsbindungswillen der Beteiligten schließen, der zur Versagung der steuerlichen Anerkennung führt[1214].

6. Abänderbarkeit der wiederkehrenden Leistungen

Die Zuordnung der Versorgungsleistungen als dauernde Last setzt ihre Abänderbarkeit als Wesensmerkmal der dauernden Last voraus[1215]. Die Rechtsprechung verlangt allerdings immer geringer werdende Anforderungen für das Merkmal der Abänderbarkeit. Strittig ist insbesondere die Frage, ob und inwieweit bei gleich bleibenden Versorgungsleistungen eine Zuordnung zu voll abzugsfähigen dauernden Lasten erfolgen kann. Die Rechtsprechungsentwicklung hat insoweit durch die Entscheidung des Großen Senats vom 15.07.1991[1216] eine Zäsur erfahren. Die X. Senat geprägte Folgerechtsprechung fordert deutlich geringere Voraussetzungen für die Feststellung der Abänderbarkeit.

(a) Entwicklung der Rechtsprechung

Ursprünglich verlangte der BFH einen ausdrücklich und eindeutig vertraglich festgeschriebenen Abänderungsvorbehalt[1217], um dauernde Lasten von gleich bleibenden Leibrenten abzugrenzen[1218]. Dafür reichte im Regelfall eine in der Vertragspraxis übliche Bezugnahme auf § 323 ZPO aus[1219].

1214 BFH v. 03.03.2004 – X R 12/02 – BStBl. II 2004, 722 = BFHE 205, 451; BFH v. 03.03.2004 – X R 14/01 – BStBl. II 2004, 826 = BFHE 205, 261.

1215 Zur Begriffsbestimmung siehe oben G. II. 2., S. 140 f.

1216 BFH v. 15.07.1991 – GrS 1/90 – BStBl. II 1992, 78 = BFHE 165, 225.

1217 BFH v. 01.08.1975 – VI R 48/73 – BStBl. II 1975, 881 = BFHE 116, 501; BFH v. 20.05.1980 – VI R 108/77 – BStBl. II 1980, 573 (574) = BFHE 130, 520; BFH v. 19.09.1980 – VI R 161/77 – BStBl. II 1981, 26 (28) = BFHE 131, 384; BFH v. 22.09.1982 – IV R 154/79 – BStBl. II 1983, 99 (101) = BFHE 136, 527; BFH v. 30.10.1984 – IX R 2/84 – BStBl. II 1985, 610 (612) = BFHE 143, 317; BFH v. 13.08.1985 – IX R 2/79 – BStBl. II 1986, 709 = BFHE 146, 442; BFH v. 28.01.1986 – IX R 12/80 – BStBl. II 1986, 348 (350) = BFHE 146, 68; BFH v. 28.01.1986 – IX R 1/80 – BFH/NV 1986, 457; BFH v. 03.06.1986 – IX R 2/79 – BStBl. II 1986, 674 = BFHE 146, 442.

1218 Zusammenfassend BFH v. 15.07.1991 – GrS 1/90 – BStBl. II 1992, 78 (81) = BFHE 165, 225.

1219 BFH v. 01.08.1975 – VI R 48/73 – BStBl. II 1975, 881 = BFHE 116, 501; BFH v. 30.10.1984 – IX R 2/84 – BStBl. II 1985, 610 (612) = BFHE 143, 317; anders wurde dies nur dann beurteilt, wenn von dem Verweis auf § 323 ZPO lediglich eine Wertsiche-

Die der Entscheidung des Großen Senats vom 15.07.1991[1220] zugrundeliegende Vorlage des X. Senats[1221] betraf die Frage, ob eine voll abzugsfähige dauernde Last auch dann anzunehmen sei, wenn der Übergabevertrag keine Vereinbarungen über die Abänderbarkeit der vereinbarten Leistungen enthält. Der Große Senat bejaht dies, weil sich die Abänderbarkeit der Leistungen bereits aus der Rechtsnatur des Versorgungsvertrags ergeben könne[1222]. Der X. Senat geht deshalb in der Folgerechtsprechung von der Abänderbarkeit als Regelfall aus[1223]. Eine ausdrückliche Abänderungsklausel im Vertrag sei für die Annahme der Abänderbarkeit der Versorgungsleistungen nicht erforderlich[1224], entscheidend sei vielmehr die Anknüpfung an den typischen zivilrechtlichen Altenteilsvertrag, der zum einen die Übergabe existenzsichernden Vermögens und zum anderen die Abänderbarkeit der Versorgungsleistungen beinhalte. Für eine steuerrechtliche Anerkennung müsse die Abänderbarkeit durch nachweisbare, rechtserhebliche Umstände veranlasst sein, z. B. durch eine veränderte Leistungsfähigkeit des Verpflichteten – etwa wegen Erwirtschaftung geringerer Beträge – oder eine andere Bedarfslage beim Versorgungsleistungsberechtigten[1225]. Der sachliche Zusammenhang mit der Vermögensübergabe durch Einhaltung des ursprünglichen Versorgungskonzepts dürfe nicht in Frage gestellt sein[1226].

---

rungsklausel erfasst wurde, vgl. BFH v. 28.01.1986 – IX R 12/80 – BStBl. II 1986, 348 (350) = BFHE 146, 68.

1220 BFH v. 15.07.1991 – GrS 1/90 – BStBl. II 1992, 78 = BFHE 165, 225.

1221 BFH v. 25.04.1990 – X R 38/86 – BStBl. II 1990, 625 = BFHE 160, 33.

1222 BFH v. 15.07.1991 – GrS 1/90 – BStBl. II 1992, 78 (83) = BFHE 165, 225; kritisch *Seithel*, BB 1993, 473 (478), der in dieser Rechtsprechung die Umgehung des tatsächlich von den Parteien Gewollten sieht. Ähnlich *Stephan*, DB 1993, 194 (197), der dieser Rechtsprechung entgegenhält, sie setze sich in Widerspruch zu der sonst für die Anerkennung von Verträgen unter nahen Angehörigen erforderlichen klaren und eindeutigen Vereinbarung des anzuerkennenden Rechtsverhältnisses.

1223 Ständige Rechtsprechung seit der Grundsatzentscheidung BFH v. 11.03.1992 – X R – 141/88 – BStBl. 1992, 499 = BFHE 166, 564; BFH v. 11.03.1992 – X R 3/85 – BFH/NV 1992, 592 (593); BFH v. 25.03.1992 – X R 38/86 – BFH/NV 1992, 595 (596); BFH v. 25.03.1992 – X R 15/89 – BFH/NV 1992, 655; BFH v. 25.03.1992 – X R 196/87 – BStBl. II 1992, 1012 = BFHE 167, 408; BFH v. 15.07.1992 – X R 165/90 – BStBl. II 1992, 1020 (1022) = BFHE 168, 561; BFH v. 16.12.1993 – X R 67/92 – BStBl. II 1996, 669 (671) = BFHE 173, 152; BFH v. 27.08.1997 – X R 54/94 – BStBl .II 1997, 813 = BFHE 184, 337; BFH v. 03.03.2004 – X R 135/98 – BStBl. II 2004, 824 = BFHE 205, 447.

1224 BFH v. 11.03.1992 – X R 141/88 – BStBl. II 1992, 499 (502) = BFHE 166, 564.

1225 BFH v. 15.07.1992 – X R 165/90 – BStBl. II 1992, 1020 (1022) = BFHE 168, 561.

1226 Nach BFH v. 08.04.1992 – X R 52/89 – BFH/NV 1992, 657 ist sogar die irrtümliche explizite Vereinbarung einer Leibrente als dauernde Last zu behandeln, wenn Abänder-

(b) Fehlende Abänderbarkeit – "Versorgungsleibrente"?

Gleich bleibende Zahlungen sind begrifflich als Leibrente einzuordnen mit der Folge, dass diese vom Verpflichteten nur mit dem sich aus der in § 22 Nr. 1 S. 3 lit. a EStG aufgeführten Tabelle ergebenden Ertragsanteil abgezogen werden können. Bei Versorgungsleistungen ist das der Ausnahmefall, da regelmäßig von der Abänderbarkeit der vereinbarten Leistungen ausgegangen werden kann. Für sog. Versorgungsleibrenten besteht damit von vornherein ein nur geringer Anwendungsbereich. Außerdem wird die steuerliche Berücksichtigung des Ertragsanteils in den meisten Fällen nicht dem Interesse der an der Vermögensübergabe Beteiligten entsprechen, da eine volle Ausnutzung des durch die Steuerbarkeit auf Empfängerseite und die Abziehbarkeit auf Geberseite entstehenden Progressionsgefälles anders als bei der dauernden Last nicht möglich ist[1227]. Liegt keine Abänderbarkeit vor – insbesondere weil die Versorgungsleistungen ausdrücklich als gleich bleibend vereinbart wurden[1228] – ist streitig, ob die Versorgungsleistungen dann als Leibrente einzuordnen sind oder gleichwohl eine Zuordnung zur Versorgungsleistung als dauernde Last zu erfolgen hat.

In der Literatur wird die Einordnung als Leibrente zum Teil wegen der damit verbundenen auf den Ertragsanteil beschränkten Berücksichtigung abgelehnt[1229]. Zum einen passe die bei der Ertragsanteilsbesteuerung vorgenommene Sonderung von Vermögensumschichtungs- und Zinsanteil nicht zu der für die Vermögensübergabe gegen Versorgungsleistungen begriffswesentlichen Unentgeltlichkeit aufgrund des Vorbehalts der Erträge[1230]. Es sei systemfremd, gleich bleibende Versorgungsleistungen in einen Zins- und einen Ertragsanteil aufzuspal-

barkeit gewollt war und die tatsächliche Durchführung des Übergabevertrags dies erkennen lässt; s. auch *Fischer*, Wiederkehrende Bezüge und Leistungen, Rn. 348.

1227 Hierauf verweist *Fischer*, DStR 1993, 316 (317); ders., DB 1993, 1002. An anderer Stelle bemerkt *Fischer* mit Blick auf die Frage, inwieweit auch unabänderbare Versorgungsleistungen als Leibrenten mit dem Ertragsanteil abzugsfähig sein können: "Wenn Altenteilsleistungen – was keineswegs der normalen Interessenlage entspricht – ausdrücklich als steuerrechtliche Leibrente vereinbart werden – sei's drum!", vgl. *Fischer*, DStR 1992, Beihefter zu Heft 17, 4.

1228 So in den Entscheidungen des BFH v. 27.11.1996 – X R 85/94 – BStBl. II 1997, 284 = BFHE 182, 110; BFH v. 16.03.1999 – X R 87/95 – BFH/NV, 12; BFH v. 02.11.2000 – X B 50/00 – BFH/NV 2001, 592.

1229 *Fischer*, DStR 1992, Beihefter zu Heft 17, 1 (4); ders. DB 1993, 1002; ders. DStR 1993, 316 (317); *Hipler*, Vermögensübergabe gegen Versorgungsleistungen, S. 180; *Martin*, BB 1993, 1773 (1775); *Paus*, DStZ 1994, 464 (465); *Reiß*, in: Kirchhof/Söhn, EStG, § 16 Rn B 197; *Seer*, ZEV 1995, 173 (177); *Weber-Grellet*, Stbg. 1998, 1 (28).

1230 Vgl. *Martin*, BB 1993, 1773 (1775); *Seer*, ZEV 1995, 173 (177); *Reiß*, in: Kirchhof/Söhn, EStG, § 16 Rn B 197.

ten und dies allenfalls mit der Kontinuität der Rechtsprechung zu begründen[1231]. Für eine Zuordnung auch unabänderbarer Versorgungsleistungen zur dauernden Last spreche ferner, dass der Rentenbegriff nur ein Unterbegriff[1232] der dauernden Last sei und hiervon mitumfasst werde[1233].

Nach der bisherigen Rechtsprechung liegt bei gleich bleibenden Leistungen eine nur mit dem Ertragsanteil zu berücksichtigende Leibrente vor, die bei gleichzeitiger Erbringung selbständig neben die als dauernde Last zu berücksichtigenden abänderbaren Versorgungsleistungen treten[1234]. Allerdings lässt sich die Tendenz erkennen, im Bereich der Vermögensübergabe gegen Versorgungsleistungen die Annahme einer nur mit dem Ertragsanteil zu berücksichtigenden Leibrente auszuschließen. Dies könnte durch die neuen Entscheidungen des Großen Senats[1235] eine Bestätigung gefunden haben. Bereits in der Entscheidung vom 15.07.1991 führt der Große Senat zum Verhältnis Leibrente – Versorgungsleistung aus, bei ersterer sei die Versorgung des Empfängers nur Motiv, nicht hingegen Vertragsinhalt[1236]. Der Versorgungsgedanke wurde in der Folgerechtsprechung zwar fortgeführt, der Schwerpunkt aber auf das Konzept der vorbehaltenen Erträge gelegt und damit die Zuordnung zur dauernden Last begründet[1237]. Dies führte teilweise sogar dazu, dass der X. Senat eine erst nachträglich vereinbarte Abänderungsmöglichkeit so ausgelegt hat, dass von Anfang an eine dauernde Last anzunehmen sei, obwohl die an der Vermögensübergabe Beteiligten zunächst ausdrücklich eine Leibrente vereinbart hatten[1238]. Die neuen Entscheidungen des Großen Senats[1239] nehmen nicht ausdrücklich Bezug zu der Frage, ob bei ausreichender Ertragskraft auch weiterhin zwischen dauernder

---

1231 *Fischer*, DStR 1993, 316 (317); ders., DB 1993, 1002.

1232 *Jansen/Wrede*, Renten, Raten, Dauernde Lasten[12], Rn. 177.

1233 *Hipler*, Vermögensübergabe gegen Versorgungsleistungen, S. 180.

1234 BFH v. 16.09.1965 – IV 67/61 S – BStBl. III 1965, 706 (707) = BFHE 83, 568; BFH v. 02.12.1966 – VI 365/65 – BStBl. III 1967, 243 (244) = BFHE 87, 563; BFH v. 25.05.1973 – VI R 375/69 – BStBl. II 1973, 680 = BFHE 109, 446; BFH v. 18.03.1980 – VIII R 69/78 – BStBl. II 1980, 501 = BFHE 130, 446; BFH v. 15.07.1991 – GrS 1/90 – BStBl. II 1990, 78 (82) = BFHE 165, 225; BFH v. 16.03. – X R 141/88 – BStBl. II 1992, 499 (500) = BFHE 166, 564; BFH v. 16.03.1999 – X R 87/95 – BFH/NV 2000, 12 (14); BFH v. 03.03.2004 – X R 11/03 – BFH/NV 2004, 1389.

1235 BFH v. 12.05.2003 – GrS 1/00 – BStBl. II 2004, 95 = BFHE 202, 464; BFH v. 12.05.2003 – GrS 2/00 – BStBl. II 2004, 100 = BFHE 202, 477.

1236 BFH v. 15.07.1991 – GrS 1/90 – BStBl. II 1992, 78 (83) = BFHE 165, 225.

1237 Vgl. BFH v. 16.12.1993 – X R 67/92 – BStBl. II 1996, 669 (672) = BFHE 173, 152.

1238 Vgl. BFH v. 11.03.1992 – X R 3/85 – BFH/NV 1992, 592.

1239 BFH v. 12.05.2003 – GrS 1/00 – BStBl. II 2004, 95 = BFHE 202, 464; BFH v. 12.05.2003 – GrS 2/00 – BStBl. II 2004, 100 = BFHE 202, 477.

Last und Leibrente zu unterscheiden ist und bei ausdrücklich als unveränderlich vereinbarten Leistungen nur der Ertragsanteil steuerlich relevant wird[1240]. Die Urteile verdeutlichen aber, dass die eigenständige Beurteilung des Rechtsinstituts der Vermögensübergabe auf Grundlage der Zuordnung der Versorgungsleistungen zur dauernden Last vorrangig auf einer rein formalen, auf die Unabänderbarkeit der zu erbringenden Leistungen abstellenden Betrachtung beruht. Deshalb muss der Anwendungsbereich der Leibrente im Bereich der Vermögensübergabe konsequenterweise reduziert werden. Infolge der mit dem Vorbehalt der Erträge begründeten Unentgeltlichkeit der Vermögensübergabe können Versorgungsleistungen nicht in einen Zins- und einen Umschichtungsanteil aufgeteilt, sondern im Regelfall nur insgesamt der dauernden Last zugeordnet werden, wenn und weil eine existenzsichernde und ausreichend ertragbringende Wirtschaftseinheit übertragen wurde[1241]. Der Übernehmer behält sich die Erträge hieraus nämlich nicht in Höhe des Ertragsanteils, sondern in voller Höhe vor.

Es kann daher erwartet werden, dass die Leibrente zukünftig kaum noch einen relevanten Anwendungsbereich behält und eine gänzliche Zuordnung zur dauernden Last erfolgen wird[1242].

7. Sonderfälle

Als besondere Fallgruppen sind Wirtschaftsüberlassungsverträge und Versorgungsleistungen aufgrund letztwilliger Verfügung gegenüber dem Regelfall der Vermögensübergabe durch eine besondere Interessenlage der Beteiligten gekennzeichnet, die für die Voraussetzungen der steuerlichen Anerkennung sowie auf Rechtsfolgenseite von Bedeutung ist.

(a) Wirtschaftsüberlassungsverträge

Bei einem Wirtschaftsüberlassungsvertrag wird nicht ein Vermögensgegenstand übertragen, sondern das alleinige Nutzungsrecht des zur Erbringung wiederkehrender Leistungen Verpflichteten an einem solchen Vermögensgegenstand unter Beibehaltung der Eigentümerstellung des Leistungsberechtigten begründet. Die von der Rechtsprechung entschiedenen Fälle betreffen die Überlassung von

---

1240 Für eine nachträgliche Möglichkeit der Abänderung mit Wirkung ex nunc BFH v. 03.03.2004 – X R 135/98 – BStBl. II 2004, 824 = BFHE 205, 447.

1241 Hiervon geht auch die Finanzverwaltung aus und macht Ausnahmen von der Grundannahme des Vorliegens einer dauernden Last nur bei ausdrücklichem Ausschluss der Abänderbarkeit für in Geld oder vertretbaren Sachen bestehenden wiederkehrenden Leistungen, vgl. BMF-Schreiben v. 16.09.2004 – IV C 3 – S 2255 – 354/04 – BStBl. I 2004, 922 Tz. 48.

1242 *Hipler*, FR 2003, 1162 (1163).

land- und forstwirtschaftlichen Betrieben zu Bewirtschaftungszwecken[1243] und weisen damit – zumindest auf den ersten Blick – eine Gemeinsamkeit mit der dem Idealtypus der Vermögensübergabe zugrunde liegenden Hofübergabe auf. Zweck des Wirtschaftsüberlassungsvertrages ist es regelmäßig, die Versorgung des Empfängers der wiederkehrenden Leistungen durch den Nutzungsberechtigten zu sichern, solange der endgültige Vermögensübergang durch vorweggenommene Erbfolge oder durch Erbfall nicht erfolgt ist[1244]. Bislang stellt die Rechtsprechung für die Annahme von Versorgungsleistungen in Abgrenzung zu Unterhaltsleistungen auf das Verhältnis des Barwerts der wiederkehrenden Leistungen zum Wert des zur Nutzung überlassenen Gegenstandes ab, nicht jedoch auf den Wert der bloßen Nutzungsüberlassung[1245]. Danach wird die Nutzungseinräumung durch einen Wirtschaftsüberlassungsvertrag ohne Wertverrechnung als unentgeltlich eingestuft und angenommen, dass die erbrachten Leistungen beim Empfänger keine betrieblichen Einnahmen, sondern steuerbare Einnahmen nach § 22 Nr. 1 EStG darstellen, deren Höhe sich wiederum danach bemisst, ob es sich nach der vertraglichen Vereinbarung nach um abänderbare oder gleich bleibende Leistungen handelt[1246]. Die Vergleichbarkeit von Wirtschaftsüberlassungsverträgen mit dem Regelfall der Vermögensübergabe gegen Versorgungsleistungen ist in der Literatur mehrfach angezweifelt worden[1247] und jedenfalls vor dem Hintergrund der Entscheidungen des Großen Senats[1248] neu zu beurteilen. Wenn dort auf den Vorbehalt der Erträge als für die Vermögensübergabe konstituierende Voraussetzung abgestellt und für die steuerliche Anerkennung die Übertragung einer existenzsichernden Wirtschaftseinheit mit positivem Substanzwert verlangt wird, so folgt hieraus für Wirtschaftsüberlassungsverträge, dass zwar ein familien- und erbrechtlicher Bezug vorliegt und der zukünftige

---

1243 Vgl. BFH v. 24.07.1975 – IV R 99/72 – BStBl. II 1975, 772 = BFHE 116, 364; BFH v. 05.02.1976 – IV R 31/74 – BStBl. II 1976, 335 = BFHE 118, 37 BFH v. 23.06.1977 – IV R 43/73 – BStBl. II 1977, 719 = BFHE 122, 500; BFH v. 18.02.1993 – IV R 106/92 – BStBl. II 1993, 546 = BFHE 170, 553; BFH v. 15.02.1993 – IV R 50/92 – BStBl. II 1993, 548 = BFHE 170, 557; BFH v. 15.02.1993 – IV R 51/92 –BFH/NV 1994, 14.

1244 Vgl. BFH v. 18.02.1993 – IV R 106/92 – BStBl. II 1993, 546 = BFHE 170, 553; *Hofer*, DStR 1993, 705 (708); *Jansen*, in: Herrmann/Heuer/Raupach, EStG, § 22 Rn. 220; *Kanzler*, FR 1992, 239 (242).

1245 BFH v. 18.02.1993 – IV R 106/92 – BStBl. II 1993, 546 (547) = BFHE 170, 553.

1246 Bei der Prüfung verfährt der BFH ähnlich wie beim Normalfall der Vermögensübergabe, vgl. BFH v. 18.02.1993 – IV R 106/92 – BStBl. II 1993, 546 (547) = BFHE 170, 553; *Jansen*, in: Herrmann/Heuer/Raupach, EStG, § 22 Rn. 220.

1247 Vgl. *Fischer*, FR 1993, 575; *Hipler*, Vermögensübergabe gegen Versorgungsleistungen, S. 108; *Hofer*, DStR 1993, 705 (708); *Kanzler*, FR 1992, 239 (242).

1248 BFH v. 12.05.2003 – GrS 1/00 – BStBl II 2004, 95 = BFHE 202, 464; BFH v. 12.05.2003 – GrS 2/00 – BStBl II 2004, 100 = BFHE 202, 477.

Übernehmer verpflichtet ist, die wiederkehrenden Leistungen durch Eigenerwirtschaftung im Rahmen des Wirtschaftsüberlassungsvertrages zu erbringen. Im Unterschied zum Regelfall der Vermögensübergabe wird der Ertragsvorbehalt hier aber dadurch verwirklicht, dass sich der Vermögensübergeber der existenzsichernden Wirtschaftseinheit vollständig und sofort – nicht erst zukünftig – begibt. Es bleibt daher abzuwarten, ob die Rechtsprechung den Sonderfall des Wirtschaftsüberlassungsvertrages auch weiterhin den für den Regelfall der Vermögensübergabe geltenden Rechtsfolgen unterstellt.

(b) Versorgungsleistungen aufgrund letztwilliger Verfügung

Werden Versorgungsleistungen vom Erblasser durch eine testamentarische Anordnung (Vermächtnis) unter Ausschluss des Empfängers der Versorgungsleistungen von der Erbfolge vorgesehen, um eine Zerschlagung der Erbmasse zu verhindern, stellt sich die Frage, ob und unter welchen Voraussetzungen eine Parallelbehandlung mit den durch Rechtsgeschäft unter Lebenden begründeten Versorgungsleistungen erfolgen kann.

(aa) Frühere Rechtsprechung

Die frühere Rechtsprechung hat durch Vermächtnis angeordnete wiederkehrende Leistungen, die der oder die Erben an den Berechtigten erbringen mussten, als Versorgungsleistungen anerkannt und den für die Vermögensübergabe gegen Versorgungsleistungen als Rechtsgeschäft unter Lebenden geltenden Regeln unterstellt[1249]. Zur Begründung der Einordnung als Versorgungsleistungen wurde maßgeblich auf den Ausschluss der Erbberechtigung oder den Verzicht auf die Geltendmachung des Pflichtteils in der Person des Versorgungsleistungsberechtigten abgestellt, um so in Abgrenzung zu Unterhaltsleistungen einen Vorgang mit Gegenleistung annehmen zu können[1250]. Unterhaltsleistungen lagen demgegenüber vor, wenn auf den zur Erbringung wiederkehrender Leistungen verpflichteten Erben nur unwesentliche Vermögenswerte übergingen[1251].

1249 BFH v. 17.11.1955 – IV R 160, 161/54 U – BStBl. III 1956, 281 = BFHE 63, 215; BFH v. 10.10.1963 – VI 115/61 U – BStBl. II 1963, 592 = BFHE 77, 738; BFH v. 20.08.1965 – VI 156/64 U – BStBl. III 1965, 706 = BFHE 83, 565; BFH v. 01.08.1975 – VI R 168/73 – BStBl. II 1973, 882 = BFHE 116, 505; BFH v. 04.02.1975 – VII R 71/70 – BStBl. II 1975, 529 = BFHE 114, 539; BFH v. 21.12.1977 – I R 52/76 – BStBl. II 1978, 332 = BFHE 124, 432.

1250 Vgl. BFH v. 01.08.1975 – VI R 168/73 – BStBl. II 1973, 882 = BFHE 116, 505; BFH v. 04.02.1975 – VII R 71/70 – BStBl. II 1975, 529 = BFHE 114, 539. S. hierzu auch *Biergans*, Renten und Raten, S. 198.

1251 BFH v. 12.11.1985 – IX R 2/82 – BStBl. II 1986, 261 = BFHE 145, 368.

(bb) Rechtsprechung des X. Senats

Nach den ersten beiden Entscheidungen des Großen Senats[1252] zur Vermögensübergabe gegen Versorgungsleistungen hat die Folgerechtsprechung des X. Senats die Behandlung von testamentarisch verfügten Versorgungsleistungen eingeschränkt und den für die steuerliche Anerkennung der Vermögensübergabe als Rechtsgeschäft unter Lebenden durch den Großen Senat entwickelten Anforderungen angepasst. Dort wird davon ausgegangen, dass auch Verfügungen von Todes wegen Rechtsgrundlage von Versorgungsleistungen sein können, dies aber nur unter der Voraussetzung, dass die wiederkehrenden Leistungen bei einer Vermögensübergabe im Wege vorweggenommener Erbfolge zu Lebzeiten des Erblassers als Versorgungsleistungen zu beurteilen wären[1253]. Dabei wird auf den Versorgungsberechtigten abgestellt, der aufgrund der letztwilligen Verfügung statt seines gesetzlichen Erbteils Versorgungsleistungen aus dem "an sich ihm zustehenden Vermögen erhält". Außerdem wird im Hinblick auf das Konzept der vorbehaltenen Erträge gefordert, dass mit diesen Leistungen Erträge solcher Wirtschaftseinheiten vorbehalten werden, die dem Bedachten aufgrund gesetzlicher Erbfolge zustünden[1254]. Die Gleichstellung der im Wege der vorweggenommenen Erbfolge vereinbarten Versorgungsleistungen mit solchen aufgrund letztwilliger Verfügung folge daraus, dass auch letztere wie eine Vorwegnahme der künftigen Erbfolge des verzichtenden Erben anzusehen seien und es sich insoweit nicht um eine Verrentung des Erbanteils bzw. von Pflichtteils- und Vermächtnisansprüchen handele[1255]. Gleichzeitig behält diese Rechtsprechung die bereits früher aufgestellte Voraussetzung bei, wonach der Empfänger der wiederkehrenden Leistungen im Erbwege kein existenzsicherndes Vermögen erworben haben darf, da andernfalls der Zuwendungsbegriff des § 12 Nr. 2 EStG die Nichtabzugsfähigkeit begründe und zudem die Versorgungsbedürftigkeit des Berechtigten entfalle [1256]. Diese Begründungsansätze haben auch Konsequenzen für den personellen Anwendungsbereich testamentarisch verfügter

---

1252 BFH v. 05.07.1990 – GrS 4-6/89, BStBl. II 1990, 847 =BFHE 161, 317; BFH v. 15.07.1991 – GrS 1/90, BStBl. II 1992, 78 = BFHE 165, 225.

1253 Vgl. BFH v. 27.02.1992 – X R 139/88 – BStBl. II 1992, 612 (615) = BFHE 167, 381; BFH v. 26.01.1994 – X R 54/92 – BStBl. II 1992, 633 = BFHE 173, 360; BFH v. 28.04.1994 – X B 162/94 – BFH/NV 1995, 18; BFH v. 27.11.1996 – X R 85/94 – BStBl. II 1997, 284 (285) = BFHE 182, 110; BFH v. 26.11.2003 – X R 11/01 – BStBl. II 2004, 820 = BFHE 204, 192.

1254 So BFH v. 27.02.1992 – X R 139/88 – BStBl. II 1992, 612 (615).

1255 Vgl. BFH v. 26.01.1994 – X R 54/92 – BStBl. II 1992, 633 (634) = BFHE 173, 360; BFH v. 28.04.1994 – X B 162/94 – BFH/NV 1995, 18; BFH v. 27.03.2001 – X R 106/98 – BFH/NV 2001, 1242.

1256 Vgl. BFH v. 26.01.1994 – X R 54/92 – BStBl. II 1992, 633 (634).

Versorgungsleistungen: Im Gegensatz zur Vermögensübergabe im Wege der vorweggenommenen Erbfolge wird der Kreis der möglichen Leistungsberechtigten bei testamentarisch verfügten Versorgungsleistungen auf gesetzlich Erbberechtigte beschränkt. Nur für diese treffe die Annahme zu, dass sie zugunsten von Versorgungsleistungen auf ihren Erbteil im Interesse der Zusammenhaltung des Familienvermögens "verzichten" und damit eine der Vermögensübergabe im Rahmen der vorweggenommenen Erbfolge vergleichbare "eigene Disposition" erbrächten[1257]. Ausnahmen hält der X. Senat lediglich bei nicht pflichtteilsberechtigten Geschwistern im Rahmen einer Hofübergabe für denkbar, wenn diese schon bei der früheren Hofübergabe durch die Eltern des Hofübergebers übergangen worden waren[1258].

(cc) Abweichende Auffassungen

Die Behandlung testamentarisch verfügter Versorgungsleistungen hat in der Literatur namentlich wegen der Einschränkung des persönlichen Anwendungsbereichs Kritik erfahren. Die Einwände richten sich vor allem gegen die Behauptung, dass die Einbeziehung in den Personenkreis der Versorgungsleistungsempfänger eine gesetzliche Erbberechtigung voraussetze, um durch den Erbverzicht eine eigenständige der Vermögensübergabe zu Lebzeiten gleichzusetzende Vermögensdisposition vornehmen zu können. Maßgeblich sei vielmehr die letztwillige Verfügung des Erblassers als desjenigen, der sich der Erträge des Vermögens zugunsten eines Vermächtnisnehmers vorbehalte[1259]. Aus dem gedanklichen Zwischenschritt einer Vermögensdisposition des Bezugsberechtigten sei zu folgern, dass vorbehaltene Erträge nur soweit vorlägen, wie der Stellung als gesetzlicher Erbe reiche. Deshalb sei eine anteilig an der Erbquote ausgerichtete Berechnung nötig[1260]. Zudem setze sich die behauptete Voraussetzung, dass der Versorgungsberechtigte selbst kein existenzsicherndes Vermögen aus der Erbmasse erhalten dürfe, da er ansonsten nicht versorgungsbedürftig sei, in Widerspruch zur Parallelbehandlung mit den Fällen der im Wege der vorweggenommenen Erbfolge unter Lebenden vereinbarten Versorgungsleistungen, bei

---

1257 Vgl. BFH v. 27.02.1992 – X R 139/88 – BStBl. II 1992, 612 (615) = BFHE 167, 381; BFH v. 15.06.1999 – X B 16/99 – BFH/NV 2000, 29; BFH v. 26.11.2003 – X R 11/01 – BStBl. II 2004, 820 = BFHE 204, 192.

1258 BFH v. 26.11.2003 – X R 11/01 – BStBl. II 2004, 820 (823) = BFHE 204, 192.

1259 Vgl. *Rindermann/Schlenker*, in: Littmann/Bitz/Pust, EStG, § 10 Rn. 65; *Schmidt*, FR 1994, 328.

1260 Vgl. das Beispiel bei *Rindermann/Schlenker*, in: Littmann/Bitz/Pust, EStG, § 10 Rn 64; ferner *Stephan*, DB 1996, 2149 (2150).

denen es gerade nicht auf ein Versorgungsbedürfnis des Empfängers ankomme[1261].

(dd) Ausschlagung der Erbschaft

Der BFH sieht auch in der Ausschlagung der Erbschaft eine Vermögensdisposition über existenzsicherndes Vermögen im oben beschriebenen Sinne, die eine Gleichbehandlung mit der unter Lebenden vollzogenen Vermögensübergabe gebiete[1262]. Schlage der Erbe die Erbschsaft aus, um den Kindern oder Enkeln existenzsicherndes Vermögen zukommen zu lassen und diese im Gegenzug zur Erbringung lebenslänglicher Versorgungsleistungen an den zuerst berufenen, von der Ausschlagung Gebrauch machenden Erben zu verpflichten, liege bei wirtschaftlicher und auf den Typus der Vermögensübergabe abstellender steuerrechtlicher Wertung eine Verfügung des Ausschlagenden über existenzsicherndes Vermögen unter Vorbehalt der Vermögenserträge vor. Das gelte unabhängig davon, dass bei zivilrechtlicher Betrachtung wegen § 1953 Abs. 1 BGB beim Ausschlagenden kein Vermögensanfall erfolge[1263].

8. Zusammenfassung

Die Entscheidungen des Großen Senats bekräftigen die einkommensteuerrechtliche Einordnung der Vermögensübergabe als unentgeltlichen Vorgang. Begründet wird dies mit dem dogmatischen Ansatz der vorbehaltenen Erträge als konstitutiver Rechtfertigungsgrund für die steuerrechtliche Behandlung von Versorgungsleistungen. Mit diesem Ansatz ist die Notwendigkeit der Übertragung einer ausreichend existenzsichernden Wirtschaftseinheit verbunden. Der teilweise in Rechtsprechung und Verwaltung vor den Entscheidungen des Großen Senats anerkannte Typus 2, der zur Herbeiführung der Rechtsfolgen der Vermögensübergabe genügen ließ, dass die Vermögenserträge aus dem Übertragungsgegenstand die vereinbarten Versorgungsleistungen zu 50 % abdecken ist damit entfallen und wird nur noch als Beweiszeichen herangezogen. Die früheren Restriktionen hinsichtlich des Übertragungsgegenstandes gelten nicht mehr. Unter bestimmten Voraussetzungen sind auch Umschichtungen ertragloser in ertragreiche Wirtschaftsgüter möglich. Den Begriff der Erträge versteht der Große Senat im finanzwirtschaftlichen Sinne und ermöglicht so die Berücksichtigung ersparter Aufwendungen.

[1261] Vgl. *Fischer*, Stbg. 1997, 201 (206); *Jansen*, in: Herrmann/Heuer/Raupach, EStG, § 22 Rn. 185; *Jansen/Wrede*, Renten, Raten, Dauernde Lasten[12], Rn. 1139; *Spiegelberger*, DStR 2004, 1105 (1107); *Stephan*, DB 1996, 2149 (2151).

[1262] BFH v. 17.04.1996 – X R 160/94 – BStBl. II 1997, 32 = BFHE 180, 566.

[1263] BFH v. 17.04.1996 – X R 160/94 – BStBl. II 1997, 32 (34) = BFHE 180, 566.

Die vom Regelfall der Erbringung von Versorgungsleistungen aufgrund eines Vermögensübergabevertrages abweichenden Sonderfälle der Versorgungsleistungen aufgrund eines Wirtschaftsüberlassungsvertrages oder aufgrund letztwilliger Verfügung bleiben hiervon unberührt. Es bleibt aber abzuwarten, ob die bisherigen Anwendungsbereiche unverändert fortbestehen werden oder die Entscheidungen des Großen Senats auch hier zu Modifikationen zwingen. Trotz der Bemühungen des Großen Senats, die Voraussetzungen der Vermögensübergabe unter dem Gesichtspunkt der vorbehaltenen Erträge zu präzisieren, sind einige Detailfragen offen geblieben. Ob die Behandlung von Versorgungsleistungen auf der Grundlage der Entscheidungen des Großen Senats in das System der Einkommensteuer passt, soll im folgenden erläutert werden.

V. Steuersystematische Betrachtung der Behandlung von Versorgungsleistungen

Der steuerlichen Behandlung von Versorgungsleistungen durch die Rechtsprechung ist entgegen gehalten worden, sie lasse sich nicht aus dem Gesetzeswortlaut ableiten[1264] und sei systemwidrig[1265]. Diesem Vorwurf soll auf der Grundlage der dargestellten systemtragenden Prinzipien des Einkommensteuerrechts nachgegangen werden.

1. Einordnung der Vermögensübergabe als Anschaffungs-/Veräußerungsvorgang?

Rechtsprechung[1266] und Literatur[1267] behaupten zum Teil, dass die Vermögensübergabe ein Rechtsgeschäft mit Gegenleistungscharakter sei. Die Übergabe des Vermögens sei im steuerlichen Sinne eine Gegenleistung für die Versorgungsleistungen. Beim Übergeber liege ein Veräußerungsgeschäft, beim Erwerber ein

---

1264 *Biergans*, StuW 1991, 381 (389); *Biergans/Koller*, DStR 1993, 741 (749); *Paus*, DStZ 1993, 335 (336); ders., DStZ 1994, 278 (279); ders., DStZ 2004, 21; *Weber-Grellet*, DStR 1993, Beihefter zu Heft 31, 1 (6), in Bezug auf den Begriff der existenzsichernden Wirtschaftseinheit.

1265 Vgl. *Loritz*, StVj 1991, 195 (214 f.); *Paus*, DStZ 1993, 335 (336); *Reiß*, in: Kirchhof/Söhn/Mellinghoff, EStG, § 16 Rn. B 197 f.; ders., FR 1990, 381 (382); *Thürmer*, DB 1989, 1838 (1844).

1266 BFH v. 07.03.1989 – X R 309/87 – BStBl. II 1989, 772 (775) = BFHE 157, 345. Auch BFH v. 14.02.1996 – X R 106/91 – BStBl. II 1996, 687 = BFHE 180, 87 räumt unter Bezugnahme auf diese Entscheidung ein, es treffe zwar zu, dass Versorgungsleistungen dem für das Steuerrecht maßgeblichen Begriff der Anschaffungskosten fallen.

1267 Felix, FR 1987, 601 (607); *Schmitz*, Besteuerung wiederkehrender Bezüge, S. 259.

Anschaffungsgeschäft vor. *Paus*[1268] wendet unter Hinweis auf den Wortlaut des § 10 Abs. 1 Nr. 1a EStG ein, Versorgungsleistungen seien bei Nutzung des übertragenen Vermögens zur Erzielung von Einkünften, wie es im Regelfall geschehe, nicht als Sonderausgaben abziehbar, da § 10 Abs. 1 Nr. 1a EStG nur solche Aufwendungen zum Sondersausgabenabzug zulasse, die weder zu den Betriebsausgaben noch zu den Werbungskosten gehörten. In eine ähnliche Richtung geht die Kritik von *Reiß*[1269]. Bei Vermögensübertragungen entstehe ein steuerbarer Veräußerungsgewinn. Außerdem werde der Grundsatz der Neutralität der Vermögensumschichtung mißachtet, wenn zur Abgrenzung von Veräußerungsbezügen und privaten Versorgungsbezügen auf subjektive Merkmale abgestellt werde. Die abweichenden Einordnungsversuche haben sich nicht gegen den Großen Senat nicht durchsetzen können. Die zur Behandlung von wiederkehrenden Leistungen im Austausch mit einer Gegenleistung durch die Rechtsprechung entwickelten Grundsätze bleiben aber außerhalb des Rechtsinstituts der Vermögensübergabe gegen Versorgungsleistungen anwendbar.

2. Ablehnung einer Typusbildung

Zu klären bleibt, ob die typologische Betrachtungsweise sowie die gegenständlich auf den Bereich der Vermögensübergabe beschränkte materiell-rechtliche Korrespondenz zur Verwirklichung eines Transfers steuerlicher Leistungsfähig einer steuersystematischen Überprüfung standhalten.

In der Rechtsprechung[1270] und der ihr folgenden Literatur[1271] wird davon ausgegangen, dass es sich bei der Vermögensübergabe gegen Versorgungsleistungen um einen Typusbegriff handelt, der die familien- und erbrechtlichen Besonderheiten des Vermögensübergabevertrages umschreibt[1272]. Die typologische Zuordnung "regiere" die Rechtsfolgen der Vermögensübergabe[1273]. Die Vermö-

---

1268 *Paus*, FR 1992, 33 (37).

1269 *Reiß*, in: Kirchhof/Söhn/Mellinghoff, EStG, § 16 Rn. B 197 f.

1270 BFH v. 27.02.1992 – X R 136/88 – BStBl. II 1992, 609; BFH v. 11.03.1992 – X R 141/88 – BStBl. II 1992, 499; BFH v. 13.10.1993 – X R 86/89 – BStBl. II 1994, 451; BFH v. 27.11.1996 – X R 85/94 – BStBl. II 1997, 284; BFH v. 27.08.1997 – X R 54/94 – BStBl. II 1997, 813; BFH v. 16.03.1999 – X R 87/95 – BFH/NV 2000, 12; BFH v. 03.03.2004 – X R 135/98 – BStBl. II 2004, 824.

1271 *Fischer*, in: Kirchhof/Söhn/Mellinghoff, EStG, § 22 Rn. B 221; ders., FR 1992, 765 (767); *Vorwold*, DStR 1998, 201 (204).

1272 *Fischer*, in: Kirchhof/Söhn/Mellinghoff, EStG, § 22 Rn. B 61 unter Hinweis auf die Entscheidung des Großen Senats BFH v. 15.07.1991 – GrS 1/90 – BStBl. II 1992, 78 (84) = BFHE 165, 225.

1273 So *Fischer*, in: Kirchhof/Söhn/Mellinghoff, EStG, § 22 Rn. B 225.

gensübergabe sei zur Entwicklung rechtlich haltbarer Lösungen an den Modellfällen der Hof- und Geschäftsübergabe zu orientieren[1274]. Allerdings läßt sich den Entscheidungen des Großen Senats insgesamt nicht entnehmen, dass eine abschließende Beschreibung eines Typus vorliegt. Weder beinhaltet die erste Entscheidung des Großen Senats[1275] zur Vermögensübergabe eine ausschließliche Orientierung an einem Typus der Hof- und Geschäftsübergabe, noch läßt sich der Charakterisierung der Vermögensübergabe als unentgeltlich in der zweiten Entscheidung des Großen Senats[1276] eine typologische Vorgehensweise entnehmen[1277]. Zudem wird gegen die Anerkennung einer typologischen Betrachtungsweise angeführt, die Rechtsprechung überprüfe anhand einzelner verbindlicher Merkmale das Vorliegen der Voraussetzungen einer Vermögensübergabe und entferne sich so durch Verbegrifflichung von einer typologischen Betrachtung[1278].

Den Befürwortern der typologischen Betrachtungsweise ist zwar einzuräumen, dass tatsächlich Hof- und Geschäftsübergaben in der Rechtsprechung ursprünglich den Hauptanwendungsbereich der Vermögensübergabe ausmachten. Spätestens die Entscheidung des Großen Senats vom 12.05. 2003[1279] hat aber mit der Festschreibung der Rechtsfigur der vorbehaltenen Erträge als Rechtfertigungsgrund für die Begründung der Unentgeltlichkeit ein konstitutives Merkmal geschaffen und die Erweiterung des Kreises der ertragbringenden Wirtschaftseinheiten sowie die Zulassung von Vermögensumschichtungen entfernt sich vom typusprägenden Idealfall der Hof- und Geschäftsübergabe. Für einen Typusbegriff, der grundsätzlich keine notwendigen "Tatbestandsmerkmale"[1280] aufweist, sondern auf einem gesamtbildbezogenen Ähnlichkeitsvergleich beruht[1281], bleibt somit kein Raum.

1274 *Fischer*, Stbg. 1997, 201 (204).

1275 BFH v. 05.07.1990 – GrS 4-6/89 – BStBl. II 1990, 847 (852) = BFHE 161, 317.

1276 BFH v. 15.07.1991 – GrS 1/90 – BStBl. II 1992, 78 = BFHE 165, 222.

1277 Dazu ausführlich *Engelhardt*, Vermögensübergabe gegen Versorgungsleistungen, S. 146 f.

1278 *Spiegelberger*, in: Festschrift für Offerhaus, 547 (553); *Strahl*, Stbg. 1996, 263 (265); *Weber-Grellet*, Stbg. 1998, 14 (27).

1279 BFH v. 12.05.2003 – GrS 1/00 – BStBl. II 2004, 95 = BFHE 202, 464.

1280 Vgl. *Larenz*, Methodenlehre[6], S. 221.

1281 Allgemein *Bydlinski*, Methodenlehre[2], S. 543 f.; *Engisch*, Einführung in das juristische Denken[8], S. 248. Für das Steuerrecht: *Eckhoff*, Rechtsanwendungsgleichheit, S. 75 f.; *Fischer*, DStZ 2000, 885; *Mössner*, in: Festschrift für Kruse, 161 (170); *Tipke/Lang*, Steuerrecht[18], § 5 Rn. 51 f.; *Weber-Grellet*, Steuern im Verfassungsstaat, S. 212 f.; ders., in: Festschrift für Beisse, 551 (568 f.), der den Typus-Begriff insgesamt für me-

3. Materielle Korrespondenz im Rahmen eines Transfers steuerlicher Leistungsfähigkeit?

Eine steuersystematische Einordnung der Versorgungsleistungen ist am Grundsatz der Besteuerung nach der individuellen Leistungsfähigkeit als oberstes Besteuerungsprinzip zu messen. Das gilt insbesondere für die Zuordnung der Versorgungsleistungen zu den Sonderausgaben des Verpflichteten und isoliert hiervon für die Steuerbarkeit beim Empfänger. Die steuerliche Behandlung von Versorgungsleistungen im Vergleich zu Unterhaltsleistungen wirft die Frage auf, inwiefern der Gleichbehandlungsgrundsatz des Art. 3 Abs. 1 GG berührt ist, wenn Unterhaltsleistungen an gesetzlich unterhaltsberechtigte Empfänger nicht, Versorgungsleistungen aber in voller Höhe abgezogen werden können. *Lang* bemängelt, unter dem Schutzschild des Korrespondenzgedankens lieferten die §§ 10 Abs. 1 Nr. 1a, 22 Nr. 1 EStG Rechtsgrundlagen für einen Einkünftetransfer vom Großverdiener auf den Kleinverdiener[1282]. Auch der BFH meint, dass es mit dem verfassungsrechtlichen Gebot der steuerrechtlichen Gleichbehandlung nicht zu vereinbaren sei, wenn Unterhaltszahlungen von Eltern an Kinder allein deshalb steuerlich abziehbar seien, weil Eltern ihren Kindern Vermögen übertragen könnten[1283]. Diesen Einwand hat das Bundesverfassungsgericht zwar aufgegriffen[1284], aber keine verfassungsrechtlichen Bedenken an der steuerlichen Behandlung von Versorgungsleistungen geäußert. Es finde ein bedeutsamer Transfer steuerlicher Leistungsfähigkeit statt, da die Eltern der Sache nach typischerweise einen bestimmten Ertrag des übergebenen Vermögens zurückforderten. Deshalb sei es nicht sachwidrig, beim Verpflichteten abziehbare Versorgungsleistungen den wiederkehrenden Bezügen zuzuordnen[1285]. Das Bundesverfassungsgericht gibt damit die Argumentation des BFH wieder, ohne jedoch die dogmatischen Grundlagen zu bestätigen oder als verfassungsrechtlich verbindlich anzusehen.

---

thodisch entbehrlich hält, da eine bildhafte Umschreibung für das Steuerrecht als Eingriffsrecht grundsätzlich nicht genüge.

[1282] *Lang*, Bemessungsgrundlage, S. 84.

[1283] So bereits BFH v. 16.09.1965 – IV 67/61 S – BStBl. III 1965, 706 (708) = BFHE 83, 568. Ebenso BFH v. 14.07.1993 – X R 54/91 – BStBl. II 1994, 19 = BFHE 172, 324; BFH v. 24.07.1996 – X R 167/95 – BStBl. II 1997, 315 = BFHE 181, 72; BFH v. 10.11.1999 – X R 46/97 – BStBl. II 2000, 188 (190) = BFHE 189, 497.

[1284] BVerfG v. 17.12.1991 – 1 BvR 4/87 – DStR 1993, 315.

[1285] BVerfG v. 17.12.1991 – 1 BvR 4/87 – DStR 1993, 315 (316).

Maßgeblich für die Behandlung von Versorgungsleistungen als abzugsfähige dauernde Last beim Verpflichteten und damit als Sonderausgaben muss eine systematische Zuordnung zu den Sonderausgaben als zwangsläufige Privatausgaben sein, die die subjektive Leistungsfähigkeit mindern[1286]. Hiervon unabhängig ist die Frage zu beantworten, ob die Versorgungsleistungen als wiederkehrende Bezüge auf Empfängerseite besteuert werden. Für die Berücksichtigung von Versorgungsleistungen als Sonderausgaben beim Verpflichteten folgt hieraus, dass sie in seiner Person das Wesensmerkmal der Zwangsläufigkeit aufweisen müssen. Hierfür reicht nicht bereits das Vorliegen eines besonderen Verpflichtungsgrundes in Form des Vermögensübergabevertrages. Vielmehr ist erforderlich, dass der Verpflichtungsgrund selbst zwangsläufig ist[1287]. Bei Leistungen, mit denen eine gesetzliche Unterhaltspflicht erfüllt wird, ist die Zwangsläufigkeit zu bejahen, da derartige Leistungen von vornherein indisponibel sind und die Leistungsfähigkeit des Unterhaltsverpflichteten mindern. Insoweit bewirkt der Abzug von Versorgungsleistungen, die deckungsgleich mit Unterhaltsleistungen aufgrund gesetzlicher Verpflichtung sind, nicht die rechtstechnische Verwirklichung eines Transfers steuerlicher Leistungsfähigkeit, sondern eine leistungsfähigkeitskonforme Besteuerung des Unterhaltsverpflichteten, die dem Konzept eines sachgerechten Realsplittings zur einkommensteuerlichen Behandlung von Leistungen aufgrund gesetzlicher Unterhaltspflicht entspricht[1288].

Betragsmäßig ist der Abzug auf die von Gesetzes wegen tatsächlich geschuldete Leistung zu beschränken, unabhängig von dem Wertverhältnis zwischen den Versorgungsleistungen und dem Übertragungsgegenstand. Wenn die vertraglich vereinbarten Versorgungsleistungen die gesetzlich geschuldeten Unterhaltsleistungen übersteigen, ist der nur teilweise eingetretenen Leistungsfähigkeitsminderung durch eine Beschränkung des Sonderausgabenabzugs auf die indisponiblen Unterhaltsleistungen Rechnung zu tragen. Die in der Literatur[1289] durch eine Orientierung am Wertverhältnis zwischen Ertrag und Höhe der Versorgungsleistungen vorgeschlagene Aufteilung von Versorgungsleistungen in einen abziehbaren und einen nichtabzugsfähigen Teil kann hierfür fruchtbar gemacht werden. Damit lassen sich zwangsläufige Unterhaltsleistungen von nicht abziehbaren Leistungen, die unter das Abzugsverbot des § 12 Nr. 2 für disponible Privatausgaben fallen, trennen.

1286 Dazu bereits F.II.4(a), S. 82.

1287 *Söhn*, in: Kirchhof/Söhn/Mellinghoff, EStG, § 10 Rn. D 6; ders., StuW 1985, 395 (403).

1288 Dazu bereits oben F. IV., S. 112 f.

1289 Vgl. *Arndt*, in: Kirchhof/Söhn/Mellinghoff, EStG, § 12 Rn. C 34 f.; *Offerhaus*, FR 1970, 344; *Paus*, DStZ 2004, 21 (24).

Daneben ist der Abzug von Versorgungsleistungen als Sonderausgaben – freilich unter eingehender Prüfung des Einzelfalles – bei faktischer Zwangsläufikeit zu bejahen, etwa wenn der Versorgungsberechtigte sich durch die Übergabe des Vermögensgegenstandes seiner Existenzgrundlage begeben hat und seine Lebensstellung von der Erbringung der Versorgungsleistungen durch den Versorgungsverpflichteten abhängt[1290]. Die Abziehbarkeit der Versorgungsleistungen auf Verpflichtetenseite ergibt sich in den genannten Fällen somit aus einer leistungsfähigkeitskonformen Besteuerung, ohne dass es hierzu einer insoweit lediglich deklaratorischen Umschreibung der Versorgungsleistungen als vorbehaltene Erträge innerhalb eines Transfers steuerlicher Leistungsfähigkeit bedürfte.

Die Begründung der Steuerbarkeit der Versorgungsleistungen mit dem Korrespondenzprinzip und damit behauptete Abhängigkeit von der Abziehbarkeit beim Leistenden ist abzulehnen, weil das Korrespondenzprinzip weder allgemein[1291] noch im Besonderen bei Versorgungsleistungen einen steuersystematisch tauglichen Begründungsansatz darstellen kann[1292]. Auch der Große Senat hat in der Entscheidung vom 12.05. 2003[1293] ausgeführt, die Abziehbarkeit von wiederkehrenden Leistungen als Sonderausgaben und ihre Steuerbarkeit als wiederkehrende Bezüge könne für Versorgungsleistungen nur mit der Unentgeltlichkeit der Vermögensübertragung gerechtfertigt werden. Dagegen lasse sich diese Rechtsfolge nicht mit dem Hinweis auf ein Korrespondenzprinzip begründen. Trotzdem hält der X. Senat des BFH offensichtlich weiterhin am Korrespondenzprinzip, das durch einen Transfer steuerlicher Leistungsfähigkeit bedingt sei, der rechtstechnisch durch die sich entsprechende Abziehbarkeit und Steuerbarkeit von Versorgungsleistungen verwirklicht werde, fest[1294]. Der Beschreibung der Versorgungsleistungen als "Transfer steuerlicher Leistungsfähigkeit" basiert letztlich auf der Markteinkommenstheorie und wird zur Begrün-

---

1290 So im Ansatz auch *Fischer*, in: Kirchhof/Söhn/Mellinghoff, EStG, § 22 Rn. A 46 und B 222, der unter Hinweis auf *Söhn*, in: Kirchhof/Söhn/Mellinghoff, EStG, § 10 Rn. D 5 f. den Abzug von Versorgungsleistungen ausnahmsweise deshalb für gerechtfertigt hält, weil die weichende Generation die Existenzgrundlage aufgegeben habe und nunmehr aus den Erträgen des übertragenen Vermögens versorgt werden müsse und die Versorgungsleistungen insoweit zwangsläufig entstanden seien.

1291 Siehe hierzu oben C.V., S. 35.

1292 A.A. *Fischer*, Wiederkehrende Bezüge und Leistungen, Rn. 26.

1293 BFH v. 12.03.2003 – GrS 1/00 – BStBl. II 2004, 95 (98) = BFHE 202, 464.

1294 BFH v. 31.03.2004 – X R 66/98 – BStBl. II 2004, 830 (833) = BFHE 205, 285. Zustimmend *Weber-Grellet*, FR 2004, 730, der in der "Wiederbelebung des Korrespondenzprinzips" einen zutreffenden Lösungsansatz sieht.

dung der Steuerbarkeit bzw. Abziehbarkeit entgegen der korrespondierenden Regelungen der § 22 Nr. 1 S. 2 bzw. 12 Nr. 2 EStG herangezogen[1295].

Der behauptete Transfermechanismus kann nicht überzeugen. Zum einen handelt es sich um eine bloße Beschreibung[1296], die außer acht läßt, dass nach dem allein maßgeblichen Prinzip der Besteuerung nach der Leistungsfähigkeit eine individuelle Betrachtung vorzunehmen ist, die nicht durch (irgend)einen Transfermechanismus ersetzt werden kann[1297]. Zum anderen widerspricht der Ansatz des X. Senats den Anforderungen an eine individualbezogene leistungsfähigkeitskonforme Besteuerung[1298] und lässt sich insbesondere nicht mit einer Zusammenfassung des Vermögenstransfers mit den Einkünften, aus denen der Geber die Zuwendung erbringt, rechtfertigen[1299]. Denn hierdurch wird die zwingend auf den einzelnen Steuerpflichtigen abstellende Betrachtungsweise unterlaufen. Bereits bei der Erörterung der geltenden Regelung des Realsplittings, die auch *Fischer*[1300] als Beispiel eines durch den Gesetzgeber normierten Falles des Prinzips steuerlicher Leistungsfähigkeit anführt, wurde festgestellt, dass ein Transfer steuerlicher Leistungsfähigkeit mit dem Leistungsfähigkeitsprinzip nicht vereinbar ist, wenn er zur Bedingung für die Steuerbarkeit von leistungsfähigkeitserhöhenden Zuwendungen gemacht wird. Das Leistungsfähigkeitsprinzip allein liefert die Begründung der Steuerbarkeit, einerlei, ob die Leistungen beim Geber abzugsfähig sind oder nicht[1301].

1295 Nach BFH v. 14.07.1993 – X R 54/91 – BStBl. II 1994, 19 (21) = BFHE 172, 324 ist der Transfermechanismus der einzige Grund für die Abweichung der in §§ 12 Nr. 2, 22 Nr. 1 S. 2 verankerten Grundsätze. S. auch *Fischer*, in: Kirchhof/Söhn/Mellinghoff, EStG, § 22 Rn. A 48. Ders., in: Kirchhof/Söhn/Mellinghoff, EStG, § 22 Rn. A 20 beruft sich hierfür zudem auf die bei *Mrozek*, EStG, § 14, Rn 17 gebrauchte Formulierung "abgeleitetes Einkommen". Dieser auf der damaligen Haushaltsbesteuerung beruhenden Begrifflichkeit kann im System des heutigen Einkommensteuerrechts keine konstitutive Wirkung mehr beigemessen werden, vgl. oben C. VII.

1296 So auch *Hipler*, Vermögensübergabe gegen private Versorgungsleistungen, S. 29, der zudem darauf hinweist, der Gesetzgeber habe für Versorgungsleistungen im Gegensatz zur Regelung des § 22 Nr. 1a keinen Transfer steuerlicher Leistungsfähigkeit normiert, hierbei allerdings übersieht, dass es dem Gesetzgeber gerade nicht freisteht, beliebig einen Transfer steuerlicher Leistungsfähigkeit zu normieren, sondern allenfalls zur Verwirklichung einer konsequenten Besteuerung nach der individuellen Leistungsfähigkeit gehalten ist.

1297 A.A. *Fischer*, in: Kirchhof/Söhn/Mellinghoff, EStG, § 22 Rn. A 48.

1298 *Söhn*, in: Festschrift für Tipke, 343 (352).

1299 So aber *Fischer*, in: Kirchhof/Söhn/Mellinghoff, EStG, § 22 Rn. A 20 unter Hinweis auf *Lang*, Bemessungsgrundlage, S. 50.

1300 *Fischer*, in: Kirchhof/Söhn/Mellinghoff, EStG, § 22 Rn. A 48; ders., DStR 1992, Beihefter zu Heft 17, S. 6.

1301 Siehe oben F.II.4(c) und F.II.5(b)(aa).

Scheidet der Transfermechanismus als Begründungsansatz aus, so bleibt letztlich nur noch die Unentgeltlichkeit der Vermögensübergabe, die zuletzt auch der Große Senat in den Vordergrund gerückt hat[1302]. Auch diese Grundlage erweist sich aber bei näherer Betrachtung als problematisch: Wird nämlich die steuerliche Unentgeltlichkeit mit der Metapher der vorbehaltenen Erträge begründet, die zugleich das Paradoxon auflösen soll, das sich bei der Einordnung der Vermögensübergabe als entgeltliches Geschäft ohne Gegenleistung ergibt[1303], ist dies tatsächlich nur eine Beschreibung[1304], die erst durch die Folgerechtsprechung des X. Senats konstitutiven Charakter erlangt hat. Die konstitutive Funktion der vorbehaltenen Erträge wird durch die Entscheidung des Großen Senats vom 12.05. 2003 aber ausdrücklich bestätigt. Der Ertragsvorbehalt wird nämlich als "Rechtfertigungsgrund" bezeichnet, der "nur in den Fällen trägt, in denen er tatsächlich vorliegt"[1305].

Obwohl die Rechtsprechung versucht hat, die Voraussetzungen der Vermögensübergabe auf eine feste Grundlage zu stellen, bleibt letzlich nur der Ansatz der vorbehaltenen Erträge als rechtfertigender Grund für die Sonderbehandlung von Versorgungsleistungen übrig[1306], ohne dass der Gesetzeswortlaut hierfür irgendwelche Anhaltspunkte bietet. Dass auch der Ansatz der vorbehaltenen Erträge trotz aller Präzisierungen steuersystematisch zu bedenklichen Ausweitungen führen kann, belegt die Qualifizierung ersparter Aufwendungen als Erträge des Erwerbers des übereigneten Vermögens. Denn hieraus ergeben sich Gestaltungsmöglichkeiten, mit denen Steuerpflichtige letztlich die Abzugsfähigkeit privater Schuldzinsen erreichen kann[1307]. Da die Behandlung wiederkehrender

---

1302 BFH v. 12.03.2003 – GrS 1/00 – BStBl. II 2004, 95 (98) = BFHE 202, 464.

1303 Siehe hierzu oben H. III. 1. f., S. 210.

1304 Vgl. *Jansen*, in: Herrmann/Heuer/Raupach, EStG, § 22 Rn. 174 unter Hinweis auf *Groh*, DB 1990, 2189 (seinerzeit Mitglied des Großen Senats), der festhält, der Große Senat "versuche eine Erklärung für Versteuerung und Abzug der Versorgungsleistungen aus einem im ganzen unentgeltlichen Geschäft abzugeben" (Hervorhebung nur hier). Den konstitutiven Charakter des Ertragsvorbehalts ablehnend ferner *Biergans*, Renten und Raten[4], S. 229 f.; *Biergans/Koller*, DStR 1993, 741 (747); *Drenseck*, StbJb 1993/94, 187 (195 f.); *Groh*, FR 2001, 277; *Stephan*, DB 1993, 194; *Seithel*, BB 1993, 473 (480); *Spiegelberger*, DStR 2000, 1073 (1074); *Weber-Grellet*, Beihefter zu Heft 31, 8; ders., FR 2000, 401.

1305 BFH v. 12.05.2003 – GrS 1/00 – BStBl. II 2004, 95 (99) = BFHE 202, 464.

1306 So auch *Hipler*, Vermögensübergabe gegen private Versorgungsleistungen, S. 37; *Paus*, DStZ 2004, 21 (24).

1307 Ausdrücklich entgegen der ablehnenden Auffassung der Finanzverwaltung BFH v. 01.03.2005 – X R 45/03 – DStR 2005, 1174 (1175) = BFHE 209, 302. Zu Gestaltungsmöglichkeiten bei selbst genutzten Wohnungen *Paus*, DStZ 2004, 519 (521).

Bezüge außerhalb der Vermögensübergabe maßgeblich auf dem Verbot des Abzugs privater Schuldzinsen beruht[1308], ist indes nicht ersichtlich, weshalb unter dem Gedanken der vorbehaltenen Erträge etwas anderes gelten soll[1309]. Diesen Widerpruch hat die Rechtsprechung nicht aufgelöst. Dass die Rechtsprechung zur Rechtsfortbildung befugt ist, soll hier insgesamt nicht in Frage gestellt werden. Jedoch ist die dogmatische Begründung der Behandlung von Versorgungsleistungen durch die Rechtsprechung insgesamt widersprüchlich und beim dogmatischen Ansatz der vorbehaltenen Erträge spricht alles – metaphorisch, paradox – ür einen "Drahtseilakt auf seidenem Faden".

Steuersystematisch muss für die Behandlung von Versorgungsleistungen folgendes gelten: Versorgungsleistungen müssen dann (aber nur dann) als Sonderausgaben abzugsfähig sein, wenn sie zwangsläufig sind und damit die subjektive Leistungsfähigkeit mindern. Auf Empfängerseite dürfen Versorgungsleistungen nur dann und deshalb steuerbar sein, weil sie dessen Leistungsfähigkeit erhöhen. Allgemein ausgedrückt: Indisponible Privatausgaben müssen die Bemessungsgrundlage des Gebers mindern, einerlei, ob der Empfänger diese zu versteuern hat, und umgekehrt. Ein außerhalb der indisponiblen Einkommensverwendung durch das Sonderrecht der Vermögensübergabe gegen Versorgungsleistungen begründetes Realsplitting war und ist nicht akzeptabel[1310].

VI. Zusammenfassung

Insgesamt ist damit ein Korrespondenzprinzip im Bereich der Vermögensübergabe gegen Versorgungsleistungen ebenso abzulehnen wie im gesamten Einkommensteuerrecht. Schon der Begriff Korrespondenzprinzip ist irreführend. Eine steuerlich korrespondierende Behandlung von Zahlungen auf Geber- und Empfängerseite kann allenfalls Folge einer leistungsfähigkeitskonformen Besteuerung sein, nicht aber deren Voraussetzung. Der Begriff der Korrespondenz vermag damit die sich aus der Besteuerung nach der individuellen Leistungsfähigkeit ergebenden Rechtsfolgen lediglich zu umschreiben, nicht jedoch zu begründen.

[1308] Dazu oben G. II. 5., S. 154 f.

[1309] Bedenken in verfassungsrechtlicher Sicht äußert *Paus*, DStZ 2004, 519 (521).

[1310] So auch *Tipke/Lang*, Steuerrecht[18], § 9 Rn. 710.

I. Thesenartige Zusammenfassung der wichtigsten Ergebnisse

1. Der Begriff der interpersonalen Korrespondenz umschreibt die einkommensteuerrechtliche Behandlung von Leistungen zwischen zwei Steuersubjekten und lässt sich terminologisch je nach dem, ob auf beiden Seiten Steuerbarkeit und Abziehbarkeit korrespondierend zu bejahen oder zu verneinen sind, in die Begriffe negative und positive Korrespondenz einteilen. Die einfachgesetzlichen Vorschriften beinhalten zwar durch die Normierung gleichlautender Tatbestandsmerkmale sowie zahlreiche weitere Normverknüpfungen teilweise eine Korrespondenz. Diese ist aber wegen gleichzeitig feststellbarer Ausnahmen und Durchbrechungen nicht verallgemeinerungsfähig.

2. Die historische Entwicklung der einfachgesetzlichen Grundlagen bestätigt die fehlende Verallgemeinerungsfähigkeit des Korrespondenzgedankens. Für das heutige Verständnis der Vorschriften ist insbesondere für die im Angehörigenverband erfolgenden Unterhaltszahlungen die Interpretation des heutigen § 22 Nr. 1 S. 2 EStG vor dem Hintergrund des Entfallens der Haushaltsbesteuerung maßgeblich. Historisch waren die Vorgängervorschriften des § 22 Nr. 1 S. 2 EStG zur Vermeidung von Doppelbesteuerungen in der Person des Haushaltsvorstands konzipiert, die sich aus der seinerzeitigen Haushaltsbesteuerung ergaben.

3. Das heutige Einkommensteuerrecht wird geprägt durch den Grundsatz der Besteuerung nach der Leistungsfähigkeit des einzelnen Steuerpflichtigen. Das die Einkommensbesteuerung verfassungsrechtlich rechtfertigende und begrenzende Leistungsfähigkeitsprinzip ist aufgrund seines Abstraktheitsgrades konkretisierungsbedürftig und –fähig. Es wird konkretisiert durch das objektive und subjektive Nettoprinzip sowie den Grundsatz der Individualbesteuerung, aus dem die personale Gebundenheit der Einkommensteuer folgt.

4. In sachlicher Hinsicht wird steuerliche Leistungsfähigkeit durch das Einkommen des einzelnen Steuerpflichtigen zum Ausdruck gebracht. Steuerbares Einkommen muss weder von Verfassungs wegen noch einfachgesetzlich auf Markteinkünfte reduziert werden. Die Erfassung von Reinvermögenszugängen durch das Einkommensteuerrecht ist de lege lata vorgesehen und systemkonform, wenn und soweit damit gesteigerte wirtschaftliche Leistungsfähigkeit des einzelnen Steuersubjekts in den Grenzen der Praktikabilität erfasst wird. Die Beschränkung steuerbarer Einkünfte auf am Markt erwirtschaftete Bezüge ist ein de lege ferenda mögliches Reformmodell, bei dem aber die Vermeidung von Besteuerungslücken durch die Beschränkung auf Markteinkünfte zu beachten ist.

Der zur Umschreibung von zwischen zwei Steuersubjekten außerhalb des Marktgeschehens erbrachten Leistungen als "Transfer steuerlicher Leistungsfähigkeit" ist nur für die Markteinkommenstheorie von Bedeutung und auf deren Grundlage konstitutive Voraussetzung für die Steuerbarkeit dieser Leistungen. Bei originärer Erfassung von Reinvermögenszugängen bedarf es des Rückgriffs auf einen Transfermechanismus nicht.

5. Ein interpersonales Korrespondenzprinzip mit dem Inhalt, dass Abziehbarkeit und Steuerbarkeit sich auf Geber- und Empfängerseite zu entsprechen haben, ist mit dem Grundsatz der Individualbesteuerung nicht zu vereinbaren. Aus dem allein maßgeblichen Prinzip der Besteuerung nach der Leistungsfähigkeit folgt, dass sich die Abzugsfähigkeit beim Geber bei Vorliegen einer Leistungsfähigkeitsminderung einzig nach seinen Verhältnissen bemißt, unabhängig davon, ob der Empfänger die an ihn erbrachten Leistungen zu versteuern hat oder nicht. Umgekehrt gilt: Der Empfänger hat die Leistungen zu versteuern, wenn sie in seiner Person eine Mehrung der steuerlichen Leistungsfähigkeit begründen, einerlei, ob der Leistende sie abziehen kann oder nicht. Nur eine Besteuerung nach der individuellen Leistungsfähigkeit des Gebers *und* des Empfängers unabhängig voneinander ist daher verfassungsrechtlich zulässig. Bei konsequenter Anwendung dieses aus dem Leistungsfähigkeitsprinzip entwickelten steuersystematischen Kontrollmaßstabs für interpersonale Einkommensübertragungen muss daher beachtet werden, dass eine tatbestandliche Verknüpfung, die Steuerbarkeit bzw. Abziehbarkeit jeweils von den persönlichen Voraussetzungen eines anderen Steuersubjekts abhängig machen, einen Verstoß gegen den Grundsatz der Individualbesteuerung darstellt. Das interpersonale Korrespondenzprinzip ist weder ein autonomes Besteuerungsprinzip, noch steht es dem Gesetzgeber wegen der aus dem Grundsatz der Besteuerung nach der individuellen Leistungsfähigkeit resultierenden verfassungsrechtlichen Bindungen frei, eine interpersonale Korrespondenz zu normieren.

6. Die in §§ 12 Nr. 2, 22 Nr. 1 S. 2 EStG einfachgesetzlich niedergelegte negative Korrespondenz kann vor dem Hintergrund der verfassungsrechtlichen Anforderungen an eine leistungsfähigkeitskonforme Besteuerung nicht in Frage stellen, dass der Steuergesetzgeber ohne Verstoß gegen die Steuergerechtigkeit Leistungen aufgrund gesetzlicher Unterhaltspflichten nicht außer acht lassen darf. Die Vorschrift des § 22 Nr. 1 S. 2 EStG ist weder zugunsten einer Beschränkung steuerbaren Einkommens auf Markteinkünfte zu interpretieren, noch liegt ihr eine die Steuerbarkeit von Unterhaltsleistungen ausschließende, weitergehende gleichheitsrechtliche Konzeption zugrunde; im Gegenteil gebietet das

normdirigierende, verfassungsrechtliche Leistungsfähigkeitsprinzip die steuerliche Erfassung auch durch Unterhaltsleistungen vermittelter Leistungsfähigkeit.

7. Die Rechtsprechung des Bundesverfassungsgerichts hat maßgebliche Beiträge zur Festschreibung des subjektiven Nettoprinzips als Besteuerungsgrundsatz geleistet. Nach anfänglicher Zurückhaltung ist das verfassungsrechtliche Postulat der realitätsgerechten Berücksichtigung zwangsläufiger Privataufwendungen vor allem im Bereich der Familienbesteuerung entwickelt worden, bis heute allerdings noch nicht abschließend konkretisiert. Steuersystematisch ist an der Rechtsprechung des Bundesverfassungsgerichts die bedarfsorientierte Ausdehnung der steuerlich berücksichtigungsfähigen existenzsichernden Ausgaben auf nicht monetären Aufwand zu kritisieren, da diese das Verständnis des Leistungsfähigkeitsprinzips, das an die tatsächlich vorhandene Leistungsfähigkeit, nicht an potentielle Leistungsfähigkeit anknüpft, verkennt. Auch das Korrespondenzprinzip schlägt sich in der Rechtsprechung des Bundesverfassungsgerichts nieder, wenn es die vollumfängliche Berücksichtigung gesetzlich geschuldeter Unterhaltsleistungen durch Abzug von der Bemessungsgrundlage auf Seiten des Verpflichteten mit der bislang im Einkommensteuergesetz für den Regelfall nicht vorgesehenen Besteuerung der Unterhaltsbezüge auf Empfängerseite begründet und damit die personale Rechtsnatur der Einkommensteuer außer acht lässt. Bei der Belassung eines gesetzgeberischen Gestaltungsspielraums hinsichtlich der Berücksichtigung von existenzsicherndem und damit indisponiblem Aufwand ergibt sich außerdem eine im geltenden Einkommensteuerrecht im Familienleistungsausgleich fortwirkende Vermengung von staatlichem Eingriffs- und Leistungsrecht, die verkennt, dass der staatliche Steuereingriff erst jenseits des Existenzminimums ansetzen darf und unterhalb dieser Grenze eine apriorische Nichtsteuerbarkeit nicht durch staatliche Unterstützung kompensiert werden kann.

8. Das in den §§ 10 Abs. 1 Nr. 1 und 22 Nr. 1a EStG niedergelegte begrenzte Realsplitting hat Modellcharakter für die leistungsfähigkeitskonforme Behandlung von Unterhaltsleistungen aufgrund zivilrechtlicher Verpflichtungen und ist daher kein systemwidriger Fremdkörper im geltenden Einkommensteuerrecht. Systemwidrig sind hingegen die im geltenden Recht vorgesehenen tatbestandlichen Verknüpfungen, aufgrund derer eine interpersonale Interdependenz begründet wird, die nur in begrenztem Maße der Besteuerung nach der individuellen Leistungsfähigkeit entsprechende Lösungen zulässt. Hierzu zählen das Zustimmungserfordernis, die Anknüpfung der Steuerbarkeit auf Empfängerseite an per-

sönliche Voraussetzungen auf Seiten des Verpflichteten sowie die Beschränkung der Abziehbarkeit/Steuerbarkeit durch eine Höchstbetragsregelung. Besonders deutlich werden die steuersystematischen Defizite bei Sachverhalten mit Auslandsbezug, wenn es für die Abzugsfähigkeit bzw. Steuerbarkeit auf das Merkmal der unbeschränkten Steuerpflicht ankommt. Dass Unterhaltsleistungen die Leistungsfähigkeit des Empfängers unabhängig vom Wohnsitz des Leistenden erhöhen steht ebenso außer Frage wie die in Person des letzteren gegebene Leistungsfähigkeitsminderung durch indisponible Unterhaltszahlungen zur Erfüllung gesetzlicher Unterhaltspflichten, die als steuerrechtlich getrennt voneinander zu beurteilende Vorgänge aufzufassen und zu würdigen sind. Dem steht die Korrespondenzregelung des § 22 Nr. 1a EStG im Wege.

9. Das geltende Ehegattensplitting lässt sich unter Anknüpfung an das zivilrechtliche Unterhaltsrecht als typisiertes Realsplitting rechtfertigen und stellt eine leistungsfähigkeitskonforme Besteuerung von Ehegatten in intakter Ehe dar, ohne jedoch die verfassungsrechtlich einzig zwingende Lösung zu sein.

10. Die ansatzweise Modellfunktion des im geltenden Recht normierten Realsplittings hat als Reformmodell Bedeutung für die konsequente Umsetzung einer leistungsfähigkeitsgerechten Erfassung zwangsläufiger Unterhaltsleistungen auf Berechtigten- und Verpflichtetenseite. Die zur Diskussion stehenden Entwürfe zur Reform der Einkommensteuer beinhalten an der traditionellen synthetischen Einkommenssteuer orientierte Konzepte bis hin zu Grundsatzreformen in Richtung einer Konsumsteuer. Dementsprechend vielfältig sind auch die zur Behandlung von gesetzlichen Unterhaltsleistungen als indisponible Privataufwendungen gemachten Vorschläge, die neben einer am geltenden Recht angelehnten modifizierten Freibetragslösung die Einführung eines Familientarifsplittings oder eines Realsplittings vorsehen. Soweit im Rahmen dieser Vorschläge das Korrespondenzprinzip als Begründungsansatz vorausgesetzt oder gesetzlich ausdrücklich normiert wird, bleiben diese Vorschläge hinter dem Grundsatz der Besteuerung nach der individuellen Leistungsfähigkeit zurück. Eine Idealverwirklichung des Leistungsfähigkeitsprinzips muss den Abzug indisponibler Privataufwendungen von der Bemessungsgrundlage vorsehen und unabhängig hiervon die dadurch auf Empfängerseite vermittelte Leistungsfähigkeitserhöhung erfassen, wie es im Ansatz § 37 des Kölner Entwurfs eines Einkommensteuergesetzes regelt, dem aber der steuersystematische Makel einer interpersonalen Korrespondenz anhaftet.

11. Im Bereich der §§ 10 Abs. 1 Nr. 1a und 22 Nr. 1 EStG hat sich in der Rechtsprechung des BFH ein Dualismus wiederkehrender Bezüge herausgebildet. Danach sind Versorgungsleistungen als Hauptanwendungsfall der in vollem Umfange abziehbaren und auf Empfängerseite steuerbaren dauernden Last und wiederkehrende Bezüge im Austausch mit einer Gegenleistung zu unterscheiden. Aufgrund dieser Unterscheidung verliert die herkömmliche Begriffsbildung der in § 10 Abs. 1 Nr. 1a EStG normierten Tatbestandsmerkmale an Bedeutung. Die im Gesetzeswortlaut angelegte Korrespondenz wird durch die Aufteilung wiederkehrender Leistungen im Austausch mit einer Gegenleistung in Zins- und Kapitalanteil vollständig durchbrochen. Die von der Rechtsprechung in diesem Bereich entwickelten Lösungsansätze sind mit allgemeinen Besteuerungsgrundsätzen, insbesondere dem Leistungsfähigkeitsprinzip vereinbar, können aber auf der Grundlage der einfachgesetzlichen Vorschriften nicht konsequent systematisch und gleichheitssatzkonform umgesetzt werden, wenn der in Leibrenten enthaltene Zinsanteil entgegen seiner Rechtsnatur tatbestandlich nicht als Einkünfte aus Kapitalvermögen unter Gewährung des in § 20 Abs. 4 EStG vorgesehenen Sparerfreibetrags erfasst werden kann.

12. Als weitere Erscheinungsformen wiederkehrender Bezüge sind private Schadensrenten unter Berücksichtigung des Leistungsfähigkeitsprinzips im Hinblick auf ihre Abzugfähigkeit und Steuerbarkeit einer differenzierten Betrachtung zu unterwerfen. Beim Empfänger ist die Steuerbarkeit von privaten Mehrbedarfsrenten, Dienstleistungsersatzrenten und Schmerzensgeldrenten ausgesschlossen; Erwerbersatzrenten und Unterhaltsersatzrenten sind dagegen steuerbar. Beim Verpflichteten richtet sich die Abzugsfähigkeit als dauernde Last gem. § 10 Abs. 1 Nr. 1a EStG nach der Indisponibiliät der Schadensersatzleistungen, die sich aus der gesetzlichen Verpflichtung zur Ersatzleistung ergibt. Ein Korrespondenzprinzip in dem Sinne, dass sich Abzugsfähigkeit und Steuerbarkeit auf Verpflichteten- und Berechtigtenseite entsprechen müssen, ist auch in diesem Bereich nicht anzuerkennen.

13. Sowohl der öffentlich-rechtliche als auch der schuldrechtliche Versorgungsausgleich stellen sich aus einkommensteuerrechtlicher Sicht als neutrale Vermögensumschichtung dar. Die in der Rechtsprechung des BFH bemühte Konstruktion eines Einkünftetransfers ist steuersystematisch wegen der Herstellung einer interpersonalen Verknüpfung von Ausgleichsberechtigtem und Ausgleichsverpflichtetem aufgrund einer "gebotenen Symmetrie" mit den Anforderungen einer an der individuellen Leistungsfähigkeit orientierten Besteuerung nicht vereinbar.

14. Das Sonderrecht der Vermögensübergabe gegen Versorgungsleistungen knüpft an die traditionelle, historisch überlieferte steuerliche Behandlung von Altenteilsleistungen seit den Preußischen Einkommensteuergesetzen an. Für die Frage, ob diese Behandlung sachgerecht ist, muss nach dem heutigen Erkenntnisstand das Prinzip der Besteuerung nach der wirtschaftlichen Leistungsfähigkeit als Maßstab herangezogen werden, das eine voneinander unabhängige Beurteilung von Geber- und Empfängerseite erfordert.

15. Das heutige Einkommensteuergesetz beinhaltet keine gesetzgeberische Zuordnungsentscheidung, wonach Versorgungsleistungen als dauernde Last dem gesetzlichen Tatbestand des § 10 Nr. 1a EStG unterfallen und materiell-korrespondierend auf Empfängerseite als wiederkehrende Bezüge nach § 22 Nr. 1 EStG zu erfassen sind. Dies folgt nicht nur aus den Gesetzesmaterialien, die keineswegs eine zwingende Zuordnungsentscheidung erkennen lassen, sondern insbesondere daraus, dass es dem Gesetzgeber vor dem Hintergrund verfassungsrechtlicher Bindungen im Sinne einer daran orientierten systemgerechten Besteuerung nicht freisteht, einen gegenständlich auf den Bereich der Vermögensübergabe gegen Versorgungsleistungen beschränkten Transfer steuerlicher Leistungsfähigkeit zu normieren. Eine materiell-rechtliche Korrespondenz kann hier allenfalls Folge, nicht Voraussetzung einer systemgerechten Besteuerung sein.

16. Die Festschreibung des Rechtsinstituts der Vermögensübergabe gegen Versorgungsleistungen durch den Großen Senat überzeugt weder argumentativ noch methodisch. Wenn eine gesetzgeberische Zuordnungsentscheidung behauptet wird, zugleich aber ein Rückgriff auf die grundsätzlich anerkannte Kompetenz zur richterlichen Rechtsfortbildung erfolgt, zeigt dies die innere Widersprüchlichkeit der Argumentationsweise, die dadurch verstärkt wird, dass sich der Große Senat in keiner Entscheidung methodisch mit den konkreten Anforderungen und Grenzen richterlicher Rechtsfortbildung befasst und insbesondere keine planwidrige Regelungslücke ausdrücklich festgestellt hat.

17. Die neueren Entscheidungen des Großen Senats verfestigen das Dogma der vorbehaltenen Erträge als Charakteristikum der Vermögensübergabe gegen Versorgungsleistungen unter Heranziehung der Vermögensübertragung unter Nießbrauchsvorbehalt als Vergleichsmaßstab. Die Erleichterungen hinsichtlich des Kreises möglicher Übertragungsgegenstände bewirken eine Abkehr von den traditionellen Formen der Hof- und Geschäftsübergabe und eröffnen neue steuerliche Gestaltungsmöglichkeiten, deren Anforderungen der Großen Senat nicht abschließend konkreti-

siert hat. Durch die Möglichkeit der Umschichtung sowohl ertragloser als auch in der Hand des Übergebers bereits ertragbringender Wirtschaftseinheiten wird das Rechtsinstitut der Vermögensübergabe gegen Versorgungsleistungen als Instrument zur Gestaltung der vorweggenommenen Erbfolge erheblich flexibilisiert und die Ertragskraft als Grundelement des Ertragsvorbehalts unter Aufgabe der bisher umstrittenen Einteilung nach dem Wertverhältnis von Übertragungsgegenstand und Barwert der Versorgungsleistungen (Typus 1 und Typus 2) in den Vordergrund gerückt. Indem der Große Senat Erträge nunmehr mit Einkommen im finanzwirtschaftlichen Sinne gleichsetzt, ergeben sich Gestaltungsmöglichkeiten im Bereich von Wohnraumüberlassungen sowie die zu Wertungsschieflagen führende Berücksichtigung von ersparten Zinsaufwendungen als vorbehaltene Erträge, die dem im Einkommensteuergesetz grundsätzlich vorgesehen Abzugsverbot privater Schuldzinsen zuwiderläuft, aber zwangsläufige Folge des erweiterten Verständnisses des Ertragsvorbehalts ist.

18. Steuersystematisch ist die Differenzierung zwischen nicht abzugsfähigen Unterhaltsleistungen und abzugsfähigen Versorgungsleistungen zu beanstanden. Die Einordnung der Versorgungsleistungen als Sonderausgaben muss sich nach deren Zwangsläufigkeit richten, nicht danach, ob die Übertragung einer existenzsichernden, ausreichend ertragbringenden Wirtschaftseinheit erfolgt. Dies gebietet das dem Verständnis des Sonderausgabenbegriffs zugrunde zu legende Leistungsfähigkeitsprinzip. Bei fehlender Zwangsläufigkeit ist die Abzugsfähigkeit von Versorgungsleistungen weder durch die Metapher des Ertragsvorbehalts noch durch die materiell korrespondierende steuerliche Erfassung auf Empfängerseite gerechtfertigt. Was für Versorgungsleistungen gilt, muss im Gesamtsystem der Einkommensteuer gelten: Die Abzugsfähigkeit beim Geber richtet sich nach seinen Verhältnissen, einerlei, ob der Empfänger die Leistungen zu versteuern hat, und umgekehrt. Ein interpersonales Korrespondenzprinzip ist kein autonomer Besteuerungsgrundsatz.

Literaturverzeichnis

Arens, Wolfgang: Steuerliche Probleme bei der Wohnungsüberlassung an unterhaltsberechtigte Ehepartner, DStR 1998, 1043

Arndt, Hans-Wolfgang: Steuerliche Leistungsfähigkeit und Verfassungsrecht, in: Damrau / Kraft / Fürst (Hrsg.), Festschrift für Otto Mühl, Stuttgart u.a. 1981, S. 17-39

ders.: Existenzminimum und Einkommensteuerrecht, StVj. 1993, S. 1-11

Arndt, Hans-Wolfgang/Schumacher, Andreas: Einkommensbesteuerung und Grundrechte – Zum Einfluß grundrechtlicher Entscheidungen des Bundesverfassungsgerichts auf die Entwicklung der Einkommensbesteuerung in der Bundesrepublik Deutschland, AöR 1993, S. 513-589

dies.: Unterhaltslast und Einkommensteuerrecht – Widersprüchlicher Rechtsprechung der Senate des BVerfG?, NJW 1994, S. 961-965

dies.: Kinder, Kinder ... oder: Die unterschiedliche Leistungsfähigkeit der Senate des Bundes-verfassungsgerichts, NJW 1999, S. 745-750

Authenrieth Karlheinz: Über die stille Gesellschaft, die Unterbeteiligung oder das Darlehen mit nahen Angehörigen zum „Familiensplitting, DStZ 1992, S. 86-88

Bach, Stefan: Die Perspektiven des Leistungsfähigkeitsprinzips im gegenwärtigen Steuerrecht, StuW 1991, S. 116-135

Bareis, Peter: Transparenz bei der Einkommensteuer – Zur systemgerechten Behandlung sogenannter „notwendiger Privatausgaben“, StuW 1991, S. 38-51

ders.: „Kinderlast“, Steuertarif und Besteuerung nach der Leistungsfähigkeit – Folgerungen aus der Rechtsprechung des BVerfG, DStR 1991, S. 1399-1403 und 1434-1437

ders.: Existenzminimum, Bemessungsgrundlage und Tarifstruktur bei der Einkommensteuer, FR 1991, S. 405-412

ders.: Die notwendige Reform der Einkommensteuer 1996 – Thesen der Einkommensteuer-Kommission im Vergleich mit den Tarifvorschlägen des BMF und des Finanzministeriums, DStR 1995, S. 157-164

ders.: Gebietet das Grundgesetz bei der Ehegattenbesteuerung die Mißachtung ökonomischer Wirkungen? – Analyse des Rechtsgutachtens Klaus Vogels, StuW 2000, S. 81-89

ders.: Zur Kritik am Karlsruher Entwurf zur Reform des EStG, StuW 2002, S. 135-147

Barth, Rainer: Richterliche Rechtsfortbildung im Steuerrecht, Diss. Münster, 1995

Bauschatz, Peter: Vermögensübertragungen gegen wiederkehrende Leistungen: Änderungen auf Grund des dritten Rentenerlasses und weitere Hinweise, KÖSDI 2005, S. 14596-14609

Bayer, Hermann-Wilfried: Steuerlehre: Steuerverfassung – Steuergesetz – Steuergericht, Berlin 1998

Beiser, Reinhold, Unterhaltsersatzrenten in der Einkommensteuer, DB 2001, S. 1900-1903

Becker, Enno: Das Einkommensteuergesetz vom 10.8. 1925, Handkommentar der Reichssteuergesetze, 3 Bände, Stuttgart 1928

ders.: Die Grundlagen der Einkommensteuer, München/Berlin 1940

Becker, Jürgen: Der „Grundsatz der Individualbesteuerung“ im deutschen Einkommensteuerrecht, Diss. Münster 1970 (zit.: Becker, Der Grundsatz der Individualbesteuerung)

Biergans, Enno: Renten und Raten in der Einkommensteuer, 4. Auflage, München u.a. 1993

ders.: Die Entgeltlichkeit von Vermögensübertragungen im Wege der vorweggenommenen Erbfolge oder von Todes wegen – Kritische Analyse der Beschlüsse vom 5.7. 1990, StuW 1991, S. 381-389

Biergans, Enno/Koller, Anton: Vermögensübertragungen gegen private Versorgungsleistungen, DStR 1993, S. 741-750.

dies.: Wiederkehrende Zahlungen im Zusammenhang mit kauf- und darlehensähnlichen Vereinbarungen, Teil I, DStR 1993, S. 857-865; Teil II, S. 902-906

Biergans, Enno/Stockinger, Roland: Zum Einkommensbegriff und zur persönlichen Zurechnung von Einkünften im Einkommensteuerrecht (I) – Erster Teil: Der Einkommensbegriff, FR 1982, S. 1-7

Biergans, Enno/Wasmer, Claudius: Zum Tatbestand Besteuerung und zum Leistungsfähigkeitsbegriff in der Einkommensteuer, FR 1985, 57-62

Bilsdorfer, Peter: Anmerkung zu BFH v. 19.10. 1978 – VIII R 9/77, NJW 1979, S. 2423-2424.

Birk, Dieter: Das Leistungsfähigkeitsprinzip als Maßstab der Steuernormen – Ein Beitrag zu den Grundfragen des Verhältnisses Steuerrecht und Verfassungsrecht, Köln 1983

ders.: Zum Stand der Theoriendiskussion in der Steuerrechtswissenschaft, Erwiderung zu Walter Leisner, StuW 1983, 293

ders.: Elterliche Zuwendungen als Minderungen steuerlicher Leistungsfähigkeit?, in: Festschrift für Heinrich Wilhelm Kruse (2001), S. 339-356

ders.: Steuerrecht, 7. Auflage, Heidelberg 2004

Birk, Dieter/Kulosa, Egmont: Verfassungsrechtliche Aspekte des Steuerentlastungsgesetzes 1999/2000/2002, FR 1999, S. 433-442

Birk, Dieter/Wernsmann, Rainer: Der Schutz von Ehe und Familie im Einkommensteuerrecht, JZ 2001, S. 218-223

Blümich, Walter: Kommentar zum Einkommensteuergesetz vom 16.10. 1934, 2. Auflage, Berlin 1937 (zit. Blümich, REStG 1934)

Blümich, Walter/Schachian, Herbert: Das Einkommensteuergesetz vom 10.August 1925, Berlin 1925

Böckenförde, Ernst-Wolfgang: Steuergerechtigkeit und Familienlastenausgleich – Eine Diskussionsanregung zur Reform der Familienbesteuerung, StuW 1986, S. 335-340

Bopp, Gerhard: Die Entscheidung des Bundesverfassungsgerichts v. 03.11. 1982 zur steuerlichen Abzugsfähigkeit von Kinderbetreuungskosten und ihre Bedeutung für den Kinderlastenausgleich, DStR 1983, S. 131-136

Bordewin, Arno/Brandt, Jürgen: Kommentar zum Einkommensteuergesetz, Loseblattsammlung, Heidelberg, Stand Februar 2006

Borggreve C. H. : Realsplitting – weiterhin ein Problem der Praxis, Inf. 1982, S. 638-643

Brandis, Peter: Einkommen als Rechtsbegriff, StuW 1987, S. 289-301

Bredt, Joh. Victor: Die Besteuerung nach der Leistungsfähigkeit – Ein Beitrag zur Systematik und Reform der direkten Steuern in Preußen und dem Reiche, Leipzig 1912

Brinkmann, Lars: Voraussetzungen einer Betriebsübergabe gegen Versorgungsleistungen nach den Beschlüssen des Großen Senats des BFH v. 12.5.2003 GrS 1/00 u. GrS 2/00, FR 2003, S. 1261-1268

Bundesministerium für Wirtschaft und Finanzen (Hrsg.): Gutachten der Steuerreformkommission 1971, Schriftenreihe des Bundesministeriums der Finanzen, Heft 17, Bonn 1971

Buob, Hans: Das Unbehagen am Realsplitting, FR 1980, S. 313-315

ders.: Die Nicht-Zustimmung zum Realsplitting, StWa. 1980, S. 143-145

Busch, Barbara/Trompeter, Frank: Vermögensübergabe gegen Versorgungsleistungen – Das Stuttgarter Modell für Übertragungen selbst genutzter Immobilien

Bydlinski, Franz: Juristische Methodenlehre und Rechtsbegriff, 2. Auflage, München 1994

Canaris, Claus-Wilhelm: Systemdenken und Systembegriff in der Jurisprudenz, entwickelt am Beispiel des deutschen Privatrechts, 2. Auflage, Berlin 1983

ders.: Feststellung von Lücken im Gesetz: eine methodologische Studie über Voraussetzungen und Grenzen der richterlichen Rechtsfortbildung praeter legem, 2. Auflage, Berlin 1983 (zit.: Canaris, Feststellung von Lücken im Gesetz)

Charlier, Rudolph: Renten und andere dauernde Lasten – Ihre Behandlung bei der Einkommensteuer, StbJb 1966/67, S. 279-313.

Costede, Jürgen: Zur dogmatischen Leistungsfähigkeit des Leistungsfähigkeitsprinzips, in: Carlé / Korn / Strahl (Hrsg.), Festgabe zum 60. Geburtstag von Günther Felix, Köln 1989, S. 17-36

Crezelius, Georg: Zusammentreffen von Einkommensteuer und Erbschaftssteuer, BB 1979, S. 1342- 1346

ders.: Steuerrechtliche Rechtsanwendung und allgemeine Rechtsordnung: Grundlagen für eine liberale Besteuerungspraxis, Herne 1983 (zit.: Crezelius, Steuerrechtliche Rechtsanwendung)

ders.: Tendenzen der Rechtsfortbildung im Steuerrecht, BB 1984, S. 1377-1381

ders.: Steuerrecht II, 2. Auflage, München 1994

ders.: Stbg. 1996, Ertragsteuerliche Praxisprobleme mit Renten, dauernden Lasten und Nießbrauch – Lösungsvorschläge – Podiumsdiskussion auf dem 18. Deutschen Steuerberatertag 1995 in Wiesbaden, Teil I, Stbg. 1996, S. 193-199, Teil II, S. 251-262

Danzer, Jürgen: Die Steuerumgehung, Diss. Bochum 1980/81

Dautzenberg, N.: Anmerkung zu BFH v. 22.07. 2003 – XI R 5/02, FR 2003, 1192

Diebold, Axel: Weitere Überlegungen zum begrenzten Realsplitting, DStR 1979, S. 344-347

ders.: Die unentgeltliche Überlassung von Wohnraum im Rahmen des Realsplitting, DStR 1980, S. 538-531

Dolzer, Rudolf/Vogel, Klaus/Graßhof, Karin (Hrsg.): Bonner Kommentar zum Grundgesetz, Loseblattsammlung, Heidelberg, Stand Dezember 2005 (zit.: Bearbeiter, in: Bonner Kommentar zum GG)

Dötsch, Franz: Zur Verfassungswidrigkeit der Einkommensteuer-Grundfreibeträge in den Veranlagungszeiträumen 1978 bis 1988, FR 1991, S. 315-317.

Dostmann, Dieter: Drei Jahre einkommensteuerliches Kindergeld, DStR 1999, S. 884-885

Dreier, Horst/Bauer, Hartmut (Hrsg.): Grundgesetz Kommentar, Band I, 2. Auflage, Tübingen 2004 (zit.: Bearbeiter, in: Dreier, GG)

Drenseck, Walter: Ist die Wiedereinführung des allgemeinen Schuldzinsenabzugs aus verfassungsrechtlichen Gründen geboten?, in: Raupach/Uelner (Hrsg.): Festschrift für Ludwig Schmidt, S. 845-866

ders.: Ist die Wiedereinführung des allgemeinen Schuldzinsenabzugs aus verfassungsrechtlichen Gründen geboten?, DStR 1993, S. 1429-1436

ders.: Die neue Rechtsprechung zur Vermögensübertragung gegen dauernde Versorgungsleistungen, StbJb 1993/94, S. 187-205.

ders.: Anmerkung zu BFH v. 09.02. 1994 – IX R 110/90, FR 1994, S. 787-789

Dziadkowski, Dieter: Existenzminimum und Einkommensbesteuerung, DStR 1991, S. 8-11

ders.: Zur Höhe des Grundfreibetrags nach § 32a Abs. 1 EStG, FR 1991, S. 281-286

ders.: Einkommensteuertarif, Grundfreibetrag und Existenzminimum der Familie, BB 1991, S. 805-820

ders.: Zur Ermittlung des minimalen Existenzminimums eines Kindes für die Jahre 1985-1995, BB 1999, S. 1409-1411

ders.: Zur Berücksichtigung des Familienstandes bei der Einkommensteuer 50 Jahre nach Verkündung des Grundgesetzes, DStZ 1999, S. 273-280

Eckhoff, Rolf: Rechtsanwendungsgleichheit im Steuerrecht – Die Verantwortung des Gesetzgebers für einen gleichmäßigen Vollzug des Einkommensteuerrechts, Köln 1999

Ebling, Klaus: Höhe des Werbungskostenabzugs beim Kauf eines Grundstücks gegen laufende, als dauernde Last zu beurteilende Zahlungen, DStR 1995, S. 13-14

Ebling, Klaus (Hrsg.): Blümich, Einkommensteuergesetz, Körperschaftsteuergesetz, Gewerbesteuergesetz – Kommentar, 88. Ergänzungslieferung, München 2005 (zit.: Bearbeiter, in: Blümich, EStG)

Elicker, Michael: Entwurf einer proportionalen Netto-Einkommensteuer - Textentwurf und Begründung, Köln 2004

Elschen, Rainer: Entscheidungsneutralität, Allokationseffizienz und Besteuerung nach der Leistungsfähigkeit – Gibt es ein gemeinsames Fundament der Steuerwissenschaften?, StuW 1991, S. 99-115

Engelhardt, Jochen: Die Vermögensübergabe gegen private Versorgungsleistungen, Diss. Passau, 1996

ders.: Die Vermögensübergabe gegen private Versorgungsleistungen, StuW 1997, S. 235-243

Engisch, Karl: Einführung in das juristische Denken, 8. Auflage, Stuttgart, 1989

Esser, Clemens: Zur Sicherung des Existenzminimums im Einkommensteuergesetz ab 1996, DStZ 1993, S. 754-758

ders.: Steuerfreistellung des Existenzminimums: Nullzone, Steuerabzug oder Abzug von der Bemessungsgrundlage, DStZ 1994, S. 517-526

Felix, Günther: Teilentgeltliche Rechtsgeschäfte in der Einkommensteuer, FR 1987, S. 601-608

ders.: Anmerkung zum Urteil des BFH v. 14.7. 1993 – X R 54/91, StRK-Anm. EStG 1975 § 10 Abs. 1 Nr. 1a R. 48

ders.: Die Wende 1990 in der Einkommensteuer – Konsequenzen für die Steuerberatung – Gedanken zur neuen Rechtsprechung des Bundesverfassungsgerichts zum Familienlastenabzug, DStZ 1990, S. 471-478

Fischer, Peter: Steuergesetz und richterliche Wertung. Ein Studie zu teleologischen Lücken, Wertlücken und Anordnungslücken im Steuerrecht, StuW 1979, S. 347-364

ders.: Wiederkehrende Bezüge und Leistungen – Kommentierte Fallsammlung zur Besteuerung von Renten und dauernden Lasten, München 1994

ders.: Die letztwillig verfügte Rente – Zum BFH-Urteil vom 27.02. 1992 – X R 139/88, FR 1992, S. 765-770

ders. Grundlagen und Grenzen der Rechts(fort)bildung im Steuerrecht, StVj. 1992, S. 3-31

ders., Renten und dauernde Lasten bei Vermögensübertragungen, DStR 1992, Beihefter zu Heft 17

ders.: Anmerkung zu BFH v. 26.11. 1992 – X R 187/87, FR 1993, 334

ders.: Kontinuität und Fortentwicklung des Steuerrechts der wiederkehrenden Bezüge, DB 1993, S. 1002-1006

ders.: Erwiderung, DB 1994, S. 2310-2312

ders.: Auslegungsziele und Verfassung – Zur Bedeutung der Entstehungsgeschichte für die Anwendung des Gesetzes, in: Lang (Hrsg.): Festschrift für Klaus Tipke, Köln 1995, S. 187-212

ders.: Die vorweggenommene Erbfolge nach dem „Rentenerlass des BMF vom 23. Dezember 1996 (BStBl. I S. 1508), Stbg. 1997, S. 201-209

ders.: Steuerrechtlicher Typus und rechtsstaatliche Bestimmtheit des Steuergesetzes – Methodologische Anmerkungen zur Rechtsprechung des X. Senats des BFH, DStZ 2000, S. 885-893

ders.: Abschied von der Vermögensübergabe gegen Versorgungsleistungen? Erwiderung zu Manfred Groh (FR 2001, 277), FR 2001, S. 397-399

ders.: Anmerkung zu EuGH Große Kammer, Urteil vom 12.07. 2005 – C 403/03, jurisPR-SteuerR 37/2005 Anm. 2

Flies, Rolf: Versorgungsleistungen im Widerstreit der Rechtsprechung, DStZ 1998, S. 889-895

Flume, Werner: Richterrecht im Steuerrecht, StbJb. 1964/65, S. 55

ders.: Der gesetzliche Steuertatbestand und die Grenztatbestände in Steuerrecht und Steuerpraxis, StbJb. 1967/68, S. 63

ders.: Die steuerrechtliche Beurteilung der Gewinnverteilung in Personengesellschaften bei schenkweise erfolgter Zuwendung einer Beteiligung (II), DStR 1973, S. 618-623 *ders.*: Steuerrechtsprechung und Steuerrecht StbJb. 1985/86, S. 277

Friauf, Karl Heinrich: Zur Frage der Nichtabzugsfähigkeit von Aufsichtsratsvergütungen im Körperschaftssteuerrecht, StuW 1973, S. 97-118

ders.: Unser Steuerstaat als Rechtsstaat, StbJb. 1977/78, S. 39-63

ders: Möglichkeiten und Grenzen der Rechtsfortbildung im Steuerrecht, in: Tipke (Hrsg.), DStJG 5 (1982), S. 53-70

ders.: Verfassungsrechtliche Anforderungen an die Gesetzgebung über die Steuern vom Einkommen und vom Ertrag, in: Friauf (Hrsg.), Steuerrecht und Verfassungsrecht, DStJG 12 (1989), S. 3-32

Friedrich, Werner: Gedanken zur verschärfenden Analogie im Steuerrecht, in: Klein/Vogel (Hrsg.), Festschrift für Hugo v. Wallis, Bonn 1985, S. 151-166

Friedrich, Werner: Ist der BFH Richter oder Gesetzgeber?, DB 1960, S. 705

Friele, Klaus/Spiegels, Willi: Private Versorgungsrenten und dauernde Lasten im Licht der neuen Rechtsprechung, DStZ 1981, S. 478-481

Fuisting, Bernhard: Das Preußische Einkommensteuergesetz vom 24. Juni 1891, 2. Aufl., Berlin 1892 (zit.: Fuisting, EStG).

ders.: Die Preußischen Direkten Steuern, Band 4: Grundzüge der Steuerlehre, Berlin 1902.

Fuisting, Bernhard / Strutz, Georg, Die preußischen direkten Steuern, Kommentar zum Einkommensteuergesetz, 8. Aufl., Berlin 1915 (zit.: *Fuisting/Strutz*)

Gaddum, Johann Wilhelm: Steuerreform: einfach und gerecht! – Für ein besseres Einkommensteuerrecht, Bonn 1986 (zit.: Gaddum, Steuerreform)

Gebel, Dieter: Betriebsvermögensnachfolge, 2. Auflage, München 2002

Geck, Reinhard: Die Beschlüsse des Großen Senats des BFH zur Vermögensübergabe gegen Versorgungsleistungen – Folgerungen für die Beratungspraxis, ZEV 2003, S. 441-445.

ders.: Probleme des Rentenerlasses III aus der Beratungspraxis, DStR 2005, S. 85-89

Geck, Reinhard/Mayer, Jörg: Das Stuttgarter Modell: Steuerrechtliche und zivilrechtliche Risiken, Teil I, DStR 2005, S. 1425-1429; Teil II, DStR 2005, S. 1471-1476

Gérard, Willy: Das Gesetz zur Änderung des Einkommensteuergesetzes, des Gewerbesteuergesetzes, des Umsatzsteuergesetzes und anderer Gesetze (Steueränderungsgesetz 1979), FR 1979, S. 1-12

ders.: Erzwingbarkeit der Zustimmung zum Realsplitting, FR 1980, S. 411

ders.: Kein Anspruch des Unterhaltsberechtigten auf Beteiligung an der Steuerersparnis des Unterhaltsverpflichteten aus dem Realsplitting, FR 1982, S. 278-279

Glanegger, Peter: Der Kinderbetreuungs- und Erziehungsbedarf nach dem Beschluß des BVerfG vom 10.11. 1998, 2 BvR 1057/91, 1226/91, 980/91, DStR 1999, S. 227-229

Glaser, Fritz: Das Einkommensteuergesetz vom 29. März 1920 in der Fassung der Novellen vom 24. März u. 11. Juli 1921 nebst Ausführungsbestimmungen (zit.: Glaser, REStG 1920)

ders.: Die einkommensteuerrechtliche Behandlung von Veräußerungsrenten, StuW 1928, Sp. 1189-1201

Goertzen, Reiner: Nießbrauch und dauernde Lasten im Zusammenhang mit Vermögensübertragungen im Rahmen vorweggenommener Erbfolge, DStR 1994, S. 1553-1559

Göppinger, Horst/Wax, Peter: Unterhaltsrecht, 8. Auflage, Bielefeld 2003 (zit: Berarbeiter, in: Göppinger/Wax, Unterhaltsrecht)

Gramlich, Ludwig/Treisch, Corinna: Korrespondenzprinzip, Unterhaltszahlungen und Einkommensbegriff, DB 1997, S. 2349-2354.

Gröpl, Christoph: Grundgesetz, Bundesverfassungsgericht und „Kinderleistungsausgleich", StuW 2001, S. 150-167

Groh, Manfred: Abschied von der Vermögensübergabe gegen Versorgungsleistungen?, FR 2001, S. 277-281

Haller, Heinz: Die Steuern – Grundlinien eines rationalen Systems öffentlicher Abgaben, 2. Auflage, Tübingen 1971 und 3. Auflage, Tübingen 1981

ders.: Besteuerung der Familieneinkommen und Familienlastenausgleich, Tübingen 1981

Hensel, Albert: Verfassungsrechtliche Bindungen des Steuergesetzgebers. Besteuerung nach der Leistungsfähigkeit – Gleichheit vor dem Gesetz, Vierteljahresschrift für Steuer- und Finanzrecht 4 (1930), S. 441-493

ders.: Steuerrecht, 3. Auflage, Berlin 1933

Herrmann, Carl/ Heuer, Gerhard/ Raupach, Arndt: Einkommensteuer- und Körperschaftsteuergesetz, Köln 2006 (zit.: Bearbeiter, in: Herrmann/Heuer/Raupach, EStG)

Herzog, Roman: Leitlinien und Entwicklungstendenzen der Rechtsprechung des Bundesverfassungsgerichts in Steuerfragen, StbJb 1985/86, S. 29-45

Heuermann, Bernd: Paradigmawechsel im Leistungsausgleich für Familien – Einige Bemerkungen zu den „Familienbeschlüssen" des Bundesverfassungsgerichts vom 10. November 1998, BB 1999, S. 660-664

Hey, Johanna: Das Individualsteuerprinzip im Einkommen-, Körperschaft- und Gewerbesteuer, in: Gedächtnisschrift für Christoph Trzaskalik (2005), S. 219-238

Hipler, Lothar: Vermögensübergabe gegen private Versorgungsleistungen im Einkommensteuerrecht, Diss. Augsburg, 2001 *ders.*: Die Vermögensübergabe gegen Versorgungsleistungen vor der Entscheidung des Großen Senats des BFH, DStR 2001, S. 1918-1924.

ders.: Die Vermögensübergabe gegen private Versorgungsleistungen nach den aktuellen Entscheidungen des Großen Senats, FR 2003, S. 1162-1164.

ders.: Stuttgarter Modell nach Auffassung des BFH grundsätzlich kein Gestaltungsmissbrauch, ZEV 2004, S. 194-199.

ders.: Aktuelle Entwicklungen zum Stuttgarter Modell, Stbg. 2004, S. 109-112

Hofer, Anton: Vorweggenommene Erbfolgeregelungen gegen private Versorgungsleistungen, München 1995

ders.: Zeitlich gestreckte – gleitende – Vermögensübergaben unter Vorbehalt von Versorgungsleistungen, DStR 1995, S. 705-709

Hollaender, Adolf: Einkommensteuergesetz und Körperschaftssteuergesetz, Kommentar, Berlin 1926

Homburg, Stefan: Das einkommensteuerliche Ehegattensplitting , StuW 2000, S. 261-268

ders.: Allgemeine Steuerlehre, 3. Auflage, München 2003

Homburg, Stefan/Bolik, Andreas: Auswirkungen des Kirchhofschen EStGB insbesondere auf die Unternehmensbesteuerung, BB 2005, S. 2330-2335

Horlemann, Heinz-Gerd: Das Kinderexistenzminimum nach den Entscheidungen des BVerfG vom 10.11. 1998, DStR 1999, S. 397-402

Hübschmann, Walter/Hepp, Ernst/Spitaler, Armin: Kommentar zur Abgabenordnung und Finanzgerichtsordnung (zit: Bearbeiter, in: Heppmann/Hübsch/Spitaler, AO), Stand: Oktober 2005

Isensee, Josef: Referat beim 57. Deutschen Juristentag; Verhandlungen zum 57. Deutschen Juristentag (1988), Band 2: Sitzungsberichte S. N 32- N 68

Isensee, Josef/ Kirchhof, Paul (Hrsg.): Handbuch des Staatsrechts der Bundesrepublik Deutsch-land, 2. Auflage, Heidelberg/Bonn 2001 (zit.: Bearbeiter, in: Handbuch des Staatrechts, Band)

Jachmann, Monika: Leistungsfähigkeitsprinzip und Umverteilung, StuW 1998, S. 293-297

dies.: Steuergesetzgebung zwischen Gleichheit und wirtschaftlicher Freiheit – Verfassungsrechtliche Grundlagen und Perspektiven der Unternehmensbesteuerung, München 2000 (zit.: Jachmann, Steuergesetzgebung)

Jakob, Wolfgang: Steuern vom Einkommen I – Grundlagen der Einkommensteuer, Überschußeinkünfte, 1. Auflage, Stuttgart 1980

ders.: Gedanken zur Verfassungsmäßigkeit der neuen Zinsbesteuerung, DStR 1992, S. 893-896

ders.: Einkommensteuer, 3. Auflage, München 2003

Jansen, Rudolf: Abzug von Werbungskosten beim Kauf eines Mietwohngrundstücks gegen dauernde Lasten – Anmerkungen zum BFH-Urteil vom 09.02. 1994 – IX R 110/90, DStR 1995, S. 203-205

Jansen, Rudolf/Wrede, Friedrich: Renten, Raten, dauernde Lasten, 12. Auflage, Herne/Berlin 1998.

Janssen, Bernhard: Zur Gerechtigkeit in der Familienbesteuerung in Theorie und Praxis, DStZ 1991, S. 13-24

Johannsen, Kurt/Henrich, Dieter (Hrsg.): Eherecht, 4. Auflage, München 2003 (zit.: Bearbeiter, in: Johannsen/Henrich, Eherecht)

Jüptner, Roland: Bundesverfassungsgericht: Familienlastenausgleich verfassungswidrig, StVj 1990, S. 307-319

ders.: Leistungsfähigkeitsprinzip und Veranlassung – Ein ideen- und verfassungskritischer Beitrag zum Leistungsfähigkeitsprinzip und dessen Bedeutung für einen generalisierenden einkommensteuerlichen Verpflichtungsgrund, insbesondere am Beispiel der Veranlassung, Heidelberg 1989 (zit.: Jüptner, Leistungsfähigkeit und Veranlassung)

Jürgen, Franz: Der Verlustabzug im Erbfall als vermögenswerte Rechtspositition – eine ökonomische Analyse, FR 2005, S. 617-626

Kaemmel, Ernst/Bacciocco, Eduard: Einkommensteuergesetz vom 16. Oktober 1934 unter Berücksichtigung aller einschlägigen Vorschriften, Veranlagungsrichtlinien und Verwaltungserlasse, München/Berlin 1936 (zit.: Kaemmel/Bacciocco, REStG 1934)

Kanzler, Joachim: Neue Entwicklungen zur Familienbesteuerung, FR 1999, S. 512-516

ders.: Anmerkung zu BFH v. 22.09. 1999 – XI R 121/96, FR 2000, S. 520-521

ders.: Anmerkung zu BFH v. 07.11. 2000 – III R 23/98, FR 2001, S. 435

ders.: Die Zukunft der Familienbesteuerung, Familienbesteuerung der Zukunft, FR 2001, S. 921-940

ders.: Besteuerung von Ehe und Familie, in: Ebling (Hrsg.), DStJG 24 (2001), S. 417-462

ders.: Anmerkung zu BFH v. 22.07. 2003 – XI R 5/02 – BStBl. II 2003, 851 = BFHE 202, 570, FR 2003, S. 1192

ders.: Anmerkung zu BFH v. 31.03. 2004 – X R 18/03 – BStBl. II 2004, 1047 = BFHE 206, 68, FR 2004, S. 901

ders.: Anmerkung zum EuGH-Urteil C-403/03 v. 12.07. 2005, FR 2005, S. 902

ders.: Anmerkung zu BFH v. 14.04. 2005 – XI R 33/03, FR 2006, S. 40-41

Katterbe, Burkhard: Private Renten in der neueren Rechtsprechung des BFH, FR 1993, S. 623-628

Kempermann, Michael: Versorgungsleistungen bei Vermögensübergabe zur Vorwegnahme der Erbfolge: Sonderausgaben nur bei voraussichtlich ausreichenden Netto-Erträgen – Anmerkungen zu den Entscheidungen des Großen Senats des BFH vom 12.05. 2003, DStR 2003, S. 1736-1742

Kirchhof, Paul: Die Verfassungsgerichtsbarkeit im Gefüge der Staatsfunktionen: Besteuerung und Eigentum, VVDStRL 39 (1981), S. 213-280

ders.: Steuergerechtigkeit und sozialstaatliche Geldleistung, JZ 1982, S. 305-312

ders.: Der verfassungsrechtliche Auftrag zur Besteuerung nach der finanziellen Leistungsfähigkeit, StuW 1985, S. 319-329

ders.: Ehe und Familie im staatlichen und kirchlichen Steuerrecht, in: Essener Gespräche zum Thema Staat und Kirche, Bd. 21, Münster 1986, S. 117-153

ders.: Empfiehlt es sich, das Einkommensteuerrecht zur Beseitigung von Ungleichbehandlungen und zur Vereinfachung neu zu ordnen? – Gutachten F für den 57. Deutschen Juristentag; Verhandlungen es 57. Deutschen Juristentags (1988), Band 1: Gutachten, S. F 1 –F 96

ders.: Steuergesetzgebung auf dem Prüfstand des Bundesverfassungsgerichts, Stbg. 1993, S. 508-515

ders.: Besteuerung im Verfassungsstaat, Tübingen 2000

ders.: Ehe- und familiengerechte Gestaltung der Einkommensteuer, NJW 2000, S. 2792-2796

ders.: Erläuterungen zum Karlsruher Entwurf zur Reform des Einkommensteuergesetzes, DStR 2001, S. 913-917

ders.: Die Widerspruchsfreiheit im Steuerrecht als Verfassungspflicht, StuW 2000, S. 316-327

ders.: Verfassungsrechtliche und steuersystematische Grundlagen der Einkommensteuer, in: Ebling (Hrsg.), DStJG 24 (2001), S. 9-26.

ders.: Der Karlsruher Entwurf und seine Fortentwicklung zu einer vereinheitlichten Ertragssteuer, StuW 2002, S. 3-22

ders.: Einkommensteuergesetzbuch – Ein Vorschlag zur Reform der Einkommen- und Körperschaftsteuer, Heidelberg 2003 (zitiert: Kirchhof, EStGB)

ders.: Maßstäbe für eine familiengerechte Besteuerung, ZRP 2003, S. 73-77

ders.: Der Grundrechtsschutz des Steuerpflichtigen – Zur Rechtsprechung des Bundesverfassungsgerichts im vergangenen Jahrzehnt, AöR 2003, S. 1-51

ders. (Hrsg.): EStG Kompaktkommentar, 5. Auflage, Heidelberg 2005 (zitiert: Bearbeiter, in: Kirchhof^5, EStG).

ders.: Die Besteuerung des Einkommens in einem einfachen, maßvollen und gleichmäßigen Belastungssystem, BB 2006, S. 71-75 *ders.*: Die freiheitsrechtliche Struktur der Steuerrechtsordnung – Ein Verfassungstest für Steuerreformen, StuW 2006, S. 3-21

Kirchhof, Paul u.a. (Hrsg.): Karlsruher Entwurf zur Reform des Einkommensteuergesetzes, Heidelberg 2001.

Kirchhof, Paul/ Söhn, Hartmut/ Mellinghoff, Rudolf (Hrsg.): Einkommensteuergesetz – Kommentar; Heidelberg, Heidelberg 2006, 161. Aktualisierung (zit: Bearbeiter, in: Kirchhof/Söhn/Mellinghoff, EStG)

Klein, Franz: Die unzureichende steuerliche Berücksichtigung der Minderung der Leistungsfähigkeit durch Kinder, DStR 1987, S. 779-784

ders.: Ehe und Familie im Steuerrecht als verfassungsrechtliches Problem, in: Fürst / Herzog / Umbach (Hrsg.), Festschrift für Wolfgang Zeidler, Berlin/New York 1987, S. 773-801

ders.: Zur Frage der verfassungsrechtlichen Zulässigkeit von Einschränkungen des objektiven Nettorprinzips, dargestellt an § 4 Abs. 5 Satz 1 Nr. 1, DStZ 1995, S. 630-632

Koch, Peer: Die Besteuerung von Schadensersatzleistungen unter dem besonderen Aspekt steuerlicher Leistungsfähigkeit im Einkommensteuerrecht, Diss. Augsburg 1981 (zit.: Koch, Besteuerung von Schadensersatzleistungen)

Knobbe-Keuk, Brigitte: Rechtsfortbildung als Aufgabe des obersten Steuergerichts; erlaubte und unerlaubte Rechtsfortbildung durch den Bundesfinanzhof, in: Präsident des Bundesfinanzhofs (Hrsg.), 75 Jahre Reichsfinanzhof / Bundesfinanzhof, S. 303-324

Knobbe-Keuk, Brigitte: Zur Entgeltlichkeit bei Erbauseinandersetzung und vorweggenommener Erbfolge, in: Knobbe-Keuk/ Klein/ Moxter, Festschrift für Döllerer (1988), S. 315-326

dies.: Bilanz- und Unternehmenssteuerrecht, 9 Auflage, Köln 1993

Könemann, Ragnar W.: Der Grundsatz der Individualbesteuerung im Einkommensteuerrecht, Diss. Passau 2001 (zitiert: Könemann, Individualbesteuerung)

Koller, Peter: Theorie des Rechts – Eine Einführung, 2. Auflage, Wien u.a. 1997

Korn, Klaus: Beratungspraktische Erkenntnisse und Konsequenzen aus dem Renten-Erlaß der Finanzverwaltung vom 23.12. 1996, DStR 1997, S. 137-143.

Korth, Peter: Nutzungswertbesteuerung einer als Unterhaltsleistung überlassenen Wohnung und Realsplitting, DB 1987, 553-557

Krause, Paul: Das Preußische Einkommensteuergesetz vom 24. Juni 1891, Berlin 1892

Kruse, Heinrich Wilhelm: Steuerspezifische Gründe und Grenzen der Gesetzesbindung, in: Tipke (Hrsg.), DStJG 5 (1982), S. 71-84

ders.: Lehrbuch des Steuerrechts, Band 1: Allgemeiner Teil, München 1991 *ders.*: Die Einkommensteuer und die Leistungsfähigkeit des Steuerpflichtigen, in: Wendt/ Höfling /Karpen /Oldiges (Hrsg.), Festschrift für Karl-Heinz Friauf, Heidelberg 1996, S. 793-808

Kube, Hanno: Entwürfe für ein neues Einkommensteuergesetz, BB 2005, S. 743-750

Kuhn, Karl: Das Einkommensteuergesetz nebst Ausführungsbestimmungen, 3. Auflage, Berlin 1923 (zit.: Kuhn, REStG 1920)

ders.: Das Einkommensteuergesetz vom 10. August 1925, 4. Auflage, Berlin 1926

Kulmsee, Verena: Die Berücksichtigung von Kindern im Einkommensteuergesetz, Diss. Aachen 2002

dies.: DStZ 1998, Reform der Familienbesteuerung, S. 14-24

Kulosa, Egmont: Anmerkung zu BFH v. 31.03. 2004 – X R 18/03, HFR 2004, S. 749

Lademann, Fritz: Kommentar zum Einkommensteuergesetz, Loseblattsammlung, Stuttgart, Stand 2006 (zit.: Bearbeiter, in: Lademann, EStG)

Lang, Joachim: Die Bemessungsgrundlage der Einkommensteuer – Rechtssystematische Grundlagen steuerliche Leistungsfähigkeit im deutschen Einkommensteuerrecht, Köln 1988.

ders.: Familienbesteuerung - Zur Trendwende der Verfassungsrechtsprechung durch das Urt. des Bundesverfassungsgerichts vom 3.11. 1982 und zur Reform der Familienbesteuerung, StuW 1983, 103-125

ders.: Verfassungsmäßigkeit der rückwirkenden Steuerabzugsverbote für Geldstrafen und Geldbußen – Ein Beitrag zur Anwendung des Gleichheitssatzes und der Rückwirkungsverbote nach Art. 20 III; 103 II GG auf Vorschriften, die das Leistungsfähigkeitsprinzip durchbrechen, StuW 1985, S. 10-32

ders.: Verfassungsrechtliche Gewährleistung des Familienexistenzminimums im Steuer- und Kindergeldrecht – Zu den Beschlüssen des Bundesverfassungsgerichts vom 29.05. 1990 und vom 12.06. 1990, StuW 1990, S. 331-348

ders.: Reform der Familienbesteuerung, in: Kirchhof (Hrsg.), Festschrift für Franz Klein, Köln 1994, S. 437-452

ders.: Über das Ethische der Steuertheorie von Klaus Tipke, in: Lang (Hrsg.), Festschrift für Tipke, Köln 1995, S. 3-24

ders.: Konkretisierungen und Restriktionen des Leistungsfähigkeitsprinzips, in: Drenseck/Seer (Hrsg.), Festschrift für Heinrich Wilhelm Kruse, Köln 2001, S. 313-338

ders.: Prinzipien und Systeme der Besteuerung von Einkommen, in: Ebling (Hrsg.), DStJG 24 (2001), S. 49-133

ders. (Hrsg.) u.a.: Kölner Entwurf eines Einkommensteuergesetzes, Köln 2004

Langenfeld, Gerrit: Handbuch der Eheverträge und Scheidungsvereinbarungen, 5. Auflage, München 2005 (zit.: Langenfeld, Handbuch der Eheverträge und Scheidungsvereinbarungen[5])

Larenz, Karl: Methodenlehre der Rechtswissenschaft, 6. Auflage, Berlin u.a. 1991

Laule, Gerhard/Bott, Burchard: Nochmals: Vererbbarkeit von Verlustvorträgen, DStR 2005, S. 497-502

Lehner, Moris: Einkommensteuerrecht und Sozialhilferecht – Bausteine zu einem Verfassungsrecht des sozialen Steuerstaates, Tübingen 1992 (zit.: Lehner, Einkommensteuerrecht und Sozialhilferecht)

ders.: Die Entscheidung des Bundesverfassungsgerichts zur Verfassungswidrigkeit des Grundfreibetrages in den Jahren 1978 bis 1984, 1986, 1988 und 1991, DStR 1992, S. 1641-1644

Leisner, Walter: Von der Leistung der Leistungsfähigkeit – die soziale Nivellierung – Ein Beitrag wider das Leistungsfähigkeitsprinzip, StuW 1983, S. 97-102

Liebelt, Klaus-Günter: Praktische Probleme des Steuerrechts bei Trennung und Scheidung von Ehegatten, NJW 1994, S. 609-616

Lieber, Bettina: Zur Verfassungsmäßigkeit des Familienleistungsausgleichs, DStZ 1997, S. 207-212

Lingemann, Wolfgang: Das rechtliche Konzept der Familienbesteuerung, Diss. Köln 1993

Littmann, Eberhard/Bitz, Horst/Pust, Hartmut: Das Einkommensteuerrecht, Kommentar zum Einkommensteuerrecht, Loseblattsammlung, Stuttgart, Stand 2005 (zit.: Bearbeiter, in: Littmann/Bitz/Pust, EStG)

Luthin, Horst (Hrsg.): Handbuch des Unterhaltsrechts, 10. Auflage, München 2004 (zit: Bearbeiter, in: Luthin, Handbuch des Unterhaltsrechts)

Loritz, Karl-Georg: Wiederkehrende Bezüge, insbesondere Renten und dauernde Lasten, StVj. 1991, S. 195-239

Maiterth, Ralf: Karlsruher Entwurf zur Reform des Einkommensteuergesetzes, BB 2001, S. 1172-1175

Mangold: Wann werden Zuwendungen der Eltern an ihre Kinder von der Einkommensteuer bei den Eltern und wann bei den Kindern erfaßt? DStZ 1923, Sp. 205-208

Martin, Suse: Renten und andere wiederkehrende Leistungen bei Vermögensübertragungen – Bestandsaufnahme nach dem Beschluß des BVerfG vom 17.12. 1992 – 1 BvR 4/87, BB 1993, S. 1773-1782

Maunz, Theodor/Dürig, Günther: Grundgesetz: Kommentar, Loseblattsammlung, München, Stand August 2005 (zit.: Bearbeiter, in: Maunz/Dürig, GG)

Mayer, Jörg/Geck, Reinhard: Das Stuttgarter Modell: Steuerrechtliche und zivilrechtliche Risiken, Teil I, DStR 2005, S. 1425-1429; Teil II, DStR 2005, S. 1471-1477

Meilicke, Heinz: Neues Scheidungsrecht und Steuerrecht, StbJb. 1977/78, S. 243-268

Meincke, Jens Peter: Empfiehlt es sich, das Einkommensteuerrecht zur Beseitigung von Ungleichbehandlungen und zur Vereinfachung neu zu ordnen?, DB 1988, S. 1869-1871

Mellinghoff, Rudolf: StVj. 1989, Maßstäbe für eine Neuordnung des deutschen Einkommensteuerrechts, S. 130-150

ders.: Steuerrechtliche Probleme bei Trennung und Scheidung von Ehegatten, Stbg. 1999, S. 60-72

Meyer, Bernd: Zur Behandlung der eigengenutzten Wohnung in den Einkommensteuerrichtlinien 1987, FR 1988, S. 485

Meyer, Bernd/Ball, Jochen: Vermögensübertragungen gegen Versorgungsleistungen – Steuerrisiken bei späterer Vermögensumschichtung, FR 2003, S. 377-432.

Mitschke, Joachim: Erneuerung des deutschen Einkommensteuerrechts – Gesetzesentwurf und Begründung, Köln 2004.

Moderegger, Martin: Der verfassungsrechtliche Familienschutz und das System des Einkommensteuerrechts, Baden-Baden 1991 (zit: Moderegger, Verfassungsrechtlicher Familienschutz und System des Einkommensteuerrechts)

Mössner, Jörg Manfred: Typusbegriffe im Steuerrecht, in: Drenseck/Seer (Hrsg.), Festschrift für Heinrich Wilhelm Kruse, Köln 2001, S. 161-182

Mrozek, Alfons: Handkommentar zum Preußischen Einkommensteuergesetze, Köln 1914 (zit.: Mrozek, PrEStG 1906)

ders.: Handkommentar zum Einkommensteuergesetze vom 10. August 1925 in dessen neuester Fassung, Köln 1926

Müller-Franken, Sebastian: Das Verbot des Abzugs der „Zuwendung von Vorteilen" nach dem Jahressteuergesetz 1996 – Verfassungsprobleme einer Durchbrechung des objektiven Nettoprinzips, StuW 1997, S. 3-23

ders.: Gesamtrechtsnachfolge durch Erbfall und einkommensteuerliche Verluste, StuW 2004, S. 109-123

ders.: Die Rechtsprechung zur „Vererblichkeit von Verlusten": eine Frage richterlicher Rechtsfortbildung – Zu Möglichkeiten und Grenzen des Argumentierens mit dem Leistungsfähigkeitsprinzip bei der Anwendung einfachen Rechts, DStZ 2004, S. 606-611

ders.: Verfassungsrecht und Einkommensteuerrecht, in: Gedächtnisschrift für Christoph Trzaskalik, Köln 2005, S. 195-218

Musgrave, Richard Abel/Musgrave, Peggy B./Kullmer, Lore: Die öffentlichen Finanzen in Theorie und Praxis, 6. Auflage, Tübingen 1994

Nickel, Jörg/Hilgers, Hartmut: Verlustabzug für die Erben nach dem Erbfall?, FR 2004, S. 457-461

Niepoth: Zur Behandlung von Unterhaltsrenten, die als Schadensersatz gewährt werden, FR 1956, S. 525

Niepoth, Daniela: Neuordnung von Renten und rentenähnlichen Leistungen anhand des Anschaffungskostenbegriffs unter Einbeziehung des Beschlusses des Großen Senats vom 5.7. 1990 GrS 4-6/89, DB 1991, S. 249-253

Nipperdey, Hans Carl: Die Grundrechte und Grundpflichten der Reichsverfassung – Kommentar zum zweiten Teil der Reichsverfassung, Berlin 1930 (zit.: Bearbeiter, in: Grundrechte und Grundpflichten der Reichsverfassung).

Neufang, Bernd: Betriebsübertragungen gegen wiederkehrende Leistungen – Eine Herausforderung für die Steuerberatung, BB 2005, S. 688-694

Neumark, Fritz: Theorie und Praxis der modernen Einkommensbesteuerung, Bern 1947

Oepen, Wilhelm: Gedanken zur Familienbesteuerung, DStZ 1992, S. 684-692

ders.: Aktuelle Probleme der Familienbesteuerung, FR 1992, 149-154

Offerhaus, Klaus: Private Leibrenten und dauernde Lasten bei Gegenleistung, FR 1970, S. 344-347

ders.: Zur Analogie im Steuerrecht, BB 1984, S. 993-997

Palandt, Otto/Bassenge, Peter: Palandt – Bürgerliches Gesetzbuch, 65. Auflage, München 2006 (zit.: Bearbeiter, in: Palandt, BGB)

Paus, Bernhard: Das Existenzminimum der Familie mindert die Steuerbemessungsgrundlage, Inf. 1990, S. 394-400

ders.: Besteuerung der Renten und dauernden Lasten: Sind die Entscheidungen des Großen Senats sachgerecht?, FR 1992, S. 33-39

ders.: Was sind Versorgungsleistungen, StB 1993, S. 284-290

ders.: Umwandlung von Nießbrauch, Versorgungsrente und dauernder Last, DStZ 1993, S. 335- 337

ders.: Wiederkehrende Leistungen an Miterben – Anmerkungen zu dem BFH-Urteil vom 26.11. 1992 – X R 187/87, FR 1993, S. 417-422

ders.: Überlassen einer Wohnung im Rahmen der Unterhaltsgewährung – Zugleich Anmerkung zum BFH-Urteil vom 17.3. 1992 IX R 254/87, FR 1993, S. 43-48

ders.: Umwandlung von Nießbrauch, Versorgungsrente und dauernder Last, DStZ 1993, S. 335-337

ders.: Abgrenzung der Leibrenten von den dauernden Lasten – Umdeutung von Versorgungs-leistungen in Kaufpreisrenten, DStZ 1994, S. 278-280

ders.: Ist die bisherige Rechtsprechung zu den dauernden Lasten verfassungswidrig?, DStZ 1994, S. 464-466 *ders.*: Vermächtnisrenten: neue Einschränkungen für den Begriff der Versorgungsleistungen? – Anmerkungen zu dem BFH-Urteil vom 26.01. 1994 – X R 54/92, BB 1994, S. 1759-1762

ders.: Entgeltlicher Erwerb eines Grundstücks gegen dauernde Last, FR 1995, S. 363-368

ders.: Überlassen einer Wohnung an Unterhaltsberechtigte, DStZ 1996, S. 656-.659

ders.: Neue Einkommensgrenze für den Kinderfreibetrag: was sind „besondere Ausbildungszwecke"?, FR 1996, S. 337-338

ders.: Zum Sonderrecht der privaten Versorgungsleistungen – Anmerkungen zu dem BFH-Urteil v. 27.8. 1997 – X R 54/94, FR 1998, S. 461-465

ders.: Weitere Einschränkungen im Bereich der Versorgungsleistungen – Veräußerungen des übertragenen Vermögens sind schädlich, FR 1999, S. 192-196

ders.: Neuregelung der Kinderbetreuungskosten, FR 1999, S. 1354-1356

ders.: Nachzahlung von Unterhalt an den geschiedenen oder dauernd getrennt lebenden Ehegatten – Anmerkungen zu dem BFH-Urteil vom 7.11. 2000 III R 23/98, DStZ 2001, S. 591-592

ders.: Neue Erkenntnisse und ungelöste Probleme bei steuerlich begünstigten Versorgungsleistungen – Anmerkungen zu den Beschlüssen vom 12.5. 2003 GrS 1/00 und GrS 2/00, DStZ 2004, S. 21-31

ders.: Schicksal von Versorgungsleistungen bei Weiterverkauf der übernommenen Vermögens – Anmerkungen zu dem BFH-Urteil v. 31.03. 2004 –VIII R 66/98, DStZ 2005, S. 31-34.

ders.: Hat der Große Senat den Schuldzinsenabzug für selbst genutzte Wohnungen wieder eingeführt? Nicht vorhergesehene Auswirkungen der Beschlüsse zur Anerkennung von Versorgungsleistungen, DStZ 2005, S. 519-521

Pawlowski, Hans-Martin: Methodenlehre für Juristen – Theorie der Norm und des Gesetzes, Ein Lehrbuch, 3. Auflage, Heidelberg 1999

Pechstein, Matthias: Familiengerechtigkeit als Gestaltungsgebot für die staatliche Ordnung – Zur Abgrenzung von Eingriff und Leistung bei Maßnahmen des sog. Familienlastenausgleichs, Baden-Baden 1994

Pezzer, Heinz-Jürgen: Verfassungsrechtliche Perspektiven der Familienbesteuerung, in: Fürst/Herzog/Umbach (Hrsg.): Festschrift für Wolfgang Zeidler, Band 1, Berlin/New York 1987, S. 757-771.

ders.: Familienbesteuerung und Grundgesetz: StuW 1989, S. 219-226

Piße, Ludwig/Koppe, Fritz: Das Einkommensteuergesetz vom 10. August 1925 mit Aus- und Durchführungsbestimmungen unter Berücksichtigung aller bisher ergangenen Änderungen insbesondere der Notverordnung vom 1. Dezember 1930, 4. Auflage, Berlin/Wien 1931 (zit.: Pißel/Koppe, REStG 1925)

Pohmer, Dieter: Einige Gesichtspunkte zur Familienbesteuerung – Die Behandlung der Steuerpflichtigen mit Kindern m Einkommensteuerrecht, FA 1968, S. 139-173

Pohmer, Dieter: Einige Bemerkungen zu Inhalt und Besteuerung des Leistungsfähigkeitsprinzips, FA 1988, S. 135-153

Pohmer, Dieter/Jurke Gisela: Zur Geschichte und Bedeutung des Leistungsfähigkeitsprinzips unter besonderer Berücksichtigung der Beiträge im Finanzarchiv und der Entwicklung der deutschen Einkommensbesteuerung, FA 1984, S. 445-489

Popitz, Johannes: Einkommensteuer, in: Elster/Weber/Friedrich (Hrsg.): Handbuch der Staatswissenschaften, Dritter Band, 4. Auflage, Jena 1926

Raupach, Arndt/Tipke, Klaus/Uelner, Adalbert: Niedergang oder Neuordnung des deutschen Einkommensteuerrechts?, Köln 1985 (zit.: Niedergang oder Neuordnung)

Rebmann, Kurt/ Säcker, Franz/ Rixecker, Roland: Münchener Kommentar zum Bürgerlichen Gesetzbuch, 4. Auflage, München 2004 (zit.: Bearbeiter, in: Münchener Kommentar, BGB)

Reich, Thomas: Entscheidungen des GrS zur dauernden Last – Typus II abgeschafft – selbst genutzte Wohnung wieder begünstigt, DNotZ 2004, S. 6-20

Reiß, Wolfram: Die Betriebsübertragung gegen Versorgungsbezüge als teilentgeltliches Veräußerungsgeschäft, FR 1990, S. 381-386

Richter, Heinz: Erste Zweifelsfragen zum begrenzten Realsplitting, DStR 1979, S. 155-157

ders.: Renten oder wiederkehrende Bezüge? Es ist und bleibt eine (dauernde) Last!, DStR 1992, S. 812-814

ders.: Warum ist denn Geld keine Wirtschaftseinheit, DStR 1992, S. 1196-1197

Rind, Herrmann: Steuervereinfachung im Berliner Entwurf eines neuen EStG der FDP, in: Kirchhof/Lambsdorff/Pinkwart (Hrsg.): Festschrift für Herrmann Otto Solms, Berlin 2005, S. 77-82

Risthaus, Anne: Realsplitting – Vorteile für den unterhaltsverpflichteten und Nachteile für den unterhaltsempfangenden Ehegatten, FR 1999, S. 650-653

dies.: Vermögensübergabe gegen Versorgungsleistungen – Anmerkungen zu den BFH-Beschlüssen vom 12.5. 2003 GrS 1/00 und GrS 2/00, DB 2003, S. 2190-219

Rose, Gerd: Taceatne in iudicio tributario? Über die schwindende Autorität der Steuergesetze, ihr Ersatz durch Richtertheorien und die Bedeutung dieser Entwicklung für die Planungssicherheit im Steuerrecht, StuW 2002, S. 276-280

Rose, Manfred (Hrsg.): Reform der Einkommensbesteuerung in Deutschland – Konzept, Auswirkungen und Rechtsgrundlagen der Einfachsteuer des Heidelberger Steuerkreises, Heidelberg 2002

Ruland, Franz /Tiemann, Burkhard: Versorgungsausgleich und steuerliche Folgen der Ehescheidung, München 1978 (zit.: Ruland/Tiemann, Versorgungsausgleich)

Ruppe, Hans-Georg: Möglichkeiten und Grenzen der Übertragungen von Einkunftsquellen als Problem der Zurechnung von Einkünften, in: Tipke (Hrsg.), Die Übertragung von Einkunftsquellen im Steuerrecht, DStJG 1 (1979), S. 7-40

ders.: Einkommensteuerrechtliche Positionen bei Rechtsnachfolge, in: Schulze-Osterloh (Hrsg.), DStJG 10, S. 45-98

Sachs, Michael/Battis, Ulrich (Hrsg.): Grundgesetz: Kommentar, 2. Auflage, München 1999 (zit.: Bearbeiter, in: Sachs, GG)

Sacksofsky, Ute: Steuerung der Familie durch Steuern, NJW 2000, S. 1896-1903

Sangmeister, Bernd: Das Bundesverfassungsgericht und das Verfassungsprozessrecht, dargestellt am Beispiel seiner Beschlüsse zur Familienbesteuerung v. 10.11. 1998, StuW 2001, S. 168-187

Sauren, Marcel: Die dauernde Last – Eine dauernde Last?, BB 1987, S. 1860-1862

Schanz, Georg von: Der Einkommensbegriff und die Einkommensteuergesetze, FA 1896, S. 1-110

Schellenberger, Heinz : Anmerkung zum BFH-Urteil vom 19. Oktober 1978 VII R 9/77, DStZ/A 1979, S. 175-176

Schemmel, Lothar: Das einkommensteuerrechtliche Existenzminimum: Berücksichtigung der Menschenwürde im Steuerrecht oder politisch gestaltbare Steuervergünstigung? – Anmerkung zum Beschluß des Zweiten Senats des Bundesverfassungsgerichts v. 25.09. 1992, StuW 1993, S. 70-85

Schick, Walter: Die steuerliche Behandlung von Schadensersatzrenten beim Rentenempfänger, NJW 1967, S. 962-965

Schmidt, Kurt: Die Steuerprogression, Basel 1980

Schmidt, Ludwig: Anmerkung zum Urteil des BFH vom 27.2. 1992 – X R 139/88, FR 1992, S. 548

ders.: Anmerkung zu BFH vom 26.11. 1992 – X R 187/87, FR 1993, S. 201-202

ders. (Hrsg.): Einkommensteuergesetz, 24. Auflage, München 2005 (zit.: Bearbeiter, in: Schmidt, EStG)

Schmidt-Liebig, Axel: Das verfassungsrechtlich geschützte, das sozialrechtlich gewährte und das einkommensteuerlich zu beachtende Existenzminimum, BB 1992, S. 107-116

Schmitz, Ralf: Besteuerung wiederkehrender Bezüge, Berlin 1999 (zit.: Schmitz, Besteuerung wiederkehrender Bezüge)

Schneider, Dieter: Leistungsfähigkeit und Abzug von der Bemessungsgrundlage, StuW 1984, S. 356-367 *ders.*: StuW 1985, Steuergerechtigkeit durch Regelungen gegen Steuervermeidung – ein „Gefangenendilemma“ des Steuerrechts, StuW 1985, S. 345-355

ders.: Reform der Unternehmensbesteuerung aus betriebswirtschaftlicher Sicht, StuW 1989, S. 328-339

Schöberle, Horst: Kinderleistungsausgleich im Schnittpunkt steuerrechtlicher Erfordernisse und sozialpolitischer Aspekte, DStZ 1999, S. 693-697

Schön, Wolfgang: Unternehmerrisiko und Unternehmerinitiative im Lichte der Einkommenstheorien, in: Kirchhof (Hrsg.), Festschrift für Klaus Offerhaus, S. 385-403

ders.: Die Kinderbetreuung, das BVerfG und der Entwurf eines Gesetzes zur Familienförderung, DStR 1999, S. 1677-1679

Scholz: Die Besteuerung des Nutzungswertes einer unentgeltlich überlassenen Wohnung, DStZ 1940, S. 153-156

Schulze zur Wiesche, Dieter : Die Steuerfolgen einer Ehescheidung, FR 1979, S. 469-476

Schumacher, Richard: Die Verfassungswidrigkeit der neuen Zinsbesteuerung, FR 1997, S. 1-2

Schwab, Dieter (Hrsg.): Handbuch des Scheidungsrechts, 4. Auflage, München 1999 (zit: Bearbeiter, in: Schwab, Handbuch des Scheidungsrechts)

Schwenke, Michael: Das Rechtsinstitut der Vermögensübergabe gegen Versorgungsleistungen im Wandel – Der III. Rentenerlass des BMF vom 16.9. 2004, DStR 2004, S. 1679-1685

Seer, Roman: Wiederkehrende Leistungen und Wertverrechnung im Einkommensteuerrecht, ZEV 1995, S. 173-178

ders.: Das Ehegattensplitting als typisiertes Realsplitting, in: Festschrift für Heinrich Wilhelm Kruse (2001), S. 357-375

Seer, Roman/Wendt, Volker: Die Familienbesteuerung nach dem so genannten „Gesetz zur Familienförderung“ vom 22.12. 1999, NJW 2000, S. 1904-1911

dies.: Kindergeld/Kinderfreibetrag und wirtschaftliche Leistungsfähigkeit des Kindes, NJW 2006, S. 1-6

Seewald, Otfried/Felix, Dagmar: Das steuerfreie Existenzminimum der Familie – Widerspruch oder Wende in der Rechtsprechung des Bundesverfassungsgerichts?, VSSR 1995, S. 277-302

Seithel, Rolf: Die Folgerechtsprechung des BFH über Renten und dauernde Lasten im Anschluß an die Entscheidungen des Großen Senats des BFH, BB 1993, S. 473-483

ders.: Versorgungsleistungen bei Ablösung eines Vorbehalts- oder Vermächtnisnieß-brauchs, DStR 1993, S. 674-678

Siegel, Theodor/Schneider, Dieter: Existenzminimum und Familienlastenausgleich: Ein Problem der Reform des Einkommensteuerrechts, DStR 1994, S. 597-604

Söhn, Hartmut: Betriebsausgaben, Privatausgaben, gemischte Aufwendungen – Entwicklung einer einkommensteuerrechtlichen Kausaltheorie am Beispiel umstrittener Abgrenzungsfälle wie PkW-Unfallkosten, Aufwendungen für Telefon, Reisen, Fachtagungen, Arbeitszimmer, in: Söhn (Hrsg.), DStJG 3 (1980), S. 13-102

ders.: Sonderausgaben und Besteuerung nach der Leistungsfähigkeit, StuW 1985, S. 395-407

ders.: Verfassungsrechtliche Aspekte der Besteuerung nach der subjektiven Leistungsfähigkeit im Einkommensteuerrecht: Zum persönlichen Existenzminimum, FA 1988, S. 154-171

ders.: Einkommensteuer und subjektive Leistungsfähigkeit – Die Rechtsprechung des Bundesverfassungsgerichts zu Kinderfreibetrag/Kindergeld und persönlichem Existenzminimum, FA 1994, S. 372-406

ders. Verfassungsrechtliche Bindungen bei der Beschränkung der Abzugsfähigkeit von Vorsorgeaufwendungen durch Höchstbeträge, StuW 1990, S. 356-363

ders.: Steuerliche Berücksichtigung der Minderung der Leistungsfähigkeit durch Kinder, in: Kirchhof (Hrsg.), Festschrift für Franz Klein, Köln 1994, S. 421-435

ders.: Besteuerung von Schadensersatzrenten und Verfassungsrecht, in: Wendt / Höfling / Karpen / Oldiges (Hrsg.), Festschrift für Karl-Heinz Friauf, Heidelberg 1996, S. 809-824

ders.: Erwerbsbezüge, Markteinkommenstheorie und Besteuerung nach der Leistungsfähigkeit, in: Lang (Hrsg.), Festschrift für Klaus Tipke, S. 343-364

ders.: Steuerbarkeit von Unterhaltsersatzrenten, FR 1996, S. 81-91

ders.: Kappung des Ehegattensplitting?, in: Kirchhof/Lehner/Raupach/Rodi (Hrsg.), Festschrift für Klaus Vogel, Heidelberg 2000, S. 639-660

ders.: Ehegattensplitting und Verfassungsrecht, in: Lüdeke/Scherf/Steden (Hrsg.), Festschrift für Alois Oberhauser, Berlin 2000

ders.: Besteuerung von Unterhaltsleistungen an getrennt lebende und geschiedene Ehegatten – Gesetzliches Korrespondenzprinzip und Besteuerung nach der Leistungsfähigkeit, StuW 2005, S. 109-116

ders.: Steuerliche Berücksichtigung von Bildungskosten bei einer Reform der Einkommensteuer, in: Kirchhof/Lambsdorff/Pinkwart, Festschrift für Herrmann Otto Solms, S. 97-106

Söhn, Hartmut/Müller-Franken, Sebastian: Vorgelagerte und/oder nachgelagerte Besteuerung von Altersbezügen?, StuW 2000, S. 442-451

Söffing, Günther: Vererblichkeit des Verlustabzugs, DStZ 2004, S. 794-795

Spiegelberger, Sebastian: Der Versorgungsvertrag bei der vorweggenommenen Erbfolge: Die Abgrenzung zu Anschaffungsgeschäften und zur Unterhaltszahlung, Stbg. 1995, S. 418-493

ders.: Die Rechtsprechung des Bundesfinanzhofs zur privaten Versorgungsrente bei der vorweg-genommenen Erbfolge, in: Festschrift für Klaus Offerhaus (1999), S. 547-566

ders.: Der Sonderausgabenabzug privater Versorgungsrenten – Zwölf Argumente für den Typus 2 – Zum Vorlagebeschluss des X. Senats des BFH vom 10.11. 1999, X R 46/97, DStR 2000, 420; DStR 2000, S. 1073-1077

ders.: Die Renaissance der vorweggenommenen Erbfolge, DStR 2004, S. 1105-1112

Stadie, Holger: Der Nutzungswert der unentgeltlich überlassenen Wohnung – Zugleich Anmerkungen zu den BFH-Urteilen vom 29.11. 1983 – VIII R 215/79 und VIII R 184/83, FR 1985, S. 171-178

Steichen, Alain: Die Markteinkommenstheorie: Ei des Kolumbus oder rechtswissenschaftlicher Rückschritt?, in: Lang (Hrsg.), Festsschrift für Klaus Tipke, S. 365-390

Steinle, Franz: Schadensersatz für immaterielle Schäden und Einkommensteuerpflicht, BB 1981, S. 359-361

ders.: Schadensersatz und Ertragssteuerrecht, Diss. Tübingen 1983

Stephan, Rudolf: Die Wertverrechnung bei privaten dauernden Lasten – Zugleich Besprechung des BFH-Urteils vom 13.08. 1985 – IX R 10/80 – BStBl. II 1985, 709, DB1986, S. 450-454

ders.: Fragen zur neuesten Rechtsprechung des BFH, DB 1993, S. 194-199

ders.: Nochmals: Das „Revolutionäre" in der neuen BFH-Rentenrechtsprechung, DB 1994, S. 2307-2312

ders.: Versorgungsleistungen aufgrund vorweggenommener Erbfolgeregelung, Erbvertrags oder testamentarischer Anordnung, DB 1996, S. 2149-2152

Stöcker, Ernst Erhard: Die Kappung des Ehegattensplitting ist verfassungswidrig, BB 1999, 234

Strahl, Martin: Übertragung existenzsichernden Vermögens als Tatbestandsmerkmal des Rechtsinstituts Vermögensübergabe gegen Versorgungsleistungen, Stbg. 1996, S. 263-269

ders.: Ertragssteuerliche Behandlung von Renten und dauernden Lasten bei vorweggenommenen Erbfolgen und Erbfällen, KÖSDI 1998, S. 11575-11587

Strutz, Georg: Handausgabe des Einkommensteuergesetzes vom 29. März in der Fassung vom 24. März 1921 und 11. Juli 1921 nebst den Ausführungsbestimmungen und den Vorschriften über die Rücklagen nach § 59a sowie die Einkommensteuer vom Arbeitslohn, 3. Auflage, Berlin 1921 (zit.: Strutz, REStG 1920)

ders.: Kommentar zum Reichseinkommensteuergesetz vom 10. August nebst den Ausführungsbestimmungen, Berlin 1927 (zit.: Strutz, REStG 1925)

ders. (Hrsg.): Handbuch des Reichssteuerrechts – Systematische Darstellung der Steuergesetze (einschließlich Zollrecht) des Deutschen Reiches, 3. Auflage, Berlin u.a. 1927

Stuhrmann, Gerd: Versorgungsausgleich in einkommensteuerlicher Sicht, DStR 1977, S. 468-472

ders.: Zur einkommensteuerlichen Behandlung des Versorgungsausgleichs, DStR 1981, S. 529-531

ders.: Einkommensteuerliche Auswirkungen des Gesetzes zur Regelung von Härten im Versorgungsausgleich, DStR 1983, S. 255-258

ders.: Betriebliche Altersversorgung und eherechtlicher Versorgungsausgleich, BB 1987, S. 2347-2350

ders.: Neue Gesichtspunkte bei der steuerlichen Beurteilung wiederkehrenden Leistungen, DStR 1999, S. 924-925

ders.: Versorgungsleistungen aufgrund vorweggenommener Erbregelung, Erbvertrags oder testamentarischer Anordnung, DB 1996, S. 2149-2152

Theis, Winfried: Steuerliche Überlegungen zum Jahresende 1992, DB 1992, S. 2576-2582

Thiede, Sabine: Die verfassungsrechtliche und steuersystematische Untersuchung der Ehegattenbesteuerung und ihrer Alternativmodelle, Münster 1999 (zit.: Thiede, Ehegattenbesteuerung)

Thiel, Jochen: Steuergerechtigkeit und Steuervereinfachung in der Praxis – Das Jahressteuergesetz 1996 wird vorbereitet, in: Lang (Hrsg.): Festschrift für Klaus Tipke, Köln 1995, S. 295-320

Thürmer, Bernd: Vermögensübertragungen zur vorweggenommenen Erbfolgeregelung, Teil I, DB 1989, S. 1838-1844 ,Teil II, DB 1989, S. 1895-1898

Tiedchen, Susanne: Zur steuerlichen Berücksichtigung von Kinderbetreuungs- und Kindererziehungskosten, BB 1999, S. 1681-1685

Tiedtke, Klaus/Wälzholz, Eckhardt: Der Abzug von Nebenkosten als Sonderausgaben, DStR 1999, S. 1794-1799

Tipke, Klaus: Steuerrecht – Chaos, Konglomerat oder System?, StuW 1971, S. 2-17

ders.: Die Steuergesetzgebung in der Bundesrepublik Deutschland aus der Sicht des Steuerrechtswissenschaftlers – Kritik und Verbesserungsvorschläge, StuW 1976, S. 293-310

ders. (Hrsg.): Übertragung von Einkunftsquellen im Steuerrecht, DStJG 1 (1979), 2. Auflage *ders.*: Bezüge und Abzüge im Einkommensteuerrecht – Ein kritischer Beitrag zum Aufbau und zur Terminologie des Einkommensteuergesetzes, StuW 1980, S. 1-11

ders.: Steuergerechtigkeit in Theorie und Praxis, Köln 1981 (zit.: Tipke, Steuergerechtigkeit)

ders.: Rechtsetzung durch Steuergerichte und Steuerverwaltungsbehörden?, StuW 1981, S. 189-200

ders.: Über teleologische Auslegung, Lückenfeststellung und Lückenausfüllng, in: Klein/Vogel (Hrsg.), Festschrift für Hugo von Wallis, Bonn 1985, S. 133-150

ders. (Hrsg.): Grenzen der Rechtsfortbildung durch Rechtsprechung und Verwaltungsvorschriften im Steuerrecht, DStJG 5 (1982)

ders.: Neuordnung der Familienbesteuerung, StbKongrRep 1983, S. 39-63

ders.: Anmerkung zu BVerfG v. 4.10. 1984 – 1 BvR 789/79, StuW 1985, S. 78-79

ders.: Das Einkommen als zentraler Begriff des öffentlichen Schuldrechts, JuS 1985, S. 345-352

ders.: Fundamentalrevision des Einkommensteuerrechts, NJW 1988, S. 2090-2095

ders.: Einkommensteuerliches Existenzminimum auch für Reiche? FR 1990, S. 349-350

ders.: Konsequenzen aus dem Zinssteuer-Urteil des Bundesverfassungsgerichts, FR 1991, S. 480-481

ders.: Steuerlegislative unter Verfassungsdruck, StuW 1993, S. 8-19

ders.: Von der formalen zur materialen Tatbestandslehre, StuW 1993, S. 105-113

ders.: Die Steuerrechtsordnung, Band 1: Wissenschaftsorganisatorische, systematische und grund-rechtlich-rechtstaatliche Grundlagen, 2. Auflage, Köln 2000

ders.: Die Steuerrechtsordnung, Band 2: Steuerrechtfertigungstheorie, Anwendung auf alle Steuerarten, Sachgerechtes Steuersystem, Köln 1993

ders.: Der Karlsruher Entwurf zur Reform der Einkommensteuer – Versuch einer steuerjuristischen Würdigung, StuW 2002, S. 148-175

Tipke, Klaus/Lang, Joachim: Zur Reform der Familienbesteuerung, StuW 1984, S. 127-132

Tipke, Klaus/Lang, Joachim: Steuerrecht, 18. Auflage, Köln 2005

Trzaskalik, Christoph: Personal gebundene Einkommensteuerpflicht und Gesamtrechts-nachfolge, StuW 1979, S. 97-112

Uelner, Adalbert: Die Steuergesetzgebung in der Bundesrepublik Deutschland aus der Sicht des Ministerialbeamten, DStR 1977, S. 119-126

ders.: Das Steueränderungsgesetz 1979 – Überblick, DStZ/A 1979, S. 9-18

ders.: Aktuelle Fragen aus dem Ertragssteuerrecht unter besonderer Berücksichtigung der steuerlichen Probleme des Nießbrauchs, StbKongrRep. 1979, S. 99-127

ders.: Empfiehlt es sich, das Einkommensteuerrecht zur Beseitigung von Ungleichbehandlungen und zur Vereinfachung neu zu ordnen? Sitzungsberichte, 57. Deutscher Juristentag (1988), Band 2, S. N 9 – N 18

ders.: Zur Konkretisierung des subjektiven Nettoprinzips im Einkommensteuerrecht, in: Raupach/Uelner (Hrsg.), Festschrift für Ludwig Schmidt, München 1993, S. 21-35

ders.: Zur Neukonzeption des einkommensteuerlichen Familienlastenausgleichs, DStZ 1995, S. 321-326

Vogel, Klaus: Berücksichtigung von Unterhaltspflichten im Einkommensteuerrecht – Die Entscheidung des Bundesverfassungsgerichts vom 23.11. 1976 und die Zukunft der Familienbesteuerung, DStR 1977, S. 31-41

ders.: Zwangsläufige Aufwendungen – besonders Unterhaltsaufwendungen – müssen realitäts-gerecht abziehbar sein – Das Bundesverfassungsgericht verschärft seine Rechtsprechung zum Verfassungsprinzip der Leistungsfähigkeit, StuW 1984, S. 197-203

ders.: Der Verlust des Rechtsgedankens im Steuerrecht als Herausforderung an das Verfassungsrecht, in: Friauf (Hrsg.): DStJG 12 (1989), S. 123-144.

ders.: Kindesunterhalt im Einkommensteuerrecht – Die Entwicklung der Rechtsprechung des Bundesverfassungsgerichts, in: Festschrift für Klaus Offerhaus (1999), S. 47-64.

ders.: Besteuerung von Eheleuten und Verfassungsrecht, StuW 1999, S. 201-226

Vollmer, Franziska: Das Ehegattensplitting – eine verfassungsrechtliche Untersuchung der Einkommensbesteuerung von Eheleuten, Diss. Göttingen 1998.

Vorwold, Gerd: Neuorientierung der Ehe- und Familienbesteuerung – Versuch einer zeit-gemäßen Veränderung, FR 1992, S. 789-801

ders.: Die steuerrechtliche Berücksichtigung unvermeidbarer Privataufwendungen, StuW 1992, S. 264-269

ders.: Wer ist nachfolge-, wer ist empfangsberechtigt bei der Unternehmensnachfolge gegen Versorgungsleistungen, DStR 1998, S. 585-589

Walz, Rainer: Steuergerechtigkeit und Rechtsanwendung – Grundlinien einer relativ autonomen Steuerrechtsdogmatik, Heidelberg/Hamburg 1980 (zit.: Walz, Steuergerechtigkeit)

Wagner, Adolph: Finanzwissenschaft, Band II, 2. Auflage, Leipzig 1890 (zit.: Wagner, Finanzwissenschaft)

Wagner, Franz W.: Neutralität und Gleichmäßigkeit als ökonomische und rechtliche Kriterien steuerlicher Normkritik, StuW 1992, S. 2-13

ders.: Karlsruher Entwurf zur Reform des Einkommensteuergesetzes – Anmerkungen aus der Perspektive ökonomischer Vernunft, StuW 2001, S. 354-362

Wank, Rudolf: Grenzen richterlicher Rechtsfortbildung, Berlin 1978

Warnke, Karsten: Das Rechtsinstitut der Vermögensübergabe gegen Versorgungsleistungen, BB 1999, S. 85-90

Wassermeyer, Franz: Anmerkungen zum Karlsruher Entwurf zur Reform eines Einkommensteuergesetzes, DStR 2001, S. 920-924

Waterkamp, Afra: Ehegattenveranlagung und Freizügigkeit in der Europäischen Gemeinschaft, Köln 1993 (zit.: Waterkamp, Ehegattenveranlagung)

dies.: Aktuelle Probleme im Bereich der Ehegattenveranlagung – Kein Splitting für Grenzgänger, StuW 1994, S. 312-322

Weber-Grellet, Heinrich: Auf den Schultern von Larenz: Demokratisch-rechtsstaatliche Rechtsanwendung und Rechtsfortbildung im Steuerrecht, DStR 1991, S. 438-445

ders.: Veräußerung – Versorgung – Unterhalt. Unter welchen Voraussetzungen können Versorgungsleistungen als Sonderausgaben abgezogen werden?, DStR 1993, Beihefter zu Heft 31, S. 1-8

ders.: Tendenzen der BFH-Rechtsprechung, StuW 1993, S. 195-212

ders.: Anmerkung zum Urteil des BFH vom 16.12. 1993 – X R 67/92, DStR 1994, S. 498

ders.: Anmerkung zu BFH v. 14.12. 1994 – X R 1-2/90, FR 1995, S. 505-506

ders.: Der Typus des Typus, in: Budde (Hrsg.): Festschrift für Heinrich Beisse, Düsseldorf 1997, S. 551-569

ders.: Vermögensübertragungen, Stbg. 1998, S. 14-28

ders.: Steuern im modernen Verfassungsstaat – Funktionen, Prinzipien und Strukturen des Steuerstaates und des Steuerrechts, Köln 2001 (zit.: Weber-Grellet, Steuern im modernen Verfassungsstaat)

ders.: Kommentar zu GrS 1/00 und GrS 2/00, FR 2003, S. 1092

ders.: Kommentar zu BFH v. 31.3. 2004 – X R 66/98, FR 2004, S. 730

Welter, Reinhard, Wiederkehrende Leistungen im Zivil- und im Steuerrecht, Berlin 1984 (zit.: Welter, Wiederkehrende Leistungen)

Wendt, Rudolph: Empfiehlt es sich, das Einkommensteuerrecht zur Beseitigung von Ungleichbehandlungen und zur Vereinfachung neu zu ordnen?, DÖV 1988, S. 710-723

Wendt, Rudolph: Familienbesteuerung und Grundgesetz, in: Lang (Hrsg.), Festschrift für Klaus Tipke, Köln 1995, S. 47-70

Wieland, Joachim: Freiheitsrechtliche Vorgaben für die Besteuerung von Einkommen, in: Ebling (Hrsg.), DStJG 24 (2001), S. 29-46

Wieneke, Karl: Das Einkommensteuergesetz vom 16. Oktober 1934 einschließlich der Durchführungsverordnungen und Verwaltungserlasse, Berlin 1935 (zit.: Wieneke, REStG 1934)

Wittmann, Rolf: Das Markteinkommen – einfachgesetzlicher Strukturbegriff und verfassungs-dirigierender Anknüpfungsgegenstand der Einkommensteuer?, Diss. Augsburg 1992

ders.: Besteuerung des Markteinkommens – Grundlinien einer freiheitsschonenden Besteuerung, StuW 1993, S. 35-46

Woerner, Lothar: Die Grenzen richterlichen Dürfens im Steuerrecht, BB 1984, S. 523-524

ders.: Verfassungsrecht und Methodenlehre im Steuerrecht, FR 1992, S. 226-233

Wosnitza, Michael: Die Besteuerung von Ehegatten und Familien – Zur ökonomischen Recht-fertigung eines Realsplittings, StuW 1996, S. 123-136

Zeidler, Wolfgang: Ehe und Familie, in: Benda/Maihofer/Vogel (Hrsg.), Handbuch des Verfassungsrechts, 1. Auflage, 1983, S. 555-607

Zeidler, Wolfgang: Verfassungsrechtliche Fragen zur Besteuerung von Familien- und Alterseinkommen, StuW 1985, S. 1-9

Zimmermann, Emil Kommentar zum Einkommensteuergesetz vom 29.3. 1920, Stuttgart 1921 (zit.: Zimmermann, REStG 1920)

ders.: Kommentar zum Einkommensteuergesetz vom 10.8. 1925, 3. Auflage, Stuttgart 1925 (zit.: Zimmermann, REStG 1925)

Zippelius, Reinhold, Juristische Methodenlehre, 9. Auflage, München 2005

Peter Lang · Europäischer Verlag der Wissenschaften

Michael Schwenke

Internationale Einkünfteabgrenzung und Europäisches Gemeinschaftsrecht

Steuerentstrickung, Einkünftekorrektur und Dokumentationspflichten im Lichte der Grundfreiheiten des EG-Vertrags

Frankfurt am Main, Berlin, Bern, Bruxelles, New York, Oxford, Wien, 2006. 230 S.

Europäische Hochschulschriften: Reihe 2, Rechtswissenschaft. Bd. 4462

ISBN 978-3-631-55934-5 · br. € 42.50*

Die Rechtsprechung des EuGH zu den direkten Steuern hat deutliche Spuren in den nationalen Steuerrechtsordnungen der Mitgliedstaaten hinterlassen. In den letzten Jahren wurden zentrale Vorschriften des Steuerrechts verschiedener Mitgliedstaaten für europarechtswidrig erklärt. Verwerfungen innerhalb der Steuersysteme dieser Mitgliedstaaten waren und sind die Folge. Mit dem Urteil in der Rechtssache *Lasteyrie du Saillant* ist der EuGH nunmehr in einen weiteren Kernbereich der nationalen Steuersysteme vorgedrungen. Die Luxemburger Richter haben die grundsätzliche Frage aufgeworfen, ob es den Mitgliedstaaten aufgrund der Grundfreiheiten noch erlaubt ist, im Inland angesammelte stille Reserven im Falle einer Grenzüberschreitung zu besteuern. Im Ergebnis wurden damit alle Entstrickungstatbestände in den nationalen Steuerrechtsordnungen der Mitgliedstaaten mit einem großen Fragezeichen versehen. Vor diesem Hintergrund hat es sich der Autor zur Aufgabe gemacht, zentrale Vorschriften des nationalen Rechts zur Einkünfteabgrenzung zwischen Unternehmen und Unternehmensteilen einer Überprüfung anhand der Grundfreiheiten des EG-Vertrags zu unterziehen. Dabei wird exemplarisch anhand der Verwaltungsregelung in Tz. 2.6. der sog. Betriebsstätten-Verwaltungsgrundsätze aufgezeigt, ob eine Entstrickungsregelung im betrieblichen Bereich einer Überprüfung anhand der Grundfreiheiten standhält. Im Zuge dieser Überprüfung wird auch die Frage beantwortet, wie eine EG-konforme Regelung ausgestaltet sein müsste. Zudem werden § 1 AStG sowie die neuen Dokumentationsvorschriften in § 90 Abs. 3 AO einer EG-rechtlichen Überprüfung unterzogen.

Frankfurt am Main · Berlin · Bern · Bruxelles · New York · Oxford · Wien
Auslieferung: Verlag Peter Lang AG
Moosstr. 1, CH-2542 Pieterlen
Telefax 00 41 (0) 32 / 376 17 27

*inklusive der in Deutschland gültigen Mehrwertsteuer
Preisänderungen vorbehalten

Homepage http://www.peterlang.de

FSC
www.fsc.org
MIX
Papier | Fördert gute Waldnutzung
FSC® C083411

Kolibri 360 GmbH
Ferdinand-Jühlke-Straße 7
99095 Erfurt, Deutschland
produktsicherheit@kolibri360.de

Druck:
CPI Druckdienstleistungen GmbH
im Auftrag der
Kolibri 360 GmbH
Ferdinand-Jühlke-Str. 7
99095 Erfurt